판단과 결정의 심리학

판단과 결정의 심리학

David Hardman 지음 이영애, 이나경 옮김

Σ 시그마프레스

판단과 결정의 심리학

발행일 | 2012년 9월 20일 1쇄 발행

저자 | David Hardman
역자 | 이영애, 이나경
발행인 | 강학경
발행처 | (주)시그마프레스
편집 | 김보라
교정·교열 | 김형하

등록번호 | 제10-2642호
주소 | 서울특별시 영등포구 양평로 22길 21 선유도코오롱디지털타워 A401~403호
전자우편 | sigma@spress.co.kr
홈페이지 | http://www.sigmapress.co.kr
전화 | (02)323-4845, (02)2062-5184~8
팩스 | (02)323-4197

ISBN | 978-89-97927-41-8

Judgment and Decision Making: Psychological Perspectives

차례

우리의 삶은 판단과 결정의 연속이다. 무엇을 먹을까부터 친구, 대학, 전공, 직장, 결혼 등의 주요 문제들이 판단과 선택을 요구한다. 따라서 사람들의 판단과 결정은 심리학에서 매우 흥미진진한 분야 중 하나이다. 그 이유는 삶의 실제 물음을 해결하려 하기 때문이다. 사람들이 어떻게 판단하고 결정하는지를 이해하는 것은 매우 어렵다. 문제가 다양할 뿐만 아니라 문제가 다루어지는 상황과 문제를 풀어야 하는 개인의 지식이 다르기 때문이다. 얼마 전에 작고한 Amos Tversky와 함께한 연구로 노벨 경제학상을 받은 인지심리학자 Daniel Kahneman은 판단과 결정 분야에서 큰 기여를 하고 있다. Kahneman, Tversky와 Slovic이 1982년에 출판한 『Judgment under Uncertainty: Heuristics and Biases』는 우리말로 번역되어 많은 독자에게 읽히고 있다. 이화여자대학교 심리학과에서는 '불확실한 상황에서의 판단' 이라는 제목의 강좌가 개설되어 학생들의 큰 호응을 얻고 있다.

　판단과 결정을 연구하는 학자들의 전공은 인지심리학, 사회심리학, 경영학, 회계학, 공공정책, 의학 등 다양하다. 특히 미국의 실험심리학자들이 회원인 Psychonomics 연차 대회에서 판단과 결정을 주제로 발표되는 논문은 해마다 증가하고 있다. Judgment and Decision Making 학회의 회원 수도 늘어나고 있다. 외국에서는 Decision Science라는 전공학과를 두고 다양한 배경의 교수들이 학생들을 가르치고 있다. 우리나라에는 아직 여러 분야의 연구자들이 참여하는 판단과 결정 관련 학회가 없지만, 인지심리학자들과 관련 분야의 학자들을 중심으로 학회가 구성되어 이 분야의 발전에 기여해야 한다. 요즈음 여러 분야에서 융합이 강조되고 있는데, 판단과 결정은 다양한 방법론을 사용하여 같은 주제를 다룬다는 점에서 융합 학문의 대표 주제이다.

　판단과 결정은 심리학과 경영에서 주목을 받고 있지만, 이 분야가 생활과 직결된 여러 문제를 다루므로 많은 사람의 주의와 흥미를 끌 것으로 보인다. 이 책이 출판되어 대학생을 위한 전공 또는 교양서로, 그리고 삶의 중요한 문제에 당면한 일반 독자의 교양서로 도움이 될 것이다. 독자들은 이 책을 통하여 자신이 해결하려는 문제에 대한 통찰과 함께 더 나은 결정을 하게 되기 바란다. 이 책의 편집과 출판을 위해 애써 준 (주)시그마프레스 편집부에 감사한다.

2012년 8월
대표역자 이영애

저자 서문

이 교재에서 나는 광범위한 주제에 걸쳐 판단과 결정에 관한 최신의 이론과 연구를 정리하고자 하였다. 강의하면서, 나와 학생들은 주제들을 심도 있게 다루지 않은 책들에 실망하였다. 원 논문을 바탕으로 연구들을 구체적으로 논할 때 독자는 매우 흥미로워한다. 이 책은 판단과 결정 연구들을 자세히 소개하면서, 고전적 주제와 새로 등장하는 흥미 있는 분야 모두를 다루려고 한다.

이 책에 역동적 결정과 일상적 결정(자연적 결정 접근을 포함하여)에 관한 장들을 포함하였다. (최후통첩게임과 같은) 사회적 딜레마 연구도 폭넓게 다루었고 마지막 장은 직관적 사고와 반성적 사고를 살펴본다. 몇몇 장은 결정의 여러 측면을 다루었으며, 급속히 발전하는 신경과학 결과들도 적절하게 포함하였다.

이 책을 쓸 때 나의 접근은 다음과 같다. 첫째, 기술적 표시와 등식을 적게 소개하려고 노력했으나, 한두 곳에서는 이들을 모두 포함시켜 적절하게 설명하도록 했다. 둘째, 각 장의 마지막 부분에서 요지를 간단히 요약해야 할지 또는 평가적 결론을 제시해야 할지를 정해야 했다. 다른 교재들을 살펴본 후 전자의 방식을 취하기로 하였다. 현재 논쟁의 대상인 주제들에 대해서 저자가 편향되었다고 결론을 내리는 독자가 없을 정도로 객관적인 평가를 하는 것은 불가능하다. 또한, 어떤 장에서는 소개된 내용의 범위가 진솔한 평가적 결론을 허용하지 않았다. 이때 저자는 요지를 요약하여 독자가 결론을 내리게 하는 것을 선호한다.

셋째로, 각 장의 끝에 요약 다음에 추천도서를 포함하였다. 이 도서들은 인기 있는 과학서 범주인데, 이 책의 끝에 있는 참고문헌에서 찾아볼 수 있다. 학습자의 편의를 위해, 질문을 포함하여 이 책에서 다룬 내용을 이해할 수 있게 하였다. 이 책에 관한 영문 웹사이트는 www.black wellpublishing.com/judgment이고 여기에는 PPT 슬라이드도 포함되어 있다. 블로그 사이트는 http://judgmentanddecisonmaking.blogspot.com이다.

요약하면, 나는 내가 읽고 싶은 판단과 결정의 책을 쓰려고 하였다. 독자가 이 책에 읽을 만한 가치가 있음을 깨닫게 되기를 바란다. 이 책에 대한 독자의 피드백은 d.hardman@londonmet. ac.uk로 보내기 바란다.

내가 Blackwell 출판사와 일할 수 있게 해 준 Clare Harries에게 감사한다. Will Maddox, Elizabeth Johnston, Sarah Bird, Annie Rose, Peter Jones, Andrew McAleer, Janet Moth, 그리고 Hannah Rolls를 포함하여 Blackwell의 모든 이에게 감사한다. 또한 Donald Laming, Clare Harries, Matt Twyman, 그리고 익명의 평가단이 이 책의 초고와 몇몇 부분에 대하여 평해 준 데 감사한다.

David Hardman

판단과 **결정**의
심리학

01 │ 서론 : 판단, 결정 그리고 합리성

서론

> 모두가 자신의 기억을 불평하지만, 아무도 자신의 판단을 불평하지 않는다(La Rochefoucauld, 1678).

> 누구나 결정을 해야 한다. 그 결정이 틀리더라도 계속 결정을 해야 한다. 결정을 하지 않으면, 마음은 쓸모없는 것으로 가득찰 것이다(다큐 영화 〈Touching the Void〉에서 등반 사고로부터 자신의 영웅적 도피를 설명하는 Joe Simpson).

살아 움직이는 삶은 길을 건너는 것이 안전한지, 직장을 그만두고 꿈을 살릴 것인지, 또는 아파트에 어떤 색의 페인트를 칠할 것인지와 같은 이런저런 판단과 결정을 하는 데 많은 시간과 노력을 들인다. 일상 용어에서 '판단'과 '결정'을 섞어서 쓰지만, 판단은 기본적으로 평가나 추정이고 결정은 특정 행위 과정을 추구하려는 의도이다. 사람들이 내리는 결정은 그들의 판단을 통해 알 수 있다.

판단과 결정에는 여러 유형이 있어서 그것에 어떤 공통된 과정이 있다고 생각하기 어렵다. 그러나 다음과 같은 일이 발생한다고 가정하자(아마 이런 상황을 충분히 인지할 것이다.).

- 아이팟을 무작위 뒤섞기로 맞추어 놓았는데, 특정 가수의 연주만 계속 나오는 것 같다. 아이팟의 무작위 뒤섞기 장치가 오작동을 하는 것은 아닌가? 사실, 결과에서 이따금 반복적으로 나타나는 '일련의 연속'이 바로 무작위 순서에서 기대되어야 하는 것이다.

- 어떤 주제에 관해 매우 강한 신념을 지닌 사람과 열띤 논의를 하고 있다. 상대방의 마음을 바꿀 증거가 하나도 없다는 생각이 든다.

- 사고 싶은 물건이 몇 가지 있지만 비용 때문에 미루고 있었다. 그러나 오늘 아주 비싼 물건을 산 후, 곧바로 그동안 생각하고 있었던 몇 가지 싼 물건들도 샀다. 어떻든 큰 물건의 구매가 작은 물건들의 구매를 더 쉽게 만들었다.

- 지금 직장에서 회의 중이다. 시간이 지나면서 몇 사람이 대화를 지배한다는 느낌이 있다. 다른 사람들은 거의 또는 전혀 말을 할 수 없는 상황에서 결정이 이루어졌다. 이 결정이 정말로 대다수의 입장을 대표하는가? 왜 의장은 모든 사람의 입장이 반영되도록 시도하지 않았는가?

이런 상황이 흔하다는 사실은 사람의 기본 심리의 중요한 무엇인가를 반영한다. 그 심리의 본질을 결정하는 것이 여러 연구의 주제이고 이 책의 주제이기도 하다.

앞의 예들은 불확실성과 확률 평가, 논항과 증거 평가, 결정에서 가치의 역할, 그리고 집단 결정을 포함하여 이 책 내용의 분위기를 말해 준다. 이와 병행해서 사건 이후에 현명해지기, 인과 관계와 연합 판단, 있음직한 판단, 위험하고 불확실한 상황에서의 결정, 시간에 걸친 판단, 위험지각과 위험추구, 협력과 조정에 미치는 요인에 대해서도 살펴보겠다.

합리성이란 무엇인가

판단과 결정(judgment and decision making, JDM) 연구자들이 자주 논의하는 주제 중 하나는 사람들이 얼마나 '합리적'인가이다. 합리성(rationality)은 보통 확률이론이나 결정이론과 같이 규범 모형(normative model)을 따름을 뜻한다. 앞으로 여러 장에서 사람들이 규범 모형에 따라 행동하지 않는 예들을 제시하겠지만, 여기서는 합리성의 본질을 잠시 살펴보자.

고전적 경제학자들은 합리성을 이미 주어진 것으로 생각하여 합리적 경제인(rational economic man) 또는 현대의 성차별 반대주의자의 어법에 따라 합리적 행위자(rational actor)라는 말을 사용했다. 심리학자들은 합리적 이론과 불일치한 결과에 주목했으나 경제학자들은 실험실 상황과 현실 세계의 차이에 주목하였다. 특히, 심리학 연구에서 참여자들은 실험 상황을 잘 모르고, 때로는 옳은 반응에 대한 유인도 모르는 상태에서 단 한 번으로 끝나는 결정을 해야 한다. 경제학자들은 사람들을 특정 영역의 경험을 얻으면서 그에 따른 학습을 통하여 더 합리적인 방식으로 행동하는 존재로 논의한다. 이 효과에 관한 증거가 있지만, 특정 영역에서 경험을 쌓은 사람 중에도 경제적으로 비합리적인 행동을 한다는 증거가 상당히 많다(예 : Haigh & List, 2005).

그러나 인류보다 더 긴 진화의 역사를 가진 동물들이 합리적 규범을 위반했을 때(예 : Shafir, 1994) 그들을 비합리적이라고 말하지 않는다. 오히려 진화적 적합성(evolutionary fitness)에 기여하는 기제가 특수한 사례에서의 행동을 예언하지 못할 수 있다고 가정한다.

시 지각에서 가끔 인용하는 유추가 있다. 그림 1.1은 뮐

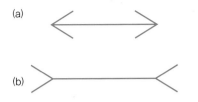

그림 1.1 뮐러-라이어 착시

러-라이어 착시(Müller-Lyer illusion)를 보여 준다. 수평선 (a)를 수평선 (b)와 비교하면, 누구든 (b)가 (a)보다 더 길게 보인다는 데 동의한다. 사실 두 선분의 길이가 정확하게 같다는 것을 자로 재보면 쉽게 알 수 있다. 시 지각에 관한 연구문헌은 이런 착시로 가득하다. 뮐러-라이어 착시는 다소 인위적이지만, 착시는 자연환경을 지각할 때도 발생한다. 예를 들어, 달 착시(moon illusion)도 주의를 하지 않으면 의식하지 못한다. 보름달의 크기를 지평선에 있을 때와 하늘 한가운데 있을 때를 비교하면 지평선의 보름달이 훨씬 더 커 보인다.

이런 시각적 '오류'에도 불구하고, 착시를 막기 위하여 시각체계에 대대적 수정을 가할 필요성을 느끼는 시각연구자는 별로 없다. 분명히 시각체계는 환경을 성공적으로 조종하도록 발달하였다. 마찬가지로, 판단과 결정에서 가끔 발생하는 오류는 생존과 재생산에 잘 적응된 인지체계에 작은 희생을 요구한다. 실제로 지능검사에서 높은 점수를 얻는 사람이 착시에 더 민감하다(Jensen, 1998).

이런 관찰은 인간에게 비합리성을 귀인하는 데 의문을 제기하였다. Ayton(2000, p. 667)은 "새들도, 벌들도, 심지어 교육받은 박사들까지도 합리성의 규범 규칙을 위반한다."라고 썼다. 그럼에도 불구하고, 현대 환경은 우리 조상이 살았던 환경과는 매우 달라서 시각적·지적 환경 모두가 어떠한 오류도 희생을 치르게 되는 문제를 가지고 있다. 다른 나라도 물론 그렇겠지만, 영국에서는 고속도로 출구에 연속적 줄무늬가 사선으로 그려져 있다. 그 이유는 사람들이 고속도로를 질주했던 운전 속도에 적응되어 있어서 출구에서는 가끔 감속하기가 어렵기 때문이다. 고속도로 출구에 있는

운전자에게, 줄무늬는 폭주하는 것처럼 보이므로, 그 지점까지 운전해 온 속도에 대한 경각심을 불러일으켜 속도를 늦추게 한다(Laming, 2004).

그러나 높은 수준의 결정을 내리는 사람들이 살고 있는 현대 환경은 그런 소란스러운 기상벨을 울리지 않는다. 예를 들어, 복권을 사거나 도박을 하는 사람들은 연속적으로 발생하는 결과들이 인과적으로 연결된 것처럼 생각하고 행동하는 경향이 있다. 사람들은 사건 간에 존재하는 실제의 인과적 연결을 찾는 것에 꽤 익숙하다. 그러나 공평한 복권에서는 사건 간의 연결이 없으므로, 특정 숫자가 오랫동안 나타나지 않았어도 다음번 추첨에서 그 숫자가 뽑힐 개연성은 증가하지 않는다(제3장 참조). 금융 투자 분야에서 뮤추얼 펀드의 성공은 복권의 결과만큼 예측하기 어렵다. 그러나 펀드를 선택할 때 사람들은 값이 오르고 내리는 데 한몫을 하는 평범한 사실을 읽기보다는 그 펀드가 지난해 얼마나 성공적이었는지(이것이 실제로 장래의 수행을 예측하지 못한다.)에 따라 상당히 영향을 받는다.

사람들은 흔히 장기적 결과보다는 단기적 결과에 초점을 두기 때문에 손해를 본다. 이것은 여러 사람이 퇴직에 대비하여 충분히 저축하지 못함을 뜻한다(미래 절감 현상은 제10장에서 다룬다.).

이런 종류의 발견은 합리적인 것이 무엇을 의미하는 것인지 이해하기 어렵게 한다. 사람들은 자주 자신의 최선의 이익을 위해 행동하지 않는 것처럼 보이는데, 이것은 그들이 비합리적이라는 생각을 부추긴다. 반면에 종 전체의 성공이 시사하는 것은 좀 다르다. 더욱이, 합리적 사고는 여러 선택지를 고려하는 고도의 분석적 사고로 생각되었으나, 어떤 환경에서는 간단한 계획이 더 성공적이라는 증거가 있다(제2장, 제9장, 제11장 참조). 실제로, 결정 환경을 바꿈으로써 행동도 바꿀 수 있다. 예를 들어, 사전 약정이라는 간단한 편법을 통해 종업원들이 연금 계획에 더 많이 투자하게 유도할 수 있다. 이 약정은 회사가 장래 개인에게 더 많은 연금을 지불하기 위해 공제액을 늘리는 것이다. 사람들은 장래 은퇴

할 시기에 받게 될 증가 부분을 포기할 수도 있겠지만, 실제로 많은 연금을 마다할 사람은 거의 없다.

어떤 학자들은 '합리성'이라는 말을 절대 쓰지 말자고 제안하였다. 예를 들어, Gintis(2006)는 신념, 선호, 제약(beliefs, preferences, and constraints) 모형을 결정 모형으로 언급했는데, 사람들은 어떤 제약 안에서 자신의 선호를 충족시키기 위하여 자신의 신념을 사용한다는 것이다.

제한된 합리성

1950년대에 심리학자들은 판단과 결정 영역에서 사람들의 한계를 보고하기 시작했다. Herbert Simon(예 : 1955, 1956)은 합리적 결정 모형이 시간 압박과 한정된 인지적 용량과 같은 상황적, 개인적 제약을 무시한다고 비평했다. 예를 들어, 전직 투자은행가였던 David Freud가 런던에 있으면서 자신이 경험한 결정 과정을 살펴보자.

> 통화는 현금이 아니고 혼란이었다. 거래는 심한 시간 압박과 팽팽한 경쟁 속에서 희미한 가능성을 가지고 변함없이 이루어졌다. 전문가로 구성된 비밀회의에서 가용할 수 있는 모든 증거를 고려하는 위원은 찾아 볼 수 없었다. 보통, 완벽한 정보 중 아주 작은 부분에 기초해서, 누구든 그것을 가용할 수 있는 사람에 의해, 결정은 순식간에 이루어졌다(Freud, 2006, pp. 355-356).

Simon은 조직의 결정 과정을 분석하여 **제한된 합리성**(bounded rationality)을 제안하였으며, 이것은 마음이 진화를 통해 현실 문제를 합리적으로 해결하기 위해 세상에 내놓은 지름길 방략이다(Simon, 1956).

이와 같은 마음의 지름길 또는 **추단**(heuristics)은 두 가지 핵심 연구 프로그램의 기초를 형성했다. 첫 번째 프로그램은 『Judgment under Uncertainty : Heuristics and Biases』(Kahneman et al., 1982)에 요약되어 있다. 이 연구는 대부분 추단을 할 때 발생할 수 있는 체계적 오류(편향)에 초점을 두었으나, 일차적 목적은 추단 그 자체의 본질을 설명하기 위한 것이지, 사람들을 절망적이고 비합리적으로 묘사하기 위한 것은 아니다.

두 번째 연구 프로그램은 추단을 사용하여 나올 수 있는 긍정적 결과를 강조한 것으로, 『Simple Heuristics that Make Us Smart』(Gigerenzer et al., 1999; 제2장과 제9장 참조)에 요약되어 있다. 이 접근은 인간의 마음과 그 마음이 진화한 환경의 본질의 관계를 특별히 강조하였다. 다른 말로 하면, 추단은 종종 긍정적 결과를 유도하는데, 그 이유는 추단 자체가 환경적 우발성의 산물이기 때문이다. 추단의 컴퓨터 시뮬레이션은 추단이 정확한 판단을 정말로 유도할 수 있음을 보여 주었으나, 당시의 경험적 증거는 다소 논쟁의 여지가 있다.

비슷하지만, 독립적인 접근으로 상황에 의존하여 선택하는 방략이 있다. **적응적 결정자**(adaptive decision maker) 접근은 비교적 간단한 방략에서 고도로 분석적인 방략까지, 다양한 선택지 중에서 선택할 때 가용할 수 있는 방략이 다양하다고 주장한다(Payne et al., 1993; 제8장 참조). 방략의 최종 선택은 그 이행에 요구되는 노력과 높은 정확성을 습득하는 것의 중요성 간의 교환에 의존한다. 여러 상황에서 합리적 수준의 정확성은 실제로 덜 분석적인 방략을 사용할 때 습득된다.

Simon(1955)은 사람들이 내리는 결정의 한계를 다룬 논문에서, "무의식이 의식보다 더 나은 결정자일 가능성을 배제할 수 없다."라고 하였다(p. 104). 실제로 무의식적 사고가 복잡한 결정을 더 잘 내리고, 의식적 사고가 간단한 결정을 더 잘 내린다는 증거가 있다(Dijksterhuis, 2004; Dijksterhuis & Nordgren, 2006). 한편, 의식적 사고는 논리적 구조가 내재된 내용과 맥락에서 논리적 구조를 더 잘 추출하는 것 같다(Stanovich & West, 2000). 제15장에서 보겠지만, 여러 연구자는 빠른 무의식 과정과 느린 의식 과정을 포함하는 사고의 이중체계이론을 제안하였다.

각 장의 요약

각 장의 순서를 저자 나름대로 정했으나, 앞 장을 꼭 읽고 다음 장으로 넘어갈 필요는 없다.

제2장은 예언적·진단적 판단에 필요한 사고의 개념 틀을 소개한다. 렌즈 모형으로 알려진 이 틀은, 예언 단서와 결과 의 객관적 관계와 사람들이 이 단서를 사용하는 실제적 (주관적인) 방식을 구분한다. 다시 말해, 단서와 결과의 객관적 관계는 예측이나 진단에서 특정 항목의 정보가 얼마나 중요한지에 기초하는데, 보통은 정보의 중요성에 대한 주관적 평가는 객관적 관계와 일치하지 않는다. 사회판단이론은 렌즈 모형을 이용하여 사회적으로 중요한 예측을 하는 데 쓸 수 있는 통계 모형을 만든다. 통계 모형 중 한 유형은 단서와 결과의 객관적 관계에 기초하고, 또 다른 유형은 연속적 사례에 걸친 주관적 판단에 기초한다. 이 접근은 정보의 중요성(또는 비중)에 관심을 두지만, 근본적인 인지 과정을 구체화하지 못한다. 제2장의 마지막 부분에서는 심적 확률 모형 이론을 기술하였는데, 이것은 사람들이 판단에 사용하는 특정한 지름길(추단)을 기술한 것이다.

제3장은 1970년대 초기에 제안된 두 가지 중요한 추단인 대표성과 가용성을 기술한다. 그 밖에 확률을 기술하는 방식에 따라 확률 판단이 어떤 영향을 받는지에 주목하는 지지 이론을 알아본다. 대표성과 가용성을 광범위한 기억의 틀 안에서 보려는 MINERVA-DM 이론도 알아본다. 마지막으로, 조건 확률을 주제로 새 증거에 비추어 신념을 어떻게 갱신하는지를 살펴본다.

제4장은 기점화와 조정 그리고 후견지명 편향을 다룬다. 기점화와 조정은 사람들이 특별한 지식 없이 숫자를 추정할 때 자주 사용하는 인지 과정이다. 이것은 초기의 숫자값을 기점으로 어떤 (보통은 불충분한) 조정을 한다고 가정한다. 후견지명 편향은 사람들이 현재 발생했거나 발생하지 않은 결과를 회고적으로 과대추정하는 경향이다. 이러한 기점화와 조정 그리고 후견지명 편향에 대한 기저 과정의 성질을 더

살펴본다.

판단은 보통 이론과 증거를 평가하는 추리와 논박 과정 후에 이루어진다. 제5장은 형식적 구조로서 논박의 개념을 소개하고, 이론과 자료를 구분하지 못하면서 증거를 무시하고 자신의 신념에 따라 논박을 벌이는 사람들의 능력에 공통된 한계가 있음을 검토한다. 또한 이 장은 소통에서 설득에 영향을 주는 요인들을 살펴본다.

제6장에서는 연합, 인과 관계, 반사실적 사고의 판단을 다룬다. 정보 항목들의 정확한 관계를 평가하는 능력, 특히 한 변수가 다른 변수의 원인인지를 결정하는 능력을 살펴본다. 특히 이 장은 사람들이 판단을 하기 위한 인과적 기제의 증거와 생각을 어떻게 통합하는지를 연구한다. 반사실적 사고는 실제와 다른 일이 발생한 경우를 생각하는 것으로 인과성 판단과 연결되어 있다. 사람들은 미래에 대비하고 자신의 감정적 느낌을 조절하기 위해 반사실적 사고를 하는 것 같다.

제7장은 위험과 불확실한 상황에서의 결정을 소개한다. 많은 사람들이 규범적이라고 생각하는 기대효용이론이 결정의 어떤 측면을 포착하지 못하는지 살펴본다. 이 장에서는 위험 상황에서의 결정을 전망이론으로 설명하고 가치평가의 신경과학을 검토한다. 또한 불확실한 상황에서의 결정을 설명하기 위하여 전망이론이 어떻게 발전했는지를 알아본다. 전망이론의 대안은 최적의 먹이 찾기 이론을 기초로 기술하였다. 결정에 대한 다른 접근은 사람들이 종종 결정의 다른 측면으로 주의를 바꾼다는 생각에 기초한다. 이런 모형의 하나가 우선성 추단으로, 나중에 자세히 기술하겠다.

제8장은 선호와 선택의 심리학을 다룬다. 이 장에서는 사람들이 합리적 선택의 원칙을 어떻게 위반했는지를 보여 주고 심적 계산의 관점을 탐구한다. 이것은 금전적 사고에 포함된 인지적 조작을 말하지만, 비금전적 선택까지 확장할 수 있다. 인간 사고의 다른 측면처럼, 추단적 사고는 어느 정도의 편향을 유도한다. 끝으로, 선택에 대한 욕구도 살펴보겠지만, 일단 원하는 것을 얻은 후 뒤이어 생기는 문제들도

살펴보겠다.

제9장은 판단과 결정에서 자신감과 낙관을 주제로 다룬다. 특히, 사람들이 여러 영역에서 과신을 한다는 상당한 증거가 있다. 이 증거를 살펴보고 과신과 기술, 제어의 지각, 전문성, 성차를 검토하겠다.

제10장은 시간 조망이 포함된 판단과 결정을 다룬다. 이것은 사람들의 마감시간 엄수에 대한 그리고 지연된 강화보다 즉각적 강화의 선호에 대한 정확한 예측력 유무를 포함한다. 또한 이 장은 감정 예측을 주제로 다루는데, 이것은 개인의 미래의 느낌을 정확하게 예측할 수 있는 능력이다.

제11장은 역동적 결정과 일상적 결정을 검토한다. 역동적 결정 연구는 주로 실험실 연구에 기초하지만, 나중 결정이 이전 결정의 영향을 받고 과제환경 자체가 복잡하며, 피드백이 지연되는 복잡한 결정에 관한 것이다. 이것은 보통 현실 상황에서 행해지는 연구를 포함하는 일상적 결정(이것 역시 자주 역동적이다.)을 논의하도록 유도한다. 이 두 가지 유형의 결정과 관련된 인지 능력의 역할도 살펴본다.

제12장은 자발적으로 참여하는 위험 활동을 포함하여 잠재적 재해에 대한 사람들의 지각 및 반응과 관련된 위험을 주제로 한다. 이 장은 위험이 두 가지 차원('두려운'과 '알려지지 않은')에 따라 어떻게 다르게 지각되고, 감정이 위험 판단에 어떤 영향을 주는지 보여 준다. 또한 성격, 성, 인종, 전문성에 기초한 개인차도 살펴본다. 위험 감소를 위한 '위험 보상'이 위험뿐만 아니라 위험의 사회적 확산을 줄이려는 시도와 위험 정보를 정확하게 소통하려는 시도에 대하여 취하는 문제점을 보겠다.

제13장은 집단과 팀에서 사회적 일치, 집단 양극화, 다른 어려움 때문에 생기는 결정의 어려움을 논의한다. 또한 잘 알려진 '집단사고' 현상을 비판하고, 이를 보호하기 위해 제안된 조치들을 살펴보겠다. 그리고 사전 정보를 더 잘 갖추고 더 대표적인 결정을 내리기 위해 제안된 몇 가지 기법도 비판적으로 검토한다. 이 장은 리더십과 충고 듣기를 살펴보는 것으로 끝난다.

제14장은 사람의 행동에서 협력과 조정을 다룬다. 이들은 종종 자신의 이익에 따라 행동하려는 동기에 긴장을 준다. 게임이론과 행동게임이론의 개념을 소개한 후, 협력이 어떻게 진화했는지 살펴보고, 자기 이익에 따른 행동 여부에 영향을 주는 요인, 예를 들어 타인의 배려, 공포, 욕심, 처벌, 신뢰, 문화를 알아보겠다.

제15장은 사람의 사고에 대해서 광범위하게 접근한다. 특히, 직관적 사고와 반성적 사고가 이루어질 때의 상황을 논의한다. 지능과 반성성의 개인차를 살펴본 후, 직관적 사고와 반성적 사고가 2개로 구분된 사고체계에 의존한다는 생각과 도덕적 사고의 함의를 알아본다. 또한 사람들이 자신의 기저 인지에 대한 통찰이 없다는 것과 자신의 행동에 대한 설명이 결과적으로 합리적이지 않음을 시사하는 증거를 살펴본다. 마지막으로, 직관과 합리성을 신경과학적 관점에서 살펴보며, 특히 결정에서 정서의 역할을 알아보겠다.

02 판단의 특성과 분석

서론

이 장의 앞 부분에서는 사회판단이론을 소개하겠다. 이 접근은 사람들이 판단을 할 때 어떤 종류의 정보를 활용하고 서로 다른 종류의 정보에 가중치를 얼마나 다르게 두는지를 파악하고자 한다. 이런 분석은 보통 개인에 초점을 두는데, 개인 각자가 정보를 서로 다르게 사용하기 때문이다. 이 접근은 판단을 시도하고 향상하는 데 사용된다. 특히, 통계 모형에 따라 수행되는 판단자의 '정책'은 장차 같은 영역에서 비슷한 과제를 처리할 때 드러날 판단자의 정책 수행을 거의 어김없이 능가한다.

사회판단이론은 사람들 각자가 그 접근이 순전히 통계적인 서로 다른 종류의 정보에 집착하고 있음을 중요하게 생각하지만, 그들이 어떻게 판단에 도달하는지 그 인지 과정을 말하지는 않는다. 이 장 후반에서 기술할 심적 확률모형이론은 판단이론을 규정한다. 기본적으로, 이 이론은 사람들이 결정을 하기 위해 하나의 타당한 이유를 추구하며 일단 그 이유를 찾으면 탐색을 중지한다고 주장한다.

사회판단이론

사건의 발생에는 여러 요인이나 단서가 기여한다. 원인을 진단하거나 결과를 예언하는 데 관련된 단서를 파악하고, 각 요인의 영향력을 결정하는 것이 큰 과제이다. 이것이 사회판단이론(social judgment theory, SJT)의 핵심이다.

특히 사회판단이론은 반복적으로 이루어지는 전문적 상황의 판단에 응용된다(예 : 정신과 진단, 신용평가, 가석방위원회의 평가, 취업지원자 평가 등). 이러한 일련의 판단에 통계분석을 적용하여 서로 다른 단서가 특정 유형의 판단에서 가지는 영향력(impact)을 기술할 수 있다. 그 밖에, 사회판단이론은 보험 통계 모형(actuarial models)과 같은 통계 모형을 만드는 데 관심이 있으며, 이를 사용하여 미래의 사례들을 예측한다. 보험 통계 모형은 단순히 선형 등식 또는 규칙으로써 적절한 단서들이 판단을 할 때 어떻게 조합되는지를 보여 준다. 이제 살펴보겠지만, 많은 심리학 연구는 보험 통계 모형이 사람의 판단을 능가함을 보여 주었다.

선형 모형

Goldberg(1965)는 서로 다른 단서가 어떻게 조합되는지를 구체화하는 데 사용되는 규칙의 예를 제공하였다. 그는 정신과 환자의 퇴원 진단과 미네소타 다면적 인성검사(Minnesota Multiphasic Personality Inventory, MMPI)의 11개 척도 점수를 분석하여 정신병(psychosis)과 신경증(neurosis)을 구분하는 간단한 규칙을 이끌어 냈다. Goldberg Rule이라고 알려진 이 규칙은 3개의 척도 점수를 더한 후 다른 2개의 척도 점수를 뺀 점수가 45점 미만이면 신경증으로 진단하고, 45점 이상이면 정신병으로 진단한다. Goldberg는 MMPI 경험이 많은 13명의 박사급 임상심리학자와 16명의 임상심리학 전공 대학원생의 Goldberg Rule 수행을 비교하였다. Goldberg Rule은 861개 사례의 표본집단에서 퇴원 진단의 70%를 예측하였다. 그러나 인간 판단자의 정확률은 50~67%에서 다양하였다. 다른 말로 하면, 최고의 인간 판단자조차 통계 모형을 능가하지 못하였다.

이런 결정 규칙의 성질을 좀 더 자세히 살펴보자. 어떤 사례에서 결과가 알려져 있고 단서 정보를 활용할 수 있으면, 각각의 단서가 얼마나 큰 영향력을 가지는지 정확하게 결정하기 위해 다중선형회귀분석(multiple linear regression analysis)이라고 알려진 통계 절차를 사용할 수 있다. 결과 등식의 일반적 형태는 등식 2.1과 같다. 'Y_E'는 판단이 이루어지는 환경 내의 기준이고 $x_1 \sim x_k$는 결과를 예측하는 데 쓰이는 단서이다. 각 단서의 값은 일련의 연속된 결과에서 단서의 영향력을 나타내는 가중치 요인 b_e와 곱해진다(b_{0e}는 등식에서 단순히 상수이며 가중치가 아니다.). 마지막으로, 등식 끝에 있는 'e'는 오차를 나타내며, 등식의 주된 부분을 통해 예측하지 못했던 판단자 반응의 변산이다. 다음은 예측 모형을 형성하는 등식의 주된 부분이다.

$$(2.1) \quad Y_E = \underbrace{b_{0e} + b_{1e}.x_1 + b_{2e}.x_2 + b_{3e}.x_3 \cdots b_{ke}.x_k}_{\text{예측 모형}} + e$$

이런 종류의 등식을 아주 싫어하는 독자가 기억해야 할 것은 등식 2.1은 단서들이 알려진 결과와 어떻게 관련되는지를 기술한 것이고, '예측 모형'이라고 언급된 부분은 미래에 이런 종류의 판단을 할 때 사용해야 하는 등식을 말한다.

사람들은 회귀분석을 이용하여 여러 단서가 판단에 얼마나 큰 영향력을 주는지 결정하기도 한다. 이것은 실제의 결과(예를 들어, Goldberg 예에서 사람들이 실제로 신경증인지 정신병인지)에 대한 지식을 요구하지 않는다. 필요한 것은 각 사례에서 단서의 평가와 최종 판단이다. 등식 2.2에서 아래 첨자 's'는 등식이 주관적 판단임을 나타내는데, 이는 등식 2.1에서 'e'가 환경을 나타내는 것과 반대이다. 그러나 모든 면에서 이것은 같은 등식이고, 다만 가중치 b는 판단자가 여러 단서에 얼마나 큰 중요성을 부여하는가에 따라 달라질 수 있다.

$$(2.2) \quad \underbrace{Y_S = b_{0s} + b_{1s}.x_1 + b_{2s}.x_2 + b_{3s}.x_3 \cdots b_{ks}.x_k}_{\text{자수성가 모형}} + e$$

등식 2.2에 나온 오차 'e'는 등식의 주된 부분으로 설명하지 못하는 판단자 반응의 변산 정도를 설명한다. 등식에서 오차를 뺀 부분을 **자수성가 모형**(bootstrap model)이라고 한다. 사건에 관한 진실된 정보가 없으면, 자수성가 모형을 이용하여 판단자 자신의 정책을 일관된 방식으로 수행할 수 있다. 이 일관성은 자수성가 모형이 이 모형을 유도한 판단자보다 더 정확함을 뜻한다. 예를 들어, Goldberg(1970)는 판단자 29명의 자수성가 모형을 구성했으며 판단자와 모형이 일치하지 않는 사례에서 어느 것이 더 정확한지를 주시하였다. 그 결과, 자수성가 모형이 판단자를 능가하였다.

지금까지 기술한 판단을 보는 방식을 시각적으로 나타내면 그림 2.1과 같다. 그림 2.1에서 왼쪽은 판단되는 환경(Y_E)의 준거와 그 준거에 대한 여러 단서($x_1 \sim x_k$) 간의 관계를 나타낸다. 단서의 예언값(예를 들어, 한 증상이 특정 질병과 어떤 빈도로 연합되는지)은 생태학적 타당성(ecological validity)으로 알려져 있다. 그림 2.1에서 오른쪽은 판단(Y_S)에 도달하는 과정에서 단서에 대한 판단자의 고려를 나타낸다. 만일 각 사례에 대한 준거의 진위를 알고 있다면(예 : 질병 유무), 판단의 전반적인 정확성(r_A)도 평가할 수 있다. 이 모형은 Brunswik의 시지각 연구(예 : 1955)에서 나왔으며 렌즈 모형(lens model)이라고 한다. 그 이유는 우리가 세상을 직접 지각하지 않고 여러 정보 항목(단서)으로 구성된 '렌즈'를 통해 지각한다고 가정하기 때문이다. Hammond (1955)는 렌즈 모형을 고차적 판단에 적용할 수 있다고 믿었다.

더 나아가기 전에, Brunswik이 개발한 **대표적 설계**(representative design)라고 알려진 연구 방법을 간단히 살펴보자. 이것은 렌즈 모형의 틀로 행해진 연구이다. 사람들이 어떻게 반응하는지 보기 위하여 자극을 체계적으로 조작하는 전형적 실험 기법보다 대표적 설계를 사용하는 연구자는 환경으로부터 무선으로 자극을 표집하거나 환경적 특성이 보

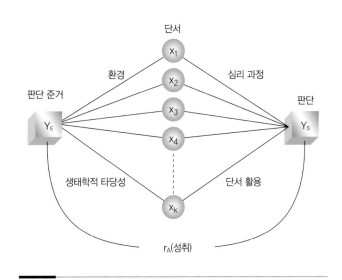

그림 2.1 렌즈 모형

존될 수 있는 자극을 만들어 낸다. Brunswik은 대표적 설계 방법을 사용한 연구 결과를 표준 실험 연구의 결과보다 실제 세상에 더 일반화할 수 있다고 생각하였다. 대표적 설계에 대하여 더 자세한 것은 Dhami 등(2004)을 참고하면 된다.

임상 예언과 보험 통계 예언

통계의 도움을 받지 않는 판단을 임상 예언(clinical prediction)이라고 부른다. 몇몇 연구들은 임상 예언과 보험 통계 예언을 비교하고, 모두가 통계 모형이 우수하다고 결론을 내렸다(예 : Grove et al., 2000; Meehl, 1954, 1965; Sawyer, 1966). 이 연구는 보통 직업과 관련된 판단을 대표하는 또는 단순히 직업상 판단 과제에 종사하는 전문가들을 포함하였다. Einhorn(1972)은 3명의 병리학자를 대상으로 연구했는데, 한 사람은 국제 전문가였으며 당시 치명적이었던 호지킨병을 진단한 후 생존 시간을 예측하는 능력을 다루었다. 질병의 정도에 대한 병리학자의 판단은 생존 시간을 예측하지 못했지만, 환자의 생체검사에 기초한 통계 모형은 작지만 생존 시간과 통계적으로 의미 있는 관계를 보여 주었다.

통계 모형의 우월성은 정신건강이나 신체건강 영역에 한정되어 있지 않다. Libby(1976)는 회사가 앞으로 3년 안에

실패할 것인지를 예언하는 데 있어서 회사의 재정 비율을 통계 모형으로 통합하는 것이 같은 정보를 사용한 은행 직원의 판단보다 더 나았음을 발견하였다. Libby는 원래 판단자의 자수성가 모형이 판단자 자신보다 우월하지 않음을 발견했으나, 그의 자료를 재분석하여 이 결론이 틀렸음을 보여 주었다(Goldberg, 1976).

다른 연구들은 여전히 사람이 통계 모형보다 우월한 수행을 한다고 보고하였으며, 면접과 같은 방법을 통해 추가 정보를 얻었을 때조차 그러하였다(예 : Sawyer, 1966; Wiggins, 1981). 실제로, 이 영역의 연구에서는 면접이 미래의 수행을 예언하는 데 궁색한 예언치임을 지적한다(그림 2.2). 한 연구에서 De Vaul 등(1987)은 텍사스대학교 의과대학 입시 과정을 연구하였다. 1979년에 2,200명의 잠재력 있는 학생들 중에서 800명이 면접을 치르게 되었다. 2명의 면접위원이 면접을 담당했으며, 그들은 서면평가를 중앙위원회에 제출하였다. 위원들은 각 후보를 평가한 후 이들을 조합해서 각 후보의 서열을 매겼다. 상위 350명의 후보들은 지원자들이 지원한 학교들에 대해 스스로 평가한 서열에 맞추어, 결국 150명의 학생이 입학 허가를 받았다. 그러나 이 시점에서 의과대학은 입학생을 200명으로 확대하였다. 유일하게 가용할 수 있는 지원자는 700등과 800등 사이의 학생들이었으며, 그중 43%가 어느 의과대학에도 합격하지 못한 학생들이었다. 추가 입학한 50명을 원래의 150명과 추후 수행에서 비교했을 때, 어떤 측정치에서도 이들의 차이를 찾을 수 없었다. De Vaul은 면접 절차가 시간 낭비였다고 결론을 내렸다.

그림 2.2 면접은 사람을 알기에는 부족한 방법인 것 같다.

보험 통계 모형이 임상 판단을 능가하는 이유는 무엇인가

사람이 통계 모형보다 덜 정확하다는 일반 결론은 판단 과정에서 사람이 중요하지 않음을 의미하지 않는다. 보험 통계 모형을 사용할 때조차, 모형에 사용되는 변수를 선택하기 위해서는 사람이 필요하다. 분명한 방향 관계를 가지는 방식으로 변수를 부호화하기 위해서도 사람이 필요하다. Dawes(1979)는 예언 변수가 우수하고 각 변수의 큰 값이 준거상 큰 값을 예언하는 방식으로 변수들이 척도화될 때 선형 모형이 매우 정확하게 작용함에 주목하였다.

그러나 올바른 단서들을 적절한 방식으로 적용하는 데 있어서 보험 통계 모형보다 사람이 덜 성공적이다. 특히 제3장~제6장에서는 최선의 결과를 유도하지 못하는 몇몇 판단 방식들을 살펴볼 것이다. 지금은 다음의 내용을 주목하는 것으로 충분하다.

- 이미 주목하였듯이, 사람들은 비일관적이지만 보험 통계 모형은 결코 그렇지 않다.
- 사람은 때때로 자신이 적절하다고 생각하는 단편적 정보에 의존하지만, 그것은 실제로 평가하려는 것과 거의 또는 전혀 관련이 없다.
- 사람은 적절한 정보를 고려하지만, 판단을 할 때 그 정보에 가중치를 잘못 부과할 수 있다.
- 추가 정보를 받을 때, 사람은 개별 사례를 규칙에 대한 예외로 파악하는 경향이 있다.
- 특정 영역에서 일하는 사람은 한쪽으로 치우친 사건 표본에 노출되기도 한다. Dawes 등(1989)은 뇌파 기록(EEG)을 보고 청소년 범죄의 비정상성을 반복적으로 검토하는 임상가들을 예로 들어, 이 중 반이 비정상적 EEG를 보인다면 그 임상가는 EEG가 범죄와 관계가 있다고 결론을 내린다고 하였다. 그러나 그 임상가가 자주 접하지 못하는 비범죄 청소년 중에도 EEG가 비정상적인 경우는 매우 흔하다.

- 면접 중에 받은 인상은 근본적 귀인 오류(fundamental attribution error)일 가능성이 큰데도, 사람들은 면접 상황이 사람의 행동에 끼치는 영향을 과소평가한다.
- 즉각적이고 정확한 피드백의 결여는 단서와 준거의 정확한 관계를 학습할 능력을 막거나 손상시킨다.
- 사람은 최근 경험이나 과제를 기술하는 방식의 부적절한 변화에 따라 상당히 영향을 받는다.
- 사람의 판단은 피로 또는 지루함의 영향을 받기도 한다.

끝으로, 임상 판단은 변화하는 환경 안에서 그 가치를 인정받는다. 보험 통계 모형은 안정된 환경을 가정하지만, 사람의 판단의 한 가지 장점은 변화를 탐지하는 것이다. Blattberg와 Hoch(1990)는 슈퍼마켓 지배인에게 여러 물건에 대한 수요를 예측하게 하였다. 그 다음 지배인이 판단한 평균과 과거 자료에서 산출된 통계 모형의 예측을 바탕으로 복합 예측을 하였다. 이 예측에 사람의 판단을 포함한 이유는 보험 통계 모형은 경쟁자의 행동이나 새 물건의 출시와 같은 새로운 사건이 수요에 끼치는 영향을 고려할 수 없기 때문이다. 복합 모형이 보험 통계 모형이나 혼자 일하는 지배인의 판단보다 더 정확하였다.

부적절한 선형 모형

자수성가 모형, 무작위 선형 모형, 등가 모형

앞서 보았듯이, 자수성가 모형과 같은 판단자 모형은 보통 판단자 자신을 능가한다. 자수성가 모형은 부적절한 선형 모형(improper linear model)의 하나인데, 그렇게 불리는 이유는 이 모형이 단서에 최적 가중치를 부과하지 못하기 때문이다. Dawes(1979)는 부적절한 선형 모형을 구성하는 것이 좋은 이유를 두 가지 상황에서 기술하였다. 한 상황은 표본 크기가 비교적 작아서 중다회귀가 더 이상 믿을 만하지 못한 경우이다. 다른 상황은 측정할 수 있는 준거값이 없어서 부적절한 모형을 구성해야 하는 경우이다. Dawes는 미국 대학원 입학에서 '전문적 자아 실현'이라고 불리는 미래의 장기적 변수를 예측할 수 있다고 한다. 이것이 무엇을 의미하는지 생각해 볼 수 있지만, 정확한 정의는 없다. 그럼에도 불구하고 학생들의 GRE, 평균 성적, 추천서와 같은 단서가 있다면, 직원에게 전문적 자아실현에 대한 지원자들의 점수를 매기도록 하여 전문적 자아실현 변수를 준거로 자수성가 모형을 구성할 수 있다.

자수성가 모형만이 유일한 부적절한 선형 모형은 아니다. Dawes와 Corrigan(1974)은 다른 두 모형의 정확성도 검토하였다. **무작위 선형 모형**(random linear models)에서 단서가 준거와 긍정적 또는 부정적 관련성이 있는지를 파악하는 것을 제외하고 가중치는 무작위로 선택된다. **동일 가중치 모형**(equal weighting models)에서는 각 단서의 가중치가 같다. 이 모형들을 다섯 가지의 서로 다른 자료 세트에 적용하였더니 무작위 선형 모형은 자수성가 모형만큼 수행을 잘했고, 동일 가중치 모형은 자수성가 모형보다 더 나은 수행을 보였다. Dawes와 Corrigan(p. 105)은 "비결은 어떤 변수들을 볼 것인지 그리고 그들을 어떻게 합산하는지를 아는 것이다."라고 말했다.

판단분석의 영향력 결여

사람의 판단을 보험 통계 모형의 판단과 비교하는 연구는 사람의 판단을 가능하면 보험 통계 모형으로 대치해야 한다고 함축한다. Meehl(1986, p. 373)은 "질적으로 서로 다른 여러 연구가 ⋯ 이처럼 획일적 결과를 보여 주는 사회과학에서 아무런 논쟁이 없다."라고 하였다.

그러나 이 연구는 판단에 대한 통계 접근이 시작된 임상심리학에서조차 그 영향력이 무시되었다. 예를 들어, 뇌손상 측정 영역에서 당시에 가용할 수 있었던 보험 통계 방법보다 비보험 통계 방법이 선호되었고(Guilmette et al., 1990) 면접은 여전히 미국의 정신건강 훈련 프로그램 입문을 위한 기초로 남아 있다(Dawes et al., 1989).

물론 어느 영역이든 전문가들은 결정을 공식에 맡기는 것을 반기지 않는데, 이 방법이 전문가의 전문성을 의심하기 때문이다. 그러나 관심이 있는 변인들을 선택하고 부호화하는 데 전문성이 요구됨을 기억해야 한다. 한편, 최종 결정을 공식에 맡기는 것은 정보를 처리하는 능력에 한계가 있음을 단순히 인정하는 것이다. 이에 대한 확실한 증거가 있다.

사람들이 결정을 지속적으로 제어하려고 고집하는 한 가지 이유는 그들이 과거 사례들을 선택적으로 기억하고 있기 때문이다. 예를 들어, 자신의 판단으로 좋은 결과가 나왔던 기억은 계속 유지하지만, 보험 통계 결론에서 나온 부정적 결과에는 특별히 민감하다. 보험 통계 모형에 저항하는 다른 이유는 각각의 사례가 고유하므로 통계를 적용할 수 없다고 생각하기 때문이다. 여기서 보험 통계 결론의 수용과 임상 판단 중 어느 하나를 선택해야 한다면, 후자의 행동 과정에서 부정확성이 더 클 수 있다. 불행히도, 자신의 판단에 대한 확신은 활용할 수 있는 정보의 양과 함께 증가하지만 정확성이 함께 증가하는 것은 아니다(Oskamp, 1965).

심적 확률 모형

빠르고 검약한 추단

사회판단이론은 사람들이 판단을 할 때 어떤 단서를 사용하는지 추리하기 위하여 통계 절차를 사용한다. 그러나 이 접근은 판단을 하는 동안 마음에서 실제로 무슨 일이 발생하는지 알려 주지 않는다. 단서를 사용하는 패턴을 파악하기 위해 회귀분석(regression analysis)을 사용한다는 것이 판단을 하는 동안 마음에서 회귀분석이 행해지고 있음을 의미하지 않는다. **심적 확률 모형**(probabilistic mental models; Gigernzer & Goldstein, 1996; Gigerenzer et al., 1991)은 인지 과정이 판단에 포함된다고 제안한다. 이 접근은 둘 중 하나(예 : 본과 하이델베르크 중 어느 도시의 인구가 더 많은가?)를 택하기 어려울 때 그중 하나를 선택하는 이유가 될 만한 단서를 연속적으로 검색하기 시작한다고 가정한다. 그런 단서를 일단 찾으면, 검색 과정을 중지하고 적절한 답을 선택한다.

이 이론은 회귀분석 접근과 다른데, 판단은 여러 단서에 기초한 구체적 검색 과정이 아니고 한 단서에 기초한다고 가정하기 때문이다. 이 접근은 때때로 한 가지 이유로 결정하기 (one-reason decision making)라고 부른다(Gigerenzer & Goldstein, 1996; Gigerenzer et al., 2002). 또한 이 접근은 적은 시간과 정보를 필요로 하기 때문에 빠르고 검약하다(fast and frugal). 이 접근의 기본 개념은 사람들이 제한된 용량(limited capacity)을 가진 정보처리자라는 것이다.

빠르고 검약한 추단의 예 : 재인, 최선책, 최종책, 최소책

빠르고 검약한 판단(fast and frugal judgment)은 추단 (heuristics)이나 지름길을 사용한다. 이 지름길 중 하나는 재인 추단(recognition heuristic)이다. 어떤 사람이 본 또는 하이델베르크 중 어느 도시에 인구가 더 많은지 질문을 받았다고 하자. 만일 하이델베르크는 들어 보시 못했지만 본은 들어 보았다면 본에 인구가 더 많다고 대답할 것이다. 그러나 두 도시를 모두 들어 보았거나 들어 보지 않았다면 재인을 기초로 변별하기가 불가능하다. 이 경우, 다른 단서를 계속 검색한다.

어느 나라든 도시의 인구수와 관련된 여러 환경 단서가 있다. 예를 들어, 독일은 그 도시가 수도인지, 유명한 축구 리그가 있는지, 대학이 있는지가 단서가 될 수 있다(표 2.1). 각각의 단서는 인구수와 관련하여 단순히 '예/아니오' 방향을 나타낸다. 어떤 단서는 다른 단서보다 생태학적으로 더 타당한데, 이것은 이 단서가 도시의 크기와 더 강하게 관련되어 있음을 의미한다. 그러나 높은 생태학적 타당성이 반드시 변별을 쉽게 해 주지는 않는다. 표 2.1에서 보듯이, 비교되는 도시 중 하나가 국가의 수도이면 그 도시를 확실히 선택하는데, 국가의 수도에는 인구가 항상 많기 때문이다. 그러나 도시의 크기를 판단할 때 비교되는 도시들을 무작위로 선택한다면 국가의 수도라는 단서는 변별력을 주기 어려운데, 그 이유는 거의 모든 비교가 국가의 수도를 포함하지

표 2.1 독일의 두 도시 중 어느 도시에 인구가 더 많은지 결정하기 위한 단서, 생태학적 타당성, 변별률

단서	생태학적 타당성	변별률
국가의 수도(그 도시가 국가의 수도인가?)	1.00	.02
박람회 장소(그 도시에서 박람회를 개최한 적이 있는가?)	.91	.25
축구팀(그 도시에 주요 리그에 소속된 팀이 있는가?)	.87	.30
열차 운행(도시 간 열차가 그 도시를 통과하는가?)	.78	.38
주 수도(그 도시는 주의 수도인가?)	.77	.30
자동차 번호판(한 글자로 된 약어가 있는가?)	.75	.34
대학(그 도시에 대학 본부가 있는가?)	.71	.51
산업벨트(그 도시가 산업벨트에 속하는가?)	.56	.30
동독(그 도시가 이전에 동독에 속했던 곳인가?)	.51	.27

출처 : Gigerenzer & Goldstein, 1996

않기 때문이다. 최선책 추단(take the best heuristic)에 따르면, 사람들은 가장 타당한 단서를 첫 번째로 선택하지만 그 단서가 변별력이 없으면 그 다음으로 가장 타당한 단서로 이동하는 방식을 사용하여, 선택지들을 변별할 수 있는 단서를 찾을 때까지 이 과정을 계속한다. 두 가지 다른 추단은 최종책(take the last, 이런 유형의 판단에서 마지막으로 작용한 단서를 택하기)과 최소책(minimalist, 무작위로 단서를 택하기)이다.

컴퓨터 시뮬레이션에서 나온 증거는 최선책, 최종책, 그리고 최소책이 다중회귀와 다른 더 복잡한 절차와 비교할 때 유리함을 보여 준다. Gigerenzer와 Goldstein(1996)은 총체적 무지로부터 총체적 재인까지의 범위 안에서 재인 정도가 다른 도시들의 크기 판단을 시뮬레이션으로 수행하였다. 시행에 걸친 평균은 정확성에서 최선책이 다중회귀와 같았으나(각각 65.8% 대 65.7%), 다중회귀는 평균 10개의 단서를 조회할 필요가 있었는데 비해 최선책은 단지 3개의 단서로 가능하였다. 다른 빠르고 검약한 추단 역시 수행이 좋았는데, 최종책은 2.6개의 단서로 64.5%의 정확성을 얻었고, 최소책은 2.8개의 단서로 64.7%의 정확성을 얻었다 (Gigerenzer et al., 2002 참조).

빠르고 검약한 추단의 경험적 검증

시뮬레이션 연구의 성과가 있지만, 사람들이 이 모형과 일치하는 행동을 하는지 알아보는 것은 중요하다. 재인 추단을 검증하는 작업으로, Goldstein과 Gigerenzer(2002)는 시카고대학교의 학생들에게 독일의 도시들을 쌍으로 제시한 후 어느 도시가 더 큰지를 물었다. 또 도시명이 열거된 목록 하나를 주고 재인하고 있는 도시를 표시하게 하였다. 평균적으로 판단의 90%가 재인한 도시들과 일치하였다. 두 번째 연구에서, 학생들은 두 도시 중 더 큰 도시를 선택하라는 요청을 받았다. 그러나 한 도시는 재인하지 못하고 축구팀이 없다고 알려진 다른 도시(훈련 기간에 학습한 사실로서)를 재인했을 때 중요한 비교가 이루어졌다. 재인 정보에 가치를 두지 않은 사람들은 이런 특수한 쌍에서 항상 재인하지 못한 도시를 택해야 하였다. 그러나 추론의 92%가 재인된 도시와 일치하였다.

이 두 연구는 모두 방법론에서 비평을 받았다. 첫 번째 연구는 참여자들이 독일 도시에 대하여 가진 지식을 통제하지 못하였다. 예를 들어, 사람들은 베를린을 재인했을 뿐만 아니라, 매우 큰 도시라는 것도 알았을 것이다(Oppenheimer, 2003). 두 번째 연구에서, 축구팀에 대하여 관심이 낮은 미국인들은 도시의 크기를 추론할 때 축구팀 단서를 과소평가했을 것이다(Richter & Späth, 2006). 축구팀 단서의 예언적 타당성 역시 원래의 연구에서 가정된 것보다 작았다(Bröder & Eichler, 2006; Newell & Fernandez, 2006).

Richter와 Späth(2006, 실험 3)는 독일 학생들에게 국제공항은 도시 크기를 판단하는 데 매우 타당성이 높은 단서임을 먼저 학습시킨 후, 미국의 도시들을 쌍으로 제시하고 더 큰 도시를 택하게 하였다. 그 결과는 공항의 유무가 재인 정보와 함께 사용되었음을 나타냈다(그림 2.3). 재인된 도시에 국제공항이 있음을 알았을 때, 재인되지 못한 도시 대부분이 더 큰 도시로 선택되지 못하였다. 공항 정보가 제공되지 않았을 때, 재인되지 못한 도시가 조금 더 선택되었다. 그러나 재인된 도시에 공항이 없다는 것을 알았을 때 재인되지

못한 도시가 더 많이 선택되었다.

Richter와 Späth는 참여자들이 여러 종류의 동물의 전집 크기(2006, 실험 1)와 비행기 안전(2006, 실험 2)을 판단할 때 재인 정보를 이전 지식과 함께 사용했음을 발견하였다. 실제로 동물의 종류와 관련된 재인은 편향된 판단을 유도하였다. 예를 들어, 재인되지 않은 큰 전집의 동물과 재인된 작은 전집의 동물이 쌍으로 제시되면, 사람들은 정확하게 전자를 시행의 33%정도로만 선택하였다. 한편 참가자들은 전집 크기가 큰 집단과 작은 집단의 동물을 모두 재인했으나, 전집의 크기에 대한 지식이 없었을 때 수행은 우연 수준(55%의 정답 반응)에서 이루어졌다. 이 연구에서 나온 반응 시간 자료 역시 재인과 지식이 일치하지 않을 때 사람들의 반응이 더 늦어짐을 보여 주었다.

Newell과 Fernandez(2006)도 비슷한 결과를 보고하였는데, 그들은 다른 환경 단서의 타당성이 증가하면 재인에 덜 의존하게 됨을 보여 주었다. 요약하면, 사람들은 판단할 때 재인 정보를 사용하지만, 재인 추단 지지자들이 제안하는 것처럼 그것을 빠르고 검약한 방식으로 사용하지는 않았다(Gigerenzer & Goldstein, 1996; Goldstein & Gigerenzer, 2002). 다른 말로 하면, 사람들은 하나 이상의 이유를 사용하는 것처럼 보인다.

최선책(take the best, TTB) 추단과 관련된 경험적 증거

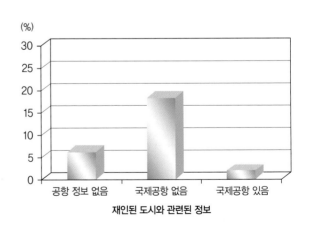

그림 2.3 재인되지 않은 도시가 재인된 도시보다 더 큰 것으로 파악되는 빈도(%)

출처 : Richter & Späth, 2006

역시 약간 혼재되어 있다. 몇몇 연구들은 과제를 변형하여, 참가자들에게 회사의 재정적 상태에 관해 양분적 항목(예 : 그 회사는 안정된 회사입니까? 예/아니오)을 주고 어느 회사의 주식이 더 이익이 되는지를 물었다. Bröder(2000)는 참가자들에게 4가지 정보의 타당성을 알려 주었다. 그러나 각 시행에서 참여자들은 원하는 정보를 어느 것이든 구매해야 했다. 그들은 단서 타당성의 순서로만 정보를 구매할 수 있었는데, 이것이 최선책 방략을 채택하는 데 유리한 제약이다. Bröder는 정보의 가격이 비싸면 참가자의 65%가 최선책 방략을 사용했지만, 정보의 가격이 싸거나 공짜이면 15%만이 최선책을 사용했다고 보고하였다.

비슷한 결과가 Newell과 Shanks(2003, 실험 1)에 의해 보고되었다. 그들은 참여자가 훈련단계에서 피드백을 통해 스스로 단서 타당성을 학습하게 하였다. 그들은 참가자가 어느 단서가 가장 유용한지 파악하지 못했음을 발견하였는데(추정과 서열 매기기 과제 모두에서), 이것은 참가자가 단서 타당성을 잘 학습하지 못했음을 나타낸다. 단서 타당성의 학습에서 장애물이 파악되었는데, 참가자의 반에게 '예/아니오' 단서 표시를 다른 뚜렷한 표시(예 : 그 회사의 공정 대부분이 어디에서 이루어지는가? 0=미국, 1=영국)로 바꾸어 제시하였다. 훈련단계에서, 뚜렷한 표시가 높은 값의 주식보다는 낮은 값의 주식을 선택하도록 유도했으나, 검사단계에서는 아무런 차이를 나타내지 않았다.

다른 연구들은 사람들이 한 가지 이유로 결정 내리기 방법을 항상 쓰지 않고 방략 선택을 환경에 매우 잘 적응시킨다고 지적하였다. Rieskamp와 Otto(2006)는 피드백이 방략 학습에 어떤 영향을 주는지 연구하였다. 그들은 최선책(TTB) 방략이 가중치 합산(Weighted Additive, WADD, 가용할 수 있는 모든 정보의 장점과 단점을 계산하기[1]) 방략보다 때로는 더 이익이 되도록 시행들을 설계하였다. 이것을 **비보상 환경**이라고 하며, 다른 시행들은 이와 반대되는 경우로, **보상 환경**이라고 한다. 4개의 연구에 걸쳐서 그들은 과제를 시작하는 시점에서는 가중치 합산 방략이 선호되는 경향이 있었지만, 사람들은 어느 방략이든 특정 환경에서 가장 유리한 방략을 잘 알고 사용하였음을 발견하였다.

또한 Bröder(2003)는 사람들이 자신의 수익을 최대로 하는 방략을 사용할 수 있다는 것을 발견하였다. 그러나 이것은 지능검사로 측정되는 지능에 의해 조절된다. 기대했던 것과는 반대로, 지능이 높은 사람들은 복잡한 방략을 쓰지 않았다. 오히려, 지능이 높은 사람일수록 비보상 환경에서 최선책을 더 많이 사용하였다. 이 결과들은 Rieskamp와 Otto의 결과와 함께, 보상 방략이 여기서 기술되는 확률 과제에서 기정치(default)와 같은 선택지임을 시사한다. 다른 말로 하면, 보상 방략은 정보를 무시하고 검약한 방식으로 행동하는 신중한 결정을 요구한다.

Newell 등(2004)은 방략 선택에 관해 또 다른 견해를 제안하였다. 이들은 단서들의 전반적 효용성이 그 변별력과 타당성 모두의 함수임을 주목하였다. 독일 도시의 예에서 한 도시가 국가의 수도임을 아는 것은 인구 크기에 대해 높은 타당성을 가진 단서인데, 수도는 보통 다른 도시보다 크기 때문이다. 그러나 이 단서로 두 선택지를 결코 잘 구별하지 못하는 이유는 거의 모든 독일의 도시 쌍이 수도를 포함하지 않기 때문이다. 그러므로 수도라는 단서는 쓸모없다. 사실, 변별과 타당성은 독일 도시 문제에서 부정적으로 상관된다(Gigerenzer & Goldsten, 1996).

몇몇 연구에 걸쳐서, Newell 등은 타당성, 변별률, 또는 **성공**에 의해 추진되는 참여자들의 정보 검색 정도를 검토했는데, 여기서 '단서의 성공은 선택을 할 때 단지 그 단서만 사용해서 기대되는 정확한 추론 비율이다(2004, p. 120).' 상당한 차이가 있지만, 피드백의 확률적 특성 때문에 성공이 타당성이나 변별률보다 검색에서 더 큰 결정 요인으로 드러났다. Newell 등은 한 가지 이유 추단(one reason heuristic)의 수행을 모형화하여 성공책(select the successful, STS)이라고 불렀다. 그들은 성공책이 최선책만큼 정확하고, 정보 사용에서 더 검약적임을 발견하였다.

제3장과 제4장에서 추단 사용을 자세히 살펴볼 것이다.

이 장에서 기술된 빠르고 검약한 추단은 이 장 처음에 살펴본 연구와 비슷하게, 여러 시행에 걸친 수행을 분석하였다. 그러나 다른 추단은 단일 시행에서 사람들이 수행하는 방식을 분석하였다. 이런 추단의 적용에서 공통점은 통계 문제에 대한 사람들의 수행을 확률적 이론이 규정하는 답과 비교하는 것이다. 그럼에도 불구하고, 사람들은 판단할 때 단 하나의 단서를 사용한다는 기본 원리는 같다.

요약

사회판단이론은 판단자가 정보 단서의 렌즈를 통해 관심이 있는 사건이나 준거를 판단하는 렌즈 모형에 기초한다. 각 단서는 어느 정도 생태학적 타당성을 가지며, 이것은 단서와 준거의 강도를 말한다. 판단의 정확성은 단서의 타당성을 얼마나 정확하게 평가해서 정보를 통합하는가에 의존한다.

판단을 향상하는 방법 중 하나는 판단을 보험 통계 모형으로 대체하는 것이다. 이것은 단서의 최적 가중치에 기초할 수도 있다. 그러나 단서에 최적 가중치를 주지 못하는 부적절한 선형 모형도 일반적으로 판단자를 능가한다. 판단자 자신의 정책인 자수성가 모형조차 그 모형이 기초하는 판단자의 수행을 능가한다.

판단에 대한 다른 접근은 심적 확률 모형에 기초한다. 단일탐색이론이나 사회판단이론과는 달리, 이 접근은 판단에 내재하는 인지 과정에 관한 이론이다. 이 이론에 따르면, 사람들은 빠르고 검약한 추단을 사용하여 판단한다. 그들이 판단할 수 있게 해 주는 단서 하나를 찾을 때까지 기억에서 단서들을 탐색하는데, 요약하면 그들은 단지 하나의 단서에 기초하여 판단한다. 컴퓨터 시뮬레이션에서 이들의 정확성은 적은 정보에 기초한 다중회귀의 정확성에 근접하거나 그와 같은 수준이다. 그러나 심리학 연구에서 나온 증거는 아직 분명하지 않다.

질문

1. 판단에서 선형 모형은 무엇인가?

2. 자수성가 모형은 무엇인가?

3. 임상 판단을 보험 통계 모형 판단과 어떻게 비교할 수 있는가?

4. 사회판단이론 접근에 기초한 연구를 설계하라.

5. 왜 선형 모형이 판단자 자신의 판단 모형을 포함하여 사람들의 판단을 능가하는가?

6. 판단에 대한 빠르고 검약한 추단 접근을 회귀분석 접근과 비교하고 대조하라.

주

1. WADD 방략은 제8장에서 자세히 다룰 것이다.

추천도서

학술지 *Thinking & Reasoning*의 Volume 2(numbers2~3)는 주로 사회판단이론의 주제를 다룬다.

Dawes, R. M., Faust, D. & Meehl, P. E. (1989). Clinical versus actuarial judgment. *Science, 243*, 1668~1673.

T. Gilovich, D. Griffin, D. Kahneman (Eds.) (2002), *Heuristics and biases: The psychology of intuitive judgment*. Cambridge: Cambridge University Press에

서 재인쇄. 이 논문은 (보험) 통계 판단이 임상 판단을 어떻게 그리고 왜 능가하는지를 보여 준다.

Gigerenzer. G., Czerlinski, J. & Martignon, L. (2002). How good are fast and frugal heuristics? In T. Gilovich, D. Griffin & D. Kahneman (Eds.), *Heuristics and biases: The psychology of intuitive judgment*. Cambridge: Cambridge University Press. 이 장은 어떻게 빠르고 검약한 판단이 더 많은 정보를 사용하는 판단만큼 좋은지 많은 예를 보여 준다.

Kirlik, A. (2006). *Adaptive perspectives on human-technology interaction: Methods and models for cognitive engineering and human-computer interaction*. Oxford: Oxford University Press. 이 책은 인간과 과학기술의 상호작용에 관한 Brunswik 학파의 접근을 적용한 장을 모아 편집한 것이다.

03 확률과 빈도 판단

대표성 추단
- 범주 구성원
- 표집
- 복합 사건
- 무작위 연속의 오지각

가용성 추단
- 내용 회상 대 인출 용이성

지지이론

MINERVA-DM(MDM) : 기억에 기초한 판단

조건 확률의 판단
- 보수주의
- 기저율 무시
- 베이스 추리 촉진하기

이 장을 읽기 전에, 다음 문제를 생각해 보자(Kahneman & Tversky, 1972).

1. 어느 도시에 2개의 병원이 있다. 큰 병원에서는 매일 약 45명의 신생아가 태어나고, 작은 병원에서는 매일 약 15명의 신생아가 태어난다. 누구나 알고 있듯이, 신생아의 50%가 남아이다. 그러나 남아의 정확한 백분율은 매일 변한다. 때로는 50%보다 많고, 때로는 50%보다 적다. 1년간 각 병원에서는 신생아의 60% 이상이 남아였던 날을 기록하였다. 어느 병원에서 이런 날이 더 많았다고 생각하는가?

2. Linda는 31세이고, 미혼이고, 말이 많고, 매우 명석하다. 그녀는 철학을 전공하였다. 학생 시절, 그녀는 차별과 사회 정의와 관련된 쟁점에 깊은 관심을 두었고, 반핵 시위에도 참여하였다. 다음 진술문을 읽고 확률에 따라 가장 그럴듯한 것은 1로, 가장 그럴듯하지 않은 것은 8로 서열을 표시하시오.

A. Linda는 초등학교 교사이다.

B. Linda는 서점에서 일하고, 요가를 배운다.

C. Linda는 여성운동에 적극적이다.

D. Linda는 정신치료를 담당하는 사회복지사이다.

E. Linda는 여성투표연맹의 회원이다.

F. Linda는 은행원이다.

G. Linda는 보험 외판원이다.

H. Linda는 은행원이고 여성운동에 적극적이다.

서론

제2장에서 사람들은 판단할 때 적절한 모든 정보를 고려하지 않으므로 일정한 정보에 정확한 수준의 중요성을 항상 부여하지 않음을 알았다. 사람들이 판단의 지름길로 추단을 사용하는 것도 알았다 이 장에서는 확률이나 빈도를 판단 기제로 제안한 다른 두 가지 추단을 소개하고자 한다. 첫째, 대표성 추단은 유사성 평가를 통해 확률 문제에 답한다. 둘째, 가용성 추단은 기억에서 적절한 예를 인출하고 이 예가 마음에 얼마나 쉽게 떠오르는지를 평가하여 확률이나 빈도 문제에 답한다.

덧붙여, 확률 판단에 영향을 주는 중요한 요인은 문제를 기술하는 방법이다. 이것은 뒤에서 논의할 지지이론이 언급하는 쟁점의 하나로, 결과가 매우 자세하게 기술될 때 그 확률을 더 높게 판단하는 경향이 있다는 것이다.

또 빈도 판단의 대안으로 사람들이 다중 방략을 채택하고 있음을 설명할 것이다. 판단의 또 다른 접근은 대표성과 가용성을 기억 모형 안에서 설명하는 MINERVA-DM 모형이다.

끝으로, 신념을 새 정보에 비추어 수정하는 조건 확률을 살펴보겠다. 특히, 조건 확률 과제의 형식이 수행에 영향을 주는 방식을 논의하겠다.

대표성 추단

컴퓨터 게임 디자이너를 생각할 때 마음에 어떤 심상이 떠오르는가? 저자는 안경을 쓰고 공상과학이나 중금속으로 디자인된 바지와 티셔츠를 입은 깡마르고 창백한 피부의 젊은 남자를 떠올린다. 이런 사람을 만났을 때 이 사람이 컴퓨터 게임 디자이너일 확률을 저자에게 묻는다면, 저자의 순간적 판단은 그 확률을 매우 높게 본다. 그러나 이런 판단을 하면서, 실제로 확률은 고려하지 않는다. 단순히 이 젊은이가 컴퓨터 게임 디자이너에 관한 저자의 고정관념과 매우 닮았다고 평가한다. 이런 생각이 **대표성 추단**(representativeness heuristic)의 예이다.

> 대표성은 표본과 전집, 범례와 범주, 행위와 행위자, 더 일반적으로 결과와 모형의 일치성 정도에 대한 평가이다 (Tversky & Kahneman, 1983, p. 295).

> 이 추단을 따르는 사람은 어떤 불확실한 사건이나 표본이 i) 전집과 그 본질에서 어느 정도 비슷한지, ii) 그것이 생성

된 과정의 현저한 특성을 어느 정도 반영하는지를 확률로 평가한다. 어느 상황에서든 사건 A가 사건 B보다 더 대표적으로 보이면, 여러 상황에서 사건 A가 사건 B보다 더 그럴듯하다고 판단한다. 다른 말로 하면, 주관적 확률에 따른 사건의 서열화는 대표성에 따른 서열화와 일치한다 (Kahneman & Tversky, 1972, p. 431).

기본적으로 사람들은 대표성 추단을 할 때 유사성을 판단한다. Kahneman과 Frederick(2002)이 말했듯이, 사람들은 자기도 모르게 어려운 질문을 쉬운 질문으로 대체한다. 확률을 계산하는 대신에 그들은 '이것이 그것과 비슷한가?'라고 스스로 묻는다. 이런 추단이 오류를 유도하지만, 완벽하지 않더라도 충분한 판단을 이끌어 낸다. Tversky와 Kahneman(1983, p. 296)이 말했듯이, '대표성은 빈도와 함께 공변하는 경향이 있다. 즉, 일반적으로 흔한 예와 빈번한 사건이 희귀한 예와 드문 사건보다 더 대표적이다.' 예를 들어, 대표적인 영국 또는 미국 가족은 보통 2명의 자녀를 두고 있으며 대표적 여름 날씨는 덥고 햇빛이 눈부시다.

대표성 추단은 광범위한 판단 현상을 설명하는 데 사용되

었다. 이제부터 범주 구성원, 표집, 복합 사건, 무작위성 오지각을 살펴보자.

범주 구성원

앞에서 제시한 컴퓨터 게임 디자이너의 예는 범주 구성원(category membership)에 관한 문제였다. 왜 대표성이 이런 종류의 판단에 틀린 답을 쉽게 제공할까? 그 이유는 게임 디자이너에 대한 비율을 모르고 있기 때문이다. 사실, 게임 디자이너보다 게임 디자이너가 아닌 사람이 훨씬 더 많으며, 이 중에는 앞의 사례와 같은 복장을 한 사람도 많다. 환경에서 특정 범주의 분포 정도를 기저율(base rates)이라고 부른다.

한 연구에서, Kahneman과 Tversky(1973)는 대학생 집단에 그들이 재학 중인 대학의 서로 다른 9개 전공 분야의 전공생 백분율을 물었다. 이 추정치는 전공 기저율에 대한 사람들의 신념을 반영하였다. 다른 집단에는 'Tom W'의 성격 묘사를 주고 Tom W가 9개 전공 각각의 전형적인 학생과 얼마나 비슷한지 서열로 표시하게 하였다. 심리학 전공생으로 구성된 세 번째 집단은 심리학자들이 투사검사를 기초로 Tom의 성격 묘사를 작성했다는 말을 들었다. 그리고 그들에게 Tom이 9개 전공 중 어떤 전공의 학생일지 그 개연성을 서열로 표시하게 하였다.

전반적으로 사람들은 Tom이 인기가 없는 전공의 학생이라고 생각하는 경향이 있었다. 이 판단은 Tom이 그 전공 분야의 전형적 학생과 얼마나 비슷한지에 대한 사람들의 판단과 거의 완전한 상관이 있었다. 따라서 사람들은 기저율을 무시하고 대표성에 의존하는 것으로 보였다.

사람들이 범주 구성원을 판단할 때 **대표성**은 두 가지 방식으로 적용된다.

1. 원형(**대표적 범례**)이 예측 과제에서 범주를 대표하는 데 쓰인다.
2. 개인이 범주에 속할 확률은 그가 해당 범주의 고정관

념을 닮은(대표하는) 정도에 따라 판단되었다. 따라서 대표성에 따른 범주 예측은 2개의 분리된 교환 행동을 포함하는데, 하나는 범주의 원형 범례(prototypical exemplar)로 교환하는 것이고, 다른 하나는 표적 특성(target attribute)과 확률적으로 유사한 추단 특성(heuristic attribute)으로 교환하는 것이다(Kahneman & Frederick, 2002, p. 73).

대표성의 첫 번째 의미는, 범주를 대표하는 원형을 사용하는 것으로 **원형 추단**(prototype heuristic)이라고 한다.

원형 추단은 다른 유형의 판단에도 포함된다. 경제 평가가 여기 해당한다. Desvouges 등(1993)은 기름 유출로 위험에 처한 새를 돕기 위해 기부금을 내려는 사람들의 의지는 실제의 새 숫자와 무관함을 발견하였다. 2,000마리, 20,000마리 또는 200,000마리의 새를 구하는 데 기부하려는 평균 액수는 각각 80달러, 78달러, 88달러였다. 원형 추단이라는 말로 설명하면, 사람들은 수많은 새의 죽음을 표상하기 위하여 새 한 마리가 기름에 빠져 죽는 심상과 같은 원형을 만든다는 것이다. 그리고 이 심상은 정서 반응을 불러일으켜서 금전적 척도로 연결된다는 것이다.

경험 평가 역시 원형 추단에 의존한다. 사람들은 한동안 지속된 경험을 회상할 때 매 순간을 모두 기억하지 않고 하나의 '순간 모형(snapshot model)'에 의존한다. 경험의 질에 대한 그들의 판단은 경험의 정점과 종점의 평균에 기초한다(Frederickson & Kahneman, 1993; Redelmeier & Kahneman, 1996). 따라서 고통스러운 대장내시경검사를 경험한 환자들이 경험의 전체 기간과 무관하게 첫 번째 불편한 경험이 끝에 가서 최소화된 경우, 두 번째 대장내시경검사를 기꺼이 수용하였다(Redelmeier & Kahneman, 1996).

표집

삶의 어떤 영역에서 표집(sampling)은 주요 쟁점이다. 여론조사자는 광범위한 전집의 의견을 반영할 수 있는 집단을 선

택해야 한다. 그들이 선택하는 표본의 크기와 구성이 전집 의견을 얼마나 정확하게 반영하는지를 결정한다. 과학자 역시 표집 문제에 민감하다. 신문에서 자주 작은 표본에서 나온 연구 결과에 기초하여 '건강 공포'를 보고하는데, 이런 결과는 흔히 큰 표본을 쓰면 반복되지 않는다. **큰 수 법칙**(law of large numbers)에 따르면, 한 표본의 평균값은 그 표본이 클수록 전집의 특정 경계 안에 떨어지는 경향이 크다. 사람들은 이 법칙을 직관적으로 이해하고 있다.

예를 들어, 태평양 남동쪽에 있는 가상의 섬에 거주하는 살찐 원주민의 비율을 추정할 경우, 사람들은 섬을 탐색하면서 살찐 원주민 3명을 만났을 때보다 20명을 만났을 때 더 큰 추정치를 보고하였다. 또한, 살찐 원주민 1명을 만났을 때보다 3명을 만났을 때 추정치가 더 커졌다. 그러나 이러한 일반화는 표본의 다양성에 관한 사람들의 신념에 따라 달랐다. 사람들은 문제의 대상이 전집에서 동질적이라고 생각하면, 표본 크기와 무관하게 강한 일반화를 보였다. 갈색 피부의 원주민을 한 명만 만나도 그 섬 거주자의 피부색이 갈색이라고 100% 일반화를 했으며, 드문 화학물질의 전기적 및 가연성 특성에 대하여도 같은 결과가 얻어졌다. 참여자들은 가상의 새의 색깔이나 둥지 틀기 행동에 대하여는 약한 일반화를 보였다(Nisbett et al., 1983).

그러나 다른 연구는 사람들이 추리를 할 때 통계 모형이 적합하다고 알고 있지만 이런 직관을 정확하게 적용하지 못하고 대신에 대표성 추단을 쓴다고 지적한다. 따라서 이 장 처음에 나온 질문 1에서 전반적으로 신생아가 적게 태어나는 작은 병원에서 큰 병원보다 남아가 태어날 비율이 60% 이상인 날을 더 많이 기록하게 될 것이다. 큰 수 법칙에 따르면, 작은 병원이 전집의 50%를 넘을 확률이 높다. 그러나 참여자들은 두 병원에서 그렇게 기록된 날 수가 같을 것이라고 응답하였다.

복합 사건

당신은 이 장 처음에 나온 질문 2에 어떻게 답했는가? 진술문 H가 F보다 더 그럴듯하다고(개연성이 높다고) 답했는가? 만일 그렇다면, 당신은 실수한 것이다. Tversky와 Kahneman은 이런 답을 통계 강의를 듣지 않은 학생뿐 아니라 통계와 확률 강의를 한두 개 또는 집중적으로 들은 학생에게서도 똑같이 발견하였다(그림 3.1). 그러나 이 답 역시 틀렸다. 사람들이 범하는 이런 오류를 **결합 오류**(conjunction fallacy)라고 부른다. 확률이론은 두 사건의 조합이 두 사건 중 어느 하나의 확률보다 결코 더 높을 수 없다고 말한다. 이것은 등식 3.1로 표현된다.

(3.1)　$P(A\&B)=P(A)\times P(B\mid A)$[1]

또는 사건 A와 B가 독립적이면 등식 3.2를 적용한다.

(3.2)　$P(A\&B)=P(A)\times P(B)$

그러나 H의 개연성을 F보다 더 높은 서열로 평가하는 것은 결합을 그것을 구성하는 어느 한 성분보다 더 높은 개연성으로 평가하는 것이다.

진술문 F(Linda는 은행원이다.)를 잠시 생각해 보자. 이 진술문은 두 가지 가능성, 즉 'Linda는 여성운동에 적극적이다.'와 'Linda는 여성운동에 적극적이지 않다.'를 모두 포함한다. 진술문 F는 이 두 가지 가능성을 모두 포함하기 때문에 그녀는 은행원이면서 여성운동에 적극적이라는 더 구체적인 진술문보다 개연성이 더 높아야 한다.

물론 Linda에 관한 기술은 여성운동가를 대표하고 은행원을 대표하지 않게 구성되었다. 이처럼, 사람들은 확률 판단을 또다시 유사성 판단에 기초한 대표성에 두고 있다. 다시 말해, Linda가 어떤 직업을 가졌든 그녀는 여성운동가일 개연성이 높다. 이 해석은 'Linda가 해당 집단의 전형적 구성원과 닮은 정도'를 평가한 다른 집단의 서열 표시로 지지되었다. 참여자의 85%가 여성운동가 〉 은행원과 여성운동가 〉 은행원 순서로 예측하였다.

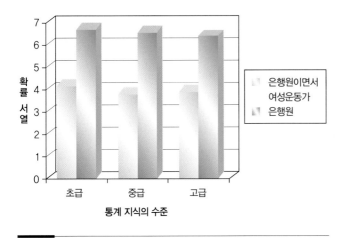

그림 3.1 Linda 문제(이 장 앞에 나온 문제 2)에 대해 통계 교육의 수준에 따른 세 집단의 반응. 1=가장 그럴듯한, 7=가장 그럴듯하지 않은
출처 : Kahneman & Tversky, 1982

이 결과의 다른 해석은 사람들이 'Linda는 은행원이다.'라는 진술문을 'Linda는 은행원이고 여성운동에 적극적이지 않다.'로 재해석한다는 것이다. 그러나 다른 연구들은 이 해석을 지지하지 않는다. 한 연구에서 어떤 집단에는 복합 진술문 H가 목록에서 제거되었고 다른 집단에는 진술문 C와 F가 목록에서 제거되었다. H는 여전히 다른 진술문보다 비교적 상위에 있었다. 다른 연구(Tversky와 Kahneman, 1983)에서 대부분의 사람은 진술문 F가 'Linda는 여성운동에 적극적이든 그렇지 않든 은행원이다.'로 대체되었을 때 여전히 오류를 범하였다. 오류 감소는 통계 강의를 들은 학생들에게 진술문 F와 F & H로 확률 평가(서열화가 아님.)를 요청했을 때 관찰되었지만, 이때도 상당한 소수(23/64)가 여전히 오류를 범하였다.

결합 오류의 발생을 줄이는 방법 중 하나는 확장 단서(확률에 기여하는 개별 사건 모두를 뜻함)를 제공하는 것이다. Tversky와 Kahneman은 참여자에게 다음 문제를 제시하였다.

브리티시 컬럼비아에 거주하는 모든 연령층과 직업군에 속한 100명의 성인을 표본으로 건강 조사를 실시하였다. 다음 질문에 당신이 생각하는 가장 좋은 추정치를 제시하라.

100명의 참여자 중 얼마나 많은 사람이 한 번 또는 그 이상의 심장 발작을 경험했을까?

100명의 참여자 중 얼마나 많은 사람이 55세 이상이면서 한 번 또는 그 이상의 심장 발작을 경험했을까?

참여자의 25%가 이 문제에서 결합 오류를 보였다. 이 결과를 65%의 오류를 범한 다른 연구와 비교하였는데, 그 연구에서는 표본 크기가 생략되었고 두 질문은 '조사된 사람의 몇 %가 ……?'로 시작되었다. 이처럼, 개별 사례의 언급이 범주 포함 관계에 대한 사람들의 재인을 촉진하였다. 그러나 위와 같이 빈도로 물어보는 결합 문제에서조차 오류를 전적으로 제거하지 못하였다.

무작위 연속의 오지각

일상에서 우리가 지각하거나 당면하는 여러 사건은 서로 연결되어 있다. 예를 들어, 교통신호 불빛이 초록에서 빨강으로 바뀌면 신호등 가장 가까이 접근하는 차가 속도를 늦추고, 그 뒤차가, 또 그 뒤차가 연속해서 선다. Pinker(1998, p. 346)는 '운행 중인 기차의 10번째 칸이 3번째 칸에 비해 승무원실일 개연성이 더 크다.'라고 지적하였다. 마음은 사물의 연결을 재인하거나 추론할 수 있는 장치를 잘 갖추고 있어서, 실제로 연결되어 있지 않은 것에서 연결을 보는 경우가 있다(오리온, 큰 곰 등으로 지각하는 수많은 연결되지 않은 별들처럼).

이런 경향은 때때로 다음의 2005년 뉴스 보도처럼 혼란을 초래한다.

53이라는 숫자가 이탈리아에 안도감을 주다.
몇 건의 사망 사건과 은행 파산으로 비난을 받았던 이해하기 어려운 숫자 53이 결국 베니스 복권에서 2년의 기다림 끝에 터졌다.

이탈리아 사람들은 53이 나오기를 희망하면서 3.5 유로 이상을 내기에 걸었는데, 이것이 국가적 집착이 되었다. 지난 달에는 가족 예금으로 53이라는 숫자에 내기를 건 여성이 토스카나의 바다에 빠져 자살했다고 로이터 통신이 보도하였다. 경찰은 피렌체 근처에 살고 있는 한 남자가 53

이라는 숫자와 관련된 빚 때문에 총으로 아내와 아들을 죽이고 자신도 자살했다고 말하였다.

소비자 집단인 Codacons는 최근 국가의 '집단 정신병'을 멈추기 위해 숫자 53을 복권 뽑기에서 없애 줄 것을 정부에 요청하였다.

이 이야기는 **도박꾼의 오류**라고 알려진 현상으로, 사람들이 도박 장치의 연속적 결과를 비독립적으로 처리하는 것을 의미한다. 다른 말로 하면, 사람들은 도박 장치가 기억을 가진 것처럼 행동한다. 앞의 사례에서, 숫자 53이 계속 나오지 않았기 때문에 다음 복권 추첨에서는 이 숫자가 뽑힐 개연성이 크다고 생각한다. 그러나 어떤 시행에서든 숫자 53이 뽑힐 개연성은 다른 숫자가 뽑힐 개연성과 같다.

반대로, 복권을 사는 사람들은 최근에 당첨된 숫자 조합에 있었던 숫자를 피하는 경향이 있다. 예를 들어, Maryland's Pick 3 lottery 연구 결과는 당첨된 숫자가 인기를 되찾는 데 3개월이 걸렸음을 발견하였다(Clotfelter & Cook, 1993; Terrell, 1994 참조). 다시 말해, 최근에 뽑힌 숫자가 다시 뽑힐 개연성은 다른 숫자들이 뽑힐 개연성과 같다. 같은 현상이 동전이나 룰렛 바퀴와 같은 도박 장치에 똑같이 적용되는데, 모두 무선적이고 독립적인 결과를 유도한다. 기민한 복권 이용자가 거액의 상금을 공유할 기회를 줄이기 위해 심사숙고하여 최근에 당첨된 숫자들을 피한다면 충분히 이길 수 있을 만큼 운이 좋은 셈이다!

Haigh(2003)는 British National Lottery에서 처음 282회 추첨에서 인접한 숫자 쌍을 포함하는 당첨 숫자 조합이 132개 있음을 관찰하였다. 결과적으로, 완전한 무작위 선택에서 기대된 514개 판매된 복권의 수를 고려할 때 당첨된 사람들의 수가 훨씬 적었으므로(330), 당첨된 조합을 택한 사람이 더 큰 배당을 받게 되었다.

다음과 같이 사람들이 무작위성의 성질을 이해하지 못하는 예가 수없이 많다.

● 사람들은 아이팟에서 무작위 재생 기능이 적절히 작동

하지 않는다고 생각하는데, 특정 연주자의 곡이 다른 연주자들의 곡보다 더 많이 연주되는 것처럼 들리기 때문이다(Levy, 2006a, 2006b).

● 런던 사람들은 제2차 세계대전 중 무작위 폭탄 투하 패턴을 심사숙고한 표적 투하라고 잘못 생각하는데, 어떤 곳은 여러 번 폭격을 당한 데 비해 전혀 폭격을 당하지 않은 곳도 있었기 때문이다(Feller, 1950).

● 주식시장 분석가는 주식 차트의 선분들을 미래의 이동을 예언하는 데 활용할 수 있다고 생각한다(예시 3.1 참조).

● 농구 팬, 선수, 해설자는 방금 점수를 올린 선수가 다음 시도에서도 점수를 올릴 수 있고, 바로 전 시도에서 실패한 선수는 다음 시도에서 실패할 개연성이 크다고 생각하는데, 이를 **뜨거운 손 오류**(the hot hand fallacy)라고 한다. Gilovich, Vallone과 Tversky(1985)는 이 신념이 잘못되었음을 보여 주었다.

가용성 추단

삶에서 이런저런 활동에 얼마나 많이 참여했는지 기억해야 하는 경우가 있다. 시장 조사자들은 사람들이 영화를 한 달에 평균 몇 회나 관람하는지 알고자 하고, 의사는 사람들이 술을 일주일에 평균 얼마나 마시는지 물어본다. 이런 **빈도 판단**은 확률 추정의 기본이다. 오토바이 운전자가 치명적인 사고를 당할 확률도 이런 사고를 당한 오토바이 운전자의 빈도로부터 추정한다.

Tversky와 Kahneman(1973)은 이런 판단은 다음과 같은 **가용성 추단**(availability heuristic)을 사용하여 이루어진다고 제안하였다.

마음에 쉽게 떠오르는 사례나 연상에 의해 빈도나 확률을 추정할 때 가용성 추단을 사용한다고 말한다. 가용성 평가를 위해 인출이나 구성을 실제로 조작하여 수행할 필요가 없다. 퍼즐이나 수학문제가 얼마나 어려운지를 실제로 해

예시 3.1 무작위성과 주식시장

Burton Malkiel(2003[1973])은 『A Random Walk Down Wall Street』라는 그의 책에서 기술적 분석(technical analysis)이라고 알려진 주식시장 분석의 일부를 기술하였다. 기술적 분석을 사용하는 사람들이 도표 작성자(chartist)로 알려진 이유는 그들이 투자 결정을 위한 기초로 주식 도표를 작성하고 분석하기 때문이다. 그러나 주식 가격이 장기간 오르는 추세를 보이더라도, Malkiel은 주식 가격의 다음 이동을 과거의 가격 행태를 기초로 예측하기가 매우 어려움을 알았다. 따라서 그는 기술적 분석을 점성학과 대등하게 간주하였다. Malkiel(p. 150)은 동전 던지기와 주식 가격으로 각각 만들어진 도표의 유사성을 주목하고, 학생에게 동전을 던지게 하여 앞면이 나오면 전날 가격에서 0.5포인트가 증가한, 그리고 뒷면이 나오면 0.5포인트가 감소한 가격으로 기록하였다.

> 도표 중 하나는 강한 내림세를 박차고 나와 아름다운 상승세를 보여 주었다. 내가 그것을 도표 작성자인 친구에게 보여 주자 그는 펄쩍 뛰었다. "이 회사가 무슨 회사인가?"라고 그는 외쳤다. "빨리 사야 해. 이 패턴은 고전이야. 이 주식이 다음 주에 15포인트 상승할 것은 의심할 여지가 없어." 그는 그 도표가 동전을 던져서 만들어졌다는 내 말을 들은 체도 하지 않았다.

비슷한 예로, Paulos(2003)는 우연 수준의 수행을 보이는 비슷한 주식 선별자 2명을 주목하였다. 그중 한 명은 그래도 다른 사람보다 우수한데, 이 우수성은 우연보다는 그의 능력에 기초한다(그림 3.2). 이 시나리오는 Feller(1968)가 보고한 반직관적(counterintuitive) 결과와 비슷한데, 그는 연속

적 동전 던지기를 계속할 때 앞면과 뒷면이 어떻게 나올지를 기술하였다. 연속적 상황의 어떤 시점에서 앞면이 뒷면보다 더 많이 나오면, 앞면이 리드한다고(그 반대도 가능) 말한다. 놀라운 일은 연속적 동전 던지기에서, 앞면과 뒷면의 전반적 비율이 각각 50%에 근접해도 리드하는 면은 잘 바뀌지 않는다는 점이다. 실제로 연속적 던지기에서 리드가 바뀌는 가장 그럴 듯한 횟수는 0이다. 좀 더 자세한 설명은, Haigh (2003) 또는 Feller의 기본 분석을 참조하라. 앞의 주식 선별자 2명은 연속적 동전 던지기에서 앞면과 뒷면에 해당한다. 한 사람이 실제로 그렇지 않은데도 다른 사람을 탁월하게 앞서는 것처럼 보인다.

"저는 Acme 화학을 사라고 권해드립니다."

© www.cartoonstock.com

그림 3.2 주식 선택

결하지 않고도 평가할 수 있듯이, 가용성 평가는 이 조작을 수행하기가 얼마나 쉬운지 평가하는 것으로 충분하다.

가용성은 빈도 판단을 위해 생태학적으로 타당한 단서이다. 그 이유는 일반적으로 빈번한 사건이 덜 빈번한 사건보다 쉽게 회상되거나 상상되기 때문이다(Kahneman, Slovic & Tversky, 1982, p. 164에서 인용).

보통의 추단처럼 가용성은 편향을 유도한다. 특히, Tversky와 Kahneman은 최근에 접한 사건이 판단에 더 큰 영향을 끼치는 이유는 그 사건이 친숙할 뿐만 아니라 그 사건에 대하여 생생한 심상을 쉽게 구성하기 때문이라고 하였다.

한 연구에서 Tversky와 Kahneman은 참여자들에게 19

명의 유명한 사람과 20명의 덜 유명한 사람이 적힌 명단을 제시하였다. 시행의 절반에서 유명한 이름들은 여성이었고 다른 절반에서는 남성이었다. 별로 놀랄 일은 아니지만, 사람들은 유명한 사람의 이름을 더 잘 회상하였다. 그들은 또한 유명한 사람의 명단에 더 많은 사람이 포함되어 있다고 판단하였다.

가용성 추단은 집단이나 팀에서 타인보다 자신의 기여를 과대추정하도록 유도하는데, 그 이유는 자신의 기여가 쉽게 생각나기 때문이다. Ross와 Sicoly(1979)는 남편과 아내가 20개의 가사활동목록에 대하여 각자의 기여를 과대추정하는 경향이 있음을 발견하였다. 지각된 책임감의 전체 측정치는 개인이 열거한 자신의 행동 수와 상관이 있음을 보여주었다. 마찬가지로, 농구 경기에서 양쪽 선수들은 자기 팀이 게임에서 중요한 전환점을 만들었다고 판단하는 경향이 있다. Ross와 Sicoly는 책임감 귀인이 참여자의 주의의 초점을 조작함으로써 수정될 수 있음을 보여 주었다. 지도 교수의 지도로 학사 논문을 끝낸 학생에게 자신의 기여 또는 지도 교수의 기여를 (백분율로) 물었다. 지도 교수에게 직접 귀인한 책임감 백분율이 간접적으로 귀인한 백분율보다 더 컸다(100에서 학생 자신의 기여 백분율을 빼서 얻어졌다.).

내용 회상 대 인출 용이성

가용성 추단의 본래 개념은 '사례나 연상이 마음에 떠오르는 용이성(Tversky & Kahneman, 1973, p. 208)'에 기초한 판단이라고 말하지만, 초창기 연구에서 나온 증거에 비추어 보면 실제로 이런 주장은 모호하다. 이 연구들은 사례가 마음에 떠오르는 용이성과 사례의 수를 구분하지 않았다. 그러나 후속 연구는 판단이 회상의 용이성에 영향을 받음을 보여 주었다. Schwarz 등(1991)은 자기 주장 행동의 예를 6개 회상하라고 요청받은 사람들이 나중에 그런 예를 12개 회상하라고 요청받은 사람들보다 자신을 더 자기 주장적이라고 평가했음을 발견하였다. 비슷하게, 자신의 비주장적 행동 6개를 회상한 사람은 12개를 회상한 사람보다 자신을 덜 자기 주장적이라고 평가하였다. 이 결과는 회상의 용이성과 회상 내용을 분명히 구분하는 것으로서, 회상의 용이성이 판단에 영향을 끼치는 것을 보여 준다.

그러나 회상 경험을 감소시키는 원인이 주어지면, 사람은 회상 내용에 의존한다. Biller, Bless와 Schwarz(1992; Schwarz & Vaughn, 2002에서 인용)는 참여자들에게 만성적 질병 3개 또는 9개를 회상하게 하고 그 발병률을 추정하게 하였다. 발병률 추정치는 3개의 예를 회상한 사람에게서 더 높았으며, 이것은 회상의 용이성 설명과 일관된다. 그러나 어떤 참여자에게는 먼저 만성적 질병에 관한 지식을 물었다. 이 참여자에게 전문성 결여 단서는 예를 회상하는 용이성을 감소시켰다. 이들은 6개보다 12개의 예를 회상했을 때 발병률 추정치를 더 높게 말하였다.

가용성 추단은 Kahneman, Slovic과 Tversky(1982)가 논의한 다른 추단과 마찬가지로 오랫동안 많은 주목을 받았으나, 몇 가지 이유로 비평을 받았다. 빈도 판단을 보통 정확하다고 보는 사람들이 가용성 문헌에서 틀린 판단을 강조하는 것을 좋아하지 않았다. 또한 Betsch와 Pohl(2002)은 가용성에는 예언적 타당성이 결여되어 있다고 주장하였다. 즉, 어떤 상황에서 가용성이 적용되는지 분명하지 않다는 것이다. 그들은 또한 Tversky와 Kahneman이 제안한 두 가지 기제, (1) 회상의 용이성 평가, (2) 사례의 인출이나 구성의 용이성 평가가 분명하지 않다고 주장하였다. 이 비평은, 앞서 기술된 Schwarz의 연구가 이 문제를 방금 검토한 것처럼, 회상의 용이성 평가에 대해 지금은 그다지 강한 입장을 취하지 않는다.

지지이론

지지이론(Tversky & Koehler, 1994)은 가용성의 기본 관점을 확장한 이론이다. 지지이론은 사건과 사건을 기술하는 가설을 구분한다. 사람들은 사건의 확률보다는 가설의 확률을 판단하며, 이때 가설이 지지될 수 있는지를 고려하여 판단을 한다. 더욱이 가설은 암묵적일 수도 있고 명료할 수도 있다. 지지이론이 어떻게 작용하는지 보기 위하여, Tversky와 Koehler(1994, 연구 1)의 연구를 살펴보자. 그들은 스탠퍼드대학교 학생들에게 여러 가지 사망 원인의 개연성을 암묵적 또는 명료한 가설로 평가하게 하였다. 이 과제에서, '다른 자연적 원인'의 범주가 암묵적 이접(disjunction)인데, 그 이유는 그 범주 안에는 더 구체적이지만 언급되지 않은 몇몇 하위 범주가 있기 때문이다. Tversky와 Koehler에 따르면,

> 사람들이 암묵적 이접에 대한 신념 정도를 평가할 때, 보통 가설을 상호배제적 성분으로 풀어놓지 않고, 확장성이 요구하는 대로 지지를 추가하지도 않는다. 대신에, 그들은 일차적으로 가장 대표적이거나 가용할 만한 사례에 의존하여 전체적 인상을 형성하는 경향이 있다(1994, p. 549).

대표적 자료는 표 3.1에서 확인할 수 있다. 참여자는 개인의 사망 원인으로 자연적 원인을 .58의 확률로 판단하였다. 그러나 '다른 자연적 원인'뿐만 아니라 심장병이나 암으로 인한 사망 확률을 물으면, 자연적 원인에 의한 개인의 사망을 .73의 확률로 추정하였다. 이처럼 암묵적 이접에 대한 지지는 하위합산적(subadditive) 경향이 있는데, 이것은 꾸러미를 풀어서(unpack) 가설이 구성 성분으로 나열되었을 때보다 지지 수준이 낮을 수 있다는 의미에서 그러하다.

Tversky와 Koehler도 한 가설에 대한 지지의 증가가 경쟁적 가설에 대한 지지를 반드시 감소시키는 것이 아니며, 심지어 모든 경쟁적 가설의 지지를 증가시키므로 결과적으로 하위합산을 증진시킨다고 하였다(증진 효과, enhancement effect). 그들이 기술한 한 연구에서 참여자는 범죄 사례에서 4명의 용의자 중 한 사람에 대한 의심 또는 죄과를 평가하였다. 초기 판단은 낮은 정보 조건에서 이루어졌다. 각각의 용의자가 같은 정도로 연루되어 있다는 증거가 추가되었다. 낮은 정보 조건에서, 4명의 용의자에 대한 확률의 합은

표 3.1 Tversky와 Koehler 연구 1에서 나타난 사망 원인의 평균 확률과 빈도. 이 표는 명료한 이접평가를 동시에 확장되는 암묵적 이접과 비교한 것이다.

가설	평균 추정치		실제 백분율 %
	확률	빈도	
세 성분			
P(심장 질병)	22	18	34.1
P(암)	18	20	23.1
P(다른 자연적 원인)	33	29	35.2
Σ(자연적 원인)	73	67	92.4
P(자연적 원인)	58	56	
Σ/P	1.26	1.20	

100이 넘었고, 이는 참여자들이 개인을 판단할 때 다른 용의자들에 대한 지지를 무시했음을 의미한다. 죄과에 대한 판단은 지지이론이 기대하는 바와 같이 지지평가와 관련되었다. 추가 정보가 제공되었을 때, 각각의 용의자에 대한 확률이 더 증가하면서 하위합산을 증진시켰다.

MINERVA-DM(MDM) : 기억에 기초한 판단

최근까지 판단 과정을 기술할 때 추단 접근의 한계는 통합이론이 없다는 것이다. 이상적으로, 통합이론은 기억과 판단 과정이 어떻게 관련되는지를 분명한 그림으로 보여 주어야 하며, 비형식적 언어로 기술된 심리 과정에 양적 설명을 보충해야 한다. 그런 설명의 하나가 기억에 기초한 판단(MDM) 모형이다(Dougherty et al., 1999). 다음에 제시하는 설명은 이 모형이 기억 과정의 이론적 설명과 판단 과정을 어떻게 통합하는지에 초점을 둔다. 저자는 독자에게 이 이론의 양적 기술에 관해서는 원 논문을 읽도록 추천한다.

MDM은 다중 흔적 기억 모형(multiple-trace memory model)으로, 새 사건을 경험할 때마다 단일한 기억 흔적이 새롭게 갱신된다는 것과는 반대로 기억 흔적이 새로 만들어진다고 가정한다. 여러 요인이 정보의 약호화(encoding)에 영향을 주기 때문에, 기억 흔적은 경험한 사건들의 변질된

복사물로 가정된다. 기억에 접근하기 위해서는 기억 탐사(memory probe)가 만들어진다. 이 탐사는 기억 흔적의 활성화를 통해 '반향(echo)'을 산출하는데, 탐사와 흔적의 유사성이 약하면 반향이 약하지만, 그 유사성이 높으면 강한 반향이 산출된다. 개연성을 판단할 때, MDM은 모든 기억 흔적의 활성화 합산에 기초한 '반향 강도'를 계산한다.

공화당원에 대한 민주당원의 상대적 빈도를 추정한다고 하자. 민주당원에 대하여 기억 탐사를 시작하면 기억에 저장된 모든 흔적에 걸쳐 유사성의 합을 나타내는 결과를 산출한다. 그 다음 공화당원에 대한 기억 탐사를 통해 두 번째 결과를 산출한다. 반향 강도에 따라 결과에 빈도 추정치가 부여되고, 이것은 상대적 빈도를 추정하는 데 사용된다.

유사성은 MDM과 대표성 추단의 기초이지만, MDM은 사례에 기초하여 작용하고 대표성은 원형과의 유사성에 기초하여 조작된다. 그럼에도 불구하고, Dougherty 등은 Kahneman과 Tversky가 논의한 대부분의 판단 편향(judgmental bias)을 설명할 수 있다고 주장한다. 그들은 결합 오류는 두 가지 기억 기제 중 하나에 의해 발생한다고 주장한다. 앞서 논의한 Linda 문제를 살펴보자. 사람들은 적절해 보이는 흐린 배경에서 세부 내용을 사용하여 판단할 질문과 관련된 기억 탐사를 구성한다. Linda가 '여성운동가이고 은행원'일 개연성을 판단할 때 만들어지는 기억 탐사는 '은행원'보다는 '여성운동가'에 적절한 세부 내용을 더 많이 포함하는데 그 이유는 흐린 배경에서 제공되는 세부 내용이 편향되었기 때문이다. 'Linda는 은행원이다.'라는 개연성을 판단할 때, 참여자들은 '은행원'에 대한 탐사를 시도하지만, 이 탐사는 상대적으로 세부 내용이 부족하므로 탐사 결과의 반향 강도는 약해진다. 결과적으로, 참여자들은 '여성운동가와 은행원'의 결합을 '은행원' 하나보다 더 그럴듯하게 판단한다. 이전의 연구에서 '여성운동가도 아니고 은행원도 아닌' 범주가 자세히 기술되었을 때는 결합 오류가 발생하지 않았음을 발견하였다(Tversky & Kahneman, 1983).

그러나 사람들이 내재된 사건의 빈도를 사전에 경험하면 흐린 배경에서도 결합 오류가 발생할 수 있다(Dougherty et al., 1999, 미출판 자료). 더욱이 결합 오류의 범위는 두 사건의 개연성에 의존한다. Yates와 Carlson(1986)은 참여자들이 두 사건의 개연성이 매우 높은 경우, 그리고 하나가 매우 높고 다른 것이 낮은 경우 모두에서 결합 사건의 서열을 각 개별 사건의 서열보다 더 높게 매기는 경향을 발견하였다. 그러나 두 사건의 개연성이 모두 낮으면 결합 오류는 발생하지 않았다. 이 결과 패턴은 Dougherty 등이 MDM을 컴퓨터 시뮬레이션으로 수행했을 때도 나타났다. 이 연구자들은 경험한 사건들을 탐사할 때, 결합 탐사인 A∩B가 A 또는 B 성분만 가진 기억 흔적보다 긍정적 값으로 되돌아오므로 반향 강도가 과장된다고 보고하였다.

MDM은 가용성 편향과 절대 빈도에 대한 민감성을 성공적으로 시뮬레이트하는 데 사용되었다(Dougherty et al., 1999; Dougherty & Franco-Watkins, 2002). 약호화 강도는 가용성 편향을 일으킬 수 있는 한 요인이다. 사람들은 어떤 사건을 다른 사건보다 더 주목하는데, 특히 한 사건이 중요하게 보이면 그렇다. 앞에서 언급한 '유명한 이름' 연구에서, 유명한 이름이 덜 유명한 이름보다 더 많은 주목을 받은 이유는 약호화가 더 잘 되었기 때문이다. 그 결과 유명한 이름이 나중에 더 쉽게 회상되었다.

가용성 편향을 설명하는 다른 요인은 서로 다른 맥락에서 학습한 사건들을 완전히 구분하기가 불가능하다는 것이다. 유명한 이름 연구에서, 사람들은 그 유명인들을 연구 이전에도 여러 상황에서 접했을 것이다. 참여자들이 빈도 판단을 했을 때, 이런 이전 흔적들이 그 판단에 기여했을 것이다.

MDM이 판단 현상을 설명할 수 있는지의 가능성은 기억 모형으로서 그 정확성에 의존한다. 여기서 기억 모형의 대안이 있음을 주목해야 한다. Brown(2002)은 빈도 정보가 서로 다른 방식으로 약호화되므로 사건 빈도를 추정하는 데서 서로 다른 방략이 사용된다고 제안하였다. 약호화와 관련하여, 반복되는 사건이 매우 뚜렷하면 분리된 기억 흔적으로 약호화될 가능성이 크고, 매우 비슷하거나 동일한 사건은 기존의 도식으로 동화될 가능성이 더 크다고 주장하였다. 표상의 성질은 사용되는 빈도 추정 방략에 영향을 끼친다. 이 입장에 따르면, 가용성 추단은 판단에 이르는 몇몇 방략의 하나에 불과하다.

조건 확률의 판단

이 절에 나오는 문제들은 **조건 확률**(conditional probability)에 관한 것이다. 조건 확률은 다른 사건이 발생했을 때 주어진 한 사건의 확률을 말한다. 두 사건 A와 B에서, B가 진실일 때 A가 진실일 확률은 P(A|B)로 표시한다.

보수주의

새 증거를 접할 때 자신의 신념을 어떻게 새롭게 바꿀 수 있을까? 베이스 정리(Bayes' theorem)가 그 방법을 정확하게 제시한다. 예시 3.2에 제시된 질문은 "사람들은 베이스 정리가 하라는 대로 자신의 신념을 조정하는가?"이다. 사람들이 제시된 증거에 적절히 반응했는지 알아보기 위해 Ward Edwards는 동료와 1960년대에 '가방과 포커칩 패러다임(book-bag and poker-chip' paradigm)'을 사용하여 몇몇 연구를 수행하였다(Edwards, 1968). 대표적인 예로, 2개의 불투명한 가방 각각에 빨강과 파랑 포커칩 100개가 서로 다른 비율로 들어 있다. 한 가방에는 30개의 파랑 칩과 70개의 빨강 칩이 들어 있고, 다른 가방에는 70개의 파랑 칩과 30개의 빨강 칩이 들어 있다. 실험자는 한 가방을 무작위로 택해서 칩 하나를 뽑고 이를 다시 가방에 넣고 섞는 절차를 연속적으로 반복하였다. 참여자는 칩이 어느 가방에서 얼마의 확률로 뽑혔는지 말해야 한다. 이 연구는 사람들이 증거에 민감하게 반응하지 못하면서 실제의 확률보다 과소추정하는 **보수주의**(conservatism) 현상을 보여 주었다.

그러나 보수주의에 초점을 둔 연구는 추단과 편향 연구의 출현과 '현실 세계에서 판단 모형으로써 이런 종류의 연구의 타당성에 대한 우려'(Ayton & Wright, 1994)[3] 때문에 '용두사미'가 되었다. 그러나 실험 패러다임의 사소한 변화가 관찰된 보수주의 수준을 증가하거나 감소시키는 원인이 되었다. 예를 들어, 참여자들은 일련의 사람들의 키가 남성 전집에서 나온 것인지 여성 전집에서 나온 것인지를 판단할 때는 훨씬 덜 보수적이었다(DuCharme & Peterson, 1968). 이것은 과제 수행 시 자료 생성 과정에 대한 높은 친숙성에 귀인할 수 있다. Winkler와 Murphy(1973)는 '보수주의는 실험실과 현실 세계의 비유사성 때문에 생기는 가공물'이라고 결론을 내렸다.

기저율 무시

David Eddy(1982)는 베이스 정리를 더 현실적으로 적용한 예를 제시하였다. 그는 100명의 의사에게 다음 문제(원문의 어구를 약간 바꾸었음)를 제시하였다. 한 의사가 가슴에 작은 멍울이 있는 여성 환자를 보았다. 이 환자는 이전 환자와 연령과 증상이 비슷하므로, 가족력과 신체적 증상을 근거로 하여, 의사는 이 환자에게 암이 있을 확률을 1%로 생각한다. 만일 이 여성에게 암이 있으면 유방 X선 사진이 이(양성)를 탐지할 확률은 79.2%이다. 만일 그녀에게 암이 없으면 유방 X선 사진이 깨끗할(음성) 확률은 90.4%이다. 이 사례에서, 그녀는 유방 X선을 찍었고 검사 결과는 양성으로 나왔다. 그녀에게 암이 있을 확률은 얼마인가? (이를 계산하기 전에, 직관적으로 그 확률이 얼마일지 생각해 보라.)

Eddy는 100명의 의사 중 95명이 그 환자에게 암이 있을 확률을 75%로 추정했다고 보고하였다. 이 수치는 베이스 정리를 적용하여 계산한 정답에 근접하지 못한다. 때로는 어려운 문제를 시각적으로 표상하여 생각하면 도움이 된다. 그림 3.3은 이 문제의 모든 가능성을 **수형도**(tree diagram)로 표현한 것이다.

이 나무에서 마디는 불확실성을 나타내며 가지는 불확실성에서 생기는 가능성을 나타낸다. 첫 번째 가지 세트는 사전 확률(멍울이 악성일 확률 또는 비악성일 확률)을, 두 번째

예시 3.2 베이스 정리

합리적인 사람은 새 증거에 비추어 자신의 신념을 수정할 준비가 되어 있다. 신념은 지지 증거로 강화되고 비지지 증거로 약화된다. 18세기 영국의 비국교도 목사인 Thomas Bayes(1702~1761)는 새 정보에 비추어 신념을 수정하는 방법을 개발하였다(이 주제에 관한 그의 논문을 친구인 Richard Price가 그가 사망한 후 1764년에 출판하였다.). 알아두어야 할 몇 가지 관련 용어는 다음과 같다.

P(H)   이것은 **사전 확률**로, 특정 정보가 얻어지기 이전에 초점 가설이 사실일 확률이다. $P(\sim H)$는 종종 초점 가설이 사실이 아닐 확률을 말할 때 쓴다.[4]

P(D|H)   이것은 초점 가설이 사실일 때 특정 자료(정보 항목)가 관찰될 확률이다. $P(D|\sim H)$는 초점 가설이 틀릴 때 특정 자료가 관찰될 확률이다.

P(H|D)   이것은 **사후 확률**로, 관찰된 자료가 주어졌을 때 초점 가설이 사실일 확률이다. 다시 말해, 실제로 알고자 하는 것으로서, 새 정보에 비추어 가설에 대하여 새롭게 바뀐 신념이다.

베이스 정리는 다음과 같이 나타낼 수 있다.

$$(3.3) \quad P(H|D) = \frac{P(D|H)\,P(H)}{P(D|H)\,P(H) + P(D|\sim H)\,P(\sim H)}$$

다음은 Eddy의 의료문제(책의 본문 참조)에 기초한 간단하고 구체적인 베이스 정리이다.

$$P(암|양성) = \frac{P(양성|암)\,P(암)}{P(양성|암)\,P(암) + P(양성|\sim암)\,P(\sim암)}$$
$$= \frac{0.792 \times 0.01}{0.792 \times 0.01 + 0.096 \times 0.99}$$
$$= \frac{0.00792}{0.00792 + 0.09504}$$
$$= 0.077$$

어떤 학자들은 베이스 정리를 승산 비율 형태로 표시한다.

$$(3.4) \quad \frac{P(H)}{P(\sim H)} \times \frac{P(D|H)}{P(D|\sim H)} = \frac{P(H|D)}{P(\sim H|D)}$$

이전 자료에 적용하면, 이것은 다음과 같이 바뀐다.

$$\frac{1}{99} \times \frac{79.2}{9.6} = \frac{79.2}{950.4}$$

따라서 승산 비율은 암일 확률이 증가하는 방향으로 79.2 : 950.4이다. 이것을 거꾸로 확률로 바꾸기 위한 계산은 $79.2/(79.2+950.4) = 0.077$이다.

가지 세트는 암의 유무에 따라 조건적으로 발생할 수 있는 검사 결과이다. 첫 번째 두 가지 세트의 확률은 나뭇잎 수준의 확률을 얻기 위해 곱해진다.

관심사는 검사 결과가 양성일 때 멍울이 암일 확률이므로, 양성 검사 결과를 포함하는 잎만 보면 된다(숫자는 굵은 글씨로 나와 있음). 사후 확률은 초점 가설과 관련된 숫자를 앞의 두 잎에 해당하는 확률의 합으로 나누어서 구한다.

$$P(암|양성) = \frac{0.00792}{0.00792 + 0.0954} = 0.077$$

다시 말해, 양성 검사 증거에 의해 의사는 암의 추정치를 1%에서 7.7%로 수정한다. 분명히 7.7%의 확률과 Eddy의 연구에서 여러 의사가 내놓은 75%는 큰 차이가 있다.

이런 종류의 오해는 지필검사에 국한되어 있지 않다. Gigerenzer, Hoffrage와 Ebert(1998)는 20개의 독일 병원

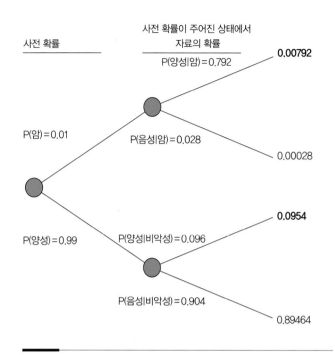

사전 확률 | 사전 확률이 주어진 상태에서 자료의 확률

P(양성|암) = 0.792 → **0.00792**

P(암) = 0.01

P(음성|암) = 0.028 → 0.00028

P(양성) = 0.99

P(양성|비악성) = 0.096 → **0.0954**

P(음성|비악성) = 0.904 → 0.89464

그림 3.3 Eddy(1982)의 의료문제를 나타낸 수형도

에서 에이즈균 검사를 얻기 위해 연구자를 환자로 가장하였다. 검사 후 연구자는 한 상담사에게 검사 결과의 의미와 관련해서 몇 가지 질문을 하였다. 저위험 집단의 남성이 2개의 검사에서 양성 진단을 받은 후 에이즈균을 가질 확률이 단지 50%로 드러났다. 이것은 검사가 매우 정확하지만 완벽하지는 않고, 저위험 집단의 남성 다수가 에이즈균을 가지고 있지 않기 때문이다. 따라서 검사를 받은 저위험 남성 10,000명당 2명만 양성으로 진단될 것이며, 이 중 1명에 대한 진단은 틀릴 것이다. 그러나 상담사들은 틀린 양성 판정(false positive, 긍정 오류)과 틀린 음성 판정(false negative, 부정 오류)의 사례를 잘 이해하지 못했으며 상담사 대부분은 양성 진단이 환자가 확실히 또는 거의 확실히 에이즈균을 가짐을 의미한다고 믿고 있었다.

조건 확률이 중요한 또 다른 분야는 법정이며, 특히 DNA 증거와 관련된다. 역시 법전문가들을 포함하여 사람들은 확률을 이해하기 어려워하지만, 증거가 빈도 형태로 제시되면 확률 판단을 더 잘하고 다른 평결에 도달한다(Gigerenzer, 2003 참조).

다른 연구들도 사람들이 베이스 정리로 추리를 잘하지 못

함을 보고하였다. 기저율 무시(base rate neglect)라는 말은 흔히 기저율이 판단을 이끌어 낼 만큼 영향력을 끼치지 못함을 뜻한다(Koehler, 1996 참조). 또한 사람들은 반대의 오류(inverse fallacy)를 보이는데, 이것은 P(D|H)를 P(H|D)로 혼동한다는 것이다. 예를 들어, Eddy의 연구에서 의사들은 보통 P(암|양성 검사)를 대략 P(양성 검사|암)으로 가정한다고 보고하였다. 이런 반대의 오류 역시 기저율 무시를 포함한다. 그러나 Koehler(1996)는 이 문제는 기저율의 역할에 대한 오해가 아니고 의미의 혼동이라고 하였다. Macchi(1995)는 이 입장을 지지하면서 적중률(hit rates)과 사후 확률(posterior probability)의 혼동을 줄이기 위해 문제를 다르게 진술하면 기저율 사용이 크게 증가한다는 것을 보여 주었다.

베이스 추리 촉진하기

어떤 학자들은 이런 종류의 문제를 단일 사건이 발생할 확률보다 빈도로 기술하면 베이스 추론이 촉진된다고 주장하였다(예 : Cosmides & Tooby, 1996; Gigerenzer & Hoffrage, 1995; Hoffrage et al., 2000). 그들은 마음의 진화가 환경의 성질에 따라 형성됨을 주목하였다. 따라서 사람들은 사건을 연속으로 접하기 때문에, 단일 사건이 발생할 확률보다는 빈도를 추리하도록 진화했을 가능성이 크다는 것이다(백분율과 같은 것은 비교적 최근의 지적 발달과 관련이 있다.). 다음 문제는 Eddy의 의료문제를 빈도로 바꾸어 진술한 것이다(숫자들은 반올림한 것이다.).

유방암 정기 검진에서 일반적으로 40세 연령의 여성 1,000명 중 10명에게 암이 있는 것으로 드러난다.
유방암이 있는 10명 중 8명은 유방 X선 검사에서 양성으로 나타난다.
유방암이 없는 990명 중 95명은 유방 X선 검사에서 음성으로 나타난다.
정기 검진에서 시행하는 일상적인 유방 X선 검사에서 양성으로 나타난 40세 여성의 새로운 대표 표본이 있다. 이

여성 중 실제로 얼마나 많은 사람이 유방암을 가지고 있다
고 생각하는가? _____ 명

이 문제와 다른 베이스 추리 문제에서, Gigerenzer와
Hoffrage는 반응의 46%가 베이스론자로 분류된 데 비해,
표준 확률 형태로 제시된 문제에서는 16%만이 베이스론자
임을 발견하였다. Cosmides와 Tooby(1996)는 비슷한 문
제에서 더 높은 수준의 베이스 추리를 보고했는데, 여기에
는 참여자들이 문제에 기술한 개인의 수만큼 격자무늬 칸을
표시하게 했을 때 얻은 92%의 정답 반응이 포함되었다.

Gigerenzer와 Hoffrage는 이런 문제들을 빈도로 표시하
면 해결하는 데 덜 복잡한 인지 과정이 필요하다고 주장하였
다. 그림 3.4는 유방암 문제를 수형도로 나타낸 것이다. 빈
도(소문자로 표시)를 포함하는 베이스 계산은 다음과 같다.

$$(3.5) \quad P(\text{H}|\text{D}) = \frac{d\&h}{d\&h + d\&{\sim}h}$$

이 나무에서 두 숫자만 계산에 포함된다.

$$\frac{8}{8+95} = 103명 중 8명$$

그러나 모든 사람이 문제를 빈도 형태로 진술하는 것이 추
리를 촉진한다는 데 동의하지 않는다. 몇몇 학자는 추리의
촉진은 세트와 하위 세트 관계의 증가된 투명성 때문이라고
한다. 이것은 **포개어진 세트 가설**(nested sets hypothesis;
Sloman et al., 2003; Johnson-Laird et al., 1999;
Macchi, 1995, 2003)이라고 부른다.

Sloman 등은 조건 확률 과제에서 빈도가 아닌 분수를 써
서 수행을 촉진할 수 있었다(예를 들어, '보통 미국인이 질
병 X에 걸릴 확률은 1/1000이다.'). 그들이 주목하였듯이,
분수는 빈도나 확률일 필요 없이 그것을 개인이 어떻게 해석
하는가에 의존한다.

어떤 학자들은 빈도 형태의 촉진 효과가 이전에 보고된

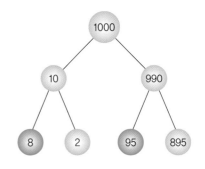

그림 3.4 의료문제에서의 빈도를 나타낸 수형도

것처럼 그렇게 강하지 않다고 보고하였다(예 : Sloman et
al., 2003). 다른 연구는 동기와 능력 요인이 빈도 형태로 정
답을 얻는 정도만큼 영향을 준다고 지적하였다. Brase,
Fiddick과 Harries(2006)는 일류 국립대 학생들의 수행이
이류 지방대 학생들의 수행보다 뛰어남을 발견하였다. 또
한, 연구에 참여하고 수당을 지급받는 참여자들이 그렇지
않은 참여자들보다 수행을 더 잘하였다(이 두 요인은 서로
상호작용을 하지 않는다.).

요약

사람들이 대표성 추단을 쓸 때, 그들은 기본적으로 확률 판
단을 유사성 판단으로 바꾼다. 이것은 확률이론이 제공하는
답과는 다른 판단을 유도한다. 대표성은 범주 구성원, 표집,
복합 사건, 무작위 연속의 오지각과 같은 확률 평가를 포함
하는 여러 판단에 적용되었다. 원형 추단이라고 알려진 대
표성 범주는 경제 평가와 경험의 질 판단에 적용되었다.

대조적으로, 가용성 추단은 기억의 연상이론에 기초하는
데, 기억 연상의 강도는 한 사건의 빈도나 개연성을 판단하
는 데 사용된다. 사례가 마음에 쉽게 떠오를수록, 표적 사건
의 추정 빈도는 더 커진다. 가용성은 사례의 최신성, 친숙
성, 생생함과 같은 요인의 영향을 받는다.

지지이론에 따르면, 사람의 판단은 사건에 의존하지 않고
가설(사건의 기술)의 지지에 의존한다. 더 적은 지지는 명료

한 가설(예를 들어 '암, 심장질환 등')보다는 암묵적 가설(예를 들어, '질병의 모든 자연적 원인')에서 나타나므로, 암묵적 가설의 추정은 하위합산되는 경향이 있다.

MINERVA-DM은 광범위한 기억이론 안에서 대표성과 가용성의 넓은 현상을 모두 포착한다. 이 이론은 기억이 모든 사건을 약호화하지만, 때로는 손상된 형태로 약호화한다고 가정한다. 판단은 기억 탐사와 비슷한 모든 사례의 인출을 포함한다. 최종 평가는 모든 기억 흔적의 활성화 총합에 기초한다. 그러나 기억에 기초하지만 기억이 어떻게 작용하는지에 관한 가정이 다소 다른 판단이론이 제안되었다. 예를 들어, 다중 방략 조망은 사람들이 사건을 서로 다른 방식으로 약호화하고, 이런 약호화가 다양한 판단 방략을 가능하게 한다는 것이다.

조건 확률은 신념과 증거의 관계를 고려하는 판단에 관심을 둔다. 베이스 정리는 신념을 증거에 비추어 어떻게 새롭게 바꾸는지를 구체적으로 설명하지만, 많은 연구는 사람들이 직관적 베이스론자가 아님을 발견하였다. 특히, 사람들은 판단할 때 기저율을 무시하는 경향이 있다. 그러나 촉진의 정도와 이유에 약간의 논란이 있지만 단일 사건의 확률보다 빈도 형태로 기술하면 수행이 촉진된다는 증거도 있다.

질문

1. 원형 추단은 사회적 차별과 어떤 관련이 있는가?

2. 사람이 흥분하면 뜨거운 손 오류와 같은 행동을 할 수 있다는 연구를 설계하라.

3. Norbert Schwarz와 그 동료들이 제안한, 판단에 영향을 끼치는 회상의 용이성과 회상의 내용을 구분하는 방식을 기술하라.

4. 대표성과 가용성 추단 사용의 장점과 단점은 무엇인가?

5. 판단 설명의 기제로 MINERVA-DM에 내재하는 기억 모형을 기술하라.

6. 지지이론에서 Tversky와 Koehler의 암묵적 가설과 명시적 가설은 무엇인가?

7. 사람들은 베이스론자처럼 사고하는가?

주

1. 확률이론의 표기에 친숙하지 않은 사람들은 P(B|A)는 A가 발생할 때 B가 발생할 확률임을 뜻한다고 주지한다. 다시 말해, 수직선은 나누기를 뜻하지 않는다.

2. 집필할 당시 이 이야기가 Http://news.bbc.co.uk/1/hi/world/europe/4256595.stm에 여전히 나와 있었다.

3. 이 저자들은 Edward의 여러 연구가 단추 누르기와 여러 빛의 진열을 포함하는 '인공적 가방' 상황을 사용했다고 지적한다. 그들은 사람들이 진짜 가방을 보는 것과 비교하여 이런 상황에 서로 다르게 반응했음을 주목하였다!

4. 추리자가 몇몇의 명시적 대안 가설을 의식할 경우, 초점 가설은 $P(H1)$으로 명명되고 대안 가설은 $P(H2)$, $P(H3)$ 등으로 나뉘어진다. 비슷하게 $P(D|\sim H)$도 확장될 수 있다.

추천도서

Drummond, H. (2001). *The art of decision making: Mirrors of imagination, masks of fate.* Chichester: Wiley. 이 책은 높은 프로파일의 결정 위험을 대표성과 가용성과 같은 기초적인 결정 개념으로 해석한다(그리고 다른 생각들도 논의된다.).

Haigh, J. (2003). *Taking chances: Winning with probability*(2판). Oxford: Oxford University Press. 수학자인 John Haigh가 운동과 게임과 관련된 승산을 어떻게 합리적으로 사고하는가를 보여 준다.

Malkiel, B. G. (2003 [1973]). *A random walk down Wall Street: The time-tested strategy for successful investing*(개정판). New York: Norton. Burton Malkiel 이 책은 무작위성 이해가 주식시장과 협상하는 데 어떻게 도움이 되는지를 설명한다.

Paulos, J. A. (2003). *A mathematician plays the market*. London: Allen Lane. 주식시장의 희생자 중 한 명이 다룬 주식시장과 무작위성에 관한 또 다른 책이다.

Taleb, N. N. (2004). *Fooled by randomness: The hidden role of chance in life and in the markets*. London: Penguin.

04 판단 왜곡 : 기점화와 조정 추단 그리고 후견지명 편향

서론

다음 질문을 생각해 보자.

a. UN에 속한 아프리카 국가의 백분율은 25% 이상인가 또는 그 이하인가?

b. 정확하게 몇 %라고 생각하는가?

곧 다루겠지만, (b)에 대한 답은 질문 (a)에 제시된 수치의 영향을 강하게 받는데, 심지어 그 수치가 무작위로 생성된 경우에서도 그렇다. 이 현상은 **기점화와 조정 추단**에 귀인되는데, 여기서 사람들은 기점으로 사용했던 초기 수치를 이탈해서 충분한 조정을 하는 데 실패한다. 사람들이 사용하는 기점은 종종 스스로 생성한 것이다. 그 이유는 문제를 받고 답을 대충 생각할 수 있지만, 정답을 생각할 수 없는 경우가 자주 있기 때문이다. 그러나 마음에 떠오르는 최초의 반응이 최종 반응에 큰 영향을 준다.

판단에서 관찰된 두 번째 왜곡은 **후견지명 편향**이다. 이것은 사건 후에 더 현명해지는 경향으로서, 사람들이 결과 지식을 가지고 있으면 실제로 예측한 것보다 그 결과를 더 잘 예측할 수 있었다고 믿는다. 여기서는 후견지명 편향을 유도하는 과정을 검토하겠지만, 편향이라는 말은 심리 과정이 아니고 틀린 결과를 말한다.

기점화와 조정

기본 현상

판단을 할 때 숫자를 추정해야 하는 경우가 있는데, 집값처럼 정답이 없거나 K2봉의 높이처럼 정답이 있지만 잘 알려지지 않았거나 마음에 떠오르지 않기 때문이다. 이 절에서는 사람들이 이런 종류의 답을 어떻게 추정하는지를 검토한다.

서론에서 기술한 두 질문 (a)와 (b)를 상기하라. Tversky와 Kahneman(1974)은 이 질문에 요소 하나를 추가하여 참여자에게 물었다. (a)에 제시된 숫자는 각 참여자가 지켜보는 가운데 숫자 바퀴(0~100)를 돌려서 결정되었다. 참여자들은 임의의 숫자가 (b)의 답을 추정하는 데 큰 영향을 주었다고 보고하였다. 예를 들어, 숫자 바퀴에서 각각 10과 65를 받은 집단의 평균 추정치는 각각 24와 45였다. 연구자들은 참여자들이 **기점화와 조정**(anchoring and adjustment)이라는 추단을 쓴다고 제안했는데, 이 추단에 따르면 사람들은 어떤 값을 출발점으로 추정한 후 조정을 통해 최종 결론에 도달한다는 것이다. 그러나 최종 추정치는 처음 기점을 떠나 충분히 조정되지 않는다. 이 기점은 외적으로 생성된 숫자 바퀴로 정해진 어떤 숫자이거나 개인 스스로 생성한 추정치(마음에 처음 떠오르는 숫자)이다.

Keren과 Teigen은 기점화와 조정을 '대표성과 가용성보다 빈도 판단, 가치 판단, 양적 판단, 심지어 인과 귀인 과정을 기술하는 더 일반적 과정(2004, pp. 98~99)'이라고 기술한다. 기점화와 조정이 처음에는 대표성과 가용성과 같은 추단처럼 소개되었으나, Kahneman과 Frederick(2002)은 후에 이들이 실제로 다소 다르다고 말하였다. 대표성과 가용성과 달리, 기점화와 조정은 한 판단 유형을 다른 판단 유형으로 바꾸지 않는다(예를 들어, 대표성은 확률 판단을 유사성 판단으로 바꾼다.).

기점화 효과는 얼마나 탄탄한가?

기점화 효과는 가격 설정(Mussweiler et al., 2000; Northcraft & Neale, 1987), 협상(Galinsky & Mussweiler, 2001), 법적 판단(Chapman & Bornstein, 1996; Englich & Mussweiler, 2001), 복권과 도박의 평가(Chapman & Johnson, 1994), 확률 추정(다음 절 참조; Fischhoff & Beyth, 1975), 일반 지식(Jacowitz & Kahneman, 1995)과 같은 다양한 영역에서 관찰된다. 이 연구 중 하나로, Northcraft와 Neale(1987)은 부동산 중개인이 추정하는 가격에서 기점화 효과를 보여 주었다. 이 연구에서 부동산 중개인이 외적 기점의 영향을 받았지만, 대다수가 판단에 그 기점을 사용했다고 보고하지 않았다. 이것은 다른 연구(예: Wilson et al., 1996)와 일관되는데, 실제로 참여자들은 기점을 사용하지 말라는 경고를 분명히 받았는데도 기점을 사용했음이 발견되었다(Wilson et al., 1996). Englich와 Mussweiler(2001)는 전문가와 비전문가 모두가 비슷하게 기점의 영향을 받았다는 것도 보고했는데, 이 연구에서 전문가들은 판사였고 비전문가들은 법적 선고 과제를 공부하는 법학 전공생이었다. 유인물의 사용도 기점 효과를 줄이는 데 별로 성공적이지 못하였다(Tversky & Kahneman, 1974; Wilson et al., 1996; Chapman & Johnson, 2002, p. 125). 요약하면, 이 발견은 사람들이 판단에 끼치는 기점의 영향을 의식하지 못한다는 생각과 일관된다.

심지어 극단적이거나 그럴듯하지 않은 기점이 기점화 효과를 일으킨다. Strack과 Mussweiler(1997, 실험 3)는 일반 상식과 관련된 질문을 그럴듯한(높은 또는 낮은) 또는 그럴듯하지 않은(높은 또는 낮은) 기점(그럴듯함은 독립집단에 의해 평정됨)과 함께 참여자들에게 제시하였다. 그럴듯하지 않은 높은(낮은) 기점과 함께 제시된 비교 질문의 예는, '레오나르도 다 빈치는 1952년(AD 300) 이전에 또는 이후에 태어났는가?'였다. 비교 질문에 답한 후 참여자들은 실제 값을 추정하였다. 그럴듯하지 않은 기점이 그럴듯한 기점과 마찬가지로 반응에 큰 효과를 끼쳤다.

내재 과정은 무엇인가?

기점화 효과의 탄탄함에도 불구하고, 내재 과정의 본질에 대해 일치된 의견이 없다. 한 이론은 **선택적 접근**(selective accessibility; Strack & Mussweiler, 1997)을 제안한다. 이 설명에 따르면, 비교 질문 과제는 나중에 절대 판단이 더 쉽게 접근할 수 있도록 기억 내 정보를 활성화한다는 것이다. 비교 질문이란 기점값을 포함하는 처음 질문을 말한다. 이 장 처음에 나오는 질문 중 비교 질문은 'UN에 가입한 아프리카 국가의 비율은 25% 이상인가 또는 그 이하인가?' 이다.

Mussweiler와 Strack(1999)은 사람들이 비교 질문에 답하기 위하여 표적값이 기점과 동일하다는 가설을 검증한다고 시사하였다. Epley(2004)는 선택적 접근 설명과 일관된 네 가지 발견을 열거하였다.

1. 사람들은 고유한 세부 특징보다 기점과 표적이 공유하는 세부 특징에 주목한다(예 : Chapman & Johnson, 1999).
2. 표준 기점화 과제의 완성은 기점값에 포함된 의미와 일치하지 않는 단어보다 그와 일치하는 단어의 파악을 촉진한다(예 : Mussweiler & Strack, 2000).
3. 기점화 효과의 크기는 비교 평가에서 검증되는 가설이 변함에 따라 영향을 받을 수 있다(예 : 기점이 표적값보다 더 작은지를 묻는 질문은 기점이 표적값보다 더 큰지를 묻는 질문과 다른 효과가 있다.).
4. 특정 분야의 지식이 더 많은 사람은 부적절한 기점 효과에 덜 민감하다(Wilson et al., 1996).

그러나 한 기점값이 해당 판단에 적절하면 그 기점값은 절대 판단에 신뢰할 만한 영향을 끼친다는 증거가 있다(Chapman & Johnson, 1994; Strack & Mussweiler, 1997). 예를 들어, 브란덴부르크문이 150m보다 더 높은지 또는 낮은지의 판단은 나중에 높이의 절대 판단에 상당한 영향을 주지만, 문 너비의 절대 판단에는 영향을 주지 않는다

(Strack & Mussweiler, 1997, 실험 1).

기점화와 조정의 원래 관점에서 한 가지 문제는 선택적 접근이론이 조정 요소를 전혀 필요로 하지 않는다는 것이다. 이 결과는 조정 요소가 있다는 사실과 일관되지만, 그렇더라도 원래의 추단에서 조정을 요구하지 않는 것 같다. 오히려 선택적 접근에 따르면 기점은 마음에 있는 어떤 정보를 활성화시키고, 절대적 판단은 이 활성화된 정보를 바탕으로 이루어진다고 하므로, 조정이 필요한지는 분명하지 않다.

그러나 Epley와 Gilovich(2001; Epley, 2004)는 '기점화와 조정 추단에서 조정을 되돌려 놓기' 위한 사례를 만들었다. 그들은 '표준 기점화 패러다임'이 일상적 판단과 같지 않음을 주목하였다. 실험실에서 제시받는 기점은 단지 한 순간 심각하게 생각하게 하는 그럴듯하지 않은 기점들이다. 그러나 실험실 밖의 추정은 처음부터 틀린 것임을 알고 **자기 생성 기점**(self-generated anchor)에 의존하여 이루어진다. 기점이 정확한지 결정하는 데 시간이나 노력을 들이지 않으므로, 기점과 일관된 정보를 추구하기 위하여 과장된 접근이 필요하지 않다.

Epley와 Gilovich는 선택적 접근보다는 불충분한 조정이 자기 생성 기점에서 나타나는 기점화 효과의 원인이라고 주장하였다. 예를 들어, 'George Washington이 언제 대통령으로 당선되었는가?'라는 질문을 보자. 이것은 여러 사람에게 어려운 질문이다. 그러나 미국인의 마음에 더 선명하게 (가깝게) 떠오르는 날은 독립 선언이 있었던 1776년이다. 따라서 George Washington에 대한 질문에 답할 때, 1776년이 자기 생성 기점일 가능성이 크다.

Epley와 Gilovich(2001, 연구 1)는 학부생에게 4개의 질문을 주고 여기에 답하면서 생각 과정을 소리 내어 말하게 하였는데(표 4.1 참조), 그중 2개의 질문은 실험자 제공 기점(experimenter-provided anchor)을 포함하였다. 자기 생성 기점(서인도 제도 질문의 경우, 1492년) 2개를 모두 아는 것 같은 참여자 중에서 94%가 적어도 한 문제에서, 64%가 두 문제 모두에서 기점화와 조정 과정을 보였다. 그러나 실

표 4.1 기점화와 조정 과정을 기술하는 참여자 백분율

질문	n	기점화와 조정을 기술하는 백분율
자기 생성 기점 :		
Washington은 언제 대통령으로 당선되었나?	42	64
Columbus 이후 두 번째 유럽 탐험가가 서인도 제도를 밟은 것은 언제인가?	37	89
실험자 제공 기점[a] :		
고래의 길이는 평균 얼마인가?	50	12
남극의 겨울 기온은 평균 얼마인가?	50	14

[a] 고래 질문에서 기점값은 69피트였으며 남극 문제는 화씨 1도였다.

출처 : Epley & Gilovich, 2001, Study 1

험자 제공 기점이 포함된 문제에서는 22%만이 한 문제에서, 단지 4%가 두 문제 모두에서 기점화와 조정 과정을 기술하였다.

2개의 추후 연구에서, Epley와 Gilovich는 참여자에게 자기 생성 기점 또는 실험자 제공 기점을 포함하는 일련의 질문에 답하는 동안 머리를 끄덕이거나, 좌우로 흔들거나, 움직이지 말고 그대로 있으라고 하였다. 이전 연구는 머리를 좌우로 흔들 때보다는 끄덕일 때 제안을 더 잘 받아들이는 경향이 있음을 보여 주었다(Wells & Petty, 1980). 이처럼 Epley와 Gilovich는 머리를 끄덕이는 조건에서 마음에 떠오르는 초깃값을 더 수용하는 경향이 있고, 머리를 좌우로 흔드는 조건에서는 초깃값을 거부하면서 큰 조정을 나타낼 것이라고 생각하였다. 예측한 대로, 머리 움직임은 자기 생성 기점과 관련된 반응에 영향을 주었지만, 실험자 제공 기점에는 영향을 주지 못하였다. 자기 생성 기점과 관련해서, 머리를 끄덕이기는 기점에 가장 가까운 반응과 연합되었지만, 머리를 좌우로 흔들기는 기점과 가장 먼 반응과 연합되었다(머리 고정 조건은 중간 값을 내었다.). 자기 생성 기점과 관련하여, 머리를 끄덕이기는 가장 빠른 반응과 연합되었고 머리를 좌우로 흔들기는 가장 늦은 반응과 연합되었지만, 이것은 하나의 연구에서만 통계적으로 의미가 있었다.

다음 연구에서, Epley와 Gilovich(2004)는 원래의 기점화와 조정의 관념이 제안한 대로 조정이 불충분함을 보여 주

었다. Epley(2004)는 조정이 왜 불충분한지 세 가지 이유를 제시하였다. 첫째, 사람들은 단순히 답을 모르면 답에 대한 조정을 하지 않는 경향이 있다(우연을 제외하고). 둘째, 조정은 주의가 필요하므로 인지 자원이 필요하다. 경쟁적 주의가 필요한 경우 사람들은 조정을 적게 하는 경향이 있다. 예를 들어, 매 질문 전에 8개의 낱자를 기억해야 하는 참여자는 적은 조정을 보였다(Epley & Gilovich, 2006, 실험 2c). 셋째, 노력을 들여 생각하기 싫어하는 사람은 자기 생성 기점으로부터 조정을 적게 하는 경향이 있다(Epley & Gilovich, 2006, 실험 2a).

요약하면, 사람들이 불확실한 추정치를 생성할 경우 2개의 분리된 과정이 작용한다. 외적 기점이 제공되면, 이것이 반응과 관련된 자료를 마음에서 활성화시킨다. 그러나 외적 기점이 없으면, 사람들은 스스로 생각하기에도 틀린 기점(보통 관련된 유별난 숫자)을 생성하여 그것과 먼 조정을 한다.

후견지명 편향 : 사건 이후 현명해지기

비겁한 결정주의

사람의 마음은 생존을 위해 환경과 협상하며, 환경에 영향을 끼치기 위해 환경을 이해하고 살핀다. 환경을 이해하는 방법 중 하나는 사물을 설명하는 것이다. 설명은 과학적으로 입증하기 쉽지 않으며, 설명과 증거를 구분하기 어렵다(제5장 참조). 세상을 이해하는 방법 중 하나는 사물의 드러난 결과에 비추어 과거를 해석하는 것이다. 그러나 이에 따른 위험 중 하나는 특정 결과를 실제보다 더 예측 가능한 것으로 또는 불가피한 것으로 보기 시작하는 것이다. 이것은 예측할 수 없었던 부정적 결과를 부당하게 비난하거나, 범죄나 정신질환을 생활사에서 불가피한 산물로 보는 해로운 결과를 가져올 수 있다. Baruch Fischhoff(1975)는 이런 경향을 **비겁한 결정주의**(creeping determinism)라고 불렀다.

두 가지 고전 연구 : 구르카 연구와 닉슨 연구

Fischhoff는 불확실한 판단에 대한 결과 지식(outcome knowledge)의 효과를 알아보기 위하여 몇몇 연구를 수행하였다. 한 연구에서(Fischhoff, 1975, 실험 1) 참여자들은 4개의 친숙하지 않은 역사적 사건이 기술된 것을 받았는데, 그중 하나는 1814년 네팔 구르카(Gurka)에 대항하는 영국의 군사 행동에 대한 것이었다. 각 시나리오에 따라 이후에 네 가지 결과가 기술되었다. 구르카 시나리오는 (a) 영국의 승리, (b) 구르카의 승리, (c) 평화의 정착 없이 군대의 교착 상태, (d) 평화의 정착과 군대의 교착 상태 등 네 가지 결과로 기술되었다. 한 집단은 이 중 어느 것이 발생했는지 듣지 못하였고, 다른 네 집단은 이 중 한 가지 결과를 들었다. 그림 4.1이 보여 주듯이, 특정한 결과를 들은 참여자는 아무 결과도 듣지 못한 참여자에 비하여 그 결과를 과대추정하였다. 다른 시나리오에 대해서도 비슷한 결과가 나왔다.

후견지명 편향(hindsight bias)이라는 용어는 불확실한 결과가 실제로 발생했다고 알려진 후 그것이 더 그럴듯해 보이는 관찰을 기술하는 데 사용된다. Fischhoff는 후견지명 편향이 참여자가 판단할 때 결과 지식을 무시하라고 요청받았을 때조차 발생했음을 발견하였다(1975, 실험 2와 3). 그는 또한 결과 지식이 시나리오 정보의 적절성에 대한 사람들의 평가를 바꾸었다는 증거도 발견하였다. 예를 들어, 구르카 시나리오에서 영국이 승리했다는 결과를 들은 참여자는 이를 무시하라는 말을 들은 참여자를 포함하여 결과 지식을 제공받지 않은 참여자에 비해 '영국 장교들이 혹독한 패배 후 비로소 신중할 것을 배웠다.'라는 사실에 더 큰 중요성을 두었다. 요약하면, 사람들은 결과 지식이 판단에 주는 영향을 의식하지 못했거나 의식을 했어도 그 현상에 대해 아무것도 할 수 없는 것 같았다.

다른 연구(Fischhoff & Beyth, 1975)는 1972년 Nixson 대통령이 중국과 소련을 방문했을 당시(냉전이 국제 관계에 계속 그림자를 드리우고 있을 때)의 역사적 사건에 기초하였다. Nixson이 방문하기 전에, Fischhoff와 Beyth는 이스

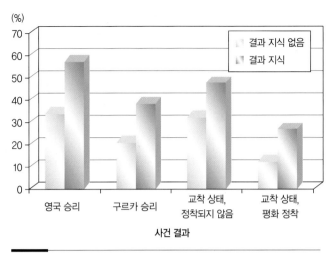

그림 4.1 결과가 제시되었을 때와 제시되지 않은 상황에서 1814년 영국-구르카 전쟁 결과의 평균 확률 추정치(%). 4개의 결과 지식 집단이 있고, 각각은 4개의 결과 중 1개 '지식'을 들었다.
출처 : Fischhoff, 1975

라엘 대학생들에게 그의 방문 기간에 발생할 수 있는 여러 사건의 개연성을 평정하게 하였다. 중국 방문에 대한 질문을 받은 학생들은 예를 들어, 미국이 북경에 재외 공관을 둘 가능성이나 모택동 수석을 적어도 한 번 만날 가능성과 같은 일의 개연성을 추성했으며, 소련 방문에 내해서는 공동 우주 개발이나 Lenin의 묘지를 방문하는 사건이 일어날 개연성을 추정하였다. 이 방문이 끝나고 2주에서 6개월이 지난 후 이 학생들은 동일한 사건을 지난번과 동일한 방식으로 확률로 평가하라는 요청을 받았다. 다수의 학생이 실제로 발생한 사건의 확률은 더 부풀렸고, 발생하지 않은 사건의 확률은 축소시켰다. 이 효과는 초기의 예측과 회상 간의 시간적 간격이 세 달 또는 그 이상 길어질수록 더 강하였다.

가설적 설계와 기억 설계

편향은 종종 초기 판단의 왜곡된 회상과 연합되지만, 초기 판단이 반드시 필요하지 않고, 그 사건이 발생하기 전에 어떤 결과를 생각했던 상관없다. 방금 기술된 두 연구가 전혀 다른 설계로 이루어졌음을 주목하였을 것이다. 구르카 연구는 **가설적 설계**(hypothetical design)의 예로, 결과 지식이 없는 사람의 판단이 결과 지식이 있는 사람의 판단과 비교되었다. 닉슨 연구는 **기억 설계**(memory design)의 예로, 참여

자는 결과를 모른 채 한 결과의 개연성을 판단하고, 그 결과의 실제 발생 여부를 확인하며, 마지막으로 그 개연성의 초기 판단을 회상하였다. 후견지명 편향이 가설 설계에서 더 강한 경향이 있기는 하지만(Campbell & Tesser, 1983; Davies, 1992; Fischhoff, 1977; Wood, 1978), 이것은 기억 설계 연구에서 몇몇 참여자가 자신의 초기 판단을 정확하게 회상했기 때문으로 보인다. Schwarz와 Stahlberg(2003)는 정확하게 회상한 답을 분석에서 제외하기만 하면 두 설계에서 후견지명 편향의 차이가 없음을 발견하였다.

후견지명 편향은 얼마나 탄탄한가?

사람들에게 후견지명 편향을 의식하게 하는 것이 그것을 줄이는 데 충분하지 않지만, 다른 조작은 이 편향을 줄이는 데 비교적 성공적이다(그 편향이 반드시 제거되지 않더라도). 한 실험은 신경학 사례 연구의 회고적 진단에서 신경심리학자에게 세 가지 가능한 진단이 옳은 이유를 말하게 했을 때 후견지명 편향이 감소했음을 보여 주었다(Arkes et al., 1988).

참여자들이 심리학 실험 결과를 판단하는 연구에서(Davies, 1987), 2주 전 결과에 앞서서 자신이 생성했던 당시의 생각과 아이디어를 적은 기록을 제시받은 참가자들에서는 후견지명 편향이 줄었다. Slovic과 Fischhoff(1977)는 반사실적 사고(counterfactual thinking)가 후견지명 편향을 감소시켰음을 발견하였다. 그들은 사람들에게 여러 과학 연구 결과의 반복 가능성을 평가하게 하였다. 원래 연구의 결과를 알았던 사람은 반복 가능성을 높게 평가했으나, 원래 연구가 다르게 나왔다고 상상하고 그것을 어떻게 설명할 것인지 질문을 받은 참여자 중에서는 후견지명 편향이 감소하였다.[1]

문화 차이와 개인 차이

Nisbett(2003)은 서양인에 비해서 동양인이[2] 전체적이고 복잡한 관점에서 세상을 일반적으로, 사람의 행동을 구체적으로 본다는 증거를 개관하고, 서양인과 구별되는 이런 사고 방식을 오랜 전통에 귀인하였다. 전체적 사고의 장점이 많지만, Choi와 Nisbett(2000)은 나약한 자신감이 후견지명 편향에 매우 민감할 수 있다고 예측하였다. 이것은 일련의 연구에서 실제로 그들이 서양인과 동양인을 비교하면서 발견한 것이다. 그들은 복잡한 모형의 행동이 인과 설명을 더 뒷받침할 수 있으므로, 이런 모형을 지닌 사람들은 결과에 따르는 모순과 놀라움을 덜 경험하고 후견지명 편향을 보이는 경향이 더 크다고 주장하였다.[3]

Musch(2003)는 성격 차이가 후견지명 편향의 정도에 영향을 준다는 증거를 제시하였다. Musch의 연구에서, 성격 요인은 기억 설계보다 가설 설계에서 더 큰 역할을 하였다. 그는 사람들이 자신의 예측(선견지명)과 후견지명 점수를 비교할 수 있으면, 기억 설계에서 자기 과시(self-presentational) 효과와 다른 효과들을 억제하는 것 같다고 제안하였다. Musch는 예측의 필요성이 기억 설계에서 편향과 관련되었음을 발견하였는데, 즉 모호성을 좋아하지 않는 독단적 유형이 더 큰 후견지명 편향을 보였다. Musch는 표준적 가설 설계를 이용하여 암시에 쉽게 빠지는 사람과 자기 과시에 관심이 있는 사람 가운데 더 큰 후견지명 편향을 발견하였다.

Musch는 또한 실제 지식과 후견지명 지식을 구분하기 위해 서로 다른 방식[4]으로 설계된 가설 설계를 분석하였다. 자기 과시가 또다시 중요한 요인이었다. Musch는 장 독립(field independence)이라고 알려진 인지 스타일이 영향을 끼쳤음을 발견하였는데, 체제화된 자극을 개별 요소[5]로 나눌 수 있는 능력이 우수한 사람이 후견지명 편향을 덜 보였다. 양심이라는 성격 변인은 네 가지 요인 각각과 약한 관계를 보였으나, 기억과 가설적 후견지명 편향 모두와 의미 있게 관련되는 유일한 변인이었으며, 양심이 강할수록 더 강한 후견지명 편향과 연합되었다. 이는 다소 당황스러운 발견이지만, 강한 수준의 양심을 가진 사람이 정보의 의미를 이해하려고 더 노력하는 것 같다. 후견지명 편향을 의미 만들기로 보는 설명을 다음에서 간략히 논의하겠다.

후견지명 편향이론

Fischhoff(1975)는 후견지명 편향에 대하여 결과 정보가 기존의 기억 구조 안으로 즉시 동화된다는 설명을 선호하였다. 기억의 재구성적 역할은 Carli(1999)의 연구가 잘 설명한다. 그녀는 참여자에게 낭만적인 만남에 대한 정보를 주면서, 피드백 집단에는 그 결과가 강간으로 이어졌다는 말을 하였다. 일주일 후, 피드백 집단은 피드백이 없었던 집단보다 낭만적 만남의 세부 사항을 강간 결과와 일관된 방식으로 잘못 회상하였다. 결과와 일관된 틀린 회상 역시 후견지명 판단을 매개하였다. 비슷하게, 모의 배심원 연구는 배심원들이 수용할 수 없다고 규정된 증거를 무시하지 못함을 발견하였다(Hawkins & Hastie, 1990).

이후에 기술되겠지만, 다른 접근은 결과 지식이 자동으로 기억 안으로 동화된다고 생각하지 않고, 대신에 자신의 판단을 회고를 통해 재구성한 결과 후견지명 편향이 발생한다는 이론을 취하였다. 그러나 이 두 가설적 과정의 차이는 절대적이기보다는 정도의 문제이다. 크게 보면, 후견지명 편향은 의미 만들기(sense-making)를 목표로 하는 인지 과정의 결과이다. 이 입장은 사람으로 하여금 예상치 못한 결과는 더 높은 수준의 의미 만들기 활동에 참여하게 한다는 관찰로 지지된다(Hastie, 1984; Sanna & Turley, 1996; Weiner, 1985). 사물의 의미를 만들 수 있으면 이후에 더 적절하게 사고하고 행동할 수 있게 되므로, 이런 의미에서 후견지명 편향은 단순히 적응적 인지 과정의 부산물일 수 있다.

후견지명 편향이 의미 만들기 인지에서 나온다는 생각은 편향의 발생뿐만 아니라 미발생 상황을 연구한 결과에 의해서도 지지된다. Pezzo(2003)가 제안한 의미 만들기 모형은 결과에 대한 **초기의 놀라움**이 의미 만들기 활동을 유도한다고 시사한다(그림 4.2). 만약 의미 만들기 과정이 충분하면, **결과의 놀라움**은 줄어들고 후견지명 편향이 발생한다. 그러나 의미 만들기 과정이 실패하면, 결과에 대한 높은 수준의 놀라움이 발생해서 **역전된 후견지명** 편향과 연합되어 실제의 결과는 덜 예측한 것처럼 보인다.

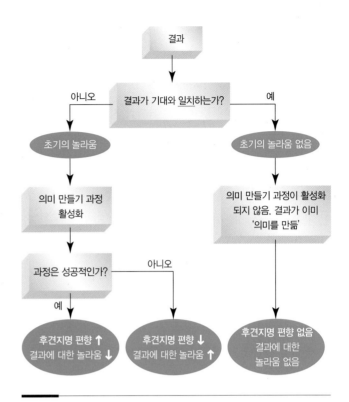

그림 4.2 Pezzo(2003)의 후견지명 편향 모형

역전된 후견지명 편향이 몇몇 연구에서 보고되었다. Ofir와 Mazursky(1997, 실험 3)는 참여자에게 평범한 그림을 보여 주면서, 한 집단에는 Picasso가 그린 그림이라고 말하고, 다른 집단에는 Picasso, Renoir, 12세 소년 중 어느 누구의 그림도 아니라고 말하였다. 그리고 세 번째 집단에는 아무 정보도 주지 않았다. 첫 두 집단의 참여자들은 그 그림을 그린 화가에 대한 정보를 전혀 받지 못했다고 가정할 때, 그것이 Picasso, Renoir, 12세 소년, 또는 다른 어떤 사람의 그림인지에 대한 개연성을 평가해야 했다. 그들은 자신이 받은 정보에 대한 놀라움도 평가해야 했다. 아무런 정보도 받지 않았던 참가자도 각 선택지와 관련된 개연성을 평가해야 했다. Picasso가 그 그림을 그렸다는 말을 들은 사람들은 다소 놀랐으며, Picasso의 개연성을 14%로 평가하였다. 그 화가가 Picasso, Renoir, 12세 소년 중 어느 누구도 아니라는 말을 들은 사람들은 Picasso의 개연성을 12.3%로 평가하였고 아무런 정보도 받지 않은 사람들은 Picasso에게 19.3%의 개연성을 부여하였다. 이런 개연성 평가는 후견지

명 편향과는 반대였다.

자신의 의미 만들기 모형을 검증하기 위하여 특별히 설계된 몇몇 연구에 걸쳐서, Pezzo는 광범위한 지지를 발견하였다.[6] 그가 사용한 과제 중 하나는 가짜 인지능력검사에 대하여 긍정적 또는 부정적 피드백을 주거나 아무런 피드백도 주지 않는 것이었다. 수행에 대한 피드백을 준 후(또는 아무 피드백도 주지 않은 후), 참여자에게 떠오르는 생각을 5분 동안 자유롭게 쓰도록 하였다. 아무런 피드백을 받지 못한 집단은 자신이 얼마나 잘했다고 생각하는지, 피드백을 받은 집단은 피드백을 받기 전에 자신이 어떻게 반응했는지를 질문받았다. 끝으로, 결과의 놀라움에 대한 평정이 있었다. 의미 만들기 모형이 예측한 대로, 후견지명 편향의 증가는 결과에 대한 놀라움의 감소와 연합되어 있었다. 더욱이, 높은 수준의 놀라움을 보인 참여자는 역전된 후견지명 편향을 보였다. 생각을 나열하는 과제에서 결과와 비일관된 생각을 많이 한 사람은 낮은 수준의 후견지명 편향을 보였다.

다른 연구에서 Pezzo는 사람들에게 심리학 연구 과제의 세부 내용을 제시하였는데, 피드백 집단에는 의미 판단이 쉽거나 어려운 내용을 주었다(그러나 이 모두는 어느 정도 예상 밖의 내용이었다.). 예를 들어, 어려운 시나리오 중 하나는 '성관계를 한 소녀 중 죄책감을 가장 크게 느끼는 소녀가 임신할 가능성이 크다.'라고 진술한 것이며, 쉬운 시나리오에서는 데이트 상대에 대한 것으로 '남자와 여자 모두에게 문제가 되는 유일한 요인은 상대방이 신체적으로 얼마나 매력적인가이다.'라고 진술하였다. 어려운 시나리오에서 전반적으로 역전된 후견지명 편향이 관찰되지 않았으나, 쉬운 시나리오에서는 상당한 정도의 전형적 후견지명 편향이 관찰되었다. Pezzo(2003, p. 437)는 '이 연구 결과는 결과를 의미 있게 만들 수 있는 용이성이 '놀라움' 자체보다 후견지명 편향의 더 중요한 결정 인자임'을 지적한다고 시사하였다. 후견지명 편향에 대한 의미 만들기 설명 역시 앞에서 보고된 문화에 따른 차이와 일관된 것으로 보인다. 따라서 동양인은 서양인보다 세상에 대하여 더 정교한 모형을 구성하

므로, 동양인이 후견지명 편향에 더 취약한 상태에 놓인다.

용이한 처리라는 생각과 일관되어, 다른 연구는 사람들이 정답 여부에 관계없이 더 빨리 찾은 답에 자신감을 가짐을 보여 주었다(Nelson & Narens, 1990; Schwarz et al., 1991; 제3장 참조). 숫자로 답해야 하는 달력문제가 포함된 가설 설계 연구에서, Werth와 Strack(2003)은 해결에 대한 강한 자신감은 제공된 값과의 근접성과 관련되어 있음을 발견하였다. 두 번째 연구에서 실험자들은 어떤 질문은 눈으로 보기 쉽게(녹색 배경에 노란색 질문), 다른 질문은 눈으로 보기 어렵게(빨간색 배경에 노란색 질문) 만들어 처리의 용이성을 조작하였다. 보기 쉽게 만든 질문에 대한 답이 제공된 답에 더 근접하였다.

Sanna 등(2002)은 구르카 시나리오에서 2개보다는 10개의 반사실적 사고의 생성이 더 많은 후견지명 편향을 유도했음을 발견하였다. 다른 증거는 기억 설계 연구에서 생기는 편향의 일부가 자료의 반복을 통한 친숙성의 결과임을 시사하였다(Hertwig et al., 1997, '반복 효과' 부분 참조).

요약

양적 판단을 할 때 사람들은 제시된 기점의 영향을 받는다. 기점은 실험 중에 접하는 임의값으로, 자연환경에서 접하는 숫자(예를 들어, 판매 가격), 평가 중 마음에 떠오르는 초기 평가치이다. 기점화에 대한 초기 이론을 분석하면, 사람들은 기점에서 먼 조정을 하지만 이것은 보통 불충분하다.

기점화 효과는 매우 탄탄하다. 사람들은 기점화가 판단에 끼치는 영향을 의식하지 못하며, 금전 보상을 제공해도 판단은 개선되지 않는다.

선택적 접근 설명에 따르면, 기점은 기억에 있는 좁은 범위의 값에 쉽게 접근한다. 이 설명에 따르면 판단 오류를 설명하기 위하여 불충분한 조정을 제안할 필요가 없다. 그러나 다른 증거는 기점이 자기 생성적일 때 조정이 발생한다고

지적한다. 이런 상황에서 사람들은 일반적으로 초깃값이 틀렸다는 것을 인식한다.

불충분한 조정은 여러가지 이유로 발생한다. 아마도 사람들이 단순히 정답을 모르기 때문에, 인지적 자원에 대한 경쟁적 요구가 있기 때문에, 또는 더 생각하려는 동기가 없기 때문일 수 있다.

후견지명 편향은 사건의 발생 여부에 대한 결과 지식을 가지고 있을 때 사건을 실제보다 더 잘 예측할 수 있었거나 불가피했던 것으로 보려는 회고적 경향이다. 후견지명 편향에 대한 연구는 서로 다른 집단으로부터의 결과 지식을 제공하거나 억제하는 가설적 설계를 사용하거나, 같은 참여자가 결과 지식을 받기 전과 후에 확률 평가를 하는 기억 설계를 사용한다.

후견지명 편향은 초기의 생각을 회상해 보거나 반사실적 사고를 하게 하는 방식으로 감소시킬 수 있다. 문화 차이도 있는데 동양인은 서양인보다 후견지명 편향을 더 많이 보여 주며, 성격과 관련된 개인 차이도 있다.

후견지명 편향에 대한 어떤 이론은 기억이 결과 증거에 비추어 자동으로 새롭게 됨을 가정하고, 다른 이론은 사람들이 판단시 기억을 회고하여 새롭게 만든다고 가정한다. 그러나 이 두 설명의 차이는 절대적이기보다는 정도의 문제이다. 또 다른 접근은 후견지명 편향을 의미 만들기 과정으로 간주하며, 결과에 대한 의미 만들기가 어려울 경우 후견지명 편향에 덜 민감함을 보여 준다(또는 역전된 후견지명 편향을 보여 준다.).

질문

1. 기점화와 조정에서 선택적 접근이론은 무엇인가?

2. 기점화와 조정 추단을 사용할 때 발생하는 조정 수준에 영향을 끼치는 요인은 무엇인가?

3. 이미 발생한 부정적 사건을 비난할 때 후견지명 편향의 역할을 평가할 수 있는 연구를 설계하라.

4. 앞으로 예측되는 어떤 사건과 관련하여 후견지명 편향 연구를 설계하라(즉, Nizxon의 중국과 소련 방문을 포함하는 Fischhoff와 Beyth의 1975년 연구와 유사하게 설계해 보아라.).

5. 후견지명 편향과 관련하여 기억 설계와 가설 설계의 차이를 간단히 진술하라.

6. 후견지명 편향이 왜 발생한다고 생각하는가?

주

1. 반사실적 사고가 항상 후견지명 편향을 줄이지는 않는다. 반사실적 사고의 주제는 다음 장에서 알아볼 것이다.

2. 동양인이란 중국 문화의 영향을 많이 받은 중국, 한국, 일본 그리고 중국의 영향을 받은 다른 나라들을 말한다.

3. Ji 등(2000)은 동양인이 서양인보다 더 장 의존적(field dependent)임을 발견했는데, 이는 그들이 물체를 지각할 때 맥락의 영향을 더 많이 받는 경향이 있음을 의미한다. Musch(2003)는 장 의존성이 후견지명 편향과 강한 관계가 있음을 발견하였다. 그의 연구는 다음에서 더 자세히 기술된다.

4. Musch는 모든 참여자에게 어떤 질문에는 피드백이 있고 어떤 질문에는 피드백이 없는 복잡한 설계를 사용하였다. 이 설계는 표준적 참여자 간 분석(between participants analysis)과 참여자 내 분석(within participants analysis)을 이용하여 지식 효과를 제어하였다(두 세트의 항목이 동일하게 어려웠다.).

5. 인지 요구(need for cognition)의 역할은 다소 모호하였

다(이 척도는 사람들이 노력하여 생각하기를 즐기는 정도를 측정한다.).

6. 과제와 분석이 여기에 기술된 것보다 더 자세하였다. 저자는 주요 발견에 초점을 두었다.

추천도서

Nisbett, R. E. (2003). The geography of thought: How Asians and Westerners think differently ... and why. New York: Free press. 동양인과 서양인 간의 인지 차이를 흥미롭게 설명한다.

A collection of interesting academic papers is published in a special 'hindsight bias' issue of the journal *Memory*, 11(4/5), Psychology Press, 2003

05 | 증거 심사와
논증 평가

서론

일상적 사고는 대체로 자신의 의견이 옳다는 것을 타인에게 확신시키려는 논증으로 구성된다. 반대로, 자신에게 주어진 논증을 평가하는 경우도 있다. 이 장에서는 논증이 무엇으로 구성되어 있는지 살펴보는 것부터 시작한다. 그 다음 이론과 증거를 구분할 수 있고, 반증에 적절히 반응할 수 있으며, 논증에서 결함을 찾을 수 있고, 주제의 양방향적 측면 모두에서 논증을 고려할 수 있는 역량에 대하여 논의한다. 또한, 설득 메시지를 처리하는 방식에 영향을 주는 요인도 살펴본다. 끝으로, 매우 복잡한 증거를 의미 있게 만드는 방법을 간단히 논의한다.

논증의 구조

일상적 논증(argument)의 기본 구조는 철학자인 Stephen Toulmin(1958)에 의해 기술되었는데, 그는 형식논리학(formal logic)이 일상 논증에 적용되지 않음을 인식하였다. Toulmin에 따르면, 사람들은 논증을 입증하기 위하여 자료(정보)를 제시하고 근거(warrant) 적용을 통해 그 자료가 논증에 적절한지 보여 준다. 이 논증의 기본 구조가 예와 함께 그림 5.1a에 나와 있다.

그림 5.1a에서 'Jones 박사는 센트럴대학교에 6년간 재직하였다.'라는 정보의 적절성은 '센트럴대학교 교수는 6년마다 안식년을 가질 수 있다.'라는 사실(근거)에 의해 입증된다. 만약 이 논증에 대한 근거의 타당성을 의심하는 사람이 있다면, 논증을 펴는 사람은 그 근거가 대학교의 규정에 의해 타당화되어 있음을 지적하면 된다. 이것이 근거의 **지지**(backing)이다. Toulmin은 주장이 논박(rebuttal)에 직면하여 **자격**(qualified)을 갖추었음을 설명할 수 있는 논증 구조를 개발하였다(그림 5.1b). 논박은 논증을 약화시키거나 제압하는 이의 신청이다. 현재의 예에서, Jones 박사가 안식년을 가질 수 있다는 논증은 'Jones 박사가 자신의 강의를 대신할 사람을 찾지 못하지 않는 한'이라는 논박 때문에 '아마'라는 말의 수식을 받는다.

Toulmin의 논증이론의 기본 구조는 제2장에서 기술된 렌즈 모형과 같다(Kleindorfer et al., 1993, pp. 85~86 참조). 렌즈 모형에서 전통적으로 '단서'라고 불린 것이 논증이론에서 '자료'이고, 렌즈 모형에서 '단서 활용'이라고 불리는 심리 과정은 단순히 근거와 지지를 사용하는 것이다. 자료가 어떻게 준거와 관련되는지는 처방(prescriptive) 또는 규범(normative) 모형으로 구체화된다(일상적 논증 형태에 대한 더 많은 내용은 Walton, 1989, 1996 참조).

Curley와 Benson(1994)은 논증이 어떻게 판단으로 유도되는지를 신념처리이론(theory of belief processing)이라는 인지 모형으로 제안하였다. 그들의 모형은 자료 생성 모

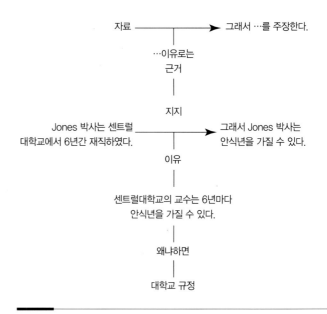

그림 5.1a Toulmin의 추상적·구체적 형태의 논증 개요

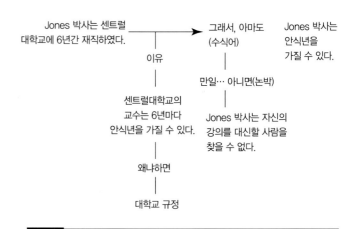

그림 5.1b 그림 5.1a의 논증에 논박과 수식어가 추가된 구체적인 예

듈, 논증 구성 모듈, 자격 구성 모듈로 구성된다. 이 모형에서 자료는 기억에서 생성되거나 외부 환경에서 얻어진다. 자료와 논증은 서로 관련되는데, 논증을 고려하는 것 자체가 자료의 환기를 고무하고 안내할 뿐만 아니라, 자료에 의해서도 논증이 환기된다. 부적절하다고 판단된 자료는 걸러지고 남은 논증의 누적 강도가 최종 결론의 강도에 투입된다. 자격 강도는 자료의 신뢰도, 개별 논증의 강도, 증거의 완벽성, 서로 다른 논증의 내적 일관성에 기초한다.

이론과 증거의 구분

앞서 기술된 인지 모형은 역능 모형(competence model)이다. 그렇다면 논증과 관련된 기본 수행(performance)에서 무엇이 발견되었는가? 주요 발견은 증거가 없이 논증을 설명만 한다는 것이다. Kuhn(1991)은 참여자들에게 상습적 범죄, 학교에서의 낙제, 실업의 원인들을 말하게 하였다. 면접 도중 참여자에게 자신의 입장을 지지하는 증거를 제공하고 그에 대한 도전에 대처하기 위하여 다른 대안을 생각하게 하였다. 보통, 참여자들은 질문 주제에 대해 자신의 입장을 말할 수 있었지만, 이를 지지하는 증거를 제시하지는 못하였다. 실제로, Kuhn은 참여자의 반 이하가 증거를 제시하였지만, 대부분이 거짓 증거(pseudoevidence, '그 현상이 어떻게 발생하는지를 기술하는 시나리오, 또는 도식'; 1991, p. 65)라고 보고하였다. 160명 중 단지 26명(16%)이 세 주제 모두에 대하여 참 증거를 제시할 수 있었다.

Brem과 Rips(2000)는 Kuhn의 발견에 더 낙관적 경향을 추가하였다. 그들은 다음과 같이 일상적 논증의 주제가 매우 복잡함을 지적하였다.

> 모든 가설을 검증할 시간도, 힘도 없다. 복지라는 덫에 걸려 있는 젊은 엄마들의 이야기를 듣고, 그들의 모든 환경 측면을 체계적으로 바꾸어 주거나 그들을 무작위로 빈곤에 할당할 수도 없다(2000, p. 579).

더욱이 언론 매체는 모든 적절한 정보를 제공하지 않고, 사람들은 매체로부터 받은 정보를 회상하기조차 어렵다. 이런 상황에서 설명은 '한 입장을 더 잘 이해하고, 그 입장의 장점과 약점을 파악하며, 자료 탐색을 안내하고, 지식을 새 상황에 적용하는 능력을 개선하도록(2000, p. 579)' 돕는다.

4개 연구에서 Brem과 Rips는 Kuhn과 비슷한 재료를 사용하여 Kuhn의 연구에서 기대했던 것보다 사람들이 설명과 증거를 더 잘 구분할 수 있었음을 발견하였다. 예를 들어, 다른 사람에게 한 입장을 확신시키기 위한 이상적 증거가 무엇인지 질문을 받았을 때, 참여자들은 시행의 58%에서 참

증거를 제시했는데, 이는 단순히 증거를 제시하라고 요청받은 참여자들이 제시한 35%의 증거와 비교된다. 이 후자 집단은 아마 회상할 수 있는 실제의 증거만을 제시하는 데 대하여 제약을 느꼈기 때문에 결과적으로, 많은 거짓 증거를 내놓았다. 다른 연구에서 참여자들은 여러 쟁점에 적절한 설명이나 증거를 제공받고 그 정보가 특정 논증을 얼마나 강하게 지지하는지를 0~7점 척도상에서 평가하라고 요청받았다. 그러나 어떤 사람은 활용할 수 있는 정보가 거의 없다는 말을 들었고, 어떤 사람은 활용할 수 있는 정보가 매우 많다는 말을 들었다. 전체적으로 참여자들은 설명보다는 증거를 더 높게 평가했지만, 정보가 풍부한 조건보다 정보가 빈약한 조건에서 설명을 더 높게 평가하였다(그림 5.2)

Sá 등(2005)은 인지 능력이 높은 사람과 낮은 사람이 각각 이론과 증거를 어떻게 조화시키는지를 연구하였다. 참여자는 94명의 성인으로, 평균 연령은 32세였고 공부를 끝내기 위해 고등학교로 돌아온 사람들이었다. 연구자들은 Kuhn(1991)의 기법을 사용하여 몇 가지 생점에 대해 참여자들을 면접하였다. 주제는 '아동이 학교에서 낙제하는 이유는 무엇인가?' '범죄자가 교도소에서 석방된 후 다시 범죄를 저지르는 이유는 무엇인가?'였다. 참여자들은 유동지능과 결정지능이 하나로 통합된 지능검사를 받았고, 적극적인 개방적 사고를 측정하는 척도와 미신적 사고를 측정하는 척

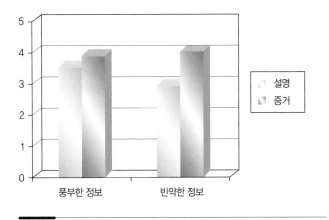

그림 5.2 적은 자료(빈약한 정보)와 많은 자료(풍부한 정보)에 기초하여 제시된 설명과 증거를 지지하는 강도의 평균 평가 점수. 0은 가장 낮은, 그리고 7은 가장 높은 지지 수준을 나타낸다.

출처 : Brem & Rips, 2000, 실험 2

도를 완성하였다.

특히 이 연구에서는 참여자가 '쟁점에서 원인으로 단정된 선행 사건과 결과 간의 구체적 공변 비교(2005, p. 1153)'를 요하는 상황에서 실제로 공변 비교를 사용하는지에 관심이 있었다. 결과를 보면, 인지 능력이 높은 사람이 낮은 사람과 마찬가지로 이런 비교를 하지 않았고, 공변 비교 여부는 다른 측정치와 관련이 없었다.

그러나 개인차는 다른 측정치, 즉 이전의 인과이론을 반복하거나 더 정교화하려는 경향에서 관찰되었다. 이런 경향은 인지 능력이 낮은 사람 중에서 더 많이 보였고 미신적 사고와 관련되었지만 적극적인 개방적 사고에서 높은 점수를 받은 사람 중에서는 적었다. 적극적인 개방적 사고는 인지 능력을 통제한 후에도 더 적은 인과이론의 반복이나 정교화를 예언하는 변수였다. 그러나 그 반대는 적용되지 않았는데, 적극적인 개방적 사고를 통제했을 때 인지 능력이 인과이론의 반복이나 정교화를 예언하지 못하였다. 선행 연구는 사고 성향이 통제되어도 인지 능력이 의미 있는 예언 변수로 남아 있음을 발견하였지만(Sá et al., 1999; Stanovich & West, 1997), 이런 차이는 지시가 탈맥락적 사고를 유도했기 때문일 수도 있었다.

Sá 등(2005)이 제시한 질문 중 하나는 '누군가가 당신이 틀렸음을 증명할 수 있는가?'였다. 적어도 한 주제에서 '분명히 아니다.' 범주에 반응한 사람은 인지 능력 점수가 낮았고, 적극적인 개방적 사고 점수가 낮았으며, 미신적 사고 점수는 높았다.

13~14세를 대상으로 한 연구는 추리 목표가 설명이나 증거의 선택에 영향을 줌을 보여 주었다(Glassner et al., 2005). '당신은 그것을 어떻게 알고 있는가?'라는 질문은 설명보다는 증거를 유도하였고, 한편 '당신은 왜 그렇게 생각하는가?'라는 질문은 설명을 더 유도하였다. 연구자들은 '어떻게' 질문은 증명을 유도하고, '왜'라는 질문은 설명을 유도한다고 주장한다. 그러나 이 결과는 참여자의 선택에 기초한 것이었다. 자신의 생각을 증명하거나 설명하라고 요청받은 과제에서는 증거보다 설명을 더 선호했는데, 이것은 설명하려는 성향이 더 강함을 보여 준다.

모순된 증거에 직면한 신념 고수

사람들이 제시된 증거에 적절한 방식으로 반응하는지를 알아보는 많은 연구가 있었다. 문헌 개관에 따르면, 특정 주제에 강한 견해를 보이는 사람은 자신의 의견을 지지하지 않는 증거에 적절하게 반응하지 못한다고 결론을 내렸다(MacCoun, 1998). Lord 등(1979)의 대표적인 실험에서 참여자들에게 범죄 억제책으로 사형 효과에 대한 2개의 잘 알려진 연구를 제시하였다. 한 연구는 사형이 억제 효과가 있었다고 지적했으나, 다른 연구는 그렇지 않다고 하였다. 참여자들의 사전 의견이 이미 알려져 있는 가운데, 한 집단은 사형을 찬성하고 다른 집단은 그에 반대하는 입장이었다. 두 집단의 학생들은 모두 자신의 입장에 찬성하는 연구가 다른 연구보다 '더 확신을 주는' 연구라고 보고하였다. Lord 등은 이 결과를 증거에 대한 **편향된 동화**(biased assimilation) 현상으로 보았다. 참여자들은 또한 **태도 양극화**(attitude polarization)를 보였다. 즉, 두 연구를 모두 읽은 후에도 그들은 증거를 읽기 이전에 가졌던 초기 입장이 옳음을 더 강하게 확신하였다.

Edwards와 Smith(1996)는 논란의 여지가 있는 주제들을 사용하여 신념 고수(belief perseverance)에 내재된 심리 기제의 성질을 조명할 수 있었다. 그들이 발견한 내용은 (1) 참여자는 자신의 사전 신념과 모순되는 논증을 면밀히 살펴보는 데 시간을 더 많이 썼으며, (2) 자신의 신념과 조화되는 논증보다는 모순되는 논증에 반응하기 위하여 더 많은 생각과 논증을 생성하였고, (3) 이런 생각과 논증은 제시된 논증이 신념과 모순될 때 반박된다는 것이었다. Edwards와 Smith는 이 과정을 논증의 **비확증 편향**(disconfirmation bias)이라고 하였다.

편향된 동화 효과는 일반인에 국한되지 않고, 전문가에게서도 관찰되었다. Koehler(1993)는 이 효과를 반복해서 관찰하였는데, 초감각 지각(extrasensory perception) 논쟁에서 그 효과가 초심리학자보다는 회의론자에게서 더 강했다고 보고하였다. McHoskey(1995)는 Kennedy 암살에 대한 음모론자와 비난론자 모두 같은 증거를 자신의 입장을 지지하는 것으로 해석했음을 발견하였다.

MacCoun(1998)의 보고는 편향된 동화에 대한 증거가 태도 양극화에 대한 증거보다 더 탄탄함을 발견하였으며, 몇몇 연구가 발견하였듯이 후자는 자기-보고 변화 평정에 한정되어 있었다. MacCoun(1998)의 평은 주목할 만한 가치가 있다.

> 혼합된 증거에 대한 반응으로 태도 양극화는 그것이 존재하는 한, 인간의 특성에 대한 놀랄 만한(놀랄 만큼 잘못된) 사실이지만, 참여자들이 태도 양극화가 발생하고 있음을 믿는다는 단순한 사실 자체가 주목할 만한 가치가 있다. 태도 양극화가 없어도, 편향된 동화는 경험적 분석을 통해 당대의 정책 논쟁의 기초를 닦기 위한 노력에 대하여 고통스러운 함의를 지닌 이미 확립된 현상이다(1998, p. 267).

신념과 지각

신념과 관여도가 사건을 지각하는 방식에 영향을 줄 수 있다는 발견에 주목할 필요가 있다. 예를 들어, 고약한 미식축구 경기에서 프린스턴(홈 팀) 지지자는 원정 팀(다트머스)의 위반을 자기 팀의 위반보다 더 많게 지각하였다. 대조적으로, 다트머스 지지자는 양쪽의 위반을 대충 같은 수로 적게 지각하였다(Hastorf & Cantril, 1954). 1982년 베이루트 대량 학살 이후에 이루어진 연구에서, 아랍을 지지하는 학생들은 이스라엘을 지지하는 학생들보다 TV 뉴스에서 이스라엘에 대한 호의적 언급을 더 높은 비율로 지각했음이 발견되었다(Vallone et al., 1985). 전반적으로 이스라엘을 지지하는 학생들은 그 뉴스가 이스라엘을 비난한다고 지각했으므로, 중립적 시청자들이 이스라엘을 부정적으로 볼 것이라고 믿었다. 아랍을 지지하는 학생들은 그 뉴스가 이스라엘을 용서했으므로 중립적 시청자들이 이스라엘을 우호적으로 볼 것

이라고 믿었다.

동기화된 추리

당신과 같은 눈 색깔을 가진 사람들이 다른 눈 색깔을 가진 사람들보다 평균 이상의 지능을 가지며 친구 관계가 넓다는 최신 연구 결과를 보도하는 신문기사를 읽는다고 하자. 당신은 자신을 매우 근사하다고 생각할 것이며, 약간의 우월감을 느낄 것이다. 반면, 그 연구가 반대로 당신과 같은 눈 색깔을 가진 사람들이 그렇지 않은 사람들보다 평균 이하의 지능을 가지며 친구도 적은 경향이 있다는 결과를 보고한다고 하자. 아마 당신은 한숨을 쉬고 비참함을 느끼면서 다음 주에는 그 반대의 기사가 나올 것이라고 생각할 것이다.

이것이 바로 사람들이 자신과 관련해서 긍정적인 정보와 부정적인 정보를 받았을 때의 반응이다. 지능, 사회적 민감성, 전문적 능력, 장래 질병에 대한 취약성을 다룬 긍정적 정보는 부정적 정보보다 좀 더 타당하고 정확하며 내적 원인을 가진다고 지각된다(Beckman, 1973; Ditto et al., 1988; Pyszczynski et al., 1985; Wyer & Frey, 1983). 그리고 부정적 정보는 덜 타당하고 덜 정확하며 외적 요인에 의해 설명된다고 여긴다.

그러나 사람들은 믿고 싶지 않은 정보를 단순히 무시하지 않는다. 앞에서 강한 신념과 모순되는 주장에 대하여 부정적 논증 편향이 있음을 보았다. 즉, 사람들은 그런 논증에 더 주의를 집중하고 그것이 틀린 이유를 찾는다. 단순히 옳지 않음을 선호하는 주장에 대하여도 마찬가지이다. Ditto와 Lopez(1992, 실험 1)는 참여자들에게 가상으로 대학 입학을 결정하는 연구에 참여하고 있다고 말하였다. 연구의 일부로 그들은 파트너와 일련의 유추문제를 풀었다. 문제를 풀기 전에, 그들은 함께 문제를 풀 사람으로 두 사람의 후보 중 더 지적인 사람을 뽑아야 했다. 누가 더 지적인지 결정하기 위하여, 그들은 이전 유추 과제에서 각 후보의 답안을 점검할 수 있었다. 어떤 후보의 답은 다른 후보의 것보다 훨씬 정확하였다(긍정적 수행 대 부정적 수행). 참여자들은 각 후

보가 유추문제를 어떻게 풀었는지에 대한 평가를 이전 파트너로부터 들었다. 이 평가를 기초로, 한 후보자에게 호감이 갔으며 다른 후보자는 마음에 들지 않았다.

수행 정보가 부정적이었을 때, 참여자들은 마음에 들지 않은 후보의 정보를 호감이 가는 후보의 정보보다 덜 꼼꼼하게 살펴보았다. 긍정적 정보에 대하여는 호감이 가는 후보만큼 마음에 들지 않은 후보의 정보도 꼼꼼히 살펴보았다.

2개의 후속 연구에서, Ditto와 Lopez는 거짓 의료검사에서 나온 긍정적 및 부정적 결과에 대한 사람들의 반응을 검토하였다. 참여자들은 화학물질을 입혀 줄을 표시한 종이에 자신의 타액을 적시라고 요청받았다. 그들은 종이의 줄이 중요한 효소의 결핍 여부에 따라 색깔이 변한다고 믿었다. 실제로 줄의 색깔은 전혀 변하지 않았다. 검사에서 결과의 측정은 그 종이가 실험자의 봉투에 밀봉되기까지 학생들이 얼마나 오래 기다리는가였다. '결핍' 조건은 참여자들이 효소의 결핍이 **없으면** 줄 색깔이 변할 것이라고 믿게 하였다. 이 참여자들은 종이가 봉투에 밀봉되기까지 결핍이 있으면 줄 색깔이 변할 것이라고 믿었던 '결핍 없음' 조건의 참여자들보다 거의 30초 이상 더 기다렸다. 부분적으로 이것은 결핍 조건에서 참여자 자신에 대한 재검사였다. 실제로, 결핍 조건에서 참여자의 52%가 재검사를 받았는데, 이는 결핍 없음 조건의 참여자 중 18%가 재검사를 받은 것과 비교된다. 말할 필요도 없이, 검사에서 한 조건이 다른 조건에 비해 덜 신뢰할 만한 이유가 없었다.

또한 결핍 조건의 참여자들은 검사 후에 받은 설문지 조사에서 심리적 방어를 나타냈다. 결핍 없음 조건의 참여자에 비해, 그들은 자신의 효소 결핍이 덜 심각하며 전집에서 흔하게 나타나는 것으로 지각하였다. 그들은 또한 췌장 질병(결핍의 결과)을 결핍 없음 조건의 참여자보다 덜 심각하고 더 흔하다고 평정하였다. 끝으로, 그들은 결핍 없음 조건의 참여자보다 타액반응검사가 건강 상태를 나타내는 지표로는 덜 정확하다고 보았다.

논증에서 결함 찾기

Shaw(1996)는 논증에 대해 이의를 제기하기가 비교적 쉬운데, 그 이유는 인지적 부담이 적기 때문이라고 하였다. 특히, 전제나 결론의 진실성 문제가 전제와 결론의 연결을 공격하는 것보다 훨씬 더 쉽다. 전제나 결론을 문제 삼는 것은 전제와 결론이 연결된 방식을 표상하는 심적 모형을 구성하거나 평가하라고 요구하지 않으며, 결론을 논박하기 위해 빠진 정보를 채우라고 요청하지도 않는다. Shaw는 학생 참여자가 신문과 잡지 논설의 전제나 결론의 진실성에 의문을 제기하면서 논설에 더 많은 공격을 가했음을 발견하였다. 그러나 그녀는 사람들의 주의를 전제와 결론의 연결로 돌림으로써 이런 연결의 공격에 기초한 이의의 수를 증가시킬 수 있음을 발견하였다.

두 번째 실험에서 Shaw는 전제와 결론의 연결에 크게 이의를 제기하는 사람들이 보통 단락에서 전제와 결론을 가장 잘 파악할 수 있는 참여자임을 보여 주었다. 따라서, 추리를 잘하지 못하는 사람이 전제나 결론의 진실성을 문제 삼아 이 두 연결을 반대하는 경향이 있었다. 비슷하게, 텍스트 이해력이 뛰어난 사람이 일상적 논증에서 추리의 오류를 더 잘 파악할 수 있다(Neuman, 2003; Neuman & Weizman, 2003).

일방향적 대 양방향적 논증

Baron(1995)은 사람들이 논쟁의 여지가 있는 문제에서 양방향적 입장(이 경우 유산, abortion)을 고려하는 논증을 선호하는지 또는 일방향적 논증을 선호하는지 알아보기 위한 실험을 수행하였다. 한 집단의 학생들에게 전체 토의에 대비하여 논의될 논증을 목록으로 만들라고 요청하였다. 목록은 논증의 장점과 단점이 모두 제시되었느냐에 따라 일방향적 또는 양방향적으로 분류되었다. 그 다음, 이 학생들에게 가설적 학생 24명의 논증목록을 제시한 후 그 학생들의 생각을 평가하라고 요청하였다. 어떤 목록은 일방향적 논증을, 다른 목록은 양방향적 논증을 포함하고 있었다. 논증목록에 점수를 매길 때, 참여자들은 자신과 공유하는 양방향적 논증으로 글을 쓴 사람들의 목록에 더 많은 점수를 주었지만, 글을 쓴 사람이 어느 한쪽을 좀 더 많이 주장했을 때에만 그러했다. 그뿐만 아니라 제시된 논증에 동의하지 않아도 양방향적 논증보다 일방향적 논증에 더 높은 점수를 주었다. 자신이 매긴 점수를 설명하라고 했을 때, 참여자들은 흔히 일방향성을 미덕이라고 보았다. 양방향적 논증목록은 대체로 글을 쓴 사람의 우유부단이나 자기 모순의 증거로 간주되었다. 그러나 때때로 참여자들은 일방향적 및 양방향적 정당화를 모두 펴면서 2개의 기준을 동시에 가질 수 있다는 초기의 제안(Baron, 1991)을 지지하였다.

Baron은 이런 일방향적 논증을 선호해도 양방향적 논증을 생성한 학생은 가설적 학생의 양방 논증목록에 더 높은 점수를 주었음을 발견하였다('열린 마음' 사고에서의 개인차가 Stanovich와 West의 연구에서 보고되었음, 1998). 양방향적 논증이 다른 환경에서는 설득으로 작용함이 관찰되었다. 독일이 제2차 세계대전에서 패배한 후, Carl Hovland는 동료들과 일본에 대항하여 싸우는 미국 군인들을 겨냥한 2개의 라디오 방송을 만들었다(Hovland et al., 1949; Myers, 2005에서 인용). 방송은 미국 군인들에게 진행 중인 전쟁이 수월해질 것이라는 생각을 단념하게 하기 위한 것이었다. 한 방송은 일방향적이며, 미국이 이제 둘이 아닌 하나의 적과 싸우게 되었다는 유리한 입장을 언급하지 않았다. 다른 방송은 이 사실을 확실하게 인식하고 있었다. 양방향적 방송이 처음에는 메시지 관점에 동의하지 않은 사람을 설득하는 데 가장 효과적이었고, 일방향적 방송은 처음부터 메시지 관점에 동의한 사람에게 가장 효과적인 것으로 드러났다. 모의 법정을 다룬 연구는 어떠한 불리한 증거라도 구형 이전에 제기되면 피고 측이 이익을 얻을 수 있음을 발견하였다(Williams et al., 1993). 청중이 한 논증에 양방향적

입장이 있음을 알면, 한쪽만 말하는 사람을 편향적이라고 생각하고 자신이 반증을 펼 수 있다고 본다.

사전 지식이나 신념을 선호하는 편향

자신의 신념과 반대되는 추리가 어렵다는 연구가 있다. George(1995)는 세 집단의 사람들에게 다음 3개의 과제 중 2개를 완성하게 하였다.

자신감(confidence) 과제에서 사람들은 다음 진술문의 진위를 평가하였다.

만약 수출이 감소하면, 실업이 증가할 것이다.

수반성(entailment) 과제에서 사람들은 '수출이 감소한다.'라는 진술문을 참이라고 가정하고, 이것이 '실업이 증가한다.'라는 결론을 수반하는지를 결정하게 하였다.

긍정 논법(modus ponens) 과제에서 사람들은 완성된 한 논증을 제시받았다.

만약 수출이 감소하면, 실업이 증가할 것이다.
수출이 감소한다.
결론 : 실업이 증가한다.

참여자들은 전제가 참이라고 가정하고 결론의 진실성을 평정하였다. 형식논리학에서, 이 논증은 긍정 논법으로 알려져 있어서 '만약 P이면 Q이다. P가 진실이면 결론 Q는 옳다.'의 구조를 가진다. 이런 논증은 연역적으로 타당하므로, 전제의 진실성을 가정하면 결론은 전제의 신빙성과 무관하게 수용된다. 추상적 자료를 쓰면 참여자의 100%가 이 논증에 찬성한다.

그림 5.3에서 '실업이 증가한다.'라는 결론이 자신감 또는 수반성 조건에서 강한 진실성 평정을 받지 못했음을 알 수 있다. 결과적으로 참여자의 45%가 긍정 논법 조건에서 자신의 신념을 포기할 수 없었으므로, 따라서 반응 선택지

에 '맞다.'라고 찬성할 수 없었다. 긍정 논법과 몇몇의 다른 조건 논증 형태가 예시 5.1에 간단히 나와 있다.

다른 연구는 사람들이 논리적으로 타당하지 않은 논증에 대하여 타당한 논증을 구분하기는 하지만, 그들 역시 신념 편향(belief bias)을 나타내며, 특히 타당하지 않은 논증을 포함하는 경우, 믿을 만한 결론을 믿을 만하지 않은 결론보다 더 많이 수용함을 발견하였다(예 : Evans et al., 1993). 신념 효과도 앞서 논의된 논증 기술(argument skills)을 다룬 Kuhn(1991)의 연구에서 입증되었다. 그녀는 60% 이상이 다른 대안을 생성할 수 있었지만, 절반 이하만이 자신의 입장을 반증할 수 있었음을 발견하였다. 이러한 결점에도 불구하고, Kuhn은 "사람들이 문제에 대한 답을 자신있게

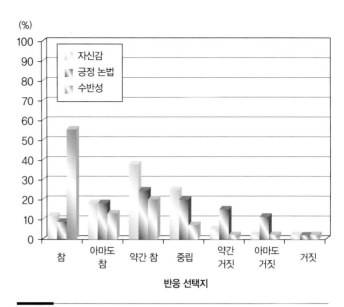

그림 5.3 '만약 수출이 감소하면, 실업이 증가한다.'라는 조건 진술문과 관련된 세 가지 과제에서의 반응 선택 백분율
출처 : George, 1995

예시 5.1 　논리적 논증

연역적으로 타당한 논증은 전제가 참이면 결론도 참이어야 한다. 그런 논증은 내용과는 무관하게 논증의 형식에 따라 타당하다고 말한다. 전제와 결론의 진실성에 동의하지 않을 수 있지만, 여전히 그 결론이 진술된 정보로부터 논리적이라는 것에는 동의한다. 다음 2개의 논증 형태는 논리적으로 타당하다.

긍정 논법　　　　**긍정 논법의 예**

만약 P이면 Q이다.　만약 불이 켜져 있으면, Mary가 집에 있을 것이다.

P이다.　　　　　　불이 켜져 있다.

그러므로 Q이다.　　그러므로 Mary가 집에 있다.

부정 논법　　　　**부정 논법의 예**

만약 P이면 Q이다.　만약 눈이 오면, 날씨가 추울 것이다.

Q가 아니다.　　　　날씨가 춥지 않다.

그러므로 P가 아니다.　그러므로 눈이 오지 않는다.

다음 2개의 논증 형태는 연역적으로 타당하지 않다.

후건 긍정　　　　**후건 긍정의 예**

만약 P이면 Q이다.　만약 Fido가 개집에 있다면, 그는 뼈다귀를 씹고 있다.

Q이다.　　　　　　Fido가 뼈다귀를 씹고 있다.

그러므로 P이다.　　그러므로 Fido는 개집에 있다.

전건 부정　　　　**전건 부정의 예**

만약 P이면 Q이다.　만약 일요일이면 Jack은 세차를 한다.

P가 아니다.　　　　일요일이 아니다.

그러므로 Q가 아니다.　그러므로 Jack은 세차를 하지 않는다.

이런 논증 형태로 사람들의 추리를 다룬 연구들은 추상적 내용에 초점을 두었는데, 이는 지식 효과를 제거하기 위한 것이다. 보통 사람들의 100%가 긍정 논법에 찬성하고 75%가 부정 논법에 찬성하지만, 75%가 후건 긍정에 잘못 찬성하고 69%가 전건 부정에 잘못 찬성한다. 이 발견에 대한 설명과 더 의미 있는 재료를 사용한 연구에 대한 논의는 Evans 등 (1993)과 Manktelow(1999)에서 찾아볼 수 있다.

'안다'라고 하지만, 답이 다를 수 있음을 결코 생각하지 못한다(1991, p. 265)."라고 썼다.

Evans와 다른 연구자들은 사람들이 논리적 사고로부터 신념을 분리하지 못함을 주목했으며, 다른 연구자들은 같은 현상을 비형식적 추리에서 보았다. 이런 전통의 연구자들은 그런 편향을 내쪽 편향(my side bias)이라고 불렀다(예 : Baron, 1995; Perkins, 1985). Stanovich와 West(2007)는 신념 편향과 내쪽 편향을 구분했는데, 신념 편향은 실제로 사전 지식을 평가 과정과 분리하지 못하는 것이고, 내쪽 편향은 사전 신념을 평가에서 분리하지 못하는 것이라고 말하였다. 그러나 이것은 사소한 현실적 구분이다.

Stanovich와 West는 신념 편향 연구에서 인지 능력의 점수가 높은 사람이 신념 편향을 덜 보인다는 발견에 주목하였다(예 : Stanovich & West, 1997, 1998; Handley et al., 2004 참조). 한편, 내쪽 편향 연구들은 내쪽 편향이 인지 능력과 무관함을 발견하였다(예 : Klaczynski, 1997; Klaczynski & Robinson, 2000). Stanovich와 West(2007)는 서로 다른 세트의 연구에서 나타난 심각한 차이는 신념 편향 연구들이 과제에서 사전 신념과 과제 지식을 무시하라고 분명하게 지시를 주었기 때문이라고 시사하였다. 이것은 내쪽 편향 연구에는 해당되지 않는데, 내쪽 편향은 현실적 사고를 더 표상하기 때문이다.

설득

메시지는 어떤 상황에서 의도한 대로 다른 사람을 설득할 수 있을까? 정교화 개연성 모형(elaboration likelihood model; Petty & Cacioppo, 1986; 그림 5.4)과 추단체계 모형(heuristic-systematic model; Chaiken et al., 1989)에 따르면, 사람들은 **중앙 통로** 또는 **주변 통로** 2개 중 1개를 따라서 논증을 처리한다. 중앙 통로를 따라 처리되는 논증은 주도면밀한 주의를 받으면서 행동의 전조가 되는 새로운 태도를 감당하게 한다. 그러나 주변 통로를 따라 처리되는 논증은 피상적 주의만 받는다. 후자에서 소통을 통한 설득력은 지각된 신뢰성과 의사 전달자의 매력과 같은 주변 단서의 영향을 받는다. 이런 소통이 태도 변화를 가져오지만, 일시적이어서 행동을 예측하기는 어렵다. 메시지가 중앙 통로를 따라서 처리되는지 또는 주변 통로를 따라서 처리되는지는 메시지의 지각된 중요성, 청중의 동기, 청중의 인지 역량에 의존한다.

개인과 메시지 요인이 이렇게 상호작용하는지의 예가 Mackie와 Worth(1989, 실험 2)에 나와 있다. 이 연구에서, 참여자들의 긍정적 또는 중립적 기분을 유도하기 위하여 〈Saturday Night Live〉(긍정적 기분)나 포도주(중립적 기분)에서 일부를 발췌하여 5분짜리 비디오를 만들어 제시하였다. 그 다음 참여자들은 자기 입장(처음에 정해짐)과 반대되는 총기 제어에 대한 연설문을 읽는다. 참여자의 반은 그 연설문이 뛰어난 법학자(전문가 조건)가 쓴 것이고 다른 반은 그것이 대학교 1학년 학생(비전문가 조건)이 쓴 것이라는 말을 들었다. 연설문 자체에 대하여, 참가자의 반은 여덟 가지의 약한 논증(사전 검사에 의해 정해진)이 포함된 번안을, 나머지 반은 여덟 가지 강한 논증이 포함된 번안을 받았다. 끝으로, 참여자들은 메시지를 70초 동안 또는 무한정 볼 수 있는 집단에 각각 배정되었다.

그림 5.5 ⒜는 정보에 대한 노출 시간이 짧았을 때, 사람들이 긍정적 기분에서는 논증의 강도에 따라 영향을 받지 않았음을 보여 준다. 약간의 태도 변화가 있었지만, 이 변화는 강한 논증과 약한 논증 간에 큰 차이가 없었다. 한편, 그림 5.5 ⒝는 사람들이 메시지를 시간제한 없이 무한정 읽을 때 기분이 논증을 처리하는 데 영향을 주지 않았음을 보여 준다. 즉, 강한 논증은 기분에 상관없이 약한 논증보다 태도에 더 큰 영향을 주었다. 중립적 기분에서는 전문가와 비전문가 모두 짧은 제시[그림 5.6 ⒜] 또는 무한정 제시[그림 5.6 ⒝]; 중립적 조건에서 전문가와 비전문가 간의 작은 틈은 통계적으로 의미가 없었음]에서 전문성의 차이를 보여 주지 못하였

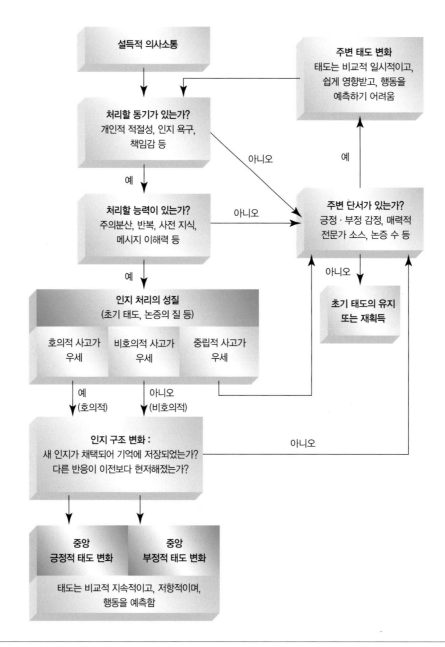

그림 5.4 설득의 정교화 개연성 모형
출처 : Petty & Cacioppo(1986)에 기초함

다. 그러나 긍정적 기분에서는 짧은 제시가 비전문가 조건보다 전문가 조건에서 큰 태도 변화를 보였고[그림 5.6 (a)], 무한정 노출 조건에서는 전문성의 영향이 나타나지 않았다(그림 5.6 (b)].

Mackie와 Worth는 긍정적 기분이 동기 감소보다는 인지 역량 감소의 효과를 준다고 논의하였다(긍정적 기분 조건에서 무한정 노출 시간을 가졌을 때 사람들은 메시지를 읽는

데 더 긴 시간을 보냈음). 다른 연구자들은 개인의 긍정적 기분이 메시지 자체와 연결될 수 있음을 주목하였다(Petty et al., 1993).

나중에 Bless 등(1992)은 방금 기술된 연구들이 메시지를 약호화할 때의 기분 효과와 판단할 때의 기분 효과를 구분하지 않았음에 주목하였다. 이것은 사람들이 텍스트의 짧은 단편을 읽은 후 즉각적으로 태도 판단을 했기 때문이었다.

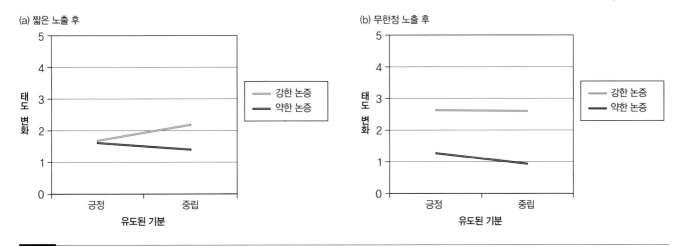

그림 5.5 강하거나 약한 논증을 읽은 후 유도된 기분이 태도 변화에 끼치는 효과 : (a) 짧은 노출 후 (b) 무한정 노출 후. 태도 변화는 0∼9점 척도로 측정됨

출처 : Mackie & Worth, 1989

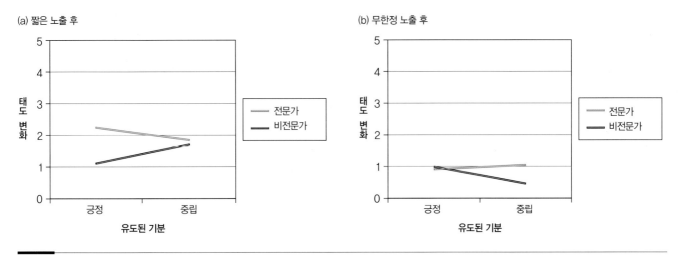

그림 5.6 전문가 또는 비전문가의 논증을 읽은 후 유도된 기분이 태도 변화에 끼치는 효과 : (a) 짧은 노출 후 (b) 무한정 노출 후. 태도 변화는 0∼9점 척도로 측정됨

출처 : Mackie & Worth, 1989

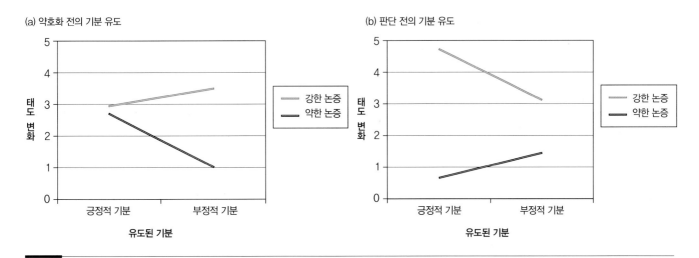

그림 5.7 기분, 기분 유도 시점, 논증의 질에 따른 태도 변화 : (a) 약호화 이전의 기분 유도 (b) 판단 이전의 기분 유도. 1=강하게 반대, 9=강하게 찬성

Bless 등(1992, 실험 1)은 이 문제를 기분이 조작되는 시점을 조작하여 검토하였다. 어떤 사람은 대학에서 학생 서비스를 위한 회비 인상에 찬성하는 논증을 읽기 전에 기분이 조작되었다. 이 글을 읽은 후, 기분을 중립 상태로 되돌리기 위해 그들은 빈칸 채우기 과제를 완성하였다. 끝으로, 그들은 학생회비문제에 대한 태도 판단을 요청받았다. 다른 학생들은 메시지를 읽기 전에 중립적 빈칸 채우기를 완성하고, 태도 판단을 하기 전에 긍정적 또는 부정적 기분에 노출되었다.

이 연구 결과는 그림 5.7에 나와 있다. 그림에서 기분은 설득적 메시지의 약호화에 영향을 주거나 초기의 메시지 정교화와 독립된 과정에 영향을 끼침으로서 판단에 영향을 줄 수 있음을 보여 준다. 메시지를 읽을 때 긍정적 기분에 속했던 사람들은 강한 논증뿐만 아니라 약한 논증의 영향을 똑같이 받았으나, 부정적 기분에 속했던 사람들은 강한 논증을 더 믿었다. 이것은 초기의 발견을 그대로 보여 주는 것이다. 그러나 중립 상태에서 초기 메시지를 읽고, 판단할 때의 기분이 긍정이면 강한 논증을 더 믿었다.

이 결과는 사람들이 태도를 표시할 때 초기의 판단을 단순히 인출하지 않고, 오히려 그 시점에서 자신의 판단을 구성함을 보여 준다. 이중 과정 모형과 일관되게, 메시지를 읽기 전의 긍정적 기분은 메시지의 정교화 감소를 초래한다. 판단 이전의 긍정적 기분은 논증의 질적 영향력을 강하게 하는 메시지의 구체적 측면에 의존하게 한다.

사람들이 메시지의 어떤 측면에 주의를 주는지 알기 위하여 Bless 등은 두 번째 연구를 수행하였는데, 어떤 참여자가 텍스트를 잘 이해하는지 알아보는 것이었다. 참여자들은 미국 남서부 해안의 기름을 제거하는 훈련이 필요하다고 주장하는 설득적 메시지를 읽었다. 그 후 어떤 참여자들은 논증의 강도를 질문받았는데, 이것은 문제를 전체적으로 표상하게 하기 위한 것이었다. 다른 참여자들은 그들이 본 서로 다른 논증을 떠올리면서 얼마나 여러 논증이 있었는지 질문받았다. 이것은 마음에 상세한 표상을 만들기 위한 것이었다. 다음에, 참여자들의 기분을 긍정, 중립, 부정으로 유도하고, 그들에게 자신의 판단을 9점 척도상에 표시하며, 답하는 동안 생각난 내용을 모두 쓰게 하였다.

긍정적 기분에서 메시지에 대하여 전체적 표상을 만든 사람은 세부적 표상을 만든 참여자보다 강한 논증을 더 믿었다. 중립적 기분에 있었던 참여자들도 같은 경향을 보였다. 그러나 부정적 기분에 있었던 참여자들은 전체적 또는 세부적 표상을 만든 것과 무관하게, 강한 논증과 약한 논증을 거의 구분하지 않았다. 생각을 나열하는 과제에서는 전체적 표상을 만든 참여자가 부정적 기분보다 긍정적이나 중립적 기분에서 더 전체적 사고를 유발하였다.

종합하면, 이 2개의 연구에서 나온 결과들은 긍정적 기분의 효과가 약호화단계와 평가단계 모두에서 발생하는 인지처리를 감소시킨다고 지적한다.

설명에 기초한 결정

앞 절에서는 메시지를 좀 더 설득적으로 만들기 위한 조건들을 보았다. 이 절에서는 사람들이 복잡한 정보를 어떻게 평가하는지를 알아본다. 이 점을 고려하여 Pennington과 Hastie (예 : 1993; Hastie & Pennington, 2000)는 설명에 기초한 결정이론을 제안하였다. 이것은 '일련의 가망성 있는 행위과정으로부터 한 가지 대안을 선택하기 위한 예비단계로 함축성이 풍부하고 조건에 의존한 증거가 평가되어야 하는 큰 기초(Hastie & Pennington, 2000, p. 212)'를 포함하는 상황들을 기술한다.

이 장의 앞부분에서 저자는 설명과 증거를 구분하였는데, 이 이론에서 '설명에 기초한(explanation-based)'이라는 말의 의미를 '증거가 없는'을 의미한다고 해석하면 안 된다. 오히려 그 반대로, '설명에 기초한'이라는 말은 많은 증거를 포함하는 상황을 사람들이 어떻게 생각하는지에 대한 것이다. 이것은 법학, 공학, 의학, 정치학, 외교, 일상생활에 대한 결정을 포함한다(Hastie & Pennington, 2000).

이 이론에 따르면, 결정자들은 활용할 수 있는 사실을 설명하기 위하여 인과 모형(causal model)을 구성하는 것으로 결정 과정을 시작하고, 후속 결정은 이 모형에 기초한다. 이 영역의 연구들은 모의 배심원을 대상으로 수행되었다. 이 영역에서 Pennington과 Hastie의 이론을 적용한 **이야기 모형**(story model)은 모의 배심원의 인과 모형을 이야기체로 구성한 것이다(Pennington & Hastie, 1986).

Pennington과 Hastie(1992)는 평결 결정이 이야기 구성의 어려움에 따라 영향을 다르게 받으므로 이야기가 신뢰성 정보의 효과를 매개함을 발견하였다. 예를 들어, 한 연구(1992, 실험 1)에서 참여자들은 2개의 법정 기록을 읽었는데, 하나는 정보가 쟁점별로 정리된 것이었고 다른 하나는 이야기 형태로 정리된 것이었다. 그 기록은 4명의 증인으로부터 나온 증언을 포함하였는데, 그중 1개는 다른 3개와 일관되지 않은 증거를 가지고 있었다. 일관되지 않은 증언으로 제공된 정보는 신뢰성과 관련이 없거나, 고도로 신뢰싱이 있거나, 신뢰성이 별로 없었다. 한 사례는 유죄 평결을 선호하는 증거를, 다른 사례는 무죄를 선호하는 증거를 포함하고 있었다.

중요한 것은 참여자가 쟁점에 기초한 기록을 읽었는지 또는 이야기에 기초한 사본을 읽었는지가 자유회상에서 사례의 기억량에 영향을 주지 않았지만, 이야기 형태로 읽은 참여자들은 이야기 형태로 회상하는 경우가 더 많았다. 각 사례에서 참여자들은 유죄 또는 무죄의 강도를 −10에서 +10 척도상에서 평가하였다. 그들은 같은 척도상에서 자신의 결정에 대한 자신감도 평가하였다.

각 사례에서, 유죄 또는 무죄의 평가 강도는 증거 우위의 방향에 달려 있었지만, 이야기 형태의 기록을 읽은 참여자에게는 더욱 그러하였다. 이야기 조건의 참여자들은 자신의 결정에 더 자신감을 느끼고 있었다. 사례에서 일관되지 않은 증언이 신뢰성을 결여했을 때 이야기 조건의 참여자들이 쟁점 조건의 참여자들보다 그 증언을 더 절감하였다.

두 번째 연구에서(1992, 실험 2) 참여자들에게 증거를 뭉텅이로 주었다. 첫 번째 사례는 피고의 유죄를, 두 번째 사례는 무죄를, 세 번째는 중립을 주장하였다. 어떤 참여자에게는 증거 뭉텅이를 하나씩 준 후 각 사례가 유죄인지 또는 무죄인지를 평가하게 하였고, 다른 참여자에게는 모든 정보를 준 후 전체적인 평가를 하게 하였다. Pennington과 Hastie는 후자의 조건이 사례를 이야기 표상으로 발전시키는 데 더 공헌할 것이라고 예측하였다. 예측한 대로, 그들은 전체적 평가 조건에서 참여자들이 증거가 우세한 방향으로 너 강한 평결을 냈음을 발견하였다.

그들은 또한 항목별 평결평가를 각 단계에 Bayes' 규칙을 적용한 평결평가와 비교하였다(Bayes' 규칙은 새 증거에 비추어 신념을 최신화하기 위하여 고안된 규범 규칙이다. 제3장 참조). 그들은 항목별 평가에서 참여자가 새 증거에 비추어 자신의 신념을 충분히 최신화하지 못했음을 발견하였다. 오히려 참여자들이 충분히 적응하지 못한 상태에서 이루어진 이전의 평가가 기점으로 작용하는 것으로 보였다.

이야기 모형에 대한 다른 증거는 판결에 사용된 증거 문장이 참여자가 구성했던 이야기와 조화될 때 참여자는 이를 틀리게 재인함을 보여 주는 연구 결과에서 나온다(Pennington & Hastie, 1988).

주어진 이야기의 수용 가능성은 두 가지 **확실성 원리**(certainty principles; Pennington and Hastie, 1993)로 결정된다. 첫째, **적용 범위**(coverage) 원리는, 이야기의 수용 가능성은 이야기가 증거의 얼마나 많은 부분을 설명하는가에 달려 있다고 말한다. 사람들은 증거의 많은 부분을 충분히 설명하지 못하는 이야기를 확신하지 못한다. 두 번째는 **조화**(coherence)의 원리로서, 이야기의 일관성, 그럴듯함, 완전성에 의존한다. **일관성**(consistency) 정도는 내적 모순의 존재 여부에 의존한다. **그럴듯함**(plausibility)은 이야기와 결정자의 세상 지식이 일치하는 정도에 의존한다. **완전성**(completeness)은 결정자가 이야기 구성에 필요하다고 생각하는 모든 부분이 이야기에 포함되어 있는지에 의존한다. 증거를 설명하기 위해 조화로운 이야기가 1개 이상 생성되는 경우, 고유성(uniqueness)의 결여가 각각의 이야기에 대한 결정자의 확신을 감소시킨다.

Mulligan과 Hastie(2005)는 정보의 순서가 금전 투자 판단에 영향을 줌을 보여 주었다. 그들은 참여자에게 주식 가격을 예측하게 하고(실험 1), 서로 다른 회사의 정보를 기초로 장기 투자를 결정하게 하였다(실험 2). 각각의 텍스트는 맥락, 문제, 반응, 목표, 계획, 성과에 해당하는 6개의 문장을 포함하고 있다. 예를 들어, 다음과 같다.

맥락-긍정적   롱즈필드 테크놀로지(Longsfield Technologies)는 전도유망한 회사로서, 응급 의료 기구 개발에 큰 성공을 거두어 왔다.

문제-긍정적   롱즈필드는 최근에 개발된 분류 세트 장비를 세상에 발표한 데 대하여 갈채를 받았다.

반응-부정적   롱즈필드 중역들은 과거와 마찬가지로 의료 기구 장비를 개발하기 위해 계속 힘쓸 것이라고 말하였다.

목표-중립적   롱즈필드는 새로 주문받은 의료 기구를 초여름까지 시장에 내놓겠다고 발표하였다.

계획-부정적   롱즈필드는 경비를 삭감하고 연구와 개발 부서를 6% 줄일 것이라는 결정을 하였다.

성과-부정적   롱즈필드가 주문받은 의료 기구들은 검사가 지연되어 계획했던 대로 초여름까지 시장에 나올 수 없게 되었다.

참여자들은 이야기 형태의 정보를 위와 같은 순서로, 반대의 순서로, 또는 뒤섞인 순서로 받았다. 뒤섞이지 않고 위와 같은 순서로 이야기를 받는 것이 판단과 결정에 큰 영향력을 끼친 성과 정보를 유도하였다. 뒤섞인 순서에서 맥락과 문제 정보가 앞과 같은 순서에서보다 더 큰 영향력을 끼쳤다. 결론을 내리면서, Mulligan과 Hastie는 투자자들이 어떤 정보를 소유하는지 아는 것은 '그들의 행동을 예측하는 데 충분하지 않다. 그들이 그 정보를 어떻게 얻었는지를 아는 것도 중요하다.'는 데 주목하였다(2005, p. 154).

요약

일상적 논증에 대한 Toulmin(1958)의 이론에서 자료의 적합성은 그 자료가 문제의 논증을 연결하는 정당성을 가질 때 수립된다. 정당성 자체는 어떤 형태의 지지(보통 사실)에 의해 수립된다. 논증은 반박에 의해 약해지거나 뒤집어지므로, 자신의 결론을 자료에 근거한 논증에 제한하는 것이 필요하다.

이 이론은, Curley와 Benson(1994)이 제안한 신념 구성을 설명하는 인지 모형의 기초를 형성하지만, 일상적 논증은 몇 가지 방법에서 이상적 수행에 미치지 않는다. 일상적 논증에서 가장 심각한 단점은 이론(때로는 '설명'이라고 언급되는)과 증거의 구분이 어렵고, 참 증거 대신 거짓 증거를 제공한다는 것이다(예 : Kuhn, 1991). 그럼에도 불구하고 Brem과 Rips(2000)가 보여 주었듯이 사람들은 증거가 쉽게 얻어지면 그것을 자주 사용한다.

사람들이 증거에 반응하는 방법은 자신의 신념 여부와 의견 강도에 상당히 달려 있다. 자신의 의견이 매우 강할 때 모순되는 증거에 직면해서도 자신의 신념을 유지하는 경향이 있다. 그들은 자신의 신념과 일관된 논증을 면밀히 검토하는 데 시간을 쓰지 않고, 조화되지 않는 논증을 면밀히 검토하면서 그 논쟁을 반박하는 데 많은 시간을 쓴다(비확증 편향). 신념은 사물을 지각하는 방식에도 영향을 준다.

논증을 비평할 때, 사람들은 전제와 결론의 연결을 공격하는 데 인지적 노력을 기울이는 대신, 전제나 결론의 진실성을 문제 삼는 것이 더 쉽다고 생각한다. 글로 쓴 논증의 단점을 파악하는 능력은 글을 이해하는 데 있어서 개인차와 관련된다.

사람들은 일방향적 사고는 미덕이고 양방향적 논증은 우유부단으로 간주하는 경향이 있다. 이 경우에도 개인차가 있고, 다른 쪽 증거를 파악하는 것이 이익이 되는 상황(법정과 같은)도 있다. 자신이 믿지 않는 전제로부터 추리하는 능력에도 개인차가 있다.

설득 연구는 논증 처리에 대한 이중 과정 모형과 일치한다. 만약 청중이 동기 유발이 되지 않았거나, 인지적으로 유능하지 않거나, 또는 메시지가 중요하지 않게 지각되면, 메시지는 주변 통로를 거쳐서 처리된다. 이것은 메시지가 적절히 검토되지 않고 청중은 발표자의 매력과 같은 부적절한 요인의 영향을 부당하게 받을 수 있음을 의미한다. 그러나 메시지가 중요해 보이고 수용자가 동기 유발이 되었고 인지 능력이 높을 때, 메시지는 중앙 통로를 따라 처리된다. 이것은 그런 상황에 있는 사람들이 논증 강도의 영향을 더 받고 다른 요인의 영향은 덜 받음을 의미한다.

끝으로, 사람들은 복잡한 정보를 이야기체(narrative)로 만들어서 의미를 찾는다. 이 이론은 설명에 기초한 결정이라고 알려져 있다(Hastie & Pennington, 2000; Pennington & Hastie, 1993). 배심원의 결정에 적용되는 이 이론은 이야기 모형으로 알려져 있다. 배심원은 증거를 설명하기 위하여 이야기를 구성하고, 이야기의 수용 가능성은 두 가지의 확실성 원리, 즉 적용 범위와 조화에 의해 결정된다.

질 문

1. 간단한 논증을 구성하여 각각의 요소가 Toulmin의 모형에 잘 들어맞는지 증명하라.

2. 거짓 증거를 사용하는 것이 사람들의 사고에서 중요한 문제라고 생각하는가?

3. 신념 고수 현상을 검토하기 위한 연구를 설계하라.

4. 동기화된 추리는 자신의 수행에 피드백을 추구하고 그에 반응하는 학생의 의지에 어떠한 영향을 주는가?

5. '행복한 기분은 좋은 사고에 나쁘다.'를 논의하라.

6. 설명에 기초한 결정을 간단히 설명하라.

추천도서

Kuhn, D. (1991). *The skills of argument*. Cambridge: Cambridge University Press. 이 책은 일상적 주제를 논의할 때 전개되는 논증 유형을 자세히 다루었다. 특히, 사람들이 논쟁 중에 이론과 증거를 잘 통합하거나 그렇게 하지 못하는 방법을 보여 준다.

Walton, D. N. (1966). *Informal logic: A handbook for critical argumentation*. Cambridge: Cambridge University Press. 이 책은 좋은 논증을 어떻게 구성하고 나쁜 논증을 어떻게 비평하는지에 대한 지침을 제공한다.

06 공변, 인과 관계 그리고 반사실적 사고

주 요 주 제

연합 판단
- 공변
- 착각 상관
- 특정 유형의 정보에 대한 편향된 주의

인과 관계 판단
- 파워 PC 이론
- Rescorla-Wagner 이론
- 증거와 인과 기제
- 심적 모형과 심적 시뮬레이션

반사실적 사고
- 반사실적 사고와 인과 관계
- 정상과 변이
- 반사실적 사고의 기능

서론

이 장에서 저자는 세상을 의미 있게 이해하는 몇 가지 중요한 방법을 검토하고자 한다. 이것은 서로 다른 대상이나 사건이 어떤 방식으로 연합되는지를 판단하고 더 나아가 한 사건이 다른 사건의 원인인지를 판단하는 것을 포함한다. 어떤 이론은 사건들의 통계적 관계에 기초하고, 다른 이론은 사람들이 증거를 어떻게 해석하는지 뿐만 아니라 사건들의 상호 관련 기제에 관한 그들의 생각도 강조한다. 끝으로, 반사실적 사고가 인과 관계의 판단에서 작용하는 역할뿐만 아니라 사람들의 행동을 지시하고 느낌을 매개하는 데 어떤 기능을 하는지 살펴본다.

연합 판단

공변

신념은 보통 실제로 또는 상상으로 설정한 변수 간의 관계를 탐지한 결과이다. 한 보험회사 지점장이 나이 든 판매사원의 평균 판매실적이 보통 젊은 사원보다 더 많음에 주목한다고 하자(그림 6.1). 이 두 변수, 즉 연령과 판매액은 공변한다(covary)라고 말할 수 있다. 공변 정도는 상관계수 r(−1에서 +1 범위)로 표시하며 통계적으로 측정할 수 있다.

- +1은 한 변수가 증가하면 다른 변수가 선형적으로 증가하는 완전한 상관을 나타내며, 이것은 그래프상에 표시된 점들이 모두 직선에 떨어지는 것과 같다.
- 0은 어떤 관계도 없음을 의미한다.
- −1은 한 변수가 감소하면 다른 변수는 증가하는 관계로서, 완전한 부적 상관을 나타낸다.

그림 6.1의 자료에서 r값은 0.926으로, 매우 강하지만 완벽

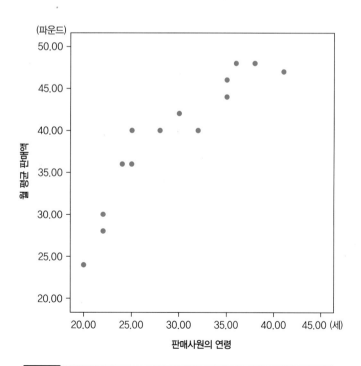

그림 6.1 판매사원의 연령과 월평균 판매액의 가설적 관계

표 6.1 2×2 공변표

		변수 Y가 존재하는가?	
		예	아니오
변수 X가 존재하는가?	예	a	b
	아니오	c	d

한 상관은 아니다.

두 변수가 상관이 있을 때 한 변수가 다른 변수의 원인이라고 확실히 말할 수 없다. 보험 판매사원의 예에서, 연령이 물론 성공적 판매의 원인은 아니지만, 나이 든 사원이 더 나은 판매 기술을 획득했을 수 있다. 한편, 고객은 사원의 판매 능력과 무관하게 나이 든 사원으로부터 금융 상품을 구매하기를 더 선호할 수 있다. 다른 가능성은 선택 편향(selection bias)이 작용하는 것이다. 아마 젊은 사원들이 성공을 거두지 못하고 회사를 떠난 결과, 장기적 기준에서 최우수 보험 사원들만이 자리를 지키는 결과를 가져올 수 있다. 자료를 설명하는 데 있어서 이것이 유일한 설명은 아니며, 아직 파악되지 않은 다른 설명이 있을 수 있다.

공변의 다른 형태는 두 변수가 양분되는 경우로서, 한 변수가 양극단의 두 값 중 하나를 취한다(표 6.1). 예를 들어, 직장에서 파티를 주관하는 사람은 여자직원이 남자직원보다 적게 참석할 수 있다는 생각을 한다. 이전의 파티를 참고하여 숫자를 확인한 결과, 20명의 남자와 10명의 여자가 참석하였고, 10명의 남자와 5명의 여자가 참석하지 않았다(표 6.2a). 이 자료에 기초하면(다른 지식이 없이) 남자와 여자가 파티에 참석할 개연성은 같다고 예측된다. 그 이유는 남녀 모두 불참 남자의 2배와 불참 여자의 2배가 참석했기 때문이다(남자가 많이 참석한 이유는 전체적으로 남자직원의 수가 더 많았기 때문이다.). 연구자들은 이런 종류의 2×2 표에서 적절한 수준의 연합을 phi 계수, φ로[1] 나타낸다. 이 경우 φ는 0이고, 이것은 파티 참석과 직원의 성별 간에 아무런 관계가 없다는 사실을 나타낸다. 표 6.2b의 내용이 이전 파티의 참석자 수 자료라고 하자. 이 자료는 여자가 남자보다

표 6.2a 지난번 직장파티에 참석한 남녀 직원의 수

		직장 파티에 참석했는가?	
		예	아니오
직원의 성별	남	20	10
	여	10	5

표 6.2b 지난번 직장파티에 참석한 남녀 직원 수의 수정된 수치

		직장 파티에 참석했는가?	
		예	아니오
직원의 성별	남	8	22
	여	12	3

파티에 더 많이 참석했음을 보여 준다($\varphi = .506$). 그러나 이 사례가 어떻게 성립하는지 더 자세히 살펴볼 필요가 있다.

착각 상관

공변 판단에서 가장 흔히 나타나는 편향 중 하나가 **착각 상관** (illusory correlation)이다. 착각 상관은 실제로 없는 상관을 있다고 볼 때 발생한다. 착각 상관을 유도하는 한 요인은 파블로브 학습과 병행하는 높은 기저율(base rate) 효과이다(Vallée-Tourangeau et al., 1998). 착각 상관과 관련된 다른 요인은 사전 신념(prior belief)이다. 한 초기 연구에서, Loren Chapman(1967)은 참여자에게 일련의 단어 쌍을 큰 스크린에 제시하였다. 사람들은 스크린의 왼쪽에서 '베이컨, 사자, 꽃, 보트'라는 단어를 보았다. 스크린의 오른쪽에서는 '계란, 호랑이, 노트북'이라는 단어를 보았다. 왼쪽과 오른쪽 스크린의 단어가 똑같은 횟수로 짝지어 제시되었지만, 사람들은 베이컨-계란, 사자-호랑이 쌍을 더 많이 보았다고 과대추정하였다.

Loren과 Jean Chapman(1967, 1969, 1971)은 임상심리학자들이 환자의 성격을 알아보는 투사검사(projective test)에 대하여 잘못된 신념을 지니고 있음을 발견하였다. 사람 그리기(Draw-a-Person) 검사를 이용한 Chapman 연구에서 여러 임상가는 그림의 특징과 환자의 성격 간에 어떤

관계가 있다고 믿었다. 예를 들어, 그들은 타인을 의심하는 환자는 사람의 눈을 이상하게 그린다고 생각하였다. 실제로 그 검사는 쓸모가 없었는데, 대학생도 그림과 환자를 무작위로 짝지어 제시받으면 임상가와 같은 착각 상관을 보고하였다.

Chapman 부부는 환자들에게 잉크반점이 무엇처럼 보이는지를 묻는 로르샤흐 잉크반점(Rorschach inkblot)검사에서도 비슷한 결과를 보고하였다. 연구에 참여한 32명의 임상가에 따르면, 동성애자인 남성에게서 나타나는 가장 흔한 다섯 가지 반응은 (1) 인간 또는 동물의 항문 배설물, (2) 여성의 옷, (3) 남성 또는 여성의 생식기, (4) 성이 뒤섞인 인간, 그리고 (5) 성이 불확실한 인간이었다. 사실 이 반응으로 이성애자와 동성애자 남성을 구분하지 못한다. 동성애자 남성이 이성애자 남성과 다르게 반응하는 2장의 카드가 있다. 그들은 카드 IV에서는 괴물을, 카드 V에서는 '일부는 동물'이고, '일부는 인간'을 본다고 보고한다. 그러나 2명의 임상가만이 이런 타당한 단서 중 겨우 하나를 제시하였다.

일반인으로 구성된 한 집단에 동성애를 생각할 때 마음에 떠오르는 단서를 보고하라고 했을 때 그들은 부당한 단서들을 '보통으로 강한'이라고 평가하였지만, 타당한 단서들을 단지 '매우 약한'이라고 평가하였다. 다른 집단에는 카드의 한 부분에 동성애 '증상(예 : 다른 남성에 대하여 성적 감정이 있다.)' 또는 중립적 '증상(예 : 대부분 슬프거나 우울하게 느낀다.)'이 쓰인 로르샤흐 카드를 보여 주었다. 카드의 다른 부분에는 동성애에 타당한 단서와 부당한 단서뿐만 아니라 '거짓' 단서도 기록하였다. 일련의 카드가 증상과 반응 단서 간에 아무런 상관이 없도록 구성되었다. 그러나 순수한 참여자들은 임상가들이 보고한 것과 같은 착각 상관을 '탐지'하였는데, 즉 타당하거나 거짓 단서가 아닌 부당한 단서를 동성애 증상과 연합하였다.

특정 유형의 정보에 대한 편향된 주의

공변평가에서 관찰된 다른 편향은 사람들이 표 6.1에 나온

네 칸을 똑같이 중요하게 처리하지 않는다는 것이다. Smedslund(1963)는 사람들이 2개의 변수가 동시에 발생하는 a칸에 지나친 주의를 주는 점을 주목하고, '통계 훈련을 받지 않은 일반 성인은 상관의 개념과 일치하는 인지 구조가 없다(p. 172).'라고 결론 내렸다. 그러나 이 결론은 앞에서 기술된 연구에서 보여 준 것처럼, 변수 간의 관계를 구분할 수 있는 사람의 능력을 과소평가한다. 후속 연구는 판단에 관한 서로 다른 칸의 효과가 a > b ≈ c > d(예 : Kao & Wasserman, 1993; Levin et al., 1993; Lipe, 1990; Wasserman et al., 1990)임을 보여 준다. 특히, 이 순서는 두 변수의 공존이 판단에 최대한 영향을 주고 공존이 없으면 판단에 최소의 영향을 준다는 것을 보여 준다.[2]

McKenzie와 Mikkelsen(2007)은 사전 신념의 효과와 네 칸의 서로 다른 영향 모두를 설명하는 공변평가 모형을 제안하였다. 그들은 실험실 과제를 제시했을 때, 참여자들이 실험자의 기대처럼 2개 변수의 관계를 단순히 기술하지 않고, 오히려 세상 지식을 사용하여 가능한 관계를 결론으로 유도한다고 주장한다. 사전 신념의 역할은 보통 정당화되고, 베이스 정리(제3장)는 새 증거에 비추어 신념을 새롭게 하는 방법을 제공한다. McKenzie와 Mikkelsen의 주장도 희귀성 가정(rarity assumption)을 활용하는데, 이것은 있을 수도 있고 없을 수도 있는 한 변수가 일반적으로 있는 경우보다 없는 경우가 더 많다는 생각이다(예 : Anderson, 1990; McKenzie et al., 2001). 요약하면, 2개의 변수가 있을 때보다는 없을 가능성이 더 크다는 신념이 이미 있을 때, 없다는 증거는 더 이상 정보가 될 수 없다. 그러나 변수들이 공존한다는 것은 놀랍기 때문에 정보가 될 수 있고, 개인의 판단에 더 큰 영향을 준다.

베이스 모형의 검증에서, McKenzie와 Mikkelsen(2007, 실험 2)은 참여자에게 고등학생의 '정서 상태'와 조기 자퇴 여부의 관계를 결정하는 데 도움을 주기 위하여 학생들의 학교 기록에서 정보를 선택하게 하였다. 실제로 정서장애가 있거나 자퇴를 하는 고등학생은 드물다. 이 2개의 변수 정보는 두 조건에 걸쳐 다른 틀로 짜여져 있었다. 드물게 있는(presence rare) 조건에서 참여자들은 기록에 학생에게 정서장애가 있는지(예 또는 아니오), 학생이 자퇴를 했는지(예 또는 아니오)에 관한 정보가 있다는 말을 들었다. 이 조건에서 예/예 조합은 드문 결과이므로 표 6.1의 a칸에 해당한다. 대조적으로, d칸은 흔한 결과를 나타낸다.

드물게 없는(absence rare) 조건에서 참여자들은 기록에 학생들이 정서적으로 건강한지(예 또는 아니오), 졸업을 했는지(예 또는 아니오)에 관한 정보가 있다는 말을 들었다. 이 조건에서 예/예 조합은 표 6.1에서 a칸에 해당하지만, 이제는 흔한 결과를 나타내고 d칸은 드문 결과에 해당한다.

참여자에게 1명은 a칸, 다른 1명은 d칸에 해당하는 '무작위 표집된' 이전 학생 2명의 파일을 주고, 정서 상태와 우수한 고등학교 성적의 관계를 강하게 지지함을 보여 주는 학생을 선택하라고 하였다. 베이스 모형이 예측한 대로, 참여자들은 d칸의 정보를 드물게 있는 집단보다 드물게 없는 집단에서 훨씬 더 빈번하게 선택하였다.

다른 참여자집단은 같은 과제이지만 사전 지식의 효과를 막기 위하여 추상적 정보를 포함한 과제를 받았다. 극소수의 사람이 d칸을 선택하였다. 이것은 반대의 정보가 없으면 희귀성을 가정한다는 생각과 일치한다.

인과 관계 판단

파워 PC 이론

상관계수 r과 φ는 양방향적인데, 사건 A가 사건 B에 의존하고 사건 B가 사건 A에 의존함을 측정한다는 의미에서 양방향적이다. 어떤 상황에서, 연구자들은 단서 A와 결과 O의 일방적 의존에 관심을 더 둔다. 이런 상황에서, 통계치 ΔP가 사용된다. 이것은 단서 A가 있을 때 O가 발생할 확률에서 A가 없을 때 O가 발생할 확률을 빼 계산한다.

$$(6.1) \quad \Delta P = P(O \mid A) - P(O \mid \sim A) = a/(a+b) - c/(c+d)$$

표 6.2에서 남자직원의 파티 참석에 관심이 있다면, 계산은 다음과 같다.

$$8/(8+22) - 12/(12+3) = -.533$$

이 계산은 남성의 파티 참석 확률에서 여성의 파티 참석 확률을 뺀 것이다. 결과는 마이너스이며, 이는 남성의 참석 개연성이 낮음을 의미한다.

ΔP가 단순히 관찰된 자료 간의 연합 정도를 측정하는 반면, 인과성(causality) 판단은 주어진 자료 이상의 추론을 포함하는 것에 주목해야 한다. 이런 이유 때문에(예 : Shanks, 2004 참조), Cheng(1997)은 파워 PC 이론을 인과적 판단의 규범 모형으로 제안하였다. 여기서 C는 표적 원인이고 E는 그 효과를 나타내는 것이며, 표적 원인이 효과를 촉진시키는 정도는 다음의 등식으로 설명된다.

$$(6.2) \quad p = \frac{\Delta P}{1 - P(E \mid \sim C)} \quad \text{(촉진적 파워)}$$

이 등식에 따르면, 후보 원인은 $P(E \mid \sim C)$가 증가하면서 더 큰 인과적 파워를 가진다고 설명한다. 그러나 $P(E \mid \sim C) = 1$이라면, 그 비율을 정의할 수 없으므로 인과성에 관한 결론을 추리할 수 없다. 예방적 인과 관계의 등식은 다음과 같다.

$$(6.3) \quad p = \frac{\Delta P}{P(E \mid \sim C)} \quad \text{(예방적 파워)}$$

이 경우에, $P(E \mid \sim C)$가 감소함에 따라 예방적 파워의 추정치는 증가한다.

이 영역에서 공통의 연구 설계는 사람들이 일련의 시행을 통해 변수 간의 관계를 얼마나 잘 학습하는지를 보는 것이다. 한 연구(Wasserman et al., 1993)에서 참여자들은 어떤 키를 눌러야(원인 C) 불(결과 E)이 켜지는지 그 정도를 평가

표 6.3 유관성의 평균 판단

P(E│C)	P(E│~C)				
	0.00	0.25	0.50	0.75	1.00
1.00	0.85	0.52	0.37	0.13	−0.03
0.75	0.65	0.43	0.16	0.06	−0.12
0.50	0.37	0.19	0.01	−0.19	−0.34
0.25	0.12	−0.10	−0.14	−0.37	−0.58
0.00	−0.08	−0.45	−0.51	−0.66	−0.75

출처 : Wasserman 등. 1993, 실험 3

하였다. 조건에 따라 키를 누를 때 항상 불이 켜지거나, 가끔 불이 켜지거나, 또는 전혀 켜지지 않았다. 키를 누른 후 불이 켜지는 확률, $P(E \mid C)$가 표 6.3에 나와 있다. 또다시 조건에 따라 키를 누르지 않았는데도 항상 불이 켜지거나, 가끔 불이 켜지거나, 또는 전혀 켜지지 않도록 하였다. 이 확률 $P(E \mid \sim C)$ 역시 표 6.3에 나와 있다. $P(E \mid C)$와 $P(E \mid \sim C)$가 짝지어진 조건이 모두 25개 산출되었다. 각 조건은 1분간 지속되었다. 참여자가 1초 안에 키를 누르지 않으면, $P(E \mid \sim C)$의 확률로 불이 켜졌다. 각 조건이 끝난 후, 참여자는 키 누르기의 인과 효과를 −100(빛의 발생을 방지)에서 +100(빛의 발생을 야기)까지 범위의 척도에서 평정하였다. 0은 아무런 효과가 없음을 나타내는 것이었다.

연구 결과는 참여자들이 조건 확률에 매우 민감함을 보여준다(표 6.3). 키를 누르면 불이 항상 켜지는 상황을 보자($P(E \mid C) = 1$). 이 상황에서 사람들은 +100으로 판단했음이 확실한데, 이는 키 누르기가 항상 불이 켜지는 결과를 초래했음을 뜻한다. 그러나 키를 누르지 않아도 불이 켜지는 개연성이 증가하자($P(E \mid \sim C)$), 사람들의 인과성 판단은 감소하였다.

이 자료는 사람들의 판단이 파워 PC 모형과 일치하지 않음을 지적한다. 예를 들어, $P(E \mid C) = 1$인 상황에서 판단이 $P(E \mid \sim C) = 0$일 때 +.85로부터, $P(E \mid \sim C) = .75$일 때 +.13까지 변하는데, 각 조건에서 $p = 1$인데도 그러하다. 사실 사람들의 판단은 p보다 ΔP에 더 근접하다(Shanks, 2004).

다른 연구들도 판단이 p보다는 ΔP에 근접함을 발견하였다(Shanks, 2004). 예를 들어, Lober와 Shanks(2000, 실험 1과 2)에서 p는 일정하게 고정되었고 ΔP는 변하였다. 파워 PC 이론과는 반대로 이 조작은 사람들의 인과 판단에서 차이를 유도하였다. 참여자가 시행마다 정보를 모두 제시받을 때보다 요약 정보를 제시받을 때(2000, 실험 4와 5), 추정치는 ΔP에 더 근접하였다. 다른 연구자 역시 사람들이 요약 형태로 제시된 유관성 정보(contingency information)에 더 민감함을 발견하였다(Kao & Wasserman, 1993; Ward & Jenkins, 1965). Lober와 Shanks는 시행마다 정보를 모두 제시하는 실험을 하여 ΔP가 고정되고 p가 조작되었을 때 사람들의 판단이 변했음을 발견했는데, 이는 파워 PC 이론과 일관되면서 요약 형태로 정보를 제시한 변안(2000, 실험 6)으로는 이 결과를 반복하지 못하였다.

Rescorla-Wagner 이론

Lober와 Shanks는 이 연구 결과가 모두 Rescorla-Wagner의 학습이론(Rescorla & Wagner, 1972)과 일치한다고 주장한다. 이것은 노출된 일련의 자극 표상을 유기체가 어떻게 연합하는지를 설명하는 기술이론이다. 요약하면, 자극에 대한 노출은 (a) 학습 비율, (b) 최대로 가능한 연합 강도(점근선)와 현재 연합 강도의 차이에 따라 연합 강도를 변화시킨다. 인과 학습(causal learning)에 적용하면, Rescorla-Wagner 이론은 다음 등식으로 표현된다.

$$(6.4) \quad \Delta V = \alpha\beta(\lambda - \Sigma V)$$

여기서 ΔV는 원인과 효과(또는 단서와 결과) 간의 연합 강도 변화를 나타낸다. λ는 최대로 가능한 연합 강도이고, ΣV는 현재 시행의 연합 강도, α와 β는 원인과 효과(또는 단서와 결과) 각각의 연합 가능성을 나타내는 학습 비율 매개 변수이다.[3] Rescorla-Wagner 이론은 동물 학습에서 발생하는 여러 효과를 설명할 뿐만 아니라, 인간의 인과 학습의 여러 효과도 설명한다. 그럼에도 이 이론은 수정하지 않으면 잘 동화하기 어렵다는 연구 결과 때문에 다른 모형들이 제안되었다(Perales와 Shanks, 2003에서 일곱 가지 모형이 개관되었음).

몇몇 연구는 참여자 중에 서로 다른 판단 방략을 채택하는 하위 집단들이 있음에 주목하였다. Lober와 Shanks(2000, 실험 2)는 파워 PC 이론의 예측에 따라 정확하게 행동한 소수의 참여자를 관찰하였으며, 사후 질문을 통해 $P(E|C)$가 1.0일 때 $P(E|C)$와 $P(E|\sim C)$의 차이가 특별한 정보를 주지 못한다는 것을 밝혔다. 더욱이 이 연구의 모든 참여자와 Anderson과 Sheu(1995) 연구의 참여자 다수가 $P(E|C)$와 $P(E|\sim C)$의 차이를 비교하려 했다고 말하였다. 또한 후자의 연구는 $P(E|C)$만을 계산했다고 보고한 소수를 파악하였다. 그 결과 Anderson(2000, p. 357)은 다음과 같이 썼다.

> 참여자들의 의식적 가설 검증 행동은 우연히 Rescorla-Wagner 이론을 따르는 것으로 나타났다. 하등동물 역시 이런 의식적 계산은 할 수 없지만, Rescorla-Wagner 이론과 일치하는 행동은 할 수 있는 것으로 보인다.

증거와 인과 기제

확실히, 모든 인과 판단이 일련의 긴 학습 시행을 기초로 이루어지지 않는다(기대하기로는 한 순간의 생각이 옳음을 입증한다.). 따라서, 어떤 연구자들은 인과 판단을 연구하는 데 다른 접근을 취하기도 한다. 예를 들어, Schustack과 Sternberg(1981)는 사람들에게 다음과 같은 인과적 시나리오를 주었다.

> 시장분석가는 다음과 같은 사실에 직면한 화장품 제조업자들을 주목하였다.

> 회사 1 : 직원들이 노동조합을 조직하여 가입하였다. 회사의 주요 생산품에 발암물질이 있다는 의심을 받고 있다.

회사의 주식 가격이 크게 하락하였다.

회사 2 : 직원들은 노동조합을 조직하지도 가입하지도 않았다.
회사의 주요 생산품에 발암물질이 있다는 의심을 받고 있다.
회사의 주식 가격이 크게 하락하였다.

회사 3 : 불법적 기부금의 장본인이 회사의 경영자로 알려졌다.
회사의 주요 생산품에 발암물질이 있다는 의심을 받고 있지 않다.
회사의 주식 가격이 크게 하락하지 않았다.

주요 생산품에 발암물질이 있다는 의심을 받는 다른 화장품 회사의 주식 가격이 크게 하락할 확률은 얼마인가?

Schustack과 Sternberg는 사람들이 판단할 때 다섯 가지 유형의 증거를 이용한다고 보고하였다. 첫째, 표적 사건이 특정 결과의 원인이라는 가설은 사건과 결과가 함께 나타날 때 확증된다(사건이 결과에 대하여 충분하다.). 둘째, 표적 사건이 있고 결과가 없으면 가설은 확증되지 못한다(사건은 결과에 대하여 충분하지 않다.). 셋째, 표적 사건이 없고 결과가 있으면 가설은 확증되지 못한다(사건이 결과에 필요하지 않다.). 넷째, 표적과 결과가 모두 없으면 그 가설은 확증된다(사건이 결과에 필요하다.). 다섯째, 표적 가설은 대안 가설의 강도에 따라 부당성이 증명된다.

다른 연구자들은 사람들이 인과 관계를 생각할 때 단순히 사건들이 함께 변하는(공변하는) 정도에 관심이 있는 것이 아니고, 결과에 이르는 특수한 기제(specific mechanism)에 특별히 관심이 있음을 주목하였다. 실제로 인과 기제(causal mechanism)를 이해하지 않고 공변 관계만을 따지는 것은 특히 불행한 결과를 초래할 수 있다(예시 6.1). Ahn 등(1995, 실험 1)은 참여자에게 '작년에 921번 비행기가 네브래스카의 링컨에서 추락하였다.'와 같은 문장을 제시하였

다. 그들은 사건의 원인을 파악하기 위해 어떤 질문이든 할 수 있었고, 최종적으로 그 사건의 가장 그럴듯한 원인을 말하였다. 참여자의 3분의 2가 인과 기제에 관한 질문을 했으며, 극소수가 공변 유형의 질문을 하였다(지시가 이런 질문을 유도했음에도). 따라서 최종 설명의 83%가 인과 기제 설명이었다. 다른 연구(1995, 실험 4)에서 Ahn 등은 사람들에게 사건에 관한 여러 공변과 인과 기제의 조합을 다음과 같이 제시하였다.

Kim은 어젯밤에 교통사고를 당하였다.
Kim은 근시여서 운전 중에 안경을 쓰지 않는 경향이 있다.
다른 날 밤에 비해 어젯밤에 교통사고가 훨씬 더 많았다.

참여자들은 각 요인이 표적 사건(이 경우 Kim의 교통사고)에 대하여 어느 정도의 책임이 있는지를 질문받았다. 결과는 인과 기제 정보에 의해 지지된 요인이 더 강한 인과적 상태로 단정됨을 보여 주었다.

Fugelsang과 Thompson(2003)은 양적 공변자료가 (a) 후보 원인에 대한 초기 신념과 (b) 이전에 인과 기제 정보에 노출되었는지 또는 비양적 공변 정보에 노출되었는지의 함수에 따라 인과적 신념에 서로 다른 영향을 주었음을 발견하였다(이것은 단순히 이전 연구가 후보 원인과 결과의 상관을 발견했음을 뜻하는 것이다.). 이전에 비양적 공변 정보에 노출된 사람에게 나중에 제시된 양적 정보는 어떤 요인에 대한 인과적 효과의 신념이 강하거나 약한 사람에게 똑같은 영향력을 끼쳤다. 그러나 이전에 인과 기제 정보에 노출된 사람에게는 후보 요인에 대한 신념이 강할 때 양적 공변자료가 더 큰 영향을 주었다. 더욱이, 내성평가는 참여자가 자신의 판단에 끼치는 공변자료의 영향을 상당히 의식하고 있었지만, 자신의 사전 신념이 끼치는 영향은 거의 의식하지 못하였음을 보여 주었다.[4]

Fugelsang과 Thompson은 인과적 판단의 첫 단계는 그럴듯한 인과 기제의 탐색을 포함한다고 주장하였다. 이 탐색은 기본적으로 쓸 만한 추단으로서, 공변을 고려하는 데

19세기 후반 이후 멜라네시아(Melanesia) 섬은 화물숭배(cargo cults)라고 알려진 몇몇 움직임을 경험하였다. 현재는 거의 소멸되었지만, 화물숭배는 원래 외지인을 처음 만났던 섬 주민 사이에서 발달하였다. 일반적으로 새로 들어온 외지인들을 한동안 접촉했던 주민들은 그들을 신이 아니라고 인식했지만, 그들의 힘은 장비(또는 화물)에서 온다고 생각하였다. 주민들은 서구의 제조업에 대해서 무지했고 새 방문자들이 그들에게 말해 주는 제품의 기원도 믿지 않았다. 따라서 섬 주민들은 어떤 상징물이 화물의 출현을 유도할 것이라는 신념을 지니고 새 방문자들과 연합된 상징물을 재건하고자 하였다.

이것은 제2차 세계대전을 전후로 발생했던 유명한 이야기로서, 당시 미국은 일본과 전쟁을 하는 동안 멜라네시아 섬에 주둔하고 있었다. 섬 주민들은 서양인이나 일본인을 이전에 본 적이 없었으므로, 군인들을 위한 식량과 장비로 사용될 많은 양의 옷이나 약품, 통조림 식품, 텐트, 무기 등이 도착하는 장면이 그들에게는 매우 놀라운 일이었다. 전쟁 후, 미국인들은 공군기지를 방치했고, 더 이상 하늘을 통해 들어오지 않았다.

섬 주민들은 화물의 도착을 촉진하기 위해서 미국인이 사용하였던 옛 기물을 재건하고 그들의 행동을 모방하였다. 섬 주민들은 활주로 옆에 오두막을 짓고 한 사람을 그 안에 앉혔다(이 사람을 '제어자'라고 불렀음). 이 사람은 대나무 조각을 안테나처럼 붙인 나무로 만든 '헤드폰'을 착용하고 있었다. 그들은 활주로 옆에 신호로 사용할 불을 지피고, 항공기의 도착을 기다리고 있는 것이었다. 때로 그들은 좀 더 많은 비행기가 오기를 바라면서 그들을 위한 착륙활주로를 만들기도 하였다. 그들은 나뭇가지를 라이플 소총처럼 둘러매고, 군대 형태의 휘장을 두르고, 몸에 'USA'라는 글자를 그린 채 행군을 하기도 하였다.

요약하면, 화물숭배는 화물과 함께 도착한 방문자의 장비와 연합된 것이지만, 화물 도착의 인과 기제를 정확하게 이해하고 있지 못하였다. 그들은 화물이 다양한 의식의 행사(제복을 입고 행군하는 것과 같은)에 대한 보상으로 신이 내린 선물이라고 믿는 것 같았다.

노벨 물리학상을 받은 Richard Feynman은 점성학, 다양한 신비주의, 화물숭배와 같은 유사 과학들을 비교하고, '화물숭배 과학(cargo cult science)'이라는 용어를 만들었다. 그는 이런 분야의 연구를 고통 없는 과학의 덫으로 간주하였다(Feynman, 1986).

다룰 수 있는 수만큼의 인과적 후보를 내놓는다. 만약 그럴듯한 인과 기제가 파악되면, 공변 정보에 더 큰 비중을 두게 된다. 그러나 사람들은 믿음직스럽지 않은 한 인과적 후보를 판단하라고 요청받으면, 그들은 그럴듯한 대안을 선택지 세트 안에 끌어들인다. 이것은 믿음직스럽지 않은 후보에 대한 공변자료의 효과를 희석한다. 사람이 자신의 사전 신념의 영향력을 거의 의식하지 못한다는 사실은 인과적 신념이 자동적으로 모아지므로 그 적용이 추리자의 의식적 제어 밖에 있다는 생각과 일관된다(White, 1989 참조).

인과 추리의 또 다른 연구(Fugelsang & Dunbar, 2005)는 이론과 자료가 일관될 때와 비일관될 때를 비교하여 서로 다른 뇌 영역이 활성화됨을 발견하였다. 일관된 이론과 자료는 (1) 그럴듯한 이론과 강한 자료, (2) 그럴듯하지 않은 이론과 약한 자료를 뜻한다. 비슷하게, 비일관된 이론과 자료는 (1) 그럴듯한 이론과 약한 자료, (2) 그럴듯하지 않은 이론과 강한 자료를 뜻한다. 학자들은 기능적 자기공명영상장치(fMRI)를 이용하여 이론과 자료의 일관성이 미상핵[6] 부해마회를 포함한 학습 및 기억과 관련된 뇌 영역의 활성화와 연합되었음을 발견하였다. 대조적으로, 이론과 자료의 비일관성은 좌측 등 측면 전전두 피질, 전대상 피질의 등 부위,

설전부를 포함하여 오류 탐지 및 갈등 탐지와 관련된 영역을 활성화시켰다.

심적 모형과 심적 시뮬레이션

사람이 생각하는 관점과 관련된 인과 관계에 내재한 그럴듯한 기제가 **심적 시뮬레이션**(mental simulation)이다. 철학자 Kenneth Craik(1943)는 세상에 대한 이해가 내적 모형(여기서는 심적 모형)으로 표상된다고 제안하였다. 이 모형은 현실을 심적 시뮬레이션으로 돌려서 행동의 결과를 예측하게 한다. 따라서 개인의 예측 정확성은 개인의 심적 모형이 현실을 얼마나 정확하게 묘사하는지에 달렸다.

예를 들어, 사람들은 자동 온도 조절 장치의 온도계가 어떻게 작동하는지에 대하여 서로 다른 생각을 한다(Kempton, 1986). 한 가지 입장은 자동 온도 조절 장치가 난방 작동 시간의 상대적 비율을 제어한다는 것이고, 다른 입장은 얼마나 많은 열이 산출되는지를 제어한다는 것이다. 두 심적 모형은 모두 방을 빨리 덥히기 위해 자동 온도 조절 장치를 최대한 높은 온도로 설정해야 한다는 것이다. 사실 어느 모형도 정확하지 않다. 자동 온도 조절 장치는 단순히 난방기구를 켜거나 끄는 역할을 한다. 난방기구는 실내 온도가 자동 온도 조절 장치에 설정된 온도에 도달할 때까지 계속 작동한 후 멈춘다. Norman(2002[1988], p. 38)이 지적하였듯이, 자동 온도 조절 장치가 어떻게 작동하는지에 대한 직접적인 증거가 없다. 우리가 아는 것은, 방이 추우면 따뜻하게 느낄 때까지 자동 온도 조절 장치가 작동한다는 것이다.

몇몇 연구는 사람들에게 인과적 시나리오를 상상하거나 설명하라고 하면 그 시나리오의 지각 확률이 증가한다는 것을 발견하였다(Carroll, 1978; Gregory et al., 1982; Koehler, 1991). 그러나 사람들에게 대안적 시나리오를 생각하게 하면 지각 확률은 감소한다. Dougherty 등(1997)은 사람들에게 불길을 잡던 소방관의 사망 글을 읽게 하였다. 그 글이 사망의 원인을 언급하지는 않았지만, 내용은 연기 질식을 가장 현저한 원인으로 인식하게 하였다. 참여자들에게 이 원인의 개연성을 평정하고 이 문제와 관련하여 떠올랐던 생각을 나열하게 하였다. 예측한 대로, 나열된 생각으로 단 하나의 인과적 시나리오를 진술한 참여자가 하나 이상의 인과적 시나리오를 만든 참여자보다 연기 질식에 의한 사망 확률을 더 높게 잡았다.

대안적 원인이 시나리오 생성에 어떻게 영향을 끼치는지도 연구되었다. 앞과 같은 방식의 실험에서 초점 시나리오는 대안 시나리오가 그럴듯하지 않을 때 가장 그럴듯하다고 판단되었다(그리고 대안 시나리오가 그럴듯하게 만들어졌을 때 가장 덜 그럴듯하다고 판단되었음). 생각의 나열은 대안 시나리오가 그럴듯하게 만들어졌을 때 사람들이 대안적 원인을 가장 그럴듯하다고 생각했음을 드러냈다. 대안 시나리오가 그럴듯하지 않게 만들어졌을 때, 사람들은 그 대안을 여전히 고려하기는 했지만 나중에는 이를 거부하였다(이 상황에서 대안에 관한 반사실적 사고가 가장 흔했음). Dougherty 등은 MINERVA-DM 모형(제3장 참조)이 그들의 발견을 설명할 수 있다고 시사하였다. 특히, 사람들은 자신이 생각하는 여러 인과적 시나리오로 기억을 탐색한다고 주장하였다. 초점 시나리오의 개연성은 얼마나 많은 시나리오가 고려되었는지, 그리고 이들과 기억에 저장된 다른 사례들의 유사성에 의존한다. 자세한 시나리오는 기억 탐사와 저장된 사례의 유사성을 증가시킨다.

반사실적 사고

반사실적 사고와 인과 관계

제5장에서 사람들에게 사건의 결과를 다르게 상상하라고 했을 때 후견지명 편향이 때로는 감소하는 것을 보았다. 이렇게 과거에 발생한 사건의 대안을 생각하는 것을 반사실적 사고(counterfactual thinking)라고 한다. 이것이 사물을 이해하는 또 다른 방법이다. 특히, 반사실적 사고는 인과 관계를 판단하는 데 중요하다(Mackie, 1974). A가 B의 원인인

지를 판단할 때, B가 A에 후속하는지를 반복적으로 관찰하는 것만으로는 충분하지 않으며, A가 없는데도 B가 발생하는지 판단해야 한다.

자발적으로 반사실적 사고를 유도하는 가장 흔한 유발자 중 하나가 **부정적 감정**(negative affect)이다. 자녀가 사망한 지 얼마 안 된 부모가 경험하는 감정이 나쁠수록(상황이 예외적이든 비예외적이든), 그들은 1년 동안 반사실적 사고를 더 많이 보고한다(Davis et al., 1995). 반사실적 사고의 다른 유발자는 **결과의 근접성**(outcome closeness)으로서, 이것은 어떤 결과 발생에 대한 근접성 지각이다. 5분 차이로 비행기를 놓친 여행자는 한 시간 차이로 비행기를 놓친 여행자보다 반사실적 사고를 더 많이 생성하는 경향이 있다(예 : Kahneman & Tversky, 1982).

정상과 변이

일단 반사실적 사고가 활성화되면, 반사실의 구성은 **정상**(normality)에 대한 심적 표상을 형성하고 그 다음에 정상을 재구성하기 위한 예외적 사건의 **변이**(mutating)에 의존한다(Kahneman & Miller, 1986). Kahneman과 Tversky(1982)의 연구에서 참여자들은 Jones 씨가 귀가 중 만취한 운전자가 몰던 트럭에 치어 사망했음을 알았다. Jones 씨가 정시에 퇴근을 했지만 평상시와 다른 길을 택했다는 말을 들은 사람들은 만약 그가 평상시와 같은 길로 귀가했다면 아직 살아 있을 것이라고 말하였다. 그가 평상시의 길을 택했으나 회사에서 평소보다 일찍 퇴근했다는 말을 들은 사람들은 만약 그가 평상시와 같은 시간에 퇴근했다면 아직 살아 있을 것이라고 말하였다. 즉, 이 두 가지 경우 모두에서 사람들은 예외적 사건의 변이를 고려하는 경향이 있었다.

어떤 학자들은 반사실을 아무것도 하지 않는 무행위(inaction)보다는 어떤 행위를 포함하는 경향이 크다고 보고하였다. Kahneman과 Tversky(1982)는 참여자에게 다음과 같은 시나리오를 제시하였다.

Paul 씨는 회사 A의 지분이 있다. 지난해 그는 회사 B의 주식으로 바꾸려고 생각했지만, 그러지 않기로 결정하였다. 회사 B의 주식으로 바꾸었다면, 지금 그는 1,200달러를 더 벌 수 있었음을 알게 되었다. George 씨는 회사 B의 지분이 있다. 지난해 그는 자신의 주식을 회사 A의 주식으로 바꾸었지만, 만약 회사 B의 주식을 그대로 가지고 있었다면 1,200달러를 더 벌 수 있었음을 이제 알았다. 누가 더 많이 후회할까?

참여자 중 92%가 George 씨가 더 많이 후회한다고 말하였다. 그러나 반사실적 사고의 존재는 이 연구에서 직접 측정할 수 없는데, 이런 비평은 행위와 무행위를 다룬 다른 연구에도 적용되었다(개관은 Roese, 1997 참조). 반사실적 사고에 영향을 주는 다른 요인은 **제어력**(controllability)이다. 제어력이 더 있다고 지각되는 선행 사건이 변이가 더 쉬운 것으로 보인다(Miller et al., 1990; N'gbala & Branscombe, 1995).

반사실적 사고의 기능

Roese(1994)는 반사실적 사고에는 두 가지 기능이 있는데, 하나는 **준비적 기능**(preparative function, 부정적 결과의 재발을 피하도록 돕는)이고 다른 하나는 **감정적 기능**(affective function, 기분 좋게 하는)이라고 제안하였다. 흔히 부정적 감정을 유도하는 목표의 성취는 실패를 뜻한다. 대신에 부정적 감정은 종종 **상향성** 반사실적 사고를 활성화하는데, 즉 일이 다른 형태로 발생했다면 더 잘될 수 있었다고 생각하는 것이다. Mike는 시험을 아주 못 본 후에 '시험 전날 밤 밖에서 술을 마시지 않았다면, 시험을 더 잘 볼 수 있었는데.'라고 생각한다. 이것은 **감산적 상향성 반사실**(subtractive upward counterfactual)의 예로서, 그 이유는 현실을 재구성하기 위하여 조건절이 실제의 선행 사건(factual antecedent)을 제거하기 때문이다. 준비 입장에서 더 유용한 것은 새로운 선행 사건을 제공하는 **합산적 상향성**

반사실(additive upward counterfactual)로서, '만약 내가 좀 더 열심히 공부했다면, 더 좋은 성적을 받았을 것이다.'와 같은 것이다. 반사실은 하향성 비교도 포함하는데, '만약 내가 자명종으로 시간을 맞추어 놓지 않았다면, 시험을 모두 놓쳤을 것이다(하향성 그리고 감산적).' 또는 '만약 내가 시험 전날 밤 술을 더 많이 마셨다면 너무 아파서 시험을 치르지 못했을 것이다(하향성 그리고 합산적).' 이다.

Roese(1994, 실험 2)는 상향성 반사실의 준비적 가치를 보여 주었다. 학생들에게 결과가 매우 나쁜 최근의 시험에 대해 떠오르는 생각을 나열하게 하고, 기분 설문지도 완성하게 하였다. 끝으로 공부하기, 교수에게 자문받기, 강의에 열중하기 등에 관한 자신의 장래 계획을 평가하게 하였다. 자신의 생각을 나열하지 않았던 통제집단과 비교해, 더 나은 수행을 유도하는 긍정적 행동(상향성 반사실)을 나열했던 학생들도 장래에 성공을 촉진시키는 행동을 수행하려는 더 강한 의도를 보여 주었다. 대조적으로, 일이 더 나쁘게 되는 방향(하향성 반사실)의 행동을 나열한 학생들은 통제집단에 비해 더 좋은 의도를 보이지 않았다. 한편, 하향적 반사실을 생성한 학생들은 기분 척도에서 더 긍정적 느낌을 보고하였다.

이 연구에서 합산적 대 감산적 반사실의 효과는 없었지만, 이 효과는 의도보다 실제의 미래 행동을 평가하는 다른 연구에서 검증되었다. 이 연구에서 참여자들은 컴퓨터로 단어 만들기(anagram) 문제를 풀면서 점수를 얻을 기회가 있었다. 참여자들은 과제의 여러 측면, 즉 제시 간격, 주제 영역, 난이도 수준을 결정할 수 있었다. 참여자들은 어려운 문제를 풀면 보너스 점수를 받을 것이라는 말을 들었지만, 실제로 모든 참여자가 비교적 어려운 문제를 받았으므로 아무런 보너스 점수를 얻지 못하였다. 문제 10개를 완성한 후 참여자들은 자기 점수와 함께 평균 점수가 자기 점수보다 더 높은 53점이고 45명 중 37등이라는 말도 들었다. 통제집단을 제외하고, 참여자들은 이전 연구에서처럼 자신의 생각을 나열하라는 말을 들었다. 끝으로, 참여자들은 두 번째 세트로 10개의 단어를 만드는 문제를 받았다. 상향성 반사실을 나열한 사람들이 하향성 반사실을 나열한 사람들(통제집단과 같은 수행을 보인 사람들임)보다 두 번째 세트에서 더 잘하였다. 합산적 반사실은 감산적 반사실(통제집단보다 의미 있게 낮지 않았던)보다 더 나은 수행과 연합되었다.

이 연구에서 참여자들은 특정한 유형의 반사실을 나열하라는 지시를 받았다. 현실적으로 사람들은 자기 방식으로 개별적 반사실을 구성한다. 여기서 교환이 이루어진다(Roese, 1994). 하향성 반사실을 생성하여 짧은 기간이나마 스스로 더 좋은 기분을 맛볼 것인가? 또는 상향성 반사실을 생성하여 결국 장기적으로 다른 사건에 더 잘 대비할 것인가?

요약

공변 판단 연구는 사람들이 때때로 아무 관계도 없는 착각 상관을 지각함을 발견하였다. 이것은 특히 문제의 사건에 관해 사전 신념이 있는 경우에 그렇다. 사람들이 또한 다른 쌍보다 확실한 관련이 있는 항목 쌍에 주의를 더 주는데, 그들은 가능한 결합(conjunction)보다 두 사건의 공존(joint presence)을 더 강조한다. 여기에는 규범적 정당성이 있다.

인과 판단에 관한 연구들은 사람들에게 일련의 사건을 쌍으로 제시하여 그중 한 사건이 다른 사건의 원인이 되는지를 판단하게 한다. 그런 판단에 대한 두 가지 주요 이론이 파워 PC 이론과 Rescorla-Wagner 이론이다. 이 두 이론에 대한 증거는 혼합되어 있고, 참여자마다 서로 다른 판단 방략이 존재한다는 증거가 있다.

다른 연구자들은 사람들이 증거, 특히 인과 기제에 관한 증거를 해석하는 방식에 더 초점을 두었다. 어떤 연구는 사람들이 그럴듯한 인과 기제를 이미 파악한 경우 공변 정보를 사용할 가능성이 더 크다고 지적한다.

사람들은 가능한 원인을 생각할 때 심적 시뮬레이션을 사용한다. 실제로 단순한 인과적 시나리오를 생각하는 것이 그 시나리오에 대한 애착을 증가시킨다. MINERVA-DM 모형은 사람들이 기억에 저장된 사례와 시나리오를 비교한다고 제안한다. 자세한 시나리오는 저장된 사례들과 합치될 가능성이 더 크므로 개연성 판단에 더 큰 영향을 준다고 한다.

인과성에 관한 사람들의 판단 역시 자신의 심적 모형에 의해 영향을 받는다. 사람들의 심적 모형은 자주 불완전하거나 틀린 경우가 있으므로 행동에 불행한 효과를 끼친다. 예를 들어, 사람들은 자주 자동 온도 조절 장치가 어떻게 작동하는지 잘못 이해하고 있으므로, 그 장치를 잘 작동시키지 못한다.

또한 반사실적 사고는 인과적 판단에서 중요한 역할을 한다. 반사실적 사고는 예외적 사건 후에 나타나는 부정적 감정에 의해 야기되는 경우가 많다. 일이 다른 식으로 발생할 수 있었음을 생각하게 함으로써, 사람들이 장래 상황에서 더 성공적 결과를 향하여 자신의 행동을 적응하게 하는 기능이 있다. 이것은 또한 사람들이 사건 후에 자신의 느낌을 조절하도록 돕는다.

질 문

1. 착각 상관 현상을 연구하기 위한 자신의 연구를 설계하라.

2. 인과 판단과 관련하여 '촉진적 파워', '예방적 파워'란 무엇인가?

3. 인과 판단에서 파워 PC 이론을 평가하라.

4. 인과 판단에 작용하는 기제에 관한 사람들의 신념은 어떤 역할을 하는가?

5. 인과 판단과 관련한 심적 모형 개념의 윤곽을 간단히 기술하라.

6. Roese에 따르면, 반사실적 사고의 기능은 무엇인가?

주

1. $\varphi = \dfrac{ad - bc}{\sqrt{ab + cd + ac + bd}}$

2. Vallée-Tourangeau 등(1998)은 사람들의 판단이 단순히 A칸에 기초한다고 제시함으로써 여러 교재가 공변평가를 지나치게 간단하게 설명하는 것에 주목하였다. 그들은 또한 Smedslund의 원래 연구의 약점을 주목하고 이를 수정하여 더 긍정적 결과를 얻었다.

3. 등식에서 사용된 그리스어는 다음과 같이 발음된다. Δ = 델타, α = 알파, β = 베타, λ = 람다, Σ = 시그마

4. 사람들의 판단에 내재된 인지 과정에 대한 통찰이 부족하다는 증거가 상당히 많다. 따라서 그들은 판단에 대한 내적 영향뿐만 아니라 외적 영향도 의식하지 못한다. 판단과 행동에 관한 우리의 설명은 근본적으로 사후 합리화(post hoc rationalisation)이다. 중요한 주제는 제15장에서 더 자세히 알아보겠다.

5. 여기서의 기술은 http://en.wikipedia.org/wiki/Cargo_cult(2007년 2월 12일에 검색)과 Glines(1991)의 설명에 기초하였다.

6. 미상핵(caudate)은 기저신경절이라고 알려진 구조이다. 이 부분이 학습과 직관적 사고에서 작용하는 역할은 제15장에서 논의하겠다.

추천도서

Norman, D. A. (2002). *The design of everyday things.* New York: Basic Books. 원저는 『The psychology of everyday things』로, 1988년에 출판되었다. 이 책은 저자가 좋아하는 책 중 하나이다. 이 책은 세상을 전혀 다른 방식으로 보게 하는 종류의 책이다. Norman 역시 심적

모형을 생각하는데, 이것은 저자가 이 장에서 기술한 생
각이다.

Roese, N. (1995). *What might have been: The social psychology of counterfactual thinking*. Mahwah, NJ: Earlbaum.

07 위험 및 불확실한 상황에서 결정하기

본문을 더 읽기 전에, 다음 문제에 답하라(결과를 숫자로 쉽게 계산하기 위해, 단위가 '원'이라고 가정하라.).

문제 1

다음 중 어느 것을 선호하는가?

A. 3000을 확실히 얻는다.

B. 4000을 얻을 확률은 80%이고, 그렇지 않으면 아무것도 없다.

문제 2

다음 중 어느 것을 선호하는가?

A. 5000을 얻을 확률은 0.1%이다.   B. 5를 확실히 얻는다.

문제 3

다음 중 어느 상황을 선호하는가?

상황 A :   상황 B :

1억을 확실히 얻는다.   5억을 얻을 확률은 10%이고

                                      1억을 얻을 확률은 89%이고

                                      아무것도 얻지 못할 확률은 1%이다.

<u>문제 4</u>

다음 중 어느 상황을 선호하는가?

상황 C :

1억을 얻을 확률은 11%이고

아무것도 얻지 못할 확률은 89%이다.

상황 D :

5억을 얻을 확률은 10%이고

아무것도 얻지 못할 확률은 90%이다.

<u>문제 5</u>

당신이 가진 것에 추가하여 1000을 받는다고 하자. 다음 중 어느 것을 선택하겠는가?

A. 1000을 얻을 확률은 50%이고, 그렇지 않으면 아무것도 없다.

B. 500을 확실히 얻는다.

<u>문제 6</u>

당신이 가진 것에 추가하여 2000을 받는다고 하자. 다음 중 어느 것을 선택하겠는가?

C. 1000을 잃을 확률은 50%이고, 그렇지 않으면 아무것도 없다.

D. 500을 확실히 잃는다.

서론

앞의 문제들은 **위험한** 결정을 포함한다. 기술적으로 말하면, 이것은 특정 결과가 단지 진술된 확률로 발생함을 의미한다. 위험한 결정의 경제적·심리적 설명은 양적 접근을 취하고, 위험한 결정을 할 때 사람들은 기댓값이나 기대 효용의 최대화를 시도한다고 가정한다. 그러나 경제이론은 사람들의 결정 행동을 포착하지 못한다. 대조적으로 전망이론은 기대효용이론의 위반을 여러 가지로 설명하는 수정된 기대효용이론이다.

전망이론에 이어 뇌 영상 연구가 전망이론을 포함하여 결정에 관한 인지이론과 관련된 결과를 어떻게 산출하는지 보여 주기 위하여 가치평가의 신경과학을 잠시 살펴보겠다.

일상의 결정에서 확률은 잘 알려져 있지 않다. 불확실한 상황에서의 결정에 관한 두 가지 접근을 기술하고자 한다. 그중 하나는 2단계 모형으로, 지지이론과 누적전망이론(더 발전된 전망론임)을 조합한 것이다. 두 번째 접근은 위험 민감성 이론으로, 동물의 최적 먹이 탐색에 관한 문헌에서 발전하였다.

다른 결정이론들이 제안되었는데, 이 중 어떤 이론은 전망이론과 반대이고 어떤 이론은 전망이론을 보완한다. 결정에서 과정 모형은 결정을 유도하는 사고단계에 관심이 있다. 여기에 기술하려는 과정 모형의 두 가지 예는 결정현장 이론과 우선성 추단이다.

위험 상황에서의 결정 (1) : 기댓값이론과 기대효용이론

가치, 효용성, 그리고 성 피터스버그 역설

이 장의 시작 부분에서 확률과 금전적 결과를 포함하는 몇몇 결정문제를 보았다. **기댓값이론**(expected value theory)에 따르면, 그런 문제에서 최적 행위는 각각의 가능한 결괏값을 계산하고 그 결과의 발생 확률에 따라 가중치를 계산하여 (즉, 결과 곱하기 확률) 결정된다. 그 결과, 가장 큰 **기댓값**을 가진 행위 과정을 선택한다. 예를 들어, 다음 도박 중 어느 것을 선호하는가?

1. 100파운드를 얻을 확률이 70%이고, 그렇지 않은 경우 아무것도 없다.
2. 250파운드를 얻을 확률이 35%이고, 그렇지 않은 경우 아무것도 없다.

금전적 기댓값 기준에 따르면, 도박 2가 더 나은데, 그 기댓값은 87.50파운드(.35×250)이고 도박 1의 기댓값은 70 파운드(.7×100)이기 때문이다.

그러나 Daniel Bernoulli(1954[1738])는 사람들이 기댓값을 최대화하는 행동을 하지 않음을 관찰하였다. 그는 성 피터스버그 역설(St Petersburg paradox)로 알려진 게임을 기술하였다. 온전한 동전 하나를 앞면이 나올 때까지 계속 던진다고 가정하자. 처음에 앞면이 나오면 게임은 끝나고 나는 당신에게 1유로를 지불한다. 만일 동전을 두 번째 던져서 앞면이 나오면, 게임은 끝나고 나는 당신에게 2유로를 지불한다. 만일 동전을 세 번째 던져서 앞면이 나오면, 게임은 끝나고 나는 당신에게 4유로를 지불한다. 동전을 던질 때마다 당신에게 지불해야 하는 돈은 2배가 되면서 게임이 지속된다. 문제는, '이 게임에 참여하기 위하여 당신은 얼마나 많은 돈을 나에게 지불할 것인가?'이다.

기댓값 개념에 기초하면 당신은 나에게 매우 많은 돈을

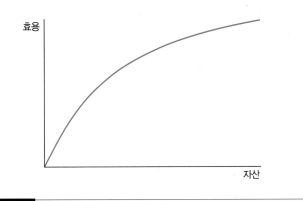

그림 7.1　자산의 효용
출처 : Bernoulli, 1954[1738]

기꺼이 지불해야 하는데, 그 이유는 게임 자체가 무한한 기댓값을 가지기 때문이다.[1] Bernoulli는 동전을 계속 던져도 **효용**(여기서 효용은 쾌락 또는 유용성을 말한다.)이 더는 추가되지 않아 게임을 끝내야 하는 지점이 발생한다고 말한다.

이 견해는 이익에 대한 경계적 효용 체감(diminishing marginal utility for gain)이라고 불리는데, 그림 7.1에 나와 있다. 개인의 자산이 일정한 단위로 증가하면서 각 증가 부분의 금전 단위에 효용이 추가되지만 이전 단위에 제공된 효용보다 더 적다. 이것은 더 많은 자산이 항상 더 나은 것을 뜻하지만, 가난한 사람을 매우 행복하게 해 줄 수 있는 자산의 증가가 부자에게는 똑같은 효용을 갖지 않는다는 말과 같다. 경계적 효용 체감의 성질이 물리적 양의 판단에 적용되는 심리학 법칙인 웨버의 법칙과 일치한다(예시 7.1 참조)

Bernoulli의 이론은 손익이 없는 내기가 왜 매력적이지 않은지를 설명한다. 두 사람이 50 대 50으로 이기거나 지는 내기를 한다고 하자. 각 사람은 10,000파운드를 가지고 이 중 5,000파운드를 내기에 건다. 실제로 15,000파운드 또는 5,000파운드로 내기가 끝날 확률이 50 대 50일 때, 각 사람이 기대하는 결과는 (15,000파운드 + 5,000파운드)/2 = 10,000파운드이다. 따라서 아무 변화가 없는 것을 기대한다. 그러나 효용 곡선은 5,000파운드 손실이라는 부정적 효용이 5,000파운드 이익이라는 긍정적 효용보다 더 크다고 말한다. 즉, 잠재적 손실은 잠재적 이익보다 더 크게 확대되

예시 7.1 웨버의 법칙과 효용 함수

그림 7.1에서 흥미로운 것은 이 곡선이 양 추정(magnitude estimation) 연구에서 나온 곡선과 닮았다는 것이다. 예를 들어, 여러 양의 무게를 판단하라는 요청을 받으면, 추정치들은 실제 무게에 대비하여 그림 7.1과 같은 그래프를 그리게 된다는 것이다. 즉, 무거워질수록 그 증가 부분을 정확하게 평가하기가 더 어려워진다. 만일 원래 양을 그대로 표시하는 대신에 자극 강도에 대비하여 양 추정치를 로그함수로 바꾸어 그래프로 나타내면 직선이 된다. 양 추정치와 자극 강도의 관계는 거듭제곱 법칙(power law), 즉 $P=KS^n$으로 나타내는데, 지각된 양에 해당하는 P는 상수 K를 자극 강도 S에 곱한 후 n만큼 거듭제곱한 결과이다.

어떤 연구는 사람들에게 두 자극을 직접 비교하게 하였다. George가 양손에 추를 들고 있다고 하자. 만일 그가 100g과 102g의 차이를 구분할 수 있지만 더 작은 차이를 구분할 수 없다면, 100g에 대한 차이 역치(difference threshold)는

2g이다. George는, 200g과 202g 간의 차이 역시 2g이지만 이 차이는 구분할 수 없다. 실제로 200g에 대한 차이 역치는 4g이라고 밝혀졌다.

각각의 비교에서 차이 역치를 추의 무게인 자극 양으로 나누면, 같은 값이 나온다.

2/100＝0.02 그리고 4/200＝0.02

이러한 차이 역치와 자극 양의 관계는 웨버의 법칙이라고 알려졌으며 결과로 나온 상수는 웨버의 소수(Weber's Fraction; after Ernst Weber, 1795~1878; Goldstein, 2007 참조)라고 알려졌다. 그림 7.1에 나와 있는 효용 함수가 다른 자극 판단과 흡사하다는 관찰은 사람들이 감각자극에 반응하는 것과 같은 방식으로 금전에 반응함을 시사한다.

어 보인다. 그러므로 사람들은 이 내기를 꺼리며, 이를 위험 혐오라고 부른다.

기대가치이론(expected value theory)은 합리적 결정자는 발생 확률에 따른 금전적 결과(monetary outcomes)에 가중치를 두어야 한다고 말하지만, 기대효용이론은 발생 확률에 따른 결과의 효용(utilities of outcomes)에 가중치를 두어야 한다고 말한다. 효용의 개념은 직접 측정할 수 없다는 단점이 있지만, 금전 이외의 다른 것에 적용할 수 있다. 그럼에도, 효용 함수를 유도하기 위한 기법이 있다(예 : Goodwin & Wright, 2004). '사람이 효용 최대자이다(people are utility maximisers).'라는 개념은 경제학과 진화생물학에서 널리 퍼져 있다.

기대효용이론의 세 가지 실패

위험 추구 대 위험 혐오 행동

그림 7.1에서 효용 함수는 위험 혐오(risk aversion)를 나타내지만, 효용이론은 일부 사람들이 다른 효용 함수를 가진다는 것을 인정한다. 즉, 기대 효용을 최대화하려고 시도하는 한 그들은 합리적이지만, 실제로 대다수가 위험을 혐오한다고 가정한다. 그러나 Kahneman과 Tversky(1979, 1992)는 이런 가정과는 반대로 결과가 이익인지 손실인지에 따라, 확률이 작은지 또는 중간에서 큰 범위인지에 따라 네 가지 패턴이 있음을 보여 주었다.

다음 문제 1~6은 이 장 처음에 나왔던 Kahneman과 Tversky(1979)가 고안한 문제이다. 둥근 괄호 안의 숫자는 (결과, 확률)로 읽히고 각진 괄호 안의 숫자는 각각의 선택지를 택한 사람들의 [백분율]이다. 문제 1에서 80%가 4000을 얻기보다 확실히 3000을 얻기를 선호한다. 위험 선택지의

기댓값은 3200으로, 이는 확실히 얻을 액수보다 더 많지만, 사람들은 선택에서 위험 혐오를 나타낸다. 그러나 결과가 이익이 아니고 손실일 때, 다수가 확실한 손실보다 위험한 선택지를 선택한다(문제 1′). 이 경우, 위험한 선택지의 기댓값이 더 나쁘므로(-3200) 다수의 선택은 위험 추구(risk-seeking)이다.

이 2개의 문제는 큰 확률을 포함한다. 그러나 확률이 매우 작으면(문제 2와 2′), 이익의 틀에서는 위험 추구를, 손실의 틀에서는 위험 혐오를 나타낸다.

문제 1			문제 1′		
(4000, .80)	<	(3000)	(-4000, .80)	>	(-3000)
N=95 [20]		[80]	N=95 [92]		[8]

문제 2			문제 2′		
(5000, .001)	>	(5)	(-5000, .001)	>	(-5)
N=72 [72]		[28]	N=72 [17]		[83]

Kahneman과 Tversky(1992)는 이런 반응 패턴을 확실한 것이 전혀 없이 두 가지 결과가 나오는 일련의 도박(각각의 결과가 확률적임)에서 확증하였다. 따라서 위험 혐오 가정은 지지되지 않는다.

얼라이스 역설 : 기대 효용을 최대화하지 않는다는 증거
기대효용이론과 관련된 다른 문제는 사람들이 항상 기대 효용을 최대화하는 선택지를 택하지 않는다는 것으로, Allais(1953, 1990)가 이를 입증하였다. 문제 3과 문제 4를 다시 보자.

문제 3
다음 중 어느 상황을 선호하는가?

상황 A :　　　　　　상황 B :
1억을 확실히 얻는다.　　5억을 얻을 확률은 10%이다.

1억을 얻을 확률은 89%이다.
아무것도 얻지 못할 확률은 1%이다.

문제 4
다음 중 어느 상황을 선호하는가?

상황 C :　　　　　　상황 D :
1억을 얻을 확률은 11%이다.　　5억을 얻을 확률은 10%이다.

아무것도 얻지 못할 확률은 89%이다.　　아무것도 얻지 못할 확률은 90%이다.

다수의 사람은 문제 3에서 B보다 A를 선호했으며, 문제 4에서는 C보다 D를 선호하였다(Slovic & Tversky, 1974). 그러나 이것은 효용을 최대화하는 사람의 선택이 아니다. 왜 그럴까? 우선 아무 결과가 없다는 제로 효용을 염두에 두고, 다음과 같이 B보다 A를 선호한다고 표현할 수 있다.

$$u(1억) > 0.89\ u(1억) + 0.1\ u(5억)$$

양쪽에서 $0.89\ u(1억)$을 빼면 다음과 같다.

$$.11\ u(1억) > 0.1\ u(5억)$$

그러나 C보다 D를 선호하는 것을 위와 같은 방식으로 기술하면, 부등호의 방향이 다음과 같이 바뀐다.

$$.11\ u(1억) < 0.1\ u(5억)$$

방금 본 것은 문제 4에서 C와 D가 실제로 A와 B 양쪽에서 1억의 89%를 뺀 결과이다. 공통요소가 A와 B로부터 이동될 때 생기는 선호 변화는 Savage(1954)의 확실성 원리(sure-thing principle, 예시 7.2 참조)라고 알려진 기대효용이론

얼라이스 문제를 숫자가 적힌 공을 통해 확률이 나타나는 복권 상황으로 바꾸어 생각해 보자(표 7.1). 네 가지 종류 중 한 복권 행사에 참여하는 사람은 공 하나를 단순히 한 항아리에서 무작위로 뽑는다. 표 7.1에서 흥미로운 칼럼은 12∼100 사이의 모든 숫자가 적힌 공 중 하나를 뽑은 결과를 보여 주는 마지막 칼럼이다(89%의 확률을 나타낸다.). 복권 A는 12∼100 또는 다른 어떤 숫자의 공을 뽑아도 1억을 얻는다. 비슷하게, 복권 B는 12∼100까지는 어떤 숫자의 공을 뽑아도 1억을 얻는다. 따라서, 복권 A 또는 B 중 어느 것을 뽑을지를 결정할 때, 12에서 100까지의 숫자가 적힌 공이 뽑힐 때 어떤 일이 발생할지 고려할 필요가 없는데, 그 이유는 각 사례에서 결과가 같기 때문이다(확실성 원리).

이제 복권 C와 D를 보자. 숫자 12∼100까지의 결과

가 아무것도 주지 않는다는 점에서 두 복권은 똑같다. 어느 복권을 택할 것인지 결정할 때 12∼100까지의 공을 고려할 필요가 없다. 그러나 표 7.1에서 이 마지막 칼럼을 비우면(확실성 원리를 적용하기와 같음), A와 B의 선택은 C와 D의 선택과 정확하게 같아진다.

사람들이 비합리적이라고 결론을 내리는 대신에, Allais는 사람들의 ‘비정상적’ 선호가 너무 강력하여 틀린 것은 사람이 아니고 이론이라고 결론을 내렸다. 학생 참여자들은 Savage의 원리가 특히 강력함을 알지 못한다. Slovic과 Tversky(1974)는 많은 사람이 Savage의 입장을 주장하는 논증을 들은 후에도 역설적 선택을 지속함을 발견하였다. 두 번째 연구에서 사람들은 선택하기 전에 확실성 원리에 대한 찬성과 반대 주장을 모두 들었다. 사람들은 Allais의 주장이 Savage의 주장보다 더 강력하다고 평가하였다(51% 대 42%). 흥미롭게도 Allais의 주장을 선호한다는 입장이 주어졌지만, 많은 사람은 확실성 원리와 일관된 선택(61%)을 비일관된 선택(35%)보다 더 많이 하였다. 그러나 어떤 참여자들은 자신의 선택이 확실성 원리를 만족시켰다고 지적했는데, 그 이유는 Allais의 추천이 너무 보수적이기 때문이었지, Sagave의 주장이 더 강력하다고 깨달았기 때문이 아니었다고 하였다.

표 **7.1**　복권에서 나타난 얼라이스 역설

	공에 적힌 숫자		
	1	2∼11	12∼100
상황 1			
복권 A	1억	1억	1억
복권 B	아무 것도 없음	5억	1억
상황 2			
복권 C	1억	1억	아무 것도 없음
복권 D	아무 것도 없음	5억	아무 것도 없음

의 핵심을 위반한다. 이것은 선택이 선택지의 서로 다른 속성에 기초해야 함을 뜻하는데, 즉 양쪽 선택지의 똑같은 속성이 선택에 영향을 주어서는 안 된다는 것이다. Allais의 문제에서 선호 패턴 역시 사람들이 기대 효용을 최대화하지 않음을 지적한다.

Kahneman과 Tversky(1979)는 Allais 문제의 수행이 확실성 효과(certainty effect)를 나타낸다고 기술하였다. 다른

말로 하면, 확실성에서 불확실성으로(또는 그 반대)의 전환은 사람들의 선호에 특별히 큰 영향을 준다.

전망을 현재의 자산과 통합하지 않는다는 증거

기대효용이론의 세 번째 실패는 사람들이 가능한 결과(전망)를 현재의 자산과 통합하는 방식을 기술하지 못하는 것이다. Kahneman과 Tversky는 서로 다른 두 집단의 참여자들에

게 다음 문제 중 하나를 제시하였다.

문제 5

당신이 가진 것 이외에 1000을 받는다고 하자. 다음 중 어느 것을 선택하겠는가?

	A. (1000, .50),	B. (500)
N=70	[16]	[84]

문제 6

당신이 가진 것 이외에 2000을 받는다고 하자. 다음 중 어느 것을 선택하겠는가?

	C. (−1000, .50),	D. (−500)
N=68	[69]	[31]

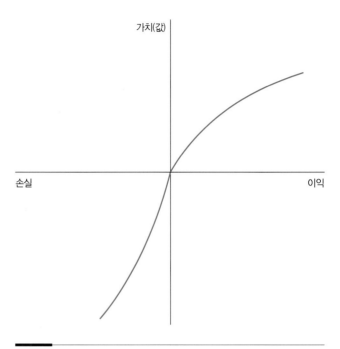

그림 7.2 전망이론에서 가설적 가치 함수

각진 괄호의 백분율이 그 효과를 반영한다. 그러나 효용이론에 따라 행동하는 사람은 A와 C 또는 B와 D를 선택해야 한다. 효용이론은 결정의 결과를 현재의 자산과 통합해야 한다고 말한다. 만일 그렇게 하면, A와 C의 결과는 (2000, .50; 1000, .50)이고 B와 D에 대한 결과는 (1500)이다. 사람들은 자신의 자산과 결과를 이런 방식으로 통합하지 않는데, 이것은 Kahneman과 Tversky가 **분리 효과**(isolation effect)라고 말하는 현상이다.

위험 상황에서의 결정 (2) : 전망이론

가치 함수와 확률 가중치 함수

전망이론(prospect theory)은 주관적 기대효용이론의 심리적 변형으로 생각할 수 있다. 결정을 고려하는 과정은 **편집단계**부터 시작하는데, 이 단계에서 결정자는 결정 문제의 후속 평가와 선택을 간단하게 할 수 있도록 구조화한다(**평가단계**). 결정자가 이런 일을 할 때 사용하는 한 가지 중요한 방식은 잠재적 결과를 참조점을 기준으로 이익과 손실로 부호화하는 것이다. 이 참조점은 보통 현재 상태이지만, 기대 또는 포부일 수 있다는 점이 잠재적 결과를 항상 현재의 자산 위치와 관련하여 평가하는 효용이론과의 중요한 차이이다. 분리 효과가 보여 주는 바는, 사람들은 효용이론이 요구하는 것처럼 잠재적 결과를 항상 현재의 자산과 통합하지 않는다는 것이다. 참조점의 성질은, 결과가 이익 또는 손실 중 어느 것으로 평가되었든, 문제 기술에 의해 영향을 받을 수 있다는 것이다(아래의 **틀 효과** 참조).

평가단계에서, 가치 함수와 가중치 함수가 전망에 적용된다. 그림 7.2에서 S 형태의 곡선은 가치 함수를 나타낸다(가치는 효용과 같은 개념이지만, 참조점을 기준으로 평가된다는 점이 다르다.). 이 곡선에서 이익은 오목하게(concave), 손실은 볼록하게(convex) 나타나는데, 이것은 사람들이 참조점에서 먼 지점에서 발생하는 변화보다 인접한 지점에서 발생하는 변화에 더 민감함을 반영한다.

기대효용이론에서 효용 함수를 논의하면서, 저자는 손실이 이익보다 확대되어 보임에 주목하였다(그 이유는 사람들이 확률이 반반인 내기는 덮어버리기 때문이다.). 전망이론에서 이런 현상의 원인은 이익에 비해 손실이 더 가파른 곡

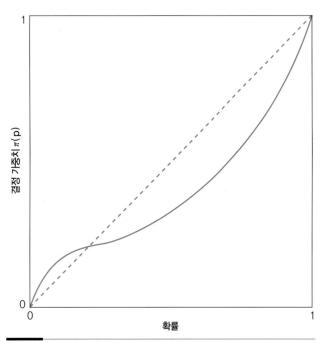

그림 7.3 전망이론에서 결정 가중치 함수

선으로 반영된다. 그러나 앞서 보았듯이, 전망이론에서 자산의 가능한 변화가 반드시 현재의 자산과 관련하여 평가되지 않는다. 따라서 잠재적으로 일정량의 객관적 이익이 포부나 기대에 못 미치면 여전히 잠재적 손실로 평가된다. 더욱이 전망이론에 따르면 초기의 손실은 같은 양이더라도 후기의 손실보다 더 예민하게 느껴지는데, 이것은 기대효용이론을 따르지 않는다.

전망이론 역시 결정 가중치 함수 π(그림 7.3)를 채택한다. 가중치 함수가 필요한 이유는 얼라이스 역설처럼 결과가 확실한 것에서 불확실한 것으로 바뀔 때 선호에 주는 큰 효과를 설명하기 위함이다(확실성 효과). 이 문제에서 확실성에서 불확실성으로의 전환은 선호 역전(preference reversal)을 유도하였다. 가중치 함수 역시 작은 확률이 선호에 주는 큰 효과를 설명하기 위해 필요하다(복권과 보험의 인기를 설명).

가중치 함수는 진술된 확률이 어떻게 변형되는지를 보여주는 역전된 S 형태[2]를 가지므로, 결정은 낮은 확률의 영향을 크게 받는 한편, 중간에서 높은 확률(불확실성과 확실성의 경계를 제외한)에는 훨씬 덜 민감하다. 가중치 함수의 굴

곡이 결과가 감정을 부추길 때 더 두드러진다는 증거가 있다. 예를 들어, Rottenstreich와 Hsee(2001)는 사람들이 결과가 벌금일 때보다 전기충격일 때 확실성에서 99%의 확률로 전환하는 데 큰 가치를 부여하였음을 발견하였다. 대조적으로 사람들은 99%와 1% 차이의 전기충격에는 거의 가치를 두지 않았지만, 그 차이가 벌금인 경우 상당히 큰 가치를 부여하였다.

일반적으로 가중치 확률의 합이 1보다 작으면, **표준 이하의 확실성**(subcertainty)이라고 불리는 속성을 지닌다. 결정 가중치 함수가 사람들이 생각하는 소위 확률 측정치가 아님에 주목해야 한다. 무엇보다도, 앞에 나온 문제에서 확률이 참여자들에게 확실히 언급되었다. 결정 가중치는 단순히 확률이 결정에 미치는 **영향력**(impact)을 측정한다.

전망이론은 실험실 연구에서 관찰된 현상을 광범위하게 설명할 뿐만 아니라, 광범위한 현실에도 적용되었다(예시 7.3). 이런 의미에서 전망이론은 지금까지 제안된 인간의 결정을 가장 성공적으로 설명한다. 그럼에도, 다른 연구는 전망이론과 갈등이 되는 결정 수행의 어떤 측면들을 파악하였다(예 : Birnbaum, 2006; 다음에 나오는 '위험 민감성 이론'도 참조). 어떤 연구자들은 전망이론이 그 내재된 인지 과정을 자세히 설명하지 못한다고 비평하였다(마지막 절의 '결정의 과정이론' 을 참조).

결정에서 틀 효과

효용이론에서 불변성 원리(invariance axiom)에 따르면, 결과 및 그와 연합된 확률은 여러 불확실한 사건 중 개인의 선호를 결정하는 데 요구되는 모든 것이다. 다시 말해, 결정할 때 단어의 부적절한 변화가 선호에 영향을 주어서는 안 된다. 그러나 사람들이 이 원리를 위반하는 것을 이미 보았다(앞의 문제 5와 6). 같은 결과를 이익 또는 손실로 부호화함으로써, 사람들이 결과를 평가하는 방식을 바꾸게 할 수 있다.

틀(framing)을 다른 방식으로 검토한 연구가 있는데, Kahneman과 Tversky(1984)는 참여자들에게 미국이 600

예시 7.3 　전망이론의 적용

전망이론의 적용은 실험실과 현실 세계의 여러 영역에서 연구되었다. 다음 장에서 더 깊이 다루겠지만, 몇 가지 눈에 띄는 현상을 기술하겠다.

앞서 보았듯이, 낮은 확률에 과대 가중치를 부여하는 것은 복권과 보험 모두의 인기를 설명하는 데 도움을 준다. 비슷하게 경마에서 승산이 없는 말에 내기를 거는 편향이 있는데, 승산이 없는 말이 이길 확률은 그 말에 내기를 건 돈의 백분율보다 낮다(Camerer, 2000). 경마에서 파장 효과(end of the day effect)가 있는데, 이것은 내기자가 그날 마지막 경기에서는 우승이 예상되는 말보다 승산이 없는 말에 내기를 거는 경향을 말한다(Ali, 1977; McGlothlin, 1956). 기대효용이론은 이런 전환을 쉽게 설명하지 못하는데, 그 이유는 돈을 많이 딴 내기자는 그날 마지막 경주를 첫 경주와 전혀 다르게 다룰 수 없기 때문이다. 그러나 전망이론은 사람들이 그날 끝 무렵에는 승패를 반반으로 하려는 최소한의 표적(또는 참조점)을 가진다고 가정한다. 승패를 반반으로 하려는 시도에서는 이 표적 이하의 어떤 것도 손실로 간주되고 위험 추구 행동을 가동시킨다. 연속적 손실에 대한 민감성 감소는 마지막 내기의 비용이 이미 소비한 비용에 비하면 사소한 것임을 뜻한다.

비슷한 표적 효과가 뉴욕 택시운전자 중에서도 관찰되었다(Camerer et al., 2000). 표준 노동 공급론에 따르면, 운전자들은 수입이 좋은 날에 더 오래 일함으로써 이익을 최대화하고 수입이 나쁜 날에는 일찍 일을 끝낸다. 실제로 수년간의 경험이 있는 운전자들은 하루 임금과 일한 시간은 상관

이 없다고 하지만, 경험이 별로 없는 운전자들은 좋은 날에 일을 일찍 끝낸다. 따라서 경험이 없는 운전자들은 자신의 수입을 최대화하지 못하는데, 그 이유는 하루 목표를 일단 채우면 일을 끝내기 때문이다. 시간이 지나면서, 이 운전자들은 매일 동일한 시간 운전한다는 생각을 하며 일을 끝내거나 교대를 한다.

이런 종류의 하루 목표 설정은 장기적 조망의 목표 설정보다 계산이 간단하다. 이 방법은 또한 자기 제어 문제를 완화하는 데 도움을 준다. 예를 들어, 수입에 대해 장기적 조망을 선택한 운전자는 오늘 일을 일찍 끝내고 내일 그 부족한 부분을 채우려는 생각을 할 것이다. 그러나 내일이 되면 그는 같은 생각을 또 하게 되므로 어려운 일을 장래의 어느 시간까지 미루려는 악순환에 지속적으로 휘말리게 된다.

몇몇 학자(Camerer, 2000에서 개관)는 투자에서 기질 효과(disposition effect)를 관찰하였다. 이것은 투자자들이 가격이 오른 후 팔기 위해 주식을 너무 오랫동안 보유하고 있어서 주식의 가치를 잃게 되는 경향을 말한다. 기질 효과는 실험실에서 또는 현실에서 드러났으며, 이는 손실 혐오(loss aversion)의 결과이다. 이 손실 혐오는 투자자들이 이익보다는 손실에 더 민감하며, 손실을 메우기 위하여 도박을 더 하려는 것을 뜻한다. 물론 투자자는 떨어지는 주식을 계속 보유하고 있을 수도 있는데, 그 이유는 '재상승'을 기대하기 때문이다. 그러나 Odean(1998)은 이익을 얻은 주식을 환매하고 1년 후, 그 주식은 계속 보유하고 있으면서 손해를 본 주식보다 더 나은 수행을 보이고 있었음을 발견하였다.

명의 사망자를 낼 심상치 않은 아시아 질병의 발생에 대비하고 있다고 상상하라고 하였다. 질병에 대처하기 위한 2개의 프로그램에 대하여 그들의 선택은 다음과 같았다.

만일 프로그램 A가 채택되면, 200명의 생명을 구하게 될 것이다(72%).

만일 프로그램 B가 채택되면, 600명의 생명을 구하게 될 확률이 1/3이고 아무도 구하지 못할 확률이 2/3이다(28%).

괄호의 숫자는 각 선택지를 택한 응답자의 비율이다. 많은 사람이 선택지 A를 선호했는데, 이것은 200명의 생명을 보장하기 때문에 위험이 없는 선택지라는 특징이 있다. 한

편, 선택지 B에서 손실 가능성은 그 선택을 비매력적으로 만든다.

그러나 다른 참여자에게 같은 시나리오를 주고 선택지 C와 D 중에서 선택하게 하였다.

만일 프로그램 C가 채택되면, 400명이 사망할 것이다(22%).

만일 프로그램 D가 채택되면, 아무도 사망하지 않을 확률이 1/3이고 600명이 사망할 확률은 2/3이다(78%).

물론, 프로그램 C와 D는 결과가 사망의 틀로 짜인 것을 제외하고는 실제로 프로그램 A, B와 같다. 우리는 위험한 선택지(D)가 위험이 없는 선택지보다 더 인기가 있음을 알 수 있다.

일찍이 한 연구는 전문가들도 틀 효과(framing effects)에 민감함을 보고하였다. McNeil 등(1982)은 의사와 일반인 모두가 폐암 수술 결과를 생존율로 나타내는지 아니면 사망률로 나타내는지에 따라 폐암을 수술할 것인지 또는 방사선 치료를 할 것인지의 선택이 달라졌음을 발견하였다. 실제로 의료 상황에서 이런 틀 효과가 항상 나타나는 것은 아니며 다른 요인들이 더 중요하다(Christensen et al., 1995; Siminoff & Fetting, 1989; 의료 결정은 Hamm, 2003 참조). 그러나 금융 영역에서 틀 효과는 더 탄탄하다. Richard Thaler(1980)는 미국 신용카드산업의 로비스트들이 상점들이 신용카드 사용자에게 더 높은 값을 지불하게 하는 법안을 통과시킨 것에 흥미로운 반응을 보였던 점을 주목하였다. 상점들은 이런 가격 차이를 신용카드에 대한 추가 요금보다 현금 할인으로 기술하기를 선호하였다. 비슷한 발견이 다음 장에서 다뤄질 것이다.

긍정적 및 부정적 틀이 서로 다른 수준의 인지 과정과 연합되어 있다는 증거가 있다. Dunegan(1993, 실험 1)은 하이테크놀로지 엔지니어 시스템 개발에 참여하는 국제 회사 간부 128명에게 프로젝트 기금모금 시나리오를 제시하였다. 이 시나리오는 거의 완성할 수 있었지만 시간이 지체되고 예산이 초과된 현존 프로젝트에 기금을 더 많이 할당하려는 모금 기회를 위태롭게 하는 범위를 검증하였다. 긍정적 틀은 '이 팀이 맡은 프로젝트 50개 중 30개가 성공하였다.'라고 진술되었으며, 부정적 틀은 '이 팀이 맡은 프로젝트 50개 중 20개가 성공하지 못했다.'라고 진술되었다.

Dunegan은 부정적 틀을 받은 집단은 현재의 프로젝트에 평균적으로 더 적은 액수를 할당했으며, 기금을 조성하라는 요청을 덜 반긴다고 평정하였다. 또한 부정적 틀을 받은 집단은 위험을 더 크게 지각하였고, 그 프로젝트에 더 실망하였고 손실을 더 적게 하는 데 관심을 두었다. 이 측정치는 다른 측정치들과 함께 부정적 틀을 받은 집단의 기금 할당 변량의 상당 부분(45%)을 설명했으나, 긍정적 틀을 받은 집단의 기금 할당을 예측하지는 못하였다. 학생을 대상으로 한 후속 연구는 부정적 틀을 받은 사람들이 현 상태의 심상과 목표 상태의 심상 간에 상당한 불일치를 경험하고 있음을 발견하였다. Dunegan은 부정적 틀 조건이 부정적 감정 상태를 유도하여 더 제어된 인지 처리를 이끌었다고 주장하였다.

부정적 틀이 더 많은 인지 처리를 이끈다는 생각과 일치하여, 다른 연구들은 부정적 틀이 더 느린 반응 시간과 연합되어 있음을 발견하였다(Payne et al., 1993; Gonzalez et al., 2005). Gonzalez 등의 연구에서 학생 자원자들은 일련의 틀 문제에 반응했는데, 이 과정이 기능적 자기공명영상(fMRI)으로 스캔되었다. 일반적으로, 긍정적 틀에서는 확실한 선택이, 부정적 틀에서는 위험한 선택이 주도적이었다. 긍정적 틀 문제에서 위험한 것보다 확실한 것을 선택할 때 뇌 활동이 더 적게 나타났다. 부정적 틀 문제에서는 확실한 것과 위험한 것에 대한 뇌 활동에서 아무런 차이를 보이지 않았다.

Gonzalez 등은 위험한 선택은 심상과 작업 기억과 관련된 뇌 영역(특히, 전두엽과 측두엽)[3]에서 높은 수준의 활동과 연합되어 있음을 발견하였다. 그들은 틀 문제에서 감정과 인지의 상호작용이 있음을 시사하였다. 즉, 사람들은 보통 인지 과정을 최소화하지만 문제가 부정적 느낌을 유도하면 인지 처리 수준이 증가한다. 따라서 긍정적 틀에서 확실한 선택은 부정적 감정을 일으키지 않고 비교적 빨리 수용된다. 그러나 부정적 틀에서 두 선택지는 모두 부정적 느낌을 일으켜서 더 많은 처리를 유도한다.

틀에 관한 다른 fMRI 연구는 감정적 영향의 역할을 지적하였다(De Martino et al., 2006). 이 연구는 참여자에게 일정한 액수의 돈(자산)을 주고 확실한 것(이익 또는 손실, 손실은 자산보다 적으므로 따라서 전반적 이익이 포함될 때) 또는 전체를 유지하거나 잃을 확률이 포함된 위험한 선택지 중에서 선택하게 하였다. 이익 틀에서 확실한 선택지와 손실 틀에서 승산이 포함된 도박 선택지는 모두 높은 편도핵 활동과 연합되었다. 편도핵은 감정 처리와 관련된 뇌 영역이다. 그러나 사람이 자신의 일반적 경향 — 보통 이익 틀에서 도박을 선택하고 손실 틀에서 확실한 것 선택하기 — 과 반대되는 선택을 할 때에는 전두엽의 전대상 피질(anterior cingulate cortex, ACC)에서 활동이 증가하는데, 이 영역은 갈등 감지와 인지 제어를 책임진다고 알려졌다. 종합하면, 이 결과들은 정서와 관련된 편도핵 기반의 체계와 분석적인 전대상 피질 체계가 서로 반대되는 영향을 끼치는 것을 나타낸다.

이중 과정 기제는 틀 효과가 인지 능력과 인지적 동기에 의해 조절된다는 증거와 일치한다. 예를 들어, 한 연구에서 흡연자들은 공공장소에서 금연 메시지를 읽게 되는데, 하나는 흡연자가 금연할 경우 생명을 구할 수 있는 사람 수로 구성된 틀이고, 다른 메시지는 흡연자가 계속 흡연할 경우 사망자 수로 구성된 틀이다. 그 다음 그들은 금연할 것인지를 질문받았다. 노력이 필요한 사고를 즐기는 사람은 틀 조작의 영향을 받지 않았지만, 생각을 별로 즐기지 않는 참여자는 이익 틀의 메시지를 읽은 후 금연 의도를 더 많이 나타냈다(Steward et al., 2003). 다른 연구에서, Stanovich와 West(1998)는 높은 인지 능력(SAT 검사에서 나타난)을 보인 학생이 앞서 기술된 아시아 질병에 대한 틀에 덜 민감했

음을 발견하였다.

가치 함수와 확률 가중치 함수의 원리

가치 함수와 확률 가중치 함수는 결정 행동의 많은 부분을 설명하는데, 이 함수들이 왜 그런 설명을 할 수 있는지는 명확하지 않다. 그러나 하강적 경계 효용(declining marginal utility)의 개념(그림 7.1, 그림 7.2의 우측 상단부 참조)도 이 함수들과 성질이 비슷하다. 예를 들어, Harder와 Real (1987; Real, 1996 참조)은 꿀벌에게 순수 체력 소모 비율은 강화의 크기가 증가하면서 감소함을 보여 주었다. 이것을 그래프로 나타내면 그림 7.1과 같다.

사람은 환경에서 이익과 손실의 구조에 민감하다는 증거가 **표집에 따른 결정**(decision by sampling)이론으로 제공되었다(Stewart et al., 2006). 이 이론은 제3장에서 언급한 MINERVA-DM 이론처럼 기억표집을 포함하는 다른 접근법에서 영감을 받았다. 이 이론에 따르면, 돈의 액수와 확률이 포함된 문제를 접할 때, 이 속성값을 기억으로부터 이전에 접했던 값을 표집하여 비교한다. 기억 내용은 세상의 구조를 반영한다고 가정한다.

Stewart 등은 서로 다른 액수의 돈이 개인의 은행 구좌로 들어오고 나가는 빈도를 연구하였다. 입금액과 출금액이 모두 멱함수(power function)를 따르고 있음이 발견되었다. 작은 이익과 손실이 많았으며 큰 이익과 손실은 비교적 적었다. Stewart 등은 작은 이익과 손실의 우세는 기억으로부터 더 빈번한 표집을 뜻하므로, 사람들이 작은 결과에 더 민감함을 나타낸다고 주장한다. 이것은 전망이론의 가치 함수 곡선과 일치한다. 또한 작은 이익에 비하여 작은 손실이 비교적 더 많았다. 이런 비대칭성은 손실이 이익보다 더 확대되어 보인다는 관찰과 일치한다.

다른 증거는 확률이 기억에서 인출되는 속성값과 비교된다고 시사한다. 예를 들어, 더 큰 작업 기억 범위는 확률 판단에서 더 적은 하위합산(subadditivity)과 상관된다(Dougherty and Hunter, 2003a, 2003b). 또한 Stewart 등은 작고 큰

확률이 모두 중간 범위의 확률에 비해 환경에서 과대 표상되는 S 형태의 확률 함수를 보이는 몇몇 증거를 개관한다. 예를 들어, Gonzalez와 Wu(1999)는 확률 가중치 함수의 형태를 알아보기 위한 연구를 수행하였다. 확률의 상대적 서열을 그 확률 자체에 대비하여 나타냈을 때, 결과는 S 형태를 나타냈으며 이는 작은 확률이 과대추정되고 큰 확률이 과소추정됨을 나타낸다.

가치평가의 신경과학

Montague(2006)는 움직이는 유기체는 세상에 대한 내적 모형을 가질 필요가 있으며, 이것은 목표를 선택하고 이 목표에 우선순위를 부여하여 피드백이 학습을 돕도록 가치 할당을 요한다고 주장하였다. 더욱이, 서로 다른 목표와 자극의 가치평가를 위한 단일 기제가 있으면 계산은 더 효율적이 된다.

> 신경계에 내적 흐름이 없으면, 생물은 물 마시기, 음식 냄새 맡기, 약탈자 검색, 햇볕을 쪼이며 조용히 앉아 있기 등과 같이 서로 다른 사건들의 상대적 가치를 평가하기 어렵다. 적절한 행동을 결정하기 위해, 신경계는 잠재적 행동 각각의 가치를 평가하여 그것을 일반 척도로 바꾸고, 이 척도를 사용하여 행동을 결정한다. 일반 척도라는 생각이 또한 예언과 강화 모두의 가치평가를 위해서도 쓰인다(Montague & Berns, 2002, p. 276).

영장류 연구들은 중뇌의 도파민 생성 뉴런[4]이 강화의 가치평가와 기대 형성에 중요한 역할을 한다고 보여 주었다(예 : Romo & Schultz, 1990). 예를 들어, 원숭이는 기대하지 않았던 주스를 마시게 되면, 중뇌의 복측 피개 영역(ventral tegmental area)에 있는 도파민 뉴런이 갑자기 활동하여 '흥분'한다. 그러나 원숭이가 일련의 시행에서 주스를 마시기 1초 전에 섬광이 켜지는 것을 경험하면, 강화 후에 나타나던 도파민 흥분은 섬광 후에 나타난다. 일단 섬광-주스 관계를 학습한 후, 섬광 후에 가끔 주스가 나타나지 않으면 도파민 수준은 기저선 아래로 떨어진다.

사람의 도파민계는 실제의 강화에 반응하지 않고 상징적 정보에 반응한다. 예를 들어, 젊은 남자는 멋진 스포츠카 사진을 보고 큰 도파민 반응을 보인다(Erk et al., 2002). 다른 일련의 연구에서(McClure et al., 2004), 콜라 잔에 아무런 상표명이 없을 때보다 'Coke'라는 상표명이 붙어 있었을 때 활발한 뇌 활동과 호감을 유도하였다(사람들이 Coke를 실제로 마시고 있다는 확신이 없는데도 그러하였다.). 이 상표 효과가 Pepsi에 대하여는 나타나지 않았는데, Pepsi 상표가 유리잔에 붙어 있어도 뇌 활동과 호감은 증가하지 않았다(눈을 가린 시음검사에서 Pepsi와 Coke의 선호에 차이가 없었는데도 그러하였다.).

이런 연구들은 단일 기제가 서로 다른 종류의 자극을 평가하는 데 사용된다고 시사한다. 더욱이, 사람과 비인간 영장류는 모두 경험을 기초로 기대를 발전시키고 이런 기대와 관련하여 결과를 평가한다. 순수한 상징적 정보도 사람에게서 강화 효과를 유도한다.

다른 연구들은 도박에 대한 사람들의 반응을 검토하였다. Breiter 등(2001)은 fMRI를 이용하여 도파민 뉴런이 투사되고 이를 발생 영역으로 재투사하는 뇌 영역, 즉 안와전두 피질, 측좌핵, 편도체, 기저 전뇌의 하렌즈핵이 확장된 편도체(SLEA), 시상하부의 활동을 알아보았다. '전망' 단계에서 참여자들은 3개로 분리된, 서로 다른 금전적 결과를 나타내는 원반 주변에 화살이 날아가 꽂히는 것을 보았다. 화살이 세 영역 중 어느 하나에서 멈추었을 때, 그 영역이 '결과' 단계의 시작을 표시하는 섬광으로 빛나기 시작하였다. 세 번의 기회가 있는데, 각각에서 제로 결과를 낼 수 있다. 우수한 수행은 제로를 포함하여 2번의 긍정적 결과를, 저조한 수행은 2번의 부정적 결과를, 중간 수행은 긍정과 부정 결과를 낸다.

전망단계에서, 하렌즈핵이 확장된 편도체와 안와회는 기댓값을 추적하는 데 있어서 모두 우수한 화살 꽂기에 가장 큰 활동을, 저조한 화살 꽂기에는 가장 적은 활동을 보였다. 실제 결과에 대한 반응은 측좌핵, SLEA, 시상하부에서 결괏값에 따라 일정하게 증가하였다.

fMRI로 연구된 결정 행동의 다른 측면은 손실 혐오(loss aversion)이다. Tom 등(2007)은 이 현상이 부정적 감정의 결과가 아니라는 증거를 보고하였다. 참여자에게 서로 다른 액수의 돈을 얻을 확률과 잃을 확률이 50 대 50인 도박을 수용하거나 거절하도록 했을 때, 부정적 정서와 연합된 뇌 영역은 잠재적 손실의 크기가 증가하면서 활동이 더 증가하지 않았다. 오히려, 주로 이익과 손실의 처리가 같은 뇌 영역(복측 선조체, 복내측 전전두 피질)에서 발생했는데, 이 현상은 결정 효용(decision utility)의 총체적 표상을 나타낸다. 이 영역의 활동은 잠재적 손실이 증가하면서 감소하였으며, 행동에서 손실 혐오는 신경상의 손실 혐오와 강한 상관이 있었다.

그러나 Shiv 등(2005)은 근시안적 손실 혐오에서 정서의 역할에 대한 증거를 찾았다. 근시안적 손실 혐오에서 일련의 내기를 하는 사람들은 잠재적 이익과 손실을 장기적으로 생각하지 못하고, 대신에 내기를 한 번에 하나씩 평가하면서 손실의 가능성 때문에 이익이 되는 도박을 지속적으로 거부한다. Shiv 등의 연구는 Tom 등의 연구와 약간 달랐다. 한편 Tom 등은 도박을 검색 과정에서 해결하지 않은 데 비해, Shiv 등은 검색 과정에서 해결하였다. 더욱이 각각의 도박은 같았다. 특히, 참여자들은 1달러를 투자해서 2달러를 얻을 수 있는 확률이 50%이고 아무 것도 얻지 못할 확률이 50%인 도박에서 1달러를 투자할 것인지를 선택하는 내기를 20회 거쳤다. 최적 방략은 물론 매 도박에 투자하는 것이었다. 참여자는 정서 처리 뇌 영역이 손상된 사람들(표적 환자), 비정서 영역에 뇌 손상이 있는 통제 환자들, 그리고 정상적 통제집단이다. 가장 최적의 참여자는 표적 환자였다. 그들은 시행의 84%에서 투자를 했으며, 이는 뇌 손상이 있는 통제 환자의 61%와 정상집단의 58%와 비교된다. 3개의 참여집단 모두 처음 시행에는 투자 경향이 컸으나, 2개의 통제집단은 내기가 지속되면서 투자 경향이 줄었다. 이런 감소는 이기거나 지는 경험과 상관없이 발생했는데, 질 경우 사람들은 더 적게 투자하는 것으로 보였다.

불확실한 상황에서 결정하기

앞서 보았듯이, 전망이론은 진술된 확률을 바꾸는 가중치 함수를 가정한다. 그러나 실제로 우리가 접하는 여러 사건에는 확률에 대한 언급이 없다. 이 절에서 저자는 불확실한 결정에 대한 두 가지 접근을 기술하는데, 하나는 전망이론을 확장한 것이고 다른 하나는 행동생태학 문헌에서 나온 결정 모형에 기초한다.

지지이론과 누적전망이론 : 결정의 2단계 모형

불확실한 결정을 설명하기 위하여, Kahneman과 Tversky (1992)는 누적전망이론(cumulative prospect theory)이라고 알려진 전망이론의 수정안을 발전시켰다. 나중에, 이것은 지지이론(Tversky & Koehler, 1994; 제3장 참조)을 결합하여 2단계 모형(Fox & Tversky, 1998; Fox & See, 2003 참조)으로 발전하였다.

2단계 모형에서, 사람들은 우선 불확실한 사건의 확률을 추정한다. 둘째, 이 확률에 문제 영역에서 스스로 지각한 지식을 조정하여 가중치를 적용한다. 이 가중치들은 전망이론의 가치 함수의 산물을 결합한다. 지지이론과 일관되게, Fox와 Tversky(1998)는 참여자들이 구체적인 설명을 받았을 때 전망에 더 높은 값을 매긴 것을 발견하였다. 예를 들어, 참여자들은 동부 연맹에서 온 팀 중 한 팀이 1996년 미국 전국야구대회의 플레이오프게임에서 이길 개연성을 78%로 판단하였다. 그러나 다른 참여자들은 동부 연맹에서 온 4개의 우수한 팀 중 한 팀이 이길 확률을 90%로 할당하였다. 이 같은 순서의 개연성은 합리적 결정과는 반대인데, 즉 우수한 4개 팀은 단순히 동부 연맹의 하위 세트이므로 이

중에서 승자가 나올 개연성은 전체 동부 연맹팀 중에서 승자가 나올 개연성보다 낮다.

다른 참여자들은 이런 사건 중 하나가 발생하면 75달러를 제공하는 전망과 동등한 확실성을 말하라고 요청받았다.[5] 중간 정도의 확실성은 동부 연맹팀 전체 중 한 팀이 이길 전망(50달러)이 우수한 4개 팀 중 한 팀이 이길 전망(60달러)보다 낮았다. 이런 확실성에 상당한 값을 사람들이 이 사건에 부여하는 가중치를 표시하며, 개연성을 평가한 집단과 마찬가지로 그들은 합리적 기대와 반대로 답하였다.

사람들이 판단된 확률에 부여하는 가중치 역시 문제 영역에 관한 자신의 지식을 기초로 수정된다. 이것은 **무지 혐오**(ignorance aversion)라는 현상을 설명한다. Heath와 Tversky(1991)는 사람들이 똑같이 그럴듯한 확률적 사건보다 다소 알고 있다고 느끼는 희미한 사건에 대한 내기를 더 선호했음을 발견하였다. 예를 들어, 축구를 잘 안다고 생각하는 사람은 확률적 사건보다는 불확실한 축구 사건에 대한 내기를 더 선호하였다. 그러나 축구 지식이 없는 사람은 확률적 사건에 대한 내기를 더 선호하였다.

그림 7.4는 불확실한 결정에 관한 Fox와 Tversky(1998)의 2단계 모형이다. 이것은 결정 가중치가 판단된 확률의 영향을 받고 불확실성의 근원에 대한 결정자의 태도에 의해 수정되는 것을 제외하고는, 전망이론에서 나온 가치 함수와 결정 가중치 함수 모두를 포함한다.

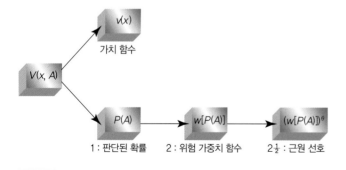

그림 7.4 확장된 2단계 모형의 시각적 도식. $V(x, A) = v(x) (w[P(A)])^\theta$, $V(x, A)$는 만약 사건 A가 얻어졌을 때(그리고 다른 것은 없을 때) 달러를 지불하는 전망의 가치이고, $v(.)$은 금전적 이익에 대한 가치 함수, $P(.)$는 판단된 확률, $w(.)$는 위험 가중치 함수, θ는 근원 선호 모수이다.

출처 : Fox & See, 2003

위험 민감성 이론

최적의 먹이 찾기(optimal foraging)에 대한 동물 연구는 동물의 환경 경험에 초점을 맞추었다. 이 분야의 연구는 위험 민감성 이론(risk sensitivity theories)이라고 알려진 규범적 범주를 만들어 냈는데, 이 이론은 곧 보겠지만 사람들에게도 적용되었다. 이 이론은 '확률적 환경에서 다윈의 적합성(Darwin's fitness)을 최대화하는 것을 목표로 삼는 유기체의 반응으로서 위험 민감성을 해석한다(Weber et al., 2004, p. 430).'

먹이를 찾는 동물을 보자. 동물은 두 먹이의 위치를 두고 선택해야 한다. 두 위치는 모두 같은 수준의 먹이를 제공하지만, 시간이 지나면서 한 위치는 다른 위치보다 더 다양한 먹이를 제공한다. 동물은 어느 것을 선택해야 할까? 에너지 예산 규칙(energy budget rule ; Caraco, 1980 ; Stephens, 1981)은 동물의 결정은 현재 에너지 상태에 의존한다고 말한다. 만일 동물이 다양한 자원을 원하지 않으면, 다양성이 낮은 위치로 가서 다른 데(짝짓기) 주의를 돌리지 않고 자신의 요구를 거의 만족시킬 것이다. 만약 다양성이 높은 위치로 가면 자신의 먹이 요구를 만족시킬 수 없을 가능성이 크다. 한편, 동물의 먹이 요구가 두 위치에서 제공하는 먹이의 평균 양을 초과하면 다양한 먹이를 제공하는, 높은 다양성 위치를 선택하는 위험 방략을 따르는 것이 더 낫다. 거기서는 적어도 필요한 자원을 얻을 가능성이 더 크다. 이 예언은 사람들이 모호성보다는 확실성을 더 선호한다는 보편적 가정과는 다르다는 것에 주목하라(Ellsberg, 1961 ; Slovic & Tversky, 1974).

에너지 예산 규칙 역시 시간 지연이 포함될 때 사람들이 어떻게 행동하는지를 예측한다. 먹이가 있는 곳까지 가려면 시간이 걸리므로 2개의 동일한 먹이 위치를 선택할 때 동물은 현재의 에너지 요구와 각각의 장소에 도달하는 데 포함되는 지연의 성질을 고려해야 한다. 에너지 예산 규칙은 유기체가 고정 지연(fixed delay) 기간에 굶어 죽지 않는 한 변화 지연(variable delay)보다 고정 지연(먹이를 일정한 지연 기간에 보류하고 있음)을 선호한다고 예측한다. 그러나 유기체는 고정된 시간이 다 되기 전에 굶어 죽을 정도가 되면 변화 지연을 선택하는데, 그 이유는 변화 지연이 먹이를 얻기 위하여 충분히 오랜 시간 살아 있을 유일한 가능성을 제공하기 때문이다.

에너지 예산 규칙을 지지하는 연구로, Caraco는 실험실 상태에서 야생 새에게 두 종류의 씨앗을 제공했을 때도 새가 이 같은 방식으로 행동하는 것을 발견하였다(Caraco, 1981, 1983; Caraco et al., 1980). 에너지 예산 규칙은 몇몇 다른 종의 먹기 찾기 행동도 예측하였다(Kacelnik & Bateson, 1996). 그러나 모든 연구가 이를 지지하는 증거를 제공하지는 않았다(Kacelnik & Bateson, 1996; Shafir et al., 1999). 한 가지 문제는 동물의 에너지 예산을 일상적인 말로 표현하기가 어렵다는 것이며, 그 이유는 환경의 온도, 약탈 위험 등 영향을 주는 요인이 많기 때문이다(Pietras et al., 2003; Soto et al., 2005 참조). 이런 어려움을 인지하고, 2개의 서로 다른 접근들이 다음과 같이 발전하였다.

한 접근은 관심이 있는 변수들을 더 엄격하게 제어하기 위하여 사람을 참여자로 사용한다. 한 연구에서 참여자는 일정 시간 안에 얻은 점수를 나중에 돈으로 바꾸는 실험에 몇 블록에 걸쳐 참여하였다(Pietras et al., 2003; Pietras & Hackenberg, 2001 참조). 참여자는 2개의 섬광을 내고 있는 건반 중 1개를 선택하였다. 2개 중 1개를 5번 연속으로 누르면 다른 건반의 불빛이 꺼지고, 지연 후 선택된 건반의 불빛이 섬광을 내고 있지는 않지만 계속 켜 있으면서 그것이 선택되었음을 나타낸다. 1개의 불빛 건반은 10초 간격으로 지연 기간이 고정되었고, 다른 불빛 건반은 동일한 확률로 2초 또는 18초 간격으로 지연되었다. 참여자들은 계기판에서 불빛이 지연된 누적 시간을 볼 수 있었다. 각 블록이 끝날 무렵, 누적되는 지연 시간이 일정한 역치를 초과하지 않으면 참여자는 10점(25센트)의 강화를 받았다.

긍정적 예산 조건에서 역치는 50초로 맞추어졌고, 고정 선택의 전폭적 선호는 항상 점수를 얻는 결과를 냈으며, 변화 선택의 전폭적 선호는 시행의 반만 점수를 얻는 결과를 내었다. 부정적 예산 조건에서는 역치가 40초 또는 32초로 맞추어졌고, 고정 선택에 대한 전폭적 선호는 결코 점수를 내지 못했으나 변화 선택에 대한 전폭적 선호는 $p=0.19$로 이익을 내었다. Pietras 등은 참여자들이 고정 지연과 변화 지연을 각각 긍정적 및 부정적 조건에서 선호하였음을 발견하였다. 그들은 또한 사람들이 자신이 접하는 구체적 결과에 민감함을 발견하였는데, 예를 들어, 부정적 예산 조건의 경우 변화 불빛에서 몇몇의 짧은 지연을 경험할 정도로 운이 좋으면 고정 선택으로 바꿀 수 있었다.

다른 연구는 모호성을 포함하는 간단한 도박에 욕구(need)의 개념을 도입하였다(Rode et al., 1999, 실험 4). 이 실험에서 참여자들은 이기기 위해 눈을 가린 채 상자에서 역치에 해당하는 수의 검정 공을 꺼내야 했다. 참여자들은 검정 공과 흰 공의 수가 정해진 위험한 상자 또는 검정 공과 흰 공의 분포를 알 수 없는 모호한 상자 중 하나를 택하여 공을 꺼내게 되어 있었다. 실험 조건에서 참여자들이 알고 있는 검정 공과 흰 공의 분포가 달라지듯이, 검정 공의 역치 수도 달라졌다.

참여자들은 역치가 위험한 상자의 기댓값을 넘지 않을 때보다 넘을 때 모호한 상자를 선택하는 경향이 컸다. 또한 그들은 확률에도 민감했는데, 공의 분포가 알려진 상자에서 검정 공의 확률이 떨어질 때 모호한 상자를 선택하였다.

다른 연구들은 모호성 혐오가 모호한 선택과 알려진 선택의 직접 비교에 의존하지 않으므로(Rode et al., 1999, 실험 1과 2) 사람들은 확률이 분명히 진술되어 있는지 아닌지와 무관하게 큰 변화가 있는 결과의 선택을 피했다고 지적하였다(실험 3). 전체적으로 이 결과들은 최적 먹이 찾기 이론과 일치한다.

위험 민감성에 대한 두 번째 접근은 여러 연구가 개인이 지각하는 다양성이나 위험을 고려하지 않았음을 인정하였다. 예를 들어, 100달러 인하는 200달러의 펜을 살 때는 커 보이지만, 20,000달러의 차를 살 때는 매우 작아 보인다

(Weber et al., 2004). 이것은 앞서 논의한 효용 함수와 웨버의 법칙과 일치한다.[6] 위험한 선택지의 상대적 다양성은 결과의 표준편차를 평균으로 나누어 측정할 수 있다(통계를 공부하지 않은 사람은 표준편차를 단순히 특수한 변량 측정치로 이해하면 된다. 이런 개념에 익숙하지 않아도 두려워할 필요가 없다.). 이와 같은 결과에 대한 측정치는 **변화계수**(coefficient of variation, CV)라고 한다. 변화계수는 심리적 그럴듯함이 클 뿐만 아니라 차원이 없다는 장점이 있는데, 즉 특정 단위가 없어지므로 서로 다른 영역 간의 비교가 가능하다(이 접근은 사람과 다른 동물이 가치에 대하여 단일한 내적 척도를 이용한다는 견해의 증거라는 점에서 흥미롭다. 앞에서 가치평가의 신경과학을 다룬 절을 참조).

동물 연구를 살펴보면서, Shafir(2000)는 변화계수가 변량보다 위험 민감성에 대한 더 좋은 예언치임을 발견하였다. Weber 등(2000)은 사람을 대상으로 한 연구를 개관하면서 변화계수가 변량 또는 표준편차보다 이익과 손실 영역 모두에서 위험 감수에 대한 약간 더 좋은 예측치임을 발견하였다. 그러나 결과는 동물 연구보다 강력하지 않았는데, 아마도 사람을 대상으로 한 연구들이 그 영역의 개인 경험을 다루지 않아서 그런 것 같다. 이 문제를 설명하기 위해, Weber 등은 배당금이 일정한 카드 뭉치와 일정하지 않은 카드 뭉치가 있는 카드게임에서 참여자들의 선택 행동을 검토하였다. 그들은 위험 혐오가 변화계수와 함께 증가했으나, 결과 변량과는 무관함을 보여 주었다. 기댓값 역시 선택 비율을 예측했으나, 변화계수는 기댓값 이상을 예측하였다.

요약하면, 위험 민감성 이론은 결정에서 기대효용이론이나 전망이론과 다른 흥미로운 조망을 제공하며 사람들이 어떤 평균값보다는 결과의 변량에 관심이 있다는 점에서 이들과 다르다. 사람을 참여자로 한 연구가 거의 없지만, 여기 기술된 초창기 결과들은 고무적이다.

결정의 과정 모형

어떤 학자들은 결정을 과정으로 설명하고자 하였다. **결정현장이론**(decision field theory; Busemeyer & Johnson, 2004)에서 결정자는 각 대안에 신중하게 주의를 주면서, 예측되는 결과를 생각한다. 이 과정에서, 각 대안 행동에 대하여 전반적으로 바람직한 느낌이 축적된다. 일단 역치를 통과하면 성공적인 행동이 선택된다. Busemeyer와 Johnson은 전망이론이 설명하려던 여러 현상을 그들의 이론이 다른 방식으로 어떻게 설명하는지를 보여 준다.

대조적으로, Birnbaum(예 : 1997, 2006)은 누적전망이론으로는 설명되지 않지만, 주의 교환 전이(transfer of attention exchange, TAX) 모형으로 설명할 수 있는 몇몇의 새로운 역설을 알아냈다.

이 절의 나머지 부분에서는 위험시 결정을 주의로 설명하려는 시도를 더 자세히 기술하겠다. 이 설명은 Brandstätter 등(2006)이 제안하였다. 이들은 사람이 기술된 결정 과제에서 선택을 할 때 간단한 추단을 쓴다고 시사하였다. 그들은 이를 우선성 추단(priority heuristic)이라고 불렀다. 이 추단은 다음과 같은 단계에 기초한다.

- **우선성 규칙** 최소 이익, 최소 이익의 확률, 최대 이익의 순서로 이유를 생각한다.
- **중지 규칙** 최소 이익이 최대 이익의 1/10(또는 그 이상)만큼 다르면 검토를 중지하고, 그렇지 않으면 확률이 확률 척도에서 1/10(또는 그 이상)만큼 다르면 검토를 중지한다.
- **결정 규칙** 더 매력적인 이익(확률)이 있으면 그 도박을 택한다.

전망이 모두 부정적인 사례에서 이 규칙들은 '이익'이 '손실'로 대치될 때를 제외하고는 같다.

우선성 추단이 어떻게 작용하는지 알아보기 위하여, 얼라이스 역설(이 장 처음에 나온 문제 3과 4)을 다시 보자.

문제 3

다음 상황 중 어느 것을 더 선호하는가?

상황 A :	상황 B :
1억을 확실히 얻는다.	5억을 얻을 확률은 10%이다.
	1억을 얻을 확률은 89%이다.
	아무것도 얻지 못할 확률은 1%이다.

문제 4

다음 상황 중 어느 것을 더 선호하는가?

상황 C :	상황 D :
1억을 얻을 확률은 11%이고	5억을 얻을 확률은 10%이고
아무것도 얻지 못할 확률은 89%이다.	아무것도 얻지 못할 확률은 90%이다.

문제 3에서 결정자의 포부 수준이 5천만인데, 이것은 5억의 10분의 1이다(최대한의 이익). 최소한의 결과는 (B에서) 0이고 (A에서) 1억이다. 1억이 포부 수준을 능가하므로 상황 A에서 확실한 것을 선택한다.

문제 4에서 최소한의 이익은 0이므로(확률이 .89와 .90), 이것은 포부 수준 아래로 떨어진다. 최대한의 이익은 (C에서) 1억과 (D에서) 5억이다. 그러므로 우선성 추단은 D의 선택을 예측한다.

우선성 추단은 낮은 확률의 손실에 대하여는 위험 혐오를, 낮은 확률의 이익에 대하여는 위험 추구를 보여 줄 뿐만 아니라 반성 효과(reflection effect)도 예측한다. 더욱이, Brändstatter 등은 우선성 추단이 전망이론보다 우월함을 보였다. 또한 일련의 도박 선택을 예언할 때뿐만 아니라 무작위로 선택된 도박을 예언할 때 사용되는 다른 이론과 추단보다도 더 우월함을 보였다. 마지막으로, 이들은 일련의 도

박 선택에서 참여자들의 반응 시간을 기록하였다. 그 결과, 반응 시간은 우선성 추단에서 더 많은 이유를 검토할 필요가 있다고 예언한 문제에서 더 오래 걸렸다.

이 자료가 인상적이지만, 주의가 필요하다. 예를 들어, 중지 규칙은 비교적 임의적인데, 십진법 안에서 어떤 숫자들이 더 두드러져 보인다는 것을 기초로 그것을 정당화하기 때문이다. 실제로 동물이 얼라이스 문제에서 기대효용이론을 위반한다는 것이 관찰되었지만(Battalio et al., 1985; Kagel et al., 1990), 그들은 십진법에 따라 작용하는 것 같지 않다. 반응 시간에 대한 자료는 이유 추구보다는 다른 과정으로 해석될 수 있다. 예를 들어, 그것은 결정 가중치를 포함하는 과정과 관련된다. 우선성 추단이 설명하지 않는 현상이 있는데, 예를 들어, 확률의 가중치에 영향을 주는 틀 효과, 전망이론이 성공적으로 예언하는 세상의 현실이 그것이다.

요약

위험한 전망 간의 선택에 직면하여 기댓값이론은 각각의 잠재적 결과는 그것이 발생할 확률에 의해 가중치를 가진다고 말한다. 주어진 대안의 기댓값은 가중된 결과의 합이다. 합리적 결정자는 기댓값이 가장 높은 대안을 선택해야 한다.

Bernoulli의 성 피터스버그 역설은 기댓값 개념의 문제를 보여 주었는데, 그는 이 문제를 통해 사람들이 실제로 기대 효용을 최대화한다는 생각을 발전시켰다. 20세기에 개발된 일련의 원리는 기대 효용을 강조한 것이었다. 합리적 결정자가 자신의 신념과 일치하는 결정을 하려면 이 원리를 따라야 했다.

그러나 심리학 연구는 사람들이 기대효용의 원리에 따라 행동하지 않는 여러 예를 발견하였다. 전망이론은 위험시 두 선택지를 두고 사람들이 실제로 어떻게 결정을 내리는지를 이론으로 발전시켰다. 전망이론은 이익과 손실이 정의되는 참조점이 현상 자체보다는 포부 또는 기대에 따라 정의

됨을 인정한다. 더욱이, 낮은 확률은 결정에서 과대 가중치를 받으며, 중간부터 높은 확률은 과소 가중치를 받는다.

어떤 결정에서이든 핵심은 가치평가의 개념이다. 단일한 내적 척도가 서로 다른 종류의 결과, 잠재적 결과, 예언적 단서의 가치평가에 쓰인다는 최근의 증거가 있다. 뇌의 도파민 체계가 가치평가 과정에 내재된 기제로 보인다.

불확실한 상황에서의 결정을 설명하기 위하여 누적전망이론이 발전하였으며, 이후 지지이론과 함께 2단계 모형으로 결합되었다. 사람들은 확률을 평가하고, 그 확률은 결정자의 문제 영역의 지식에 따라 가중치를 받고 수정된다. 불확실한 결정에 대한 대안적 접근이 최적 먹기 찾기 이론에서 나온다. 이는 결정자의 요구, 각 선택지의 평균적 기대 결과, 각 선택지의 결과 변량의 조합에 따라 결정이 이루어진다는 것을 구체적으로 보여 준다.

끝으로, 결정에 대한 어떤 접근은 과정에 포함된 단계를 강조한다. 그런 접근 중 하나인 결정현장이론은 시간에 걸쳐 주의가 결정 문제의 서로 다른 요소로 이동한다고 강조한다. 다른 접근은 우선성 추단으로서, 이것은 위험할 때 결정은 기대를 계산하기보다는 사람들이 우선순위에 따라 결과와 확률에 차례로 주의를 준다는 것이다.

질문

1. 사람들이 이익보다 손실에 더 민감한 것이 의미가 있다고 생각하는가? 그 이유는?

2. 사람들은 어떤 식으로 기대 효용을 위반하는가?

3. 전망이론과 기대효용이론을 비교하고 대조하라.

4. 에너지 예산 규칙이란 무엇인가?

5. 이익과 손실의 틀로 각각 메시지를 구성하라. 메시지는 정치적 소통이나 상품 광고일 수 있다.

6. 학습을 통해 손실 혐오가 어떻게 습득되는지를 검증하는 연구를 설계하라.

7. 효용이론과 전망이론에 대한 두 가지 대안적 접근을 평가하라.

주

1. 기댓값은 $(1/2 \times 1) + (1/4 \times 2) + (1/8 \times 4) + (1/16 \times 8) + \cdots\cdots = \infty$

2. 전망이론에 대한 초기 문헌을 읽은 사람은 확률 가중치 함수의 시각적 표상이 S 형태를 뒤집어 놓은 것이 아니고 더 단순한 곡선임을 알게 될 것이다. 그러나 Gonzalez와 Wu(1999)의 연구는 뒤집어진 S 형태가 가중치 함수를 더 잘 나타낸다고 본다.

3. 더 구체적으로, 포함된 주 영역은 우측 배외측 전두엽 피질(right-dorsolateral prefrontal cortex), 우측 두정엽 내구(right-intraparietal sulcus), 좌측 두정엽 내구(left intraparietal sulcus)이다.

4. 도파민은 일종의 신경전달물질로서, 하나의 세포에서 다른 세포로 가는 화학적 '전달자'이다.

5. 동등한 확실성에 상당한 것은 도박이 아니라 개인이 확실하게 받을 수 있는 금액이다. 이 경우 개인의 동등한 확실성은 국가 야구 연맹의 경기 결과가 적절하게 나타났을 때 75달러를 얻게 된다는 것을 의미하기보다는 확실히 받을 수 있는 돈의 액수를 말한다.

6. Ernst Weber는 웨버의 법칙을 발견한 사람으로, 이 절에서 언급된 Elke Weber와 혼동하지 마라.

추천도서

Montague, R. (2006). *Why choose this book? How we make decisions*. London: Dutton. 기대와 학습된 가치가 뇌에서 어떻게 표상되는지를 쉽게 설명해 주는 책이다.

08 선호와 선택

서론

전통적 경제이론은 개인이 자신에게 좋은 것이 무엇인지를 누구보다 잘 알고 있으며 이에 맞게 행동한다고 가정한다. 사람들이 합리적인 행위자라는 것은 합리적 선택의 공리를 따른다는 의미이기도 하다. 그러나 실제로는 그렇지 않은 경우가 많다. 이 장의 첫 번째 절은 사람들이 공리를 어떻게, 왜 위반하는지를 보여 주는 연구들을 소개한다. 그런 다음 '심적 회계'라고 불리는, 사람들이 경제 활동에 대하여 생각하는 방식과 관련된 결정 편향에 대하여 살펴볼 것이다. 세 번째 절에서는 선택권 소망을 비롯하여 복잡한 선택에 직면하여 사람들이 어떻게 반응하는지를 알아본다. 선택권에 대한 소망이 때로 불리할 수 있다. 사람들은 또한 결정의 복잡성과 중요도에 따라 선택을 위한 다양한 전략을 선택할 수도 있다. 그러나 더 좋은 선택이 반드시 더 큰 만족감을 가져다주지는 않는다. 마지막으로 이 장의 여러 부분에서 언급되는 선택의 측면-정서-에 대하여 상세하게 다룰 것이다.

선호의 형성

합리적 선택이론에 따르면, 선호는 사람들의 행동에서 드러난다. 그러나 많은 심리학적 연구는 선호가 사람들이 선택에 대하여 생각하는 과정 중에 형성된다고 밝히고 있다(Lichtenstein & Slovic, 2006 참조). 이것은 다음에 기술되는 합리적 규범의 위배를 야기할 수 있다.

이행성 위배

표 8.1은 가상의 대학 입학 지원자 5명을 지적 능력, 정서적 안정성, 사회적 실천의 준거에 따라 평가한 점수표이다. Tversky(1969)는 참여자들에게 5명의 지원자들을 조합하여 나온 지원자 쌍을 막대 그래프의 형태로 제시하였다. 참여자들은 다음과 같은 지시문을 들었다.

> 대학 입학처는 학생들이 어떤 지원자의 입학 허가를 바람직하다고 생각하는지를 알고 싶습니다. 당신은 제시된 여러 쌍의 지원자들을 살펴보고 둘 중 누구의 입학을 허가할지 선택하여 주십시오. 물론 지적 능력은 당신의 결정에 가장 중요한 요인일 것입니다. 그러나 다른 요인들 역시 어느 정도의 가치는 있습니다. 또한 점수는 입학처가 매긴 순위에 근거한 바, 완벽하게 신뢰할 수 있는 것이 아니라는 점을 염두에 두십시오(E. Shafir, 2004, p. 442).

Tversky는 참여자 대부분이 B보다 A를, C보다 B를, D보다 C를, 그리고 E보다 D를 선호한다는 것을 발견하였다. 이행성 공리(the axiom of transitivity)에 의하면 참여자들은 E보다 A를 선호해야 하는데, 실제로는 대다수가 A보다 E를 선호하였다. 인터뷰 결과, 어떤 참여자도 자신의 선호가 이행되지 않았다는 것을 인식하지 못하였을 뿐 아니라, 이 사실을 알려 주었을 때 이를 부정하며 실험자에게 기록을 보여 달라고 요청한 경우도 있었다. 참여자 대다수가 '사람들은 이행적이고 또 그래야만 한다.'라고 답변하였다(E. Shafir, 2004, p. 455).

표 8.1 세 가지 차원에서 지원자 5명의 평가 점수

지원자	지적 능력	정서적 안정성	사회적 실천
A	69	84	75
B	72	78	65
C	75	72	55
D	78	66	45
E	81	60	35

출처 : Tversky, 1969

사람들은 A와 B, B와 C, C와 D, D와 E 사이의 지적 능력의 작은 차이는 간과하고, 다른 특성에서의 큰 차이를 근거로 선택함으로써 이 과제를 단순화하는 것으로 보인다. 그러나 A와 E를 비교하게 되면 지적 능력에서의 큰 차이를 인식하게 된다.

이러한 단순화 전략은 기대 효용을 최대화하지 못한다. 그럼에도 불구하고 계산을 적게 그리고 빠르게 할 수 있다는 이득이 이 특별한 '대가'를 상쇄시킨다(Tversky, 1969).

우발적인 비이행적 선택에 대처하도록 진화가 일어나지 않았다는 주장이 제기되었다. 동물은 다중 속성을 포함하는 선택을 해야 하는데, 이를 위해서는 빠르고 효율적인 선택 기제가 도움이 되지만, 자연환경은 비이행성 조건을 제공하지는 않는 것으로 보인다. 그러나 통제된 연구에서 동물 또한 비이행적 선택을 한다는 결과가 관찰되었다(예 : Bernard and Giurfa, 2004; S. Shafir, 1994).

절차 불변성 위배

반응 양식 조화설

Slovic과 동료들은 일련의 연구를 통하여 도박의 매력도가 사람들에게 하는 질문에 달려 있다는 사실을 발견하였다(예 : Lichtenstein & Slovic, 1971; Slovic & Lichten-stein, 1968). 유사한 기대효용을 가진 한 쌍의 도박 중에서 선택하는 경우, 사람들은 확률이 가장 높고 잠재적 수익이 낮은 도박을 선택하는 경향이 있다. 그러나 도박을 하기 위해 얼마를 지불할 의사가 있는지, 도박을 얼마에 판매할 의사가

있는지를 질문하면 이들의 응답은 확률보다는 잠재적 결과와 더 관련이 깊다. 이와 같은 인지적 처리는 선호 역전을 가져온다. 즉, 두 가지 유형의 도박이 쌍으로 제시될 때 큰 보상과 낮은 확률의 도박의 가격을 더 높게 책정하면서 작은 보상과 높은 확률의 도박을 선택하는 일이 발생한다. 이와 같은 선호 역전은 라스베이거스의 Queens 카지노에서 실제 돈을 걸고 하는 도박에서도 발견되었다(Lichtenstein & Slovic, 1973).

후속 연구는 이 연구에서 나타났던 선호 역전의 근본적인 원인이 높은 수익을 가진 도박에 대한 과대평가임을 발견하였다(Tversky et al., 1990). 사람들은 반응 양식에 부합하는 과제의 속성에 주의 초점을 맞추는 것으로 보인다. 조화되지 않는 과제 속성은 반응 척도와 연결하는 데 부가적인 인지적 노력을 요구하기 때문에 판단에 미치는 영향력이 더 적다. 이것이 **조화 가설**(compatibility hypothesis)이다(Lichtenstein & Slovic, 1973; Tversky et al., 1990; Slovic et al., 1990 참조).

Slovic 등(2002)은 조화 가설에 대한 또 다른 증거를 제시하였다. 한 집단의 참여자에게 9달러를 딸 확률이 7/36인 도박의 매력도를 평가하도록 하였다. 다른 집단에는 작은 손실이 추가된 다음과 같은 도박을 평가하도록 하였다.

9달러를 딸 확률이 7/36이고
5센트를 잃을 확률이 29/36인 도박

손실이 포함된 열등한 도박이 손실이 없는 도박보다 더 매력적이라고 평가되었다. Slovic 등(2004)은 작은 손실이 추가되면 수익이 매력 척도와 더욱 조화를 이루지만, 9달러의 매력은 독립적으로 평가하기 어렵다고 주장하였다.

예측된 역전을 보이는 사람들이 선택보다는 가격에 대한 생각으로 더 많은 시간을 보낸다는 관찰 결과도 조화 가설을 지지한다(Schkade & Johnson, 1989). 또한 금전과 무관한 내기에서는 선호 역전의 발생 빈도가 더 적었다(Slovic et al., 1990).

돌출 가설

선호 역전의 다음과 같은 예를 생각해 보자(Tversky et al., 1988). 이스라엘 대학생들에게 연 600명의 사상자에 이르는 현재 교통사고율을 감소시키려는 교통부의 시나리오를 제시하였다. 어떤 사람에게는 다음과 같은 2개의 대안 중에서 선택할 것을 요구하였다(각 대안을 선택한 참여자의 비율이 괄호 안에 표기되어 있다.).

프로그램 X : 사상자 500명, 비용 55백만 달러(67%)
프로그램 Y : 사상자 570명, 비용 12백만 달러(33%)

대다수의 사람이 사상자가 더 적게 발생하는 고비용의 프로그램을 선호하였다. 또 다른 참여자에게는 두 대안이 동등해지도록 생략된 부분에 비용을 기입하도록 하였다.

프로그램 X : 사상자 500명, 비용?
프로그램 Y : 사상자 570명, 비용 12백만 달러

프로그램 X가 프로그램 Y와 동등해지기 위해서는 적어도 55백만 달러의 가치를 기입해야 한다. 이보다 더 적은 수치는 사람들이 선택 과제에서 프로그램 X를 선택하지 않음을 의미한다. 그러나 대부분의 대응값은 55백만 달러보다 낮았으며, 4%의 참여자만이 이보다 더 높은 가치를 책정하였다.

대다수의 사람이 안전을 가장 중요한 속성이라고 생각하여 이를 선택의 근거로 사용한다. 그러나 이러한 **질적 추론**은 대응 과제의 수행에서 사용할 수 없다. 실제로 이 과제가 요구하고 있는 것은 양적 추론이다.

이 현상이 **돌출 효과**(prominence effect)이다(Tversky et al., 1988). 돌출되는 속성은 대응보다 선택에서 더 큰 영향을 끼친다. 이런 종류의 단순화 전략은 사람들로 하여금 갈등을 해결할 수 있게 하고, 복잡한 절차에 비해 사용이 용이하다.

합동평가 대 개별평가

새 오디오 기기를 선택하는 2개의 시나리오가 있다고 상상해 보자. 한 시나리오는 당신이 두 모델을 직접 비교할 수 있는 전자제품 가게에 있다고 가정한다. 당신은 2개의 모델(A와 B)로 선택을 좁혔고, 같은 음악을 두 기기로 차례로 들어보면서 다양한 속성을 비교하는 중이다. 다른 시나리오는 당신이 어느 특정 전자제품 가게에서 모델 A를 평가하는 데 시간을 보낸다고 가정한다. 그 다음 이 모델을 마음속으로 기억하면서 모델 B를 평가할 수 있는 옆에 있는 다른 가게로 가 보기로 한다.

Chris Hsee(1996)는 이 두 가지 평가 양식─합동 대 개별─이 서로 다른 결과를 불러일으킬 수 있음을 보여 주었다. 다음과 같은 중고 음악사전을 생각해 보자.

	사전 A	사전 B
출판 연도	1993	1993
어휘 수	10,000	20,000
손상 여부	없음. 거의 새 것 같음.	있음. 표지가 찢겨 있으나 다른 부분은 거의 새 것 같음.

한 대학생 집단에게 두 대안에 대한 정보를 주고 각 사전을 구매하기 위해 얼마를 지불할 의사가 있는지, 10달러와 50달러 사이에서 가격을 책정하도록 하였다. 나머지 대학생들에게는 사전을 1개씩만 제시하고 지불 의사 가격을 책정하도록 하였다.

표 8.2에 나타나듯, 합동평가에서는 사전 B의 지불 용의 가격이 높았으나, 개별평가에서는 사전 A의 지불 용의 가격이 더 높았다. Hsee는 이 결과를 설명하기 위해 평가 가설(evaluability hypothesis)을 제안하였다. 그는 한 대상의 어떤 속성은 독립적으로 평가하기 쉽지만 다른 속성은 독립적으로 평가하기 어려운 경우, 이러한 역전이 일어난다고 주장하였다. 이 가설은 CD 체인저를 대상으로 한 후속 연구에 의해서도 지지되었다. 체인저는 용량과 음질에서 차이가 있었고, 음질은 전고조파 왜곡률(THD)에 대한 비율 점수로 표시되었다. 한 조건의 참여자들은 대다수 체인저의 THD점수가 .002(최상)∼.012%(최하) 사이에 분포되어 있다는 말을 들었다. 연구자들은 이 범위 정보가 개별평가 조건에서 CD 체인저에 대한 평가를 용이하게 할 것으로 예측하였다. 다른 조건의 참여자들은 이러한 정보를 받지 못하였다. 예측대로 개별평가와 합동평가의 선호 역전은 THD에 대한 범위 정보를 제공받지 않은 참여자들에게서만 나타났다.

Hsee는 사람들이 잘못된 평가 양식을 사용하면 나중에 후회하는 선택을 하게 된다고 주장한다. 어떤 사람이 오디오 상점에서 스피커 세트 2개의 음질을 신중하게 비교하고 있는 사례를 생각해 보자. 심사숙고한 후 그는 음질이 약간 더 좋다고 생각하는 스피커 세트를 결정하고 구매하였다. 이 스피커를 거실에 가져다 놓은 지 몇 주가 지나서 그가 스피커의 디자인이 매력 없다는 사실에 당황할지라도, 다른 스피커의 멋진 디자인을 떠올리는 일은 이미 무용지물이다. 더욱이 자신이 선택한 스피커의 음질이 다른 스피커에 비해 아주 약간 좋다는 사실은 그에게 위로가 되지 못한다. 오디오 상점에서 그가 느꼈던 작은 음질의 차이는 집에서 들을 때 더 이상 눈에 띄지 않는다. 사실 오디오 세트들을 독립적으로 평가하였다면 그는 음질의 차이를 알아채지 못했을 것이 거의 확실하다.

선택 전략

우리는 사람들이 선호를 결정하는 데 단순화 절차를 사용한

표 8.2 사전 연구에서 두 사전에 대한 평균 지불 의사

평가 양식	사전 A	사전 B
합동	19달러	27달러
개별	24달러	20달러

출처 : Hsee, 2000

다는 것을 보았다. 실제로 선택에 사용할 수 있는 몇 가지 잠재적 전략이 있으며, 이는 **보상 전략**(compensatory strategies)과 **비보상 전략**(non-compensatory strategies)으로 분류할 수 있다. 보상 전략은 교환을 포함하고 있지만 비보상 전략은 그렇지 않다.

가중 가산 규칙(weighted additive rule, WADD)을 살펴보자. 이것은 완전한 보상 전략이다. 결정자는 각 대안이 가진 개별 속성들에 대하여 점수를 매긴다. 속성은 중요도에 따라 가중치가 다르다. 가중치와 점수를 곱하고 속성의 점수를 총합하여 각 대안의 총점수를 얻는다. 위험 결정에서는 확률이 포함되고, 결정자는 기대 가치 또는 기대 효용 규칙을 사용할 수 있다.

이것은 가장 정확한 선택 전략이지만 가장 많은 노력을 요구한다고 볼 수 있는데, 이용 가능한 모든 정보를 사용하고 교환하면서 모든 대안을 평가하기 때문이다. 다른 전략은 정확하다고는 할 수 없지만, 인지적 노력이 적게 든다는 장점이 있다. 예를 들어, **측면에 따른 제외**(elimination-by-aspects) 전략에서 결정자들은 먼저 가장 중요한 속성을 찾아내고 이 속성에서의 요구 수준을 정한다. 이 기준치에 못 미치는 대안은 선택 세트에서 제외된다. 둘 또는 그 이상의 대안이 선택 세트에 남으면 두 번째로 중요한 속성을 사용하여 동일한 절차를 반복하면서 마지막 하나의 대안이 남을 때까지 이를 계속한다.

결정자는 한 개의 전략에만 의존하거나 상이한 전략들을 결합하여 사용하기도 한다. 개인의 전략목록은 연령, 경험, 정규 훈련, 교육과 같은 요인에 달렸기 때문에(Payne et al., 1993), 전략의 가용성에는 개인차가 있다. 특정 전략의 선택은 과제 요인과 개인 요인의 조합에 의해 결정된다. 이것은 선호가 드러나는 것이라기보다는 선택 과정 중에 형성되는 것이라는 초기 관찰과 일치한다. 일반적으로 사람들은 어떠한 결정을 통해 최선인 동시에 가장 정확한 결과를 얻기를 바라지만, 결정을 내리는 데 가능한 최소의 노력을 기울이고 싶어 한다. 그러나 이 두 목표는 양립할 수 없는 경우가 많다. 예를 들어, 여러 개의 속성을 가진 다수의 대안을 놓고 정확한 결정을 내리는 일은 상당한 인지적 노력을 요구한다. 중요한 결정일수록, 그리고 타인에게 결정의 이유를 설명해야 하는 과제는 정보처리의 노력을 필요로 한다.[1]

Payne 등이 개관한 여러 실험 연구와 컴퓨터 시뮬레이션은 비록 모든 상황에서 정확한 결정을 내릴 수 있는 추단은 존재하지 않지만, 인지적 노력이 적게 드는 전략이 놀라울 정도로 정확하다는 것을 보여 주었다(1993, p. 131). 이들은 또한 전략들의 결합에 대하여도 연구하였는데, 측면에 따른 제외 전략을 가중 가산 규칙과 결합하면 모든 과제 조건에서 효과적이지만, 다수 우호 차원 추단(the majority of confirming dimensions heuristic)과 결합된 측면에 따른 제외 전략은 덜 효율적이라고 보고하였다. 시간적 압박 속에서 결정을 내릴 때에는 복잡한 규칙을 적용할 수 있는 충분한 시간이 없기 때문에 인지적 노력을 적게 요구하는 전략이 더 유리하다(Payne et al., 1988).

맥락 의존적 선호

합리적 선택이론은 사람들이 대안을 선택할 때 가치를 최대화하려고 노력한다는 이론이다. 이 이론은 대안들 사이의 선호가 다른 대안의 존재 또는 부재에 의해 영향을 받지 않는다고 가정한다. Bob이 스테레오 기기 중, B보다 A를 선호한다고 가정해 보자. 대안 세트에 스테레오 C가 추가되었을 경우, 이것이 선호 목록의 어디에 위치하든지와 무관하게 Bob은 여전히 B보다 A를 선호해야 한다. 이 원칙을 **무관련 대안의 독립성**(independence of irrelevant alternatives)이라고 한다. 이는 실제 시장에서 한 상품의 시장 점유율이 선택 세트의 확장에 의해 영향을 받지 않아야 함을 의미한다(규칙성의 속성).

실제로는 여러 연구가 규칙성 위배(violations of regularity)를 보여 주었다(예 : Huber et al., 1982; Simonson & Tversky, 1992). 예를 들어, Simonson과 Tversky는 특정

카탈로그에서 뽑은 전자레인지 5대에 대한 그림과 설명을 참여자들에게 제시하였다. 참여자들에게 상품을 주의 깊게 살펴보고 시장에 나온 상품과도 친숙해지라고 요구하였다. 그 후, 한 집단의 참여자들에게는 아래의 X와 Y 사이에서, 다른 집단에게는 X, Y, Z 중에서 선택할 것을 요구하였다.

  X. Emerson

      (0.5 큐빅피트, 정상가 109.99달러, 세일가 35% 할인)

  Y. Panasonic 1

      (0.8 큐빅피트, 정상가 179.99달러, 세일가 35% 할인)

  Z. Panasonic 2

      (1.1 큐빅피트, 정상가 199.99달러, 세일가 10% 할인)

Panasonic 1과 2는 상당히 비슷했기 때문에, 후자의 낮은 할인율은 해당 상품을 더 열등하게 보이도록 만들었다. 그렇다고 이것이 Emerson보다 더 나쁜 대안은 분명히 아니었다. 그런데 선택 세트에 Panasonic 2가 추가됨으로써 실제로 Emerson의 시장 점유율이 감소하고, Panasonic 1의 시장 점유율은 증가하여(그림 8.1), 규칙성 속성이 위배되었다. 선택 세트의 확장으로 한 상품의 인기가 증가할 수 있는 이 현상을 불균형 우월 효과[(asymmetric dominance effect) 또는 매력 효과(attraction effect)]라고 한다.

방금 기술한 연구에서 이 효과는 '국지적 맥락'의 결과로 일어난다. 즉, 참여자들이 전체 5개 상품 시장과 친숙해졌다고 해도, 불균형 우월 효과는 실제로 제시되었던 특정 하위 선택 세트 때문에 발생한다(국지적 맥락). Simonson과 Tversky(1992)는 '배경 맥락'도 선택에 영향을 끼칠 수 있음을 보여 주었다. 이 상황에서는 초기에 일어난 선택이 나중 선택에 영향을 끼칠 수 있다.

다른 선택 상황에서는 **극단성 혐오**(extremeness aversion)의 결과로 **절충 효과**(compromise effect)가 관찰되었다. 전망이론(Kahneman & Tversky, 1979, 1992)에 따르면, 사람들은 현재의 상황을 기준으로 결과를 이득 또는 손

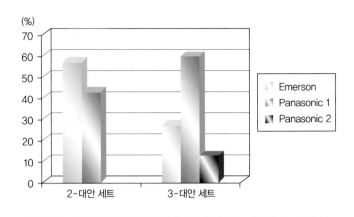

그림 8.1 2-대안 세트와 3-대안 세트에서 전자레인지를 선택하는 사람들의 비율

출처 : Simonson & Tversky, 1992

실로 평가한다. 이 가치함수는 사람들의 손실혐오에 의해 이득보다 손실이 더 크게 부각됨을 보여 준다. 어떠한 상황에서는 장점과 단점을 서로 비교하면서 선택 대안들을 평가하는데, 이때 단점이 장점보다 더 크게 다가온다. 이런 경우에 극단적인 가치를 가진 대안은 중간 가치를 가진 대안보다 덜 매력적으로 평가되기 쉽다. 예를 들어, 품질과 가격에 차이가 있는 카메라들 사이에서 선택해야 할 때, 170달러짜리 카메라와 240달러짜리 카메라 2대만 놓고 선택하는 상황에서는 두 카메라 모두 똑같이 인기가 있지만, 470달러짜리의 카메라를 대안 세트에 추가하면 240달러짜리 카메라가 가장 많이 선택된다.

또한 극단성 혐오는 **극화**(polarisation)를 불러일으킬 수 있다. 하나의 속성에서 장점보다 단점이 더 크게 부각되면, 세 번째 대안의 추가는 극단적인 대안 중 하나에 대한 편향을 일으키지만, 다른 대안에 대해서는 그렇지 않다. Simonson과 Tversky는 참여자에게 AM-FM 카세트 플레이어에 대한 정보를 사진, 특징, 브랜드명, 가격에 대한 상세한 설명과 함께 제공하였다.

  X. Emerson

      (중간 상품 : 39.99달러)

  Y. Sony

      (중간 상품 : 64.99달러)

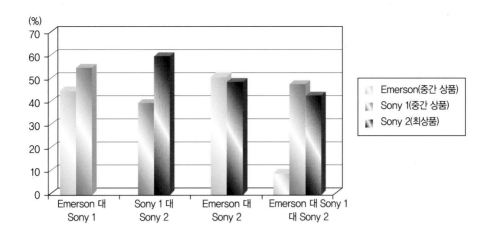

그림 8.2 2-대안 또는 3-대안 선택에서 특정 카세트 플레이어 모델을 선택하는 참여자의 비율

Z. Sony

(최상품 : 149.99달러)

양자택일의 선택에서 Emerson은 두 Sony 모델만큼 인기가 있다. 그러나 3개의 대안 사이에서 선택하도록 하면 9%만 Emerson을 선택하고 두 Sony 모델의 인기는 동일하게 높게 나타난다(그림 8.2).

지금까지 소개된 모든 예에서 참여자들은 여러 상품 중 항상 하나를 선택할 것을 요구받았다. 그러나 실생활에서는 선택을 미룰 수 있는 대안도 존재한다. Tversky와 Shafir(1992)는 선택 갈등이 선택을 미루는 경향을 증가시킨다는 것을 보여 주었다. 99달러짜리 Sony CD플레이어와 169달러짜리의 Aiwa CD플레이어 사이의 가상적인 선택을 미룰 기회가 주어지자, 46%의 참여자가 결정을 연기하였다. 그러나 제공된 모델이 오직 99달러짜리의 Sony 하나뿐일 때는 66%의 참여자가 결정을 미루기보다는 이 모델을 선택하였다. 더욱이 다른 유일한 상품이 더 좋지 않은 105달러의 Aiwa일 경우 73%의 참여자가 99달러의 Sony를 선택하였다(24%는 결정을 연기하였고, 3%는 Aiwa를 선택하였다.). 이 마지막 예는 단순히 2개의 상품을 제시하는 것이 갈등의 원인이 아니라는 것을 보여 준다. 그보다는 대안들 사이에서 선택의 분명한 이유가 없을 때 갈등이 발생한다.

심적 회계

앞 장에서, 마지막 경마에서 승산이 없는 말에 모든 것을 거는 도박자의 행동이나 일일 목표 수입액을 채우고 나면 그날 일을 쉬는 뉴욕의 초보 택시기사의 행동을 비롯한 다양한 경제 행동을 설명하기 위해 전망이론이 제안되었다고 설명하였다. 전망이론은 돈에 대해 사람들이 생각하는 방식 또는 **심적 회계**(mental accounting)에 대한 이론 제시에도 영향을 끼쳤다. Thaler(1999)는 심적 회계를 '경제 활동을 유지하고, 평가하고, 조직화하기 위해 가정과 개인에 의해 사용되는 인지 조작 세트'라고 정의하였다. 이 정의에서 '경제 활동'이란 용어는 불필요하게 제한적일 수 있다. 이 절의 여러 사례가 보여 주듯이, 다른 수많은 인간 활동이 사람들이 돈에 대해 생각하는 방식과 닮았기 때문이다.

보유 효과

전망이론의 가치 함수에서 도출된 손실 혐오에 의하면 사람들은 자신이 소유한 물건과 멀어지는 것을 힘들어한다. 이런 **보유 효과**(endowment effect)는 사람들이 팔려는 물건의 가격을 과대추정할 것임을 암시한다. 한 연구(Kahneman et al., 1990)에서 학생들을 세 집단에 무작위로 배정하였다.

한 집단은 판매자 집단으로, 실험자는 이들에게 머그컵을 주고 0.25~9.25달러 사이의 가격에서 머그컵을 팔 의사가 있는지를 질문하였다. 두 번째는 구매자 집단으로, 이들에게는 이와 동일한 가격대에서 머그컵을 살 의사가 있는지를 질문하였다. 손실 혐오가 예측하는 보유 효과와 일치하게, 판매자 집단의 중앙값(7.12달러)이 구매자 집단(2.87달러)보다 더 높게 나타났다. 그런데 머그컵의 독립적 가치를 알지 못한다면, 판매자들이 자신의 컵을 과대추정하였다고 말할 수 없다. 이 가치는 세 번째인 선택자 집단에 의해 제공되었다. 이 집단은 가격대마다 현금과 머그컵 사이에서 선택을 하도록 요구받았다. 선택자의 중앙값은 구매자의 중앙값에 매우 가까운 3.12달러였으며, 이는 판매자들이 자신이 소유한 머그컵을 과대추정한다는 생각을 뒷받침하였다.

어떤 연구자들은 보유 효과가 순진한 참여자들을 대상으로 한 일회성 실험에서만 나타난다고 주장하면서, 시장 거래의 경험이 이 효과를 감소시킨다고 주장한다(예 : Coursey et al., 1987). Kahneman 등(1990)은 대학생들을 일련의 시장 거래에 참여하도록 한 연구에서 보유 효과가 사라지지 않음을 발견하였다. 그러나 최근에 List(2004)는 미국 남부의 대도시에서 열린 스포츠카드 쇼에서 수행한 현장 연구 결과를 보고하였다. 이 연구는 머그컵을 비슷한 경제적 가치의 사치스러운 초코바와 거래할 의도가 있는지를 조사하였다. 자신의 소유를 거래하지 않으려는 경향은 비중개인들에게서는 일반적이었지만, 훨씬 더 많은 거래 경험이 있는 것으로 확인된 중개인에게서는 관찰되지 않았다.

보유 효과의 현실적 함의는 공공재의 가치를 측정하는 조건부 가치 측정(contingent valuation)의 사용과 관련이 있다. 전형적인 조건부 가치 측정 문제에서, 관련된 사람들은 환경을 개선하기 위해 (또는 환경의 손상을 막기 위해) 비용을 지불할 의사가 있는지를 질문받는다. 또는 손실을 수용할 의사가 어느 정도인지를 질문받는다. 지불 의사액(willingness to pay, WTP)과 수취 의사액(willingness to accept, WTA)은 동일해야 하지만, 사람들은 WTP보다 WTA를 더 높게 책정한다. 이것은 손실 혐오와 일치한다. WTA는 공공 자산을 포기하는 것과 관련 있고, 이러한 손실은 문제가 되는 공공재의 가치를 더 높게 추정하는 것으로 나타난다. 반면에 WTP는 손상의 예방 또는 개선과 관련 있다. 이것은 이득으로 경험하기 때문에 이와 관련된 가치는 높게 추정되지 않는다.

WTP와 WTA 사이의 격차는 환경산업처럼 가치를 추정하기 어려운 자산에서 더 크게 나타나는 경향이 있다(Baron, 1997). 또한 이러한 가치는 사람들의 정서와 연합되어 있다. 복권에 대한 WTP와 WTA를 측정한 한 실험실 연구에서, 긍정적 정서는 WTP 판단과 연합되어 있었고, 부정적 정서는 WTA 판단과 연합되어 있었다(Peters 등, 2003). 더 강한 긍정적 정서는 더 높은 WTP 가격과, 더 강한 부정적 정서는 더 높은 WTA 가격과 연합되어 있었다. 더욱이 구매자와 판매자가 말하는 것에서 이들이 서로 다른 측면에 초점을 맞추고 있음이 드러났다. 구매자는 복권 당첨 확률이 낮다는 사실을 주로 언급한 반면, 판매자는 복권에 당첨될 수 있다는 사실을 주로 언급하였다. 다시 말하면, 구매자는 확률에 초점을 맞추는 반면, 판매자는 결과에 초점을 맞추는 경향을 보였다.

현상 유지 편향, 생략 편향, 실행 효과

보유 효과는 자신이 소유한 물건의 거래를 꺼리는 현상이다. 이와 관련된 효과가 현상 유지 편향(status quo bias) 또는 현재 상태에 머물러 있기를 선호하는 경향이다. Johnson 등(1993)은 자동차 보험 약관의 변경 의도에 대한 실험 연구를 하였다. 이 실험은 실제 펜실베이니아와 뉴저지의 보험법이 변경되기 전에 수행되었기 때문에 준실험 추적을 할 수 있었다. 법의 개정으로 보험회사는 저렴한 자동차 보험에 부합하는, 소송 제기 권리가 제한된 대안을 소비자에게 제공할 수 있었다.

실험 연구는 대학 직원들을 대상으로 하였다. '완벽한 권한' 집단에는 연방 주의 기본 보험 약관에 따르면 모든 손실에 대한 소송 제기에 어떠한 제한도 없다고 알렸다. 참여자들에게 10%의 보험료 할인 대신에 이 권한을 포기할 것인지를 질문하였다. 10%의 할인 때문에 소송 권리를 포기하고 싶지 않다면, 몇 %의 할인이면 소송 제기 권리를 포기할 것인지를 물었다. '제한된 권한' 집단에서는 기본 자동차 보험 약관에 소송 권리가 제한된 것으로 기술되었고, 참여자들은 보험료의 11%를 추가 지불하는 것으로 소송 제기 권한을 가질 수 있는 대안을 제시받았다(완벽한 권한 집단의 10%의 할인과 동등하다.). 만약 11%가 너무 높다면, 소송 제기 권리를 위해 수용할 수 있는 비율을 말하도록 하였다. '중립' 집단은 기본 정책에 대한 언급 없이 참여자에게 선택을 하게 하고, 대안들이 동등하게 매력적으로 보이는 보험료의 차이를 말하도록 하였다.

참여자들이 오직 순수하게 경제적 효율성에 따라 결정을 내린다면, 각 집단에 의해 선택된 프로그램들 사이에 어떠한 차이도 없어야 한다. 그러나 사람들의 반응은 손실 혐오의 예측과 일치하게 현상 유지로 나타났다(그림 8.3). 심지어 현실에서는 현상 유지 편향이 더 크게 나타났다. 펜실베이니아와 뉴저지에서의 보험법 개정은 보험회사가 제한된 권한 정책을 제공하는 것을 허가하였다. 그러나 뉴저지의 초기 약관은 제한된 권한으로 되어 있고, 따라서 운전자들은 소송 권리를 능동적으로 취득해야만 했다. 펜실베이니아의 상황은 반대였다. 초기 약관이 완벽한 권한 정책이었다. 1992년에 발표된 자료에 따르면 뉴저지 운전자의 약 20%만이 완벽한 권한 약관을 취득한 반면에 펜실베이니아의 75%의 운전자는 완벽한 권한 약관을 그대로 유지하였다.

Ritov와 Baron(1992)은 현상 유지 편향에 대한 대안 설명을 제안하였다. 이들은 본질적으로 다른 종류의 편향인 생략 편향(omission bias)이 작용하고 있다고 주장한다. 생략 편향은 사람들이 행동 수행의 결과로 부정적 결과가 발생하게 될 위험을 꺼리는 현상이다. 현상 유지를 하는 것은 아무런 행동도 하지 않는 것과 연합되어 있는 경우가 많지

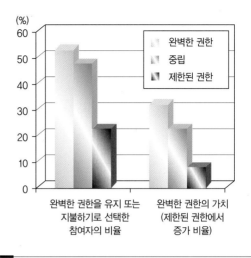

그림 8.3 더 값비싼 완벽한 권한의 보험 약관을 유지 또는 취득하려는 참여자의 비율(왼쪽 막대그래프), 제한된 약관보다 완벽한 약관을 위해 지불하려는 추가 가치 비율(오른쪽 막대그래프), 다르게 음영 처리된 막대는 현재의 표준 약관을 나타낸다.
출처 : Johnson 등, 1993

만, 예를 들어 행동이 부재하면 변화가 일어난다는 것을 알고 있을 때처럼 특정 상황에서는 현상을 유지하기 위해 행동을 할 필요가 있다. Ritov와 Baron은 참여자들에게 부정적 결과가 발생한 시나리오를 제시하였다. 시나리오는 어떤 사람이 현상 유지를 위해 행동을 하거나, 변화를 일으키기 위해 행동을 하거나, 행동을 하지 않아서 현상 유지를 하거나 또는 행동을 하지 않아서 변화가 일어났던 사례들로 이루어졌다. 예를 들어, 다음의 시나리오는 어떤 사람이 행동을 해서 현상 유지를 하여 부정적 결과가 일어난 상황을 기술하고 있다.

Henry는 A 기업의 주식을 소유하고 있다. 지난해 투자 매니저는 그에게 B 기업의 주식으로 바꾸는 것을 반대하는지 물었다. Henry는 반대했고 A 기업의 주식을 유지하였다. 그는 B 기업의 주식으로 바꾸었더라면 현재 1,200달러를 더 소유하게 되었을 것이라는 것을 알게 되었다.

초기 연구 결과(Kahneman & Miller, 1986)와 일치하게, 참여자들은 행동으로 인해 부정적 변화가 발생하는 것이 행동을 하지 않아서 현상 유지를 하는 것보다 더 나쁘다고 생각하였다. 또한 사람들은 행동을 하지 않아서 변화가

일어나는 것보다 행동을 해서 현상을 유지하는 것을 더 나쁘다고 생각하였다.

생략 편향은 여러 가지 손실을 발생시킬 수 있다. 예를 들어, 10,000명의 어린이 중 10명을 사망에 이르게 하는 가상의 질병이 있다고 할 때, 10,000명 중 5명이 죽을 수 있는 예방접종이 전체적으로 보면 이득인데도 많은 사람이 예방접종을 하지 않는다(Ritov & Baron, 1990).[2] 자신은 어린이의 죽음, 심지어 단 1명의 어린이의 죽음도 원하지 않는다는 주장을 하면서 예방접종의 거부를 정당화하는 경우가 많다.

잠재적 이득과 상관없이 1명의 어린이를 위험에 빠뜨릴 수 있는 행동을 하지 않으려는 것처럼, 생략 편향은 사람들이 거래로부터 보호하려는 가치인 '보호 가치(protected value)' 개념과 관련이 깊다(Fiske & Tetlock, 1997). 그러나 환경 행동과 관련된 도덕 규범에 대한 연구는 보호 가치가 행동의 실천과도 연합될 수 있음을 발견하였다(예 : Black et al., 1985; Cialdini et al., 1990; Hopper & Nielson, 1991; Stern et al., 1993). 환경 보호에 대한 강한 신념을 가진 사람들은 행동을 실천해야 한다는 도덕적 의무를 지각하는 경우가 많다.

그런데 일반적으로 생략 편향 연구는 응답자들이 행동 실천을 표현할 기회가 없는 방식으로 되어 있다. Tanner와 Medin(2004)은 참여자들이 행동을 할 것인지 또는 하지 않을 것인지를 선택할 수 있는 일련의 가상적 환경 문제를 제시하였다. 문제들은 행동을 하는 것과 하지 않는 것이 확실한 결과(예 : 720명의 어린이 중 480명의 건강이 확실하게 손상을 입게 된다.)와 연합되어 있거나 모험적인 결과(예 : 720명의 어린이 중 1명의 건강도 손상을 입지 않을 확률이 1/3이고, 모든 어린이의 건강이 손상을 입을 확률이 2/3이다.)와 연합되었다. 또한 위에 기술한 대안이 부정적인 틀로 제시된 문제라면, 어떤 대안은 긍정적인 틀로 제시되었다(예 : 손상 대신에 구할 수 있는 사람의 수로 바꾸어서). 참여자들은 보호 가치를 측정하는 일련의 질문에 응답하였다(예 : "행동이 충분히 큰 이득을 가져다준다면 이 행동을

해야만 한다.").

이 연구에서 강력한 보호 가치를 가진 참여자들은 틀 조작의 영향을 받지 않았다. 이들은 긍정 틀 또는 부정 틀에 상관없이, 행동이 확실한 결과 또는 모험적 결과를 가져오는지 상관없이, 무행동보다는 행동을 더 많이 선택하였다. 그러나 낮은 보호 가치를 가진 참여자들에게서 나온 결과는 달랐다. 긍정 틀 문제에서는 무행동이 모험적 결과와 연합되어 있을 때 선호되었다. 부정 틀에서는 무행동이 확실한 결과와 연합되었을 때 선호되었다.

매몰 비용 효과

영화관에 갔는데 상영 중인 영화가 정말로 지루하다고 느낄 때 당신은 어떻게 하는가? 영화관을 나오는가? 아니면 끝까지 보는가? 더 재미있는 일이 있는데도 끝까지 본다면 당신은 **매몰 비용 오류**(sunk cost error)를 범하는 것이다. Arkes와 Blumer(1985)에 따르면, 매몰 비용 효과는 돈, 노력, 시간에 대한 투자가 발생한 후에 노력을 지속하려는 경향을 말한다. 경제이론의 관점에서 보면 이것은 오류인데, 유일하게 고려해야 하는 것은 미래의 손익뿐이기 때문이다.

Arkes와 Blumer는 일련의 연구를 통하여 매몰 비용 효과가 만연하고 있음을 보여 주었다. 예를 들면, 이들은 정가(15달러)에서 2달러 할인되거나 7달러 할인된 시즌용 연극 티켓을 구매한 사람들이 얼마나 자주 오하이오대학교의 연극을 관람하는지 조사하였다. 잦은 연극 관람은 사람들의 기억에 초기 지불이 여전히 생생하게 남아 있는 시즌 초기에 일어났을 뿐 아니라, 티켓을 할인 가격으로 사는 사람들보다 정가로 구매한 사람들이 이 기간 동안 더 자주 관람하였다.

매몰 비용에 대한 생각은 **몰입 상승**(escalation of commitment)으로 이어져 애써 번 돈을 낭비하게 할 수 있다(예 : Staw, 1976). 예를 들면, 매몰 비용을 생각하기 때문에 실패할 가능성이 큰 거대 예산의 프로젝트를 중단하지 못하거나 승리가 불확실한 전장에서 군인들을 귀향시키자는 의견

에 동의하지 않는다.

　　Thaler(1980)는 매몰 비용 효과를 전망이론으로 설명하였다. 그는 지출이 자동적으로 손실로 느껴지는 것은 아니지만, 이런 상황에 있게 되면 사람들은 손실 회복을 위해 이 같은 방식으로 행동한다고 주장하였다. 예를 들면, 즉각적인 소비를 위해 일어난 지출(예 : 점심 외식)은 절대 고통스럽지 않다. 실제로 어느 정도의 순이득이 존재하기 때문이다. 마찬가지로 연극티켓처럼 미래에 소비될 항목을 지불하는 것도 고통스럽지 않다. 소비 순간에 이득으로 경험할 자산(기대되는 감동이 될 수도 있다.)과 돈을 교환하는 것이다. 그러나 예상치 못한 상황 때문이든 개인의 실수 때문에 발생한 것이든, 이득과 연합되지 않은 지출은 손실로 경험되고 지출이 크면 클수록 손실의 고통도 더 커진다.

　　손실을 예방하거나 회복할 수 있다면 사람들은 그렇게 할 가능성이 크다. 그래서 오하이오대학교의 시즌용 연극티켓을 정가로 지불했던 사람들은 연극을 더 자주 관람하는데, 연극을 보지 않는 것이 할인티켓을 샀던 사람들과 비교하여 더 큰 손실의 느낌을 유발하기 때문이다.

　　Arkes와 Blumer에 따르면, '전망이론은 확실한 손실이 혐오적이고 매몰된 가격을 무시하기 어렵다는 연구 결과에 대한 심리학적 근거를 제공하지 못한다(1985, p.132).' 이들은 사람들에게 낭비하는 인간이 되거나 낭비적인 인간으로 보여지는 것에 대한 혐오감이 존재한다고 주장하였다(Arkes, 1996; Arkes & Ayton, 1999 참조). 그러나 저자 생각으로는, 이 '낭비하지 말 것' 추단은 손실 혐오를 단순히 재기술하는 것 이상의 설명을 하지 못한다. 아마도 사람들은 손실에 혐오적이기 때문에 낭비하지 말자라는 규칙을 발달시켰을 것이다. 또한 낭비하는 것에 대해 사람들이 어느 정도로 혐오적인지 분명하지 않다. 연구 증거는 사람들이 심적 회계 내에서 계산이 가능한 측정 단위에 주의를 기울일 때만 매몰 비용의 영향을 받는다고 말한다. 특정 항목들에서의 금전 지출이 이 범주에 속한다. 그러나 Soman(2001)은, 시간이 계산하기 쉬운 단위로 평가될 수 있는 경우를 제외하고

는, 사람들이 시간과 관련된 매몰 비용에 의해 영향을 받지 않는다는 것을 발견하였다.

　　일상에서 금전 매몰 비용이 무기한으로 지속되지는 않는 것으로 보인다. 연극 연구에서 시즌용 티켓을 구매했던 사람들은 시즌의 후반기에 들어서자 관람 횟수가 줄었다. 이와 유사하게, Gourville와 Soman(1998)은 개인의 헬스클럽 출석률이 회비를 지불하고 난 직후에 가장 높았다가 다음 지불 회기까지 빠르게 감소한다는 것을 발견하였다. Gourville와 Soman(1998)은 초기 비용의 관련성이 감소하는 이런 현상을 **지불 비용에 대한 감가상각**(payment depreciation)이라는 용어로 표현하였다.

　　경제학에 대한 교육이 매몰 비용 사고의 발생 빈도를 감소시킨다는 몇 가지 증거가 있다. Larrick 등(1990)에 의하면 생물학 또는 인문학 교수들에 비해 경제학 교수들은 이미 지불한 제품의 결함을 더 많이 보고하고 영화를 끝까지 보지 않거나, 가치가 없다고 증명된 연구 프로젝트를 중단하고, 일이 끝나기 전에 활동을 포기하는 일이 더 많았다. 또한 30분 동안 규범적 원리에 대한 훈련을 받은 순진한 대학생들은 훈련을 받지 않은 대학생들과 비교하여 한 달 후에 치러진 후속의사결정검사에서 더 성공적이라는 사실도 발견되었다.

거래 효용

최근에 나는 런던의 웨스트엔드에 있는 영화관에서 이탈리아 맥주 한 병을 3.50유로에 구매하였다. 똑같은 맥주가 내가 거주하는 런던의 이스트엔드에 있는 주류 판매점에서는 1유로이다. 내가 사는 곳에서 이 맥주 가격이 1유로 이상이었다면 분명히 구매하지 않았을 것이다. 그런데 왜 극장에서는 더 높은 가격을 기꺼이 지불하였을까? Thaler(1999)는 구매와 관련하여 **취득 효용**(acquisition utility)과 **거래 효용**(transaction utility)이 존재한다고 주장한다. 취득 효용이 단순히 가격과 관련된 상품의 가치라면, 거래 효용은 '거래'에 대한 지각된 가치이다. 거래는 지불한 금액과 물건

에 대한 '참조 가격' 간의 차이로, 여기서 참조 가격은 주어진 상황에서 당신이 지불하려고 기대하는 가격이다. 런던의 웨스트엔드는 많은 여행객 때문에 물가가 비싼 편이고, 달리 어쩔 도리가 없는 영화 관객(어느 누가 맥주를 영화관에 사들고 가겠는가?)을 이용하여 영화관은 높은 가격으로 음료를 파는 경향이 있다. 따라서 영화관에서 맥주에 지불한 참조 가격은 내가 사는 별로 좋지 않은 동네에서의 참조 가격보다 더 높다.

내가 맥주를 소비한 장소가 다르기 때문에(영화관과 집), 즉 소비 경험에서 차이가 있을 수 있기 때문에 나의 일화적 사례는 타당도의 문제가 있을 수 있다. Thaler(1985)는 뜨거운 해변에 누워 맥주 한 병을 마시기 위해 얼마를 지불할 의사가 있는지를 질문한 연구에서 소비 경험을 동등하게 만들었다. 참여자의 절반에게는 친구가 맥주를 사기 위해 고급 호텔로 갈 것이라고 말하였고, 나머지 절반에게는 친구가 초라한 식료품가게로 맥주를 사러 갈 것이라고 말하였다. 지불 의사 가격의 중앙값은 2.65달러(호텔)와 1.50달러(식료품가게)로 나타나서, 소비 경험이 동일한 경우에도 사람들이 구매 장소에 따라 상이한 참조 가격을 가짐을 보여주었다. 경제학적으로 볼 때 이것은 비합리적이다.

예산 세우기

Thaler(1999)는 세 가지 수준으로 돈을 범주화할 수 있다고 지적하였다. 첫째, 정기 수입과 비정기 수입, 불로 소득이 있다. 둘째, 연금, 저축, 보험 등과 같은 자산이 있다. 셋째, 음식, 주택 등에 소비하는 지출이 있다. 경제학에서는 돈이 이런 상이한 계정 항목 사이에서 이동할 수 있다는 의미에서, 이 항목들은 대체 가능하다고 가정한다. 그러나 사람들은 그렇게 생각하는 것 같지 않다. 예를 들면, 어떤 사람이 연극티켓에 50달러를 지출하고 난 다음에는 스웨터에 50달러를 지출할 수 있지만, 바지에 50달러를 지출한 후에 스웨터를 사기는 어렵다.

사람들은 현실에서 돈을 소비할 때 사전에 지출 예산을 세우는 것이 일반적이다. 우리는 일정 기간 얼마나 많은 소비 기회와 직면할지 확신할 수 없기 때문에 특정 계정 항목에 필요한 돈을 과대추정하거나 과소추정하는 일이 가끔 발생한다. 결과적으로 우리는 어떤 물건은 과소비하고 또 어떤 물건은 과소소비하기도 한다.

Heath와 Soll(1996)은 사람들이 특정 예산을 항목에 배정하기 위해 유사성 판단과 범주화를 사용한다고 주장한다. 이것을 검증하기 위해 이들은 문화생활, 음식, 의복 범주에서 과소소비를 연구하였다. Susan이 보통 일주일에 문화생활비로 50달러를 지출한다고 가정하자. 우리는 그녀의 소비 행동에 미치는 구매(P), 만족(S), 수입(I)의 효과를 평가할 필요가 있다.

그녀가 20달러를 지출하였다고 가정하자. 그녀는 현재 문화생활비에 얼마를 지출할 의사가 있을까? 만일 이 20달러가 운동경기 관람티켓에 소비한 것이라면, 그녀는 문화생활비로 32달러를 지출할 것이라고 말하고, 따라서 P = 50−32=18이다. 만일 그녀가 관람티켓을 선물로 받은 것이라면, 만족 효과 때문에 문화생활비에 전체 50달러를 지출할 의사는 없지만, 여전히 42달러를 소비할 의사는 있으므로, 따라서 S=50−42=8이다. 마지막으로 Susan이 이 20달러를 예상치 못했던 주차 과태료로 지불하였다면 그녀는 문화생활비에 45달러를 지출하려고 하기 때문에 I= 50−45=5이다.

Susan의 과소소비 수준을 평가하기 위해서 우리는 P − S − I를 계산하는데, 즉 18−8−5=5이다. 다시 말해서, Susan이 이미 문화생활비에 돈을 지출한 후에는 다른 범주의 지출과 비교하여 문화생활비의 지출이 더 적어진다는 의미이다. Heath와 Soll 연구의 참여자들은 이런 종류의 질문을 받았고 만연한 과소소비 경향이 발견되었다. 더욱이 전형성 효과가 나타났다. 즉 비전형적인 항목과 비교했을 때 매우 전형적인 범주 항목에서의 사전 지출은 그 범주의 후속 지출 의도를 더욱 감소시켰다(전형성은 독립적으로 평가되었다.). 예를 들면, 20달러 가치의 파티 간식(비전형적 항목)을 구매한 후보다 20달러의 운동경기티켓(전형성이 높은 항목)을 구매한 후에 더 많은 사람이 문화생활비에서 과소소비를 보였다.

Kahneman과 Tversky(1984)는 사람들의 선택이 지출을 **주제적**(topical) 심적 회계장부로 조직화하는 것의 영향을 받는다는 추가 증거를 제시하였다. 당신이 상점에서 상품을 구매하려고 한다고 가정하자. 당신은 20분을 운전해서 다른 가게로 가면 5달러를 아낄 수 있다는 사실을 알게 되었다. 당신은 어떻게 하겠는가? 사람들이 이 문제를 **최소 심적 회계**(minimal mental account)로 생각한다면, 고려해야 하는 유일한 문제는 5달러를 아낀다는 사실이지 구매의 유형은 아니다. 경제이론이 가정하는 두 번째는 사람들이 현재 자산, 미래 수입, 보유 주식의 잠재적 결과를 고려하는 **통합적 회계**(comprehensive account)를 사용한다는 것이다. 그러나 연구 증거는 사람들이 맥락에 의해 결정되는 기준점과 비교하여 결과를 생각하는 **주제적 심적 회계**(topical mental account)를 사용하여 선택을 평가한다고 주장한다. Kahneman과 Tversky는 사람들에게 다음 두 가지 유형의 문제 중 하나를 제시하였다(다른 유형의 문제는 괄호로 표시되어 있다.).

> 당신이 재킷을 125달러(15달러)에, 계산기를 15달러(125달러)에 구매한다고 상상하라. 계산기 판매자가 당신이 사려고 하는 계산기가 자동차로 20분 떨어진 다른 상점에서 10달러(120달러)에 세일 중이라는 정보를 주었다. 당신은 다른 상점으로 이동하겠는가?

대다수의 사람이 15달러 계산기에서 5달러를 아끼기 위해서는 기꺼이 이동하려고 하였지만, 125달러 계산기에서 5달러를 아끼기 위해서는 이동하려고 하지 않았다.

다음 예는 Kahneman과 Tversky(1984)의 연구에서 나온 것이다.

문제 1 (*N*=200)

당신이 연극을 보기로 결정하고 입장료 10달러를 지불하였다고 상상하라. 극장에 들어섰을 때, 당신은 입장권을 잃어버렸다는 사실을 알게 되었다. 지정 좌석이 아니었고 입장권을 다시 받을 수는 없다.

당신은 입장권을 다시 사기 위해 10달러를 지불하겠는가?

예(46%)   아니오(54%)

문제 2 (*N*=183)

당신이 입장료가 10달러인 연극을 보기로 결정했다고 상상하라. 극장에 들어서서, 당신은 10달러 지폐를 잃어버렸다는 사실을 발견하였다.

당신은 연극표를 사기 위해 10달러를 지불하겠는가?

예(88%)   아니오(12%)

이 사례에서 사람들은 입장권을 잃어버린 후에는 새 입장권을 쉽게 구매하려고 하지 않는데, 이 두 지출은 동일한 심적 회계 항목에서 나온 것이기 때문이다. 10달러 지폐의 손실은 문화생활비 항목이라기보다는 일반 자산에 속한다고 생각하기 때문에 덜 고통스럽다.

쾌락 틀과 쾌락 편집 가설

다음은 Thaler와 Johnson(1990)의 시나리오를 수정한 것이다.

시나리오 1

A씨가 한 복권에서 25달러에 당첨되고 나서, 같은 날에 다른 복권에서 또 50달러에 당첨되었다고 가정하자. 이제 한 복권에서 25달러에 당첨되고, 2주일 후에 두 번째 복권에서 50달러에 당첨된 B씨에 대하여 생각하자. 당신은 A씨와 B씨 중, 누가 더 행복할 것이라고 생각하는가?

시나리오 2

A씨가 20달러짜리 주차위반 딱지를 떼고 나서, 같은 날에 공문서 기입 오류로 25달러의 벌금을 물었다고 가정하자. 이제 20달러짜리 주차위반 딱지를 떼고 나서 2주일 후에 공문서 기입 오류로 25달러의 벌금을 물게 된 B씨에 대하여 생각하자. 당신은 A씨와 B씨 중 누가 더 불행할 것이라고 생각하는가?

이 문제들은 우리에게 (a) 1개의 큰 이득이 더 나은지 2개의 작은 이득이 더 나은지에 대해, 그리고 (b) 1개의 큰 손실이 더 나쁜지 2개의 작은 손실이 더 나쁜지에 대하여 생각하게 한다. Thaler(1985)는 사람들이 자신의 행복을 최대화하기 위해 이득과 손실을 인지적으로 분리하거나 통합한다고 주장하였다(쾌락 편집 가설, hedonic editing hypothesis). 그는 전망이론의 가치 함수 곡률을 바탕으로 쾌락 틀의 네 가지 원칙을 발견하였다.

1. 이득은 분리하라(이득 함수가 오목하기 때문에).
2. 손실은 통합하라(손실 함수가 볼록하기 때문에).
3. 더 작은 손실은 더 큰 이득으로 통합하라(손실 혐오를 상쇄하기 위해서).
4. 작은 이득은 큰 손실로부터 분리하라(이득 함수는 처음에 가장 가파르기 때문에, 작은 이득의 효용이 조금씩 감소하는 큰 손실 효용을 초과할 수 있다.).

쾌락 편집 가설과 일치하게, Thaler와 Johnson(1990)은 참여자 63%가 시나리오 1에서 B씨가 더 행복하다고 생각한다는 것을 발견하였다(25%의 참여자는 A씨가 더 행복할 것이라고 생각하였다.). 그러나 손실을 다룬 시나리오 2에서 나온 결과는 이 가설을 지지하지 않았다. 즉, 참여자 75%는 A씨가 더 불행할 것이라고 응답하였다(17%는 B씨가 더 불행할 것이라고 응답하였다.). 다양한 자료를 이용한 실험에서, Thaler와 Johnson은 사람들이 손실을 통합하기보다 는 분리하는 것을 선호하고, 작은 손실을 큰 이득과 조합하는 것이 가능하면 그렇게 한다는 것을 발견하였다. Thaler는 복합적인 손실을 제외하면, 쾌락 틀 규칙이 사람들이 세계를 어떻게 조직하기를 원하는지를 훌륭하게 기술한다고 주장한다. 그는 "손실의 영향을 감소시키기 위해 손실들을 결합하는 것이 어렵기 때문에, 손실 혐오가 전망이론의 가치 함수가 제안하는 것보다 더 중요하다(1999, p. 188)."라고 주장한다.

쾌락 편집을 지지하는 추가 증거는 사치품, 현금, 생필품 선택에 관한 연구에서도 발견할 수 있다. 현금은 사치품, 생필품 또는 저축으로 소비할 수 있는 대체물이다. 그러므로 사람들에게 현금과 사치품 또는 현금과 생필품 사이에서 선택을 하게 하면, 일반적으로 현금을 선호해야 한다. 사람들은 현금을 받으면, 사치품(휴가, 호화로운 저녁식사)으로 더 큰 즐거움을 얻을 수 있다는 사실에도 불구하고, 저축을 하거나 생필품을 사야한다는 의무감을 느낄 것이다. 그러나 만일 먼저 현금과 사치품 사이에서 선택의 기회가 주어지면, 사람들은 사치품을 선택하는데, 이런 선제적 행동으로 현금을 일반 금전 항목에 추가하는 상황을 막을 수 있기 때문이다.

예를 들면, Kivetz와 Simonson(2002, 연구 2)은 세 집단의 참여자들에게 가상 복권에 당첨되면 받을 수 있는 다음 선택, 즉 (1) 80달러의 현금 또는 70달러 가치의 마사지 사용권, (2) 80달러의 현금 또는 70달러 가치의 생필품 구매권, (3) 70달러 가치의 마사지 사용권 또는 70달러 가치의 생필품 구매권 중 하나를 제시하였다. 예측대로 참여자들은 비이행적 선택을 하였다. 특히 25%의 참여자는 현금보다 마사지 사용권을 선호했고, 9%만이 현금보다 생필품 구매권을 선호했지만, 63%는 마사지 사용권보다 생필품 구매권을 선택하였다.

선택을 원하는가, 당신에게 선택권이 있다면 어떻게 대처해야 하는가

당신은 상영관이 하나뿐인 영화관과 멀티플렉스 영화관에서 동시에 개봉하는 어떤 영화를 보려고 한다고 가정하자. 어느 영화관으로 가겠는가? 많은 사람이 멀티플렉스를 선택하는데, 이는 선택의 기회를 제공하기 때문이다. 실제로 실험 증거에 따르면 인간과 동물 모두 무선택보다는 선택을 선호한다. 대안이 열려 있다는 것은 더 나은 결과를 가져다줄 수 있는 경우가 많기 때문에 인간은 선택을 택하는 성향을 가지게 되었는지도 모른다. 그러나 사람들은 선택이 더 좋은 결과를 가져다주지 않는 경우에서조차 무선택보다 선택을 택하는 경향을 보인다. 이런 현상을 **선택의 함정**(the lure of choice)이라고 한다(Bown et al., 2003).

때로 선택의 기회가 주어질 때 만족감은 무선택보다 오히려 덜할 수 있다(Gilbert & Ebert, 2002). 자신이 선택했던 2개의 사진 중 1개에 대한 의견을 변경할 기회가 주어졌던 사진 전공 대학생들은 의견을 변경할 수 있는 대안이 주어지지 않았던 대학생들보다 며칠이 지난 후 사진을 덜 좋아하게 되었다. 그러나 이들은 사진에 대한 자신의 만족도가 감소할 것이라는 것을 예상하지 못하였다. 그럼에도 다른 연구(Gilbert & Ebert, 2002, 연구 2b)에서 66%의 참여자가 의견을 바꿀 수 있는 조건에 배정되기를 선호한다고 응답하였다(이 연구는 예술 포스터에 대한 선택을 다루었다.). 즉, 대다수 사람이 최소의 만족을 낳게 될 조건에 배정되기를 선택하였다.

현대 소비 사회의 특징 중 하나는 우리가 점점 더 많은 선택에 직면한다는 것이다. 미래학자 Alvin Toffler는 1970년에 발표한 『미래의 충격(Future Shock)』에서 현대 사회가 요구하는 결정의 수적 증가뿐만 아니라 소비 대안의 급증이 선택을 해야 하는 사람들의 능력에 문제를 제기하는 상황을 기술하기 위해, '과선택(overchoice)'이라는 용어를 사용하였다. 주로 금전 도박 문제를 사용하는 실험실 결정 연구에서 추단이 상당히 효과적일 수 있다는 관찰 결과는 사람들이 결정 빈도와 소비 대안이 급증하는 세계에 상당히 잘 대처함을 지지하는 근거일 수 있다. 그러나 다른 연구들은 Toffler가 선견지명이 있었음을 보여 준다.

Iyengar와 Lepper(2000)가 보고한 일련의 연구는 대규모의 선택을 제공하는 것이 원래는 원하던 바이지만, 궁극적으로 선택하려는 동기를 감소시킨다는 선택 과부하 가설(choice overload hypothesis)을 검증하였다. 첫 번째 연구는 현장에서 수행되었다. Draeger 슈퍼마켓은 캘리포니아에 있는 고급 식료품상점이다. 이 상점에는 엄청나게 많은 종류의 제품이 진열되어 있고 소비자가 제품을 맛보고 평가할 수 있는 시식 코너도 즐비하다. 상점직원으로 가장한 2명의 연구원이 2번의 토요일에 시식 코너를 준비하고, "오셔서 우리의 Wilkin and Son의 잼을 맛보세요."라고 하면서 지나가는 소비자들을 불렀다. 시식 코너는 제한 선별 전시(6개 종류의 잼)와 대규모 선별 전시(24개 종류의 잼) 방식으로 1시간마다 교대로 운영되었다.

대규모 선별 전시 앞을 지나쳤던 242명의 소비자 중 145명(60%)이 시식 코너 앞에 멈추어 섰지만, 제한 선별 전시를 지나쳤던 260명의 소비자 중에서는 단지 104명(40%)이 멈추어 섰다. 대규모 선별 조건에서 더 많은 잼이 시식되었다고 생각하겠지만, 실제로는 두 조건 사이에 유의미한 차이가 나타나지 않았다. 그런데 제한 선별 조건의 소비자 중 31명(30%)이 잼을 구매한 데 비하여, 대규모 선별 조건에서는 단지 4명(3%)만이 잼을 구매하였다. 이 연구의 한 가지 제한점은 소비자 스스로 각 조건에 자신을 배정하였다는 것이다. 그렇지만 Iyengar와 Lepper가 조건에 따라 사람들을 배정했던 실험 연구에서도 유사한 결과가 나타났다.

일련의 연구에서 Schwartz와 동료들은 설문지 측정법을 사용하여 사람들을 극대주의자와 만족주의자로 분류하였다. 극대주의자가 최상의 제품을 선택하려는 소비자라면, 만족주의자는 만족하기에 충분한 제품을 찾으면 된다고 생각하는 소비자이다. Schwartz 등(2002, 연구 2)은 극대주의자가 최근의 구매 행동에 대한 후회를 더 많이 한다는 것을 발견하였다. 다수의 대안을 고려하는 사람은 선택을 한 후에도 선택하지 않은 대안에 대하여 더 오래 생각하고, 자신이 올바른 선택을 하지 않았다는 걱정을 더 많이 한다. 또한 극대주의자는 타인과 자신을 비교하는 경향이 있었다. 자신보다 우수한 사람과의 비교는 이들을 덜 행복하게 했으나 열등한 사람과의 비교가 이들의 행복을 증가시키지는 못하였다.

이러한 사회 비교 효과는 애너그램 과제를 푸는 사람의 옆에서 동일한 과제를 수행할 것을 참여자에게 요구하는 실험에서도 확인되었다. 이 옆자리의 사람은 실제로는 실험 동맹자였고, 참여자보다 더 빨리 또는 더 느리게 문제를 해결하도록 조작되어 있었다. 극대주의자는 자신보다 빠른 사람과 과제를 수행할 때 자신의 능력을 더 나쁘게 평가하였고 부정적인 감정을 더 많이 경험하였다. 반대로 더 느린 동료 옆에서는 수행에 대한 반응이 적게 나타났다. 만족주의자의 자기 평가는 더 느리거나 더 빠른 동료와 함께 수행하는 것에 덜 민감하였다.

Schwartz 등은 정신적 안녕과 선택 행동의 개인차 사이의 연관성에 대해서도 지적하였다(2002, 연구 1). 극대화 경향은 더 많은 후회와 우울증, 낮은 낙관주의, 낮은 행복감, 낮은 자존감, 낮은 삶의 만족도와 연합되어 있다는 사실이 여러 집단[3]에서 발견되었다. 그러나 극대주의자가 신경증과는 연합되어 있지 않았다. 앞에 기술한 실험 연구와 일치하게 통계분석은 극대주의와 우울증, 극대주의와 행복감 사이에서 후회가 매개 역할을 하고 있음을 보여 준다.

정서와 선택

선택 행동과 선택에 대한 우리의 반응에서 정서의 역할이 점점 중요해지고 있다. 이미 여러 절에서 정서에 대하여 언급하였다. 예를 들면, 정서는 보유 효과에 영향을 끼치는데,

실제로 슬픔은 역보유 효과를 일으킨다. 심적 회계에서는 쾌락 편집 가설 — 사람은 '행복을 최대화하기 위한 방법으로 이득 또는 손실을 인지적으로 통합하거나 분리한다.' 라는 가설 — 에 대하여 기술하였다. 또한 우리는 선택에서 극대화를 추구하는 사람들이 최선의 결과를 선택하지 않았다는 걱정을 나중에 더 많이 하고, 후회를 더 쉽게 경험한다는 것을 보았다. 또 사람들은 후회의 가능성이 예상되면 때로는 좋은 기회를 포기하기도 한다(Tykocinski & Pittman, 1998; 제10장 참조).

수많은 호불호는 종종 의식이 아닌 직관에 의해 결정된다. 시각 예술, 음악, 음식 등이 여기에 포함된다. 우리가 이것을 왜 좋아하고 싫어하는지에 대한 이유를 말할 때, 이것은 진짜 이유라기보다 단순히 사후 합리화일 수 있다. 사실 선택의 이유를 말하도록 참여자에게 요구하는 것만으로도 질이 낮은 결정이 일어나기도 한다. 예를 들면, 여러 가지 잼에 대하여 좋아하거나 싫어하는 이유를 적도록 요구받은 학생들의 의견은 선호만 표현하였던 학생보다 잼 전문지식가의 의견과 더 큰 차이를 보였다(Wilson & Schooler, 1991). 이와 유사하게 (직관적으로 결정한) 선택에 대한 이유를 제공한 사람은 나중에 자신의 선택에 대한 만족도가 더 낮았다(Wilson et al., 1993). 이러한 결과들은 두 종류의 사고체계, 즉 심사숙고하는 분석적인 체계와 빠르고 직관적인 체계가 존재한다는 이론과 일치한다. 방금 기술한 연구는 직관체계의 작동이 방해를 받거나 직관적 선호에 대한 이유를 요구하면 분석체계에 의해 직관체계의 작동이 중단되는 것을 보여 준다.

Slovic 등(2002)은 선호와 선택이 자극에 대한 긍정적 · 부정적 특성을 의미하는 '좋다' 또는 '나쁘다'의 단순한 느낌으로 일어난다는 감정 추단(affect heuristic)을 지지하는 일련의 연구를 개관하였다. 예를 들면, Slovic 등(1991; Peters & Slovic, 1996 참조)은 단어 연상 기법으로 도시와 연방 주에 대한 심상들을 형성하도록 하였다. 그런 다음 참여자들은 각 심상이 얼마나 긍정적 · 부정적인지를 평가하

였다. 평균 평가 점수는 도시와 주에 대한 사람들의 선호와 확실하게 연합되어 있었다.

여러 연구는 한 속성에 대한 사람들의 평가가 그 속성이 비율 또는 퍼센트로 표시되는가에 의해 강력한 영향을 받는다는 것을 보여 준다. 이것은 **비율 우세**(proportion dominance) 라고 알려져 있다. 이 장의 도입 부분에 언급했던 연구에서 우리는 도박에 대한 매력이 금전적 수익보다 확률에 의해 결정된다는 것을 보았다. 이 결과는 비율 우세로 해석될 수 있다. 예를 들면, 9달러를 딸 가능성이 7/36인 도박이 얼마나 매력적인지를 생각해 보자. 이것을 평가할 때 사람들은 7/36의 확률이 확률 척도에서 어느 수준에 놓여 있는지를 잘 알고 있다. 그러나 9달러의 결과는 얼마나 좋은지 또는 나쁜지를 결정할 만한 어떠한 준거도 존재하지 않는다. Slovic 등(2002)은 작은 손실이 추가되면(예 : 9달러를 딸 확률이 7/36이고, 5센트를 잃을 확률이 29/36인 도박), 이 도박은 더 매력적으로 평가된다는 결과를 보고한 바 있다. 이는 작은 손실이 선택자로 하여금 9달러의 가치에 좀 더 분명하게 주의를 기울이도록 하기 때문이다.

인명 구조 장치에 대한 사람들의 반응도 비율 우세에 의해 극적인 영향을 받을 수 있다. 비행 안전 장치에 대한 연구에서, 전체 150명의 생명을 구할 수 있는 프로그램보다 150명 중 98%를 구할 수 있는 프로그램에 지불하려는 의사가 더 강하게 나타났다(Slovic et al., 2002; Fetherstonhaugh et al., 1997 참조). 150명의 생명을 구하는 것의 가치를 평가하기는 어렵지만, 98%는 확률 척도에서 매우 끝부분에 있기 때문에 확실히 좋아 보인다.

더 사소하게는, 작은 컵에 넘치도록 가득 담긴 아이스크림 7온스의 가치가 큰 컵에 담긴 아이스크림 8온스의 가치보다 더 크다고 생각한다(Hsee, 1998).

이런 연구는 때로 사람들의 판단이 감정 추단의 적용으로 잘못될 수 있음을 분명히 보여 준다. 특히 우리는 감정을 유발하도록 조작된 정보에 취약할 수 있다. Slovic 등(2002)은 전 세계 연예산업과 마케팅에서 다양한 사례를 수집하였

다. 즉, 더 매력적으로 보이기 위해 개명한 연예인, 영화 속 배경음악, 통신 판매 카탈로그의 모델, '98% 무지방'과 같은 식품 표시 등이다. 더 많은 감정적 반응이 유발되는 것이 바람직한 상황도 있다. 예를 들어, 청년 흡연자가 먼 미래에나 발생할 것으로 지각하는 위험에 대하여 걱정하는 것은 흔치 않다. 마찬가지로 우리는 수백 명의 사람이 고통받는 것보다 정체성이 확실한 한 개인이 고통받는 것에 더 민감하다. 실제로 정체성이 드러나는 개인에 대한 정보에 간단한 통계 정보를 추가하면 사람들의 도움 행동 의도는 감소된다(Jenni & Loewenstein, 1997; Kogut & Ritov, 2005a, 2005b; Small & Loewenstein, 2003). 유사하게, 우리는 알지 못하는 개인보다 정체성이 확인된 개인의 잘못된 행동에 대하여 더 많은 처벌을 가한다(Small & Loewenstein, 2005).

요약

사람들은 합리적 선택 원리에 따라 행동하지 않는 것으로 보인다. 사람들은 비이행적 선택을 하고, 선호를 표시하는 방식에 따라 상이한 선택을 하며(절차 불변성 위배), 관련 없는 대안의 영향을 받을 수 있다. 이러한 결과는 사람들이 선택 과정 동안에 자신의 선호를 '드러내는' 것이 아니라 오히려 선호를 '형성함'을 의미한다.

심적 회계는 사람들이 경제 활동에 대하여 생각하는 방식이다. 이 분야의 많은 아이디어는 전망이론에서 나왔다. 예를 들어, 손실 혐오와 일치하게 사람들은 현재 보유하는 물건에 대한 가치를 과대추정한다. 또한 사람들은 행복감을 최대화하기 위하여 손실과 이득을 분리하거나 통합한다는 증거도 있다(쾌락 가설). 이 장에 제시된 다른 연구들과 마찬가지로 이 연구는 사람들이 상당히 효율적인 인지적 간소화를 사용하지만, 이것이 때로는 이들의 관심과는 반대로 작용할 수 있음을 보여 준다.

일반적으로 사람들은 무선택보다 선택하기를 선호한다. 그러나 때로 선택의 존재는 '함정'이 되기도 하는데, 사람들이 그 외에는 선택하지 않았을 대안을 선택하는 일이 발생한다. 선택권을 가지는 것이 반드시 더 큰 만족감을 낳는 것은 아니다. 즉, 더 적은 선택권을 가지고 더 단순한 전략을 사용하는 것이 나중에 더 큰 만족감을 가져오기도 한다. 많은 선택권을 가지고 분석적인 선택 전략을 사용하는 것이 나중에 선택하지 않는 대안과 관련된 후회를 유발할 수 있다.

마지막으로, 선택은 좋다 또는 나쁘다의 경험이나 후회(예상된 또는 경험된 후회) 경험처럼 정서를 포함한다. 실제로 선호와 선택은 개인의 판단과 행동을 유발하는 자극에 대한 좋다 또는 나쁘다의 단순한 정서인 감정 추단의 적용에 의해 결정되는 경우가 자주 있다.

질문

1. 매몰 비용에 대한 새로운 실험을 설계하라.

2. 과소소비와 과대소비의 개념을 설명하라.

3. 현상 유지 편향, 생략 편향, 실행 효과에 대하여 논하라.

4. 선택을 할 때 항상 가중 가산 전략을 사용하는 것이 이득이 될까?

5. "선호는 드러나는 것이 아니라 형성되는 것이다."에 대하여 논하라.

6. 극대주의자가 만족하는 것을 학습한다면 자신의 선택에 더 행복할까? 당신은 이 생각을 어떻게 검증하겠는가?

7. 비이행적 사고를 하는 사람이 '머니 펌프(money pump)'로 어떻게 변화되는가?

8. '보호 가치'는 무엇인가? 일상생활에서의 예를 들어라.

주

1. 결정에 대한 설명을 요구하는 것이 인지적 처리 노력을 증가시키기도 하지만 그렇지 않을 수도 있다(Payne et al., 1993, pp. 254~255 참조). 예를 들면, 질문자가 듣기를 원하는 것이 무엇인지를 아는 결정자는 '인지의 구두쇠'로 행동하겠지만, 질문자의 생각을 모르는 결정자는 더 주의 깊게 생각하게 될 수 있다.

2. Sunstein(2005)은 사람들이 인명 구조 장비의 철회보다 (많은 국가에서 금지하는) 안락사에 대하여 더 많이 걱정한다는 것을 지적한다. 예를 들면, 환자에게 독극물을 주사한 의사의 행동으로 죽음이 발생하였다고 보지만, 인명 구조 장비의 철회는 치료 과정 중에 일어나는 허가된 행위라고 생각한다.

3. 미국과 캐나다에서 모집한 참여자들은 3개 대학교의 학생, 보건전문가, 통근자, 배심원으로 구성되었다. 전체 응답자는 1,747명이었다. 어떤 표집집단은 다른 사람들보다 더 많은 설문지를 작성하였고, 따라서 여기 기술된 개략적인 요약이 사실상 모든 개인 참여자에게 적용되지는 않는다.

추천도서

Gilbert, D. (2006). *Stumbling on Happiness*, London: *Harper Press*, 이 책은 Daniel Gilbert가 감정 예측에 대

하여 저술한 놀랍도록 훌륭한 대중 과학서이다. 영국 왕립 사회과학도서상 수상작이다.

Payne, J.W., Bettman, J.R. & Johnson, E.L. (1993). *The adaptive decision maker.* Cambridge: Cambridge University Press. 이 학술서는 선택 전략에 대한 저자 자신의 연구를 요약하였다.

Schwartz, B. (2004). *The paradox of choice. New York: HarperCollins.* Barry Schwartz는 선택이 많아지는 것이 꼭 좋지만은 않다고 주장하고 있다.

09 | 확신과 낙관주의

1984년 이코노미스트지는 4명의 유럽 전직 경제장관, 4명의 다국적 기업 회장, 4명의 옥스퍼드 대학생, 4명의 청소부에게 향후 10년 동안의 인플레이션, 성장률, 환율에 대한 예측을 요청하였다. 10년 후 결과를 보면, 청소부와 기업 회장이 동점으로 1위를 차지하였고, 경세장관은 꼴씨로 나타났다(Myers, 2002, p. 158).

서론

이 책의 앞 장들은 사람들이 판단에서 자주 실수를 범한다는 것을 보여 주고 있다. 하지만 앞서 인용한 연구들은 응답의 정확성에 대한 사람들의 확신이 어느 정도인지에 대해서는 질문하지 않았다. 사람들이 실제보다 더 강력하게 자신이 옳다고 믿는 과확신(over-confidence)을 보인다는 수많은 연구가 있다. 또한 사람들은 그들이 실제로 할 수 있는 것보다 기능적 행동을 더 잘 수행할 수 있다고 생각하는 경향이 있다. 자신에게 일어날 수 있는 사건 — 좋은 사건이나 나쁜 사건 — 과 관련하여, 사람들은 미래에 대하여 과낙관적(overoptimistic)이다. 자신에 대한 이러한 장밋빛 세계관은 과제의 몰입 정도에 영향을 줄 수 있고, 결국에는 목표를 달성하는 우리의 능력에도 영향을 끼친다. 이 장은 과확신과 과낙관주의에 대한 증거, 잠재 원인, 미래를 계획하는 능력에 대하여 알아본다.

보정 평가 (1) : 확률 명시

다음의 질문을 생각해 보자(Lichtenstein et al., 1982).

> '압생트는 (a) 보석이다, (b) 술이다.' 다음 척도에서 당신
> 의 응답이 정확할 확률은 어느 것인가?
>
> 50%   60%   70%   80%   90%   100%

이런 양자택일의 문제에서 참여자는 두 답 중 하나가 정답
이라고 생각한다. 따라서 확률 척도는 두 답 사이에서 추측
을 의미하는 50%에서부터 시작한다. 다른 과제들은 전 범위
(0~100%) 척도의 사용을 요구하며, 다음과 같다.

- 무 대안 : '압생트는 무엇인가?' 응답자는 답변을 하고
  이 답이 정확할 확률을 추정한다.
- 일 대안 : '압생트는 보석이다. 이 주장이 진실일 확률
  은 얼마인가?'
- 삼 또는 그 이상의 대안 : '압생트는 (a) 보석이다, (b) 술
  이다, (c) 카리브의 섬이다, (d) …' 여기서는 응답자가
  선호하는 대안을 선택하고 이 대안이 진실일 확률을 추
  정하거나 또는 각 대안에 대하여 정답일 확률을 기입할
  수 있다.

지금부터는 주로 양자택일 문제에 초점을 맞추려고 하는
데 대다수의 연구가 이 문제를 사용하여 수행되었기 때문이
다. 이러한 유형의 과제에서 보정(calibration)을 잘한다는
것의 의미가 무엇인지 생각해 보자. 100개의 일반 상식 문
제 중에서 내가 정확할 확률이 50%라고 추정하였던 문제가
20개였다고 가정해 보자. 자신의 확신에 대한 이 수치 평가
가 정확하다면, 나는 이 문제 중 절반(10/20)은 정확하게 답
변한 것으로 보아야 한다. 이제 내가 정확할 확률이 60%라
고 추정한 10개의 문제가 있다고 가정해 보자. 내가 완벽하
게 보정한다면, 이 10개의 문제 중 6개에서 정확하게 응답
할 것이다. 나머지 확률 척도에서도 마찬가지이다. 말할 필

요도 없이, 정확한 응답의 확률을 100%로 추정했던 문제의
경우에는 모든 질문에 정확하게 답해야만 한다.

과확신

사람들은 보정을 잘하지 못하는 것으로 알려져 있다. 많은
연구자들이 일반 상식 문제의 응답에서 사람들은 보통 과확
신적이라고 보고하고 있다(Lichtenstein et al., 1982 참조).
과확신은 주로 그림 9.1과 같은 보정 곡선으로 표현된다. 진
한 선은 사람들이 완벽하게 보정하였을 때 나타날 수 있는
반응 곡선이다. 그러나 실제 반응은 진한 선 아래에서 나타
난다. 여기서 당신은 앞에 기술한 다른 측정 방법을 사용할
경우 과확신이 사라질 것인지 궁금할 수 있다. 답변은 '아니
오'이다. Fischhoff 등(1977)은 무 대안, 일 대안, 이 대안
문제들을 사용해 보았다. 이들은 또한 반 범위(half-range)
와 전 범위(full-range) 확률 척도를 비롯하여, 반응 양식으
로 확률 대신에 승산(odds)을 사용하여 연구하였다. 과확신
은 이 모든 측정 방법에서 나타난다.

피드백을 통해 과확신을 감소시키려는 여러 시도가 있었
다. 그러나 이러한 시도의 결과들은 일관성이 없었으며 이
를 실제 상황에 적용할 수 있는가의 문제 역시 분명하지 않
다(Lichtenstein et al., 1982, pp. 320~321 참조). 이와
유사하게, 높은 동기 수준도 보정을 향상시키는 것 같지 않

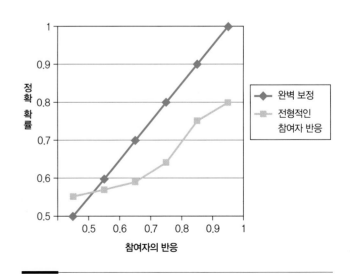

그림 9.1 반 범위, 일반 상식 문제에서 전형적인 보정 곡선

다. Sieber(1974)는 두 집단의 대학생들에게 시험문제를 주면서, 한 집단에는 이것이 중간시험이라고 말하였고(높은 동기), 다른 집단에는 중간시험을 준비하기 위한 것이라고 말하였다(낮은 동기). 두 집단 간 수행의 차이는 없었으나, 중간시험이라고 생각했던 학생들에게서 유의미하게 더 강한 과확신이 나타났다.

확증 이유에 대한 탐색?

과확신에 대한 한 가지 설명은 이것이 기억에서의 탐색 편향 때문에 일어난다는 것이다. Koriat 등(1980)은 보정 과제가 세 단계의 정보 처리 과정을 포함한다고 주장하였고, 이는 다음과 같다. (a) 관련 정보를 찾기 위한 기억 탐색이 일어나고 답이 선택된다. (b) 증거가 평가되고 확실성 느낌이 발달한다. (c) 이 느낌이 수치적 응답으로 변환된다. Koriat 등은 1단계에서 일어나는 편향된 기억 탐색이 오보정(mis-calibration)의 원인일 가능성을 연구하였다. 즉, 연구자들은 사람들이 자신의 답을 확증하는 정보는 찾으면서, 자신의 답과 불일치하는 정보는 무시하는 **확증 편향**(confirmation bias)을 보일 것이라고 생각하였다. 양자택일 과제에서 응답의 이유를 적도록 요구하면 참여자들은 주로 자신의 응답을 확증하는 이유를 만들어 내는 경향을 보였다. 후속 연구에서 참여자들은 다음 세 조건에 따라 이유를 제시하라는 요구를 받았다. (1) 선택한 답에 반대되는 논증 1개, (2) 선택한 답을 지지하는 논증 1개, (3) 선택한 답변을 반대하는 논증 1개와 찬성하는 논증 1개. 리얼리즘은 자신의 응답에 반대되는 1개의 논증을 만든 참여자들에게서만 증가되었고 과확신의 감소는 매우 작았다.

Fischhoff와 McGregor(1982)는 예측 과제를 이용한 후속 연구에서 반대 논증의 어떤 효과도 발견하지 못하였다. 두 실험에서 Allwood와 Granhag(1996)는 참여자가 생성한 논증 대 실험자가 제공한 논증의 효과뿐 아니라, **자기 충족적**(self-contained) 논증 대 하나의 논증이 다른 논증에 반대되는 두 관련 논증의 효과에 대하여 살펴보았다. (어떤 논증의 생성과 제공이 없었던) 통제집단과 비교하여 실험자가 제시한 반대 논증들은 과확신을 약간 감소시켰지만, 이 중 어떤 것도 과확신을 강하게 감소시키지는 못하였다. 실험자가 제시한 응답을 지지하는 논증은 이것이 응답을 지지하지 않는 논증과 쌍으로 제시될 때조차 강력한 과확신을 불러일으켰다.

Tetlock(2005)은 논증의 편향된 처리에 대한 좀 더 설득력 있는 증거를 제시하였다. 참여자들은 정치와 경제 문제에 대한 논평과 조언을 하는 전문 정책예측가였다. 3명의 전문가가 1980년대 말에서 1990년대 중반까지 여러 국가의 정치와 경제 상황을 예측하였다. 자신의 예측에 대한 확률적 수치를 제시하고, 두 가지 문제(자신의 전문성과 관련된 문제와 비전문 영역의 문제)에서 판단의 배경이 되었던 생각이 무엇이었는지 설명하도록 하였다.

특정 정치적 사건의 객관적인 빈도와 전문가의 확률을 비교한 결과, 전문가들은 엄청난 과확신을 보이고 있었다. 전문가의 보정은 학부 학생들로 이루어진 비교집단보다 우수하였지만, 대략적 알고리즘이나 정교한 알고리즘보다는 못하였다. 예를 들면, 단순하게 '현재 상태가 지속된다.'에 높은 확률을 부여하는 것이 전문가의 판단보다 더 정확하였다. 예측 전문가들은 다른 분야보다 자신의 전문성 분야의 판단에서 과확신을 더 많이 보였다. 특히 변화를 과대 예측하는 경향이 있었다. 즉, 이들은 확률 척도에서 양극단을 더 많이 사용하였고, 따라서 '큰 실수(big mistake)'를 더 자주 범하였다. 다른 분야의 판단보다 자신의 전문 분야의 판단에서 인과적 논증을 더 많이 만들었고 — 어문적 프로토콜에 기초한 — 이러한 논증은 미래의 발생 가능성을 크게 지각하도록 하였다. 이러한 결과는 Tetlock이 주장하는 '허풍 가설(hot air hypothesis)'을 지지한다.

설문 측정을 기초로 Tetlock은 참여자들을 **고슴도치**(hedgehogs)와 **여우**(foxes)로 구분하였다.

지적이고 공격적인 고슴도치는 거대한 하나의 사실을 알고 있고, 간소화의 기치 아래 이 거대한 사실을 확대하여 새로운 사례를 다루려고 하였다. 좀 더 절충적인 여우는 수많은 작은 사실을 알고 있고, 빠르게 변화하는 세계와 보조를 맞추려고 관습적인 해결 방안 마련에 만족하였다(2005, pp. 20~21).

고슴도치와 여우 모두 변화를 과대 예측하는 경향이 있었지만, Tetlock은 고슴도치가 여우보다 이러한 경향이 더 심하다는 것을 발견하였다. 이것은 호전과 악화에 대한 두 예측에서 모두 마찬가지였다. 여우의 사고 과정은 더 통합적인 복잡성을 보였고(예를 들면, 트레이드오프에 대한 진지한 고민), 이것은 이들로 하여금 확률 척도의 극단을 더 적게 이용하게 하였다. 이러한 고슴도치와 여우의 차이가 정치적 관점의 차이 때문이라고 할 수 없는데, 여우는 '중도주의자'가 많았지만 고슴도치는 정치적으로 극단적인 좌파 또는 우파가 많았기 때문이다.

확률 심적 모형

몇몇 학자들은 사람들이 많은 연구에서 보이는 것만큼 보정을 못하는 것은 아니라고 주장한다. **생태학적 모형**(ecological model; McClelland & Bolger, 1994의 용어)의 지지자들은 사람들이 자신의 환경에 적응적이라고 가정한다. 사람들은 환경에서 발생하는 사건의 빈도에 대한 정보를 추출하고 저장하였다가, 다음에 확률 판단에서 이 저장된 빈도를 이용한다. 생태학적 모형에 따르면 판단의 오보정은 빈도 판단보다는 단일 사건의 확률 판단 질문, 즉 환경을 대표한다고 할 수 없는 질문들에서 주로 관찰된다. 이러한 접근은 Gigerenzer 등(1991)과 Juslin(1993, 1994)에 의해 독립적으로 발달하였다.

Gigerenzer 등에 의해 제안된 **확률 심적 모형**(probabilistic mental model, PMM)을 살펴보자. 이들은 다음과 같은 질문에 대한 답을 요구한다.

어느 도시의 인구가 더 많은가?
(a) 하이델베르크
(b) 본

이 이론에서, 먼저 사람들은 **국지적 심적 모형**(local mental model)을 형성하려고 시도한다. 국지적 심적 모형은 논리적 추론을 통하여 해답을 도출하거나 직접 해답을 인출할 수 있는 정보를 담고 있다. 예를 들면, 본에는 290,000명 이상의 인구가, 하이델베르크에는 100,000~200,000명 사이의 인구가 있다는 사실을 기억해 낸다면—100% 확신을 가지고—본의 인구가 더 많다고 쉽게 말할 수 있다.

그러나 이러한 방식으로 질문에 답변할 수 없는 사람은 확률 심적 모형을 형성한다. PMM은 관련 대상에 대한 참조 정보를 포함하고 있다. 현재의 예에서는 100,000명 또는 그 이상의 인구를 가진 독일의 모든 도시가 될 것이다. PMM은 또 목표 변인인 인구 크기를 포함한다. 이것은 또한 **확률 단서**와 **단서 타당도**도 포함한다. 확률 단서는 목표 변인을 어느 정도 예측하게 하는 환경 속성이다. 예를 들면, 분데스리가에 소속된 축구팀이 있는 독일의 도시는 그렇지 않은 도시보다 인구가 많을 가능성이 크다. 따라서 어떤 도시는 분데스리가 축구팀이 있고, 다른 도시는 그렇지 않다는 것을 아는 사람은 축구팀이 있는 도시의 인구가 더 많다고 결론을 내릴 것이다. 두 도시 모두 분데스리가 팀이 있거나 모두 없다면, 이 단서는 두 도시를 구별하는 데 유용하지 않고, 따라서 다른 단서를 찾아야만 한다. 단서마다 예측 타당도가 다르다. 자신의 답에 대한 확신은 판단에 사용한 단서의 타당도에 달렸다. 만일 어떤 단서도 발견할 수 없다면, 사람들은 단순히 추측을 하게 되고, 50% 확신 수준을 제시할 것이다.

PMM 이론은 사람들이 우수한 보정을 보여 주게 되는 두 가지 상황을 예측하고 있다. 첫째, 사람들은 **환경을 대표하는** 질문에 대한 확신 판단에서 보정을 잘한다. 이를 검증하기 위해, Gigerenzer 등(실험 1)은 100,000명 이상의 인구를 가진 독일 도시 중에서 무작위로 25개의 도시를 선택하였다. 그런 다음 가능한 모든 조합으로 300개의 도시 쌍을 만들고, 참여자들로 하여금 각 쌍에 대하여 어느 도시의 인구가 더 많은지를 판단하고 자신의 응답에 대한 확신을 추정하도록 하였다. 이 과제에서 과확신은 나타나지 않았다.

보정을 잘하는 두 번째 상황은 실험자가 선별한 일반 상식 질문에서 빈도 판단(frequency judgment)을 할 때이다. 이러한 종류의 과제는 참조 정보가 다르다. 적절한 참조 정보는 내가 치렀던 선행 일반상식검사가 된다. 대부분의 사람들은 일반 상식에 답변한 경험이 있기 때문에, 자신이 얼마나 잘할지에 대한 적당한 생각을 가지고 있다. Gigerenzer 등은 350개의 질문이 제시되는 과정에서 매 오십 번째 질문 후에 사람들에게 얼마나 많은 질문에 정확하게 답변했다고 생각하는지를 물었다. 이들의 보정은 매우 훌륭했다. 평균적으로 50개의 질문 중 1개의 질문에서만 실제 빈도와의 차이가 나타났다.

또한 PMM 이론은 과확신과 과소확신이 일어나는 상황도 예측한다. 과확신은 대표적이지 않은 (그리고 어려운) 질문에 대한 확신 판단에서 일어난다. 정말로 쉬운 일반 상식 질문은 과확신의 감소 또는 심지어 과소확신(underconfidence)을 불러일으킬 수 있다. 어렵고 쉬운 질문에서의 이런 상이한 수행은 선행 연구에서 언급되었고, 난이도 효과(hard-easy effect)라고 불린다(Lichtenstein et al., 1982 참조).[1] 또 과소확신은 자연스럽게 표집된 질문(대표하는 질문)에 대한 빈도 판단을 할 때 나타난다. 이 두 가지 예측은 Gigerenzer 등에 의해 확증되었다.

PMM 이론은 또한 사람들에게 선택의 이유를 말하라는 요구가 편향 감소 효과를 일으키지 않는다는 선행 연구를 설명한다. 첫째, 사람들은 항상 자신의 답변을 지지하는 확증 단서를 찾으려고 하는데, 심지어 이유를 적으라는 요구가 없는 통제조건에서도 그렇다. 둘째, 자신의 선택에 반대되는 이유를 적도록 요구하면, 일단 확증 단서를 찾은 후에 반증 단서의 탐색이 일어난다. 더욱이 계속 진행되는 단서 탐색은 반증 단서뿐만 아니라 확증 단서를 찾을 가능성도

키운다. 이런 일이 일어날 때마다 확신은 증가한다. 이것은 또한 반증 단서에 대한 탐색이 지속되어야만 한다는 의미이기도 하다. 만일 사람들이 최선책 추단을 따른다면(제2장 참조), 더 많은 단서를 찾으려는 점진적 탐색은 낮은 생태학적 타당도를 지닌 단서에서만 나타날 것이다. 따라서 응답에 반대되는 논증을 만들라는 요구가 개인의 확신을 감소시킬 것이라 기대하기는 어렵다.

강도 무게 모형

Griffin과 Tversky(1992)는 관찰된 과확신과 과소확신을 설명하기 위해 강도 무게 모형(strength-and-weight model)을 제안하였다. '강도'는 가용할 수 있는 정보의 극단성을 의미하고, '무게'는 증거의 예측 타당도를 의미한다. 학생에 대한 교수의 추천서를 예로 들어보자. 학생의 뛰어난 학점을 기술한 추천서는 높은 강도를 지녔다고 할 수 있다. 그러나 교수가 실제로 학생을 잘 알지 못한다면, 그 추천서의 무게는 작게 나간다.

Griffin과 Tversky는 사람들이 무게에 대한 반응으로 어느 정도 (아마도 불충분한) 조정을 하면서, 증거의 강도에 대부분의 주의를 기울이는 경향이 있다고 주장한다. 따라서 확신 판단 과정에는 본질적으로 정박과 조정 추단과 결합된 대표성 추단이 적용되고 있는 것이다. 과확신은 큰 강도와 작은 무게가 결합될 때 일어나고, 과소확신은 작은 강도가 큰 무게와 결합될 때 일어난다.

이 이론을 검증한 실험에서 참여자들은 미국 연방 주들로 이루어진 무작위 쌍을 제시받았다. 실험은 연방 주의 인구 크기, 고교 졸업생 비율, 2번의 선행 대통령 선거 투표율에 대한 예측을 요구하였다. 연구자들은 사람들이 (1) 인구 판단에서는 정확하고 확신적이고, (2) 투표율에 대한 예측은 덜 정확하고 덜 확신적이며(이 주제에 대한 지식이 없을 것으로 기대되기 때문에), (3) 교육에 대한 예측은 덜 정확하지만 확신적일 것으로 기대하였다. 마지막 예측은 한 연방 주에 있는 대학들과 문화 행사들에 대한 사람들의 지식

이 풍부할 것이라는 것과, 판단을 위해 이런 단서를 이용하겠지만 이 단서들이 고등학교 졸업생 비율을 예측해 주지는 못할 것이라는 근거를 바탕으로 나왔다. 이 예측들은 지지되었는데, 투표율과 고교 졸업생 비율의 정확성은 우연 수준이었지만, 후자에서 더 강한 확신이 나타났다.

중심 결과에 대한 지지 — 또는 증거 강도 — 가 확신을 결정한다는 가정 때문에, 강도 무게 모형은 지지이론(Tversky & Koehler, 1994)과 관련지어 **직접 지지 모형**(direct support model)이라고 부른다(Koehler et al., 2002).

확률 명시 : 경쟁 관점의 평가

반 범위 양자택일 과제 연구에서 밝혀진 분명한 사실은 질문이 무작위로 표집되지 않은 연구로부터는 강력한 결론을 도출할 수 없다는 것이다(물론 실세계에서 어떤 하나의 질문이 그 분야를 대표한다는 보증은 없지만!). 사람들은 보정을 잘 못하지만, 일반적인 과확신도 나타나지 않을 것이다(예 : Juslin et al., 2000). 강도 무게 모형을 지지하는 Griffin과 Tversky의 결과에도 불구하고, 무작위표집을 사용한 연구를 개관한 Juslin과 동료들의 논문은 추정된 정확비율이 실제 정확 응답 수와 거의 동일함을 밝혔다. 다른 연구들은 여러 영역에서 보정을 연구하였고, 과확신과 과소확신의 정도가 영역에 따라 다르다는 것을 발견하였다(Juslin et al., 1997; Klayman et al., 1999).

생태학적 접근의 지대한 영향력에도 불구하고 몇 가지 의문점은 남는다. 한 가지 문제는 정확하게 어떤 심리적 과정이 포함되어 있는가이다. 예를 들면, 제2장에서 우리는 확률심적 모형이 주장하는 것처럼 사람들이 항상 단일 이유 결정짓기를 사용하지는 않는다는 것을 보았다. 이것이 사실이라면, 확신 판단에 대한 이 이론의 설명에도 의문을 제기할 수 있다. 또 확신판단이론이라면 양자택일 반 범위 과제에서 나타나는 과확신의 문화 간 차이를 설명할 수 있어야만 한다.

정치 판단 전문가에 대한 Tetlock의 연구도 Juslin과

Gigerenzer의 생태학적 주장과 일치하지 않는 것으로 보인다. 정치예측자들이 대학생들보다 보정을 더 잘하기는 하였지만 여전히 상당한 과확신을 보이고 있었고, 대략적인 알고리즘과 정교한 알고리즘보다 수행이 좋지 않았다. 대다수의 예측자가 자신의 판단에 대하여 1개 이상의 인과적 논증을 제시하였고, 논증이 일방적일수록 과확신은 더 강해지는 경향이 있었다. 그러나 통합적인 복잡성 — 즉, 더 많은 단서들과 트레이드오프 — 를 보였던 논증은 낮은 과확신과 연합되어 있었다.

문화 간 차이

국가 간 과확신의 차이를 알아보기 위한 수많은 연구가 수행되었다. 이 연구들을 살펴보기 전에 다음과 같은 질문에 답해 보자(Yates et al., 1996).

> 미국의 대학교 학부생 1,000명과 타이완의 대학교 학부생 1,000명을 무작위로 표집하였다고 가정하자. 우리는 학생들에게 앞서 보았던 양자택일 문제와 같은 수많은 일반상식 문항에 답변하도록 요청한다. 물론 문항들은 각국의 모국어로 되어 있다(미국에서는 영어로, 타이완에서는 중국어로). 항목의 내용도 두 국가의 사람들에게 똑같이 친숙하다.
>
> 당신은 어느 국가 학생들이 과확신을 더 많이 보일 것이라고 생각하는가?
>
> _____타이완 학생들의 과확신이 더 크다.
> _____미국 학생들의 과확신이 더 크다.
> _____타이완과 미국 학생들의 과확신이 똑같다.

이 질문이 타이완과 미국에 있는 학생들에게 제시되었을 때, 64%의 타이완인은 미국인의 과확신이 더 클 것이라고 하였고, 61%의 미국인은 자신들이 더 과확신적일 것이라고 응답하였다. 단지 20%의 타이완인과 9%의 미국인만이 타이완인이 더 과확신적일 것이라고 응답하였다. 실제로는 이 예측이 옳았다. 타이완인이 미국인보다 과확신을 더 많

이 보인다(Lee et al., 1995 ; Yates et al., 1990). 사실 많은 동양인이 서양인보다 과확신을 더 많이 보인다. 중국인은 미국인보다 더 과확신적이고(예 : Yates et al., 1989), 홍콩, 인도네시아, 말레이시아의 응답자들은 영국의 응답자보다 과확신을 더 많이 보인다(Wright et al., 1978). Lee 등(1995)은 싱가포르의 응답자들이 미국인과 동일한 수준의 과확신을 보인다는 것을 발견하였다. 이들은 또한 일본인은 미국인보다 과확신을 더 적게 보인다는 것도 발견하였다(Yates et al., 1989의 연구는 미국인과 일본인 사이에서 동일한 수준의 과확신을 보고하였다.).

Yates 등(2002)은 집단이 난이도가 다른 질문을 받았을 가능성이나 국가마다 상이한 반응 척도를 사용했을 가능성을 제외하고, 동서양의 차이에 대한 여러 원인을 조사하였다. 문화권에 따라 과확신이 다른 한 가지 원인은 논증 수집에서의 차이 때문이다. Yates 등(2000 ; Yates et al., 2002에서 인용)이 보고한 한 연구는 제시된 각 대안에 대하여 응답을 지지하거나, 반대하는 논증목록을 작성하도록 참여자에게 요구하였다. 미국인에 비해 일본인 참여자는 자신이 선택한 대안에 반대되는 논증을 더 많이 작성하였으며, 미국인은 중국인 참여자보다 이러한 논증을 더 많이 작성하였다. Wright와 Phillips(1980)가 제안한 또 다른 설명은 중국, 말레이시아, 홍콩의 응답자들은 세계를 비확률적으로 보는 경향이 있다는 것이다. 따라서 이런 국가의 사람들은 서양인 또는 일본인보다 보정 연구에서 100% 판단을 더 많이 제시하는 경향이 있다. 또 Wright와 Phillips의 아시아 응답자들은 '당신은 앞으로 세 달 안에 코감기에 걸릴까?' 와 같은 개방형 질문에 대해 '모른다.' 라는 응답을 더 많이 하였다.

보정 평가 (2) : 확신 구간

먼저 다음 검사를 해 보자(Russo & Schoemaker, 1989[2] 수정).

다음 10개의 문항에서 정답이 있다고 90% 확신하는 범위의 낮은 추정치와 높은 추정치를 제시하라. 당신의 목표는 너무 좁게(과확신), 너무 넓게(과소확신) 추정하지 않는 데 있다. 당신이 이 도전에 성공한다면, 당신은 10%의 오류를 범해야만 한다. 즉, 정확히 하나의 문항만 놓치게 된다.

	90% 확신 범위	
	낮은	높은
1. Martin Luther King이 사망한 나이	———	———
2. 나일 강의 길이	———	———
3. OPEC의 회원국 수	———	———
4. 구약성경에 들어 있는 책의 수	———	———
5. 달의 지름(마일 또는 킬로미터로)	———	———
6. 보잉기 747의 무게	———	———
7. Wolfgang Amadeus Mozart가 태어난 해	———	———
8. 아시아 코끼리의 임신 기간	———	———
9. 런던에서 도쿄까지의 비행 거리 (마일 또는 킬로미터로)	———	———
10. 바다의 가장 깊은 지점(피트 또는 미터로)	———	———

각 질문에서 당신이 제시한 두 추정치가 이 둘 사이에 정답이 놓여 있다는 90%의 확신을 정확하게 반영한다면, 10개 질문 중 9개에서 정답이 이 두 추정치 사이에 있어야만 한다. 이런 경우 당신은 자신을 '보정을 잘하는 사람'이라고 말할 수 있다. 대다수의 사람처럼 두 추정치 사이에 정답이 있는 경우가 9개 이하의 질문에서 발견된다면 당신은 응답에서 과확신을 보이는 것이다. Russo와 Schoemaker는 1,000명 이상의 사람들을 검사하였고, 1% 미만의 사람들만이 9개 또는 그 이상의 항목을 정확히 응답했다고 보고하였다.

구간 과제에서 상당한 과확신이 일어난다. 예를 들면, Russo와 Shoemaker(1992)는 기업의 매니저들에게 일련의 주제에 대하여 구간을 추정하도록 요구하였다. 90%의 확신 구간을 정하라고 하였을 때, 이들의 범위는 주제와 참여자 집단에 따라 전체 문항의 42%와 62% 사이에서 정답을 포함하였다. 50%의 범위는 약 20%에서 정답을 포함하였다.

확신 구간 판단은 과제 지시문의 차이에 상당히 둔감한 듯하다. Teigen과 Jørgensen(2005, 실험 3)은 90% 확신 구간과 50% 확신 구간 모두 23%의 적중률과 연합되어 있음을 발견하였다. 자기 마음대로 어떤 구간을 정하라고 요구받은 참여자들도 이 두 조건과 비슷한 구간의 크기를 만들었고 비슷한 적중률(27%)을 보였다. 이 집단에 자신이 정한 구간이 정답을 포함할 확신을 추정하도록 요구하였더니 평균 응답은 42%였다.

다른 실험(2005, 실험 4)에서는 참여자들에게 **가능할 것 같지 않게** 높거나 낮은 구간을 추정하도록 하였다. 이런 가능하지 않을 것 같은 구간은 약 65%의 더 높은 적중률과 연합되어 있었는데, 가능할 것 같지 않은 구간을 정하라는 지시문에도 불구하고 참여자들은 단지 75%의 확신 추정을 하였다.

그러나 과제 지시문에 대한 일반적인 무감각 속에서도 몇 가지 변화는 있었다. 역사적 사건의 날짜를 추정하는 과제일 경우(2005, 실험 3), 더 오래된 과거의 사건일수록 구간은 증가하였다. 수도의 인구 크기를 추정하는 과제에서는(실험 4), 과확신이 2~3배 더 나타나고 있지만(주로 작은 도시에서), 과확신과 과소확신 모두 발생하였다. 과대추정 편향은 모르는 도시보다 잘 아는 도시가 더 많은 인구를 가지는 경향이 있다는 사실에서 온 것일 수 있다.

Soll과 Klayman(2004)은 구간 과제에서 과확신이 부분적으로는 '노이즈(무선 오류)'의 결과로, 부분적으로는 자신의 판단에 대한 확증 증거를 찾으려는 경향 때문에(**확증 편향**) 일어난다는 증거를 제시한다. 무선 오류가 왜 과확신을 일으키는지 분명하지 않기 때문에 먼저 노이즈 문제를 살펴보자. Soll과 Klayman은 Serge가 Charles Darwin이 태어난 연도를 추정하고 있다고 상상할 것을 요구한다. Serge는 정확한 연도를 기억할 수 없기 때문에 가능한 범위가 존재하게 된다. 그림 9.2에서 범위의 중심부에 있는 연도

들은 Serge가 가능성이 크다고 생각하는 것이고, 이 영역에서 멀어지면 Serge의 추정 확률은 감소한다. 즉, Serge의 확률 범위는 정상 분포(종 모양)를 형성한다.

Serge가 Darwin의 생일이 있을 가능성이 80%인 구간을 정한다고 가정하자. Serge의 보정이 완벽하다면, 그는 구간 I를 설정할 것이다. 이때 Serge가 구간 설정에서 무선 오류를 범하기 쉬운데, 그는 구간을 너무 좁게(구간 J) 설정하거나 너무 넓게(구간 K) 설정할 가능성이 있다는 의미이다. 그러나 구간 J에서 제외된 영역(진한 색 영역)이 구간 K에 의해 추가된 구간(연한 색 영역)보다 더 크다. 이것은 구간 J에서 14%의 과확신으로 나타나고, 구간 K에서는 9%의 과소확신으로 나타난다. 확실히, 이런 판단에서 무선 오류는 과확신 편향을 일으킬 것이다. 과확신이 구간 설정에서 정말로 무선 오류의 결과라면, 이것은 실제로 사람들이 마음속에 주관적인 확률 분포를 가질 것을 요구하는 것이 아니라 단지 다른 답변들에 비해 어떤 것은 더 그럴듯하다라는 일반적인 생각을 가질 것을 요구한다.

3개의 연구를 통해서 Soll과 Klayman은 사람들의 확신 구간이 기본 정확성과 무작위 오차의 조합으로 만들어지는 확신 구간과 일치하는가를 조사하였다. 이들은 참여자에게

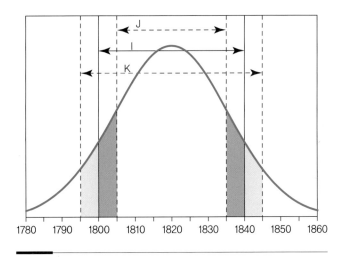

그림 9.2 Charles Darwin이 태어난 연도 추정에 대한 가상적인 주관적 확률 함수. 구간 J와 K는 80%의 확률을 포함하는 구간 I를 추정할 때 상반되는 10년의 오류를 나타낸다.

출처 : Soll & Klayman, 2004

구간에 기초하여 주관적인 확률 분포를 추정하게 하였다. 각 영역의 모든 답을 가지고 구간의 중앙치와 정답 간 차이의 평균을 구하였다. 또한 이들은 참여자의 끝점이 정상 분포에서 열 번째와 구십 번째 백분위 수라면 일어날 절대 오차 평균을 계산하였다. 실제 편차에서 기대 비율은 개인이 보정을 잘하거나 못하는 정도를 나타낸다. Soll과 Klayman은 높은 과확신을 발견하였다. 다시 말해, 단순한 무작위 오차는 보정 실패를 설명하기에 충분하지 않았다.

추가 분석에서 상이한 영역 간, 참여자 간, 참여자 내에서 일어나는 반응의 차이를 살펴보았다. 이런 분석들은 몇몇 분명한 과확신이 정말로 노이즈 때문에 발생한다는 것을 보여 주었다. 그러나 노이즈의 영향은 실제로 상당히 작아서 대부분의 보정 실패가 진짜 과확신 때문임이 분명하게 드러났다.

정박과 조정 추단은 구간 과제에서의 과확신에 대한 잠재적 설명을 제공한다. 질문에 답할 때 참여자는 정박으로 작용하는 추정치를 먼저 생성한 다음에, 구간을 정하기 위해 이것을 기점으로 조정을 한다. 그러나 조정은 보통 충분하지 않기 때문에, 구간은 너무 작게 설정된다. 한 연구 결과는 이런 설명에 반대한다. Soll과 Klayman은 사람들에게 자신들이 정한 구간 사이의 중앙값을 정하도록 분명하게 요구하면, 실제로 좁은 구간이 아닌 더 넓은 구간을 설정한다는 것을 발견하였다(Juslin et al., 1999 참조). Soll과 Klayman이 제안한 대안이론은 사람들이 확신 과제에서 구간을 설정할 때 기억으로부터 샘플 정보를 인출한다는 생각에 기초한다. 사람들은 이러한 샘플이 편향될 수 있음에도 불구하고, 이 정보를 실제보다 더 신뢰할 수 있는 것으로 취급한다. 그러나 광범위한 샘플 정보를 이용하면 편향 강도는 감소한다. 이것은 사람들에게 구간뿐 아니라 중앙값을 판단하도록 요구할 때도 발생한다.

마지막으로, 참여자의 성별을 기록했던 두 연구(2004, 실험 1과 3)에서 Soll과 Klayman은 남성이 여성보다 더 과확신적임을 발견하였다. 즉, 남성은 구간을 더 좁게 설정하

였지만 더 정확하지는 않았다. 수많은 다른 연구도 여성보다 남성의 과확신이 더 크다는 것을 보고하고 있다(다음 절에 나오는 '투자 행동에서 과확신' 참조). (앞에서 기술한) Tetlock의 연구가 보여 주었던 것처럼, 이런 결과에 대한 한 가지 추측은 애매한 판단에 비해서 확신의 표출은 더 많은 주의가 주어지는 경향이 있다는 것이다. 남성은 여성보다 더 신분 지향적인 경향이 있기 때문에 이런 확신의 전달은 신분 성취의 한 가지 방법일 수 있다.

남보다 낫다

문화 간 차이에 대한 다른 연구들은 한 가지 형태 이상의 과확신이 있을 수 있다는 것을 보여 준다. Lee 등(1995)은 참여자에게 일반 상식 확신 과제의 수행뿐 아니라 동료와의 비교 평가도 요구하였다. 참여자들은 자신이 글쓰기 능력, 타인에 대한 영향력, 스포츠에 대한 관심 등 기능과 개인 특성에서 순위가 정해진 100명의 대학생 표집집단 중 한 명이라는 말을 들었다. 이들의 과제는 자신의 백분위 순위를 추정하는 것이었다. 이 과제에서 미국인은 타이완의 중국인, 일본인, 싱가포르인, 인도네시아인보다 더 큰 과확신을 보였다. 일본인과 싱가포르인은 약간의 과소확신을 보였다. 자존감과 관련된 항목에서는 모든 참여자가 과소확신을 나타냈다.

또한 Kruger와 Dunning(1999)은 타인과의 비교에서 자기평가를 살펴보았다. 연구에서 논리 추론 능력, 문법 지식, 유머감각을 요구하는 질문들이 참여자들에게 제시되었다. 검사 후에 참여자는 자신이 얼마나 많은 항목에서 정답을 맞혔을지 추정하고, 다른 사람들의 수행과 비교하라는 요구를 받았다. 대다수의 학생이 모든 검사에서 자신의 수행을 50% 이내로 추정하였다. 위험한 점은 수행이 가장 나빴던 참여자들에게서 실제 자신의 위치와 추정한 위치 사이의 격차가 가장 크게 나타났다는 사실이다. 하위 25%에 속하는(평균 12% 또는 13%에 있는) 사람들은 자신이 전체의

60% 정도에 위치한다고 믿었다. 능력에 대한 일반적인 과확신에서 한 가지 예외는 있었다. 상위 25%에 속하는 대학생들은 자신의 수행을 실제보다 약간 더 낮게 추정하였다.

이런 결과가 가장 우수한 학생들과 가장 열등한 학생들이 자신을 실제보다 평균에 가깝게 위치시키려는 회귀 효과인 것은 아닌지 질문할 수 있다. Kruger와 Dunning은 이 효과의 실체를 보여 주는 실험 증거를 제시하였다. 문법 연구가 끝나고 4~6주가 지난 뒤에, 상위와 하위 25% 학생들이 두 번째 연구에 참여하였다. 참여자들은 5명의 다른 참여자가 내놓은 답변을 제시받았고, 이 답을 살펴본 후에 자신의 수행을 재평가하도록 하였다. 처음에 동료에 비하여 자신을 과소평가하였던 상위 25% 학생들은 이제 자신을 좀 더 현실적으로 평가하였다(예 : 상향평가). 그러나 하위 25% 학생들의 자신에 대한 과장된 평가는 변화하지 않았다.

Kruger와 Dunning은 특정 분야에서의 개인의 기능 부족은 그가 이 분야에서 자신의 수행을 정확하게 평가하지 못한다는 의미라고 주장한다. 이들은 또한 기능과 자기평가가 모두 향상될 수 있음을 보여 주었다. 마지막 연구에서 사람들에게 Wason(1966) 선별 과제에 기초한 문제를 제시한 다음, 자기평가를 하도록 하였다. 그런 다음 절반의 참여자에게는 논리 추론 훈련 문제가 주어졌고, 나머지 절반에게는 채우기 과제가 제시되었다. 훈련을 받았던 사람들은 후속 논리 추론 문제에서 정확한 응답을 더 많이 하였을 뿐 아니라 자신의 수행에 대하여도 더 정확한 평가를 하였다.

이 결과에 대한 한 가지 다른 설명은 **노이즈 더하기 편향**(noise-plus-bias) 모형에 기초한다(Burson et al., 2006; Krueger & Mueller, 2002 참조). 이 모형은 모든 기능 수준에 있는 사람들이 자신과 다른 사람을 비교하는 방법에 대한 지식이 부족하고, 따라서 그들의 판단에 노이즈가 섞여 있다고 주장한다. 사람들은 또한 쉽다고 생각하는 과제에서 자신의 순위를 과대추정하는 경향이 있듯이, 어렵다고 지각하는 과제에서는 과소추정하는 경향이 있다. Burson 등은 이 모형이 기능이 뛰어난 사람들이 오직 쉬운

과제에서만 자신의 순위를 더 잘 판단하는 것으로 예측한다고 지적하였다. 즉, 어려운 과제에서 이들의 순위 판단은 더 부정확할 것이다.

과제의 난이도를 조작하였던 일련의 연구에서 정확히 이러한 결과가 발견되었다. 더욱이 Kruger와 Dunning은 평균으로의 회귀 효과에 대해 반대하였지만, Burson 등은 평균으로의 회귀가 작용하고 있다고 주장하였다. 회귀 효과의 가능성을 제거하기 위하여 이들의 세 번째 연구는 샘플 분할 방법을 채택하였다. 참여자들은 쉽거나 어려운 단어 과제를 완성하라는 요구를 받았다. 예를 들면, 어떤 사람에게는 10개의 낱자로 이루어진 단어 typewriter가 제시되고 3분 안에 이 단어에서 4, 5, 6개의 낱자로 이루어진 단어를 찾도록 했다. 이것은 쉬운 과제였다. 어려운 과제에는 gargantuan과 같은 단어가 사용되었다.

이 첫 번째 과제 후에, 참여자들은 자신의 순위를 추정하고 난이도를 평가하고, 관련 없는 설문지에 대한 응답을 하였다. 그런 다음, 이들은 10개의 낱자로 이루어진 두 번째 단어를 제시받았고 다시 한 번 이 단어로부터 여러 단어를 찾아낼 것을 요구받았다. 두 번째 과제 후에, 다시 한 번 수행과 관련된 자신의 순위를 추정하고, 난이도를 평정하고, 4, 5, 6개의 낱자 단어들을 찾아내는 이런 유형의 과제에서 자신이 얼마나 잘하는지를 질문받았다.

여기서 세 가지 분석이 가능하다. 첫 번째 분석은 실제 수행의 사분위 수로 참여자의 백분위 순위를 알아보는 것이다. 두 번째 분석은 참여자들을 첫 번째 과제에서의 수행에 따라 사분위로 분류한 다음에, 두 번째 과제에 대한 이들의 백분위 순위를 분석하는 것이다. 세 번째 분석은 역순으로 진행되었다. 참여자들은 두 번째 과제의 수행에 따라 사분위로 분류된 후 첫 번째 과제에 대한 이들의 백분위 순위가 분석되었다. Burson 등은 전체 분석에서보다 2개의 샘플 분할분석에서 오보정의 강도가 더 작다는 것을 발견하였다. 이것은 수행과 보정이 동일한 과제 내에서 측정되면, 그 결과가 평균으로의 회귀에 의해 영향을 받는다는 의미이다.

행동에 대한 우리의 판단은 얼마나 잘 보정되고 있을까

투자 행동에서 과확신

우리의 과확신은 지식뿐 아니라 행동에 대해서도 자주 발생한다는 증거가 많다. 한 예가 주식시장에서의 거래이다. 과확신적인 투자자는 거래를 더 자주 하는데, 거래 또한 비용을 발생시키기 때문에 거래 빈도가 높을수록 비용이 더 많이 발생한다. 거래 비용을 제외하더라도 과확신적 거래자의 성과도 좋지 않다는 증거가 있다. Odean(1999)은 과확신적 투자자들이 자신이 받은 정보의 정확성을 과대추정할 뿐 아니라 이 정보들을 체계적으로 잘못 해석하고 있다고 지적한다. 만일 이것이 사실이라면, 거래 비용을 제외한 이들의 거래 성과는 더 나쁠 가능성이 크다. Odean은 전국 규모의 할인증권회사에서 무작위로 선발한 10,000개의 고객 계좌를 조사하였다. 세 기간, 즉 증권 매매 후 84일, 252일, 504일 동안의 평균 수익률을 기록하였다. 이 세 기간 동안 모두, 구매한 증권의 수익률은 판매된 증권의 수익률을 밑돌았다(1년을 기준으로 구매한 증권의 평균 수익률은 판매된 증권의 수익률보다 3.3% 더 적었다.).

물론 투자자들이 거래를 하는 이유에는 유동성 확보 등 여러 가지가 있다. 다양한 동기를 통제하기 위하여, Odean은 판매 3주 안에 구매가 일어난 거래를 조사하였는데, 이러한 거래는 재정난을 겪고 있는 투자자가 할 가능성이 거의 없기 때문이다. 다시 한번, 그는 구매 증권의 수익이 판매 증권의 수익보다 낮다는 것을 발견하였다(1년을 기준으로 볼 때, 구매 증권은 판매 증권보다 수익이 약 5% 정도 더 낮았다.).

Odean은 증권을 구매하려는 사람들이 많은 양의 정보 때문에 엄청난 도전에 직면하고 있다고 지적한다. 이에 대처하기 위해 사람들은 성과가 매우 좋았거나 매우 나빴던 증권에 주의를 기울이는 경향이 있다(이런 증권은 매체에서 논의될 가능성도 더 크다.). 반면 증권을 매각할 때 사람들은 훨씬 더 적은 수의 정보를 고려한다(예 : 그들이 이미 소유한 증권). 그렇지 않아도 매각은 어려운 과제이다. 합리적 투자자는 소득세와 매각에서 오는 손실을 고려하면서 다른 증권에서 예상되는 미래의 수익률과 균형을 맞추어야 한다. 증거에 의하면 실제로 사람들은 더 단순한 방법을 사용한다. 제7장에서 언급하였듯이, 손실 혐오와 일치하게 사람들은 이득을 본 투자는 매각하고 손해를 본 투자에 매달리는 경향이 있다.

자기 편익 귀인이 여성보다 남성에게서 더 많이 일어난다고 여러 연구자들은 지적한다(예 : Beyer, 1990; Deaux & Farris, 1977). 즉, 여성은 성공의 원인이 운 또는 다른 요인에 있다고 생각하지만 남성은 자신에게 있다고 생각한다. 더욱이 남성은 여성보다 더 과확신적인 경향이 있고(Lundeberg et al., 1994), 특히 남성의 영역으로 지각되는 분야에서 더욱 그렇다(Beyer & Bowden, 1997; Deaux & Emswiller, 1974; Lenney, 1977). 주식시장과 같이 매우 불확실하고 남성 지배적이며 피드백의 질이 낮은 환경에서 남성이 여성보다 과확신을 더 많이 보이고, 결과적으로 더 잦은 거래와 전체적으로 더 낮은 수행이 나타날 것이라는 기대는 합당해 보인다. Barber와 Odean(2001)은 정확하게 이런 결과를 얻었다. 35,000개의 중개인 계좌자료에서, 여성보다 남성은 45% 더 많이 거래하였고 시장보다 2.65% 낮은 저조한 실적을 냈음이 드러났다(여성은 1.72%의 저조한 수행을 보였다.).

기능, 자기 중심성, 통제에 대한 환상

3,000명의 기업 창업자를 대상으로 한 조사 연구에서, 이들이 자기 사업과 비슷한 사업의 성공 확률을 59%라고 추정하면서 자기 사업의 성공 확률은 81%로 추정한다는 것을 발견하였다(Cooper et al., 1988). 새로운 사업 중 2/3가 4년 이내에 실패하고(Dun & Bradstreet, 1967; Dunne et al., 1988), 10년 안에 79.6%가 실패하는 것으로 알려졌는데(Dunne et al., 1988), 이러한 결과는 확실한 과확신을 보여

주는 것이다. 많은 사람이 수많은 실패가 발생하는 시장에 참여하는 이유 중 하나는 모험을 즐기는 사업가가 자신은 특별한 기술이 있다고 믿으면서, 자신과 경쟁하는 다른 사람들도 이런 기술이 있다는 사실은 무시하기 때문이다.

Camerer와 Lovallo(2000)는 이런 신념을 **참조집단 무시**(reference group neglect)라고 명명하였다. 연구자들은 엄청난 예산을 투자한 영화들이 왜 같은 주말에 개봉하는지를 질문받았던 월트디즈니사의 회장, Joe Roth의 말을 인용한다.

> 자만심. 자만심. 당신이 자기 사업에 대해서만 생각하면, '나에게는 뛰어난 작가들이 있고, 마케팅 부서도 유능하다. 우리는 이 일을 추진해야 한다.'라고 생각한다. 그런데 누구나 이런 생각을 한다는 것을 당신은 생각하지 않는다. 5개의 영화가 주말에 동시에 개봉한다면, 관람객이 충분하지 않을 것은 확실하다(「Los Angeles Times」, 1996, Camerer & Lovallo, 2000, p. 422 인용).

참조집단 무시 가설을 검증하기 위해, Camerer와 Lovallo는 소정의 금전적 보수를 제공하는 연구에 두 집단의 대학생들을 모집하였다. 한 집단은 보통의 일반적인 모집 공고문을 통하여 모집되었다. 다른 집단의 참여자들에게는 이들이 보유한 운동 기술과 일반 상식이 사례금에 영향을 미칠 것이라는 정보를 특별히 제시하였다.

게임의 기본은 참여자들이 시장에 참여할 것인지에 대한 일련의 결정을 내리는 것인데, 이 게임에서 잠재적 수익은 얼마나 많은 사람이 시장에 참여하는가에 일부분 달려 있다. 게임은 여러 라운드에 걸쳐서 진행되었고, 각 라운드에서는 2, 4, 6, 8명으로 시장 '용량'이 정해져 있었다. 각 출전자의 수익은 고정 금액(50달러)의 배당금이었고, 수익의 크기는 시장 용량, 라운드에 출전한 사람의 수와 개인 순위에 달렸다. 이 순위는 무작위로 정해졌거나 이들의 운동 기술과 일반 상식 능력에 기초하였다. 모든 참여자가 무작위 순위에 기초한 라운드와 기능에 기초한 라운드에 참가하였

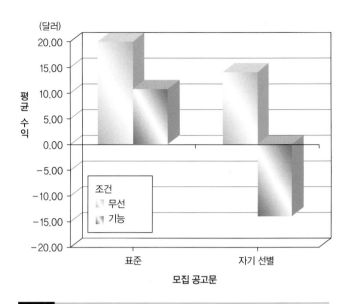

그림 9.3 시장 참여 게임에서 평균 수익
출처 : Camerer & Lovallo, 2000

다. 기능 순위를 결정하는 퀴즈는 실험의 마지막에 치러졌기 때문에 사람들은 자신의 기능 순위를 미리 알지 못하였다.

라운드마다 사람들은 얼마나 많은 사람이 출전할지를 예측하였고, 정확한 예측마다 0.25달러를 받았다. 이들은 또 자신의 출전 여부를 비공개로 결정해야만 했다. 각 라운드의 마지막에, 참여자들은 얼마나 많은 사람이 출전하였는지 알 수 있었다. 그림 9.3은 모집 공고문의 특성과 순위 유형에 따른 전체 라운드의 평균 수익을 나타낸 것이다. 이 게임에서 기능 조건보다 무작위 조건의 사람들의 수익이 더 많았다. 더욱이 무작위와 기능 조건의 차이는 표준 공고문 조건에서보다 자기 선별 공고문 조건에서 더 크게 나타났다. 이 결과는 참조집단 무시를 보여 준다.

추가 검사로서 Camerer와 Lovallo는 각 라운드에 대한 평균 기대 수익을 계산하기 위하여 각 라운드에 얼마나 많은 사람이 참가할지에 대한 참여자들의 예측을 사용하였다. 이 분석은 참여자가 얼마나 많은 사람이 각 라운드에 출전할 것인지를 단순히 과소 예측할 가능성을 통제하였다. 이들은 대부분의 출전자가 무작위 회기에서보다 기능 회기에서 평균 수익이 더 적을 것으로 기대함을 발견했다. Camerer와 Lovallo(2000, p. 421)에 의하면, 대부분의 사람이 '나는

돈을 잃는 평균 참가자를 기대한다. 그러나 나는 아니다.'
라고 말하는 것처럼 보였다.

유사한 결과들이 Windschitl 등(2003)이 수행했던 실제
경쟁과 상상 경쟁에서도 보고되었다. 이들은 참조집단 무
시를 기술하기 위해 **자기 중심성(egocentrism)**이라는 용어
를 사용하였다. 경쟁 과제가 모든 경쟁자에게 쉽도록 만들
어지면, 사람들은 다른 경쟁자에 비하여 자신이 우승할 가
능성이 크다고 믿는다는 사실이 발견되었다. 경쟁 과제를
어렵게 만들자, 사람들은 다른 경쟁자에 비해 자신의 우승
가능성이 작아졌다고 생각하였다. Windschitl 등은 또한
초점화(focalism)의 매개 효과를 발견하였다. 초점화는 중
심 결과와 관련된 평가를 과대추정하는 경향이다. 참여자
에게 경쟁자의 우승 가능성을 평가하도록 요구할 경우, 공
유 상황 효과(shared-circumstance effect)는 유의미하게
작아졌다(여전히 자기 중심성을 보이지만.).

Windschitl 등은 자기 중심성과 초점화가 경쟁에 관여된
사람들에게 다양한 영향을 줄 수 있다고 지적한다. 이런 정
보 처리 편향들은 어떤 사람의 경쟁 참여 여부, 노력의 양,
투자 자원, 사용 전략, 경험하는 정서를 결정할 수 있다. 더
욱이 사람들은 개인의 수행을 제한하거나 감소시키는 규칙
의 변화에는 쉽게 저항하면서 모든 경쟁자의 수행에 이득이
되는 규칙의 변화는 열렬히 받아들인다.

일반적으로 통제를 지각하는 영역에서 사람들은 자신의
능력에 대하여 과확신을 보인다. 예를 들면, McKenna
(1993)는 사람들에게 자신이 운전자일 때 또는 승객일 때 교
통사고에 대한 지각된 위험을 물어보았다. 사람들은 자신이
운전자일 때보다 승객일 때 위험을 더 높게 지각하였다. 그
러나 빙판, 타이어 펑크, 브레이크 오작동처럼 통제 불가능
하다고 지각된 사건에서는 운전자인 자신도 동료와 똑같이
위험에 노출되어 있다고 느끼는 것으로 나타났다. 그 밖의
다른 상황에서 사람들은 통제 가능한 사건과 불가능한 사건
을 구분하는 데 상당히 서투르거나, 실제로 우연으로 결정
되는 사건을 기능적으로 해결하려고 한다(Langer, 1975;

예시 9.1 참조).

통제에 대한 지각이 행동에서 과확신으로 나타나면 문제
가 될 수 있다. 예를 들면, 버스 기사들은 다양한 넓이의 통
로를 운전하는 자신의 능력에 대해 일반적으로 과확신하였
다(통로는 6피트 높이의 나무 기둥 2개로 만들었다.). 그러
나 과제가 매우 쉬울 경우 기사들은 약간 과소확신을 보였
다(Cohen, Dearnaley & Hansel, 1956, Harvey, 1994 인
용). 이 과제에서 참여자들은 5번의 시도 중 얼마나 성공할
수 있을지를 추정해야 했기 때문에, 이 과제가 빈도 추정을
포함한다는 사실에 주목하라. 다른 연구에서 Cohen과
Dearnaley(1962, Harvey, 1994 인용)는 프로 수준, 대학
수준, 고등학교 수준의 축구선수들이 다양한 거리에서 목
표 지점으로 공을 차는 자신의 능력을 과확신한다는 것을
발견하였다. 유일한 예외는 가장 짧은 거리(20피트)에서 나
타났는데, 이 지점에서 선수들은 약간 과소확신적이었다.

피드백과 자기 평가

경험으로부터 학습하기 위해서는, 적절하고 신속한 피드백
이 중요하다. 불행히도 항상 그럴 수 있는 것은 아니다. 주
식시장의 예를 들면, 주식 가격의 단기적 변동은 한 기업의
건전성(또는 일반적으로 주식시장에 대한)을 보여 주는 신
뢰할 만한 지침서가 아니다. 따라서 내가 주식을 구매한 후
에 내 주식이 단기적으로 상승했다는 사실은 나의 뛰어난
투자 능력을 보여 준다고 할 수 없다. 특정 변덕스러운 환경
이 모호하고 단기적인 피드백을 야기함으로써 동일한 문제
를 일으킬 수 있다.

Dunning(2005)은 피드백이 가진 잠재적 문제들에 대해
기술하였다. 예를 들어, (a) 피드백은 **은폐**될 수 있다. 어떤
직원이 회사 파티에서 실수를 한 후 얼마나 많은 사람이 다
음 파티에 그를 초대하지 않기로 결정하였는지 절대 알아낼
수 없다. (b) 피드백은 또한 **부재**할 수도 있다. 어떤 국가에

Fenton-O'Creevy 등(2003)은 전문투자자의 수행이 **통제에 대한 환상**(illusion of control)에 의해 영향을 받는다는 가설을 검증하였다. 이것은 특정 사건을 통제하는 정도를 과대추정하는 현상을 말한다. 실제로 사람들은 자신이 우연 사건을 통제할 수 있다고 믿는 일이 자주 있다(Langer, 1975). 참여자들은 씨티런던투자은행에 근무하는 투자거래자 107명이었다. 이 중 오직 2명만 여성이었는데, 연구자들의 말처럼 이것은 남성 위주의 투자환경을 반영한다. 거래자들의 평균 연봉은 이들의 교육 수준, 경험 및 직업 수준과 정적 상관관계에 있었다.

과제에서 투자거래자들은 스크린에 제시된 변동 지수를 최대화하기 위해 3개의 컴퓨터 키를 누르라는 요구를 받았다. 이들은 지수의 움직임이 부분적으로 무작위지만, 3개의 키가 어느 정도는 효과를 발휘할 것이라는 말을 들었다. 실제로 지수 변화는 기본적인 상승 경향에 기초한 랜덤워크

(random walk)에 의해 결정되었다. 게임에서 처음 두 라운드는 참여자가 점수를 따도록 설정되어 있었고, 3라운드에서는 점수를 잃었고, 4라운드에서 이들의 점수는 일정하게 유지되었다.

각 라운드 후에 참여자들은 지수를 올리는 데 자신의 성공을 추정하라는 요구를 받았고, 통제에 대한 환상의 측정치는 4개의 추정치를 결합하여 얻어졌다. 통제에 대한 환상은 투자거래자의 연봉과 부적인 상관관계를 보여 주었다. 환상이 클수록 거래자의 연봉은 더 적었다. 또한 각 거래자의 직무 수행은 회사의 선임 관리자에 의해 독립적으로 평가되었다. 거래자의 분석 능력 및 위험 관리 능력뿐 아니라 거래자의 수익률은 통제에 대한 환상과 부적 상관관계에 있었다. 그러나 평가된 기술과 통제에 대한 환상 사이에는 어떤 상관도 존재하지 않았다.

서는 쓰레기 투기로 사람을 처벌하지 않는데, 명시적 처벌뿐 아니라 단순히 못마땅함을 드러내는 행위조차 부재한다. 따라서 쓰레기를 버린 사람은 사람들이 이 행동을 얼마나 못마땅하게 생각하는지에 대해 과소평가할 것이다. (c) 피드백이 **확률적**일 수 있다. 올바른 행동의 선택과 그에 대한 보상 사이에 직접적 대응이 존재하지 않는 상황이 많다. 소도시에서 속도 제한을 준수하는 운전자가 뒤에 따라 오던 참을성 없는 운전자의 경적 소리를 듣게 될 수 있다. (b) 피드백은 **불완전**할 수도 있다. 우리는 수행한 행동의 결과는 알지만, 다르게 행동했더라면 일이 어떻게 바뀌었을지는 모른다. 내가 공석에 Jim을 임명했다면, Jim 대신에 Mary를 임명했더라면 상황이 어떻게 되었을지 알 수 없다. (e) 마지막으로 피드백은 **편향**되어 있다. 사람들은 다른 사람에게 나쁜 소식을 전하는 것을 별로 좋아하지 않으며, 심지어 기분 좋게 해 주기 위해 피드백을 왜곡할 수도 있다.

사람들은 분명하고 모호함이 없는 피드백을 받을 때조차도 때로 적절한 메시지를 채택하지 못한다. 예를 들면, 우리는 행동과 결과가 동시에 발생할 때 더 많은 주의를 기울이는 경향이 있다. 운동선수는 관련 없는 어떤 행동과 성공적인 결과를 연결함으로써 미신 행동을 발달시키는 경우가 자주 있다. 다음 경기에 앞서 그 행동을 수행할 필요가 있다고 느낀다. 어쩌면, 실패의 원인으로 다른 행동을 발견하고 미신 행동을 추가할 수도 있지만, 어떤 사람은 행동이 결과를 가져오지 않으면 미신 행동을 버린다.

다른 사고 오류도 피드백의 인지적 왜곡이나 무시를 불러일으킬 수 있다. 사람들은 때로 자기 충족적 예언을 만들어 내는데, 자신의 이론이 얼마나 정확한지 또는 부정확한지와는 상관없이 이론을 확증할 수 있는 증거만을 찾는다. 예를 들면, 어떤 학생이 대기만성형이라는 말을 들은 교사에게서 이 학생의 수행은 시간이 지나면서 점점 더 좋아졌

다. 대기만성형으로 지명된 학생은 실제로는 무작위로 선발되었기 때문에 이들의 향상된 수행은 교사의 태도에서 온 것이다(Rosenthal & Jacobsen, 1968).

피드백으로부터 학습을 방해하는 또 하나의 요인은 후견지명 편향이다. 제4장에서 보았듯이, 피드백을 받으면 사람들은 자신의 초기 판단을 잘못 기억하고(또는 재구성하여) 실제보다 더 정확하게 미래를 예견했었다고 믿는다. 사람들은 또한 자기상(self-image)에 부합하는 피드백을 찾는 경향이 있고, 자기상에 부합하는 방식으로 피드백을 잘못 기억하는 경향도 있다(Dunning, 2005 참조). 유사하게, 앞서 언급한 투자거래자의 경우처럼, 사람들 —특히 남성— 은 긍정적 결과는 자신의 행동에, 부정적 결과는 타인 또는 다른 외적 요인에 귀인하는 경향이 있다. Dunning은 사람들이 긍정적인 피드백은 비판 없이 수용하면서 부정적인 피드백은 세심히 검토하는 경향이 있다고 지적한다. 사람들은 긍정적 행동은 중심적이고 안정적인 자기 특성으로 지각하고, 부정적 행동은 일시적이고 대표적이지 않은 것으로 지각한다. 실패는 '거의 성공할 뻔한 것'으로 해석될 것이다.

경험, 전문성과 판단 보정

여러 유형의 판단에서 어떤 연구는 경험과 전문성을 특별히 권장하지 않는다.[3] 예를 들면, 과제에 대한 경험은 프로젝트 종결 시간에 대한 비현실적인 낙관주의를 악화시킨다(제10장 참조). 앞에 기술한 투자 행동에 대한 Odean의 연구는 주식시장 거래자들의 과확신을 보여 준다. 한 연구자는 다음과 같이 지적하였다. "전문가의 결정을 기준으로 삼아야 한다는 주장과는 반대로, Odean은 전문가가 불필요하고 해로운 충고를 하고 수수료를 받아내는 능력 외에 다른 전문성을 가지고 있지 않다는 것을 보여 준다(Bazer-man, 2001, p. 354)."

우리는 또한 현 정세가 지속될 것이라는 단순한 가정이 오

히려 더 정확한 결과를 낳을 정도로 정치전문가들이 보정을 잘하지 못한다는 것을 보았다. 이런 사실에도 불구하고, Tetlock(2005)는 대부분의 유명한 전문가가 주목받지 못하는 전문가보다 더 과확신적이라는 것을 발견하였다. 이것은 아마도 과확신적인 전문가가 '미디어의 관심을 더 많이 받고 더 자주 인용되기 때문일 수 있고(2005, p. 63)' 과확신적인 전문가가 지닌 추진력 때문일 수 있다.

그러나 다른 결과들은 판단 영역에 따라 차이가 있기는 하지만 전문성에 대하여 좀 더 긍정적이다. 보정 연구에 대한 Lichtenstein 등(1982)의 개관 논문에서 여러 분야의 전문가들을 조사하였다. 이 중 전 범위 확률을 사용하는 일기예보자의 예측 보정이 놀라울 정도로 뛰어나다는 사실이 발견되었다. 특히 한 연구는 자주 인용되고 있다. 4년 이상 시카고에서 발생한 24,859건의 강수 예보는 매우 뛰어난 보정을 보여 주었다(Murphy & Winkler, 1977 참조). 우수한 보정을 보여 주는 또 하나의 연구는 전문 브리지 게임선수에 관한 것이다(Keren, 1987). 이 두 영역에서의 판단은 빠르고 정확하며 모호함이 없는 피드백을 특징으로 한다는 것이 주목할 만하다.

그러나 후속 연구는 일기예보자의 보정 정도가 예보 사건의 발생 빈도에 달렸다는 것을 보여 주었다(예 : 기저율). Murphy와 Winkler(1977)의 분석에서 강우 기저율은 약 25%였다. 그러나 13%의 기저율을 가진, 빈도가 더 낮은 사건인 폭풍우를 예측할 때, 예보자는 보정을 잘하지 못하였다(Winkler & Poses, 1993). 또한 예측 지역의 면적과 관련하여 이상한 현상이 발견되었다. 예보자는 면적이 작은 지역(폭풍우가 드문 지역)에 대하여는 높은 확률을 과대 적용하고, 면적이 넓은 지역(폭풍우가 자주 발생하는 지역)에 대하여는 높은 확률을 과소 적용하였다. 즉, 예보자들은 기저율 무시를 보였다.

무선지지이론

예보자에 관한 다른 연구도 기저율 효과를 지지한다.

Koehler 등(2002)은 의학, 법, 사업, 스포츠 분야에서 전문가 판단을 다룬 연구들을 개관하였다. (모두 전-범위 확률을 사용하는) 이 연구에서 나온 결과를 설명하기 위하여 Koehler 등은 Griffin과 Tversky의 강도 무게 모형과 관련된 한 이론을 개발하였다. 이것이 **무선지지이론**(random support theory, RST)인데, 이 이론에 따르면 '확률 판단은 정확한 가설과 부정확한 가설에 대한 기본 지지 분포에 의해 포착된 증거의 균형을 나타낸다(2002, p. 688).' Koehler 등은 이 모형의 예측에 놓인 세 변수에 대하여 다음과 같이 설명한다.

> 알파(α) : 증거의 '무게' 또는 질을 가리키는 것으로, 정확한 가설과 부정확한 가설에 대한 지지 차이로 정의되는 판단자의 **변별 능력**(discrimination ability)이다.
> 시그마(σ) : 증거의 지각된 강도를 가리키는 것으로, 기저율값에서 멀어지는 경향으로 정의되는 판단자 반응의 극단성(extremity)이다.
> 베타(β) : 중심 가설로부터 받는 차별적 지지로, 무엇보다 베타는 결과 기저율에 대한 판단자의 민감성 지수로 볼 수 있다.

RST는 강도 무게 모형처럼 사람들이 사례를 근거로 판단한다고 가정한다. 다시 말해, 사람들이 사례에 대한 지지는 쉽게 찾으려고 하면서, 증거 강도와 기저율 정보 같은 광범위한 사고는 무시한다는 것이다. 즉, 알파와 베타가 변화해야 하는데 변화하지 않거나 심지어 여러 판단 영역에서 일정하게 유지되기도 한다.

Koehler 등은 이런 설명을 지지하는 증거로서 변별 능력과 기저율이 모두 높을 때(예 : 집중 치료실 생존), 의사가 판단한 확률은 결과 빈도와 비교하여 너무 낮다는 사실을 발견하였다. 반대로 변별 능력과 기저율이 모두 낮을 때(예 : 폐렴), 이들이 판단한 확률은 너무 높았다(과대 예측). 보정은 변별 능력이 높고 기저율이 낮을 때(예 : 인후염) 확실히 더 우수하였다.

강도 무게 모형과 마찬가지로, RST는 사람의 판단이 개인 경험 또는 사건에 대한 기억의 가용성에 의해 영향을 받을 수 있다고 예측한다. 따라서 Koehler 등은 환자와의 경험이 과대 예측을 증가시킬 수 있음을 보여 주는 연구를 인용한다(Bobbio et al., 1992). 이들이 인용한 또 다른 연구는 의사의 기억에 있는 균혈증 사례의 가용성이 의사가 판단한 균혈증 확률과 상관관계에 있다는 것을 발견하였다(Poses & Anthony, 1991).

낙관 편향과 비현실적 낙관주의

낙관 편향 연구는 미래에 불확실한 사건이 자신에게 발생할 가능성이 어느 정도일지에 대한 사람들의 판단을 다룬다. 인생에서 일어날 수 있는 일련의 긍정적 · 부정적인 잠재적 사건과 관련하여 Weinstein(1980)은 학생들에게 이런 사건이 자신에게 발생할 확률이 어느 정도인지, 평범한 다른 친구에게 발생할 확률은 얼마나 된다고 생각하는지를 질문하였다. 응답자들은 좋은 일은 자신에게 더 자주 일어나고 나쁜 일은 더 드물게 일어날 것이라고 생각하였다. 이 결과는 후속 연구에서도 여러 번 반복 검증되었다.

자기 자신과 관련된 예측 판단의 정확성은 목표 사건의 발생 여부를 관찰한 후에 판단할 수 있다. 그러나 이러한 종단 연구는 분명한 이유로 드물게 수행된다. 일반적으로 두 절차 중 하나가 사용된다. 첫째, 참여자에게 평균적인 사람들의 확률과 비교하여 자신의 확률을 평가하도록 요구한다(직접 측정). 둘째, 참여자에게 자기 자신에 대하여, 그리고 타인에 대하여 독립적으로 확률을 판단할 것을 요구한다(간접 측정). 낙관 편향은 두 유형의 측정에서 모두 보고되지만, 이 두 측정 방법이 동일한 것을 측정하는 것 같지는 않다. 직접 측정은 주로 자신에게 주의를 초점화하는 경향이 있다면, 간접 측정은 독립적인 질문이 지닌 장점 때문에 자신과 타인 모두에게 주의를 기울이게 한다(Aucote &

Gold, 2005 ; Covey & Davies, 2004 ; Eiser et al., 2006).

다른 변형된 측정 방법에서는 '평균적인 사람'이 아닌 다른 사람들과의 비교를 채택하였다. 그 밖의 방법에서는 '전형적인 다른 사람(예 : Perloff, 1987)', '알고 있는 (대다수) 사람(예 : Drake, 1984)', 또는 '같은 대학교에 다니는 동성의 다른 사람(예 : Weinstein, 1980)'이 있다. 낙관 편향은 이 대안들을 사용한 모든 연구에서 관찰되었다. 그러나 참여자들이 친한 친구와 자신을 비교할 때는 낙관 편향이 발생하지 않는 것으로 보인다(Perloff & Fetzer, 1986).

행동의 자기 평가와 마찬가지로, 통제에 대한 환상이 낙관 편향의 발생에 중요한 역할을 하는 것 같다. 참여자의 국적, 학생 신분, 위험 상황, 낙관 편향 측정에 사용한 방법의 매개적인 효과가 있기는 하였지만, 27개의 표집에 대한 메타분석에서 통제에 대한 환상과 낙관 편향의 관계가 확인되었다(Klein & Helweg-Larsen, 2002).

긍정적 환상이 정신건강과 연합되어 있다는 사실은 흥미롭다(Taylor & Brown, 1988 참조). 긍정적 환상은 행복감, 타인을 돌보는 능력, 생산적 작업에 종사하는 능력(열정)과 관계가 있다. 특히, 강한 자기 통제감, 자신감, 그 밖에 다른 긍정적 신념을 지닌 사람은 우울증으로 진행될 수 있는 스트레스 상황에 더 잘 대처하는 경향이 있다. 이것은 불리한 상황이 발생하였을 때 긍정적인 행동을 수행하려는 동기와 관련이 있다. 더욱이 정서의 종류는 사람들의 위험 판단과 낙관주의에 상이한 효과를 불러일으킨다. Lerner와 Keltner (2001, 연구 3)는 참여자에게서 공포, 분노, 행복감을 유도하였다. 확실성과 통제성이 애매하지 않은 사건에 대해서는 '행복한' 참여자만이 낙관적이었고, 공포와 분노를 경험한 참여자는 비관적이었다. 그러나 확실성과 통제성이 애매한 사건에 대해서는 분노한 참여자와 행복한 참여자 모두 동일하게 낙관적이었지만, 공포를 느끼는 참여자는 비관적이었다.

다른 한편으로 낙관 편향이 효율적인 위험 소통을 방해하고, 비현실적으로 낙관적인 사람은 위험 사건에 대응하여 자신을 보호하지 못한다는 우려가 있다. 그러나 낙관 편향을 감소시키려고 시도한 연구들이 항상 성공적이었던 것은 아니다(예 : Weinstein & Klein, 1995). 어느 정도의 낙관 편향은 정신 및 신체건강에 긍정적인 영향을 끼치기 때문에 적정 수준의 긍정적 환상이 좋을 수도 있지만, 자신을 기만하는 무능함과 극단적 수준의 낙관주의는 정신과 신체 건강에 부정적인 결과를 가져온다(Baumeister, 1989).

요약

지식에 대한 확신의 정확성은 여러 가지 방법으로 측정된다. 특히, 양자택일검사가 광범위하게 사용된다. 수많은 연구가 사람들이 자신의 지식에 대하여 과확신하고 있음을 발견하였다. 이 현상에 대한 초기 설명 중 하나는 사람들이 자신의 답변을 확증하는 이유만을 탐색하면서 반대되는 증거를 무시하는 경향이 있다는 것이다. 그러나 이 이론에 대한 경험적 증거는 그렇게 강력하지 않다.

사실 사람들이 과확신적이라고 말하는 것은 전적으로 정확한 것이 아니다. 보정 과제에서 사람들의 수행을 완벽하게 설명하는 이론이라면, 어려운 과제에서 과확신이 가장 많이 나타나고 쉬운 과제에서는 과확신이 덜 보이거나 과소확신이 나타나는 난이도 효과를 설명해야 한다. 이런 결과를 설명하려고 시도한 유명한 두 이론이 확률 심적 모형과 강도 무게 모형이다.

다른 관련 현상으로 (1) 보정에서의 문화 간 차이, (2) 대다수의 사람보다 자신을 더 우수한 존재로 평가하는 경향이 있다. 문화 간 차이가 국가 간 반응 척도의 차이, 같은 방법론적 원인에 의해 일어나는 것 같지 않다. 몇몇 설명이 제기되었지만, 문화 간 차이의 원인에 대한 만족할 만한 이론은 아직 없는 것으로 보인다.

다른 사람과 비교하여 자신을 약간 낮게 평가하는 최상위권의 수행자를 제외하면, 대부분의 사람은 다른 많은 사람보다 자신의 과제 수행이 더 우수하다고 평가한다. 증거에 의하면 특정 영역에서의 기능 부족은 이 영역에서 자신을 정확하게 평가하는 능력을 방해한다. 다행스러운 점은 특정 주제에 대한 교육을 통해 수행뿐 아니라 다른 사람과의 비교에 있어 자기평가의 정확성도 향상시킬 수 있다는 것이다.

사람들은 또한 자신의 지식뿐만 아니라 행동에 대한 판단과 관련하여 보정이 부정확한 경향이 있다. 과확신과 난이도 효과는 여러 영역에서 관찰된다. 통제에 대한 환상은 비록 쉬운 과제에서의 과소확신을 설명하지는 못하지만 과확신을 상당 부분 설명하고 있다. 다른 사람들과 경쟁하는 기능 기초 과제에서 사람들은 다른 사람도 그들과 같은 기능을 지닐 수 있다는 사실을 과소추정하는 참조집단 무시를 보인다. 과확신은 또한 자기 편익 귀인과 불완전한 피드백에 의해 만들어지고 유지되기도 한다.

전문성에 대한 연구는 보정에서 일관성 없는 결과를 보여 주었다. 과거에는 일기예보자가 보정을 잘한다고 알려져 있었지만, 최근 증거들은 항상 그런 것은 아님을 보여 준다. 실제로 이들의 보정 수행은 목표 사건의 기저율에 의해 결정된다. 이것과 다른 전문가집단의 수행을 설명하기 위하여 무선지지이론이 개발되었다.

마지막으로 미래에 좋은 사건과 나쁜 사건이 자신에게 일어날 가능성을 예측하라고 요구하면, 사람들은 긍정적으로 편향된다. 좋은 일은 다른 사람보다 자신에게 더 자주 일어날 것이라고 생각하고, 나쁜 일은 다른 사람보다 자신에게 더 적게 발생할 것이라고 여기는 것이다. 이러한 성향의 원인으로 다른 요인도 물론 꼽을 수 있으나 통제에 대한 환상이 가장 큰 역할을 하는 듯하다. 기분 상태는 통제 능력에 대한 신념과 낙관주의 수준 모두에 영향을 끼친다. 낙관주의의 이점에도 불구하고 이 연구의 주요 관심은 사람들이 특정 위험에 맞서 자신을 보호하지 못한다는 데 있다.

129쪽 검사의 정답

(1) 39세 (2) 4,187마일 또는 6,738킬로미터 (3) 11개국 (글쓰기 시점인 2006년의 회원국 수) (4) 39 (5) 2,160마일 또는 3,476킬로미터 (6) 390,000 파운드 또는 176,901킬로미터 (7) 1,756 (8) 645일 (9) 5,959마일 또는 9,590킬로미터 (10) 36,198피트 또는 11,033마일

질문

1. 당신이 확신 판단을 제공할 것을 사람들에게 요청한다면, 당신은 이런 판단을 질문하는 최선의 방법이 무엇이라고 생각하는가? 또 왜 그렇다고 생각하는가?

2. 초점화와 참조집단 무시는 어떻게 과확신을 불러일으키는가?

3. 확률 진술을 요구하는 확신 과제에서의 수행을 설명하는 이론을 평가하라.

4. 불안과 행복감이 확신과 보정에 어떤 영향을 끼칠 것으로 기대하는가? 이 가설을 검증하는 실험을 설계하라.

5. Kruger와 Dunning(1999)의 과장된 자기평가에 대한 '무능(incompetence)' 모형을 Burson 등(2006)의 노이즈 더하기 편향 모형과 비교하라.

6. 여러 연구가 여성보다 남성이 더 과확신적이라고 보여 주고 있다. 그렇게 생각하는 이유와 당신의 설명을 검증하기 위한 방법은 무엇인가?

주

1. 확신 빈도 구분과 대표적 표집 대 선별표집 주제 외에도, Peter Juslin과 동료들은 과확신과 난이도 효과의 인위적 출현을 일으킬 수 있는 몇 가지 다른 측정 문제들에 대해 조명하였다(Juslin et al., 2000). 예를 들면, 완벽하게 보정하지만 확신 판단에서 무선 오류를 보이는 사람은 난이도 효과를 발생시킬 것이다. 특정 확신 범주에서 과확신과 과소확신은 주관적 확률에서 정답률을 빼는 것으로 측정된다. 그럼으로 정답률이 0.5이면, 보정은 완벽한 보정(0.5−0.5)과 0.5 과확신(1−0.5) 사이에서 일어나야 한다. 정답률이 1이면, 보정은 완벽한 보정(1−1)과 −0.5의 과소 확신(0.5−1) 사이에서 일어나야 한다. 그러나 확신 평가에서 무선 오류를 범한 완벽하게 보정한 사람은 쉬운 항목에서는 과소확신을, 어려운 항목에서는 과확신을 보일 것이다. 이것은 확률 척도의 끝에서 오류가 나타날 수 있는 한 방향만이 존재하기 때문이다.

2. Russo와 Schoemaker가 이 검사를 발표한 후에 OPEC 회원국 수가 바뀌었다.

3. 흔히 전문가는 경험이 많은 사람이라고 가정된다. 그러나 경험 하나만으로 정확한 판단과 보정 판단 능력이 생기는 것은 아니다. 이것은 '전문가'가 정말로 무엇인지에 대한 질문을 불러일으키지만, 저자는 여기서 더는 다루지 않을 생각이다.

추천도서

Dunning, D. (2005). *Self-insight: Roadblocks and detours on the path to knowing thyself*. New York and Hove: Psychology Press. 제목이 모든 것을 말해 주고 있듯이, 자기 통찰의 주제를 다룬 매우 흥미로운 책이다.

Fenton-O'Creevy, M., Nicholson, N., Soane, E. & Willman, P. (2005). *Traders: Risks, decisions, and management in financial markets*. Oxford: Oxford University Press. 이 책은 금융거래자의 위험 지각, 위험 감수, 낙관 편향, 통제에 대한 환상, 성격 특성에 대한 흥미로운 설명을 제공한다.

Tetlock, P. E. (2005). *Expert political judgment: How good is it? How can we know?* Princeton and Oxford: Princeton University Press. 경제전문가와 정치예측자는 얼마나 정확한가? 이들은 과확신적인가? Tetlock의 책은 장기간에 걸쳐 수행된 전문가에 대한 인상적인 연구서이다.

10 시간 경과에 따른 판단과 선택

서론

많은 판단과 결정은 시간 요소를 포함한다. 시간 요소는 어떤 경우에는 명시적으로 자각되기도 하지만, 때로는 암묵적인 채로 남겨지기도 한다. 시간에 대한 명시적인 판단 중 하나가 마감 시간 정하기인데, 과제를 완수하는 데 시간이 얼마나 소요될 것이라고 생각하는지를 평가한다. 이와 유사하게, 우리가 실제로 과제를 수행하지 않을지라도 과제를 수행하려는 의도를 형성하는 경우는 많다. 의도와 행동의 관계는 얼마나 강력할까? 그리고 왜 때로 우리의 의도는 우리를 기만하는 것일까? 우리가 소비할지 또는 저축할지를 결정할 때처럼, 선택 자체는 현재와 미래 사이의 일종의 거래를 포함한다. 마지막으로, 바람직한 결정짓기는 잠재적 결과에 대한 우리의 느낌을 예측할 것을 요구한다. 앞으로 살펴보겠지만, 사람들은 자신이 무엇을 느낄지 예측하는 데 있어서 상당히 부정확하다. 이 장에서는 시간에 따른 판단과 선택의 분야를 살펴본다.

마감 시간

나는 마감 시간을 사랑한다. 마치 새가 날아가는 것처럼 마감 시간이 만드는 쉭 하는 소리를 나는 좋아한다(Douglas Adams, 『은하수를 여행하는 히치하이커를 위한 안내서』외 다수의 저서를 출판하였다.).

Hofstadter의 법칙 : 모든 일은 당신이 생각하는 것보다 오래 걸린다. 심지어 당신이 Hofstadter의 법칙을 설명하려고 할 때조차도 그렇다(Hofstadter, 1980, p. 152).

우리는 앞 장에서 사람들이 과확신적이고 낙관적이라는 것을 보았다. 사람들이 낙관적이라는 사실은 프로젝트 계획에서 잘 드러난다. 즉, 프로젝트를 완료하는 데 걸리는 시간을 과소추정하는 경우가 흔하다. 이것은 개인, 조직, 정부의 경우에도 마찬가지이다. 실제로 대중의 삶에는 지연된 프로젝트들이 넘쳐난다(보통 예산 부족으로).

한 연구에서 심리학과 학생들에게 졸업 논문을 언제 제출할지 질문하였고, 또 일이 계획대로 진행되지 않을 경우의 그들이 생각하는 제출 시기에 대해 질문하였다. 단지 30%의 학생들만이 예정된 기한에 논문을 제출하였고, 평균 완성 시간은 55일이어서 예상보다 22일이나 더 길었다. 이것은 또한 최악의 경우를 생각하도록 한 조건에서 추정한 예정 시간보다 7일이나 더 긴 것이었다. 그러나 추정한 완성 시간과 최종 완성 시간 사이에 상관관계가 나타나서 사람들의 추정치가 무의미한 정보라고는 볼 수 없으며, 단지 낙관적이라고 밖에 할 수 없다. 학생들은 또한 자신의 기간 추정에 높은 수준의 확신을 보였다(Buehler et al., 1994, 연구 2와 3). 다양한 과제를 사용한 많은 다른 연구들도 과제 완수에서 낙관주의를 발견하였다(Roy et al., 2005a, 2005b에서 연구목록을 볼 수 있다.).

놀랍게도 이러한 현실성 결여가 낙관 기질, 자존감이나 비임상적 우울증에 의해 매개되는 것 같지 않다(Buehler et al., 2002 참조). 미루는 성향의 사람들이 일을 늦게 마치는 경향이 있고 자신이 시간 관리에 문제가 있다는 것을 자각

하지만, 과제를 미루지 않는 사람들과 비슷한 수준의 낙관 편향을 보였다(Lay, 1986). 금전 때문이든 단순히 과제를 일찍 완수하려는 욕구 때문이든 낙관 편향은 동기 수준이 가장 높은 사람에게서 더 크게 나타나는 경향이 있다(Buehler et al., 1997). 또한 관련 과제에 대한 경험이 많은 사람에게서 낙관 편향은 더 강하다(Boltz et al., 1998; Hinds, 1999). Buehler 등(2002)은 프로젝트 완성 시간의 과소추정이 모든 문화권에서 공통적으로 나타나는 현상임을 보여 주는 미발표 결과를 보고하였다. 이들은 캐나다와 일본의 참가자 모두에게서 과제 완수에 대한 낙관주의를 발견하였다. 일본인은 캐나다인과 달리 과거의 예측 실패를 외부 귀인하지 않음에도 불구하고 낙관주의를 보였다.

Kahneman과 Tversky(1979; Kahneman & Lovallo, 1993)는 사람들이 프로젝트가 얼마나 걸릴지를 추정할 때, 현재의 과제를 생각하고 프로젝트의 진행 과정에 대한 예상 시나리오를 형성한다고 주장한다. 시나리오는 성공적인 결말로 나아가는 일련의 단계를 포함하는 경향이 있다. 이러한 사고는 프로젝트의 진행에 문제가 발생할 수 있다는 생각을 하지 않게 한다(본질적으로 이것은 앞 장에서 기술한 초점화 편향의 또 다른 예이다.). 다른 연구가 보여 주는 것처럼 시나리오가 어떻게 전개될지 단순히 상상하는 것만으로 시나리오가 그렇게 전개될 것이라는 사람들의 신념은 증가할 수 있다(Koehler, 1991). 이러한 관점에 따르면, 사람들로 하여금 추론 과정에서 유사한 유형의 선행 프로젝트를 고려하도록 하면 사람들의 추정치에서 리얼리즘이 증가할 것이라고 기대할 수 있다. 선행 프로젝트를 고려하는 이러한 접근을 '외부 관점'이라고 한다면, 사람들이 하고 있는 전형적인 접근은 '내부 관점(또는 계획 오류)'이라고 불린다.

그러나 과거의 사례를 고려하도록 해도 사람들은 낙관적인 추정을 한다(예 : Buehler et al., 1994, 연구 4). 이는 모든 사례를 독특한 것으로 보는 사람들의 경향이 과거 사례와 그들이 현재 직면한 상황 사이의 연관성을 감소시키기

때문이다. 그래서 학생들은 선행 프로젝트에서 정해진 시간 내에 완수하는 데 힘들었다는 사실을 인정할 때조차도, 프로젝트를 시간 내에 완수할 수 있다고 낙관한다. Roy 등(2005a)은 사람들이 왜 과거 경험을 적절하게 이용하지 못하는지에 대한 — 상호배타적이지는 않지만 — 또 다른 이유를 제안한다. 사람들은 선행 프로젝트가 얼마나 오래 걸렸는지 실제로 잘못 기억하고, 따라서 실제보다 더 적은 시간이 과제에 소요되었다고 생각한다는 것이다(Griffin & Buehler, 2005; Roy et al., 2005b 참조).

사람들은 선행 경험을 현재 사례에 적용하기를 원하지 않을 때 그것의 중요성을 무시하려고 한다(Buehler et al., 2002). 타인의 경험도 현재 우리의 추정에 영향을 끼치지 못하는데, 우리는 타인의 결과를 개인의 기질에 귀인하는 경향이 있고(Jones & Nisbett, 1972), 또한 타인의 경험을 고려한다 하더라도 실제로 발생한 일에 대해 확신할 수 없기 때문이다.

좋은 의도

앞 절에서 우리는 프로젝트 수행에 걸리는 시간을 정확하게 추정하는 사람들의 능력에 대해 살펴보았다. 그런데 어떤 행동이 일어나기 전에 행동을 하려는 의도가 나타난다. 어떤 연구 분야는 의도가 행동을 얼마나 잘 예측하는지를 다룬다. 이러한 연구는 운동, 콘돔 사용, 유방암검사를 하지 않게 하는 요인의 규명 및 극복에 관심을 두는 건강 행동 분야에서 특히 중요하다.

행동과 신념을 연결하기 위해 개발된 유명한 이론이 Ajzen (1985, 1988)의 **계획행동이론**(theory of planned behaviour)이다(그림 10.1). 이 이론에서 세 요인이 의도와 연결되어 있고, 의도는 행동과 연결되어 있다. 더 강력한 의도가 더 강력한 행동 수행 가능성과 연합되어 있지만, 이 관계는 결코 완벽하지 않다. 일반적으로 현재의 의도는 행동의 약 20∼40%의 변량을 설명한다. 의도와 행동의 관계에 영향을 끼치는 수많은 요인이 있는데, 지식, 능력, 자원, 기회, 인성 등이 그것이다(Sheeran, 2002). Sheeran은 또한 의도-행동 관계의 강도가 영역에 따라 다르고, 광범위한 행동 목표보다 특수 행동과의 관계에서 더 강하다는 것을 발견하였다.

의도와 행동 사이의 관계를 매개하는 또 하나의 요인이 시간 간격이다. **해석수준이론**(construal level theory) (Liberman & Trope, 1998; Trope & Liberman, 2003)에 따르면, 먼 미래의 사건은 가까운 미래 사건보다 상위 수준에서 해석된다. 따라서 먼 미래 사건과 관련된 사람들의 선호는 상위 수준의 생각의 영향을 더 강하게 받는 반면, 가까운 미래 사건과 관련된 사람들의 선호는 하위 수준의 생각에 의해 더 강한 영향을 받는다. 예를 들면, 한 연구(Liberman

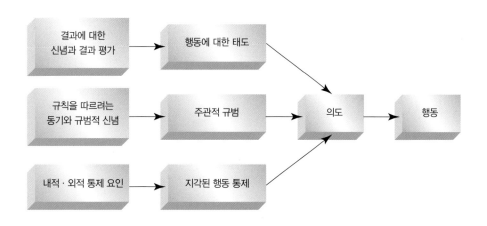

그림 10.1 Ajzen의 계획행동이론

& Trope, 1998)는 다가오는 특강을 흥미롭거나 지루한 것으로, 편한 시간 또는 불편한 시간에 개최되는 것으로 기술하였다. 가까운 미래 또는 먼 미래에 특강 참석 의도를 평가하도록 하였을 때 흥미 수준은 시간 간격이 증가할수록 선호에 더 큰 영향을 끼친 반면, 시간의 편리성은 시간 간격이 증가할수록 더 적은 영향을 끼쳤다.

'채널(channel)' 요인(Lewin, 1951)이라고 불리는 상황 요인이 수행 의도 가능성을 증가시킬 수 있다. 한 연구에서 학생들은 파상풍 예방접종에 대한 설득 메시지를 받았다 (Leventhal et al., 1965). 어떤 학생들에게는 건강센터의 위치가 표시된 캠퍼스 지도가 제공되었다. 모든 학생이 예방접종을 하겠다는 강한 의도를 보고하였지만, 실제로 예방접종을 받은 학생의 수는 지도를 받은 집단에서 더 많았다.

확신의 강도 무게 모형(Griffin & Tversky, 1992; 제9장)과 일치하게, 사람들은 자신의 미래 행동을 올바르게 예측하지 못하는 경우가 있다. 이는 사람들이 현재의 의도 강도와 관련 없는 예측 요인을 과소평가하면서 자신의 의도 강도를 너무 중요하게 생각하기 때문이다. 한 연구(Koehler & Poon, 2006, 연구 1)에서, Waterloo대학교의 학생들에게 헌혈을 할 자신의 의도 강도를 추정하게 하였다. 이들은 실제로 헌혈을 할 가능성을 추정하고. 헌혈에 대한 일련의

일반 진술문들(예 : '더 많은 캐나다인이 헌혈에 참여해야만 한다.')에 대하여 동의하는 정도를 표시하였다. 어떤 사람들은 예측과 의도를 추정하기 전에 이런 진술문들을 평가하였고, 다른 사람들은 예측과 의도 추정 후에 진술문 평가를 하였다. 기대한대로, 진술문 평가 과제를 먼저 수행하는 것은 예측 추정과 의도 강도의 증가를 가져왔지만, 실제로 헌혈을 한 사람의 수를 유의미하게 증가시키지는 못하였다. 평균 헌혈 가능성은 43%였지만, 응답자의 20%만이 실제로 헌혈을 하였다고 보고하였다.

후속 연구(Koehler & Poon, 2006, 연구 2와 3)는 미래의 웹 기초 연구를 위해 참여자를 모집하였다(그림 10.2 참조). 참여자들은 (단순히 '도움이 된다.'라는 말과 대조되는) 자신의 참가가 연구에 매우 중요하다는 말을 들었을 때 자신의 참가 가능성을 더 높게 예측하였지만, 실제 더 많이 참가하지는 않았다. 두 번째 조작은 연구가 시작되기 직전에 학생들에게 이메일 독촉장을 보내는 것이었다. 이 조작은 참가 예측 평가에는 영향을 끼치지 못하였지만, 실제 참가 비율은 13%에서 26%로 유의미하게 증가하였다. 마지막으로 참여자의 반응을 지켜보았던 독립적인 관찰자에게 이 참여자가 참가할 것인지를 예측하게 하였다. 이들의 예측은 중요도 조작에 의해 영향을 받지 않았지만, 독촉장 조작에

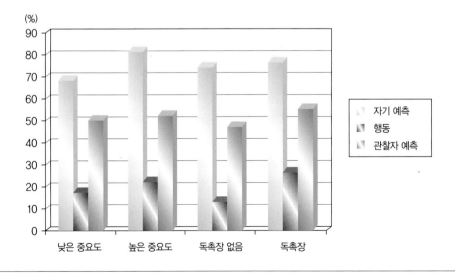

그림 10.2 웹 기초 연구 참여자의 실제 비율과 예측
출처 : Koehler & Poon, 2006, 연구 2와 3

의해서는 영향을 받았다. 즉, 관찰자가 참가자 자신보다 참가자의 행동에 영향을 끼치는 요인들에 더 민감하였다.

시간 경과에 따른 선택

시간 선호

사람들이 지연된 보상보다 즉각적인 보상을 선호한다는 증거는 수없이 많다. 많은 사람이 지금으로부터 한 달 후에 받을 수 있는 조금 더 많은 현금보다 당장 받을 수 있는 더 적은 현금을 선호한다. 이런 현상은 현실에서 많은 사람이 은퇴 준비에 실패하는 것에서도 드러난다. 나중의 보상보다 현재의 보상을 선호하는 경향을 **시간 선호**(time preference)라고 한다(Frederick et al., 2002). 물론 예외도 있지만, 이 현상은 시점 간 선택(intertemporal choice)에서 흔히 관찰된다(그림 10.3). 19세기 경제학자 John Rae(1834)는 시간 선호 행동에 다음과 같은 심리적 동기가 작용한다고 보았다.

- 사회 기여 욕구('유증 동기')
- 검소한 행동과 지적 능력에 대한 욕구(자기 절제)
- 즉각적인 소비가 주는 흥분
- 만족 지연에서 오는 불편함

이 동기들은 (1) 사람들이 미래의 예상된 소비 효용이 있는 경우를 제외하고는 즉각적인 효용만을 생각한다는 것과 (2) 사람들은 만족을 지연하는 데 요구되는 자기 부정을 좋아하지 않는다는 이론으로 나눌 수 있다. 이 두 광범위한 요인은 개인마다 차이가 있다. 예를 들어, 사람들이 미래의 소망을 과소평가하는 경향 때문에 고통 받는다는 주장도 있지만(Böhm-Bawerk, 1889), 어떤 사람은 다른 사람에 비해 미래에 발생할 결과를 상상하는 데 있어서 더 뛰어날 수도 있다.

© Matt Feazell

그림 10.3 시간 선호 : 사람들은 지연된 효용에 비해 현재의 효용을 선호하는 경향이 있다.

후에 Paul Samuelson(1937)은 시점 간 선택에 대한 일반 양석 모형을 제시하기 위해 **할인 효용 모형**(discounted utility model, DU model)을 개발하였다. 모형의 중심 속성은 앞서 제안되었던 모든 심리적 특성을 포함하는 할인율이었다. 다시 말해, 할인율은 상이한 시간대에 개인의 행복의 상대적 무게를 결정하는 유일한 변수이다. 현금의 예에서, 현재의 100달러와 1년 후의 150달러가 나에게 어떤 차이도 없다면, 나의 할인율은 50%가 되는 것이다. Samuelson이 모형의 규범적 타당도와 기술적 타당도에 대하여 어떤 제안도 하지 않았지만, DU 모형은 시점 간 선택을 분석하는 표준으로 경제학자들에게 빠르게 채택되었다(Frederick et al., 2002). 미래는 항상 불확실하다는 사실처럼(예 : '나는 얼마나 오래 살 수 있을까?', '경제가 파산하지는 않을까?'), 실제로 사람들이 미래를 할인하는 데는 이유가 있다(Baron, 2000, pp. 471~472).

그러나 현실적으로 DU 모형은 실제 행동을 잘 설명하지 못한다. 가장 많이 보고되었던 모형의 위배 현상은 시간 경과에 따라 할인율이 변화한다는 사실이다(예 : Chapman,

1996; Redelmeier & Heller, 1993; Thaler, 1981; Thaler & Shefrin, 1981). Thaler(1981)는 사람들이 현재의 15달러를 한 달 뒤의 20달러(345% 할인율), 1년 뒤의 50달러(120% 할인율), 10년 뒤의 100달러(19% 할인율)와 차이를 두지 않는다는 것을 발견하였다. 이런 할인율 감소 경향성을 쌍곡형 할인(hyperbolic discounting)이라고 부른다.

쌍곡형 할인은 **역동적 불일치**(dynamic inconsistency)라고 불리는 일종의 선호 역전을 불러일으킨다. 내가 지금으로부터 9개월 후의 100달러보다는 1년 후의 200달러를 선호한다고 가정하자. 그렇지만 기간이 더 짧은 경우에는, 지금으로부터 4개월 후의 200달러보다 1개월 후의 100달러를 선호한다. 즉, 두 선택에서 3개월이라는 시간 차이는 동일하지만, 가까울 때는 더 작은 보상을 선호하고 멀리 있을 때는 그렇지 않다. 이 같은 역전이 많은 연구에서 관찰되었다(예 : Kirby & Herrnstein, 1995; Solnick et al., 1980). 이 연구들은 사람들에게 동시 발생적인 선택을 제시하고 있고, 이들은 또한 9개월 뒤의 100달러보다 1년 뒤의 200달러를 선호하는 사람이 8개월 이내로 동일한 선택을 제시받으면 100달러를 선호할 것임을 암시한다. 역동적 불일치는 비둘기에게서도 관찰되었다(Ainslie & Herrnstein, 1981; Green et al., 1981).

그 밖의 다른 많은 행동도 DU 모형과 일치하지 않는다(Frederick et al., 2002 참조). 예를 들면, 이득은 손실보다 더 높은 비율로 할인되고, 작은 결과는 큰 결과보다 더 많이 할인된다. 한 가지 흥미롭고 이상한 현상이 DU 모형에 놓인 **소비 독립성의 가정**(assumption of consumption independence)이다. 이 가정은 특정 소비 프로파일에 대한 선호가 두 프로파일에서 소비가 동일한 기간에 의해서 결정되어서는 안 된다는 것이다. 이 가정을 검증하기 위하여 Loewenstein과 Prelec(1993)은 참여자들에게 다음과 같은 순서 쌍을 제시하였다.

당신이 앞으로 5주 동안 토요일 저녁을 어떻게 보낼지 결정해야 한다고 가정하자. 저녁 외식 순서를 보여 주는 다음 대안들 중에서 당신이 선호하는 대안에 동그라미를 그려라. '고급 프랑스 식당'은 값비싼 프랑스 식당에서의 저녁 식사를 의미한다. '고급 바닷가재'는 4성급 레스토랑에서 값비싼 바닷가재 요리로 저녁 식사를 한다는 것이다. 일정(예 : 당신의 현재 계획)은 무시하라.

대안	첫째 주	둘째 주	셋째 주	넷째 주	다섯째 주	
A	고급 프랑스 식당	집에서 식사	집에서 식사	집에서 식사	집에서 식사	(11%)
B	집에서 식사	집에서 식사	고급 프랑스 식당	집에서 식사	집에서 식사	(89%)

대안	첫째 주	둘째 주	셋째 주	넷째 주	다섯째 주	
C	고급 프랑스 식당	집에서 식사	집에서 식사	집에서 식사	고급 바닷가재	(51%)
D	집에서 식사	집에서 식사	고급 프랑스 식당	집에서 식사	고급 바닷가재	(49%)

다섯째 주말의 소비를 보면, A와 B, C와 D가 동일하다는 것을 알 수 있다. 따라서 이 기간은 선호에 영향을 끼쳐서는 안 된다. 그렇기 때문에 A보다 B를 선호한 사람은 C보다 D를 선호해야만 한다. 그러나 괄호 안의 선택 비율을 보면, 유의미한 수의 사람들이 A보다는 B를 선택하고 D보다 C를 선택하였다.

이러한 형태의 선호에는 두 가지 경향성이 반영된 것으로 보인다. 첫째, 대안 A는 처음에는 좋았다가 나빠지는 순서로 되어 있지만 대안 B는 처음에는 나쁘지만 점점 좋아지는 순서로 되어 있다. 연구는 사람들이 하강보다는 상승을 선호한다고 보여 주고 있는데, 심지어 하강하는 순서의 전체적인 이득이 더 클 경우에도 그렇다(예 : Hsee et al., 1991). 둘째, 대안 C의 소비 프로파일은 대안 D보다 더 폭넓게 퍼져 있다. 증거에 의하면 사람들은 소비가 시간에 걸쳐 고르게 분포하는 것을 선호한다. 예를 들면, Loewenstein과

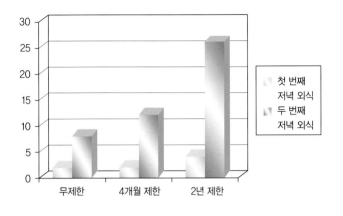

그림 10.4 시간 제한이 없었던 조건, 4개월 시간 제한 조건 그리고 2년 시간 제한 조건에서 저녁 외식이 계획된 주간 수

출처 : Loewenstein & Prelec, 1993

Prelec의 다른 연구에서는 세 집단의 참여자들에게 고급 레스토랑의 저녁 식사권으로 100달러짜리 쿠폰 2개가 주어졌다고 가정하게 한 후, 이 쿠폰을 언제 사용할지를 질문하였다(생일과 같은 특별한 날은 제외하도록 하였다.). 한 집단에는 쿠폰을 언제든지 사용할 수 있다고 말하였다. 두 번째 집단에는 4개월 이내에 쿠폰을 사용해야 한다고 말하였다. 세 번째 집단에는 2년 안에 쿠폰을 사용할 수 있다고 말하였다. 2년의 쿠폰 사용기한이 주어진 사람들은 4개월 집단과 시간 제한이 없었던 집단보다 더 긴 기간에 걸쳐서 소비하기로 결정하였다(그림 10.4).

시간 선호의 설명

이 절에서는 시간 선호에 대한 여러 설명들에 대해 기술하려고 한다. 이 중 어떤 것은 DU 모형 이전에 제안되었던 동기들로 되돌아간다. 최근의 문헌 개관서(예 : Frederick et al., 2002; Read, 2004)는 이런 설명들이 상호배타적이지 않으며, 다양한 기제와 동기가 시점 간 선택에 관여하고 있다는 점에 주목한다.

자기 자각, 몰입, 자기 통제

　당신은 제일 먼저 Siren 자매가 사는 섬을 지나갈 거예요. 누구든지 그들의 노랫소리를 들으면 목숨을 부지할 수 없어요. 그들에게 더 가까이 가려다가 결국 바다에 빠져 죽기 때문이죠. 그들 주변에는 그렇게 죽은 선원들의 뼈가 산더미처럼 쌓여 있어요. 그러니 부하들에게 그들의 노랫소리가 들리지 않도록 밀랍을 이겨 귀에 발라 주세요. 그러나 당신은 원한다면 목숨을 부지한 채 그들의 노랫소리를 들을 수 있어요. 우선 부하들을 시켜 돛대를 고정하는 나무에 당신의 몸을 묶은 다음 당신이 Siren의 노랫소리를 듣고 몸부림치며 풀어달라고 애원하면 더 세게 묶어달라고 단단히 이르신다면 말이에요.
　(Homer의 『오디세우스』 12권[1]에 나오는 Circe의 경고)

　Homer의 Odysseus와 Siren의 이야기가 보여 주듯이, 사람들이 자신의 미래 행동에 어떤 통찰을 지니고 있다는 증거가 몰입의 사례에서 나타난다. Circe의 지시에 따라서, Odysseus는 자신과 부하들의 생명을 구하는 몰입을 한다.

　Schelling(2006, p. 63)은 일상에서 경험할 수 있는 특별하고 역동적인 사례를 기술하였다. 때로 임산부는 의료진에게 분만 중에 마취제를 사용하지 말아 달라는 요청을 한다. 의료진은 위급 사태에 대비하여 환자 옆에 이산화질소를 흡입할 수 있는 마스크를 비치하자는 제안을 하지만, 어떤 임산부는 그것조차 거부한다. 이들은 자신이 마스크를 사용할까 봐 두려워하면서 자신에게 기회조차 주지 않으려고 하는 것이다. 이런 요청을 하는 여성들은 과거 분만에서 마취제를 맞았거나 요구했던 경험이 있었다. 이들은 고통을 잘 알고 있고, 자신이 고통 완화를 위해 마취제를 요구할 것이라는 것을 알지만 나중에 후회하게 될 것도 안다. 그렇기 때문에 마취제가 없는 상황으로 미리 자신을 몰입시키는 것이다. 이것은 병원과 의료진에게는 도덕적 딜레마이다.

　내가 하는 덜 극적인 형태의 몰입은 시장에 가서 과자를 구매하지 않는 것이다. 경험상, 집에 과자가 있으면 절제하기 어렵다는 것을 나는 잘 알고 있다. 이틀 안에 과자 한 통을 다 먹는 일은 쉽다. 그러나 슈퍼마켓에서는 이런 본능적인 욕구를 느끼지 않기 때문에 과자를 구입하지 않는 것이 어렵지 않다. 때로는 몰입을 하려고 해도 사람들의 미래 행동이 이들의 의도에 미치지 못한다. 예를 들면, 많은 사람이 활력을 원하지만 자신에게 규칙적으로 운동할 의지력이 있는지 확신이 없다. 그래서 이들은 일부러 체육관에 등록하고, 이미 지불한 회원권 때문이라도 운동을 하게 만들려고 한다. 이것은 몰입의 한 형태로 본질적으로 매몰 비용을 이용하는 것이다. 그러나 제9장에서 보았듯이, 지불 후 시간이 흐를수록 체육관에 가는 일은 점점 드물어진다.

몰입에 대한 한 연구(Ariely & Wertenbroch, 2002)에서 학생들은 수업 중 3개의 논문을 작성해야 했다. 한 집단에는 지시자에 의해 마감 시간이 균등한 간격으로 정해졌다. 다른 집단은 스스로 마감 시간을 정할 수 있었고, 원한다면 학기말에 3개의 논문을 한 번에 제출할 수도 있었다. 두 집단 모두 논문 하나라도 늦게 제출하면 학점의 1%가 감점되었다. 자유선택집단에 소속된 대부분의 학생은 스스로 마감 시간을 정하였다. 그러나 이 중 소수만이 마감 시간을 균등한 간격으로 설정했으며, 지시자에 의해 균등하게 마감 시간이 설정되었던 학생들에 비해 수행이 더 나빴다. 이것은 이 학생들이 논문 완성에서 일어날 수 있는 어려움을 완벽하게 예상하지 못했음을 시사한다.

제8장에서 지적하였듯이 사람들은 사치품에 빠질 수 있다. 여러 도박 상품 중에서 선택을 하도록 하면, 유의미하게 높은 비율의 사람들이 현금보다는 사치품을 선택한다. 이는 사치품과 달리 현금을 선택할 경우 이를 저축하거나 생필품에 사용해야 한다는 의무감을 느끼기 때문이다. 해석수준이론과 일치하게(이 장의 앞부분을 참조), 사람들은 눈 앞의 결과보다 먼 미래에 발생할 결과에서 사치에 빠지기 쉽다. 더 멀리 있고 더 낮은 확률의 몰입은 덜 구체적이어서 결정을 내리기가 더 쉽다. Kivetz와 Simonson(2002)은 선호 상품을 미리 알고 있던 진짜 도박 참가자들이 1주일 후보다 14주 후의 도박 추첨에서 85달러의 현금보다 80달러 상당의 마사지 쿠폰을 더 많이 선택한다는 것을 발견하였다.

Rae가 이미 19세기에 주장했던 것처럼, 충동 조절은 높은 지적 능력과 연합되어 있다. 1960년대 Walter Mischel은 만족을 지연하는 4세 아동의 능력에 대해 연구하였다

(Mischel et al., 1989; Shoda et al., 1990). 아동들은 마시멜로 1개를 받았고, 지금 당장 먹을 수 있거나 실험자가 용무를 마치고 올 때까지 기다리면 2개의 마시멜로를 더 받을 수 있다는 말을 들었다. 어떤 아동은 실험자가 방을 나가는 순간 마시멜로를 먹었다(실험자는 약 15~20분 사이에 돌아온다.). 또 어떤 아동은 얼마 동안은 참지만 결국에는 충동을 이기지 못하였다. 그러나 어떤 아동은 완벽하게 충동을 이겨내 2개의 마시멜로를 보상으로 받았다.

끝까지 기다린 아동은 마시멜로에서 주의를 돌리기 위하여 다양한 전략을 사용하는 경우가 많았다. 이들은 혼잣말을 하거나, 잠자기를 시도하거나, 게임을 하고, 자신의 팔에 얼굴을 묻거나, 심지어 자신의 눈을 가려서 마시멜로를 보지 않으려고 하였다. 몇 년 후, Mischel은 청소년이 된 이 아동들을 추적하였다. 4세 때 유혹에 더 오래 저항할 수 있었던 아동들이 거의 모든 면에서 더 잘 적응하고 있었다. 이들은 사회적 기능과 인지 능력에서 더 우수하고, 자신감에 차 있고, 더 도전적이었다. 대조적으로 금방 마시멜로를 먹었던 아동들은 질투와 시기심이 많고 화를 잘 낼 뿐 아니라, 앞에 언급한 특성들에서 더 많은 결함을 보였다. IQ보다 자기 절제가 학교 수행을 결정하는 더 중요한 변수라는 것은 다른 연구들에서도 나타났다(Duckworth & Seligman, 2005; Hogan & Weiss, 1974 참조; Wolfe & Johnson, 1995). 더욱이 학생들의 할인율을 측정했던 한 연구는 높은 할인율과 낮은 학점이 연합되어 있음을 발견하였다(Kirby et al., 2005).

Frederick(2005)은 인지 반성 검사에서 낮은 점수를 기록한 사람들이 스스로를 평균보다 더 충동적이라고 평가하는 반면에, 가장 반성적인 사람들은 자신을 평균보다 덜 충동적인 사람으로 평가한다고 보고하였다. 반성적 사고를 가장 적게 하는 사람들은 가상의 선택에서 즉각적인 보상보다 지연된 더 큰 보상을 선택하는 일이 더 적었는데, 이러한 현상은 10년 또는 그 이상의 기간이나 지연된 보상이 일정 기간에 걸쳐서 분할되어 지급되면 감소하거나 사라졌다.[2]

그러나 자기 통제 시도가 때로는 역효과를 낳을 수 있다는 사실도 지적할 필요가 있다. Baumeister와 Vohs(2003)의 연구에서 다이어트 중인 사람들이 처음에 과자에 대한 유혹을 잘 견뎌냈지만 나중에 아이스크림 맛 평가검사에서 더 많은 양의 아이스크림을 먹는다는 것이 발견되었다. 이들은 또한 어려운 지능형 문제에 직면하였을 때 더 빨리 포기하였다. 어쩌면 초기 유혹에 저항하는 행위가 저항 능력을 소진시켰거나 아이스크림의 소비를 초기 저항에 대한 보상으로 보았을 수 있다.

내장 영향

시점 간 선택에 영향을 미칠 수 있는 또 하나의 요인은 내장 영향(visceral influence)이다. 이것은 배고픔, 성욕, 욕구처럼 자기 통제에 도전이 될 수 있는 생리 상태를 말한다(Loewenstein, 1996). 이러한 상태는 일시적이므로 미래 상태에 대한 예측이 잘못될 수 있는데, 현재 상태를 예측에 투사하기 때문이다. 이것을 **투사 편향**(projection bias)이라고 한다(Van Boven & Loewenstein, 2003). 특히 보상의 시간적 근접성은 내장 상태를 활성화시킬 수 있다(예 : Laibson, 2001; Loewenstein, 1996). 각성되지도 않았고 성행위를 예상하지도 않았기 때문에 남자친구의 방문 전에 피임에 대해 전혀 생각하지 않은 여성의 경우처럼, 내장 요인은 후회할 선택을 하게 할 수 있다(Hsee & Hastie, 2006). 일단 남자친구와 함께 있게 되면 그녀는 각성되고 성행위를 하게 되고, 원하지 않는 결과가 발생할 수 있다.

즐기기와 두려움

DU 모형은 이득에 대한 일정한 할인율을 가정하고 있지만, 현실에서 사람들은 때로 이득을 지연하고 싶어 한다. 또는 손실을 더 일찍 받아들이고 싶어 하는 경우도 있다. 이 두 유형의 행동은 각각 즐거운 결과에 대한 예상에서 오는 효용과 불쾌한 결과에 대한 두려움에서 오는 비효용으로 설명될 수 있다. 이러한 영향에 대한 증거가 Loewenstein(1987)에

의해 발견되었는데, 이 연구에서 참여자들은 여러 다양한 결과를 회피하거나 얻기 위해 지불할 수 있는 최대 금액을 청하라는 요구를 받았다.

a. 4달러 얻음

b. 4달러 잃음

c. 1,000달러 잃음

d. (치명적이지 않은) 110볼트의 전기 충격

e. 당신이 선택한 영화배우와의 키스

참여자들은 즉시 발생하는 결과뿐 아니라 24시간 후, 3일 후, 1년 후, 10년 후에 발생하는 결과에 대하여 판단하였다. 영화배우와의 키스는 3일 후에 받는다고 할 때 가장 많은 금액을 지불하려고 하였는데, 따라서 이것은 사람들이 고대하는 어떤 것이라는 것을 보여 준다. 전기충격의 경우, 즉시보다 1년 또는 10년 후에 일어난다고 할 때, 이를 회피하는 데 더 많이 지불하려고 하였다. 이것은 전기충격이 두려운 대상임을 시사한다. 그러나 금전은 일반적인 방식대로 할인되고 있었다.

심적 회계

심적 회계도 시점 간 선택에서 중요한 역할을 할 수 있다. Prelec과 Loewenstein(1998)은 즉각적인 소비에서 지출과 연합된 비효용 또는 '지출의 고통'이 존재한다고 주장한다. 지출이 소비에 선행될 때, 지출의 고통은 미래의 소비에 대한 예상에 의해 상쇄된다. 한편 사람들은 소비 시점에서는 현재와 미래의 지출에 대해서만 생각한다. 이 관점에 따르면 지출 방식에 따라 상이한 결정이 일어날 수 있다. 예를 들어, 휴가와 같은 일시불 소비 경험에서는 선불이 선호될 가능성이 크다. 그러나 자동차처럼 일정 기간에 걸쳐서 소비가 일어나는 내구성 소비재는 할부가 선호된다.

심적 회계의 또 다른 측면이 **다각화 편향**(diversification bias)이다(Read & Loewenstein, 1995). 이것은 이득과 부

담을 넓게 분포시키려는 경향이다. 예를 들어, 한 연구(Simonson, 1990)는 학생들에게 메뉴판에서 자유롭게 간식을 선택하도록 하였다. 첫 번째 집단은 3주 동안 매주 한 번씩 선택하였고, 간식은 매주 마지막 수업에 배달되었다. 두 번째 집단은 미리 동시에 3개를 선택하였고, 역시 매주 마지막 수업에 그들이 선택한 간식을 받았다. 세 번째 집단 역시 미리 동시에 선택하였고, 첫 수업에 선택한 간식을 받았다(이 조건은 포만감을 통제하였다.). 동시 선택을 한 두 집단의 학생들은 매주 선택한 학생들보다 더 다양한 간식을 선택하였다. 이것은 예측 오류로 볼 수 있다. 즉, 미리 선택을 하게 하면, 똑같은 간식의 반복적 소비가 지루할 것이라는 잘못된 생각을 하게 된다. 다른 연구(Kahneman & Snell, 1992)에서 참여자들은 8일 동안 매일 저녁 똑같은 요구르트를 먹으면 자신들이 그 요구르트를 덜 좋아하게 될 것이라고 예측하였지만, 실제로 요구르트를 좋아하는 반응은 오히려 증가하였다.

준거점과 손실 혐오

전망이론 유형의 가치 함수는 시점 간 선택에서 나타나는 몇 가지 현상을 설명할 수 있다. 그중 하나가 이득 지연에 대해 요구하는 보상이 이득을 동일한 기간만큼 먼저 수령하기 위한 지불을 초과하는 현상이다. 예를 들면, Loewenstein (1988)은 사람들이 7달러짜리 선물을 4주가 아닌 일주일 내로 미리 수령하는 데 평균 0.25달러를 지불할 의사가 있다는 것을 발견하였다. 그런데 1주에서 4주로 선물 수령이 지연되는 데 대한 보상은 1.09달러를 요구하였다. 손실 혐오를 낳은 전망이론의 가치 함수에 따르면, 이것은 시간 단축과 지연을 각각 준거점으로부터의 이득과 손실로 간주할 때 예상할 수 있는 결과이다. 또한 이와 유사하게 이것은 손실보다 이득에 대한 할인율이 더 높을 것이라 예측한다. 예를 들어, −5파운드에서 −10파운드로의 변화 비율보다 5파운드에서 10파운드로의 변화를 크게 평가하는 것이다.

이런 가치 함수는 왜 더 적은 양에 대해 더 큰 할인율이 나타나는지도 설명한다. 예를 들어, 함수의 모양은 10유로와 20유로 사이보다 100유로와 200유로 사이에서 더 큰 비율 변화가 존재함을 보여 준다. 따라서 개인은 더 큰 결과를 기꺼이 더 기다릴 의향이 있으므로 그에 대한 할인율이 낮은 것이다. 이와 유사하게 함수의 형태는 손실보다 이득에 대한 할인율이 크다는 사실과 일치한다.

그러나 DU 모형이 모든 현상을 설명할 수 없는 것처럼 전망이론 유형의 가치 함수도 마찬가지이다. 예를 들어, 역동적 불일치는 설명할 수 없다.

진화론적 관점

많은 학자가 인간과 동물에게서 나타나는 시간 선호를 진화론적 관점으로 설명할 수 있다고 보았다(예 : Robson, 2002; Rogers, 1994; Sozou & Seymour, 2003; Trostel & Taylor, 2001). 이들은 시간 선호를 생식 능력과 연관지어었다. 인간은 나이가 들면서 번식력이 감소한다. 더욱이 연령의 증가로 신체의 손상 복구 능력이 감퇴되면서 노년층의 사망률은 급속히 증가한다(Sozou & Seymour, 2003). 실제로 노화 과정이 삶의 초기에는 긍정적 효과를, 후기에는 해로운 효과를 야기하는 유전자를 위한 자연 선택의 결과라는 증거가 있다. 사망률도 외부 위험 정도와 함께 변화한다(예를 들면, 포식, 짝짓기를 두고 일어나는 공격적 경쟁). 이런 요인들은 지연된 보상의 가치가 적다는 것을 의미하는데 (a) 개인이 보상을 받기 전에 사망할 가능성이 있기 때문에 그리고 (b) 사망하지는 않더라도 개체의 번식력이 보상이 주어지는 시점에 감소될 것이기 때문이다.

Sozou와 Seymour는 이런 가정들을 수학적으로 모형화하였다. 이들은 불확실한 환경의 위험률, 연령에 따른 번식력 감소, 연령과 함께 증가하는 사망률을 근거로, 시간 선호가 중년기에 가장 낮을 것으로 예측하였다. 이들의 설명(2003, p. 1052)은 다음과 같다.

1. 성인기 초기의 사람들은 내일이 없는 것처럼 행동한

다. 즉, 환경 위험률이 높을 것이다. 따라서 이들의 시간 선호율은 높다.

2. 중년기의 성인들은 환경 위험률이 낮은 것을 알고 있다. 동시에, 이들의 신체적 감소율은 아직 그렇게 크지 않다. 따라서 장기적 관점을 취할 수 있고 시간 선호율은 낮다.

3. 노년기의 성인들은 환경 위험률이 낮은 것을 알지만 신체 상태는 빠르게 쇠퇴하고, 번식력은 감소하며, 사망률은 증가한다. 그렇기 때문에 이들은 내일이 없다는 것을 안다.

피상적 수준에서 보면 현대 인간의 많은 소비는 친족의 번식이나 생존과 관련이 없어 보일 수 있다. 그러나 심층적 분석 수준에서 소비의 여러 측면은, 사람이 입는 옷에서부터 몰고 다니는 자동차에 이르기까지, 여러 방식에서 번식과 관련이 있다. 또한 '다른 형태의 '내장' 즐거움 — 먹기, 마시기, 파티 즐기기 등 — 은 번식의 대용물이고, 광범위한 의미에서 시간 선호 함수의 주제이다(Sozou & Seymour, 2003, p. 1052).'

시간 선호에 대한 진화론적 관점과 일치하게 기대 수명이 낮은 여성이 출산을 더 일찍 경험한다는 결과가 있다. Wilson과 Daly(1997)는 시카고의 77가구를 대상으로 출산 시기와 관련된 여러 요인을 조사하였다. 첫째, 높은 살인율은 낮은 기대 수명과 연합되어 있음이 발견되었다. 둘째, 기대 수명 더하기 경제적 불평등은 살인율을 더 강력하게 예측하였다. 범법 행위는 '희망이 없는 사람들에게 있어 급격한 미래 할인과 사회적 경쟁에서의 위험 증가가 빚어낸 결과로 보인다(1997, p. 315).' 셋째, Wilson과 Daly는 기대 수명이 가장 높은 10가구, 중간 수준의 10가구, 가장 낮은 10가구를 살펴보았다. 특별히 기대 수명의 함수로 연령별 출산율을 조사하였다. 그림 10.5가 보여 주듯이, 기대 수명이 감소하면 산모의 연령도 감소하였다.

Geronimus(1992, 1996)는 미국의 도시 빈민가에 사는

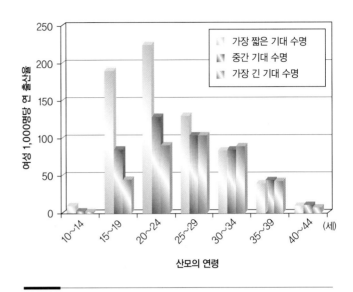

그림 10.5 기대 수명의 함수로서 시카고 30가구의 출산율

젊은 여성들이 자신의 임신을 초기 '풍화(신체 능력의 쇠퇴)'를 예상한 능동적인 결정이었다고 주장하고, 아직 젊고 활동적일 때 아이를 가지고 싶다는 소망을 피력하는 것을 발견하였다. 영국의 경우 사회경제적 배경이 가장 낮은 소녀들의 18세 이전 임신율이 가장 높으며 낙태율은 가장 낮다(Lee et al., 2004). 더욱이 빈민 지역에 사는 임신한 10대 부모 및 성인들이 부유한 지역의 성인들에 비해 낙태 반대 의사를 더 강력하게 표현하였다. 반면에 부유한 가정의 소녀들은 낙태를 더 많이 하고, 더 좋은 교육과 직업을 위해, 또는 좋은 아빠가 될 수 있는 남자를 만날 때까지 임신을 미루겠다는 욕구를 더 많이 표출하였다.

감정 예측

정확한 의사 결정은 특정 결과가 우리에게 어떤 정서를 불러일으킬지에 대해 생각할 것을 요구한다. 불행하게도 연구 증거들은 우리가 미래에 무엇을 느끼고 있을지를 정확하게 예측하지 못한다는 것을 보여 준다. Kahneman(1994)은 **결정 효용**(decision utility)과 **경험 효용**(experience utility)을 구분하였다. 결정 효용은 결정이 일어나는 시점에서 결정자

의 효용으로, 결정 시점에서 대안에 대한 그 사람의 평가를 말한다. 경험 효용은 결정의 결과에 대한 개인의 경험을 반영한다. 그런데 앞으로 논의하게 될 여러 가지 이유 때문에 이 두 효용이 일치하지 않는 경우가 많이 있다. 결론적으로 사람들은 자신을 행복하게 해 주는 것을 선택하는 데 실패할 수 있다(Hsee & Hastie, 2006).

행복에 대한 부정확한 예측

> 미래. 우리의 불륜이 꽃피는 시기, 우리의 친구들은 진실되고 우리의 행복은 보장된다(Ambrose Bierce, 『악마의 사전』).

> 남의 잔디가 항상 더 푸르다(속담).

Schkade와 Kahneman(1998)은 미국 중서부와 캘리포니아에 사는 사람들 모두 중서부 사람들보다 캘리포니아 사람들이 더 행복하다고 믿고 있음을 발견하였다. 그런데 실제로 두 집단에서 얻어진 행복감 평정은 어떤 차이도 없었다. 두 집단은 기후와 문화 같은 요인이 행복감에 미치는 영향을 실제보다 더 크게 평가하고 있었다.

Cohn(1999; Kahnemnan, 2000에서 인용)은 사람들에게 사건이 발생하고 한 달 또는 1년이 지난 뒤의 로또 당첨자들과 하반신 마비 환자들의 기분 상태를 추정하도록 요구하였다. 로또 당첨자나 하반신 마비 환자를 직접 만나 본 경험이 없는 사람들은 사건 발생 한 달 후와 비교하여 1년 후에도 똑같이 행복하거나 똑같이 비참할 것이라고 추정하였다. 그러나 개인적으로 그런 사람을 잘 알고 지냈던 사람은 시간 경과에 따른 조정을 하였고, 1년 후에 로또 당첨자는 덜 행복한 것으로, 그리고 하반신 마비 환자는 덜 불행할 것이라고 답변하였다. 실제로도 이것이 사실에 가깝다. 한 고전적인 연구(Brickman et al., 1978)는 시간이 흐른 뒤에 로또 당첨자들의 행복감이 하반신 마비 환자의 행복감보다 크지 않다는 사실을 발견하였다. 사람들은 특별한 사건이 발생하고 난 뒤에 매우 **빠르게** 원래 상태로 복귀하고 적응

하는 것으로 보인다. 이런 현상은 트레드밀 효과(treadmill effect)라고 한다(예 : Brickman & Campbell, 1971).

그런데 사람들은 자신과 다른 사람의 행복을 예측할 때, 트레드밀 효과를 고려하지 못하는 듯하다. 이들의 판단은 오히려 초점화 또는 환상 초점에 의해 편향될 위험이 있다. 즉, 관련 맥락 요인은 무시하면서 중심 사건에 초점을 맞추는 경향이 있다. 로또 당첨자와 하반신 마비 환자의 경우, 기분에 영향을 끼치는 여러 다양한 요인이 있음에도, 일반인은 이들의 기분을 평가할 때 이 요인들을 고려하지 않는다. 유사하게 캘리포니아에서의 삶을 상상하는 중서부 사람들이 날씨와 문화에 대해 생각할 때도, 사람들은 **빠르게** 적응하며, 일반적인 행복감에 영향을 끼치는 그 외의 다른 많은 요인이 있다는 사실을 무시하는 것이다.

다른 증거들은 과거에 대한 오기억이 미래의 정서를 예측하는 데 오류를 일으킨다고 말한다. 한 예가 제3장에서 기술하였던 '절정 종결(peak-end)' 효과이다. 또 초점화는 과거 사건에 대한 편향된 기억을 가져올 수 있다. 1996년 대통령 선거가 있기 전에 설문 조사에 응한 미국인들은 자신이 Clinton의 승리 직후보다 승리하고 어느 정도 시간이 흐른 다음에 더 행복할 것이라고 예측하였다. 그러나 동일한 사람들에게 Clinton이 승리하고 3개월 후에 다시 질문하자 이들은 지금보다 Clinton 당선 직후에 더 행복했었다고 기억하였다(Mitchell et al., 1997). 기억 대상(이 경우 Clinton의 당선)에 초점화가 일어나면, 사람들은 자신의 기분에 영향을 미칠 수 있는 다른 많은 상황적 요인을 무시한다.

잘못된 감정 예측을 일으키는 또 다른 요인은 우리가 때로 경험으로부터 학습하지 못한다는 사실이다. 부정적 사건 후에 사람들은 결과를 자신에게 유리한 방식으로 '둘러 댄다[면역 무시(immune neglect) 현상].' 예를 들어, 시험에 떨어진 학생들은 기분을 나아지게 하기 위해 시험을 헐뜯는 경향이 있다. 이 학생들에게 미래의 시험에서 결과가 나쁘다면 어떻게 느낄지 예측하도록 하자, 자신이 특별히 불행하지 않을 것이라고 답변하였다. 즉, 학생들은 미래에

어떻게 느낄지를 설명하는 데 첫 시험에 대한 자신의 해석을 사용하였다(Wilson et al., 2001).

후회에 대한 부정확한 예측

후회는 사실 상반 사고(counterfactual thinking)와 연합되어 있다(Kahneman & Miller, 1986). 후회는 우리가 다르게 행동했더라면 상황이 더 나아졌을 것이라는 인식이 일어날 때 경험하는 부정적 정서이다. 선택은 후회에 대한 예상에 의해 영향받을 수 있다. 예를 들어, Tykocinski와 Pittman(1998)은 무행동 타성(inaction inertia)이라고 불리는 현상을 발견하였다. 초저가 여행 상품 같은 매우 좋은 소비 기회를 놓친 사람들은 다시 한 번 약간 나쁜 가격(그러나 여전히 좋은)의 소비 기회가 제공되었을 때, 그 기회를 잡으려고 하지 않았다. 사람들은 첫 번째 기회에서 이득을 얻지 못했다는 사실을 후회할 것이라고 느꼈다.

그러나 다른 연구는 부정적 사건 후에 경험할 것으로 기대한 것보다 실제로는 후회를 더 적게 경험한다고 지적한다. Daniel Gilbert와 동료들(2004)은 예측 후회와 경험 후회에 대한 일련의 영리한 실험을 수행하였다. 한 연구에서 지하철 승객에게 만약 1분(작은 차이) 또는 5분(큰 차이) 때문에 기차를 놓친다면 어떻게 느낄지에 대하여 질문하였다. 두 번째 집단의 승객들은 실제로 1분 또는 5분 때문에 기차를 놓친 사람들이었다. 사람들은 큰 차이보다 작은 시간 차이로 기차를 놓치면 더 큰 후회를 할 것이라고 예측하였다. 그러나 실제로는 작은 차이로 기차를 놓친 사람들이 큰 차이로 기차를 놓친 사람들보다 유의미하게 더 큰 후회를 경험하지 않았다. 더욱이 예측자들은 작은 차이 집단이 느낄 후회의 강도를 과대추정하였다.

후속 연구는 큰 차이보다 작은 차이로 기차를 놓치는 경우 사람들이 자신 탓을 더 많이 할 것이라고 생각한다는 것을 발견하였다. 그러나 기차를 놓친 사람들의 자기 비난이 큰 차이보다 작은 차이에서 더 두드러지지는 않았다. 또한 예측자들은 일어날 수 있는 자기 비난의 정도를 모든 조건

에서 과대추정하였다. 실제로 기차를 놓친 사람들은, 예를 들어 "한 개가 아니라 모든 문이 열려 있었다면 기차를 놓치지 않았을 거야(2004, p. 349)."라는 식으로 누군가에게 또는 어떤 것에 책임을 돌리는 경향이 있었다. 이것은 면역 무시의 또 다른 형태이다.

요약

과제 완수에 걸리는 시간에 대해 사람들이 지나치게 낙관적이라는 것이 다양한 연구에서 발견되었다. 동기와 경험은 완수 시간과 별로 관련이 없어 보인다. 이런 낙관주의에 대한 유명한 설명이 계획 오류이다. 사람들은 계획의 단계가 성공으로 이어지는 데 초점을 맞추면서, 과거 경험을 고려하거나 과제 완수를 방해할 수 있는 요인을 무시하는, 과제에 대한 '내부 관점'을 취하는 경향이 있다. 또한 사람들은 선행 과제가 실제로 얼마나 오래 걸렸는지를 잘못 기억하기도 한다.

자신이 미래에 어떤 행동을 수행할 확률을 예측할 때, 사람들은 지나치게 의도에 초점을 맞추는 경향이 있다. 의도 강도와 관련이 없는 예측적인 요인은 무시한다. 또한 사람들은 먼 미래의 사건에 대해 생각할 때는 상위 수준의 속성(예 : 다가올 모임이 얼마나 재미있을지에 대한 기대)에 초점을 맞추지만, 곧 일어날 사건에 대하여 생각할 때는 실행 가능성(예 : 모임이 편한 시간에 있는가?)에 초점을 맞춘다.

많은 분야에서 사람들은 미래의 보상보다 즉각적인 보상을 선호한다. 할인 효용 모형은 사람들이 미래의 보상을 일정한 비율로 할인한다고 주장한다. 그러나 금전적 결과의 경우에, 쌍곡형 할인(예 : 시간 증가에 따라 감소하는 할인율)이 행동을 더 정확하게 설명하는 듯하다. 어떤 경우에는 즉각적인 보상보다 보상이 지연되는 것을 선호한다. 시점 간 선택에 관한 이런 여러 현상은 수많은 이론을 만들어 냈다. 이 이론들이 모두 상호배타적인 것은 아니며, 다양한 기

제와 동기가 관여하는 듯하다.

마지막으로, 자신의 정서를 예측하는 능력에 관한 연구 분야가 발달하고 있다. 실제로 어떤 것에 대해 우리가 무엇을 느낄지에 대한 지식은 정확한 결정을 위해 꼭 필요하다. 그런데 과거 경험에 대한 편향된 기억, 환상 초점주기, 면역 무시, 그 밖의 다른 인지 과정 때문에 사람들은 자신의 정서를 잘못 예측하는 경우가 많다. 따라서 사람들은 자신을 행복하게 하는 선택을 잘하지 못한다.

질 문

1. 마감 시간에 대해 사람들을 매우 낙관적이게 만드는 요인은 무엇인가?

2. 역동적 불일치를 설명하라.

3. 즉각적인 목전의 보상보다 미래의 보상을 선호한다면 우리의 삶은 어떻게 될까?

4. 시간 선호에 대한 설명으로 어떤 이론이 또는 어떤 이론들의 조합이 당신이 생각하기에 가장 적절하다고 보는가?

5. 미래 지향적 결정짓기에서 몰입과 자기 통제에 대하여 찬반을 논하라.

6. 왜 사람들은 자신의 미래 정서를 잘 예측하지 못하는 것일까?

7. 만일 트레드밀 효과가 없다면 당신은 삶이 어떻게 될 것이라고 생각하는가?

주

1. 1996년에 펭귄 출판사가 출간한 Robert Fagles의 번역서(Sources and Credits, p. 209 참조).
2. 이 결과들에 대해서는 개인차를 설명하는 제15장에서 더 상세히 논의한다.

추천도서

Gilbert, D. (2006). *Stumbling on happiness.* London: Harper Press. 이 책은 감정 예측 주제를 다루는 Daniel Gilbert의 훌륭한 과학서이다. 영국 왕립 사회과학 저서상을 수상하였다.

Sanna, L. J. & Chang, E.C. (2006). *Judgments over time: The interplay of thoughts, feelings, and behaviors.* Oxford: Oxford University Press.

11 역동적 결정과 고위험 부담 : 실생활과 실험실의 만남

서론

'현실'에서 일어나는 많은 결정은 상호의존적이다. 결정은 시간에 따라 변화하는 환경 속에서 일어나고, 통제권 밖의 사건이 원인이 되어 일어나거나 우리 자신의 선행 행동의 결과로 발생한다. 이런 종류의 결정짓기는 **역동적 의사 결정**(dynamic decision making) 또는 DDM이라고 알려졌다(Brehmer, 1992; Edwards, 1962). 역동적 결정 상황의 사례로 기업 생산량 관리, 항공 관제 통제, 소방 작업, 운전을 들 수 있다. 역동적 결정은 제 10장까지에서 다루었던 대부분의 결정에 비해 더 복잡하다. 초보자가 특정 시스템을 어느 정도 통제할 수 있는지를 관찰하기 위해, 학습의 기저에 놓여 있는 요인을 밝히기 위해, 역동적 결정짓기에 관한 실험 연구들은 실생활 상황 대신에 실험실을 이용한다.

그러나 DDM 과제를 최대한 사실적으로 만든다고 할지라도, 이들은 여전히 현실의 과제와는 여러 가지 면에서 차이가 있다. 특히 위험 부담은 일반적으로 실생활 과제에서 더 크고, 결정자의 전문성은 몇 시간 또는 며칠이 아닌 수년에 걸쳐 습득된다. 따라서 이 장은 역동적 실험실 과제와 일상생활 속에서의 결정짓기를 모두 다룬다.

역동적 의사 결정

맥주 분배 게임

사람들은 역동적이고 복잡한 현실의 시스템을 어떻게 통제하는 것일까? 이런 질문에 답하기 위한 연구 분야로 DDM이 발달하였다(Brehmer, 1992; Edwards, 1962). 우리는 맥주 분배 게임을 통하여 역동적 결정짓기를 소개하려고 한다(Sterman, 1989a). 이것은 맥주의 생산과 분배를 시뮬레이션한 것이다(어떤 상품이든 상관없다.). 4명의 게임참가자는 상품 공급 과정에서의 생산자, 유통업자, 도매업자, 소매업자를 대변한다. 각 참가자는 맥주 대신 12개의 칩을 가지고 시작한다. 게임은 소비자 요구 수준이 적힌 카드를 뒤집는 소매업자부터 시작된다. 소매업자는 도매업자에게 주문을 하고, 도매업자는 유통업자에게, 유통업자는 생산자(양조업자)에게 주문을 한다. 이 주문이 참가자들 사이에 허락된 유일한 소통이다. 양조업자가 일단 주문을 수락하면 그는 유통업자에게 맥주를 운송한다. 유통업자가 맥주를 받아 도매업자에게 출하하고, 그는 다시 소비자에게 판매하는 도매업자에게 출하한다. 주문이 출하된 후 다음 라운드가 시작된다.

이 과제를 복잡하게 하는 몇 가지 요인이 있다. 중요한 요인 중 하나가 맥주를 주문하고 받는 사이의 시간 지연이다. 이것은 참가자가 자신의 재고목록에 얼마나 많은 맥주를 가지고 있는지 알기 어렵게 한다. 예를 들어, 소매업자(또는 공급사슬에 있는 누구라도)가 맥주 배송물이 도착하는 것을 기다리는 동안에 또 다른 주문을 받게 될 수 있다. 그는 재고가 바닥나는 것을 원치 않는데, 왜냐하면 이런 사례마다 1달러의 벌금(화난 소비자와 판매 손실을 대변하는)을 물기 때문이다. 따라서 예상하지 못했던 주문이 들어오는 상황에서도 자신의 재고목록에 충분한 맥주가 남아 있기를 원할 것이다. 반면 재고목록에 맥주를 보유하기 위해서는 사례당 0.50달러의 요금을 지불해야만 한다.

초기 요구 수준은 주당 4개의 사례이고 처음 몇 번의 라운드에서 그렇게 유지된다. 실제로 처음 4주 동안 공급사슬의 생산자 아래에 있는 모든 사람이 4개의 사례를 주문하려고 하기 때문에, 과제에 적응하는 동안 참가자들은 균형 상태를 유지하게 된다. 4주째가 시작되면 참가자들은 그들이 원하는 비음수적(non-negative) 수량을 주문할 수 있다. 5주째에 소비자의 요구가 주당 4개에서 8개로 급등하고 나머지 게임 동안 이 수준에 머물게 된다. 소매업자만이 소비자의 요구 수준을 볼 수 있지만, 미리 이 요구를 알 수는 없다.

참가자들은 이 요구 급등에 어떻게 반응할 것인가? 전통적 경제이론에 따르면, 몇 번의 게임이 진행되면서 참가자들이 적응하면 결국 모두 8개를 주문하고 모두의 재고목록이 일정 수준으로 유지되는 균형 상태에 도달해야만 한다. 그러나 현실은 그렇지 않다. 참가자들은 너무 많이 주문하는 과잉 행동을 보인다. 소매업자가 12개를 주문하면 도매업자는 16개의 주문으로 대응하고, 유통업자는 20개를 주문한다. 시스템의 지연 때문에, 참가자들은 새 주문이 들어오고나서 현재 재고가 없다는 사실을 인식하게 되고 이에 따라 더 많은 주문을 한다. 그러면 다량의 맥주가 공급사슬로 흘러 들어가고 참가자들은 자신에게 재고가 너무 많다는 것을 알게 된다. 이들은 이에 대한 반응으로 주문을 영 수준으로 극적으로 중단한다. 맥주 '산업'은 균형을 이루는 대신에 과잉 주문과 과소 주문의 진동파를 겪는다. 즉, 호황과 불황이 주기적으로 반복된다.

Sterman(1989a)에 따르면, 참가자의 행동은 정박과 조정 추단에 의해 일어난다. 재고, 시간 지연 등에 대한 복잡한 계산을 하는 대신에 최근의 주문 상태와 재고 수준에 정박을 하고 이것을 근거로 다음 주문을 한다. 그러나 시간 지연이 있는 환경에서 이 추단을 적용하는 것은 과잉 주문과 과소 주문의 순환을 낳는다.

Sterman(1989a)은 게임이 끝난 후 사후 보고를 하는 동안 참가자의 정서가 최고조에 이른다는 것을 지적하였다. 사람들은 자신의 시스템 통제 능력에 절망하고 무기력감을 자주 보고하였다. 이들은 '자신의 통제 밖에 있는 힘의 지배를 받는다는 느낌을 받는다(p. 335).' 소매업자를 제외한 나머지 참가자는 소비자의 요구가 오락가락했다고 생각하고, 자신의 저조한 수행의 원인으로 이런 삐딱한 소비 패턴을 탓한다. Sterman은 다음과 같이 덧붙였다.

소비자의 실제 주문 패턴이 드러나면, 많은 참가자가 상당한 충격을 받는다. 어떤 사람은 강한 불신감을 드러낸다. 소수는 그들이 경험한 행동의 원인이 자기 자신의 결정 때문이었다고 말한다. 아주 소수의 사람은 피드백 구조, 시간 지연, 게임의 재고와 유통 구조로 진동 패턴을 설명하려고 한다(1989a, p. 336).

난이도에서 차이가 나는 다양한 종류의 DDM 과제들이 있다. 이런 과제들에서의 수행이 맥주 분배 게임에서 관찰되는 주기적 형태와 항상 동일하지는 않지만, 사람들은 일반적으로 최적 수준 이하의 수행을 보이고 때로는 극단적으로 낮은 수행을 보이기도 한다. 예를 들면, 산불에 대처하는 과제에서는 작전본부가 불태워지는 결과가 빈번히 발생하였다(Brehmer & Allard, 1991). 참가자들이 의사 역할을 하였던 다른 연구에서는 비진단적 검사 결과를 기다리는 동안 환자가 사망하는 일이 빈번하게 일어났다(Kleinmuntz & Thomas, 1987). 시행이 증가하면서 과제의 수행이 향상되어도, 사람들은 자신의 전략을 말로 표현할 수 없다(Berry & Broadbent, 1984). 즉, 학습은 명시적이기보다 암묵적이다.

역동적 시스템의 연구에서 현실성을 유지하면서 실험적 통제를 가능하게 하기 위해, DDM 연구자들은 가상 세계(microworlds)라고 불리는 컴퓨터 시뮬레이션을 이용하여 역동적 과제를 시행한다. 가상 세계는 인지 능력, 피드백 유형, 피드백 시간, 전략 사용, 지식 습득과 같은 다양한 요인을 연구할 수 있게 해 준다.

역동적 결정환경의 특성

역동적 결정환경의 주요 특성은 역동성, 복잡성, 불투명성,

역동적 복잡성이다(Gonzalez & Vanyukov et al., 2005). 시스템의 **역동성**(dynamics)은 시스템의 초기 상태에 대한 시스템 상태의 의존성을 말한다. 이것은 결정자의 통제 밖에 있는 요인(외생 요인)과 결정자의 행동에 의한 요인(내생 요인)에 의해 영향받는다. 역동적 시스템에서 긍정적 피드백 고리는 저축 예금의 이자 증식처럼 자기 강화적 · 자기 증폭적이다. 부정적 피드백 고리는 먹기가 배고픔을 진정시켜서 덜 먹게 하는 방법처럼 자기 조정적 또는 자기 억제적인 고리이다(Gonzalez & Vanyukov et al., 2005).

복잡성(complexity)은 쉽게 말해서 시스템의 행동을 예측하기 어렵게 만드는 한 시스템 내에서 상호작용하는 또는 상호연관된 요소의 수를 말한다. 그러나 복잡성에 대한 분명한 정의를 제시하기란 어렵다. 첫째, 시스템 구성 성분은 얼마나 많은 구성 성분이 존재하는지, 이들의 관계의 수, 관계의 성질에 따라 다를 수 있다. 따라서 이런 요인과 과제 난이도 사이의 단순한 대응은 존재하지 않는다. 둘째, 시스템의 복잡성은 또한 결정자 능력의 함수일 수 있다.

불투명성(opaqueness)은 시스템의 특정 측면을 볼 수 없다는 의미이다(Brehmer, 1992). 이것은 또한 시스템에 대한 결정자의 지식에도 달렸을 수 있기 때문에 정확하게 정의하기 어렵다.

역동적 복잡성(dynamic complexity)은 결정자가 시스템 통제를 위해 시스템 피드백을 사용할 수 있는 방식을 말한다. Diehl과 Sterman(1995)은 시스템 피드백의 세 가지 요인을 특히 강조한다. 첫째, 시스템 내부의 불투명성은 예상치 못한 부작용을 일으킬 수 있다. 둘째, 변인 사이의 관계는 비선형적일 수 있다(따라서 이해하기 더 어렵다.). 셋째, 피드백의 지연은 시스템을 이해하고 통제하려는 결정자의 선택을 더 어렵게 한다.

심적 모형, 피드백, 피드백 지연 그리고 재인 과정

심적 모형과 피드백

사람들은 자신의 환경과 마찬가지로 역동적 결정 과제들을 심적 모형의 형태로 표상한다(제6장 참조). 심적 모형은 세계의 현재와 미래 상태를 이해하고 적절하게 행동하는 데 도움이 되는 환경에 대한 불완전한 표상이다. 불행하게도 심적 모형의 오류 또는 결함은 세계와의 상호작용에서 예상치 못한 사건이 발생할 때만 눈에 띈다.

일반적으로 피드백이 과제의 수행에 도움이 된다고 알려져 있으나, 이것은 복잡한 과제보다는 낮은 인지 능력을 요구하는 과제 또는 잘 훈련된 과제처럼 단순한 과제에서 그렇다(Kluger & DeNisi, 1996). Gonzalez(2005a)는 역동적 과제의 결정 지원 연구에서 최고로 숙련된 조작자의 결정 행동 관찰하기와 비교할 때 피드백 제공이 학습과 수행의 보조에 별로 좋은 방법이 아님을 발견하였다. 이 연구는 참가자들이 체인으로 연결된 여러 탱크의 물을 비워야 하는 그림 11.1의 정수장(water purification plant, WPP) 가상

세계를 이용하였다. 어떤 체인은 다른 것보다 더 길며, 이것은 시스템 밖으로 물을 퍼내는 데 걸리는 시간에 영향을 끼친다. 더욱이 모든 물 펌프가 동시에 작동할 수 없고, 한 번 사용한 후 10분 내에 다시 사용할 수 없다. 이와 더불어 시뮬레이션 동안 여러 체인에서 물을 비우는 데 요구되는 마감 시간이 주어졌다.

참가자들은 다음 중 한 조건에서 이틀 동안 연습 시행을 수행하였다. 통제 조건의 참가자는 전체 마감 시간이 끝난 후에 시스템에 남아 있는 전체 물 양에 대한 피드백만을 제시받았다. 피드백 조건의 사람들은 각각의 마감 시간이 끝난 후에 시스템에 남아 있는 물에 대한 상세한 정보를 제공받았다. 자기 예제 조건의 사람들은 하나의 시행을 통제 조건하에서 수행한 다음에 그 시행을 다시보기로 관찰하였다. 피드백 예제 조건의 사람들은 세부적인 피드백과 사전 시행의 다시보기를 모두 받았다. 전문가 예제 조건의 사람들은 통제 조건에서 하나의 시행을 수행한 후 고도로 숙련된 참가자의 시행을 다시보기로 관찰하였다.

기대한 대로 모든 집단의 수행은 시행의 증가와 함께 향상되었다. 그러나 학습 초기 단계에서 피드백 조건에 있는

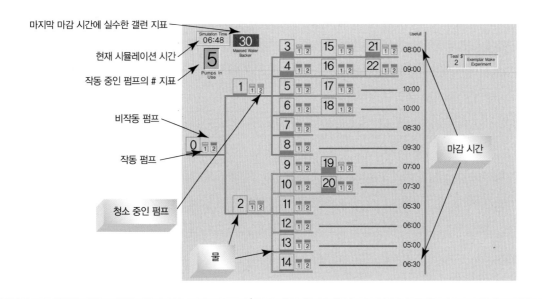

그림 11.1 정수장 시뮬레이션. 이 스크린 샷(screenshot)은 Gonzalez(2005a, p. 146)의 연구에서 발췌한 것으로 설명은 다음과 같다. '시뮬레이션 시간은 6시 48분, 이 조작자는 30갤런의 물을 실패했고 5개의 펌프(가능한 최대 수)가 작동 중이다. 물은 시스템 외부에서 흘러들어가, 왼쪽에서 오른쪽으로 마감 시간란 방향으로 개방 펌프를 통하여 계속 움직인다. 조작자는 시뮬레이션 시간이 계속되는 동안 펌프를 언제 개방하고 폐쇄할지를 결정한다.

사람들의 수행은, 물론 나중에 따라 잡기는 하였지만, 통제 조건보다 좋지 못하였다. 학습 초기의 피드백 조건의 열등한 수행을 제외하고, 전문가 예제 조건 외의 모든 집단이 연습과 검사 시행 동안 동일한 수행을 보였다(검사 시행 동안에는 어떤 결정 지원도 제공되지 않았다.). 한편 전문가 예제 조건의 사람들은 연습 시행이 진행되는 중간에 다른 집단의 수행을 능가하기 시작하였고 이 우세한 수행은 검사 기간 동안 계속되었다. 구성원들은 검사단계 동안에 물 펌프를 더 잘 사용하였고, 연습과 검사 시행을 통하여 전체적으로 더 적은 결정을 내렸고, 이들의 결정은 전문가의 것과 더 유사하였다.

전문가 예제 조건이 검사단계 동안에는 전문가의 행동을 관찰하지 않았다는 사실을 고려할 때, 이 구성원들의 우수한 수행이 전문가를 모방하여 나타났다고 볼 수 없다. 한 가지 가능성은 이들이 과제에 대한 더 뛰어난 이해(심적 모형)를 발달시켰다는 것이다. 또 다른 가능성은 전문가의 수행 예제를 기억에 저장하였다가 유사한 상황을 재인하였을 때 인출해서 섬세한 조정을 하였다는 것이다.

피드백 지연의 효과

역동적 결정 과제에서 최적 수준 이하의 수행이 발생하는 한 가지 주요 원인은 피드백에 대한 오지각(misperception)이다. 예를 들면, 피드백 지연은 사람들로 하여금 행동과 이 행동의 결과 간의 관계를 확립하기 어렵게 한다. 이것은 시스템의 무선적 섭동(perturbation)을 비롯하여, 외생 사건의 결과로 일어나는 부작용에 의해 악화된다. 우리는 앞 절의 맥주 게임에서 피드백 지연이 체계적이고 고비용의 진동파 형태로 최적 수준 이하의 수행을 낳는다는 것을 보았다.

Diehl과 Sterman(1995)은 재고 조정 과제에서 피드백 지연을 체계적으로 변화시켜 보았다. 참가자들은 생산 변동으로 발생하는 비용을 최소화면서 재고목록을 목표 수준으로 유지할 것을 요구받았다. 모든 기간 동안 이들은 자신의 재고 수준, 판매량, 생산량과 비용을 확인할 수 있었다.

가장 쉬운 과제부터 가장 어려운 과제까지, 참가자들은 최적 규칙 조건에서 기대할 수 있는 것보다 더 높은 비용을 발생시켰지만, — 가장 어려운 조건을 제외하고 — 어떤 통제력도 발휘할 수 없었던 경우보다는 더 나은 수행을 보였다. 특히, 모든 이득 조건에서 참가자는 피드백 지연이 증가할수록 더 높은 비용을 발생시켰다.

또한 Diehl과 Sterman은 참가자들이 각 결정을 내리는 데 소비한 시간의 길이를 조사하였다. 이득과 지연은 결정 시간에 어떤 체계적인 영향도 끼치지 않아서 복잡성의 증가가 노력을 증가시키지 않는다는 것을 보여 주었다. 더욱이 노력 정도는 수행 수준과 관련이 없었다. 이런 결과는 참가자들 간의 개인차로 일부 설명될 수 있다. 실제로 시행이 진행되는 동안 참가자들이 적은 메모를 분석하였더니 사고 수준에서 차이가 나타났다. 어떤 사람은 자신의 재고에만 주의를 기울였고, 또 어떤 사람은 재고와 재고의 변화를 모두 생각하였다(생산과 재고 사이의 관계에 대한 이해를 나타낸다.). 최고의 사고 수준에 있는 몇몇 참가자는 재고와 재고에서 예상되는 변화에 주의를 기울였다.

이들의 메모 역시 여러 다양한 전략을 보여 주었다. '행동하고 기다리기' 전략은 사전 변화의 결과가 눈에 드러날 때까지 생산에서 어떤 변화도 발생시키지 않는 것을 말한다. 또 다른 사람들은 시스템에 대한 세심한 분석으로 시작하였지만 자신의 결정이 불안정한 결과를 가져올 경우 재고 전용 전략에 의지하였다. 또 다른 사람들은 진동파에 직면하면 시스템이 진정될 것이라는 희망을 품고 통제를 포기하였다(한 사람은 계산을 포기하고 재고 전용 전략으로 복귀하기 전에 다음과 같이 적기도 하였다. '나는 이런 일이 일어난 것을 믿을 수 없다.'). Diehl과 Sterman은 참가자들이 피드백에 대한 두 가지 유형의 오지각에 시달린다고 결론지었다. 즉, 시스템 내부의 피드백 구조를 충분히 자각하지 못하거나 피드백과 시간 지연의 결과를 추론할 수 없다.

다른 증거는 DDM 과제에서 습득된 학습이 **국지적으로**

가장 잘 활용될 수 있음을 보여 준다. 즉, 훈련 동안 마주쳤던 상황과 유사한 상황에서는 훈련의 결과로 향상된 수행이 나타나지만, 훈련과 다른 상황에서는 그렇게 잘하지 못한다(예 : Gibson et al., 1997).

이 절에서 기술한 결과들은 사람들이 DDM 과제에서 적응적 결정자 가설(제8장에 기술되었던)이 예상하는 방식으로 자신의 전략을 변화시키지 않는다는 것을 보여 준다. 다른 DDM 결과들도 역시 이 가설과 상반된다. 예를 들면, 건강 관리 과제를 이용한 연구는 경험이 많은 참가자도 진단 검사에서 정보를 수집하는 데 너무 많은 시간을 소비하는 경향이 있음을 발견하였고, 이것은 검사 정보 없이 단순하게 환자를 치료했을 때보다 더 나쁜 결과를 초래하였다(Kerstholt, 1994, 1996; Kleinmuntz, 1985; Kleinmuntz & Thomas, 1987).

재인

학습의 국지적 적용 가설은 사람들이 사전에 경험했던 것과 비슷한 상황을 더 쉽게 재인할 수 있다고 주장한다. Gonzalez와 Quesada(2003)는 재인에서 유사성 관계의 역할에 대하여 연구하였다. 참가자들은 앞서 언급한 정수장 과제를 수행하였다. 연구자들은 두 시행 간의 유사성 정도를 평가하기 위하여 수식을 사용하였다. 이 수식에서 2개의 변인, 즉 결정에 걸리는 시간과 결정의 시간에 탱크에 있는 물의 양이 전체 유사성에 영향을 끼쳤다. 유사성은 수행을 잘 예측하였다. 또한 결정의 유사성에 따라 수행을 잘한 사람과 못한 사람을 구별하는 것도 가능하였다. 훌륭한 수행자는 초반부터 더 높은 결정 유사성을 보여 주었다. 유사성 재인은 또한 과제 속성 간의 복잡한 상호작용의 영향을 받았다. 특히, 참가자들은 더 짧은 체인(빠른 마감 시간)에서는 더 늦게 개입하는 것을, 더 긴 체인(늦은 마감 시간)에서는 더 빨리 개입하는 것을 학습하였다.

역동적 결정 과제에서의 학습이론

역동적 시스템에서의 학습과 관련하여 여러 이론이 제안되었다(예 : Busemeyer, 2002 참조). 학습을 표상하는 한 가지 방식이 생산체계(production system) 형태이다. 생산 체계는 특정 과제와 관련된 생산 규칙(production rule)들의 조합이며, 생산 규칙은 특정 행동이 집행될 수 있는 조건을 명시하는 규칙을 말한다. 기본 생산 규칙은 '만약 당신이 상황 S를 재인하면, 행동 A를 수행하라.'로 되어 있다. 예를 들면, Anzai(1984)는 DDM 과제(여러 개의 문을 통과하는 선박 조정 과제)를 수행하는 참가자들의 소리 내어 생각하기(think-aloudprotocols)를 기초로 컴퓨터 시뮬레이션에 생산 규칙 조합을 적용하였다. 이 시뮬레이션은 (경험 수준에서 차이가 있었던) 참가자들이 사용한 전략을 —완벽하지는 않지만— 잘 재현하였다.

다른 이론은 특정 사례(instances) 또는 예제(exemplars)를 기억에 저장한다고 가정한다(예 : Dienes & Fahey, 1995). 어떤 행동이 성공적 결과를 초래할 때마다 초기 상황과 이 상황에 대한 반응이 함께 기억에 저장된다. 저장된 사례가 현재 상황과 유사하면 연합된 반응과 함께 더 쉽게 인출된다.

학습에 대한 또 다른 설명은 연결주의(connectionist) 이론[때로는 병렬 분산 처리(parallel distributed processing, PDP)라고 불린다.]에 의해 제안되었다. 연결주의 모형은 상호연결된 단위들로 구성된다. 단위들 사이의 연결은 선행 경험에 의존하는 강도 또는 무게를 가지고 있다. 따라서 특정 단위의 산출은 이 단위와 연결 강도로 가중된 선행 단위의 산출에 달렸다. Gibson 등(1997)은 그림 11.2의 연결주의 모형이 Berry와 Broadbent(1984)의 설탕 공장 과제에서 반응들을 훌륭하게 예측할 수 있음을 발견하였다.

이 모형은 실질적으로 두 하위 연결주의 모형을 포함한다. 하단의 행동 하위 모형은 현재의 목표와 환경의 현재 상태를 선택하여, 이들을 입력자료의 가중 총합을 계산하는

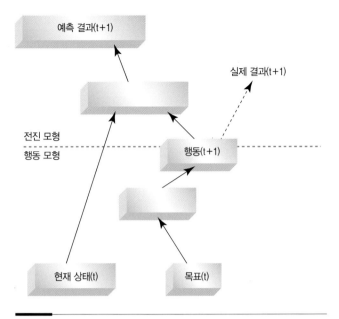

그림 11.2 Gibson 등(1997)이 제안한 연결주의 학습 모형

은닉 단위 층으로 전달한 후, 이것을 비선형 로짓 함수에 넣는다(더 상세한 설명은 Gibson et al., 1997 참조). 산출은 결과를 생성하는 행동이다. 현재 상태와 행동의 표상은 행동이 성취하게 될 결과를 예측하는 예측 하위 모형[1]에 있는 은닉 단위 층으로 전달된다.

환경 자체는 결정자가 행동을 어떻게 수정해야 하는지를 구체적으로 명시하고 있지 않은데, 이 모형에서 수정은 어떻게 발생하는 것일까? 첫째, 실제 결과와 예측 결과의 비교에 의해 오류 신호가 나타난다. 이 오류 신호는 예측 하위 모형의 층 간 연결 가중치를 조정하기 위하여 연결망을 통하여 전파된다. 이것은 행동이 환경에 영향을 끼치는 방법을 예측하는 모형의 능력을 향상시킨다. 둘째, 또 하나의 오류 신호는 현재의 결과와 목표를 비교하여 일어난다. 이 오류 신호 또한 행동이 얼마나 변화해야 오류가 변화할지를 결정하기 위해 예측 하위 모형(연결 가중치를 일정하게 유지하면서)으로 다시 전파된다. 이 정보는 연결 가중치를 조정하기 위해 행동 하위 모형에 의해 사용되고, 따라서 의도한 목표에 근접한 행동의 산출이 일어난다.

Gonzalez, Lerch 등(2005)은 역동적 과제 학습이 사례의 축적과 정교화로 일어난다고 제안한다[사례기반학습이론(instance-based learning theory, IBLT)]. 하나의 사례는 환경 단서(상황), 상황에 적용할 수 있는 행동 조합(결정), 특정 상황에서 결정의 적합도에 대한 평가(효용)로 구성된다. 따라서 사례의 축적은 상황-결정-효용(SDU)이라는 세 가지 성분의 축적이다.

특정 상황에 직면하면, 사람들은 기억에서 유사한 사례 또는 SDU를 인출하려고 한다. 따라서 전형적인 상황에서 사람들은 기억에서 인출한 유사한 사례의 효용을 결합하여 어떤 행동의 효용을 평가한다. 그러나 이례적인 상황에서는 한 행동의 잠재적 성공을 평가하기 위해 추단을 사용한다. 대안 행동을 순차적으로 평가하고 나서, 더 많은 대안들을 평가할 것인지를 필요성 수준(necessity level)에서 결정한다. 필요성은 결정자 자신의 선호 또는 시간 부족과 같은 외생 요인에 의해 주관적으로 결정될 수 있다. 일단 결정이 일어나면 결정의 결과는 초기 SDU의 효용 가치를 수정하기 위해 사용하는 피드백으로 작용한다.

정리하면, IBLT는 다섯 가지의 학습 기제인 (1) 사례-기반 지식, (2) 재인-기반 인출, (3) 적응 전략, (4) 필요성, (5) 피드백 업데이트로 이루어져 있다. Gonzalez, Lerch 등은 자신의 이론을 앞에서 기술한 정수장 가상 세계를 이용하는 컴퓨터 시뮬레이션에 적용하였다. 연구자들은 이 시뮬레이션에서 탐색 규칙 및 피드백 제공과 같은 변인을 변화시켰고, 수행 결과가 인간의 수행자료와 어떻게 대응되는지를 살펴보았다. 흥미롭게도 인간의 수행자료와 가장 잘 부합한 것은 결과로부터 학습하지 않는 모형에서 얻어졌다(무피드백 기제). 그러나 이것이 가장 우수한 수행을 낳는 모형은 아니었다! 이 연구에서 비교는 여러 사람에게서 얻은 자료들을 종합하여 이루어졌다. 현실에서 역동적 과제의 행동에서는 상당한 개인차가 관찰된다.

역동적 결정짓기에서 개인차

DDM 과제에서 수행은 개인마다 상당한 차이가 있고, 이런 차이의 원인으로 인간의 인지 능력 차이를 들 수 있다. 그러나 많은 연구들은 DDM 과제의 수행과 지능검사 수행 사이에 어떤 연관성을 발견하는 데 실패하였다(Brehmer, 1992; Rigas & Brehmer, 1999). 이것은 DDM 과제에서 신뢰할 만한 수행 측정치를 얻기가 쉽지 않기 때문인 듯하다.[2] 앞에서 보았듯이, DDM 과제의 역동적 복잡성과 복잡성에 기여할 수 있는 수많은 구조적 요인이 존재하고, 이것들은 과제마다 차이가 있다. 또 어떤 과제에는 최적의 해결 방안이 존재하지 않을 수도 있다.

후속 연구는 신뢰할 만한 측정치를 얻을 수 있는 과제라면 지능검사의 수행과 DDM 수행 사이에 연관성이 있음을 보여 준다. Rigas 등(2002)은 과제의 요구가 유사한(동일하지는 않지만) 두 과제로부터 신뢰할 만한 수행 점수를 얻었다. 과제 변인들을 변화시키면서 참가자들로 하여금 각 과제를 여러 차례 수행하도록 하였다. 참가자들은 또한 비언어 일반지능검사를 받았다(Ravens Advanced Progressive Matrices, APM; Raven, 1976). APM에서 높은 점수를 받은 사람은 두 과제에서 더 우수한 수행을 할 가능성이 컸다. 더욱이 두 가상 세계 간에 강력한 상관관계가 나타났다. 즉, 한 과제에서 수행을 잘한 사람은 다른 과제에서도 잘하는 경향이 있었다. 마지막으로, 연구자들은 하나의 가상 세계에서의 수행을 가장 잘 예측할 수 있는 것은 APM 점수와 다른 가상 세계의 수행, 이 두 가지를 모두 사용할 때라는 것을 발견하였다. 다시 말해, 이 결과는 선행 연구들의 낮은 신뢰도가 지능과 DDM 수행 사이의 연관성을 찾지 못한 이유라는 주장을 지지한다. 유사한 결과가 Gonzalez, Thomas 등(2005)에 의해서도 얻어졌다.

또한 인지 능력은 작업 부하와 상호작용한다. WPP 과제를 이용한 한 연구에서 Gonzalez(2005b)는 다음과 같은 결과를 발견하였다. (a) 낮은 인지 능력의 참가자는 높은 인지 능력의 참가자보다 연습 시행과 검사 시행 모두에서 수행이 저조하였다. (b) 연습 시행을 특별히 어렵게 만들면 — 짧은 시간 안에 더 많은 시행을 수행하거나 WPP 과제와 함께 2개의 독립적인 과제를 동시에 수행하도록 요구하면 — 낮은 인지 능력의 참가자는 연습 시행과 검사 시행 사이에 어떤 수행의 향상도 보이지 않았다.

유사한 결과가 Gonzalez(2004)에 의해 보고되었는데, 낮은 인지 능력의 참가자는 느린 시행에서 추단을 덜 사용하는 것처럼 보였지만, 빠른 시행에서는 추단의 사용이 점점 증가한다는 증거가 제시되었다. 따라서 여러 번의 빠른 시행보다 소수의 느린 연습 시행이 사람들로 하여금 복잡하고 유용한 지식을 습득할 수 있게 하기 때문에 더 유익하다고 할 수 있다. 높은 인지 능력의 참가자들은 두 시간 조건 모두에서 추단 사용을 적게 하였지만, 일반적으로 느린 조건에서 더 적었다.

일상생활의 결정짓기

이 절은 현실에서의 결정짓기에 초점을 맞추고 있다. 이런 일상생활 연구가 실험실 연구를 배제하지는 않지만, 이 분야의 연구자들은 목표 설정, 계획, 지각과 주의 과정, 이해 과정, 예측, 피드백에 주의 주기와 같은 다양한 과정에 관심을 두기 때문에 더 광범위하게 사고하는 경향이 있다. 특히, 대다수 연구의 중심에는 전문성이 놓여 있다.

앞으로 일상의 판단과 결정에 영향을 끼치는 세 가지 요인인 전문성과 상황 자각, 개인차, 스트레스를 알아볼 것이다. 그 다음으로 현장 결정짓기와 이와 관련된 이론을 살펴보고자 한다.

전문성과 상황 자각

상황 자각은

시공간 안에 있는 환경요소들에 대한 지각, 이들의 의미 이해와 가까운 미래에 이들의 상황에 대한 예상이다(Endsley, 1988; Endsley, 2006에서 인용).

사실 상이한 수준의 전문성을 지닌 사람들 간의 중요한 차이는 상황 자각의 정도이다(예시 11.1 참조). 예를 들면, 경험 많은 운전자나 고급 훈련 과정을 마친 운전자는 위험 사건에 대하여 더 효과적이고 효율적인 탐색을 한다(Horswill & McKenna, 2004). 결과적으로 10년 이상의 운전 경험이 있는 사람은 3년 이하의 경험을 가진 운전자보다 위험에 더 빠르게 반응한다(McKenna & Crick, 1991).

전문성이 더 높은 상황 자각을 가능하게 하는 한 가지 이유는 특정 행동의 자동화 때문이다. 예를 들면, 처음 운전을 배울 때는 클러치 페달 누르기, 기어 바꾸기 같은 가장 기본적인 행동에 많은 양의 의식적 주의를 기울일 필요가 있다. 우리의 주의 용량은 상당히 제한적이기 때문에, 초보 운전자는 기본 행동에 주의의 초점을 맞추고 환경의 특정 측면을 무시할 수 밖에 없다. 반대로 경험이 풍부한 운전자는 의식적 사고를 기본 행동에 쏟을 필요가 없다. 이 행동은 어느 정도 자동화되어 있다. 따라서 환경을 살피고, 해석하고, 예측하는 데 필요한 정신적 작업 공간이 남게 된다. 그러나 이런 활동은 통제된 인지를 요구하고, 휴대전화 통화하기처럼 다른 과제에 주의가 돌려지면 쉽게 방해를 받는다(예 : Strayer & Johnston, 2001).

앞에 언급한 상황 자각의 정의는 관련 있는 환경 측면을 단순히 지각하는 것만으로 충분하지 않다고 말한다. 정확한 결정짓기는 우리의 지각을 정확하게 해석하는 것과 그 결과로 생긴 심적 모형을 미래 사건의 정확한 예측에 사용하는 것에 달렸다. 예를 들면, 원양어선들은 다른 선박이 선박의 종류와 이동 방향을 알 수 있도록 밤에 표시 조명을 달도록 되어 있다. 그러나 이것은 때로 잘못 해석되고, 이런 잘못된 해석은 치명적일 수 있다(예 : Burns, 2005).

Endsley(2006)는 상황 자각과 관련하여 조종사와 육군 소대장에 대한 연구를 살펴보았다. 조종사에 관한 한 연구에서, 경험이 가장 부족한 조종사는 자신을 수동적인 정보

수신자로 기술하고, 자신이 현재 직면하고 있는 환경 정보에 초점을 맞추는 경향이 있었다. 중간 수준의 경험이 있는 조종사는 정보를 발견하고 해석하려고 하였고, 경험이 많은 조종사는 사전 대책을 마련하고 수많은 세부 사항 간의 복잡한 관계를 고려하였다(Prince & Salas, 1998). 일반적으로 경험이 많을수록 정보 수집을 비롯하여 사전 비행 계획과 준비를 더 많이 하였다(Jensen et al., 1997 참조).

Endsley(2006)가 개관한 두 번째 연구는 가상현실 전쟁 시뮬레이션에서 초보자와 경험이 많은 보병대장의 수행을 다루었다(Strater, Endsley et al., 2001). 경험이 많은 소대장일수록 지각 수준의 자각(아군과 적군의 위치 파악)을 더 많이 보였다. 이들은 또한 상황을 더 잘 이해하였다(가장 강력한 적과 공격 위협의 발견). 후속 연구는 신참 소대장들이 현재 상황을 이해할 수는 있지만 미래 상황을 예상하는 데는 어려움이 많다는 것을 발견하였다(Strater, Jones et al., 2001). 이것은 수반성 계획의 결여, 예상치 못한 사건에 대한 부적합한 반응과 잘못된 시간 관리와 같은 문제들에서 드러났다.

일상생활의 결정짓기에서 개인차

역동적 결정짓기를 다룬 절에서, 신뢰할 만한 DDM 수행 측정치를 얻을 수 있다면 지능이 수행을 예측한다는 것을 보았다. 현실에서도 그럴까? 이 질문에 답하기 위해 수많은 연구가 수행되었는데, 엄격히 말해서 이런 연구는 결정 연구 분야의 새로운 분파라기보다 오래전부터 주류 심리학의 일부였다. 사실 지능검사 수행은 직무 수행에 대한 매우 강력하고 신뢰할 만한 예측 요인이다(Furnham, 2005). 더욱이 직무가 복잡할수록 IQ의 예측 가치는 더 크다(Hunter & Hunter, 1984; Salgado et al., 2003). IQ는 성격 요인을 포함한 어떤 다른 변인들보다 직무 수행을 더 잘 예측한다. 사실 어떤 연구자들은 IQ를 제외한 성격 측정치가 예측 가치가 있다는 점을 의심하고 있다(예 : Menkes, 2005).

IQ의 예측 가치에도 불구하고 몇 가지 경고를 할 필요가

1993년 1월 12일 3명의 스키어가 오지를 향해 Vail 스키장을 출발하였다. 그날 눈사태 위험이 높다는 예보가 있었지만, 3명의 친구는 눈사태 교육 과정을 수료하였고 경계 지역을 넘어 스키 타기에 안전한 눈을 발견할 수 있을 것이라고 확신하였다. 이들은 Vail 스키순찰대로부터 불안정한 날씨에 대한 경고를 들었고, 경계 구역 문에 붙은 눈사태 경고문을 지나칠 때 그들 주변에서 가까운 경사지에 오래되지 않은 수많은 미끄러짐 흔적, 스키 아래의 눈이 갈라지고 무너져 내린 흔적 등 위험의 표시들을 볼 수 있었다.

이들은 발자국이 없는 눈을 찾아서, 소용돌이치는 바람 속에서 함께 하산하였다. — 전형적인 지형 함정. 눈사태가 3명 모두를 덮쳤고 이 중 1명이 사망하였다(McCammon, 2001).

위 사고에서 기술된 것처럼, 눈사태 자각은 산에서의 안전을 보장하지 않는다. 실제로 눈사태 사고를 다루었던 논문에 의하면, 이런 사고에서 모든 희생자는 '눈사태를 자각하였다.' 그리고 이런 사고의 83%(34/41)가 지형 또는 눈 쌓인 들판 때문이 아니라 결정짓기 오류 때문에 발생하였다.

고급 훈련 과정을 마친 사람도 눈사태 위험을 보여 주는 환경 단서를 간과하거나 적절한 반응을 하지 못할 수 있다.

McCammon(2002)은 다른 지역의 기록뿐 아니라 콜로라도 눈사태 정보센터에서 수집한 600개 이상의 눈사태 사고를 분석하였다. 이 사건들에는 모두 1,180명의 사람들이 관련되었다.

다양한 위험 표시의 존재 또는 부재를 근거로(예를 들면, 그 지역에서 최근 48시간 이내에 발생한 눈사태, 사고 시간대의 비 또는 영상의 기온), McCammon은 24개의 사고에 대한 위험 점수를 만들 수 있었다. 또 그는 가장 경험이 많은 구성원의 기술 수준에 따라 각 단체를 범주화하였다(눈사태 훈련 없음; '눈사태 자각'; 기본 훈련; 고급 훈련). 고급 훈련을 받지 않은 집단은 낯선 지형에서와 마찬가지로 친숙한 지형에서 이동할 때도 많은 위험에 자신을 노출시켰다. 그러나 고급 훈련 과정을 마친 집단은 낯선 지형을 이동할 때 유의미하게 더 적은 위험에 자신을 노출시켰고, 이것은 다른 집단이 친숙한 지형에서 보여 주는 수준이었다. 고도의 훈련을 받은 단체가 낯선 지형에서 위험을 재인하는 데 실패하는 것인지 또는 재인은 하지만 무시하고 계속하는 것인지는 분명하지 않다. 그러나 어느 쪽이든 경사지에 대한 이들의 친숙도가 지

있다. 첫째, IQ는 학교와 대학교에서의 수행을 강력하게 예측하기는 하지만, 자기 절제가 청소년기의 학업 수행을 더 잘 예측한다(Duckworth & Seligman, 2005). 둘째, Sternberg와 동료들(Hedlund et al., 2006; Sternberg, 1997)은 실제적 지능(practical intelligence)을 측정에 포함시킨다면 지능검사가 직무 수행을 더 잘 예측할 수 있다고 주장하였다. 이것은 추상적 사고보다는 실제적 기능을 측정한다. 아마도 더 중요한 사실은 Hedlund 등(2006)이 발견한, 실제적 지능 측정치가 포함되면 전통적인 지능검사에서 관찰된 성별과 인종 차이가 사라지거나 크게 감소된다는 것이다.

또 다른 개인차 연구는 설문지를 사용하여 다양한 결정 양식(decision style)을 조사한다. 자주 측정되는 두 가지

양식은 반성적 결정 양식과 직관적 또는 즉흥적 결정 양식이지만, 내면화와 외면화(예 : Coscarelli, 1983a, 1983b; Johnson, 1978; Niles et al., 1997), 통제 위치(Friedrich, 1987), 의존적 · 회피적(Scott & Bruce, 1995)도 있다.

그러나 확실한 연구 결과는 아직 없다. 한 가지 문제는 연구마다 다른 양식이 발견된다는 데 있다. 또한 이 양식들이 능력과 구별될 수 있는지가 이 연구들에서 분명하지 않다.[3] 더 중요한 문제는 이런 연구의 대다수가 간단한 설문지 측정으로 결정 양식을 발견할 수 있다고 주장하면서, 실제로 현실의 수행에 대한 연구는 하지 않는다는 데 있다.

한 가지 예외가 Scott과 Bruce(1995)의 연구인데, 이들은 응답자의 작업장 수행 측정치를 포함시켰다. 응답자는

예시 11.1 (계속)

식과 경험이 주는 이득보다 우선하였다. McCammon은 친숙성 추단(familiarity heuristic)이 작동한다고 주장한다. 우리는 어떤 행동이 전에 수행되었던 정도를 고려하여 이 행동이 올바른 행동인지를 판단한다.

McCammon은 때로 훈련의 효과를 무효화하는 다른 두 요인도 발견하였다. 첫째, 다른 사람들이 그 행동을 하는 정도에 따라 어떤 행동이 옳다고 판단하는 경향이 있다고 주장한다. 이것은 **사회 증거 추단**(social proof heuristic)으로, 불확실한 상황에서 특히 많이 사용된다. McCammon은 기본 눈사태 훈련이나 고급 훈련 과정을 마친 단체가 사고 직전에 유사한 사고를 경험하였으면 더 높은 위험 수준에 자신을 노출시킨다는 것을 발견하였다. 훈련을 받지 않은 단체는 다른 사고 경험에 영향을 받지 않았지만 비슷하게 높은 수준의 위험에 자신을 노출시킨 반면, 유사한 사고를 경험하지 않았지만 훈련을 받은 단체는 자신을 더 적은 위험에 노출시켰다.

훈련을 무효화하는 두 번째 요인은 **몰입 추단**(commitment heuristic)이다. 이는 '어떤 한 행동이 우리가 했던 이전의 몰입과 일치하는 정도로 정확하다고 믿는 경향성(2002, p. 4)'이다. 훈련받지 않은 집단의 경우에, 높은 몰입 집단과 낮은 몰입 집단에서 위험 점수가 동일하였다. 그러나 몰입을 많이 한 훈련받은 집단은 낮은 몰입 집단보다 더 큰 위험에 자신을 노출시켰다.

이런 결과는 정보 더하기 기술 훈련의 조합이 사람들의 행동을 변화시키기기에 항상 충분한 것은 아니라는 다른 증거와 일치한다(McCammon, 2004). McCammon과 Hägeli (2004)는 과거 사고에서 조건을 얼마나 잘 발견하였는지와 예방할 수 있었던 사고 비율을 통해 여러 눈사태와 관련된 결정짓기 틀을 살펴보았다. 가장 효과적인 결정짓기 방법은 또한 가장 간단한 방법이라는 사실을 발견하였다. 즉, 여러 '명백한 단서'를 단순히 더하는 것이었다. 다른 방법들은 방정식에서 여러 변인을 균형화하거나 강도 가중치를 적용하는 것을 포함하였다. 물론 이런 방법들에 대한 이상적인 비교는 과거 자료에 대한 후향적인 적용보다는 예측검사가 포함되어야 한다는 사실을 강조할 필요가 있다. 하지만 이 결과들은 매우 시사적이다.

미국 기업체의 연구개발 부서에서 근무하는 189명의 엔지니어와 기술자였다. 이 직원들의 관리자에게 직원의 혁신적 행동을 5점 척도상에서 평가하도록 하였고, 이것은 나중에 전체 측정치에 더해졌다. 또 관리자들은 각 직원의 종합적인 혁신성에 대한 개별평가를 하였다. 이 결과에 의하면 혁신성은 합리적 의사 결정 유형과는 관련이 적고, 직관적 의사 결정 유형과 더 관련이 깊었다.[4]

스트레스, 판단 그리고 결정짓기

대부분의 사람이 스트레스를 나쁜 것으로 생각한다고 말하는 것이 옳을 수 있다. 스트레스가 판단과 결정에 부정적인 영향을 끼친다는 생각이 광범위하게 받아들여지고 있다.

그러나 현실에서 나타나는 증거들은 그렇게 분명하지 않다. 첫째, 수행을 방해할 수 있는 다수의 잠재적 스트레스 요인이 존재한다. 예를 들어, 스트레스와 판단을 다루고 있는 책(Hammond, 2000)은 추위, 연속 작업, 재정 위험, 수면 박탈, 시간 압력을 포함하여 49개나 되는 스트레스 요인들을 색인에 기술하고 있다. 이렇게 다양한 스트레스 요인은 인간의 인지 시스템에 상이한 영향을 줄 수 있다. 둘째, 스트레스의 영향에 대한 연구 증거들은 일관된 이야기를 하고 있지 않다. 스트레스 요인이 때로는 수행을 저하시키고, 때로는 어떤 영향도 끼치지 않으며, 심지어는 수행을 향상시킨다. 그래서 Hammond는 판단에 미치는 스트레스 영향을 다룬 이론들이 부정적 결과를 설명하기 위해 '도피 경로'를 가지는 경향이 있다고 지적한다.

이런 점을 염두에 둔다면 저자가 여기서 스트레스에 대하여 분명하게 말할 수 있는 것은 없다. 그러나 특별히 스트레스 요인 중의 하나인 수면 박탈에 대하여 간단히 살펴보고자 한다. 특정 직업의 경우, 수면 박탈은 직무 수행에 중요한 문제이다. 이런 직업 중의 하나가 군인이다. 예를 들면, 사막의 폭풍 작전(Operation Desert Storm) 수행 중에 미국 전투기 조종사들은 '아군 폭격' 사건 동안 아군의 지면 운반체를 공격하고 파괴하였다. 조종사들은 위치 참조 표시를 업데이트하는 데 실패한 후 당황하였고, 방향 감각을 잃었다. 이들은 지난 24시간 동안 거의 잠을 자지 못하였다(Belenky et al., 1994). 긴급한 과제에 주의를 기울이지 못하는 것과 지도를 업데이트하지 못하는 현상은 약 36시간 동안 군사 작전 시뮬레이션에 참가한 군인들에게서도 관찰된다(Bandaret et al., 1981).

수면 박탈 효과는 다양하고 복잡하다(Harrison & Horne, 2000). 수면 박탈은 인지 속도, 정신 운동 기능, 시각적·청각적 주의, 단기 기억을 포함하는 과제에서 수행을 저하시키는 것으로 나타났다. 그러나 과제의 지루함에서 오는 혼입 효과(confounding effect)가 존재할 수 있다. Kjellberg (1975, 1977)는 과제가 흥미롭지 않을수록 수면박탈 효과가 확실히 더 빠르게 나타난다는 것을 발견하였다. 그러나 지루한 과제라도 수행 결과(Wilkinson, 1965)나 경제적 보상(Horne & Pettitt, 1985)의 제공 또는 자극 제시 비율의 증가(Corcoran, 1963)로 참여자의 동기를 증가시키면 수면 박탈의 효과는 극복될 수 있다.

후속 결과에 의하면 복잡한 과제가 수면 박탈 효과를 방지할 수 있는 것처럼 보이지만, 그렇게 간단한 문제는 아니다. 이것은 Harrison과 Horne(1999)의 연구에서 잘 나타난다. 참가자들은 시간이 흐르면서 점점 어려워지는 마케팅 전략 시뮬레이션 게임에 참여하였는데, 이 과제에서 참가자들은 거의 포화 상태에 이른 시장에서 자신의 상품을 자리 잡게 하는 문제를 해결해야 했다. 36시간 동안 수면을

박탈당한 참가자들은 과제에 대처할 수 없었는데, 파산을 당하거나 거의 파산 직전이 되었다. 이들은 예전에는 성공적이었지만 이제는 더 이상 적합하지 않은, 위기 상황에서 더 이상 혁신적이라고 할 수 없는 결정에 의존하였다. 대조적으로, 동일한 참가자들이 많은 양의 복잡한 글 정보를 이해하는 능력을 평가하기 위해 고안된 30분짜리 비판적 추론 과제를 완성할 것을 요구받았을 때는 수면 박탈 효과가 나타나지 않았다.

Harrison과 Horne(2000)은 수면 박탈과 복잡한 과제를 다룬 문헌들을 개관하였다. 대부분의 연구가 이틀 또는 사흘 동안의 수면 박탈을 다루고 있었다. 연구자들은 피로가 다음 영역에서 해로운 영향을 끼친다는 것을 발견하였다.

- 방해자극을 회피하면서 복잡한 상황 인식하기
- 사건을 추적하고, 전략을 개발하고 업데이트하기
- 창의적으로 생각하고 혁신적으로 행동하기
- 위험 평가하기, 일련의 결과 예상하기
- 결과에서 이득 유지하기
- 기분과 '자기 멋대로의' 행동 통제하기
- 자신의 수행에 대한 통찰
- '무엇이' 발생하였는가보다 '언제' 발생하였는지 기억하기
- 효율적 소통

스트레스연구에서, Hammond(2000)는 우리가 다양한 과제에 포함된 인지 과정을 설명하지 못한다면 스트레스 요인의 효과를 예측할 수 없다고 주장하였다. 다른 말로 하면, 어떤 과제는 직관적 사고를, 다른 과제는 분석적 사고를 요구한다. 이런 상이한 유형의 사고는 잠재적 스트레스 요인에 의해 영향을 받는 것도 다르다. 예를 들면, 직관적 사고는 본질적으로 빠르기 때문에 시간 압력의 영향을 적게 받지만, 과제가 분석적 사고를 요구하면 시간 압력의 영향력은 더 커진다.

현장 결정짓기

현장 결정짓기는 무엇이고 어떻게 연구되는가

현재 일상생활의 결정짓기를 다루는 많은 연구자가 별개의 학문이론으로 현장 결정짓기(naturalistic decision making, NDM)를 제안하고 있다. NDM은 '사람들에게 의미 있고 친숙한 현실 상황에서 결정이 어떻게 일어나는지를 이해하려는 시도이다(Lipshitz et al., 2001).' NDM은 선택의 순간에 일어나는 심리 과정에 대한 관심은 적고, 선택에 이르기까지의 과정에 더 많은 관심을 둔다. 이것은 계획, 지각, 이해, 예측 과정을 연구한다는 의미이다. 실제로 NDM에서 연구하는 시나리오와 인지 과정은 문제 해결과 공통점이 많다. 어떤 NDM 연구는 실험실에서 일어나기도 하지만, 대부분은 작업장 수행에 초점을 맞춘다. 그래서 이 분야의 많은 연구는 전문성과 전문가로부터의 지식 도출을 다룬다. 전문가 연구는 개별 연구 영역으로서 NDM의 발달보다 먼저 일어났지만, 이 둘은 분명히 중복된다.

과거에는 전문가로부터 지식을 얻기 위해 비구조적 인터뷰를 사용하였다. 이 방법은 별로 도움이 되지 않았고, 전문가 시스템 개발에서 병목현상을 유발하였다(Schraagen, 2006). 인지 과제 분석(cognitive task analysis)이라는 제목 아래 다양한 새로운 기법이 개발되었다. 동시 말하기 보고법(concurrent verbal report)과 위기 결정 방법(critical decision method)이 여기에 포함된다. 위기 결정 방법에서는 이전에 경험한, 일반적으로 특이하고 도전적인 '위기 결정'을 포함하는 상황에 대해 이야기하고 또 다시 이야기한다. 다시 이야기를 하는 동안 질문자는 일련의 유도 단서와 매우 특수한 검증 질문을 사용하여 전문가를 이끌어간다. 이 기법은 관찰, 대안, 행동 등을 포함하는 세부적인 사건 연대표를 만들어 낸다. 여기서 나온 사례 연구는 훈련자료로 유용하다.

또 다른 기법은 전문가에게 실제 환경이나 시뮬레이션환경에서 머리 장착용 비디오카메라를 착용하고 수행할 것을 요구한다. 사건 이후에 비디오자료를 다시 보면서 질문자와 사건에 대하여 이야기를 나눈다. 첫 번째 단계에서 그 시간에 떠오른 모든 생각을 회상하려고 노력하면서 '내부' 관점에서 사건을 기억하고 다시 체험한다. 두 번째 단계에서는 비디오를 다시 보면서 처음 수집한 녹음자료를 듣는 동안 '이방인' 관점에서 사건을 회상한다. 이 단계에서 질문자는 첫 번째 회상 동안 나타난 반응을 기초로 초점화된 질문을 할 수 있다(Omodei et al., 1997).

여러 NDM 이론이 제안되었는데, 그중 두 이론에 대하여 논의하려고 한다. 첫째, 개인과 조직의 결정 행동을 설명하는 이론으로 심상이론이 제안되었다(Beach, 1990). 심상이론을 바탕으로 한 많은 경험적 연구는 나중에 선택할 대안을 사람들이 어떻게 선정하는지에 관심을 둔다. 실제로 심상이론에 따르면, 선택 세트의 구성은 대안의 선정으로 이루어지기보다는, 주로 우리의 기본 가치와 불일치하는 대안을 거부하는 것으로 이루어진다.

둘째, NDM의 주제하에서 보고되는 많은 연구가 전문성의 본질과 심각한 시간 압력 상황에서 일어나는 고위험 부담(high stakes)의 결정에 관심을 둔다. 그래서 NDM 연구에서는 소방수, 조종사, 전쟁 지휘관이 자주 등장한다(Zsambok & Klein, 1997, Flin et al., 1997 수집한 사례 참조). 재인 점화 결정짓기 이론은 이런 압력 상황에 있는 사람들이 오직 하나의 대안을 생성하기 위해서 자신의 경험을 이용한다고 제안한다. 이 행동 방침을 따르면 어떤 일이 발생할지를 심적으로 시뮬레이션해 보고, 심각한 문제가 발견되는 경우에만 다른 대안을 생성한다.

현장 결정짓기의 두 가지 이론

심상이론

심상이론은 인간의 지식이 결정을 어떻게 지배하는지를 설명하는 이론이다. 이 이론은 지식이 3개의 스키마적 지식 표상 또는 심상으로 나누어진다고 제안한다(그림 11.3 참조). 이 심상들이 개인의 결정 틀을 구성한다.

가치 심상(value image)은 개인의 기본 신념, 가치, 도덕성과 윤리를 말한다. 이들은 행동을 인도하는 원칙 세트라고 할 수 있다.

궤도 심상(trajectory image)은 개인의 미래 목표를 의미하고 개인의 원칙에 의해 결정되거나, 환경에서 부딪쳤던 문제에 의해 결정되고, 또는 이 둘에 의해서 결정될 수 있다. 목표는 구체성의 정도에서 차이가 있을 수 있고, 추상적 목표의 달성은 말로 표현하기 어려울 수 있다. 그러나 대리 사건이 추상적 목표가 달성되었음을 알려 주는 역할을 하기도 한다. 예를 들어, 당신의 목표가 '유명해지기'라면, 팬 메일을 받는 것은 이 목표가 달성되었다는 의미일 수 있다.

전략 심상(strategic image)은 목표를 달성하기 위한 개인의 계획을 말한다. 계획 적용과 관련된 구체적 행동을 전술(tactics)이라고 부르며, 전술의 결과를 예상하는 심상화된 시나리오를 예보(forecast)라고 한다.

심상이론에서 결정자는 오직 자신의 가치 심상에 적합한 결정 대안만을 고려하려고 한다. 적합하지 않은 대안은 적격성 검사(compatibility test)를 통하여 걸러진다. 이 검사는 결정자의 규준에 위배되는 것을 탐색한다. 위배는 실무율적이고, 전체 위배 수가 기각 역치(rejection threshold)를 넘어서면, 그 대안은 선택 세트에서 기각된다. 다른 말로 하면, 적격 심사는 비보상적이다. 결정자의 규준에 위반되는 속성은 긍정적 속성에 의해 보상되지 않는다.

적격성 검사는 진행 과정에 대한 결정을 내릴 때에도 적용된다. 계획을 적용하는 동안 개인은 이 계획이 관련 목표를 달성하는 방향으로 진행될지 또는 진행되지 않을지에 대한 평가를 해야만 한다. 만약 아니라면, 현재의 계획을 수정하거나 새로운 계획을 채택해야 한다.

Beach와 Strom(1989)은 사전 선택 적격 심사에서 적격성 검사를 지지하는 증거를 제안하였다. 가상 직업 찾기에서 참가자들은 잠재적 직업이 지닌 다양한 특성에 관한 글을 읽으면서, 자신의 규준에 위배되는 특성을 평균 5개 발견하면 대안을 고려 대상에서 제외시켰다. 위배되지 않는 특성들은 적격 심사 과정에서 어떤 역할도 하지 않았다. 가상의 아파트 선택 문제를 다룬 후속 연구에서 아파트 방문 여부를 결정하는 데 사용한 정보는 새로운 정보를 근거로 하였던 후속 임대 결정에 어떤 영향도 끼치지 않았다(Van Zee et al., 1992).

심상이론의 한 가지 문제점은 이론이 사람들이 기각하지 않은 후보에 대한 정보 탐색의 중단을 어떻게 결정하는지 확실하게 설명하지 못한다는 데 있다(Beach, 1990, p. 76). 한 가지 분명한 '정지 규칙'은 순손실(시간과 노력 면에서)이 이득을 넘어서기 시작하기 직전에 정보 수집을 중단하는 것이다. 그러나 이런 계산은 비보상 처리 과정이라는 적격 심사의 기본 생각과 상반되는 보상 과정이다(Harvey & Bolger, 2001).

실제로 Harvey와 Bolger는 적격 심사에서 보상 과정이 일어난다는 증거를 발견하였다. 다른 아파트 선택 과제에서 참여자들은 먼저 여러 개의 방을 평가하였다. 그런 다음 참여자들은 자신이 원하는 방의 청결성에 대한 정보를 (포인트를 사용하여) 구매할 수 있는 대안을 가졌다. 그들이 원하는 만큼의 정보를 가지고 난 다음에 다시 한 번 방들을 평가하였다. 마지막으로 이들은 방 하나를 선택하였다. 이 방이 현재 방보다 더 좋으면 포인트를 이용하여 지불하였다. 심상이론의 예측과는 반대로, 매력은 예상 포인트 점수와 분명히 관련이 있었지만 적격성 점수와는 관련이 없었다. 더욱이 사람들은 예상 포인트 점수가 높을수록 정보를 수집할 가능성이 더 컸는데, 이것은 이들의 결정이 부분적으로 보상 선택 과정임을 보여 준다. 마지막으로, 사후 예상 포인트 점수는 적격성 검사보다 선택을 더 잘 예측하였다.

심상이론에 따르면, 선택 세트가 다수의 항목으로 이루어지면 사람들은 수익성 검사(profitability test)를 적용한다. 이들은 전략과 연합된 이득과 손실에 대한 자신의 기대를 근거로 선택 전략목록에서 선택을 한다. 사람들이 선택 과정에 다양한 전략을 채택한다는 많은 증거가 존재한다(Payne et al., 1993; 제8장 참조).

또한 심상이론은 조직의 결정이 어떻게 일어나는지를 설명하는 이론으로 제안되었다. 개인이 특정 원칙, 목표를 가지고 있듯이 조직도 그렇다. 가치ㆍ궤도ㆍ전략 심상에 해당하는 것이 조직의 문화(culture), 비전(vision), 전략(strategy)이다(Beach & Connolly, 2005). 그러나 심상이론의 조직 비전에 대한 연구는 충분하지 않다(Beach와 Connolly가 몇 가지 관련 연구를 보여 주었지만).

요약하면, 심상이론은 결정짓기에 대한 직관적이고 매력적인 설명을 제공하는데, 특히 사람들의 가치를 이들의 결정과 연관지으려고 시도하였다. 동시에, 심상이론은 현장 결정짓기 모형으로 홍보되고 있지만, 실생활에서 얻어진 지지 증거가 부족하다. 더욱이 심상이 이론의 중심임에도 이것에 대한 탐구는 상대적으로 적고 심상을 어떻게 연구해야 하는지에 대한 것도 분명하지 않다(Beach & Connolly, 2005, p. 171). 우리가 보았듯이, 이 이론은 대안에 대한 정보 탐색을 언제 중단하는지 구체적으로 명시하지 않으며, 이 이론에 반대되는 분명한 증거들이 존재하기도 한다.

재인-점화 결정짓기

Klein(1998)은 소방지휘관을 대상으로 비일상적 경험('위기 사고')에 대한 인터뷰를 시행하였다. 시간 압력이 있을 때, 여러 가지 대안을 비교하기보다 2개의 대안만을 고려할 것이라고 예상하였다. 이런 기대와는 대조적으로, 지휘관들은 어떤 대안도 전혀 비교할 수 없었다는 보고를 많이 하였다. 실제로 어떤 지휘관은 전혀 '결정'을 내릴 수 없었다고 보고하기도 하였다. 이들이 실제로 한 일은 오직 하나의 대안을 생성하기 위해 자신의 경험을 이용하는 것이었다. 즉, 이들은 비일상적 상황을 원형적 사례로 재인하였고 이런 재인에 기초하여 단 하나의 반응을 생성하였다.

이 연구를 기초로 Klein은 재인-점화 결정(recogni-

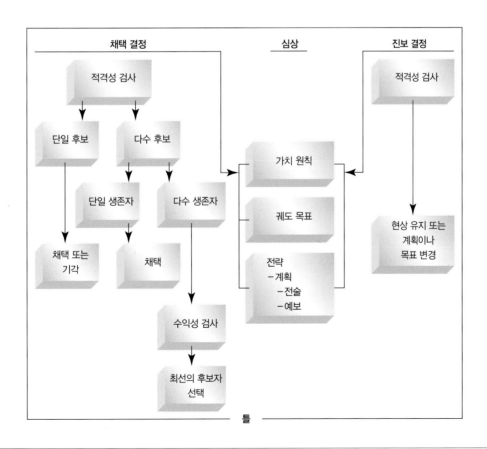

그림 11.3 심상이론

tion-primed decision, RPD) 모형을 개발하였다. 이 이론은 특히 위험 부담이 크고 시간 압력이 존재하는 상황에서 일어나는 결정을 다룬다. 그림 11.4에서 볼 수 있듯이, 어떤 상황을 원형적인 것으로 재인하는 것은 상황에 대한 이해, 기대의 발달, 적합한 목표와 대표적 행동 방침의 발견에 도움이 되는 관련 단서의 발견을 포함한다. 대표적인 행동 방침을 발견하면, 결정자는 이것을 다른 행동 방침과 비교하지 않는다. 그 대신에 심적 시뮬레이션을 사용하여 이 대안을 평가한다. 즉, 이 행동 방침을 채택할 경우 상황이 어떻게 진행될지를 상상하고, 문제가 발견되는 경우에만 다른 대안을 생성한다.

시간 압력 속에서 생성된 단일 대안이 최선의 대안일까? 초기 연구에서 Klein과 동료들은 체스 고수가 '스피드' 조건(말을 옮길 때마다 6초의 제한 시간을 둔 조건)에서 B급 선수보다 더 뛰어난 수를 둔다는 사실을 지적하였다 (Calderwood et al., 1998). 처음에 생각해 낸 말의 움직임의 질을 알아보기 위해, 후속 연구는 강한 선수와 약한 선수[5]에게 그들에게 제시되었던 4개의 중간 게임 위치에 대한 생각을 소리 내어 말하도록 요구하였다(Klein et al., 1995). 기대한 대로 선수들이 나중에 생각해 냈던 움직임보다 처음에 생각해 낸 움직임이 더 강한 경향을 보였다.

RPD는 건강 관리, 디자인, 전자전(electronic warfare)을 포함하여 여러 분야에서 연구되었다(Ross et al., 2006 참조). 이것은 결정 기술 훈련에도 활용된다. RPD 모형은 분석적인 결정 절차를 목적으로 사람들에게 영역 일반적 접근을 가르치기보다, 사람들이 자신의 특정 관심 영역 내에서 심사숙고하는 연습을 해야 한다고 주장한다. 초보자는 여러 시뮬레이션 또는 시나리오에 참여함으로써 관련 단서를 발견하고, 기대를 생성하며, 목표와 전형적인 행동을 발견하는 것을 학습할 수 있다. 피드백의 사용과 다른 사람과의 비교를 통하여, 자신이 생각한 심적 모형과 행동 방침의 한계를 학습할 수 있다. 이런 접근 방법은 암묵적 성질의 지식을 명시적으로 재인하도록 해 준다.

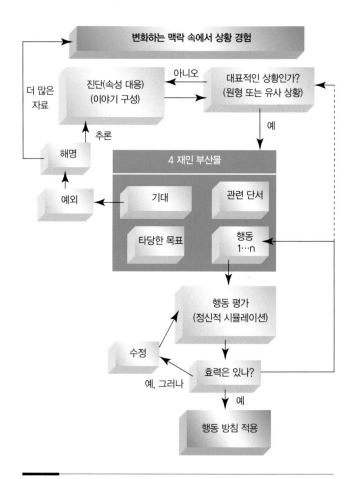

그림 11.4 재인-점화 결정 모형
출처 : Klein, 1998

어떤 NDM 학자들은 주류 의사 결정 개념에 대하여 상당히 비판적이다(주류에 대한 비판은 새로운 분야에서 자신의 위치를 개척하기 위한 노력인 경우가 많다.). 그러나 Klein은 자신의 이론이 Kahneman과 Tversky(1982)의 세 가지 추단인 대표성, 가용성, 시뮬레이션을 혼합한 것이라고 말한다. 그는 다음과 같이 말한다.

나는 이들을 편향으로 보는 대신에, 현장 상황에서 능숙한 결정짓기를 허락하는 원천으로 보는 것이 더 유용하다고 생각하였다. 경험이 풍부한 결정자는 대표성과 가용성 추단을 사용하여 상황을 다양한 원형의 대표적인 사례로 빠르게 범주화할 수 있고, 시뮬레이션 추단을 사용하여 심적 시뮬레이션을 형성함으로써, 이 원형이 제안하는 행동 방침을 대안과 비교하지 않고 평가할 수 있다(Klein, 2001, p. 114).

RPD 모형의 한계는 이 이론이 시간 압력 속에서 일어나는 결정을 위해 특별히 고안되었다는 점이다. 그렇지만 모든 현장 결정짓기가 이런 압력 속에서 일어나고 있지는 않다. 예를 들면, 항공기 승무원의 경우 부적합한 행동으로 시간 압력이 발생하는 경우를 제외하고는 시간 압력하에서 결정을 내려야 하는 일은 드물다. Orasanu와 Fischer(1997)는 승무원이 정보를 탐색하는 것으로 문제에 대응할 것이라고 주장한다. 충분한 정보를 가지고 있다고 믿으면, 이들은 절차적 규칙을 따르고, 이 규칙이 부재하면 행동 방침을 생성하고 선택할 것이다. 이것은 더 많은 인지적 노력을 요구하기 때문에 스트레스 요인에 취약한데, 특히 경험이 많지 않은 승무원의 경우에 그렇다(예 : Stokes & Kite, 1994). 다른 한편 시간이 매우 제한적이고 위험이 높으면, 승무원은 상황을 적절하게 이해하고 있다는 믿음과 상관없이 행동의 필요성을 느낀다. Orasanu와 Fischer는 RPD 모형의 개정판에 이 접근을 포함하였다.

고위험 부담 결정짓기를 요구하지만 시간 압력은 존재하지 않는 (또는 적어도 시간 압력을 지각하지 않는) 또 다른 영역이 야생환경에서 눈사태 가능성에 대한 평가이다. 이 영역에서 특정 맥락 요인 때문에 사람들이 자신이 보유한 전문 지식을 활용하지 못한다는 증거가 있다. 이런 종류의 관찰 결과들은 현재 RPD 모형으로 쉽게 설명하기 어렵다.

요약

역동적 결정짓기 연구는 가상 세계에서 사람들의 행동을 연구한다. 사람들은 시뮬레이션 환경에서 초기 결정이 후속 결정에 영향을 끼치는 복잡한 시스템을 통제하려고 노력한다. 흔히 피드백 지연이 존재하는데, 이것은 시스템에 대한 정확한 심적 모형을 형성하려는 참여자의 능력을 손상시킬 수 있다. 한 가지 예가 Sterman의 맥주 분배 게임이다.

어떤 과제의 경우 사람들은 시스템에 대한 특정 수준의 통제를 발휘하는 것을 학습하지만, 수행은 일반적으로 최적 수준과는 거리가 멀며 사람들은 자신의 행동을 설명하기 어렵다고 느낀다. 또한 사람들은 불필요한 정보를 탐색하는 데 시간을 허비하는 일이 많다. 이런 행동은 적응적 결정자 가설과 상반되는 것처럼 보인다. 역동적 결정짓기 과제에서의 학습이론으로는 절차 규칙의 사용, 사례 인출, 연결주의가 있다.

이런 과제들에서 적어도 몇몇 수행의 차이는 지능의 개인차에서 온다. 최근 연구에 의하면, 연구 초창기에 이런 차이를 발견하지 못한 것은 신뢰할 수 없는 수행 측정치 때문이었다.

다른 연구자들은 일상생활의 결정짓기를 상세히 다루었다. 이런 연구들은 광범위한 인지 과정을 포함시킴으로써, 실험실 결정짓기보다는 더 폭넓게 사고하는 경향이 있다. 어떤 연구자들은 전문성과 상황 자각 간의 관계를 조사하였다. 다른 연구자들은 결정짓기에서 수면 박탈의 영향을 살펴보았다.

직무 수행은 지능과 관련 있다고 알려졌고, 이것은 역동적 결정짓기 과제에서 발견되는 개인차가 현실에까지 일반화될 수 있다는 의미이다. 일상생활 결정에서 중요한 역할을 하는 결정짓기 양식이 존재하는지는 아직 분명하지 않다.

현실에 관심을 두는 결정연구자들은 자신들이 현장 결정짓기라고 불리는 분야에 속한다고 생각한다. 이 장에서는 NDM의 두 이론인 심상이론과 재인-점화 결정 모형을 기술하였다. 두 이론은 결정 행동을 이끌어 내는 지식의 역할을 강조한다. 심상이론은 사람들이 자신의 기본 가치에 위반되는 결정 대안을 제외시킨다는 이론이다. 반대로 RPD 모형은 시간 압력과 스트레스 상황에서 위기 결정이 어떻게 이루어지는지를 설명하는 모형이다. 소방지휘관과 같은 전문가는 상황을 원형적인 것으로 재인하고, 단일 행동 방침을 생성하기 위해 자신의 지식을 사용하는 경우가 많다.

질문

1. 역동적 결정 상황을 특징짓는 속성은 무엇인가?

2. 상황 자각에서 개인차를 조사하기 위한 연구를 설계하라(이 장에서 언급한 분야를 제외한 다른 분야를 선택하라.).

3. 현장 결정짓기의 다른 이론에 대해 문헌 조사를 하고 이들에 대한 평가 보고서를 작성하라.

4. 결정짓기에서 지능과 성격의 영향을 비교하는 연구를 설계하라.

5. 역동적 결정짓기 과제에서 세 가지 학습이론을 기술하라.

6. 역동적 결정짓기 과제에서 피드백의 역할에 대하여 논의하라.

7. 재인 점화 결정 모형을 평가하라.

주

1. Gibson 등(1997)은 전진 하위 모형(forward submodel)이라는 용어를 사용하지만, 저자는 예측 하위 모형(prediction submodel)이 기술적인 측면에서 더 적합하다고 생각한다. 유사하게 Gonzalez(2005a)는 판단 하위 모형과 선택 하위 모형에 해당하는 것으로서 전진 하위 모형과 행동 하위 모형으로 기술하였다.

2. 신뢰도는 두 가지 의미가 있다. 하나는 측정이 내적으로 일치하는 정도이다. 여러 측정이 동일한 변인을 정확하게 측정하면 신뢰할 만한 것이라고 말할 수 있다. 다른 하나는 동일한 측정이 한 번 이상 일어날 때 동일한 결과가 얻어지는 정도이다(검사와 재검사 신뢰도)

3. 제15장에서 우리는 지능이 높은 사람일수록 더 반성적이라는 증거를 보게 될 것이다.

4. 설명이 없다는 이유로 회피와 즉흥적 양식에 대한 자료는 가용하지 않았다.

5. 강한 선수는 1700~2150 사이의 평가 점수를, 약한 선수는 1150~1600 사이의 평가 점수를 받은 사람이었다.

추천도서

Hutchins, E. (1995). *Cognition in the wild*. Cambridge, MA: MIT Press. 이 책은 사고(thought)와 사고(thinking)가 일어나는 환경의 관계에 대해 깊이 있게 다루고 있다. 저자는 문화인류학자이면서 해양 경기정 조종사인데, 인간 인지 탐구에 자신의 항해 지식을 이용한다.

Klein, G. (1998). *Sources of power: How people make decisions*. Cambridge, MA: MIT Press. 어쩌면 이것이 현장 결정짓기에 대한 가장 영향력 있는 책일 것이다.

12 | 위험

서론

원자력에 대하여 당신은 어떻게 생각하는가? 엑스레이에 대해서는? 당신은 흡연을 하고, 운전을 하고, 불법 약물을 복용하는가? 당신은 등산을 한 적이 있는가? 또는 등산을 좋아하는가? 위험에 대한 연구는 상당히 복잡할 수 있다. 사람들은 특정 종류의 위험은 기꺼이 수용하면서, 실제로 덜 위협적인 위험에 대하여는 화를 내는 경우가 종종 있다. 신기술이 우리에게 위험으로 느껴짐과 동시에 우리의 선조가 절대 상상할 수 없었던 삶의 방식과 수명을 제공해 준다는 사실은 재미있는 역설이다.

이 장에서 저자는 위험에 대한 판단에 영향을 끼치는 요인들을 살펴보려고 한다. 앞으로 보겠지만, 수용할 수 있는 위험 수준을 결정하기 위해 제안된 초기 손익분석은 일찍부터 심리 측정분석에 길을 내 주었다. 심리 측정 기법은 사람들이 두 가지 차원으로 범주화할 수 있는 상호연관된 일련의 직관을 가지고 있음을 발견하였다. 또 우리는 정서 요인, 사회적 요인, 성격, 성별, 인종 그리고 전문성이 위험 판단에 끼치는 영향에 대해 살펴볼 것이다.

위험에 대한 현시 선호 접근

1969년 사이언스지에 Chauncey Starr는 "우리 사회가 안전을 위해 기꺼이 지불하고 있는 것은 무엇인가?"라는 질문을 던졌다. 그는 다양한 기술과 행동에 대해 손익분석을 적용하여 이 질문에 답하였다. 다음은 자동차 여행을 평가하기 위해 그가 사용했던 수치자료이다.

> 연 노출 시간당 자동차 사망률의 계산은 등록된 자동차의 수, 자동차 한 대당 상정한 1.5명, 연 평균 400시간의 자동차 사용을 기초로 한다. … 자동차 여행의 연 이득에 대한 수치는 휘발유비, 유지비, 보험비, 자동차 할부금, 시간 절약비의 총합에 근거한다. 자동차의 사용이 한 개인에게 근로일당 1시간을 절약하게 하고 개인의 시간은 시간당 5달러의 가치가 있다고 가정한다(pp. 1237~1238).

Starr는 다양한 기술과 활동에 대한 이득과 위험 수준을 작성하였는데, 위험은 개인 노출 시간당 사망 확률로 정의하였고, 1인당 이득은 달러를 척도로 하여 측정하였다. 이득에 대한 위험 비율은 다양한 활동에서 차이가 있었다. 이런 수치가 사람들의 위험 허용을 정확하게 반영한다는 가정을 기초로, 사람들이 비자발적인 위험(예 : 전력)보다 1,000배나 더 높은 자발적 위험(예 : 흡연, 사냥)을 기꺼이 수용하는 것으로 나타났다. 또한 Starr는 이득 자각이 대중이 기꺼이 수용하려고 하는 위험 수준을 증가시킨다고 주장하였다.

이 방법을 사용하여, Starr는 최근의 위험 수용 수준으로 다른 출처의 위험 수용 수준을 예측하는 데 사용할 수 있다고 보았다(예를 들어, 화력발전소의 위험 수용 수준은 원자력발전소의 위험 수용 수준을 예측하는 데 사용될 수 있다.).

위험에 대한 심리 측정 접근

위험의 2차원

Starr의 방법은 사람들의 선호가 그들의 행동에서 드러난다는 주장에 기초한다. 이 주장은 제8장에서 반박되었다. 특히 사람들의 행동이 손해와 이득에 대한 합리적 판단에 기초하는지는 의문이다. 다른 연구자들은 위험과 이득의 관계에서 사람들이 **표현한 선호**(expressed preference)를 연구하였다. Fischhoff 등(1978)은 Oregon의 여성유권자협회 회원과 이들의 배우자에게 다양한 기술과 활동에 대하여 위험, 이득, 수용할 수 있는 위험의 최대 수준을 평가하도록 요청하였다. 또한 다양한 위험 특성에 따라 각 위험 항목을 평가하도록 하였다. 이 특성들은 위험의 자발성, 결과의 신속성, 노출된 사람이 위험에 대한 지식을 지녔는지, 위험이 과학적으로 잘 밝혀졌는지, 개인이 위험을 통제할 수 있는 정도, 위험의 최신성, 위험이 한 번에 한 명 또는 수많은 사람을 사망하게 하는지, 두려움을 불러일으키는 위험인지, 결과가 치명적일 가능성이다.

다양한 위험 요인 사이에 높은 상관관계가 존재하였다. 요인분석 기법을 사용하여 Fischhoff 등은 지각된 위험 요인들 간의 관계에서 두 가지 기본 차원을 발견하였다. 이 중 하나는 **두려운 위험**(dread risk)으로, 다른 것은 **미지의 위험**(unknown risk)으로 명명되었다. 두려운 위험은 두려움의 정서, 파국적 · 치명적 결과와 같은 요인과 연합되어 있다. 미지의 위험은 새롭고, 관찰할 수 없으며, 결과의 지연과 같은 요인과 연합되어 있다. 다른 연구는 세 번째 차원으로 '노출된 사람의 수' 요인을 제안하기도 하였다(Slovic et al., 1992). 그러나 대부분의 반응이 2차원으로 설명되는 것 같고, 이런 결과는 다른 여러 국가에서도 반복 검증되었다(예 : Brun, 1992; Teigen et al., 1988; Vlek & Stallen, 1981). 그림 12.1은 이 이차원상에 있는 여러 위험을 보여준다.

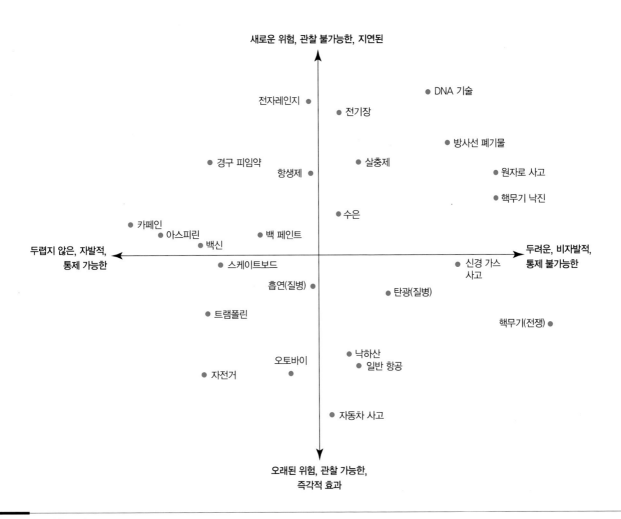

그림 12.1 2차원 요인 구조
이것은 단순화한 그래프로, 이런 종류의 연구들에서 보고되었던 모든 위험을 나타내고 있지는 않다.

2차원의 기본 요인

자발적 대 비자발적 위험

Starr의 1969년 논문은 자발성이 지각된 위험 이득 관계를 매개한다고 가정하였다. 이 생각을 검증하기 위하여 Fischhoff 등(1978)은 가장 자발적인 15개의 위험 항목과 가장 비자발적인 15개의 위험 항목을 구분하였다. Starr의 가설과는 반대로, 지각된 위험과 지각된 이득 사이의 관계는 자발적·비자발적 위험에서 차이가 없었다. 그러나 위험 수용 수준의 경우에, 자발적 위험은 더 높은 위험 수준에서도 기꺼이 수용되었다. 그렇지만 어떤 위험이 비자발적이라고 여겨지는 정도는 통제의 부재, 세계적 재앙, 불공평, 참사와 같은 다른 요인과 매우 높은 상관관계에 있다(Slovic

et al., 1980). 이것은 사람들의 판단에 영향을 끼치는 것이 비자발성 자체가 아니라 이러한 다른 요인일 가능성을 보여준다. 실제로 이런 요인들을 통계적으로 제거하였을 때, 자발성은 더는 위험의 수용성과 관련이 없었다.

파국적 잠재력

Slovic 등은 진단용 엑스레이 위험에서 눈으로는 관찰할 수 없는 비가역적 오염에 의해 암과 유전학적 손상이 일어날 수 있음에도, 응답자들이 별로 걱정하지 않는다는 사실에 주목하였다. 반대로 사람들은 원자력이 다른 어떤 위험보다 사망 위험이 크다고 믿고 있었다. 이런 지각은 참사 잠재성과 관련 있다. 아마도 — 적어도 부분적으로는 — 핵 기술에 대한 대중의 반대는 이 같은 파국적 잠재력에 대한 걱정 때문일 것이다.

또한 Slovic 등은 엄청나게 많은 자료를 필요로 하기 때문에 파국적 사고의 비개연성을 증명하기란 매우 어렵다고 지적하였다. 존재하고 있는 소수의 증거는 개인의 사전 신념 틀로 해석될 것이다. 더욱이 특정 유형의 사고는 발생할 때 신호 가치(signal value)를 지니는데, 이것은 미래에 이와 유사한 사건의 발생 가능성이 증가할 것이고, 따라서 개선 조치가 필요하다고 해석되는 것을 말한다. 이런 가설은 특정 유형의 사건은 다른 위험보다 더 정보적인 것으로 간주된다는 것을 보여 주는 설문 연구에 의해 지지되었다. 다음 두 시나리오에 대해 생각해 보자. 한 시나리오에서는 댐의 붕괴로 40명이 사망하였다. 다른 시나리오에서는 원자로의 부분적인 노심 용융(core meltdown)으로 발전소 단지 내에서 1명이 사망했지만, 방사능은 차단되었고 외부환경으로의 노출은 없었다. 사람들이 평가한 비탄과 고통 수준은 두 내용에서 동일하였다(7점 척도에서 4.9 대 4.5). 그러나 사람들은 핵 사고가 더 정보적이라고 생각하였고, 이에 대해 걱정을 더 많이 하였으며, 재발을 막기 위한 노력과 자각이 더 많이 요구된다고 생각하였다.

잘 아는 위험 대 미지의 위험

사람들은 잘 아는 위험보다 미지의 위험에 대하여 더 많이 걱정하는 경향이 있다. 위험에 대해 잘 알지 못할 경우, 사람들은 최악의 공포를 경험하기 쉽다. 1980년대 처음으로 HIV/AIDS가 나타났을 때, 이 질병이 어떻게 전염되는지, 얼마나 많은 사람이 질병에 걸렸는지, 질병에 걸릴 확률이 얼마나 되는지에 대해 아는 것이 거의 없었다. 이 질병을 어떻게 예방하고, 환자를 위해 무엇을 할 수 있는지 등 초기에는 HIV에 대해 잘 알고 있는 지금보다 대중의 걱정이 훨씬 더 컸다.

우리가 사전 예방의 원칙(precautionary principle)을 적용하여 새로운 위험에 반응해야만 한다는 주장도 있다. 이

것은 여러 가지 형태로 기술되고 있다. 예를 들어,

> 환경을 보호하기 위해서, 국가는 그들의 역량에 따라 사전 예방적 접근을 폭넓게 적용해야만 한다. 심각하고 비가역적 손상의 위협이 있다면, 환경 악화를 예방하기 위한 비용 효율적인 방법을 연기하는 이유로 과학적 불확실성이 사용되어서는 안 된다(환경과 개발에 관한 유엔의 리우 선언[1]).

> 어떤 행동 혹은 기술의 사용이 환경과 인간에게 끼치는 돌이킬 수 없는 위험성의 발생 가능성에 대하여 과학적 불확실성이 존재할 때, 그러한 행동이나 기술의 사용을 찬성하는 쪽에 입증 의무가 있다(위키피디아).[2]

실제로 사전 예방의 원칙은 — 적어도 가장 엄격한 규정에서는 — 논란이 많다. 반대자들은 이것이 개발의 장애물이라고 주장한다(또는 적용할 경우에 장애가 될 것이라고 주장한다.). 그래서 유전자 변형(genetically modified, GM) 곡물을 지지하는 사람들은 이 기술이 세계 빈곤과 기아에 가져다줄 수 있는 엄청난 이득에 대해 말한다. GM 곡물의 반대자들은 GM의 최대 수혜자는 이것을 만든 다국적 기업이고, 이런 기술이 환경에 대한 거대한 위험이라고 주장한다.

마지막으로, 미지의 위험에 대한 사람들의 걱정에서 가장 흔한 요인은 제7장에서 보았던 무시 혐오(ignorance aversion)이다. 사람들은 자신이 잘 아는 사건에 돈을 거는 것을 선호할 뿐 아니라(이것은 완벽하게 합리적이라고 할 수 있다.), 확률이 동등하다고 생각하는 우연 사건보다 자신이 잘 안다고 생각하는 막연한 사건에 돈을 거는 것을 선호한다는 사실을 기억하라.

통제에 대한 지각

사람들은 그들이 통제할 수 있다고 지각하는 것에 대해서는 위험 수준이 높아도 수용하려고 한다. 그렇지만 제9장에서 보았듯이, 일반적으로 사람들은 자신의 통제력을 실제보다 더 크게 지각한다(심지어 우연 사건에 대한 통제 지각에서

도). 이는 좋은 일은 다른 사람보다 자신에게 더 많이 발생하고, 나쁜 일은 자신보다 다른 사람에게 더 많이 발생한다고 생각하는 비현실적인 낙관주의로 이어질 수 있다.

통제에 대한 환상과 낙관 편향은 장점과 단점을 모두 가지고 있다. 노력 없이 성취도 없지만, 개인의 통제에 대한 신념 없이는 노력도 일어나지 않을 것이다. 개인이 어떤 것을 위해 노력할 때 부정적인 결과가 발생할 가능성은 항상 있다. 어떤 분야에서의 부정적인 결과는 신체적 손상일 수 있다. 예를 들면, 자신의 통제 수준에 대해 비현실적인 통제감을 지닌 오토바이 운전자는 위험한 운전으로 자신을 (그리고 타인을) 죽게 할 수 있다.

위험에 대한 다른 직관

자연주의 : 자연이 가장 잘 안다

상당히 흔한 직관이 '자연이 좋다.' 라는 것이다(예 : Baron, 1998). 오리건에 사는 일반인의 45%가 '일반적으로 자연 화학물질은 인공 화학물질만큼 위험하지 않다.' 는 데 동의하였다. 동일 응답자 집단의 49%는 (가상적인) 작은 마을에서 태어나는 신생아의 기형 원인으로 농업용 살충제를 들었다. 전문적인 독극물 학자를 대상으로 한 연구에서 얻어진 비율은 각각 13%와 6%에 불과하였다(Kraus et al, 1992).

자연주의 추단은 충분히 이해할 만하다. 무엇보다 우리의 생존은 환경이 제공하는 물, 과일, 채소와 고기의 소비에 기초한다. 그러나 자연의 산물이 항상 좋은 것만은 아니다. 식물은 우리가 그들을 섭취하도록 진화하지 않았다. 반대로, 많은 식물이 소비에 대항하기 위한 자기만의 방어 기제를 발달시켰다. 이것은 사람들이 왜 쓴맛의 음식에 혐오감을 느끼는지를 생각하면 알 수 있다. 혐오는 독극물의 잠재적 존재를 우리에게 경고하기 위해 진화된 기제이다(Soranzo et al, 2005). 그런데 이 동일한 혐오가 심장질환과 암을 예방하는 음식을 먹지 않도록 만들기 때문에 현대 인류에게는 도움이 안 될 수도 있다.

우리는 자연의 선한(benign) 정도를 과대평가하는지도

모른다. 우리가 현재 소비하는 어떤 음식 재료는 의식적·무의식적인 재배가 이것을 그렇게 만들었기 때문에 안전한 것뿐이다. 인류 역사 초기에 이 음식들은 매우 위험하였다. 예를 들면, 야생 아몬드에는 치명적인 독성물질인 청산(cyanide)으로 분해되는 아미그달린이라고 불리는 화학물질이 있다. 야생 아몬드는 쓴맛을 무시하는 사람을 죽게 할 수 있다. Diamond(1998)는 재배를 통해 어떻게 독성이 없는 달콤한 아몬드가 만들어졌는지를 설명하였다. 가끔 어떤 아몬드나무에서 아미그달린 합성을 방지하는 단일 유전자의 돌연변이가 나타난다. 야생에서는 새가 이런 나무를 발견하고 모든 씨앗을 먹어버리기 때문에 후손 없이 사라지게 된다. 그러나 초창기 농부들이 이 나무를 발견하고, 과수원에 씨앗을 뿌리면서 달콤한 아몬드나무가 확산되었을 것이다.

Ames와 Gold(1990)는 동물과 식물을 '진화 전쟁'에 있는 존재로 기술하였다. 식물은 먹잇감이 되는 것을 막기 위해 자연 살충제를 발달시키지만, 동물도 특정 독극물에 대항하는 방어 기제를 발달시킨다. 따라서 인간이 소량의 발암물질로부터 자신을 잘 보호할 수 있는 것이다. 이것은 거의 분명한데, 설치류에서 검사한 약 절반 정도의 자연 화학물질이 발암물질인 것으로 드러났기 때문이다. 이것은 합성 화학물질과 거의 동일한 비율인데도 여전히 자연물질보다 합성물질에 대한 검사가 더 많이 시행되고 있다. 1990년에 확인된 27개 종류의 자연 독극물 설치류 발암물질 중에서, 하나 또는 그 이상이 다음과 같은 식품에서 발견되었다. 아니스(anise), 사과, 바나나, 바질, 브로콜리, 양배추, 멜런, 캐러웨이, 당근, 꽃양배추, 셀러리, 체리, 시나몬, 정향, 코코아, 커피, 컴프리 차, 딜, 가지, 꽃상추, 회향, 포도 주스, 포도, 꿀, 감로 멜론, 서양고추냉이, 케일, 상추, 부들, 망고, 버섯, 겨자, 육두구, 오렌지 주스, 파슬리, 파스닙, 복숭아, 배, 후추, 파인애플, 자두, 감자, 무, 산딸기, 로즈메리, 샐비어, 참깨, 딸기, 사철쑥, 백리향, 순무.

자연주의 추단은 손상의 원인이 인간인 경우와는 대조적

으로 사람들이 자연적이라고 지각하는 위험 사건에 비용을 지불하기를 꺼려할 것이라고 암시한다. 예를 들어, 환경오염 때문에 멸종하는 돌고래를 구하는 데 응답자의 68%가 기부를 약속하였지만, 새로운 바이러스라고 기술된 위험에 대하여는 단지 44%만이 기부하겠다고 하였다. 이런 차이는 환경오염에 대한 평균 기부금이 18.85달러였던 반면, 바이러스에 대한 기부금은 6.35달러였던 것에서도 나타났다(Kahneman & Ritov, 1994; Kahneman et al., 1993 참조). Kahneman 등은 자신들의 결과를 설명하기 위해 유사하지만, 좀 더 일반적인 추단을 제안하였다. 즉, 이들은 손상을 경감시키려는 사람들의 의도가 손상의 원인과 관련된 정서인 격분 추단(outrage heuristic)에 의해 결정된다고 주장한다.

위험 제거하기 대 위험 감소시키기

소비자 연구에 의하면, 사람들은 위험을 감소시키는 것보다 위험을 제거하는 데 추가 요금을 기꺼이 지불하려고 한다. 이런 경향은 **확실성 효과**(certainty effect)라고 알려졌다(Samuelson & Zeckhauser, 1988; 제7장 참조). 이런 반응은 Slovic 등(1982)이 보여 준 **의사 확실성 효과**(pseudo-certainty effect)에서도 나타난다. 인구의 20%에 해를 끼치는 질병의 백신에 관한 연구에서, 두 가지 유형의 바이러스 중 하나는 완벽하게 질병을 예방할 수 있는 백신이라고 기술하는 것보다 각각의 바이러스에서 절반의 효과를 발휘하는 백신으로 기술하면 덜 매력적인 것으로 평가되었다.

질병 하나를 완전하게 제거함으로써 다른 질병에 의해 유발되는 위협을 감소시키는 데 노력을 집중할 수 있다는 점에서 의사 확실성 효과는 합리적이라고 생각할 수 있다. 반면에, 2개의 서로 다른 질병과 대적하는 일은 다른 모든 것이 동일하더라도 더 큰 도전일 수 있다. 그런데 특정 유형의 위험에서는 위험의 제거가 우리가 원하는 목표인지 분명하지 않을 수도 있다. 1980년 미국 슈퍼기금법은 대지의 잔류 위험 폐기물 청소에 대한 것이었다. 이 법은 폐기물의 완벽한 제거를 지시한다. 그러나 이런 폐기물의 마지막 10%를 제거하는 과정에서 최대의 비용이 발생한다는 주장이 있다(Breyer, 1993; Baron, 2000에 인용). 따라서 어떤 지역의 잔류 폐기물을 완벽하게 제거하는 데 드는 비용을 다른 지역의 폐기물 제거에 사용하는 것이 더 바람직할 수 있다.

'해가 없게 하라'

Ritov와 Baron(1992)은 어떤 결정에서는 생략 편향이 일어난다고 주장한다(제8장 참조). 이것은 행동을 하지 않아서 오는 부정적인 결과를 감수하는 것보다, 행동으로 일어나는 부정적인 결과를 감수하는 데 거부감이 더 큰 것을 말한다. 생략 편향은 '해가 없게 하라(do no harm)' 추단을 반영한다고 간주되는데(Baron, 1998), 이 추단은 우리가 앞에서 다루었던 사전 예방 원칙을 적용하라는 요구의 배후에도 놓여 있다. Baron(1998)은 자녀의 예방접종을 거부하는 부모의 결정이 생략 편향 때문일 수 있다고 주장한다. 그는 소아마비 예방접종의 예를 들었다. 소크 백신(Salk vaccine)은 죽은 바이러스를 사용하지만, 세이빈 백신(Sabin vaccine)은 살아 있는 바이러스를 사용한다(현실적으로는 세이빈 백신이 소크 백신을 대체하였다.). 어떤 바이러스도 100% 효과적이지 않지만, 소크 백신은 소아마비 발생을 예방하는 데 때로 실패하는 반면, 세이빈 백신은 때로 소아마비 발생의 원인이 된다. Baron은 '소아마비 예방 실패 때문에 소크 백신 제조업자를 고소한 사람은 한 명도 없지만, 많은 사람이 소아마비를 일으키는 세이빈 백신 제조업자를 고소하였다.' 고 지적하였다(1998, p. 112).

'해가 없게 하라' 원칙은 다른 황당한 결과의 배후에도 있을 수 있다. 안전 장치의 장착 여부를 결정하기 위하여 구할 수 있는 생명 대비 달러를 계산하는, 즉 손익분석을 사용하는 자동차 회사를 생각해 보자. 인간 생명에 높은 가치를 부여했음에도, 손익분석을 바탕으로 회사는 안전 장치를 설치하지 않기로 결정을 내린다. Viscusi(2000)는 사람들이 손익분석 없이 운전자에 대해 동일한 위험을 부과하는 기업보다 이런 회사를 더 부정적으로 본다고 보고하였다. Sunstein(2005)은 아마도 '냉혈 심장(cold heart)' 추단이 작동하였을 것이라고 주장하였다.

배신

Koehler와 Gershoff(2003)는 사람들이 안전을 위해 설계된 제품(예 : 에어백) 때문에 일어나는 사망 위험에 대하여 특히 혐오적이라고 지적하였다. 한 연구에서 사람들은 A에어백이 장착된 A자동차의 운전자가 심각한 사고로 죽을 수 있는 확률이 2%라는 말을 들었다. B에어백이 장착된 B 자동차의 사망 확률은 1%이지만, 에어백 장착의 결과로 발생할 수 있는 사망 확률로서 10,000명 중 1명(0.01%)이 추가되었다. 동일한 가격의 두 자동차 중에서 선택을 하도록 요구하자, 대부분의 사람이 A자동차 — 더 위험한 자동차 — 를 선택하였다. 다시 말해, 사람들은 배신의 가능성을 회피하기 위하여 위험이 더 큰 대안을 선택한 것이다. 이 사례가 빗나간 도덕 추단의 사용을 보여 주는 것인지(Sunstein, 2005), 또는 반대로 단순히 사람들이 배신을 회피하기 위해서 어느 정도의 비용을 치른다는 것(물론 꼭 비용을 치를 필요는 없지만)을 보여 주는 것인지(Koehler & Gershoff, 2005)는 논쟁거리이다.

위험 지각에서 감정의 영향

위험에 대한 사람들의 평가가 두려움이라는 기본 차원과 이와 관련된 요인들에 의해 영향을 받는다는 관찰 결과는 인지뿐 아니라 정서가 위험 지각에 영향을 끼친다는 것을 시사한다. 1990년대 이전에는 결정짓기와 관련하여 정서를 논하는 일이 거의 없었다. 정서는 결정 또는 행동에 직접적인 영향을 주지 않으며, 인지적 평가의 결과로 발생할 수는 있다고 가정되었다.

최근의 연구 결과를 바탕으로, 인지와 정서가 서로 상호작용하는 관계라는 것이 확실해졌다. 그림 12.2는 Loewenstein 등(2001)이 제안한 위험 느낌(risk-as-feelings) 모형이다. 모형에서 인지와 정서는 서로에게 영향을 줄 수도 있지만, 또한 이 둘은 다른 것의 중재 없이도 행동에 직접적인 영향을 줄 수 있다(인지, 정서, 결정짓기 간의 관계는 제15장에 더 자세히 다룰 것이다.).

제9장에서 우리는 여러 다양한 정서가 사람들의 위험 판단과 낙관주의에 서로 다른 영향을 끼치는 것을 보았다. 유도된 분노와 행복감은 확실성과 통제성이 애매한 사건에 대해 동일한 수준의 낙관주의를 발생시켰지만, 유도된 공포는 비관주의를 낳았다. 모호하지 않은 사건에 대해서는 '행복한' 사람들만이 낙관적이었다면, 공포와 분노를 경험한

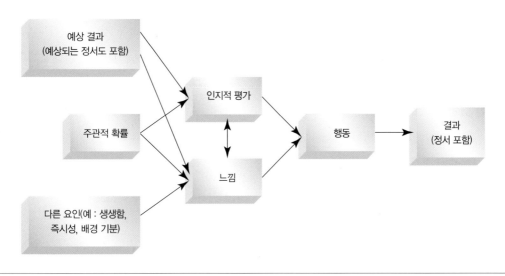

그림 12.2 위험 느낌 관점
출처 : Loewenstein 등, 2001

© Scott Adams, Inc./Dist. by UFS Inc.

그림 12.3 정서는 유발된 상황을 넘어 지속되는 경향이 있다.

참여자는 똑같이 비관적이었다(Lerner & Keltner, 2001, 연구 3). Lerner와 Keltner는 이 결과를 평가 경향성 이론(appraisal-tendency theory)으로 해석하였다. 이 이론은 정서가 그 정서의 원인이 되는 상황을 해석하는 인지 평가를 유발하고, 상황에 대처하게 한다고 주장한다. 정서는 이들이 유발되었던 상황을 벗어나서 지속될 수 있고, 따라서 다른 상황에 대한 해석에도 영향을 끼칠 수 있다(그림 12.3).

2001년 9월 11일 세계무역센터 테러 직후, Jennifer Lerner와 동료들은 사람들에게 자신의 정서 반응을 평가하도록 요구하였다. 10주 후에 동일한 사람들에게 광범위한 사건들에 대해 자신과 다른 사람들의 위험을 평가하도록 하였다. 9.11 테러에 대해 더 크게 분노했던 사람들은 위험을 더 낮게 평가하는 경향이 있었다. 반대로 더 강한 공포를 경험했던 사람은 위험을 더 높게 추정하였다. 또한 이런 정서적 반응은 정책에 대한 상이한 관점과도 관련 있었다. 즉, 분노는 유효 비자를 소지하지 않은 외국인을 추방해야 한다는 소망과 연합되어 있었지만, 공포는 이슬람 세계와 우호 관계를 형성하자는 욕구와 연합되어 있었다(Lerner et al., 2003). 이 연구는 실험에서 유도된 공포가 분노에 비해 위험을 더 높게 추정하게 한다는 것을 발견하였다. 여성은 남성보다 위험을 더 높게 추정하였지만 성별 차이는 실험 조작과 상호작용하지 않았다.

다른 연구자들은 사람들이 위험과 이득을 판단할 때 감정 추단(affect heuristic)을 사용한다고 제안한다. Alhakami 와 Slovic(1994)은 만약 사람들이 어떤 활동을 좋아하면, 이 활동의 위험은 낮게, 이득은 높게 평정한다는 것을 발견하였다. 반대로 사람들이 어떤 활동을 싫어하면, 위험은 높고 이득은 낮게 추정하였다. 이들은 사람들이 판단에 자신의 감정을 사용한다고 주장하였다. 연구 결과에 대한 이 같은 해석은 절반의 참여자들에게 시간 압력 조건에서 위험과 이득을 판단하도록 한 후속 연구에 의해 지지되었다(Finucane et al., 2000, 연구 1). 시간 압력은 분석적인 사고가 가용할 수 있는 인지 자원을 감소시키고 각성을 증가시켜서, 감정적 정보 처리가 일어나게 만든다(Maule & Svenson, 1993). 23개의 위험 시설과 활동 중 대다수의 항목에서 위험 이득 상관계수는 시간 압력 조건에서 더 강하게 부적으로 나타났다. 후속 연구는 정보를 제시하여 이득을 자각하도록 하면 이득의 평가만 증가하는 것이 아니라 위험에 대한 추정치도 감소한다는 것을 보여 주었다. 반대로, 위험을 자각하도록 하면 위험 평가는 증가하고 이득 평가는 감소하였다(Finucane et al., 2000, 연구 2).

위험의 사회적 확산

사회 · 문화 요인은 위험 지각에 어떤 영향을 끼칠까? 위험에 대한 심리 측정 접근은 많은 요인이 위험 지각에 영향을 끼친다는 것을 보여 주었지만, 최근에 연구자들은 더 광범위한 사회·문화 요인을 하나의 이론(또는 아마도 더 정확한 표현으로는 하나의 틀)에 포함시키려고 시도하고 있다. 사회적 확산이론의 배경에는 다음과 같은 기본 생각이 있다.

> 위험 사건은 위험지각과 관련 위험 행동을 고조시키거나 약화시킬 수 있는 방식으로 심리적·사회적·문화적 과정과 상호작용한다. 결국 행동 양식들은 이차적인 사회·경제적 결과를 만들어 내지만, 물리적 위험 자체를 증가시키거나 감소시키는 데 작용할 수도 있다. 이차적 효과는 추가적인 조직의 반응과 예방 행동에 대한 요구를 유발하거나, 반대로(위험 약화의 경우에) 필요한 예방 행동을 지연시킨다(Kasperson et al., 1988, p. 234).

간단히 말하면, 사회적 확산은 두 단계를 포함한다. 첫 번째 단계는 위험 또는 위험 사건에 대한 정보의 전이이다. 직접 경험하지 않은 위험에서 위험 확산은 정보의 양, 논쟁 정도, 극적 강도, 상징적 함의에 의해 영향을 받는다. 예를 들면, 어떤 화학물질에 대한 위험 메시지가 제약회사에서 나온 것인지 또는 소비자협회에서 나온 것인지에 따라 다르게 해석될 수 있다. 개인의 사전 관점에 따라, 두 가지 모두 상징적 가치를 지닌다. 제약회사 메시지가 무신경한 대기업의 심상을 떠올리게 하면, 이 메시지는 신뢰하기 어렵다고 생각된다. 또 소비자협회는 일반인 편이라는 긍정적인 이미지 때문에, 이들의 메시지에 더 많은 주의를 기울이게 한다.

두 번째 단계는 사회 반응 기제를 포함한다. 반응 기제는 추단과 가치의 사용, 사회집단 관계, 신호 가치, 낙인을 포함할 수 있다. Kasperson 등(1988)은 '파급 효과(ripple effect)'를 지닌 위험 사건들에 대해 언급하였다. 예를 들면, 원자력발전소에서 종료와 재가동단계가 가장 위험하다는 사실에도 불구하고, 쓰리마일 섬의 핵 사건 이후 전 세계의 발전소들이 안전 점검을 위해 종료와 재가동을 더 자주 반복하고 있다.

위험의 사회적 확산에 대한 15년 동안의 연구들을 개관하

고 나서, Kasperson 등(2003)은 반응 기제로서 신뢰(trust)의 중요성을 지적하였다. 불신은 위험 지각을 증가시키고, 위험 신호에 대한 대중의 반응을 격렬하게 하며, 위험을 수용할 수 없다고 지각하게 하고, 정치적 활동을 촉진시킨다(p. 32).

성격, 성별, 인종 그리고 전문성

성격

위험 행동은 영역 특수적인가, 영역 일반적인가?

여러 연구로부터 얻어진 일관성 있는 결과 중 하나는 위험 감수가 여러 상이한 영역 사이에서 약한 상관관계를 보인다는 것이다. 이런 결과에 따르면, 위험 추구적 성격 또는 위험 회피적 성격이 실제로 존재한다고 보기 어렵다(예 : Salminen & Heiskanen, 1997; Weinstein & Martin, 1969). 그러나 여기서 복잡한 요인은 위험에 대한 사람들의 지각이 상황의 특성에 따라 변화할 수 있다는 것이다. 사실 많은 사람들의 경우, 이들이 지각하는 위험에 대한 태도는 상황에 걸쳐 상당히 안정적인 경향이 있다(Weber & Millman, 1997). 다시 말해, 위험 지각에서의 차이를 통제하면, 한 영역에서 위험을 감수하는 사람은 다른 영역에서도 위험을 감수할 가능성이 크다. 이제부터 개인의 성격이 위험을 감수하는 성향에 어떻게 영향을 끼치는지를 살펴 볼 것이다.

성격 차이의 진화

MacDonald(1995)는 성격 차이가 진화적 적응을 최대화하기 위한 대안 전략을 반영하는 것으로 볼 수 있다고 주장하였다. 이런 생각은 어떤 성격 특질이든, 이 특질에 의해 일어난 이득과 손실 사이의 트레이드오프를 포함한다는 주장을 표명한 Nettle(2005, 2006)에 의해 더 상세히 연구되었다. 예를 들어, 외향성은 더 높은 짝짓기 성공률, 더 많은 사회적 지지, 더 많은 신체 활동, 더 많은 환경 탐색과 연합되

어 있다. 그렇지만 외향적인 사람은 더 높은 수준의 위험에 자신을 노출시키는 경향이 있다. 사고 또는 질병으로 집에 누워 있는 사람들은 그렇지 않은 사람들보다 더 외향적인 경향이 있다(Nettle, 2005). 더욱이 외상으로 시달리는 사람은 감각 추구 성향이 높게 나오는 경향이 있고, 이것은 외향성의 기본 특성 중 하나이다(Field & O'Keefe, 2004).

이에 더하여 외향적인 사람은 이동이 더 잦고, 범죄 또는 반사회적 행동과 관련되어 구속되는 일이 더 많다. Nettle (2006, p. 625)이 지적하듯이, 이 모든 것이 '선조 시대의 환경에서는 배척과 죽음을 의미하는' 위험의 원천이다. 외향성의 사람들은 성 파트너가 더 많은 경향이 있기 때문에, 아동의 행복(well-being)에 영향을 끼치는 위험 요인인 양부모가 될 가능성도 더 크다.

현대 사회에서는 성격 특성이 우리 선조의 환경만큼 분명하게 드러나지는 않는다고 해도 손실과 이득은 비슷하다. 예를 들어, 신경증은 위험에 대해 경계하게 하기 때문에 예방 효과를 가질 수 있다. 그러나 높은 수준의 신경증은 스트레스, 우울증과 같은 부정적인 건강 상태와 연합되어 있다. Nettle(2006, p. 626)에 의하면 등산가처럼 위험을 감수하는 특정 집단에서는 낮은 신경증이 발견된다(예 : Egan & Stelmack, 2003; Goma-i-Freixanet, 1991).

어떤 성격 특성에서 최적의 안정 수준은 존재하지 않는다. 여러 성격 특성의 손익은 환경 특성에 따라 시간에 걸쳐 변화하고, 남성과 여성에게서도 다를 수 있다. 예를 들어, 동물 종에서 중요한 특성은 주로 유전에 의해 결정되는 탐색 행동이다. 박새 중 용감한 암컷은 탐색 행동을 더 많이 하고, 자원을 두고 더 경쟁적이기 때문에 먹이가 풍부하지 않은 시기에 살아남을 가능성이 더 크다(Dingemanse et al., 2004). 그렇지만 용감한 암컷은 위험하고 공격적인 포식동물을 만날 가능성 때문에 먹이가 풍부할 때에는 살아남을 가능성이 작다. 우세 성인 수컷은 반대 패턴을 보인다. 이들은 영역을 수호하는 데 많은 노력을 기울인다. 따라서 먹이가 부족하면 사망률 때문에 영역 경쟁은 느슨해지고 덜

용맹한 수컷도 잘 지낼 수 있다. 그러나 먹이가 풍부해지면 더 용맹한 수컷이 번성하게 된다.

성격의 5요인 모형과 위험 감수와의 관계

많은 관심을 받았던 성격 모형이 Costa와 McCrae(1985, 1992)의 5요인 모형이다. 이 모형은 성격 차이의 많은 부분을 외향성, 신경증, 개방성, 성실성, 수용성으로 설명할 수 있다고 주장한다. Nicholson 등(2005)은 MBA 학생들과 기업 중역들을 대상으로 다양한 영역에서 위험 성향과 'Big 5' 성격 요인 간의 관계를 조사하였다. 조사한 위험 영역은 여가 활동, 건강, 직업, 경제, 안전(예 : 과속 운전), 사회적(예 : 경선 참가)인 것이었다. 참여자는 과거와 현재 행동에서 자신을 평가하도록 요구받았다.

높은 수준의 외향성은 직업 위험을 제외한 모든 영역에서 높은 위험 성향과 연합되어 있었다. 이와 유사하게, 높은 개방성은 안전을 제외한 모든 위험 성향과 연관되어 있었다. 반대로 높은 수준의 신경증, 개방성, 성실성은 거의 모든 영역에서 낮은 수준의 위험 성향과 연합되어 있었다. 한 가지 예외는 신경증과 건강 사이의 작은 정적 연합이었다. 또한 Nicholson 등은 감각 추구가 네 가지 영역에서 위험 감수의 일차적 예언자라는 것을 발견하였다.

기대한 대로, 남성은 여성보다 더 높은 수준의 위험 성향을 보여 주었지만, 이것은 연령의 증가와 함께 유의미하게 감소하였다. 연령이 증가하면서 발생하는 위험 감수하기의 감소는 위험 행동이 젊음과 가장 강하게 연합된 여가 활동, 건강 안전 영역에서 가장 크게 나타났다.

감각 추구

앞에서 언급하였듯이, 감각 추구는 성격의 5요인 모형 중 외향성에 속하는 특성이다. 그러나 감각 추구는 연구의 주요 주제로서 그 자체로도 가치가 있다는 사실을 지적할 필요가 있다(예 : Zuckerman, 1979; Zuckerman et al., 1964). 감각 추구의 특질은 유전적 성분이 강한 것으로 보

인다(Zuckerman, 2005). 여가 활동(Zuckerman, 1983), 운전(Burns & Wilde, 1995), 약물 사용(Franques et al., 2003; Pedersen, 1991), 음주와 성(Kalichman et al., 2003)과 같은 여러 영역에서의 위험 행동이 감각 추구와 관련 있다. 흥미롭게도, 성격 차이가 손익 트레이드오프를 나타낸다는 견해가 있는 반면, 파킨슨병과 낮은 감각 추구 수준을 연결시킨 연구도 있다(예 : Evans et al., 2006).

Zuckerman의 최신 버전의 감각 추구 척도가 V형(SSSV)이다(Zuckerman et al., 1978). 이것은 다음과 같이 네 가지 하위 척도로 되어 있다.

1. 흥분 및 모험 추구(TAS) : 이 척도는 속도와 힘에서 색다른 감각을 제공하는 활동을 추구하려는 욕구를 측정한다.
2. 경험 추구(ES) : 이 척도는 음악, 예술, 여행, 환각제로 정신과 감각을 자극하려는 욕구를 측정한다.
3. 탈억제(Dis) : 이 척도는 음주, 파티, 다양한 성 파트너 등과 같은 사회적 활동을 통한 감각 추구를 측정한다.
4. 지루함 민감성(BS) : 이 척도는 반복적 경험을 참기 힘든 것을 나타낸다.

많은 연구가 운동과 관련된 감각 추구 프로파일을 조사하였다. 예를 들면, 두 연구는 등반가들이 통제집단보다 ES와 TAS에서 점수가 높다고 보고하였다(Cronin, 1991; Goma-i-Freixanet, 1991). 운동과 관련된 사람들에 대한 조사 연구는 높은 위험의 운동을 즐기는 사람(예 : 산악 등반)이 낮은 위험의 운동(예 : 수영)을 즐기는 사람보다 모든 하위 척도에서 점수가 더 높다는 것을 발견하였다. 감각 추구가 충동성과 연합되어 있다고 가정되었지만(예 : Zuckerman, 1994), 높은 위험의 운동을 즐기는 사람이 낮은 위험의 운동을 즐기는 사람보다 더 충동적이지는 않았다. 증거에 의하면, 운동선수에게서 감각 추구 성향은 관련 위험에 대처하는 데 필요한 기술과 지식에 의해 중재된다(Kerr, 1997).

성과 인종[3]

수많은 연구가 여성보다 남성이 위험을 더 낮게 평가하는 경향이 있음을 보여 주었다(Slovic, 2000). 더욱이 이런 성 차는 특정 전문가 집단에서도 관찰되었다. 여성 물리학자는 남자 동료에 비해 원자력 기술 위험을 더 높게 판단한다는 결과가 있다(Barke et al., 1997). 유사하게, 영국독극물학회의 여성 회원은 남성 회원보다 사회 위험을 더 높게 평가하였다(Slovic et al., 1997).

성차에 대한 생물학적 설명이 시도되었지만, Slovic(2000)은 다른 요인과의 관련성을 지적하였다. Flynn 등(1994)은 보고자료들을 논평하면서, 백인 남성은 백인 이외의 모든 남성, 백인 여성, 백인 이외의 모든 여성보다 위험을 더 낮게 지각하는 경향이 있다고 지적하였다(나머지 세 집단은 매우 비슷한 수준의 위험 지각을 보였다.). 사실 가장 낮은 위험 지각 점수를 보였던 백인 남성(백인 남성의 약 30%)은 나머지 표집집단보다 교육 수준이 더 높았고, 수입이 더 많았으며, 정치적으로 더 보수적이었다. 이들은 '기관과 권위에 대한 신뢰, 반평등주의적 사고, 위험 관리에 대한 결정권이 시민에게 주어지는 것을 원치 않는 태도'를 보이고 있었다(2000, p. 401).

다시 말하면, Slovic(2000)은 사람들의 위험 지각이 주요 기술과 활동을 '만들고, 관리하고, 통제하고, 이득을 얻는 정도'와 관련되어 있을 가능성을 주장하였다. 이런 관점과 일치하게, 한 실험 연구는 개인의 통제력을 조작하면 위험 행동의 수행 수준이 변화한다는 것을 보여 주었다. Anderson과 Galinsky(2006)는 (점화 조작을 통한 의식적 또는 무의식적인) 개인의 통제력 증가가 위험을 더 낙관적으로 지각하게 한다는 것을 발견하였다. 이들은 또한 비즈니스 시나리오, 성 행동 시나리오, 협상 시나리오에서 더욱 위험한 방식으로 행동하였다.

그렇지만 생물학적 요인이 작용할 가능성도 있다. 사실 진화심리학적 관점에서 보면, 신분과 연합된 행동 차이는 생물학적 관점과 전적으로 일치한다. 남성적 특성의 발달과 유지에 작용하고, 지배 행동과 위험 감수의 원인이 되는 호르몬인 테스토스테론에 대해 살펴보도록 하자(Buss, 1999). 한 연구에서 MBA 학생들의 테스토스테론 수준을 측정하였는데, 이 중 일부 학생은 이 연구 전에 새로운 벤처 사업을 시작한 사람들이었다(White et al., 2006). 이런 사업 경험이 있는 사람들은 (설문지로 측정된) 위험을 감수하는 성향이 더 높을 뿐 아니라 더 높은 테스토스테론 수준을 보이고 있었다.[4] 다른 연구는 축구와 농구를 좋아하는 남성들에게서, 승리가 테스토스테론의 증가를 가져오는 반면에 패배는 이 호르몬의 감소를 일으킨다는 것을 발견하였다(Bernhardt et al., 1998).

모든 영역에서는 아니지만 대부분의 영역에서 남성이 여성보다 위험을 더 많이 감수하려고 한다(예 : Byrnes et al., 1999 메타분석 참조). 이것은 반사회적 결과와 친사회적 결과를 낳을 수 있다. 폭력 사례를 살펴보자. 평균적으로 남성이 여성보다 폭력적이다. 특히 대다수 살인은 남성에 의해 일어나고 대개 희생자도 남성이다(예 : Daly & Wilson, 1990). 연령에 따라 살펴보면, 살인으로 인한 남성 희생자의 수는 청소년기에서 급증하고 20대 중반에 최고점에 도달한 후에 서서히 감소한다. 여성 희생자는 청소년기에 약간 증가하지만 남성 희생자 수에는 미치지 못한다.

여성의 공격성은 — 만일 일어난다면 — 신체보다는 언어적인 경우가 많아서 위험이 더 적다. 이런 유형은 성 내 경쟁(intrasexual competition)의 진화 모형에 의해 설명할 수 있다(Buss, 1999 참조). 간단히 말해 다음과 같다.

> 남성은 폭력의 가해자인 경우가 더 많은데, 미약하기는 해도 오랜 역사 동안 지속된 일부다처제의 산물로서 성 내 경쟁의 위험 전략이기 때문이다. 남성이 여성보다 평균 7년 일찍 사망한다는 사실은 공격적인 성 내 전략의 존재를 보여 주는 하나의 표시이다(Buss, 1999, p. 287).

여성에게 있어서 신체적 위험 행동은 자녀를 보호하는 경우를 제외하고는 이득보다 잠재적 손실이 더 크다

(Campbell, 1999). 이들의 언어적 공격성은 타인의 신체적 매력에 초점을 맞추는 경우가 많고, 성 행동과 관련된 좋지 않은 단어를 사용하거나(예 : 매춘부), 명예를 훼손하는 소문을 퍼뜨리기도 한다.

친사회적 형태의 위험 감수에서도 성차가 있다. 예를 들면, Johnson(1996)은 1995년까지 카네기 영웅상을 수상한 676명에 대한 자료를 분석하였다. 5건의 구조 시도 중 1건이 구조자의 죽음으로 끝났다. Johnson은 구조 행동의 92%가 남성에 의해 수행되었고, 구조 대상자의 60%도 남성이라는 것을 발견하였다. 여성에 의한 구조 시도의 20%가 친족을 돕기 위한 것이었다면, 남성의 경우에 이런 구조는 6%에 불과하였다. 남성에 의한 구조 시도 중 68%가 낯선 사람을 돕기 위한 것이었다면, 여성의 경우에는 47%였다. 이런 차이는 구조자가 사망한 사례에서 더 크게 나타났다.

왜 사람들은 다른 사람을 돕기 위해 위험을 감수하는 것일까(동물도 마찬가지이다. 예시 12.1 참조)? Hamilton (1964)의 **혈연선택이론**(theory of kin selection)은 다른 어떤 유기체가 자신의 복사본 유전자를 가지고 있으면 유기체는 자신을 희생하려 한다고 주장하였다. 특히 희생은 사촌이나 타인에 비해서 형제자매, 자녀와 같은 가까운 친족에게서 일어날 가능성이 더 크다. 이런 행동은 도움을 주는 사람의 손실이 도움을 받는 사람의 이득과 두 사람 사이의 관계 정도를 곱한 것보다 더 낮을 때 일어날 것으로 예측된다. Hamilton은 이것을 다음과 같은 공식으로 나타내었다.

$$(12.1) \quad rB > C$$

r은 관계의 정도이고, B는 도움을 받는 사람의 이득, C는 도움을 주는 사람의 손실이다.

시나리오를 사용한 연구는 이 이타심 모형을 지지한다(예 : Burnstein et al., 1994; Neyer & Lang, 2003). 사람

들이 왜 자신과 관계가 없는 사람을 위해 위험을 감수하는지는 이해하기 쉽지 않은 문제이다. 한 가지 가능성은 인류 역사를 통하여 인간이 혈연 중심의 작은 집단으로 살아왔다는 사실에 근거한다. 아마도 그럴 필요가 없었기 때문에 우리는 혈연과 비혈연을 구분하는 완벽한 기제를 발달시키지 않았을 것이다(van Vugt & van Lange, 2006). 이 관점을 지지하는 증거로서, 사람들이 자신과 얼굴 특징이 비슷한 비혈연 아동을 더 많이 도우려고 하고(DeBruine, 2004), 동일한 이름이거나 동일한 사투리를 구사하는 사람(Barrett et al., 2002), 태도가 비슷한 사람을 더 도우려고 한다는 사실을 들 수 있다(Park & Schaller, 2005).

그리고 위험을 감수하는 것은 특히 남성에게 신분 상승과 명예를 가져다줄 수 있다. 실제로 Bassett와 Moss(2004)는 여성이 단기뿐 아니라 장기 파트너로서 위험을 감수하는 남성을 선호한다는 것을 발견하였다. Farthing(2005)은 여성이 남성보다 위험을 무릅쓰는 영웅의 매력을 더 높게 평가하며 위험은 감수하지만 영웅적 행동과는 상관없는 사람(예 : 위험한 스포츠를 즐기는 사람)에 대해서는 매력을 느끼지 않는다고 보고하였다. 그러나 그의 방법론은 독일과 미국 참여자들을 대상으로 한 연구 결과를 보고한 Wilke 등(2006)에 의해 비판을 받았다. 이들은 여성이 여가 활동과 사회적 위험을 감수하는 남성의 매력을 더 높게 평정한다는 것을 발견하였다. 그러나 건강, 도덕, 도박 분야에서 위험 감수하기는 매력이 없는 것으로 평가하였다. Wilke 등은 또한 여성의 매력에 대한 남성 참여자의 평정도 여성과 동일하다는 것을 발견하였는데, 사회 활동과 여가 활동에서 위험을 감수하는 사람에 대한 매력을 더 높게 평정하였다. 이 연구자들은 남성과 여성 모두 자신의 위험 프로파일을 공유하는 파트너를 선호하는 경향이 있다는 것도 발견하였다.

전문가 대 일반인의 위험 지각

전문가의 위험 평가는 일반인보다 뛰어날까? 답변은 '예'인

것처럼 보인다. Slovic 등(1979)은 사람들에게 30개의 항목에 대하여 위험 순위를 정하도록 요구하였다. 일반인으로 구성된 세 집단은 모든 위험 중에서 원자력을 매우 위험한 것으로 평정하였지만(두 집단은 원자력을 가장 위험한 항목으로 평정하였다.), 전문 위험 평가자들이 평가한 원자력의 순위는 20위였다. 모든 집단의 위험 판단이 실제 사망 빈도와 상관관계에 있었지만, 그 상관은 전문가에게서 더 강하였다. 더욱이 일반인이 추정한 치사율은 실제 사망 빈도보다 이들의 위험 판단과 더 밀접한 상관을 보였다.[5]

그러나 전문가들이 순수하게 객관적인 특성으로 위험을 지각한다고 가정하는 것은 잘못이다. Carlo 등(1992)은 전염병학자, 독극물학자, 생리학자, 일반 과학자에게 세 종류의 물질에 대한 정보를 제시하는 연구를 수행하였다. 모든 참여자는 어떤 물질에 대해 주류 과학적 사고를 보여 주는 짧은 글을 읽었다. 절반의 응답자에게는 이 물질을 단순히 물질 X, Y, Z로 표시하여 제시하였다. 다른 응답자에게는 이 물질이 디옥신, 라돈, 환경 흡연(ETS)이라고 말하였다. 디옥신 이름은 건강위험평가에 어떤 영향도 끼치지 않았지만, 라돈과 환경 흡연의 경우 물질의 이름을 말하자 심각한 환경 건강 위험으로 평가하는 것이 유의미하게 높아졌다. Carlo 등은 과학자료에 대한 전문가의 평가가 가치와 경험에 의해 영향을 받을 수 있고, 이것은 위험에 대해 편향된 추정을 일으킬 수 있다고 결론지었다.

전문가가 그들의 분야에서 일반적인 의견의 일치를 보이는 동질집단이라는 생각은 오해일 수 있다. 앞서 잠깐 언급하였던 Kraus 등(1992)의 연구는 독극물학자와 일반 대중 간의 차이를 보여 주지만, 전문가 사이에서도 상당한 의견 차이가 발견되었다. 특히 인간에게 끼치는 화학물질의 영향을 예측하기 위한 동물검사에서 독극물학자들의 의견은 나뉘었다. 이런 검사가 발암 성분에 대한 증거를 제공할 때를 제외하고는, 산업체에 근무하는 독극물학자는 대학교와 정부에서 근무하는 동료와 비교하여 화학물질을 무해한 것으로 보았고 동물검사의 일반적 타당도에 대한 확신도 더

예시 12.1 동물의 위험 감수

인간처럼 동물도 위험을 감수한다. 예를 들면, 조류는 포식자를 발견하면, 알이나 새끼로부터 포식자의 주의를 돌리기 위해 '교란 전시(distraction display)'를 종종 사용한다. 자주 사용하는 전시는 부상을 가장하는 것이다. 어떤 학자들은 사회집단의 이득을 위해 위험을 감수한다고 주장하지만(Wilson, 1975), 현재 대부분의 진화연구자들은 이런 행동을 동물 자신의 유전자를 영속시키기 위한 것으로 본다. 이것이 혈연선택이론의 기초이다(본문 내용 참조; Dawkins, 1976 참조).

또 동물이 인간을 돕기 위해 위험을 감수한다는 것은 잘 알려져 있다. 다음 이야기는 de Waal이 한 말이다(2005, pp. 171~172).

> 2004년에 캘리포니아, 로즈빌에 사는 검정 래브라도견 Jet는 가장 친한 친구인 소년이 방울뱀에 물리자 그에게 달려들어 뱀독을 빼냈다. Jet는 당연히 영웅이 되었다. 그는 자신을 생각하지 않았다. 그는 진정으로 이타적이었다. … 이것은 동물도 위험을 감수할 준비가 되어 있다는 것을 보여 준다. 감사한 소년의 가족은 애완견을 구하기 위해 수혈과 치료비로 4,000달러를 지불하였다.

de Waal은 아마도 Jet가 소년을 종족의 일원으로 생각하였을 것이라고 주장한다. 타인을 돕는 인간의 사례처럼, 이 사례는 혈연에 대한 도움과 상호관계에서 기원하였을 가능성이 가장 크다(본문 참조).

위 사례는 다른 이를 돕기 위해 위험을 감수하는 동물에 대한 것이다. 그런데 동물도 사람처럼 단지 전율을 느끼고 싶어서 위험을 감수한다는 증거도 있다. 비록 증거는 없지만, 동물도 이타적 행동으로 평판이 좋아지고, 따라서 짝짓기에서 이득을 얻을 가능성이 있다. 다음은 동물연구자 Jonathan Balcombe(2006, pp. 86~88)에게서 인용한 3개의 사례이다.

1. 보르네오의 Tanjung Putting에 있는 오랑우탄은 인간 관찰자들이 '장애 타기(snag riding)'라고 부르는 스포츠를 즐기는데, 이것은 썩은 나뭇가지에 매달려 떨어지면서 땅에 닿기 전에 열매나 채소를 잡아채어 도망가는 놀이다.

2. 까마귀는 잠자는 늑대를 못살게 구는데, 이것은 잡아먹힐 위험을 알면서도 위험을 즐긴다는 것을 보여 준다. 늑대에 대해 권위자인 David Mech와 다른 연구자들은 까마귀가 언 호수에서 쉬는 늑대 앞에서 다이빙을 하고, 당당히 걸어가서 꼬리를 쪼고, 심지어 등 위에 날아가 앉기도 하는 것을 관찰하였다. 늑대가 까마귀에게 돌진하여 접근하면 까마귀는 마치 게임에서 하는 것처럼 마지막 순간에 도망친다.

3. 나는 집 근처에 있는 스크린도어 안으로 계속 접근하는 용감한 다람쥐를 관찰한 적이 있는데, 문 뒤에는 고양이가 꼼짝 않고 앉아서 잡아먹을 준비를 하고 있다. 다람쥐는 고양이가 있다는 것을 완전히 의식하는 것처럼 보이지만, 동시에 고양이가 자신을 잡을 수 없다고 확신하는 듯하다. 실제로 한번은 고양이가 공격을 시도했는데 눈 깜짝할 사이에 다람쥐는 사라졌다. 그런데 마치 또 다른 아드레날린이 분출된 것처럼, 짓궂은 다람쥐는 2분 안에 다시 돌아왔다.

컸다. 이런 결과를 바탕으로, Kraus 등은 화학물질 위험에 대한 논쟁이 대중의 오해뿐만 아니라 위험평가의 한계와 전문가 사이의 의견 차이에 의해서 확산될 수 있다고 주장하였다.

위험 보상

앞에서 우리는 위험 지각의 차이를 통제한다면 위험 감수가 다양한 영역에 걸쳐서 꽤 안정적이라는 것을 보았다. 이와 유사하게 Adams(1995)는 사람들이 위험을 감수하려는 성향에서 차이가 있다는 **위험보상이론**(theory of risk compensation)을 제안하였다. 위험 감수 성향은 위험 감수의 보상에 의해 영향을 받고, '개인의 위험 감수 결정은 위험 감수 성향에 맞서 위험지각을 따져보는 하나의 균형 조절 행위이다(1995, p. 15).' 개인이 감수하는 위험이 클수록 그가 발생시키는 (평균) 보상과 손실의 수는 더 크다. 위험 지각과 위험을 감수하려는 이들의 성향은 다양한 신념 체계의 형태인 '문화적 필터'의 영향을 받기도 한다. Adams는 사람들의 균형 조절 행동을 온도 조절 체계에 비유하였는데, 어떤 사람은 다른 사람보다 온도 조절 장치를 더 높게 설정한다는 것이다.

이 모형이 지닌 함의는 사람들의 위험 지각이 감소하면 큰 위험 감수 반응은 더 커진다는 것이다. 이런 위험 보상의 한 예가 Davy 램프이다. 이 장치는,

> 탄광 안전의 역사에서 가장 중요한 개선책 중의 하나로 유명하다. 그러나 이것은 수행 이득에 의해 감소된 잠재적 안전 이득의 고전적인 사례로 보인다. 램프는 메탄 발화점 아래 온도에서 작동하고, 이것은 결국 탄광 내부가 메탄이 풍부한 대기가 되도록 허용한 셈이 되었다. 결과적으로 '안전램프'의 도입은 폭발과 치사율의 증가를 가져왔다(Albury & Schwarz, 1982, cited in Adams, 1995, p. 211).

당연히 사람들의 위험 지각이 증가하면 위험을 더 적게 감수하려는 반대 효과가 예측된다. 1987년 9월 스웨덴의 운전자들은 좌측 운전에서 우측 운전으로 전환해야만 했다. 그 때문에 보행자는 길을 건널 때 우측보다는 좌측을 살피는 것이 필요하였다. 많은 매스컴의 관심이 이 변화와 관련된 위험들에 쏟아졌다. 그렇지만 스웨덴은 과거에 비해 가장 안전한 9월의 교통 상황을 경험하였다. 물론 사람들은 새로운 시스템에 빠르게 적응하였고 '11월에는 정상적인 교통사고 사망률로 되돌아갔다(Adams, 1995, p. 143).'

위험 보상 모형에 대한 Adams의 검증 사례는 자동차 안전벨트에 대한 법률 제정의 효과에 대한 것이다. 세계 도로 사망 통계 논평에 의하면 안전벨트 착용법은 운전자 사망률에 주목할 만한 효과를 가져오지 못한다. 영국은 법 제정 후에 운전자 사망률 감소가 나타난 유일한 국가처럼 보였지만, 실제로 이 감소는 안전벨트 착용의 효과라기보다는 음주운전 캠페인 때문인 것으로 나타났다. 한편 보행자, 자전거 운전자뿐 아니라 뒷좌석에 승차한 사람(원래 법 제정에서 제외되었던)의 사망은 증가하였다. 즉, 안전벨트의 강제적 착용으로 운전자는 더 안전해졌다고 느껴 과속운전을 하게 되었고, 이것은 결국 다른 도로 이용자들의 위험으로 돌아갔다.

긍정적 효과의 부재를 보여 주는 유사한 증거가 자전거 운전자의 안전모 착용에서도 발견되었다. 실제로 이런 안전장치가 자전거 운전자를 실질적으로 더 큰 위험에 빠뜨린다는 증거가 있다. Walker(2007)는 자신의 자전거에 카메라를 장착하고 추월하는 자동차의 근접성 정도를 측정할 수 있었다. 그는 자신이 안전모를 착용하지 않았을 때보다 착용했을 때 자동차들이 그의 자전거에 더 가까이 접근한다는 것을 발견하였다. Walker는 승용차 운전자들이 안전모 없이 자전거를 타는 사람은 믿을 수 없는 존재라고 생각한다고 주장하였다. 그는 또 운전자의 눈에 여성처럼 보이도록 긴 가발을 착용하였을 때 자동차들이 더 거리를 두면서 운전한다는 것도 발견하였다.

위험 소통과 심적 모형

이 장에서 기술한 위험 판단에 영향을 끼치는 수많은 요인을 생각하면 위험 소통이 정부, 기업, 대중에게 큰 도전이라는 사실이 별로 놀랍지 않다. Morgan(1993, p. 29)은 미국 가정의 라돈 위험의 예를 들면서 위험 소통의 전통적인 방법에 대해 다음과 같이 기술하였다.

EPA는 전통적인 방법에 따라 이 안내책을 제작하였다. 과학자에게 사람들이 무엇을 알고 있어야 한다고 생각하는지를 질문하고 그 결과를 매력적인 방식으로 포장한다. 사실 사람들은 어떤 위험을 완전히 무시하지는 않으며 자신의 사전 지식을 통하여 어떤 메시지는 걸러낸다. 이런 필터 과정을 통과하지 않은 메시지는 무시되거나 잘못 해석될 수 있다.

사람들의 배경 지식 외에 위험 소통에 영향을 끼치는 다른 문제들도 존재하는데, 이 중 몇 가지는 이미 앞 장에서 다루었다. 예를 들면, 사람들이 확률에 대해 생각하기 어려워한다는 점을 고려하여, '1%' 대신에 '1,000명 중의 10명'이라는 자연 빈도를 사용하는 것이 더 좋지 않을까(제3장 참조)? 낮은 확률의 위험에서는 어떤가? Zeckhauser와 Viscusi(1990)는 연간 위험률이 10^{-7}인 위험의 강도가 어느 정도인지를 학습하는 데 수년 동안의 광범위한 관찰이 요구된다고 지적하였다. 발암물질 위험은 긴 지연 시간과 (여러 요인 간의) 복잡한 인과성이 결합된 경우가 많기 때문에 정확한 추론이 가능하지 않을 수도 있다.

현재 위험 연구에서 폭넓게 지지받는 관점은 대중의 위험 지각을 바꾸어야 할 성가신 대상이 아닌 위험 소통을 고안할 때 설명되어야 할 대상으로 보자는 것이다. 이는 위험 지각이 사람들의 걱정이 무엇인지를 보여 주는 중요한 정보이기 때문이다(예 : Pidgeon et al., 1992). 최근의 생산적인 접근 방식은 사람들의 심적 모형을 연구하는 것이다(제6장 참조).

위험에 대해 신뢰롭게 소통하는 유일한 방법은 사람들이 이미 알고 있는 것이 무엇이고 이들이 무엇을 알 필요가 있는지를 배우는 것으로 시작해서, 메시지를 개발하고, 검증하며, 이 메시지가 의도한 정보를 담고 있다는 것이 증명될 때까지 개선하는 것이라고 우리는 결론지었다(Morgan, 1993, p. 29).

Morgan과 동료들은 일반 가정의 라돈 가스에 대한 정보를 전달하는 안내책을 어떻게 개발했는지를 기술하였다(Bostrom et al., 1992; Morgan, 1993). 이것은 "라돈에 대하여 설명해 보세요."라는 요구로 시작하는 개방형 인터뷰를 사용하였다. 인터뷰가 진행되면서 질문은 더 구체적으로 구성되었다. 수십 명의 사람을 대상으로 인터뷰를 한 후, 연구자들은 더 많은 표집을 대상으로 폐쇄형 설문지를 고안하는 데 이 인터뷰 결과를 이용하였다.

설문지에서 나온 반응은 사람들이 때로 EPS 메시지의 효과를 약화시킬 수 있는 부정확한 신념을 가지고 있음을 보여 주었다. 예를 들어, 많은 사람이 라돈오염이 영구적이라고 믿고 있었는데, 이것은 화학오염물질 또는 방사능 동위원소에 대한 지식에서 추론된 신념이었다. 이것은 EPA의 첫 번째 안내책인 『라돈에 대한 시민 안내서』에서도 언급되지 않았던 주제이다. Morgan(1993)은 2개의 새로운 안내책을 고안한 후 EPA 안내서와 비교하였다. 사람들이 3개의 안내책에 있는 사실을 기억하는 것은 동일하게 잘하였지만, 추론을 요구하는 과제에서는 새로운 안내책을 읽은 사람이 EPA 안내서를 읽은 사람보다 훨씬 더 잘하였다.

앞 장에서 논의하였던 것처럼, 사람들의 심적 모형은 지연된 피드백을 가진 복잡하고 역동적인 시스템에 대하여 생각할 때 특히 오류를 발생시키기 쉽다. 중요한 예가 세계 온난화이다. 이산화탄소(CO_2) 배출은 산업혁명 이래로 증가하고 있다. 이와 유사하게, 대기권에 있는 이산화탄소도 지구 표면 온도와 마찬가지로 상승하고 있다. 인간이 발생시키는 이산화탄소 배출이 갑자기 모두 멈춘다면, 앞으로 50년 동안 대기 이산화탄소와 세계 평균 기온에는 어떤 일이 발생할까?

Sterman과 Sweeney(2002)는 이산화탄소 배출, 대기 이산화탄소, 지구 표면 온도 간의 관계에 대한 광범위한 오해를 발견하였다.[6] 1999년에 이 질문을 하였을 때, MIT 학생의 22%와 시카고 MBA 학생의 36%는 이산화탄소가 2000년에 최고에 이르고 나면 감소할 것이라고 대답하였다. 비슷하게, MIT 학생의 36%와 시카고 MBA 학생의 21%는 지구 온도가 약 20~30년 동안 지속적으로 상승하고 나서 천천히 떨어질 것이라고 인식하고 있었다. 과제 정보와 함께 세계 온난화와 배출자료를 그래픽으로 제시받았는지는 별 차이를 일으키지 않는 것 같았다(MIT 학생들은 그래픽 정보에서 약간 더 나쁘기는 하였지만).

2100년에 안정화되기 전에 대기 이산화탄소가 약간 감소하거나 추가적으로 증가할 것이라고 과제를 좀 더 현실적으로 기술하였을 때, 참여자들은 높은 수준의 오류 반응을 보였다. 예를 들어, 이산화탄소 수치가 2100년에 370ppm(part per million)에서 340ppm으로 떨어진다는 시나리오에서 단지 44%의 참여자만이 이것이 이산화탄소 배출이 안정화되기 전에 8% 이상 즉시 감소해야만 달성될 수 있다는 것을 인식하였다. 반대로 45%의 오류 반응은 배출에서 점진적 감소를 나타냈다. 이것과 다른 질문들에서 사람들은 산출 탄도와 입력 탄도를 대응시키는 형태 대응 추단을 적용하는 것으로 보였다. 어떤 참여자는 제시된 글에 있는 만큼이라고 답변하였다.

Sterman과 Sweeney(2000)는 욕조에 물 채우기처럼 더 간단한 과제에서도 물의 용량과 유입 비율로 기술되면 비슷한 오류를 범한다는 것을 발견하였다. 그런데 이 과제에서는 욕조에 물이 차오르는 것을 눈으로 보고 있다가 원하는 수위에 도달하면 잠그면 되지만, 지구 온난화의 문제는 그렇게 할 수 없다. 이 책의 여러 곳에서 기술하였듯이, 사람들이 친숙한 현장 상황에서 합리적으로 행동한다는 관점은 세계 온난화 같은 문제에는 맞지 않는다. 이런 문제를 비롯하여 현대의 다른 복잡한 문제들에 대하여 논의할 때 사람들은,

> 일반적으로 정보를 스프레드시트, 그래프, 문서의 형태로 제시한다. 우리 실험에서도 동일한 자료 제시방식을 사용하였다. 매니저는 수익과 지출, 예약과 선적, 고용과 소비 등을 나타내는 스프레드시트와 그래프를 평가하라는 요구를 받는다.
>
> 세계 온난화를 비롯하여 기업과 공공 정책에 관한 대부분의 시급한 문제에서, 우리 과제가 사용한 자료 제시 양식은 자연스러운 방식이다(2000, p. 232).

세계 온난화 문제에서 역동성을 이해하지 못하면 효과적인 행동으로 대처하는 데 심각한 장애가 일어날 수 있다. Sweeney와 Sterman은 시스템 역동성에 대한 교육이 현대 세계를 이해하는 데 필수적이라고 주장한다.

요약

위험 지각과 위험 감수에 대한 연구는 사람들이 기꺼이 수용하려는 위험 수준을 수량화하기 위하여 손익분석(현시 선호 방법)을 사용했던 Starr(1969)의 역사적인 논문에서 시작되었다. (표현된 선호에 기초한) 심리 측정 접근법은 사람들의 위험평가가 위험과 이득에 대한 직접적인 비교에 기초하지 않다는 것을 보여 주었다.

또한 심리 측정 접근은 위험과 이득 사이의 관계가 자발적 · 비자발적 위험에 따라 다르다는 Starr의 결과를 지지하는 데 실패하였다. 자발적 · 비자발적 요인은 사람들의 위험 수용 수준과 관련이 있었다. 그렇지만 이 요인은 파국적 잠재력과 같은 다른 요인들과도 상관관계에 있기 때문에, 무엇을 수용할지를 결정하는 데 이 요인이 어느 정도로 필수적인지가 분명하지 않다.

위험 지각과 관련된 많은 요인이 서로 높은 상관관계를 보이기 때문에, 요인분석에 의해 2개의 기본적인 위험 차원이 확인되었다. 차원에 대한 명칭은 연구마다 차이가 있지만, 일반적으로 미지의 위험과 두려운 위험으로 명명한다.

위험 판단에 놓여 있는 다양한 요인은 직관으로 볼 수 있는데, 어떤 직관들은 심리 측정 접근 밖에서 발견되었다. 여러 다양한 직관의 존재는 사람들의 정서가 판단에서 중요한 역할을 함을 시사하고, 이런 관점은 연구에 의해 지지되고 있다. 실제로 위험 느낌 모형은 인지와 정서가 상호작용하여 서로에 영향을 줄 뿐만 아니라, 각각 행동에 독립적으로 작용한다고 제안한다.

많은 정보 처리 과정이 위험 판단에 관여되어 있다는 인

식은 사회적 확산 모형이라는 통합 모형을 개발하도록 하였다. 이 모형은 위험 지각을 증폭시키거나 약화시키는 데 심리적 · 사회적 · 문화적 과정이 어떻게 상호작용하는지를 다룬다.

많은 연구가 위험 감수의 영역 특수적 경향을 보여 주는 듯하지만, 이 연구들은 여러 상이한 상황에 걸친 위험 지각의 차이를 고려하지 않았다. 이것을 고려하면, 위험 감수는 더 안정적으로 나타난다. 즉, 한 영역에서 위험을 감수하는 사람은 다른 영역에서도 위험을 감수할 가능성이 크다.

위험 감수의 차이는 성격 요인과 관련이 있다(예 : Big 5 : 외향성, 신경증, 개방성, 성실성, 수용성). 특히 감각 추구는 위험 감수와 강력하게 연합되어 있다. 성과 인종도 위험 감수 수준과 관련이 있다. 이런 효과의 기저에 힘의 관계가 있다는 설명은 몇몇 실험에 의해 지지되고 있다. 그러나 이 모든 결과는 진화심리학의 틀 안에서 연결될 수 있을 것이다.

일반적으로 일반인에 비해서 전문가의 위험 판단이 객관적인 수치에 더 가깝다. 그러나 전문가 사이에도 차이가 있고 ― 일반인도 마찬가지이지만 ― 전문가 역시 성차를 보인다. 전문가 역시 사전 지식에 의해 편향될 수 있다.

위험보상이론은 위험을 감수하는 성향에 맞서 위험 지각의 균형을 이루려고 시도하는 사람들을 체온계와 비교한다. 이 이론은 위험 관리에 중요한 함의를 지니는데, 안전 이득이 때로 수행 이득에 의해 감소된다는 것을 보여 주는 증거가 있기 때문이다. 즉, 사람들은 안전하다고 느낄수록 위험을 감수하려는 경향성이 증가한다.

위험 소통에 관한 최근의 이론들은 어떤 것이 위험인지를 전문가가 결정한 후 이것을 단순하게 사람들에게 전달한다는 생각을 버렸다. 심적 모형 접근은 특수한 질문들로 이루어진 개방형 인터뷰를 사용하여 위험에 대한 사람들의 신념과 지식을 끌어내려고 노력한다. 사람들의 이해와 오해를 포함하는 모형이 만들어지면, 위험 소통이 고안된다. 그런 다음 실제 상황에서 사용되기 전에, 유효성에 대한 경험적 평가를 받는다.

질문

1. 위험 보상을 연구하기 위한 실험을 설계하라.

2. 위험과 관련된 최근 기사들을 수집하고 심리학적 관점에서 논하라.

3. 위험 지각과 위험 감수에서 나타나는 성차에 대하여 논하라.

4. 당신은 사전 예방의 원칙에 동의하는가? 이유를 말하라.

5. 성격 차이는 위험 감수에서 어떤 역할을 하는가?

6. 배신 혐오는 무엇인가?

7. 위험 지각에 대한 심리 측정 접근법을 요약하라.

주

1. http://www.unep.org/Documents.multilingual/ Default.asp?DocumentID=78&ArticleID=1163 (accessed 18 Dec, 2006)

2. http://en.wikipedia.org/wikiΩPrecautionary_ principle(accessed 18 Dec, 2006).

3. 저자가 여기서 '인종(race)'이라는 용어를 사용한 이유는 이 절에서 언급하는 참고문헌이 이 용어를 사용하였기 때문이다. 그렇지만 '인종'이 생물학적 근거를 가지고 있다는 의미는 아니며, 피부색과 문화의 속성을 표현하는 데 '민족성(ethnicity)'이라는 용어를 선호하는 경향이 있다.

4. 더 높은 테스토스테론 수준이 사업 활동의 원인이었다고
는 할 수 없다. 외인성 사건이 테스토스테론 수준을 증가
시킬 수 있지만, 이런 효과는 수 시간 또는 수일 내에 소
멸된다(Mazur & Booth, 1998).

5. Lichtenstein 등(1978)은 사람들이 자주 발생하지 않는
위험의 빈도는 과대추정하고 빈번히 발생하는 위험의 빈
도는 과소추정한다는 것을 발견하였다. 연구자들은 사람
들이 이런 판단을 할 때 가용성 추단을 사용한다는 증거
를 제시하였다. 최근에, Hertwig 등(2005)은 가용성 설
명을 더 상세하게 연구하였다. 이들은 사람들의 빈도 판
단이 자신이 속한 사회적 환경에서 기억할 수 있는 사건
의 수에 의해 영향을 받지만(기억에 의한 가용성), 사건
이 얼마나 쉽게 기억나는가(유창성에 의한 가용성)에 의
해서는 영향을 받지 않는다는 것을 발견하였다. 또한 이
들은 사람들이 평균으로 자신의 판단을 회귀하려는 경향
이 있다는 것도 발견하였다.

6. 정확한 응답에 놓인 기제에 대해 알기를 원하는 독자는
Sterman과 Sweeney(2000)를 참고하라.

추천도서

Adams, J. (1995). *Risk*. London: UCL Press. Adams는
위험 보상의 사고 촉진적 증거를 제시한다.

Fenton-O'Creevy, M., Nicholson, N., Soane, E. &
Willman, P. (2005). *Traders: Risks, decisions, and
management in financial markets*. Oxford: Oxford
University Press. 이 책은 주식 중개인의 위험 지각, 위
험 감수, 낙관 편향, 통제에 대한 환상, 성격 프로파일에
대한 흥미로운 설명을 하고 있다.

Slovic, P. (Ed.) (2000). *The perception of risk*. London
and Sterling, VA: Earthscan. 이 책은 위험 지각에 대한
주요 논문들을 모아 놓고 있다.

13

집단과
팀의 결정짓기

서론

사람들이 히는 많은 결정은 격리되어 일어나는 것이 아니라, 집단의 일부로 일어난다. 집단은 '그들 자신에 대한 공통의 정의와 평가를 공유하고, 이런 정의에 따라서 행동하는 둘 또는 그 이상의 사람들'로 정의된다(Hogg & Vaughan, 2005, p. 276).

최근의 많은 논문이 다음과 같이 정의되는 특별집단인 팀(team)에 대하여 다루고 있다.

(a) 둘 또는 그 이상의 개인이 (b) 사회적 상호작용을 한다(직접 대면하거나 가상의). (c) 하나 또는 그 이상의 공동 목표를 가진다. (d) 조직과 관련된 과제를 수행하기 위해 함께 모인다. (e) 작업의 흐름, 목표, 결과에서 상호의존성을 보인다. (f) 상이한 역할과 책임을 담당한다. (g) 시스템 상황과 과제환경의 연계성과 한계를 가지면서 전체 조직 체계 안에 포함된다(Kozlowski & Ilgen, 2006, p. 79).

인용 논문이 특별히 팀을 다루는 경우를 제외하고, 이 장에서는 간단하다는 이유로 '집단'이라는 용어가 주로 사용될 것이다.[1]

집단 결정짓기는 특히 작업환경에서 많이 일어난다. 집단에서 사람들 사이의 상호작용은 동일한 사람들이 개인으로 작업할 때보다 더 창의적인 아이디어와 훌륭한 결정을 내놓을 수 있을 것이라고 사람들은 생각한다. 이런 낙관주의는 "두 사람의 머리가 한 사람의 머리보다 더 낫다(아마 셋 이상의 머리는 더 나을 것이다.)."라는 속담에서도 잘 드러난다. 그러나 "사공이 많으면 배가 산으로 간다."라는 속담이 말해 주듯이 실제 집단에서의 작업 경험은 때로 환멸감을 낳을 수도 있다.

그렇다면, 아이디어 창출과 결정짓기에서 집단이 개인보다 더 효과적인가 아니면 덜 효과적인가? 증거에 의하면, 집단이 효율적인 의사 결정의 구성 단위일 수 있지만 실패도 많이 발생한다. 먼저 집단의 효과를 지지하는 요인과 반대하는 요인에 대해 살펴볼 것이다. 그런 다음에 집단과 팀의 결정짓기 향상을 위해 권장되는 특수 절차들에 대해 다루고자 한다. 또한 리더십과 결정짓기에서 조언의 사용에 대하여 알아볼 것이다.

집단과 팀의 구조와 과정

정보 공유와 팀의 다양성

집단과 팀이 결정을 하는 동안 더 많은 양의 지식과 경험을 이끌어낼 것이라고 기대하겠지만, 여러 연구는 집단 논의가 이미 알고 있는 정보나, 상호작용이 일어나기 전에 집단이 공유한 정보에 초점이 맞추어지는 경향이 있음을 보여준다(예 : Stasser et al., 1989; Stasser & Stewart, 1992). 바람직하지 않은 결정은 중요한 정보가 노출된 채 남은 결과 때문에 일어날 수 있다[숨은 프로파일(hidden profile)이라고 불린다.]. 이 문제는 사회적으로 친밀한 개인들보다 모르는 사람들로 구성된 팀에서 더 심각할 수 있다(Gruenfeld et al., 1996). 어쩌면 화합이 잘되는 팀의 장점은 사람들이 독특한 정보를 공유할 때 위험을 더 적게 느낀다는 것이다. 그러나 사회적 결속력이 강한 팀은 서로 더 유사한 사람들로 구성되는 경향이 있기 때문에, 이들은 처음부터 독특한 정보를 더 적게 소유할 가능성이 있다.

이런 **집단 논의 편향**(group discussion bias)이 현실의 의사 결정 집단에서 어느 정도 문제가 되는지는 분명하지 않다. 사람들은 팀 내 다른 구성원의 지식, 경험, 전문성에 대하여 알고 있는 경우가 흔하다('초지식'). 임시로 구성된 집단에서도, 사람들은 연령, 전문성, 성별 등을 기초로 타인의 지식에 대한 기대를 형성한다. 초지식이 없으면 숨은 프로파일

이 은폐된 채로 남게 될 가능성이 크다.

어떤 사람은 팀의 다양성이 도움이 될 것으로 기대할지도 모르겠다(다양성은 '자신과 다른 사람이 다르다고 말할 때 사용하는 어떤 속성에 기초한 차이'로 정의할 수 있다.; Mannix & Neale, 2005, p. 33). 몇몇 연구는 팀의 다양성 효과를 지지하지만, 다른 연구들은 그렇지 않다(Mannix & Neale, 2005). 요컨대, 문제가 다양한 지식과 관점을 요구하면, 다양성은 이득이 될 수 있다. 그러나 다양성이 갈등을 야기하기도 한다. 그 이유는(Mannix & Neale, 2005) 다음과 같다. (a) 사람은 자신과 비슷한 사람에게 매력을 느끼고 이들과 소통하는 것이 더 쉽다고 생각한다. (b) 이질적인 집단은 외집단에 속하는 사람들에 대한 고정관념과 자아 개념을 활성화할 가능성이 더 크고, 따라서 '우리와 그들'의 정서가 나타난다. 다양성은 점점 삶의 현실이 되고 있기 때문에, 자신을 똑같은 내집단의 구성원으로 보게 하여 소통을 활성화하는 방법이나 팀 구성원 간의 상호작용을 촉진하는 방법을 찾는 일은 중요한 도전이 되고 있다.

동조

집단 과정에 대한 초기 연구는 동조에 집중되어 있다. Asch가 1950년대 수행한 연구는 7명으로 구성된 집단의 참여자에게 매우 간단한 수직선 판단 문제를 제시하였다(예 : Asch, 1956). 7명 중 1명만이 진짜 피험자이고, 이 사람은 다른 6명

이 실험동맹자인 것을 알지 못하였다. 5명의 집단구성원이 동일한 오답을 말하는 것을 들은 후에, 약 3명 중 1명의 피험자가 이 오답을 정답이라고 말하였다. 전체 시행에서 피험자의 4분의 3이 적어도 한 번은 부정확한 동조 반응을 하였다. 그러나 동맹자들이 만장일치가 아닐 때에는 동조 행동이 크게 감소하였다.

동조 행동은 동조에 대한 명시적인 압력뿐만 아니라, 은밀한 압력이 존재하는 조건에서도 관찰되었고(Coultas, 2004), 집단의 다른 구성원이 물리적으로 존재하지 않을 때(Crutchfield, 1955), 그리고 침팬지에게서도 발견되었다(Whiten et al., 2005).

인간의 동조에 대한 대부분의 연구는 다수가 틀린 사례를 다루고 있다. 따라서 동조가 나쁜 것으로 보인다. 그러나 진화론적 관점에서 볼 때 다수가 틀린 것이 일반적이라면 인간이 동조 특성을 발달시켰을 가능성은 작다. 오히려 인류 역사를 통하여 다수의 위치는 환경에 더 적응적일 가능성이 크기 때문에 동조 경향성은 유용한 추단으로 간주될 수 있다(더 상세한 논의는 Kameda & Tindale, 2006, 참조).

권위에의 복종

많은 집단과 작업팀에서, 어떤 사람들은 다른 사람의 권위 아래에 있다. 때로 사람들은 권위적 인물에게 질문을 하거나 도전하기를 주저하는데, 이것은 특정 상황에서 심각한 문제를 야기할 수 있다. Stanley Milgram(1963, 1974)의 유명한 연구에서 평범한 남성과 여성에게 '학습자'가 오류를 범할 때마다 전기충격을 주라는 요구를 하였다(사람들은 몰랐지만 실제로 전기충격이 주어진 것은 아니었다.). 전기충격을 주려는 사람들의 의도는 특정 상황 요인에 따라 달랐지만, 참여자들은 학습자에 대해 걱정하면서도 실험자의 요구에 놀라울 정도로 복종하였다. 심지어 다른 방에 있는 학습자가 소리 지르기를 멈추고 잠잠해졌을 때조차, 65%의 참여자가 최고 450볼트 강도의 전기충격 주기를 계속하였다.

예시 13.1에서 보듯이, 육체와 정신이 건강한 사람도 권위에 굴복할 수 있다.

소수 영향

우리는 방금 다수에 대한 동조 증거를 보았지만, 많은 사람이 동조 압력에 저항한다는 것도 알고 있다. 더욱이 잘 조직된 소수가 다수에게 영향을 끼치고 사회적 변화를 일으킬 수 있다는 것을 우리의 경험이 분명하게 말해 준다. 동물 관찰에서 나타나는 것처럼, 소수가 특별히 영향력을 발휘할 때는 정확성보다 속도가 강조될 때이다(Conradt & Roper, 2005). 특히 전문성을 소유하였다고 지각되는 소수는 다수 구성원의 의견을 더 쉽게 변화시킨다(예 : Thomas-Hunt et al., 2004). 자신의 능력에 대한 지각도 개인이 다수 영향에 저항하는 정도에 영향을 끼친다. Hochbaum(1954)은 특정 판단을 잘하는 것으로 믿게 한 사람들에게서 사회 영향과 집단 압력에 계속 저항하는 것을 발견하였다. 자신이 이런 판단에서 잘하지 못한다고 믿었던 사람들은 집단 압력에 동조하였다. 일반적으로 실험 연구는 소수가 시간이 경과해도 일관되게 의견을 고수하면 다수에게 영향을 끼칠 가능성이 더 크다는 것을 보여 주고 있다(Wood et al., 1994). 집단 내에서 지위가 가장 낮은 사람들도 또 다른 소수이다. 이런 위치에 있는 개인의 의견은 이상한 것으로 무시되기 쉽다(Mugny & Papastamou, 1980).

집단 극화

Stoner(1961)는 사람들에게 큰 잠재적 보상을 지닌 위험한 대안과 작은 잠재적 보상을 지닌 안전한 대안 사이에서 선택하는 가상의 선택 딜레마를 상상하게 하였다. 이들은 이런 딜레마에 직면한 어떤 사람에게 조언을 하는 자신을 상상해야만 했다. 이런 딜레마 중의 하나는 만일 성공하면 큰 보상이 주어지지만, 실패하면 보상이 거의 없는 어렵고 장기적인 과학문제나 해결하기는 쉽지만 별로 중요하지 않은 단기적인 문제 중에서 선택을 하는 것이었다. 참여자들은

예시 13.1 에베레스트의 비극

1996년 에베레스트 산에서 발생한, 9명의 생명을 잃은 두 원정대의 비극은 권위에 도전하지 못했기 때문에 일어났다. 두 원정대는 Rob Hall과 Scott Fischer가 이끌었으며, 경험이 거의 없고 함께 등반을 한 적이 없는, 참가비를 지불한 의뢰인들과 이들을 이끌고 가는 경험 많은 가이드들로 구성되었다. 두 리더는 오후 2시까지 정상에 등반하지 못하면 안전기지로 되돌아간다는 황금률을 가지고 있었다. 사건이 발생했을 때, 오후 2시가 넘어서 정상에 올랐고, 두 리더와 나머지 등반가들은 이 황금률을 무시하였다. 그 결과 어두움과 눈보라가 몰아쳤기 때문에 등반가들은 발이 묶였고 한밤중에 하산하게 되었다.

2시가 가까이 왔을 때, 왜 어느 누구도 되돌아가야 한다는 사실에 주의를 기울이지 않았을까? 두 팀 모두, 권위는 리더에게 있었고, 그 다음은 가이드였다. 리더였던 Rob Hall은 다음과 같이 말하였다.

> 나는 팀의 어떤 불화도 참지 않을 것이다. … 내가 하는 말은 요구를 넘어서 절대적인 법이다. 내가 내린 결정이 당신 마음에 들지 않는다면, 나중에 당신과 그 문제에 대하여 토론하는 것은 좋지만 우리가 산에 있는 동안은 아니다(Krakauer, 1998, p. 166).

Hall 원정대의 가이드 중 1명에게서 저산소증으로 일어나는 비이성적 판단의 표시가 발견되었음에도, 등반가 Jon Krakauer는 이것을 알아차리는 데 오랜 시간이 걸렸는데, 왜냐하면

Andy Harris는 나와 다른 등반객들을 돌보는 천하무적의 가이드 역할을 수행하고 있었다. 우리는 가이드의 판단에 의문을 제기할 수 없다고 특별히 세뇌되어 있었다. Andy가 심각한 곤경에 빠질 수 있다는 생각 — 가이드가 긴급하게 나의 도움을 필요로 한다는 생각 — 이 불구가 된 나의 마음에 결코 떠오르지 않았다(Krakauer, 1998, p. 188).

Scott Fischer 원정대의 가이드는 스스로 자격이 부족하다는 인식이 강하였다. 러시아인 가이드 Anatoli Boukreev는 왜 그가 산의 상황에 대한 걱정을 표출하지 않았는지 다음과 같이 말하였다.

> 나의 발언은 내가 원하는 만큼의 권위가 없었기 때문에, 나의 직관을 무시하고, 논쟁을 하려는 노력도 하지 않았다 (Boukreev & DeWalt, 2001, p. 121).

Fischer 원정대의 다른 가이드인 Neil Beidleman은 다음과 같이 말하였다.

> 나는 세 번째 가이드였다. 그렇기 때문에 나는 너무 강압적이 되지 않으려고 노력했다. 나는 필요한 경우에도 내 목소리를 내려고 하지 않았고, 지금은 그 사실에 화가 난다(Krakauer, 1998, p. 200).

세 번째 가이드인 Beidleman이 Fischer에게 말했을 때, Fischer는 등반에 65,000달러나 지불한 의뢰인들이 정상에 오르지 못하는 것에 대한 책임을 지고 싶지 않았다. 결국 Fischer는 황금률을 지키지 않았다.

성공에 대한 실제 추정 확률뿐 아니라, 장기적인 문제에서 중요하게 작용하는 최소 성공 확률을 명시할 것을 요구받았다. 이 연구는 2단계로 이루어져 있었다. 먼저, 참여자들은 문제를 읽고 개인별 추천서를 작성하였다. 그 다음에 소집단에서 문제에 대해 논의하고 난 후에 만장일치의 집단 추천서를 만들었다.

Stoner는 집단 반응에서 **위험 전환**(risky shift)을 발견하였다. 즉, 집단은 개인으로 있을 때보다 위험한 대안을 더 많이 추천하였다(Wallach et al., 1962 참조). 그러나 후속 연구에 의하면 집단은 때로 처음에 개인이 추천한 것보다

더 신중한 대안을 추천하기도 한다(Moscovici & Zavalloni, 1969). 사전 논의에서 얻은 집단구성원들의 평균 의견보다 더 극단적인 의견을 만들어 내는 집단의 경향성을 **집단 극화**(group polarisation)라고 한다.

Hogg와 Vaughan(2005)은 집단 극화에 대한 세 가지 설명을 제시하였다.

첫 번째 관점은 다수와 관점을 공유하는 집단구성원은 친숙한 주장을 반복하여 듣게 될 뿐만 아니라 자신의 의견을 지지하는 새로운 주장도 듣게 된다는 것이다. 두 번째 관점은 집단 논의를 통하여 어떤 아이디어가 사회적으로 바람직하고 문화적으로 가치가 있는지 드러나며, 집단구성원은 집단의 인정을 얻고 비난을 회피하기 위하여 다수의 의견으로 자신의 관점을 바꾼다는 것이다. 두 설명은 어떤 연구에 의해서는 지지되고 또 다른 연구에 의해서는 지지되지 않았지만, 두 기제가 특별한 상황에서 발생하는 집단 극화에 기여하고 있는 것은 분명하다(Isenberg, 1986).

세 번째 관점은 집단 극화를 동조의 또 다른 사례로 본다. 이 이론은 명시적 외집단 또는 집단에 속하지 않은 구성원의 의견보다는 집단구성원의 의견이 논의를 통하여 드러난다고 말한다. 이 내집단 의견은 구성원들에 의해 내집단 규범을 만드는 데 사용된다. 내집단의 구성원으로 자신을 범주화하는 것은 규범에 대한 동조를 일으키고, 만일 규범이 극단적이라면 집단 규범을 표상하기 위해 집단 극화가 발생한다. 이 설명은 만일 초기 집단 경향성이 규범이 아닌 단순히 의견들의 총합으로 여겨지면 집단 극화는 일어나지 않는다는 관찰 연구에 의해서 지지된다(예 : Turner et al., 1989).

집단 사고

1972년에 Irving Janis는 미국 외교 정책을 분석한 후 성공적이었던 정책과 '낭패'였던 정책을 발표하였다(워터게이트 사건을 포함하기 위해 1982년에 업데이트되었다.). 그의 논지는 이 낭패가 **집단 사고**(groupthink)라고 불리는 집단

결정짓기의 실패 때문에 일어났다는 것이다. '집단 사고'라는 용어는 다음과 같이 기술된다.

> 사람들이 응집력 있는 내집단에 깊게 관여되어 있으면서, 행동의 대안을 현실적으로 평가하려는 동기보다 만장일치에 대한 집단구성원의 노력이 더 우선될 때 일어나는 사고 양식(Janis, 1982, p. 9)

주목해야 할 것은 집단 사고가 집단을 의도적으로 조직하여 발생한 결과가 아니라는 점이다.

> 집단이 심사숙고하는 동안, 리더는 자신이 듣고 싶은 말을 하는 집단을 원하는 것이 아니라 진심으로 정직한 의견을 듣고자 한다. 집단구성원들이 아첨꾼으로 바뀌지는 않는다. 이들은 진심을 말하는 것을 두려워하지 않는다. 그렇지만 리더가 무심코 강화하는 미묘한 통제는 구성원으로 하여금 비판 능력을 온전하게 펼치지 못하게 하고, 집단 내에 있는 대다수의 사람이 의견 일치에 도달한 것처럼 보일 때, 자신의 의심을 공개적으로 표현하지 못하게 한다(1982, p. 3).

Janis는 집단 사고가 높은 집단 응집력, 조직 내의 구조적 결함(예 : 공정한 리더십의 정통성 부재), 도발적인 상황 요인이 결합되어 일어난다고 주장하였다. 그의 모형이 그림 13.1에 나타나 있다. 의견 일치 추구 경향성(집단 사고)은 다음과 같은 세 가지 선행 조건의 조합으로 일어난다. (1) 결정자들이 응집력 있는 집단을 형성한다. (2) 조직 내부에 구조적인 결함이 있다. (3) 도발적인 상황 요인들이 존재한다. 집단 사고가 일어나면 세 가지 주요 증후인 (1) 집단의 과대추정, (2) 닫힌 마음 상태, (3) 획일성을 향한 압력이 나타난다. 이 요인들은 정보 처리의 질을 떨어뜨린다. 예를 들면, 정보 탐색이 줄어들고 고려하는 대안의 수가 더 적어진다.

집단사고이론은 결정짓기에 대한 사람들의 사고방식에 상당한 영향력을 발휘하였다. 경영, 사회 심리, 조직 심리의 교재들이 이 주제에 많은 지면을 할애하고 있다. Jannis 자신이 이론을 홍보한 것도 있지만, 이 이론이 성공한 데는 여

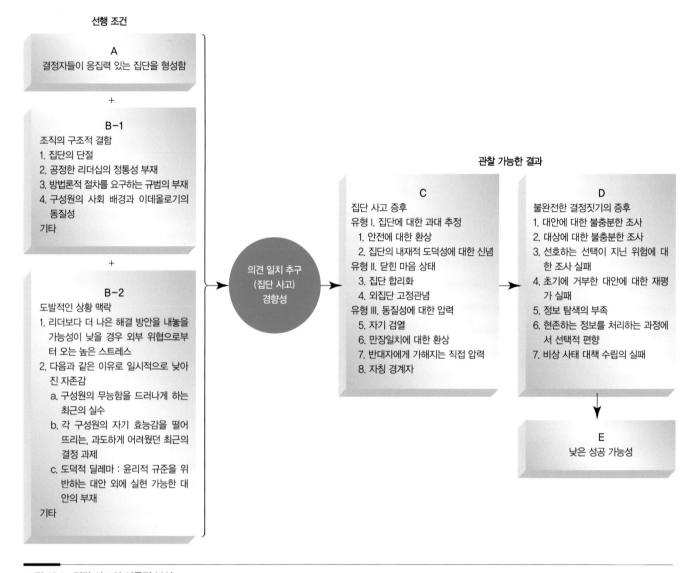

그림 13.1 집단 사고의 이론적 분석

출처 : Janis, 1982(Janis & Mann, 1977에서 개정)

러 가지 이유가 있다(Paulus, 1998). 그러나 집단 사고에 대한 경험적 연구의 수가 비교적 적고, 이 중 대부분은 이론으로부터 도출된 가설들의 일부만을 지지하고 있을 뿐이다(Esser, 1998; Park, 1990). 『Organizational Behavior and Human Decision Processes(Vol. 73, 주제 2/3)』의 특별판에서, Paulus(1998)는 집단 사고 논문에 대한 논평을 통하여 연구자들 간의 의견 일치를 발견하기 어렵다고 지적하였다.

Esser(1998)는 집단 사고에 대한 실험 연구들과 역사적인 사례 연구들을 개관하였다. 역사적 사건분석 중 2개는 Janis의 사례 연구를 재분석한 것이었다(McCauley, 1989; Tetlock et al., 1992). 이 두 분석은, 집단 응집력과 도발적인 상황 맥락과는 반대로, 조직의 구조적 결함(예 : 단절, 촉진적 리더십, 집단 동질성)이 집단 사고의 주요 선행 조건이라고 결론지었다. 유사하게, 실험실 연구에 대한 Esser의 논평은 집단 사고를 불러일으키는 데 응집력의 인과적 역할에 대한 어떤 강력한 지지 증거도 발견하지 못하였다(소수의 지지 결과가 있기는 하지만, 때로는 집단 응집력이 더 약한 집단 사고 증후를 만들어 냈다.).

여러 실험실 연구에 의해 지지받은 구조적 요인은 **공정한**

리더십의 부재(lack of impartial leadership)이다. 지시적 리더가 이끄는 집단이 더 적은 수의 해결 방안을 내놓고(Flowers, 1977; Leana, 1985; 결과가 일치하지는 않지만 Moorhead & Montanari, 1986 참조), 정보의 가용이 더 적고, 결정 과정에서 리더의 영향력을 더 크게 평가하며(Flowers, 1977), 자기 검열과 경계하기를 더 많이 보고하고, 집단 사고 증후 지표에서 더 높은 점수를 기록하며, 결정 과정 동안 사실에 대한 언급이 더 적은 것은 분명하다(Richardson, 1994; Esser, 1998에서 인용). Leana(1985)는 또한 논의 초기 단계에서 자신이 선호하는 해결 방안을 제시하는 리더가 이끄는 집단은 리더의 선호 방안에 동의하는 경향이 있다고 보고하였다. 권력 욕구가 강한 리더가 이끄는 집단은 권력 욕구가 낮은 리더가 이끄는 집단보다 정보를 더 적게 공유하며 더 적은 수의 해결 방안을 고려하는 경향이 있다(Fodor & Smith, 1982). 마지막으로, 리더가 특정 해결 방안을 장려하고 있는 집단은 반대 의견을 막으면서 도덕성의 환상을 채택하는 경향을 보인다(Moorhead & Montanari, 1986).

집단 사고를 지지하는 강력한 증거가 비교적 소수에 불과한데도, 이것이 문화적으로 중요한 위치를 차지하고 있는 것은 아이러니하다. Janis는 집단 사고에 대한 지식의 부족이 다음과 같은 상황에서 위험할 수 있다고 경고하였다.

- 순진한 리더들이 바람직한 결정은 오직 한 사람(특히, 리더 자신)에 의해서 일어난다고 결론을 내릴 때
- 안전 대책이 숨은 비용을 고려하지 않고 시행되었을 때(다음 절 참조)
- 관리직에 있는 변덕쟁이들이 일종의 집단 치료를 시행하면서 회의에서 귀한 시간을 허비할 때

경계적 결정짓기

Janis가 집단 사고의 결과로 보았던 결정짓기 참사 중의 하나가 피그만 해협 침공을 지원하여 쿠바의 Castro 정부 전복을 시도하였던 Kennedy 대통령 행정부의 결정이다(원래는 선행 행정부에 의해 구상되었다.). Kennedy는 이 사건에서 중요한 교훈을 얻은 것으로 보이는데, 이후 발생한 쿠바 미사일 위기 동안 그의 결정방식이 눈에 띄게 개방적으로 변했기 때문이다.[2] Janis는 이것을 경계적 결정짓기(vigilant decision making)라고 불렀다. 외교 정책 결정에 관한 분석에서 이런 유형의 결정 과정이 채택될 경우 성공적인 결과가 발생했다는 것이 증명되었다.

경계는 다음과 같은 요인들과 연합되어 있다.

- 결정이 일어난 후에도 중요한 위험의 인정
- 도덕적 이슈에 대한 명시적 논의
- 판단의 역전
- 적에 대한 고정관념이 없는 시선

Janis는 위 행동들을 집단 사고를 막는 중요한 방법으로 권장한다.

소집단을 이용한 경험적 연구는 악마의 옹호자(devil's advocacy)가 집단 결정의 질을 촉진한다는 것을 보여 준다(예 : Schweiger et al., 1986; Schweiger et al., 1989). 또한 집단구성원이 논의 전에 동일한 의견을 공유하고 있는 경우, 이 의견을 확증하는 정보를 찾는 경향이 있지만(Schultz-Hardt et al., 2000), 악마의 옹호자를 이용하면 모순되는 정보의 탐색이 촉진된다(Schultz-Hardt et al., 2002).

그러나 악마의 옹호자를 이용하는 것에 대해 전혀 논란이 없는 것은 아니다. 예를 들면 Robert Kennedy는 쿠바 미사일 위기 동안 강력한 악마의 옹호자 역할을 하면서 많은 사람에게 호감을 잃었는데, 그가 대통령의 형제가 아니었다면 그의 지위를 유지할 수 없었을 것이다. 역으로 악마의 옹호자로 지정된 사람이 '길들여질' 위험이 있어서, 이 임무를 오랫동안 수행하면 더는 도전적인 존재가 되지 못한다. 이들의 의견은 명목상 반대로 간주되고, 이들이 목소리

를 내기도 전에 무시된다. 그럼에도 불구하고 이들의 존재는 리더로 하여금 특정 이슈가 결정에 앞서 완전하게 공론화되었음을 주장할 수 있게 한다. 두 부작용은 집단구성원들이 악마의 옹호자 역할을 돌아가면서 맡는 것이 합리적임을 시사한다.

악마의 옹호자에 대한 몇몇 경험적 연구에서, 결정의 질적 향상은 결정 과정과 결과에 대한 낮은 만족감(Schweiger et al., 1986; Schwenk & Cosier, 1993), 결정에 대한 낮은 수용(Schweiger et al., 1986), 미래의 공동 작업에 대한 낮은 욕구(Schweiger et al., 1986; Valacich & Schwerk, 1995)를 동반하였다. 그러나 기법에 대한 친숙성이 증가하면 이런 문제들에 대처할 수 있다(예 : Schweiger et al., 1986).

Janis는 경계적 결정짓기가 장점뿐 아니라 단점도 있다고 지적하였다. 기밀이 중요한 경우에 논의에 많은 사람을 끌어들이는 것은 비밀 누설의 가능성을 키운다. 너무 많은 하위집단이 형성되면, 특정 이슈를 주의 깊게 다루려는 책임감이 줄어들 우려가 있다('다른 사람이 하겠지.'). 한 집단 내에서 의견 차이가 드러날수록(인지 갈등, cognitive conflict) 사람들이 상처받고 분노할 위험이 커진다(감정 갈등, affective conflict). 이것은 바람직하지 못한 결과이다. 예를 들면, 정서적 각성은 합리적 방식으로 논쟁에 초점을 맞추는 개인의 능력에 부정적 영향을 끼치고, 기분이 나빠진 구성원은 집단을 떠날 수 있으며, 집단은 미래에는 함께 일하기 어렵다고 느낄 수 있다.

그러나 응집력 있는 집단의 한 가지 장점은 감정 갈등이 적다는 것이다. Peterson과 Behfar(2003)는 여러 주에 걸쳐 2개의 팀 과제를 수행하는 MBA 학생들에 대한 종단 연구를 보고하였다. 첫 번째 과제에 대한 부정적 피드백이 두 번째 과제에서 과제 갈등을 일으켰지만, 팀 구성원 사이에 신뢰가 높으면 이 효과는 매우 약하다는 것을 발견하였다. 높은 신뢰는 부정적 피드백 뒤에 두 번째 과제에서 일어나는 관계 갈등을 예방하는 데도 작용하였다.

또한 경계적 결정 과정은 시간을 많이 요구한다. 어떤 상황에서는 더 간단한 결정 절차가 시간 사용에 더 유리할 수 있다. 예를 들면, Frederickson과 Iaquinto(1989)는 분석적 결정 과정이 격동적이고 복잡한 경영환경에는 적합하지 않다는 것을 발견하였다.

Peterson 등(1998)은 독립적인 관찰자에 의한 조직 사례 분석을 보고하였다. 비록 성공적인 조직이 이상적인 경계적 결정짓기에 항상 부합한 것은 아니었지만, 조직의 결정 과정에 대한 측정치를 이용하여 성공적인 기업과 비성공적인 기업을 구별할 수 있었다. 예를 들면, 성공적인 조직은 더 강력한 리더가 있고, 생각했던 것보다 더 중앙집권적인 경우가 많았다. 그러나 연구자 자신도 지적하였듯이, 결과에 대한 지식이 조직평가에 영향을 끼쳤을 가능성이 있다. 이 연구자들이 정말로 그렇게 생각한 것 같지는 않지만, 다른 연구는 이것이 심각한 문제일 수 있다고 주장한다. 집단 과정에 대한 구성원들의 회고적 평가가 실험자가 제시한 **무작위로 결정된**(randomly determined) 결과 피드백에 의해 변색된다는 것이 선행 연구들에서 발견되었다. 부정적 피드백은 집단 과정에 대한 긍정적 평가를 훨씬 적게 발생시켰다(Downey et al., 1979; Staw, 1975; Rosenzweig, 2007).

요약하면, 실제 환경에서 다양한 결정 절차의 효과를 확정하기 위해서는 더 많은 연구가 필요하다.

집단 결정 과정 향상을 위한 기법

브레인스토밍

브레인스토밍은 창의적인 아이디어 생성을 촉진하는 기법이다. 이것은 처음에 Osborn(1957)에 의해 대중화되었는데, 그는 집단 상호작용이 일어나는 동안 아이디어 생성단계와 결정단계를 구분할 필요성을 느꼈다. 브레인스토밍 기법은 사람들에게 떠오르는 어떤 생각이든 질과 상관없이 가능한 한 많이 말하도록 요구한다. 사람들이 억압받지 않도록 집단구성원에게 다른 사람의 생각을 비판하지 말 것을 요구한다.

브레인스토밍은 특히 광고회사와 경영 조직에서 인기가 많다. 그런데 이 인기가 부당하다는 연구 증거들이 있다. 브레인스토밍 지시가 없었던 집단보다 브레인스토밍 집단이 더 많은 아이디어를 내기는 하지만, 이들은 동료와의 상호작용 없이 아이디어를 낸 평범한 집단보다 덜 창의적이었다(Diehl & Stroebe, 1987; Mullen et al., 1991).

이런 반직관적인 결과의 원인은 무엇일까? Paulus 등(1993)은 가능한 네 가지 이유를 제시하였다. 한 가지 이유는 **평가 염려**(evaluation apprehension)이다. 브레인스토밍 지시문에도 불구하고, 사람들은 여전히 인상 관리에 신경을 쓴다. 그렇기 때문에 자신의 생각을 다른 사람들이 무시할지 모른다고 생각하고 아이디어를 제안하려고 하지 않는다(Camacho & Paulus, 1995). 두 번째 이유는 개인이 집단의 일원으로 일할 때 노력하지 않는 **사회적 태만**(social loafing)이다. 예를 들면, Latané 등(1979)은 줄다리기경기에서 팀에 구성원이 1명 추가될 때마다 각 구성원이 10%의 노력을 감소시킨다는 사실을 발견하였다. 세 번째 이유는 **산출 대응**(production matching)이다. 사람들은 다른 사람의 산출을 관찰하고, 이것을 이용하여 자신의 행동에 대한 수행 규준을 형성한다. 이 때문에 평균으로의 회귀가 일어난다. 네 번째는 아마 가장 중요한 원인일 수 있는데, 집단에서 의견을 표출할 수 있는 사람이 한 번에 한 명뿐인 **산출 차단**(production blocking)이다. 초기 연구는 산출 차단의 효과가 다른 사람이 발표하는 동안 자신의 생각을 망각하거나 다른 사람의 생각을 듣는 것 때문에 방해를 받아서 일어난다고 주장한다(Diehl & Stroebe, 1987). 그러나 좀 더 최근의 연구 증거에 의하면, 더 중요한 문제는 집단 논의가 생산적 사고와 진행 중인 생각의 흐름을 방해한다는 데 있다(Nijstad, 2000; Kerr & Tindale, 2004에서 인용).

브레인스토밍 집단의 구성원들은 자신이 매우 잘하고 있다고 믿는 경향이 있다(Paulus et al., 1995). 이것은 사람들이 혼자 일하는 것보다 재미있다고 생각하기 때문일 수 있다. 또한 일반집단의 개인과 비교하여, 브레인스토밍 집단의 개인은 다른 사람이 말한 아이디어를 자기도 가지고 있었다고 말한다. 브레인스토밍 집단의 사람들은 다른 사람의 아이디어를 자신의 것으로 부정확하게 기억하고, 따라서 자신의 공헌을 과대추정한다(Stroebe et al., 1992). 이런 과대추정에 기여하는 또 다른 요인은 말로 표현하지 않은 다른 사람의 공헌은 자각하지 못한다는 것이다. 말로 표현하지 않은 자신의 공헌은 자각하면서, 자신을 매우 생산적인 존재로 평가한다.

이런 부정적 결과에도 불구하고, 집단의 아이디어 생성을 향상시킬 수 있는 방법이 있다. Osborn(1963)은 훈련받은 협력자를 이용하여 집단이 심사숙고하는 데 도움을 제공하고, 개인과 집단의 아이디어 생성 기간을 번갈아 가면서 시행해야 한다고 주장한다. Stroebe와 Diehl(1994)는 브레인스토밍 집단의 비효율성의 주요 원인을 산출 차단이라고 보고, 이를 극복하기 위한 두 가지 방법을 제안하였다. 첫째, 브레인스토밍 집단에서 지식의 다양성은 일종의 촉진적 환경을 만들고, 이것이 산출 차단을 완화시킨다. 둘째, 이들은 경청 또는 자기 순서 기다리기 같은 차단 요인이 **전자식 브레인스토밍**(electronic brainstorming)에서 감소될 것이라고 지적하였다. 증거에 의하면, 전자식 브레인스토밍 집단은 일반 전자식 집단(Dennis & Valacich, 1993)과 비전자식 집단(Gallupe et al., 1994)보다 더 생산적이다.

결정 규칙

결정을 내리는 데는 수많은 방법이 있다(결정 '규칙' 목록을 보려면 Hastie & Kameda, 2005 참조). 가장 일반적인 방법은 모든 사람에게 가장 좋아하는 대안에 투표하게 하고, 가장 많은 표를 얻은 대안을 선택하는 것이다(그림 13.2). 이것이 **다수결 또는 과반수 규칙**(majority/plurality rule)이다. 두 번째로 가장 많이 사용하는 방법은 독재적인 '리더

컹   컹   꿀   컹   컹들이 이겼다.

© cartoonbank.com

그림 13.2 다수결 원칙

표 13.1 콩도르세 역설 : 대응 투표로 발생하는 비전이성

	위원회의 투표 선호			다수결 선호
대응 투표	Jill	Mary	Steve	
A 대 B	A	A	B	A 〉 B
B 대 C	C	B	B	B 〉 C
A 대 C	C	A	C	C 〉 A
전체 개인 선호	C 〉 A 〉 B	A 〉 B 〉 C	B 〉 C 〉 A	

결정' 규칙이다(Hastie & Kameda, 2005). 이 방법은 관련된 사람들의 노력을 많이 필요로 하지 않는다.

또 하나의 다수결 투표방식이 **콩도르세 다수결 규칙**(condorcet majority rule)이다. 이것 또한 다수가 선호하는 후보자가 승리한다는 생각에 기초하지만, 둘 이상의 후보자가 있을 때는 각 후보자를 다른 후보자와 대응시키는 일련의 투표가 시행된다. 단순한 다수결로 모든 대응 투표에서 이기는 후보자가 승자가 된다(분명한 승자가 없을 가능성도 있다.). 이 방법은 분명히 더 많은 노력을 요구하고, 사회선택이론에 의해 관심을 받았지만, 실제로 사용되는지는 확실하지 않다(Hastie & Kameda, 2005).

콩도르세 다수결 규칙은 선택에서 비이행성을 발생시킬 수 있다. 예를 들면, 3명의 위원회 회원(Jill, Mary, Steve)이 계획 A, B, C 사이에서 선택을 한다고 가정하자. 표 13.1은 3쌍의 투표에서 각 회원이 어떤 계획에 투표하였는지를 보여 준다. 표에서 보듯이, Jill, Mary, Steve는 다른 형태의 전이 선호를 보인다. 그러나 오른쪽 행에 있는 다수결 투표 결과를 보면, 나타난 선호가 비이행적이라는 것을 알 수 있다. 즉, A가 B보다 선호되고, B가 C보다 선호되지만, C는 A보다 선호된다.

좀 더 일반적인 상황(Goodwin & Wright, 2004, p. 316)은 위원회가 각각의 대응 비교를 하지 않고, 어떤 후보자 표를 잃자마자 곧바로 고려 대상에서 제거하는 것이다. 이것 역시 문제가 될 수 있다. 위원회가 A와 B를 비교하는 것으로 시작한다고 가정하자. 다수가 A를 선호하면 B는

제거된다. 나머지 비교에서 C가 선호되고, 그러면 C가 승자가 된다. 그러나 위원회가 B와 C를 먼저 비교하면 C가 제거된다. 다음 비교에서 A가 B보다 선호되면 A가 승리한다. 따라서 비교하는 순서가 최종 승자에 영향을 줄 수 있다.

이런 유형의 절차는 조작에 취약하다. 초기 비교가 A와 B라고 가정하자. Mary는 경쟁에서 A가 이기길 원하고 C가 이기는 것을 절대로 원하지 않는다고 하자. 그녀는 동료들의 선호를 미리 알고 있거나 또는 의심하고 있다. B보다 A를 선호하고 있음에도 그녀는 자신이 이런 방식으로 투표를 하면 C가 마지막 비교에서 이길 것이라는 것을 깨닫는다. 그래서 그녀는 첫 번째 비교에서 B를 선호하는 정직하지 못한 반응을 하는데, 이것이 마지막 비교에서 C를 물리치기 때문이다.

다른 결정 규칙은 **평균법**(averaging)이다. 이것은 과정의 결과물이 숫자일 때 적합하다. 구성원들이 각 후보자에게 수치를 부여하는 경우 또는 집단이 어떤 종류의 추정이나 예측을 하는 과제에서 사용된다(예 : 상품의 월 판매액).

한 가지 흥미로운 질문은 다수결 규칙 또는 평균법이 집단의 최고구성원(예 : 특정 분야의 전문가)을 능가할 것인지이다. 다수결 규칙과 평균법에 기초한 결정과 판단이 최고구성원에게 의존하는 것보다 더 효과적이라는 확실한 증거가 있다. Surowiecki(2004)는 Francis Galton 경이 1906년에 시골 박람회에서 수행했던 즉흥 연구(Galton, 1907)를 재검토하였다. Galton은 황소의 무게를 판단하는 경기에서 농부들과 다양한 직업의 비전문가들로 구성된 전체

787명의 참가자들이 제시한 추정치를 검토하였다. Galton은 보통 사람의 지능을 별로 신뢰하지 않았기 때문에, 전체 787개 추정치의 평균이 황소의 정확한 무게와 단지 1파운드밖에 차이가 나지 않았다는 사실에 경악하였다(1,198 파운드).

많은 후속 연구들은 개인 판단들을 평균하는 것이 평균 개인 판단보다 더 정확한 추정치를 내놓는다는 것을 보여 주었다(예 : Bruce, 1935; Smith, 1931). 이유는 간단하다. 불완전한 추정치들의 총합은 오류를 감소시킨다. Larrick과 Soll(2006)은 이것이 어떻게 발생하는지에 대한 간단한 예를 제시하였다. 2명이 내일 기온을 각각 60도와 80도라고 예측한다고 가정하자. 실제 기온은 73도였고, 각각의 오류는 13도와 7도가 되어 평균 10도의 오류가 나타났다. 그러나 두 추측의 평균은 70도이고, 이것은 정확한 기온과 단지 3도 차이가 난다. 따라서 평균법이 평균 개인보다 더 정확하다. 이 예에서는 두 추정치가 정답의 양측에 있다는 점에서, 이 추정치들은 정답을 '괄호로 묶고 있다.' 사람들의 추정치가 항상 이런 것은 아니다. 그러나 괄호로 묶이는 사례가 적어도 하나라도 존재한다면, 평균법의 절대 평균 편차(MAD)가 평균 개인의 MAD보다 더 적다는 것이 평균법의 중요한 함의이다(Larrick & Soll, p. 112). 30개의 예측 연구를 재분석하고 나서 Armstrong(2001)은 평균낸 예측들의 평균 수행과 비교하여 평균법이 정확성을 평균 12.5% 향상시켰다는 것을 발견하였다.

이런 종류의 절차에서 우리는 전문가로 간주되는 사람들의 판단에 더 많은 무게를 실어줘야 하는 것일까? 이것은 전문가가 무엇인지를 판단하는 절차를 요구하기 때문에 문제가 없는 것은 아니다(Goodwin & Wright, 2004). 어쨌든, 증거는 단순한 평균이 가중 평균만큼 뛰어나거나 아주 조금 열등함을 보여 준다(예 : Ashton & Ashton, 1985).

평균 기법은 많은 사람에게 반직관적으로 보인다. 일련의 연구에서 Larrick과 Soll(2006)은 (두 판단에서 나온 자료를 기초로) 평균법과 다른 전략을 사용할 때 발생하는 MAD를 추정하도록 참여자들에게 요구하였다. 많은 참여자가 평균법의 유용성을 인식하지 못한다는 것이 발견되었다(예를 들면, 실험 1에서 57%의 참여자가 평균 판단보다 평균법이 더 좋은 수행을 가져다주지 못한다고 생각하였다.). 참여자들은 높은 빈도의 괄호 묶기처럼 평균법을 더 효과적으로 만드는 조건에는 민감하였지만, 이것의 이득 정도는 과소평가하였다. 불행하게도, 일상생활에서 사람들은 판단자의 추정치와 정답을 동시에 받는 일은 드물고, 이것이 평균법의 장점을 지각하기 어렵게 한다.

Hastie와 Kameda(2005)는 다양한 결정 규칙의 수행을 검토하기 위해 컴퓨터 시뮬레이션을 사용하였다. 특히 세부적인 검사는 평균법, 콩도르세, 다수결/과반수, 최고구성원(가장 정확한 개인의 판단), 무작위구성원(무작위로 선발된 개인의 판단)으로 이루어졌다. 시뮬레이션은 약탈자 집단에 대한 것으로, 이들의 체력은 여러 위치에서 얻을 수 있는 보상물에 대한 정확한 예측에 달렸다. 예측은 3개의 불완전한 단서를 근거로 하였다. 어떤 시뮬레이션은 모든 약탈자가 전체 위치 중 일부에 대하여 알고 있었다고 가정하였다. 또한 시뮬레이션들은 가장 좋은 단서와 가장 나쁜 단서 간의 격차에서 차이가 있었다.

최고구성원 규칙이 유리하였던 유일한 시나리오는, 특히 위치에 대한 완전한 정보를 지니고 있으면서 가장 좋은 단서와 가장 나쁜 단서 간에 큰 격차가 있는 경우였다. 일반적으로 평균법, 다수결/과반수, 콩도르세 다수결 규칙은 비슷한 방식으로 작용하였고, 최고구성원과 무작위구성원 규칙을 능가하였다. 특히, 위치에 대한 불완전한 정보가 있을 때, 최고구성원 규칙은 도움이 되지 않았다. 평균법은 정보의 불완전한 정도가 최고인 조건에서 유리한 것으로 나타났다.

후속 연구는 일본 학생들에게 일련의 유사한 판단(3개의 단서에 기초하여 10개의 회사 중 가장 수익성이 높은 회사를 예측)을 개별적으로 할 것을 요청하였다. 실험자는 1,000개의 명목집단을 만들고, 학생들의 자료를 기초로 세 가지 규칙 — 다수결/과반수 규칙, 최고구성원 규칙, 무작위구성원 규칙 — 을 평가하였다(이 경우는 양적 판단이 아니었기 때문에 평균법은 연구할 수 없었다.). 다수결/과반수 규칙이 다른 규칙을 능가한다는 것을 발견하였다. 이 장점은 단서 사이의 격차가 커지면 사라졌지만, 다수결/과반수 규칙은 여전히 최고구성원 규칙만큼 수행이 좋았다. 이것은 다수결/과반수 규칙이 Hastie와 Kameda의 컴퓨터 시뮬레이션보다 실제 상황 의사 결정에서 더욱 강하다는 것을 의미한다.

논의 부재 속에서(in the absence of discussion) 나타나는 평균법 또는 다수결에 기초한 판단과 결정의 우수성 때문에 어떤 학자들은 직접 대면(face-to-face)한 논의(Armstrong, 2006)의 의미에 대해 의문을 품었다(Larrick & Soll, 2006, p. 125). 이것은 흥미로운 지적이다. 실제로 결정 과정에 제대로 참여했다고 느끼지 않으면, 사람들은 올바른 결정을 하지 못할 것이라고 심각하게 걱정한다(Roberto, 2005). 더욱이 사회적 딜레마에 대한 연구는 집단 논의를 더욱 긍정적으로 본다. 사회적 딜레마는 둘 또는 그 이상의 상호작용하는 사람들에 의한 개인 합리성의 실행이 각 개인이 집단 이득에 따라 행동했을 때보다 집단에 더 나쁜 결과를 가져오는 상황이다. 많은 연구가 집단 논의에 의해 집단 결과가 향상되는 경향성을 보여 주었다. 이 주제는 다음 장에서 더 상세히 다룰 것이다.

다음 절에서는 비구조적인 논의에서 일어날 수 있는 문제를 최소화하면서 사람들을 결정 과정에 온전히 참여하게 하는 체계적인 결정 절차들을 살펴본다.

체계적 결정 절차

델파이 기법

델파이 기법은 양적 판단에서 사용된다. 이 절차는 익명으로 판단을 제출하는 사람들로 구성된 패널로 시작한다. 이것은 판매액에 대한 예측일 수 있고, 또는 미래에 발생하는 특정 사건의 확률에 대한 판단일 수 있다. 그 다음 패널은 집단의 응답에 대한 통계 피드백을 제공받는다. 이것은 집단 범위(range) 또는 중앙값(median)에 대한 정보일 수 있다. 이 시점에서 익명으로 토론이 일어나고 사람들에게 자신의 의견을 표현할 기회가 주어진다. 토론이 끝나고 사람들은 두 번째 판단을 제출한다. 패널은 양적 합의가 이루어질 때까지, 보통은 집단의 중앙값 판단의 형태로, 이런 라운드를 반복한다.

Rowe와 Wright(1999)는 영어 저널지에 발표되었던 델파이 기법에 대한 27개의 평가를 살펴보았다. 이 논문은 델파이 절차가 진행될수록 응답의 변산성이 감소한다는 강력한 증거를 발견하였다. 그러나 이 결과 자체는 동조 행동과 구별되지 않는다. 실제로 개관된 연구 중에서 다음과 같은 증거들이 있었다.

- 델파이 동안 일어나는 의견 불일치의 감소(사후 집단 개별 반응에 기초한)는 다른 구조적 집단 기법으로 성취한 것보다 더 적다(Rohrbaugh, 1979). 델파이 집단의 동의 또한 약간 증가하였다.
- 다른 구조적 기법들과 비교하여 사후 집단의 개인 반응은 델파이 결과인 집단 반응과 더는 어떤 상관관계도 없었다. 실제로 다른 한 기법은 결과를 '수용'하는 비율이 더 높았다(Erffmeyer & Lane, 1984).
- 극단적인 의견을 가진 응답자들은 델파이 절차에서 떨어져 나갈 가능성이 더 크고, 이것은 합의가 부분적으로 소모 과정에 의한 것임을 보여 준다.

델파이 기법이 집단 정확성을 증가시킬까? Rowe와 Wright는 결과가 '애매하다고' 적고 있다. 5개의 연구는 통계적으로 유의미한 증가를 보고하고, 다른 5개의 연구는 정확성의 증가가 통계적으로 유의미하지 않았으며, 2개의 연구에서는 정확성이 특정 조건에서는 더 크게 나타났지만 다른 조건에서는 그렇지 않았다. 수행에 영향을 끼친 특정 조건과 관련하여, Parenté 등(1984)은 언제 사건이 일어날지에 대한 예측에서는 정확성이 증가하였지만, 사건이 일어날 것인지에 대한 예측에서는 그렇지 않다는 것을 발견하였고, Jolson과 Rossow(1971)는 정확성이 '전문가' 패널에서는 증가하였지만 '비전문가' 패널에서는 그렇지 않다는 것을 발견하였다. 다른 두 연구는 델파이와 다른 집단 간에 어떤 차이도 발견하지 못하였고, 또 다른 두 연구는 델파이 집단이 첫 번째 라운드를 총합한 것과 고정집단(staticised groups)보다 덜 정확하다는 것을 발견하였다.

Rowe와 Wright는 또한 사람들이 추정치를 말하고 나서 직접 대면 토론을 한 후 새로운 추정치를 말하도록 하는 명목집단 기법 같은 구조적 집단 기법과 델파이를 비교하였다. 전반적으로, 델파이와 다른 기법 사이에 정확성에서 주목할 만한 차이는 거의 없는 것으로 나타났다.

논의에서 Rowe와 Wright는 평가 연구에서 사용한 절차들 간의 차이만 있는 것이 아니라, 델파이가 현실에서 일반적으로 시행되고 있는 방식과 평가 연구 사이에도 차이가 있다고 지적하였다. 예를 들면, 평가 연구들은 전문가 패널보다 학생 참여사를 주로 이용한다. 전문가를 이용한다고 해도, 이들은 동일한 분야의 사람들인 경향이 있고, 이것은 숨은 정보를 공유할 가능성을 감소시킨다.

패널 참가자들은 절차의 주제를 결정하는 데 중요한 역할을 하지 못하고, 주제가 심각하고 장기적인 이슈인 경우가 드물다. 그보다 패널 참가자들은 일반 상식 주제에서 추정치를 제시하라는 요구를 받는다. 이것은 참가자들에게 논리적인 과제 시나리오를 형성하지 못하게 막을 수 있다.

마지막으로, 평가 연구에서 참가자들에게 주어지는 피드백은 단순한 집단의 중앙치, 평균 또는 개인 추정치 목록인 경우가 많다. 그러나 델파이에서는 패널 참가자들이 극단적인 추정치(첫 번째와 세 번째 사분위수 바깥쪽에 놓인)를 내놓았던 패널 참가자들의 주장도 듣게 된다.

요약하면, 일반적으로 활용되고 있는 델파이는 실험실 연구 결과가 주장하는 것보다는 효과적이다. 그러나 이런 결론을 받아들이기 전에 더 많은 연구가 필요하다.

결정 회의

결정 회의는 중대한 결정을 내리기 위해 사용되며, 일반적으로 며칠 간 지속된다. 참석자들은 크고 둥근 탁자에 앉아 정보 공유를 장려하고 회의 절차를 촉진하는 결정분석가의 도움을 받으면서 문제가 되는 이슈에 대하여 논의한다. 상호 결정 보조 기법을 사용하여, 두 번째 분석가가 개인과 집단의 의견을 모형으로 만든다. 참석자들은 도움을 받지 않은 자신의 전체 판단과 비교하여 모형화 과정의 초기 산출물에 대해 생각해 보라는 요청을 받는다. 이 둘 사이에는 분명히 격차가 존재한다. 격차에 대한 이유를 탐색하기 위해서, 새로운 아이디어나 정보를 확인하기 위한 추가적인 논의가 일어난다. 어떤 새로운 직관이 나타나지 않으면, 마지막 표상이 '필요 결정 모형'이 된다(Phillips, 1984).

따라서 요점은 사람들에게 해결 방안을 강요하는 것이 아니라 팀 구성원이 현재의 문제를 함께 이해하고 발전시킬 수 있도록 하는 것이다. 모형의 변수를 조정하면서, 패널 참가자들은 의견 불일치가 마지막 선호 대안과 어떤 차이를 만들어 냈는지를 눈으로 확인할 수 있다. 참가자들은 합의에 도달하기 전까지 복잡한 결정 과정에 관여하게 됨으로 대체로 마지막 결정을 내릴 때까지 몰입해야 한다고 느낀다.

델파이 기법과 마찬가지로 결정 회의에 대한 평가도 소수에 불과하다. Goodwin과 Wright(2004)는 실제 세계에서의 연구들이 기초 비교자료들을 제공하지 못하기 때문에 분명한 증거를 얻기는 어렵다고 지적하였다. Phillips(2007)는 또한 결정 회의 조력자들이 논문 발표를 목적으로 자신의 일에 너무 깊게 관여할 수 있다고 지적한다. 그렇지만 참여자들이 일반 회의보다 결정 회의를 더 효과적이라고 생각한다는 개관 연구가 보고되었다. 이런 지각된 유용성은 조직의 하위보다는 고위 관리직에서 더 많이 나타나고, 중집단(9~11명) 또는 대집단(15~18명)보다 소집단(4~8명)에서 더 효과적이다(Chun, 1992; Phillips, 2007에서 인용).

앞서 논의하였던 대다수 연구와 반대로, 상호작용이 활발한 소규모의 촉진적 집단은 이 집단의 최고구성원보다 더 우수한 수행을 보이는 듯하다(Regan-Cirincione, 1994). 그러나 결정 회의는 관리팀이 행동 계획을 수립하거나 합의에 도달해야 한다는 압력을 느끼지 않으면 효과가 없을 수 있다.

리더십

이 장에서 우리는 집단과 팀의 결정짓기가 우리의 기대에 미치지 못한다는 것을 보았다. 다양한 요인이 창의성의 억압, 지식과 아이디어의 공유 실패, 비판적 평가의 실패에 기여하는 듯하다. 그러나 성공적인 집단도 있다. 어쩌면 이런 장애물을 극복하는 중요한 요인 중 하나가 리더십의 질일 것이다.

리더십에 대한 문헌들은 권위적인 유형의 리더십에 대하여 일반적으로 부정적이다. 권위적 리더는 집단과 조직의 결정짓기에서 통제력을 발휘하고 부하들이 좋아하지 않는 경우가 많다. Peterson 등(1998)은 이런 유형이 경영 실패와 밀접한 관련이 있다는 것을 발견하였다.

리더십에 관한 한 고전 연구(Lippitt & White, 1943)에서 소년클럽의 11세 회원들에게 할로윈 가면을 만드는 과제를 수행하도록 하였다. 각 클럽에는 실험자에 의해 세 유형의 리더십 중 하나로 훈련받은 리더가 존재하였다. 리더는 몇 주마다 교체되어서 각 클럽은 모든 리더를 경험하였지만, 한 가지 유형의 리더십에만 노출되었다. 권위적 리더(autocratic leader)는 무엇을, 언제, 누가, 어떻게 할 것인지를 결정하였다. 이들은 냉담했고 전적으로 현재의 과제에 초점을 맞추었다. 민주적 리더(democratic leader)는 무엇을 할지에 대하여 소년들의 의견을 이끌어 냈고, 계획은 집단 논의를 통하여 세워졌다. 자유방임적 리더(laissez-faire leader)는 정보와 자료를 제공하였지만 그 외에는 소년들 마음대로 하도록 두었다.

권위적 리더가 가장 인기가 적었다. 이들은 불편한 분위기를 만들었고, 리더가 없으면 생산성은 떨어졌다. 자유방임적 리더는 즐겁고 놀이하는 것 같은 분위기를 만들었지만 생산성은 낮았다(리더가 없으면 증가하기는 하였지만). 가장 효율적인 리더 유형은 민주적 리더였다. 그는 편안한 집단 분위기를 만들면서 과제에 초점을 맞추도록 하였다. 결과적으로 생산성은 리더가 있을 때와 없을 때 모두 높았다. 이 유형의 리더가 세 유형 중에서 가장 인기가 좋았다.

리더십에 대한 다양한 이론이 있다(예 : Furnham, 2005; Kozlowski & Ilgen, 2006 참조). 어떤 이론은 특정 유형의 리더십과 특정 맥락이 부합해야 한다고 강조한다. 예를 들면, Fiedler(1965)의 수반성 이론은 리더십 유형이 개인의 성격 특성에서 발달하기 때문에, 어떤 리더는 **직면한 과제**(task in hand) 지향적이고 어떤 리더는 **대인 관계**(interpersonal relationship) 지향적이라고 주장한다. 결국 각 유형이 얼마나 효과적인지는 리더-회원 관계의 질, 과제의 구조화 정도, 보상과 처벌을 사용하여 집단구성원을 명령에 따르게 하는 리더의 권력 정도에 달렸다. Fiedler (1965)는 과제 지향 유형의 경우 중간 수준의 상황 통제 조건과 더 낮은 집단 수행이 연합되어 있지만, 높거나 낮은 상황 통제 수준은 더 우수한 집단 수행과 연합되어 있다고 보고하였다.

최근에는 **변혁적 리더십**(transformational leadership)과 **거래적 리더십**(transactional leadership) 개념에 상당한 관심이 일고 있다(Bass, 1985; burns, 1978). 변혁적 리더십은 직원들의 개인적인 욕구와 관심에 주의를 기울일 뿐 아니라, 이들을 격려하고 자극하는 리더의 능력과 카리스마에 기초한다. 거래적 리더십은 분명한 기대를 설정하고 이 기대에 부합하면 보상을 하며, 미래의 문제에 대하여 사전에 대책을 세우는 리더와 문제에 반응적으로 대처하는 리더로 구분한다. 때로는 결정을 회피하고, 행동하기를 주저하며 필요할 때 부재하는 자유방임적 리더에 대해서도 연구되었다.

87개의 연구에 대한 메타분석(Judge & Piccolo, 2004; Stewart, 2006 참조)에 따르면, 기업 상황에서는 수반적 보상 리더십이 효과적이고, 변혁적 리더십은 대학, 군대, 공공

기관에서 효과적이었다. 조직 내에서 리더의 수준은 리더십 유형과 관련이 없었다. 그러나 앞에서 지적하였듯이, 이런 연구들의 문제점은 이들이 직원의 평가와 재정 결과와 같은 수행 지표에 의존한다는 것이다.

조언 받기

결정짓기 집단들(그리고 개인들)은 때로 유용한 정보, 의견, 통찰을 제공할 수 있는 사람의 조언을 받기 원한다. 조언에 대한 대부분의 연구는 집단보다는 개인이 제공하는 조언의 사용에 초점을 맞추지만, 연구 결과는 모두와 관련이 있을 것이다. 전형적인 연구는 조언자 또는 판단자의 역할을 하도록 지정된 참여자들을 포함한다. 시나리오를 읽은 후 판단자는 최초의 결정을 내리고 확신 정도를 추정한다. 판단자의 초기 결정에 대하여 알지 못하는 조언자는 충고와 확신 평가를 하고, 이 충고는 판단지에게 전달된다. 그러면 판단자는 충고에 대하여 생각하고 마지막 결정을 한다(확신평가도 함께).

Bonaccio와 Dalal(2006)에 의해 수행된 이런 연구들에 대한 논평을 보면, 가장 강력한 현상이 **자기 중심적 조언 할인**(egocentric advice discounting)이다. 조언이 일반적으로 판단자의 정확성을 향상시키지만, 판단자는 조언자의 의견보다 자신의 의견에 가중치를 두는 경향이 있고, 조언자의 충고쪽으로 겨우 동전 정도만큼 마음을 기울일 뿐이다. 이것은 새로운 상황에 대한 판단에서도 나타나며 **자기 중심적 편향**(egocentric bias)을 보인다(Krueger, 2003).

그러나 판단자는 전문가, 연령이 높은 사람, 많은 인생 경험과 지혜가 있다고 생각하는 사람에게서 나온 조언에는 더 반응적이다. 사람들은 또한 매몰 비용 효과와 일치하게(제8장 참조), 조언을 위해 비용을 지불하였으면 조언에 가치를 더 많이 부여한다(Gino, 2005).

앞에서 보았듯이, 둘 또는 그 이상의 조언자가 상이한 예

측을 하는 상황에서 가장 좋은 전략은 이들의 평균을 구하는 것인데, 왜냐하면 이 방법이 무작위 오차를 감소시키고 정답으로 수렴되기 때문이다. 그렇지만 우리는 사람들이 이런 평균법의 이점을 인식하지 못한다는 것도 잘 알고 있다. 실제로, 판단자는 **신뢰 추단**(confidence heuristic)에 의존하는 경향이 많아서, 조언자에 대한 신뢰가 능력, 전문성, 과제 관련 지식 또는 정확성을 추론하는 데 사용된다(Price & Stone, 2004). 결과적으로 사람들은 신뢰할 수 없는 조언자보다 신뢰할 수 있는 조언자의 조언을 더 많이 따르게 된다. 그러나 조언자 사이의 의견 불일치가 높으면, 특히 만일 조언자들이 동일한 정보를 이용하고 있으면, 판단자의 신뢰는 감소한다(Budescu & Rantilla, 2000).

요약

집단과 팀의 결정짓기는 지식, 아이디어와 통찰을 공유하기 때문에 개인 결정짓기보다 더 효과적이어야 한다는 기대가 있을 수 있다. 이것은 집단구성원 간의 다양성이 증가하는 경우에 특히 그래야만 한다. 사실 실험에서 집단 논의는 공유되지 않은 정보보다는 모든 구성원이 이미 알고 있는 정보에 초점이 맞추어지는 경향이 있다. 현실의 집단과 팀에서 이것이 어느 정도로 문제가 되는지는 분명하지 않다. 그러나 실제 작업팀에 대한 연구는 다양성의 이득을 발견하는 데 실패하였다.

집단 내의 개인은 권위에 복종하거나 동조하도록 압력을 받을 수 있다. 그러나 한 사람 이상의 소수라도 행동의 일관성을 입증한다면 영향력을 발휘할 수 있다. 다른 증거에 의하면, 집단은 논의 전에 대다수 구성원이 지지하던 의견으로 극화되는 경우가 많다.

집단사고이론은 집단 결정짓기에 대한 사람들의 사고방식에 상당한 영향을 끼쳤다. 높은 집단 응집력, 조직 내부의 구조적 결함, 도발적인 상황 갈등이 결합되면 집단구성원

으로 하여금 대안 행동 방침에 대한 현실적인 평가를 넘어 합일을 추구하게 한다고 주장한다. 그러나 집단 사고에 대한 연구의 수도 상대적으로 적고, 단지 일부만이 이 주장을 지지할 뿐이다. 응집력의 역할을 지지하는 증거는 없지만, 공정한 리더의 부재가 집단 사고 증후와 연관되어 있다는 증거는 많이 있다.

Janis(1982[1972])는 집단 사고를 회피하기 위한 방법으로 경계적 결정짓기를 제안하였지만, 이것도 잠재적 비용이 내재되어 있기 때문에 무분별하게 적용해서는 안 된다고 지적하였다. 팀의 성공이 경계적 결정짓기에 기초한다기보다는 융통성과 통제 사이에서 균형을 이루는 것에 기초한다는 증거가 있다.

브레인스토밍은 창의적인 아이디어를 생성하기 위해 사용하는 대중적인 기법이다. 그러나 연구들은 브레인스토밍 집단이 상호작용이 없는 개인들의 집합체보다 실제로 덜 창의적이라는 것을 보여 주었다. 반대로 전자식 브레인스토밍 집단은 아이디어 촉진에 효과적이다. 결정의 정확성이 가장 높은 것은 다수결 규칙 또는 (양적 판단인 경우에) 모든 값의 평균을 취하는 방법이다. 일부 학자들은 이런 결과들이 정확한 결정에 도달하는 데 논의가 필요 없다는 것을 뜻한다고 주장한다.

델파이 기법과 결정 회의는 체계적 결정 절차이다. 델파이는 집단구성원에게 익명의 투표에서 나온 통계적 피드백을 제공하고 익명의 논의를 이끌어 낸 후에, 두 번째 투표를 실시한다. 결정 회의는 촉진된 논의와 결정 모형을 만드는 것을 통하여 주요 이슈에 대하여 함께 이해하는 것을 목적으로 한다.

리더십은 집단과 팀의 수행에서 중요한 역할을 한다. 권위적 리더십은 극단적 상황을 제외하고는 집단 수행에 부정적인 영향을 끼친다는 증거가 있다. 변혁적 리더십은 미래에 대한 도전 정신을 가지고 일하도록 부하들을 장려하는, 카리스마가 있는 리더를 말한다. 연구는 이 리더십이 긍정적인 집단 수행과 관련 있음을 보여 준다. 경영환경에서는 분명한 기대치를 정하고 이 기대에 부응하는 부하들에게 보상을 주는 수반적 보상 리더십이 도움이 된다.

조언 사용에 대한 연구는 조언이 판단의 정확성을 향상시키는 경향이 있다고 말하지만, 판단자는 자기 자신의 의견을 지나치게 강조한다. 그러나 이것은 조언자의 지각된 전문성, 연령, 인생 경험, 지혜와 같은 요인에 의해 매개된다. 사람들은 조언을 위해 많은 비용을 지불하면 조언의 가치를 더 크게 평가한다. 2명의 조언자가 상이한 예측을 하는 상황에서 사람들은 더 신뢰할 수 있는 사람에게 기울어진다.

질문

1. 왜 평균법이 수치 추정에서 효과적인 전략인가?

2. 집단과 팀 결정짓기에서 리더십의 역할에 대하여 논하라.

3. 동물의 집단 결정짓기는 어떤 방식일까? (이 장은 동물 결정짓기에 대해 짧게 다루고 있기 때문에, 답변을 위해 참고문헌들을 찾아볼 수 있다.)

4. 집단사고이론의 현재의 과학적 위치에 대해 요약하라.

5. 집단 결정짓기의 잠재적 위험에 대하여 논하라.

6. 다양한 유형의 리더들이 서로 다른 상황(예 : 위기 대 일상적인 결정짓기)에 더 적합할까? 이 질문을 연구하기 위한 실험을 설계하라.

주

1. 집단 결정짓기 연구들이 집단과 팀을 항상 구분하지는 않는다. 집단으로부터 얻은 많은 연구 결과를 팀에도 적용하지만, 납득할 만한 충분한 이유가 있는 경우를 제외하고 그럴 것이라고 가정하는 것은 시기상조이다.

2. 쿠바 미사일 위기 해결은 훌륭한 결정짓기의 결과로 자주 인용되지만, 모든 것이 실패로 끝날 수 있었다는 사실을 기억할 필요가 있다.

추천도서

Janis, I. L. (1982). *Groupthink: Psychological studies of policy decisions and fiascos* (2nd edn). Boston: Houghton Mifflin. 집단 사고에 대한 독창적인 고전 연구

Kozlowski, S. W. J. & Ilgen, D. R. (2006). Enhancing the effectiveness of work groups and teams. *Psychological Science in the Public Interest,* 7(3), 77–124. 작업 집단과 팀에 대해 조사한 학구적 논평서

Roberto, M. A. (2005). *Why great leaders don't take yes for an answer: Managing for conflict and consensus.* New Jersey: Wharton. Roberto는 조직환경에서 결정짓기에 대한 훌륭한 조언을 제공한다.

Surowiecki, J. (2004). *The wisdom of crowds: Why the many are smarter than the few.* London: Little, Brown. 개인보다 다수가 내린 판단의 장점에 대하여 연구한 베스트셀러이다. Surowiecki가 자신의 주제를 제대로 검증하였는지에 대해서 확신은 없지만, 이 책에는 많은 흥미로운 연구들이 소개되어 있고 대단히 훌륭하다.

14 협력과 조정

서론

인간 상호작용은 협력, 조정, 경쟁, 그리고 때로는 이들의 조합으로 특징지을 수 있다. 경쟁 행동에 대해서도 살펴보겠지만 이 장은 주로 협력과 조정에 대하여 다룬다. 나는 게임이론으로 시작할 생각인데, 이 이론은 합리적인 사람들이 상호작용 상황에서 어떻게 행동하는지를 분석하기 위해 고안된 수학 규칙이다(행동게임이론은 사람들이 실제로 어떻게 행동하는지에 관심을 둔다.). 이 장 전체가 계속 게임이론에 대해 다루지만, 우리는 수학의 바다로 깊이 들어가지는 않을 것이다.

이 장의 두 번째 부분은 협력에 대하여 살펴본다. 어떻게 연구되고, 왜 존재하는지, 사람들이 주어진 상황에서 협조적으로 행동하거나 하지 않는 것에 영향을 주는 요인들에 대하여 알아본다. 세 번째 부분에서는 사람들이 자신의 행동을 조정할 필요가 있는 상황에 대하여 살펴본다. 이런 상황들이 사람들에게 하나 이상의 '최선'[1]의 행동 조합을 허용한다는 점에서 조정은 단순한 협력과 구별되는데, 그래서 사람들은 단일의 조합으로 조정해야만 한다.

게임이론과 행동게임이론

최후통첩게임(ultimatum game)이라고 불리는 과제에서 2명의 참여자가, 예를 들면 현금 10달러를 두고 협상을 벌인다. 제안자는 반응자에게 10달러의 일정 비율을 제의해야 한다. 반응자가 이 제의를 받아들이면 그 돈은 그의 것이 되고, 나머지는 제안자가 가진다.[2] 반응자가 제의를 거절하면 2명 모두 한 푼도 받을 수 없다. 실험 상황에서 제안자와 반응자는 의사소통을 하지 못하고, 따라서 제의와 관련된 토론 또는 협상도 없다. 실제로 실험 통제는 매우 엄격하여 제안자와 반응자는 서로에 대한 정보가 없다. 당신이 제안자라면 제의 액수에 대하여 생각해 보고, 또 당신이 반응자라고 가정하고 얼마를 수락할지에 대하여도 생각해 보아라.

분석적인 **게임이론**(game theory) 관점에서 보면, 2명의 참여자는 자신의 이득을 최대화하는 방식으로 행동해야 한다. 반응자는 어떤 제안 금액이라도 수락해야 하는데, 이것이 아무리 작더라도 그가 원래 가진 것보다는 많기 때문이다. 제안자는 이것을 예상하고 가능한 최소 금액(이 연구에서 최소 교환 액수로 명시한 0.01달러)을 제안해야만 한다.

실제로는 사람들이 분석이 제시하는 것과 다르게 행동한다는 것에 놀라지 않을 수 없다. Camerer(2003, pp. 50～55)는 전 세계에서 수행된 일회성(one-shot) 연구들에서 얻어진 결과들을 보고하였다. 이 결과는 매우 일관적이다. 즉, 제의 중앙치는 보통 40～50%이고, 평균은 30～40%이다. 40～50%의 제의가 일반적으로 수용되지만, 20% 미만의 제의가 시행의 절반에서 거절된다.

게임이론은 합리적인 행위자들 사이의 상호작용에 대한 분석이다. '게임'이라는 용어는 축구나 하키와 같은 게임을 의미하는 것이 아니다. 둘 또는 그 이상의 가용할 수 있는 **전략들**(strategies, 행동 방침)이 주어지고, 둘 또는 그 이상의 행위자가 참여하는 상황을 말하며, 여기서 전략들은 수익과 관련이 있고, 수익은 또한 다른 사람들의 행동에 달렸다. 현실에서 사람들은 완벽한 합리성을 보여 주지 못하지만,

게임이론가는 게임을 통해 경험을 쌓는 것처럼 사람들이 합리적 해결 방안에 도달할 것이라고 기대한다.

게임이론은 참가자가 규칙에 대한 일반 상식을 공유한다고 가정한다. 그렇지 않으면, 게임이론은 적용될 수 없다. 게임이론은 또한 참가자들이 다른 참가자의 합리성을 가정한다는 의미의 **합리성의 상식**(common knowledge of rationality)을 가정한다.

최후통첩게임과 마찬가지로, 다른 게임 연구들에서도 사람들이 게임이론의 예측대로 행동하지 않는다는 것이 발견되었다. **행동게임이론**(behavioral game theory)은 때로 심리게임이론(psychological game theory)라고도 불리며, 상호작용 상황에서 사람들이 실제로 어떻게 행동하는지를 연구한다.

협력

다른 사람과 협력하는 것은 항상 어느 정도의 희생이 따른다. 우리는 협력을 위해 다른 목적에 사용할 수 있는 시간을 포기하고, 인지적·신체적인 노력을 기울이며, 재정적으로 기여하기도 한다. 일상생활에서 협력은 친구를 집에 데려다 주는 것에서부터, 세금을 내고, 단체에 가입하고(산업 활동에 종사하는), 쓰레기를 재활용하는 것에 이르기까지 다양한 형태로 일어난다. 물론 모든 사람이 이런 행동에서 협력하는 것은 아니다. 사람들이 왜 협력을 해야만 하는지, 협력이 잘 일어나도록 어떻게 장려할 수 있는지를 이해하기 위한 연구가 광범위하게 이루어졌다.

죄수의 딜레마와 공공재게임

협력 연구에 사용되는 과제 중의 하나가 **죄수의 딜레마**(prisoner's dilemma)이다. 이것은 실제 상황을 반영하는 매우 중요한 문제로, 랜드(RAND)연구소의 Merrill Flood에 의해 최초로 연구되었다(Flood, 1952; Poundstone,

1992 인용). 다음은 죄수의 딜레마의 예이다.

Dan과 Joe가 심각한 범죄에 연루되었다는 이유로 경찰에 연행되었다고 가정하자. 이들은 별실에 감금되어서 서로 소통할 수 없다. 경찰은 이 중 1명이 자백을 하기 전에는 중대 혐의로 기소할 만한 충분한 증거가 없다. 누구도 자백을 하지 않으면, 2명 모두 경범죄로 1년 형을 받게 된다. 이 2명은 자신의 파트너를 밀고하면 자신은 풀려나지만 파트너는 10년 동안 교도소에 갇힌다는 말을 경찰로부터 듣는다. 2명의 남자가 서로 밀고하면 모두 5년을 구형받게 된다. 결과는 표 14.1에서 볼 수 있다.

Dan과 Joe에게 주어진 전략은 협력 또는 배신인데, 여기서 협력은 경찰에게 아무 말도 하지 않음으로써 파트너를 밀고하지 않는 것을 의미한다. 배신은 자신의 파트너를 밀고하는 것이다. 당신이 Dan이라고 가정하자. 당신은 어떻게 하겠는가?

게임이론은 Dan과 Joe가 합리적인 사람이라면 어떻게 할 것인지에 대해 특별한 예측을 하고 있다. Dan이 Joe가 침묵할 것이라고 믿고 있다고 가정하자. Dan도 침묵하면 그는 1년을 교도소에서 보내게 된다. 그러나 그가 Joe를 밀고하면 아예 교도소에 가지 않는 더 좋은 결과를 얻을 수 있다. 그런데 Joe가 밀고할 것이라고 Dan이 생각한다면 어떻게 될까? Dan이 침묵하면, 그는 10년형을 받게 된다. 그러나 그가 Joe를 밀고하면 결과를 더 좋게 만들 수 있다. 다시 말해, Joe를 밀고하는 것은 Dan에게 최선의 전략이다. 표 14.1에서 볼 수 있듯이 동일한 추론 과정이 Joe에게서도 일어나고, 그에게 최선의 전략도 역시 파트너를 밀고하는 것이다.

모든 게임이 그런 것은 아니지만 많은 게임이 하나의 내시 균형(Nash equilibrium)을 가진다(어떤 게임들은 둘 이상의 내시 균형을 가진다.). 이것은 상대방이 선택 전략을 고수하려고 하는 한 결과가 더는 개선될 수 없는 전략의 조합을 말한다. 죄수의 딜레마에서는 공동 배신이 내시 균형인데, 왜냐하면 상호 간의 배신이 우월 전략으로 간주되는 유일한 내시 균형점이기 때문이다. 물론 결과가 Dan과 Joe 모두에게 확실히 이상적이라고는 할 수 없지만, 이들이 모두 자신의 이득을 추구하는 합리적 행위자일 때 얻을 수 있는 최선의 결과이다. 현실에서 사람들은 게임이론이 예측하는 것보다 더 많이 협력하고 — 시행의 약 3분의 1에서 — 게임이 반복될수록 협력은 증가한다. 그러나 협력이 그렇게 많이 일어나지는 않는데, 어느 순간에나 배신의 유혹이 존재하고, 이것이 상대방의 보복을 불러일으키기 때문이다.

죄수의 딜레마와 비슷한 과제가 **공공재게임** 또는 자원 분배 과제이다. 전형적인 과제에서 개인에게 일정 자산이 주어지고 이 자산의 일부 또는 전부를 공공 자원에 기부하거나 전혀 기부하지 않는 대안이 제시된다. 기부가 이루어진 후에는, 공공 자원이 무엇이었든 그것이 어느 정도의 비율로 증가된다. 그 후 공공 자원은 모든 참여자에게 배분된다. 죄수의 딜레마와 마찬가지로 집단에게 있어 합리적인 행동은 공공 자원에 기부하는 것이지만, 개인의 입장에서 합리적인 행동은 기부하지 않는 것이다. (영국에서) 시청료를 지불한 사람들에 의해 운영되는 공중파 서비스 — BBC 방송 — 를 시청하면서 텔레비전 시청권을 구매하고 싶지 않은 유혹처럼, 이것은 실생활에서 많이 나타난다.

또 어떤 과제에서는 사람들에게 제한된 공공재로부터 자원을 빼낼 기회를 주기도 하는데, 따라서 공공재의 고갈 위험이 증가한다. 이것은 에너지 소비 문제와 경쟁적인 저인망 어선의 어류 남획과 같은 현시대의 많은 문제와 닮아 있다 (Hardin, 1968 참조). 이런 상황에서 집단에 합리적인 해결 방안은 에너지를 적게 사용하고 물고기를 덜 잡는 것이지만, 개인에게 합리적인 해결 방안은 그 반대이다.

표 14.1 죄수의 딜레마. 각 칸에 있는 숫자는 전략 조합이 선택되었을 때 Dan과 Joe의 수감 기간(연)이다.

Dan		Joe	
		Dan 배신	침묵
	Joe 배신	5, 5	0, 10
	침묵	10, 0	1, 1

협력의 진화

왜 협조적으로 행동해야 하는가? 협력이 어떻게 진화하였는지를 이해하기 위하여, Axelrod(1984)는 반복게임(repeated-play)으로 이루어진 죄수의 딜레마 컴퓨터경기에서 다양한 전략을 비교하였다. 이 전략들은 게임이론가, 심리학자, 경제학자, 그 밖의 다른 분야의 학자들에 의해 제공되었다. 전략에 대한 논의에서 Axelrod는 항상 협력으로 시작하는 '멋진' 규칙과 항상 배신으로 시작하는 '고약한' 규칙을 구분하였다. 두 경기에서, 전략들은 점수를 얻기 위한 경쟁을 하였다. 세 번째 경기에서 성공적인 전략에 대한 보상은 '자손(offspring)'이였고, 따라서 어떤 전략은 번창하였고 다른 전략은 '소멸'되었다.[3]

Axelrod는 전략의 정교함이 성공에 대한 지표는 아니라는 것을 발견하였다. 예를 들면, 가장 정교한 전략은 다우닝 전략(Downing strategy)이라고 불리는 것이다. 이것은 다른 프로그램이 자신의 협력 또는 배신에 대해 무반응일 것이라는 가설로 시작해서, 다른 프로그램이 협력과 배신에 실제로 어떻게 반응했는가를 바탕으로 이 가설을 수정하는 것이었다. 만일 다른 프로그램이 배신을 처벌하고 협력을 보상하는 경향이 있으면, 다우닝은 협력하기로 결정할 것이다. 그렇지 않으면, 배신하는 성향을 보였다. 불행하게도 무반응에 대한 초기 가설은 자신의 초기 배신에 대해 다우닝을 처벌하게 하였다. 대조적으로, 가장 성공적인 전략은 가장 단순한 것, 즉 Anon Rapoport가 제안한 눈에는 눈 이에는 이(tit for ta, TFT)였다. TFT는 협조하는 것으로 시작하여 모든 후속 행동은 상대방의 행동을 복사한다. 즉, TFT는 배신은 처벌하고 협력에 대해서는 보상한다.

'진화' 경쟁에서, 너무 멋진 전략들은 고약한 전략들에 잡아 먹혀 소멸 지점에 이르렀다. 그러나 고약한 전략이 먹이를 남기지 않았을 때 그들 역시 죽게 되어 TFT를 촉진시켰다. 따라서 Axelrod의 컴퓨터경기는 협력을 위한 용량이 한 집단 내에서 어떻게 진화할 수 있는지를 보여 주었다.

눈치 빠른 독자는 저자가 일회성 게임에 대해 말하다가 논의를 반복게임으로 바꾸었다는 것을 알아차렸을 것이다. 현실 세계의 상호작용은 대부분 반복게임과 더 많이 닮았는데, 우리는 동일한 사람 또는 조직과 비슷한 상호작용을 되풀이하는 경우가 흔하기 때문이다. 실제로 상호작용이 언제 중단될지를 알지 못하는 경우가 많기 때문에, 우리의 상호작용은 장기적인 반복게임으로 볼 수 있다. 중요한 것은 일회성 게임에 적용되는 정형화된 균형이 장기적인 반복게임에는 적용되지 않는다는 사실이다. 실제로, 인내심 많은 참가자의 경우에는 개인적으로 합리적인 수익이 평형에 의해 제공될 수 있다. 이 결과는 ― 여기서 더 다루지는 않지만 ― 구전 정리(folk theorem)로 알려져 있다.

다음은 사람들이 협력하는 정도에 영향을 끼치는 요인들에 대하여 알아본다.

타인에 대한 생각

3명 중 1명의 참여자가 죄수의 딜레마 일회성 게임에서 협력을 한다. 이것은 사람들이 개인의 이익에 따라 행동하는 합리적 행위자라고 볼 때(게임이론의 분석에서 보는) 기대할 수 있는 것보다 더 높은 수치이다. 참여자에게 나타나는 일종의 도덕적 명령(moral imperative) 때문에 협력이 일어나는 것일까? Shafir와 Tversky(1992)는 그렇게 생각하지 않았다. 이들은 사람들을 일련의 일회성 게임에 참가하여 서로 대적하도록 하였다. 참여자들은 결정을 내리기 전에 상대방의 전략을 알 수 있는 보너스집단에 속한다는 말을 들었다. 일회성 게임에서 일반적으로 3명 중 한 명이 도덕적 명령에 따라 행동한다면, 다른 사람이 협조할 것이라는 것을 알게 될 경우에 협력 반응이 최고의 비율로 일어날 것으로 기대할 수 있다.

Shafir와 Tversky는 상대방의 전략을 알지 못할 경우에 37%의 게임에서 협력이 일어난다는 것을 발견하였는데, 이것은 ― 우리가 보았듯이 ― 일반적인 협력 비율이다. 그런데 도덕적 명령에 기초한 기대와는 반대로, 상대방이 협조했다는 것이 알려졌을 때 응답의 16%만이 협조적이었다

(응답의 3%는 상대방이 배신했다는 것이 알려졌을 때 협조적이었다.). Shafir와 Tversky는 표준적인 죄수의 딜레마에서 사람들이 사고의 실패를 경험한다고 주장하였다. 특히, 이들은 모든 가상의 결과를 고려하지 못하므로 상대방의 전략을 알아도 어떻게 행동해야 할지 모른다. 발생하는 협력 반응들은 소망적 사고와 어느 정도 관련이 있을 수 있다.

다른 사람의 관점에서 보게 하면 협력이 촉진될까? Epley 등(2006)은 가상과 현실의 자원 배분 협상을 포함하는 일련의 연구에 대하여 보고하였다(예 : 한 연구는 조업량 감소와 관련하여 다른 어업단체와 협상을 벌이는 한 어업단체 대표자에 대한 역할극이었다.). 모든 참여자는 자신이 생각하는 공정한 분배란 어떤 것인지에 대해 말하는 것으로 시작하였다. 참여자 중 절반에게는 다른 집단이 생각하는 공정한 분배는 무엇일지를 생각하게 한 다음에, 전체 집단에게 공정한 분배가 무엇인지를 물었다. 이런 방식으로 다른 집단의 관점을 고려하는 것은 사람들이 공정한 분배라고 생각하는 것을 감소시켰다. 그러나 자신이 실제로 얼마나 가질 것인지를 질문하였을 때(또는 실제로 어떤 자원을 가질 기회가 주어졌을 때), 이들은 다른 집단의 관점을 고려하지 않았던 사람들보다 자기 집단에 더 많은 자원을 배분하였다. 다른 사람의 관점을 고려하는 것이 사람들에게 자기 행동에 대한 이기주의 이론을 생성하게 함으로써 더욱 이기적으로 행동하게 하였다.

유사한 결과가 Caruso 등(2006)에 의해 보고되었는데, 그중 한 연구는 죄수의 딜레마에 대한 것이었다(실험 3). 이 실험에는 통제집단과 타인의 인지적 관점에서 보라는 요구를 받은 참여자들과 타인에 대한 공감을 요구받은 참여자들이 포함되었다. 배신 비율은 공감집단과 통제집단에서 비슷하였지만(각각 40%, 41%), 타인의 인지적 관점을 고려했던 사람들의 배신 비율은 68%에 이르렀다.

다른 연구는 사람들의 사고 용량을 감소시키면 자원문제에서 더 공정하게 행동한다는 것을 발견하였다(Roch et al., 2000). 이 연구는 참여자들에게 공공재에서 자원을 빼낼 기회를 주고, 이것을 처리하는 동안 사고 과정을 구술하도록 요구하였다. 높은 인지 부하 조건의 사람들은 이 과제를 수행하는 동안 숫자 8개를 기억해야 했다. 이 참여자들은 과제 관련 사고를 더 적게 하였으며 공공재로부터 자원을 동등하게 배분하는 일이 더 많이 나타났던 반면에, 추가적 인지 부하가 없었던 사람들은 과제에 대해 더 자주 언급하면서 '공정한 분배'가 아니라 자기가 더 많이 가지려고 하였다.

요약하면, 이런 연구들은, 적어도 실험실 연구들은, 사람들이 과제에 대해 더 깊게 생각하면 협력이 일어나지 않는다는 약간 충격적인 결론을 보여 준다. 다음 절에서는 다양한 협력 수준이 사람들이 가진 다양한 가치 및 동기와 관련되어 있음을 보여 주는 증거들에 대해 살펴본다.

공포, 탐욕, 처벌

여러 연구가 사회적 딜레마에서 협력 비율에 영향을 미치는 **공포**(fear)와 **탐욕**(greed)의 효과에 대하여 조사하였다. 공포는 두 가지 맥락에서 이해할 수 있다. 하나는 아무도 그렇게 하지 않는데 누군가 친사회적인 방식으로 행동하면, 척하는 사람으로 취급당할 것에 대한 공포일 수 있다. 또는 이기적인 행동으로 인한 처벌에 대한 공포일 수도 있는데, 예를 들어, 친사회적이지 않은 방식으로 행동한 것 때문에 벌금을 물어야 하는 것이다.

공포는 익명의 최후통첩게임에서 대다수 제안자의 관대함을 부분적으로 설명하는 것으로 보인다. 만일 이런 관대함이 반응자들이 작은 제의를 거절할 것이라는 공포와 관련이 있다면, 반응자의 거부권을 박탈하고 무슨 일이 발생하는지를 봄으로써 공포의 정도를 측정할 수 있을 것이다. 이것이 **독재자게임**(dictator game)의 기초이다. 제안자들은 거절 가능성이 없는 경우 더 적게 제의하는 것으로 나타났지만, 순수하게 자신의 이익만을 채우려고 할 때보다는 여전히 더 많이 제의한다(예 : Forsythe et al., 1994의 연구에서 약 20%). 그러나 자신의 정체성이 수령인과 실험자에게 드러나지 않고 자신의 반응도 익명으로 남는다는 것을 독재자에게 확신시키면, 독재자는 덜 관대해진다는 증거도 있다(예 : Hoffman et al., 1994). 따라서 탐욕은 공포의 또 다른 측면일 수 있다. 사람들은 일단 공포가 제거되면 탐욕스러운 방식으로 행동하는 경우가 많다.

비슷한 결과로, Ahn 등(2001 ; Dawes et al., 1986 ; Yamagishi & Sato, 1986)은 죄수의 딜레마 반복게임에서 공포와 탐욕의 효과를 발견하였지만, 참여자들이 모든 게임에서 무선으로 짝을 이룰 경우에만 발견되었고, 모든 게임에서 동일한 사람들이 서로 대적하는 경우에는 아니었다. 표 14.2에서 보여 주듯이, 연구자들은 탐욕과 공포를 과제의 특별한 수익 관계와 연결하였다. 4개의 가능한 결과는 유혹(T), 보상(R), 처벌(P), 속은 사람(S)인데, 여기서 $T > R > P > S$의 관계가 성립한다. 탐욕은 다른 경기자가 협력할 때 당신이 배신하면 얻을 수 있는 수익에 기초한다($T-R$). 공포는 다른 경기자가 배신할 때 협력하는 당신이 지불해야 하는 손실에 기초한다($P-S$). Ahn 등은 참여자들을 $T-R$과 $P-S$ 관계의 크기가 조작된 죄수의 딜레마게임에 참여하도록 하였다. 초기에는 공포와 탐욕이 효과가 없는 것으로 보였다. 그러나 각각을 $T-S$로 나누어 이 관계들을 정규화하자, 공포와 탐욕 모두 협력의 강도와 관련이 있었다. 실제로 탐욕이 공포보다 행동에 더 강력한 효과를 주었다.

공포는 또한 처벌 가능성이 있는 상황에서 중요한 요인이다. Fehr와 Gächter(2002)는 익명의 공공재게임에서 평균 이상의 기부자가 평균 이하의 기부자를 기꺼이 처벌하려고 하는데, 심지어 이것이 자신들에게 비용을 발생시킬 때조차도 그렇게 한다는 것을 발견하였다. 이 효과는 비처벌 게임 기간에 관찰된 것 이상으로 기부 수준을 점진적으로 증가시켰다. Fehr와 Gächter는 처벌을 이타적이라고 보았는데, 처벌자의 희생으로 집단은 이득을 얻었기 때문이다. 그러나 이들은 또한 처벌이 분노에 의해 동기화되었다는 것을 발견하였고, 이것은 집단을 위한 이득이 단순히 보복의 우연적 효과였다는 것을 말해 준다.

표 14.2　죄수의 딜레마 과제들에서 수익에 대한 일반적 관점(P : 처벌, R : 보상, S : 속은 사람, T : 유혹)

		참가자 2	
		배신	협력
참가자 1	배신	P, P	T, S
	협력	S, T	R, R

보복 동기에 대한 증거는 Singer 등(2006)이 수행한 신경영상 연구에서도 볼 수 있다. 이 연구는 사람들이 경제게임에서 공정하게 행동했던 파트너와 불공정하게 행동했던 파트너가 각각 고통받는 상황을 관찰할 때 상이한 뇌 영역이 활성화된다는 것을 발견하였다. 공정한 파트너가 고통받는 것을 관찰하는 일은 고통과 관련된 뇌 영역[전두섬(fronto-insular)과 대뇌 전두 피질(anterior cingulate cortices)]을 활성화시켰다. 불공정한 파트너가 고통받는 것을 관찰하는 때에는 이런 활성화가 여성에게서는 약간 감소한 반면에 남성에게서는 유의미한 활성화가 더는 나타나지 않았다. 남성의 이런 감소된 활성화는 보상 처리와 연합된 측좌핵(nucleus accumbens)의 활성화를 동반하였다. 더욱이 이 영역의 활성화 정도는 남성이 평가한 보복에 대한 욕구와 상관관계를 보였다.

가치 차이

다른 연구는 사람들의 가치가 사회 딜레마 문제에서의 행동에 영향을 끼칠 수 있음을 보여 준다. 앞서 공포와 탐욕 개념과 유사하게 Van Lange(1999)는 **사회 가치 지향(social value orientation)**에 따라 사람들을 범주화할 수 있다고 제안하였다. **친사회적(prosocial)**인 사람은 공동 이득의 최대화와 모두에게 공평한 결과를 원하지만, **개인주의자(indivi-dualist)**는 자신의 이득을 최대화하는 것에만 관심을 두고, **경쟁자(competitors)**는 (자신과 다른 사람의 결과 간의 차이를 의미하는) 상대적 이득을 최대화하려고 한다. 투자에 관한 죄수의 딜레마 반복게임을 중단시키고, 참여자에게 자신이 했던 선택과 그들이 받았던 결과에 대해 생각하고, 실제로 발생한 것보다 좋거나 나쁠 수 있었던 몇 가지 대안목록을 작성하라는 요구를 하였다. 상향 사실상반적 사고('더 좋을 수 있었는데')를 많이 할수록 게임 후반부에 협력 수준이 증가하였다. 반대로 하향 사실상반적 사고('더 나쁠 수 있었는데')는 게임 후반부의 협력 수준을 감소시켰다(Parks et al., 2003).

더욱이 Parks 등은 친사회적인 사람의 경우 상향 반사실적 사고를 가장 많이 하고 하향 반사실적 사고를 가장 적게 하며, 경쟁자는 이와 반대되는 결과를 보이고, 개인주의자는 두 유형의 반사실적 사고의 수에서 차이가 없다는 것을 발견하였다. 따라서 사회 가치 지향이 협력에 대한 사후 사고목록 비율과 연관이 있었지만, 이 관계는 전적으로 서로 다른 사람들이 생성했던 사고 유형 때문이었다. 요컨대, 경쟁적인 사람에게 일이 어떻게 다르게 진행되었을지 생각하도록 유도하는 것은 이들을 덜 협조적으로 만들기 쉽다.

우리의 사회 가치 지향은 어디서 오는 것일까? Van Lange 등(1997)이 보고한 연구들은 친사회적인 사람은 안정 애착 유형이 많다는 것을 발견하였다. 즉, 이들은 다른 사람에게 쉽게 다가가고, 다른 사람이 그들에게 다가오는 것도 쉽게 허락하며, 버림받는 것에 대해 걱정하지 않는다. 더욱이 연구자들은 친사회성이 개인의 가족사에서 발달한다는 증거를 발견하였는데, 왜냐하면 친사회적인 사람은 형제자매, 특히 자매가 많은 것으로 보고되기 때문이다. 대가족이 자원을 나누어야 하는 상황에 노출될 가능성이 더 큰 것은 사실이지만, 친사회성은 유전적 요인일 수도 있는데 친사회적인 사람들은 자녀가 더 많다. 어쨌든, Van Lange 등은 상이한 연령집단에 대한 연구를 통하여, 연령이 증가하면서 친사회적인 사람들의 비율도 증가하는 것을 발견하였다. 이들은 성인기 초기에는 경쟁 상황에 노출되는 일이 더 많지만, 연령이 높아질수록 다른 사람에게 도움을 주거나 다른 사람으로부터 도움을 받는 상황을 더 자주 경험한다고 주장하였다. 이것은 경험이 사람을 더 친사회적으로 만들 수 있음을 확실하게 보여 준다.

그러나 친사회적인 사람이 협력을 더 많이 한다는 실험실 과제에서의 증거에도 불구하고, 이것이 실생활에서 어느 정도 일어나고 있는지는 분명하지 않다. 미국의 주유소와 버스정류장에서 수행된 조사 연구는 사회 가치 지향으로 자동차가 환경에 끼치는 영향에 대한 사람들의 지각을 예측하지 못할뿐더러, 대중 또는 개인 교통수단에 대한 이들의 선호 역시 예측하지 못한다는 것을 발견하였다. 반대로, 미래 결과에 대해 생각이 많은 사람은 자동차가 환경에 끼치는 영향에 대해 더 많이 생각하고 대중교통을 선호하는 경향이 있었다(Joireman et al., 2004). 이 결과는 이 절의 결론과 모순되는 것처럼 보이지만, 어쩌면 누가 얼마나 많이 생각하는가보다는 누가 무엇에 대하여 생각하는가가 중요하다고 할 것이다.

다른 한편으로, 경제학 전공자는 비전공자보다 개인의 이익을 추구하는 행동을 더 많이 한다는 약간 놀라운 증거가 실험실과 현실에서 모두 발견된다. 이들은 공공재 과제에서 무임승차하는 경향이 더 많았고(Marwell & Ames, 1981), 최후통첩게임에서 더 적게 제안하고 수용하려고 하였으며(Carter & Irons, 1991), 자선단체에 기부도 더 적게 하였고(Frank et al., 1993), 죄수의 딜레마에서 더 자주 배신하였다(Frank et al., 1993). 마지막 연구에서, 경제학 전공자와 비전공자 모두 1학년에서 2학년으로 올라가면서 배신은 덜 하였지만, 협력 경향성은 경제학 전공자가 더 적은 것으로 나타났다.

다른 증거는 더 이기적인 학생이 경제학을 선택한다는 관점과 반대로, 이런 결과가 경제학과 학생들이 받았던 훈련 때문일 수 있다고 말한다. Frank 등은 학기 초와 말에 세 집단의 학생들에게 동일한 설문지를 제시하였다. 설문지는 학생이 특정 시나리오에서 정직하게 또는 부정직하게 행동할 것인지를 평가하였고(예 : 발송 오류 보고 여부로), 동일한 시나리오에서 다른 사람들은 정직하게 행동할 것으로 기대하는지를 평가하였다. 한 집단의 대학생들은 천문학개론을 수강하고 있었고, 다른 두 집단은 서로 다른 미시경제학을 수강하고 있었다. 미시경제학 교수 중 1명은 수업에서 게임이론을 강조하였지만, 다른 교수는 그렇지 않았다.

천문학 강의는 학기 말에 정직성을 증가시키는 경향을 보여 주었다. 그러나 미시경제학 강의에서 게임이론 개념을 배운 학생들은 학기 말에 덜 정직해졌고 다른 사람들에 대하여 더 냉소적이 되었다. 다른 미시경제학을 수강했던 학생들은 어떤 뚜렷한 변화도 보여 주지 않았는데, 한 항목에서는 정직성이 약간 감소하였고 다른 두 항목에서는 더 정직해졌으며, 그 밖의 항목에서는 변화가 없었다.

요약하면, Van Lange와 동료들의 연구와 마찬가지로 특정 가치는 학습될 수 있는 것처럼 보인다.

문화, 협력, 경제적 성공

최후통첩게임 행동에서 몇 가지 분명한 문화적 차이가 확인되었다. Henrich 등(2005)은 산악 열대 밀림, 사막 고원 지대, 대초원에 거주하는 사람을 포함하여 전 세계 15개의 소집단 사회에서 게임을 실시하였다. 각 사회는 가족집단, 가족 이상의 친족 관계, 부락, 무리, 씨족, 종족, 다양한 종족 중 하나에 기초하였다. 최후통첩게임에서 이 소집단 사회 간의 평균 제의는 여러 산업 사회 간의 평균 제의보다 더 큰 편차를 보여 주었다. 가장 작은 평균 제의는 26%였고(페루의 Machiguenga), 가장 높은 평균 제의는 57%였다(인도네시아의 Lamelara). 거부율 편차는 더 적었고, 거부율은 눈에 띄게 낮았다. 에콰도르의 Quichua를 비롯한 4개 사회는 전혀 거부를 하지 않았고 평균 제의는 25%였다.

Henrich 등은 이 같은 집단 간 차이와 관련된 두 가지 요인을 확인하였다. 첫 번째 요인은 **협력 소득(payoff to cooperation)**이다. 협력은 비직계 친족과 더 많이 협력하는 사회에서 더 강하였다(예 : 고래잡이). 두 번째 요인은 **시장 통합(market integration)**이다. 시장을 통한 거래가 더 많은 사회일수록 더 많이 협력하였다.

더 높은 협력 소득과 더 큰 시장 통합을 가진 사회가 최후통첩게임에서 개인주의 사회보다 더 높은 수준의 협력을 보

인다는 것은 흥미롭다. 우리는 종종 비즈니스를 인정사정 없는 경쟁 활동이라고 생각하지만, 관련된 사람들 간의 협력과 신뢰 없이 비즈니스는 존재할 수 없다(Surowiecki, 2004에서 이 주제에 대하여 상세히 기술하였다.). 어떤 사람이 다른 사람의 상품이나 서비스에 대해 비용을 지불한다면, 그는 상품 판매자 또는 서비스 제공자를 신뢰하는 것이다. 상품이나 서비스가 제공되지 않으면, 합의를 이행하지 않은 사람은 명예 훼손과 미래에 손님을 잃게 되는 위험에 처한다. 협력과 경제적 성공 간의 관계는 예시 14.1에 더 상세히 나타나 있다.

Henrich 등이 보고한 자료 중에서 이상한 점은 뉴기니의 Au와 Gnau에 대한 것이다. 이 사회에서 제안자는 종종 50% 이상 제의를 하였지만, 이 제의는 거부되는 일이 많았다. 연구자들은 이 마을뿐 아니라 멜라네시아 전체에 퍼져 있는 선물 주고받기 풍습과 이 행동 간에 유사점이 있다고 보았다. 이 사회에서 선물을 받는다는 것은, 비록 청하지 않은 선물이라 할지라도 호의를 되돌려주어야 한다는 수취인의 의무를 발생시킨다. 호의는 정치적 동맹처럼 다양한 종류일 수 있고 수취인에게는 불편한 것일 수도 있다. 이런 이유로 큰 선물은 거절될 것이다.

신뢰, 자비, 소통

신뢰

앞에서 우리는 거절에 대한 공포가 최후통첩게임에서 제의에 영향을 끼치고, 파트너의 배신에 대한 공포는 죄수의 딜레마에서 배신을 일으키며, 다른 불로 소득자에 대한 공포는 공공재 과제에서 사람들을 무임승차하게 한다는 것을 보았다. 또 공공재 과제에서 낯선 사람이 아닌 친한 친구와 상호작용하게 되면 공포가 영향을 끼치지 않으며, 수익이 가장 적게 기부하는 구성원이나 평균 기부 수준에 기초하는 한 기부 수준은 증가한다는 것이 확인되었다. 이것은 파트너 또는 다른 구성원에 대한 신뢰가 증가하면 협력이 증가할 수 있음을 뜻한다.

Paciotti 등(2005)의 연구는 한 사회 내의 협력 정도와 경제적 성공을 좀 더 밀접하게 연결하였다. 이들은 탄자니아의 Sukumu족과 Pimbwe족을 비교하였다. Pimbwe족은 토착민으로 탄자니아의 남서쪽, Tanganyika 호수 근처 잠비아의 국경에 위치한 Rukwa에 산다. Sukuma족은 북 탄자니아에서 왔지만, 1960~1970년대 Rukwa를 비롯하여 Pimbwe 마을을 제외한 전국에 퍼졌다. Sukuma는 농장과 목장으로 생계를 유지하지만, Pimbwe는 물고기를 잡고 사냥을 하는 소농인이다.

Sukuma에는 성공적인 사법제도인 Sungusungu가 있다. 이것은 우간다의 소 약탈자에 대항하기 위한 노력으로, 1980년대 탄자니아 북쪽에 있는 Sukuma 마을에서 기원하였다. 그때부터 Sungusungu 체계는 탄자니아 전역에 있는 Sukuma 마을에 복제되었고 재산 범죄, 부채 분쟁, 간통, 마술 문제를 처리하는 데까지 확장되었다. Sungusungu는 다양한 절차 규칙과 대규모의 기록이 있을 정도로 꽤 정교하다(서양의 규준에 따르면, 이들의 절차가 항상 공정하다고 보기 어렵고 상당히 잔혹할 수 있다.).

Pimbwe가 많은 사회경제적 문제가 있고 일상의 욕구가 충족되기 어렵다고 생각하는데 반하여, Sukuma는 왜 그렇게 성공적인 것일까? Paciotti 등은 Sukuma의 성공이 높은 협력 경향 때문이라고 보았다.

> Sukuma 가족은 이례적인 환대와 자비로 탄자니아에서 명성이 자자하다. 자신의 집단과 다른 종족집단의 방문객을 풍성한 음식으로 환영한다. Sukuma와는 반대로, Pimbwe 가족은 타인에 대한 의심이 많고, 단단히 결속된 가족집단으로 먹고 살며, 자신의 집을 가족과 부족 외의 다른 사람에게 개방하는 일이 거의 없다(2005, p. 59).

Pimbwe도 사회 조직이 있지만, 이것은 단지 부족과 마을 내부의 상호작용과 협력을 조장할 뿐이다. 결과적으로, Sukuma는 다른 종족과 성공적으로 경쟁하였고 Sukuma 문화는 Pimbwe 문화를 대체하기 시작하였는데, 특히 Pimbwe와 Sukuma의 혼인으로 Sukuma 문화가 계승되었다.

Paciotti 등은 Sukuma와 Pimbwe 사람들에게 최후통첩 게임을 제시하였다. 절반의 참여자는 자기 부족 사람과 짝이 되었고, 나머지 절반의 참여자는 다른 부족 사람과 짝을 이루었다. 평균 제의는 그림 14.1과 같다. Sukuma에 의한 내부 부족 제의가 가장 높은 점수를 기록하였고(평균 61%), 다른 부족 사람에게 한 제의도 50% 이상이었다. 반대로 Pimbwe는 확실히 더 적게 제안하였고, 특히 다른 부족 사람에게 그러했다.

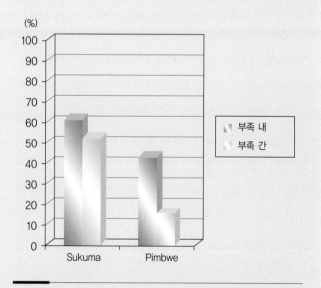

그림 14.1 최후통첩게임에서 Sukuma와 Pimbwe에 의해 제의된 평균 (%) 양

신뢰는 다른 사람의 행동에 대한 긍정적 기대를 기초로 취약성을 수용하려는 의도라고 정의된다(Dunn & Schweitzer, 2005). Berg 등(1995)은 신뢰를 측정하는 특별한 게임을 고안하였다. 이 게임에서 한 투자자에게 10달러가 주어지고 이것을 보유하든지 또는 원하는 만큼 투자할 수 있다고 말해 준다. 만일 투자를 원하면, 투자는 다른 방에 있는 익명의 신탁관리자에게 맡겨진다. 투자 금액에는 이자가 붙을 수 있다. 그러나 투자금의 얼마가 투자자에게 돌아갈지는

전적으로 신탁관리자에게 달렸다. Berg 등은 투자자들이 평균적으로 자산의 50%를 투자한다는 것을 발견하였다. 투자가 3배의 가치가 되었을 때, 신탁관리자에 의한 평균 상환금은 초기 투자의 약 95%였다(이자를 제외한 나머지의 약 3분의 1). 그러나 수익금에서 상당한 차이가 있었는데, 절반의 신탁관리자는 수익이 전혀 없거나 1달러에 불과하였다. 수익금은 신뢰성의 측정치로 간주될 수 있다.

신뢰와 믿음은 국가에 따라 상당한 차이가 있는 듯하다. Camerer(2003; Ensminger, 2000 인용)은 케냐의 Orma 목축업자들이 평균 40%를 투자하였지만, 단지 55%만 되돌려 받았다고 지적하였다.

> 뇌물수수 정도, 관료집단의 부패, 암시장 거래를 추정하여 얻은 '투명성' 지표로 볼 때 케냐는 세계에서 가장 부패한 국가 중의 하나로 알려져 있고, 따라서 이런 간단한 게임 역시 낮은 수준의 신뢰를 보여 준다는 것은 상당히 고무적이다(2003, p. 87).

사람들은 평판이 좋은 사람을 더 신뢰하는 경향이 있다. Ahn 등(2001)이 보고한 죄수의 딜레마 연구에서, 모든 게임에서 동일한 사람과 대적했던 사람은 매번 다른 사람과 경기를 했던 사람보다 더 많이 협력하였다(42% 대 32%). 네 게임을 통하여 무작위로 대응되었던 사람들과 비교하여 모든 게임에서 서로 짝이 되었던 사람들은 협력을 2배나 더 많이 하였다(15% 대 31%).

다른 연구(Delgado et al., 2005)에서는, 신뢰게임의 참여자에게 (가상적인) 파트너의 도덕적 특성을 암시하는 긍정적·부정적·중성적인 정보를 주었다. 이 세 전기문은 화재에서 친구를 구하거나, 추락한 우주선 Columbia호에서 떨어져 나온 타일을 판매하거나, 추락한 비행기를 놓친 파트너에 대해 묘사하였다. 참여자들은 파트너의 반응(배분 또는 보유)이 이 기술문과 일치할 수도 있고 일치하지 않을 수도 있다는 말을 들었음에도, '착한' 파트너와 짝이 된 사람은 게임 전에 이들을 더 신뢰할 수 있는 사람으로 평가하였고, 게임의 처음과 마지막 단계에서 이들에게 금전을 더 많이 배분하였다. 그러나 게임이 끝난 후에는 나쁜 또는 중성적인 파트너보다 착한 파트너가 더 신뢰할 수 있는 사람으로 평가되는 일이 더는 없었다.

이 연구는 또한 각 시행의 결정과 결과단계 동안 뇌 활성화를 기록하기 위하여 기능성 자기공명영상 기법(fMRI)을 사용하였다. 학습과 관련된 뇌 영역(미상핵[4])이 파트너 선택에 대한 반응으로 활성화되었지만, 참여자 자신이 결정하는 동안에는 활성화되지 않았다. 중성적인 파트너의 경우에는 자신의 결정을 유지하기 위한 것인지 또는 배분하기 위한 것인지에 따라 미상핵 활성화에 차이가 있었다. 비중성적인 파트너의 경우, 특히 착한 파트너에게서, 결과(outcome) 결정의 결과로서 활성화에서 약간의 차이가 있었다. 따라서 사전의 도덕성 지각이 피드백의 결과로 일어났던 학습 정도를 감소시킨 듯하였다.

착한 파트너에게 금전을 주지 않거나 또는 나쁜 파트너와 금전을 공유하겠다고 참여자 스스로 결정했을 때, 갈등감시와 관련된 영역인 대상 피질(cingulate cortex)에서 활성화 증가가 나타났다. 또한 결정짓기는 예측을 하고 결과를 예상하는 영역인 복측 선조체(ventral striatum)를 활성화시켰지만, 활성화가 결정 유형과 파트너 유형에 따라 차이가 있다는 표시는 미약하였다.

자비

앞에서 우리는 TFT 전략이 죄수의 딜레마에서 최대의 결과를 내는 데 매우 성공적이라는 것을 보았다. 그러나 TFT의 한 가지 결함은 노이즈(noise)이다. 노이즈는 오류 반응을 말한다. 예를 들면, 우리는 때로 다른 사람 때문에 실망하거나, 통제를 벗어나는 의도하지 못한 상황 때문에(예: 모임에 가는 길에 자동차가 고장나는 경우) 다른 사람을 실망시키기도 한다. 노이즈는 상호작용하는 두 경기자를 끝없는 보복의 순환 고리 속으로 집어 넣는 위험을 발생시킨다.[5] 컴퓨터 시뮬레이션은 자비 또는 TFT에 대한 용서를 통하여 맞대응 비난의 순환을 방지할 수 있다는 것을 보여 준다(Bendor et al., 1991; Kollock, 1993). TFT+1은 상호작용하는 파트너가 사전 시행에서 했던 것보다 약간 더 협력적으로 행동하는 전략이다. Van Lange 등(2002)은 진짜 참여자들을 이용하여 TFT+1이 TFT보다 더 높은 수준의 협력을 유발한다는 것을 발견하였다. 더욱이 TFT를 사용하는 파트너의 의도는 노이즈 조건에서 덜 착한 것으로 판정되었지만, TFT+1을 사용하는 파트너들은 노이즈 조건과 노이즈가 없는 조건에서 똑같이 착한 것으로 판정되었다.

그러나 어떤 상황에서는 자비롭게 행동할 수 없다(예를 들면, 자비가 개인이 제공할 수 없는 자원을 요구할 때). 이런 상황에서는 소통으로 노이즈 문제를 극복할 수 있는데, 이는 특히 기질적으로 신뢰 수준이 낮고 노이즈에 더 부정적으로 반응하는 경향이 있는 사람들에게 필요하다.

소통

Tazelaar 등(2004)은 노이즈가 있는 사회적 딜레마에 대한 사람들의 반응에서 소통이 어떤 영향을 끼치는지를 연구하였다. 참여자들은 (10달러의 자산 중에서) 약간의 동전을 파트너에게 주는 게임을 하였는데, 이들의 파트너에게 동전의 가치는 더 컸다. 참여자들은 몰랐지만 이들의 '파트너'는 TFT 또는 TFT+1을 실행하는 컴퓨터 프로그램이었다. 이 게임에서 TFT+1은 참여자가 사전에 준 것보다 더 많은 동전을 참여자에게 돌려주도록 되어 있었다. 몇 번의 시행에서 컴퓨터가 '의도'했던 것보다 더 적은 동전이 참여자에게 주어지는 노이즈가 도입되었다. 그런데 어떤 참여자는 그들의 가짜 파트너와 가끔 소통을 하였다. 예를 들면 "나는 당신에게 6개의 동전을 주고 싶었는데, 컴퓨터가 내 결정을 바꾸었다. 내 생각에 당신은 3개의 동전만 받은 것 같다." Tazelaar 등(2004, 실험 1)은 소통이 협력에 끼치는 노이즈의 해로운 영향을 제거하였고, 사람들이 노이즈가 없는 조건에서와 마찬가지로 자신의 파트너를 착한 사람으로 본다는 것을 발견하였다.

두 번째 실험은 신뢰 수준이 높은 사람들과 비교하여 기질적으로 신뢰 수준이 낮은 사람들에게서 소통의 영향이 더 크게 나타나는지를 검증하였다. 결과는 그림 14.2와 같다. 노이즈의 도입이 메시지가 수반되지 않으면 신뢰 점수가 낮은 사람들 사이에서 협력을 감소시켰지만, 높은 수준의 신뢰를 보이는 사람들은 영향을 받지 않았다. 노이즈가 '파트너'의 소통을 수반하면, 신뢰 수준이 높은 사람만큼 낮은 사람에게서도 많은 협력이 일어났다. 따라서 신뢰 수준이 낮은 참여자들은 노이즈가 존재하고 소통이 없으면 파트너의 의도를 덜 긍정적으로 판단하였다. 그러나 소통과 함께 노이즈가 제시되면, 참여자들은 신뢰 수준이 높은 사람이 자신의 파트너를 착하다고 평가하는 것처럼 노이즈가 없는 조건과 똑같이 자신의 파트너를 착하다고 평가하였다.

Dunn과 Schweitzer(2005)는 신뢰에 끼치는 정서의 영향에 대한 여러 연구를 보고하였다. 신뢰에 대한 결정은 풍

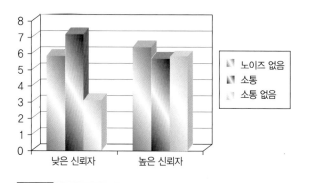

그림 14.2a 기질적 신뢰와 소통 조건에 따른 평균 협력 수준(동전)
출처 : Tazelaar 등, 2004, 실험 2

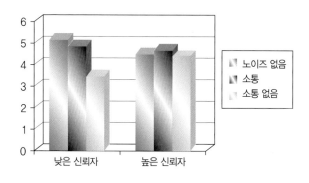

그림 14.2b 기질적 신뢰와 소통 조건에 따른 평균 선의(benign intent) 추정
출처 : Tazelaar 등, 2004, 실험 2

부한 정서적 맥락에서 주로 일어나기 때문에, 이 문제는 중요하다. 이들의 결과는 정서가 개인에 대한 신뢰에 영향을 끼칠 수 있고, 그 사람이 경험하는 정서의 원인이 아닌 경우에도, 그럴 수 있다는 것을 보여 주었다. 특히 타인에 의해 유발되는 정서(예 : 분노와 고마움)는 개인적 통제(자부심과 죄책감) 또는 상황적 통제(슬픔)가 특징인 정서보다 신뢰에 더 큰 효과를 발휘한다.

Dunn과 Schweitzer의 연구는 참여자에게 (1) 특정 정서를 느끼게 한 사건과 (2) 이런 정서가 유발된 상황에 대하여 상세하게 기술하도록 요청하여 정서를 유발하였다. 다른 연구들은 영화 장면을 정서 유발에 사용하였다. 정서 유도 절차 후에, 참여자들은 모르는 동료나 친분이 있는 사람에 대한 신뢰를 평가하였다. 여러 연구에서 분노는 가장 낮은 수준의 신뢰를 유발하였고, 행복감과 고마움에서 가장 높은 수준의 신뢰가 나타났다. 자부심과 죄책감(개인적 통제 정서)은 신뢰 판단에 거의 효과가 없는 것으로 나타났다. 이런 연구들에서 신뢰에 끼치는 정서의 영향은 참여자가 몰랐던 사람에게서 나타나는 경향이 있었다. 참여자가 아는 사람들에 대한 신뢰 평가는 정서의 영향을 받지 않았다(그림 14.3 참조).

우리는 소통이 사회적 딜레마의 노이즈로 야기되는 문제를 극복하는 데 도움이 된다는 것을 보았다. 다른 연구는 집단구성원에게 소통을 허락하면 협력이 증가한다는 것을 발견하였다(Sally, 1995 참조). 왜 소통이 협력을 증가시키는지에 대한 여러 이유가 제안되었지만, Kerr와 Kaufman-Gilliland(1994)는 두 가지 설명만이 지지되었다고 주장한다. 첫 번째 설명은 소통이 집단의 결속을 조장한다고 말하고, 두 번째 설명은 소통이 집단구성원으로 하여금 상호간의 협력에 대한 자신들의 약속을 공표하게 한다는 것이다.

그러나 Wilson과 Sell(1997)은 사람들이 약속을 지키지 않으면 잘못된 소통이 협력을 감소시킬 수 있다는 것을 지적하였다. 이들은 얼마를 기부하려는지 공표하는 참여자의 능력과 집단구성원의 과거 기부를 보는 능력을 변화시킨 공

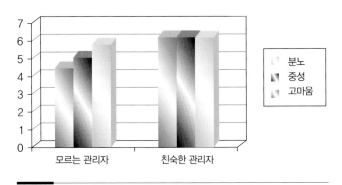

그림 14.3 모르는 또는 친숙한 학생에 대한 평균 신뢰 추정
출처 : Dunn & Schweitzer, 2005

공재게임을 구상하였고, 따라서 4개의 조건, 즉 (a) 과거 투자에 대한 정보만 있는 조건, (b) 공표에 대한 정보만 있는 조건, (c) 과거 투자와 공표에 대한 정보가 있는 조건, (d) 과거 투자도, 공표에 대한 정보도 없는 조건이 만들어졌다.

Wilson과 Sell은 어떤 정보도 없었던 조건에서 집단의 평균 기부가 가장 높고, 한 가지 유형의 정보만 있을 때 가장 낮다는 것을 발견하였다. 공표와 과거 행동에 대한 정보는 기부를 증가시켰지만 정보가 없는 조건의 수준만큼은 아니었다. 두 유형의 정보가 모두 있을 때 기부는 실험 시작 시점에서는 매우 높았지만, 이 조건은 실험이 진행되면서 가장 강력하게 기부를 감소시켰다(감소는 또한 다른 모든 조건에서도 일어났다.).

참여자가 한 공표의 절반 이상(53.4%)이 '거짓말'이었다. 즉, 이들은 하겠다고 말했던 것만큼 기부하지 않았다. 참여자들은 사례의 27.8%에서만 자신이 할 것이라고 말했던 것을 정확하게 기부하였다. 그러나 후자의 경우에, 시행의 절반 이상(51.1%)에서 참여자들은 자신이 아무 것도 기부하지 않을 것이라는 신호를 보내고 있었다. Wilson과 Sell이 지적하는 것처럼, 이것이 참여자가 협력 전략 세트를 형성할 수 있었던 근거는 아닌 것 같다.[6]

집단구성원 간의 소통을 허락하는 대부분의 과제는 사람들을 컴퓨터 앞에 앉도록 하고, 상대방과는 신체적으로 떨어져서 볼 수 없는 상황으로 이루어져 있다. 사람들이 직접 대면하여 대화를 한다면 협력이 더 많이 발생할 것이라는

기대가 생길 수 있는데, 왜냐하면 비언어적 단서가 협력 의도 소통에 이용될 수 있기 때문이다. 실제로 이것은 연구들에서 증명되었다(Kurzban, 2001; Roth, 1995). 한 연구는 교직원 커피 휴게실의 찬장 문에 2개의 눈이 그려진 포스터를 붙여 놓으면, 직원들이 정직 상자 안에 커피값을 넣는 일이 통제 조건에서보다 많다는 것을 보고하였다(Bateson et al., 2006).

Scharlemann 등(2001)은 모르는 사람과의 일회성 신뢰 게임에서, 파트너의 미소 짓는 사진을 본 후에는 미소 짓지 않는 사진과 비교하여 협력이 더 많이 일어난다는 것을 발견하였다. 더욱이 남성 참여자는 여성 사진에서 더 협력적이었다면, 여성은 다른 여성에게 가장 적은 협력을 보였다. 미소보다 협력을 더 강력하게 예측하는 것은 독립적인 집단이 이 사진에 부여한 협력성 평가였다. 다른 말로 하면, 사람들은 다른 사람이 협력적으로 보인다고 동의하는 사람과 더 많이 협력하고 싶어 한다.

조정

사람들은 자신의 행동을 끊임없이 조정한다. 복잡한 길에서 서로 부딪치는 것을 피하기 위해 조정하며, 지하철에서 질서 있게 행동하고, 친구와의 만남을 조정한다. 그 밖에도 항공기는 거의 충돌하는 일 없이 사람들을 한 장소에서 다른 장소로 데려다 주고, 기업은 소비자의 요구에 맞는 제품을 제공한다. 우리는 어떻게 이런 일들을 이렇게 효율적으로 해내는 것일까?

'치킨'

게임이론가들은 여러 게임에서 다양한 문제를 제시하였다. 매우 유명한 게임 중의 하나가 치킨(chicken)이다. 치킨게임은 영화 〈이유 없는 반항(Rebel Without Cause)〉으로 유명해졌다. 이 영화에서 2명의 10대 청소년이 자동차 밖으로

뛰쳐나오는 마지막 순간까지 벼랑 끝으로 자동차를 몰고 돌진한다. 먼저 차에서 뛰쳐나오는 사람이 '치킨'이 된다. 불량 청소년에 대한 후속 영화들은 다른 치킨게임을 보여 주었다. 2명의 청소년이 서로를 향해 차를 몰고 돌진하다가(Poundstone, 1992) 먼저 자동차의 핸들을 꺾어서 방향을 트는 사람이 '치킨'이다. 물론 당신은 치킨게임을 위해 직접 자동차에 탈 필요는 없다. 단순히 게임 초대를 거절하는 것만으로 당신은 실제로 게임에 참여한 것이고 진 것이다.

치킨게임을 표 14.3에서 볼 수 있는데 수익이 포인트로 표시되어 있다. 2명 모두에게 최악의 결과는 경기자 모두 똑바로 운전을 하는, 표에서 (−2, −2)로 표시된 경우이다. 이것은 상호배반으로 간주된다. 치킨에는 2개의 내시 균형이 존재하는데, 이들은 상단의 오른쪽 칸과 하단의 왼쪽 칸에 나타나 있다. 이 둘은 1명의 경기자는 똑바로 운전하고 다른 1명은 방향을 트는 경우를 포함한다. 예를 들면, 경기자 1이 똑바로 운전한다면, 방향을 트는 경기자 2의 수익은 −1이다. 경기자 2는 똑바로 운전하는 것으로 이것을 향상시킬 수 없는데, 그렇게 되면 −2의 수익이 나기 때문이다. 유사하게, 경기자 2가 방향을 틀면, 경기자 1은 똑바로 운전하는 것으로 향상시킬 수 없다. 따라서 이 조합은 균형점이다. 경기자의 문제는 2개의 균형이 존재한다는 데 있다. 이들은 둘 중 하나를 어떻게 정하는 것일까?

치킨게임을 하는 한 가지 방법은 당신이 방향을 틀지 않으리라는 것을 상대방에게 확신시키는 것이다. 이것은 남자다움의 과시, 남자다운 신체 행동 또는 단순한 비이성적 행동으로 가능하다. Kahn(1965)은 차 밖으로 위스키 병 던지기, 보지 않고 운전한다는 것을 가장하기 위한 선글라스

표 14.3 치킨게임

		경기자 2	
		방향을 튼다	똑바로 운전한다
경기자 1	방향을 튼다	0, 0	−1, 1
	똑바로 운전한다	1, −1	−2, −2

착용 또는 최고 속력에 도달하였을 때 핸들 놓기 등을 제안하였다. 물론 상대가 이것을 알아채지 못한다면 당신은 위험하다! 치킨이 '원형위험게임'이라고 불리는 데는 충분한 이유가 있다(Colman & Wilson, 1997). 실제로 Colman과 Wilson은 진화 과정이 어떻게 반사회적 성격장애(APD)를 발생시켰는지를 보여 주기 위해 치킨을 이용하였다. 즉, 그의 모형은 인구에서 신중한 경기자의 비율이 중간 이상 높으면, '위험한' 전략에 대한 수익이 '신중한' 전략에 대한 수익을 초과한다는 것을 보여 주었다. 그러나 진화가 성격과 상황에 따라 다양한 수준의 협력적 사람들과 비협력적 사람들을 준비시킨 것처럼 보이지만, 단지 인구의 약 2%에서만 APD가 나타나고 있다.

이제 당신은 자동차 운전만 치킨이 아니라는 것을 알아차렸을 것이다. 여러 단체가 서로 대립하고, 이 중 누군가는 물러서야 하는 많은 상황이 존재한다. 현실에서 실제로 발생하여 광범위하게 연구된 상황 중의 하나가 앞 장에서 다루었던 쿠바 미사일 위기이다. 개요를 말하자면, 소련이 쿠바에 핵미사일을 설치한다는 사실이 밝혀졌을 때, 케네디 대통령의 군사고문단은 미국이 쿠바에 대한 선재 공격을 개시하기를 원하였다. 케네디 정부는 이것이 너무 위험하다고 결정하였지만, 위기를 평화적인 방안으로 해결하려는 것은 스스로 약한 존재로 보이게 할 위험이 있었다. 결국 쿠바를 둘러싼 해상 봉쇄령의 집행은 소련으로 하여금 협상에 합의할 필요가 있다는 인식을 불러일으켰는데, 왜냐하면 뜻밖에도 케네디 정부가 거칠게 나오면서 군사 행동을 일으킬 잠재력을 보여 주었기 때문이다.

이런 종류의 위기 정책은 세계 문제에서 자주 일어난다. 어떤 리더들은 비이성적 행동을 공개적으로 내보인다. 물론, 양측 모두 양보하지 않을 위험이 존재하고, 사건의 확대는 모두에게 최악의 결과를 가져올 수도 있다. 소수의 사람은 쿠바 미사일 위기가 핵전쟁에 얼마나 근접했었는지를 잘 알고 있다. 2002년에는 소련 잠수함이 핵탄두를 장착한 어뢰 발사를 고려하였고, 결정에 참여했던 3명의 장교 중 1명

이 반대하여 미사일 발사에 필요한 만장일치에 도달하지 못했었다는 사실이 드러났다(Dixit & Skeath, 2004, p. 484).

도움 행동

두 농장의 농부가 이웃 경작지에 가축이 들어가는 것을 막기 위해 경작지 사이에 담장을 설치한다고 가정하자. 두 농부는 일이 힘들고, 태만하고 싶은 유혹과 다른 사람에게 대부분의 일을 떠넘기고 싶은 유혹을 느낀다. 이 상황이 표 14.4에 나타나 있다. 이것은 사실 치킨게임이다(저자는 표 14.3에 나온 각 수익에 간단하게 2점씩을 더하였다.). 이처럼 과제에서 태만하고 싶은 개인의 유혹은 **무임승차 문제**(free-rider problem) 또는 **사회적 태만**(social loafing)으로 알려져 있다. 사실 관련된 사람들이 오직 두 사람인 경우에, 한 명은 다른 한 명이 태만해질 것이라는 것을 매우 빨리 알아챈다. 그러나 치킨게임은 다른 종류의 게임과 마찬가지로, 여러 명의 경기자를 포함할 수 있다.[7] 이런 경우에 어떤 사람이 태만할지를 발견하기란 쉽지 않다.

어떤 상황들은 '무임승차'보다는 책임 분산(diffusion of responsibility) 용어를 사용하는 것이 더 나을 수 있는데, 무임승차가 약간 더 악의적인 의도를 암시하고 있기 때문이다. 책임 분산은 도움이 필요한 사람에게 누가 도움을 제공해야 하는지가 애매한 경우에 일어난다. 실험 연구는 도움을 줄 수 있는 사람의 수가 증가할수록 도움이 적게 일어난다는 것을 보여 주었다. 한 연구에서 사람들은 다른 사람들이 있으면 간질 발작을 일으키고 있는 사람을 도우려고 하지 않았다(Darley & Latané, 1968).

사람들이 다른 사람을 돕는 일이 자주 일어나고 있고, 보

표 14.4   치킨게임으로서 무임승차 문제

		경기자 2	
		열심히 일한다	태만하다
경기자 1	열심히 일한다	2, 2	1, 3
	태만하다	3, 1	0, 0

통 누군가 소리를 지르면 도우려고 한다는 사실을 지적할 필요가 있다. 도움 행동에 영향을 끼치는 많은 요인이 존재한다. 이 요인들은 도움 행동과 연합된 잠재적 비용과 보상뿐 아니라 무엇인가 잘못되었다는 것을 아는 것과 상황에 적용되는 사회적 규범도 포함한다(Schroeder et al., 1995 참조). 그러나 Darley와 Batson(1973)의 '착한 사마리아인' 연구에서 잘 나타나고 있듯이, 상황적 요인에 직면하면 도움 행동이 감소된다는 사실은 잘 입증되었다. 이 연구에서 매우 바쁜 신학교 학생들은 디스트레스 상태에 있는 사람에게 도움을 주지 않았다. 어떤 학생들은 건물 입구에 쓰러진 남자를 밟고 지나가기도 하였다. 다른 학생들에게는 일종의 '인지 능력 한계(cognitive narrowing)'가 발생한 듯하였다. 즉, 이들은 그 남자를 인식하지 못하였다. 또 다른 참여자들은 그 남자에 대해 관심을 두었고, 길에 쓰러져 있는 사람을 그대로 두고 왔다는 것에 대하여 걱정을 하였다.

도움 행동과 연합된 정서는 동정심, 걱정, 다정함을 포함하는 정서 반응인 **공감**(empathy)이다. 공감은 자신과 타인의 상(images)을 일치시키는 것에 기초하는, 실제로는 이기적인 정서라고 제안되었다(Cialdini et al., 1997). 그럼에도, 강력한 공감은 도움 행동을 일으킬 가능성이 더 크다(예 : Batson, 1998; Dovidio et al., 1990). 다른 연구는 공감이 오직 내집단구성원에 대한 도움 행동에 효과적이며, 외집단 도움 행동의 원인은 매력이라고 말한다. 예를 들면, Krebs(1975)는 어떤 사람이 게임을 하는 동안 고통 또는 즐거움의 신호를 보낼 때, 사람들은 자신과 유사한 사람에게 더 강한 생리적 반응을 경험하고 더 이타적이라는 사실을 발견하였다.

다른 사람을 도우려는 동기에서 내집단과 외집단의 차이를 보여 주는 증거가 있다. Stüermer 등(2005, 연구 1)은 남성 HIV/AIDS 환자의 가사도우미로 배정된 동성애자와 이성애자 자원봉사자의 동기에서 차이를 발견하였다. 동성애 자원봉사자들은 자신의 환자를 내집단구성원으로 보는 경향이 높았지만, 환자의 요구에 대한 이들의 지각에서 이

성애자들과의 차이는 나타나지 않았다. 동성애자 자원봉사자들에게서 나타나는 도움 행동의 수치와 환자와 함께 보낸 시간을 공감으로는 예측할 수 있었지만, 환자를 존경하고 좋아하는 것, 환자에 대한 지각된 친절 등과 같은 매력의 수치로는 예측되지 않았다. 이성애자들에게서는 반대의 결과가 나타났다. 도움 행동과 환자와 보낸 시간은 공감이 아니라 매력으로 예측되었다. 실제로 이성애자들이 평균적으로 더 높은 수준의 실질적인 도움 행동을 보였다. 또한 이성애자들은 더 오랜 서비스 기간을 보고하였고, 이것은 공감이 아닌 매력으로 예측되었다. 동성애자에게서는 공감이 서비스 기간에 대한 한계적으로 유의미한 예측 인자가 되었지만, 매력은 어떤 예측 가치도 없었다.

유사한 결과가 후속 실험 연구에서도 발견되었다. 인터넷 소통 연구에 참여하고 있다고 믿었던 참여자들은 파트너가 반대 성(외집단)인 경우와는 대조적으로 동일한 성(내집단)이었을 때, 디스트레스를 받는 것처럼 보이는 파트너를 더 많이 도우려고 하였다. 내집단 참여자에게서 도움 행동 의도는 상호간의 매력 측정치가 아니라 동질감, 슬픔, 디스트레스와 같은 공감에 의해 예측되었다. 외집단 참여자에게서는 상호간의 매력이 도움 행동 의도를 더 강력하게 예측하였다. 또한 참여자의 디스트레스 수준이 높으면 도움 행동 의도는 약해졌다. 슬픔과 동질감은 예측 가치가 없었다.

관례를 이용한 조정 문제 해결

대다수 사람은 수없이 반복되는 상호작용에 도움이 되는 관례를 발달시킨다. 이런 관례를 내면화하는 것으로 사람들은 노력 없이도 자신의 행동을 조정할 수 있다. 버스, 지하철과 같은 대중교통을 생각해 보자. 일반적으로 좌석값을 지불하지 않아도 되고 당신이 앉을 수 있는 좌석에 대해 다른 승객과 협상할 필요도 없다. 모두가 알고 있는 관례가 '선착순(first come, first server, FCFS)'이다.

Milgram과 동료들은 일련의 연구에서 관례가 얼마나 뿌리 깊은지를 우연히 발견하였다. 예를 들면, 한 연구(Milgram,

1977)는 뉴욕의 지하철 승객들이 요청만 하면 놀라울 정도로 많이 자리를 양보한다는 것을 발견하였다(한 연구에서는 68%가 요구에 응하였다.). 양보에 동의하는 사람을 찾기보다 더 어려운 것은 먼저 요청하는 용기를 발휘하는 사람이었다. 참여했던 학생들은 불안, 긴장, 당황스러움을 느꼈고, 요청을 하지 못하는 경우가 많았다.

유사하게, 새치기에 대한 사람들의 반응을 살펴본 연구(Milgram et al., 1986)에서 새치기할 것을 요청받았던 사람들에게서 유의미한 효과가 나타났는데,

많은 사람이 줄을 서서 질질 끌다가, 초조해하면서 목표 지점 가까이 가서는, 끼어들기 위해 계속 긴장하면서 반 시간 정도를 보냈다. 어떤 사람은 끼어들기를 예상하는 것만으로도 창백함, 구토와 같은 신체적 증상이 나타날 정도로 불편해하였다(1986, p. 686).

이런 결과들이 보여 주는 것은 단순히 관례가 존재한다는 것이 아니라, 우리가 이것을 내면화하고 있다는 것이다. 실제로 줄서기 자체는 '사회 체계'로 기술된다(Mann, 1969; Schmitt et al., 1992). 사람들이 새치기를 거부하는 이유는 몇 초 또는 몇 분의 손실 비용보다 차례 지키기가 기초하는 규범과 가치의 위반에 대한 도덕적 격분과 더 관련이 깊다. Schmitt 등(1992, p. 806)이 말하는 것처럼, 이것은 평등주의, 질서주의, 공평성, 정의감을 포함한다. 만일 줄서기 침범에 대한 사람들의 거부가 손실에 기초한다면, 5분의 지연이 당신 앞자리를 새치기한 사람에 의해서 일어났든 5분마다 일정 수의 관객을 입장시켜야 해서 당신을 막아세운 박물관 안전요원에 의해서 일어났든 상관없어야 한다. 일련의 연구에서 Schmitt 등은 사람들이 후자보다는 전자에 의해 더 많이 괴로워한다는 것을 보여 주었다.[8]

요약

인간 상호작용은 때로 게임이론으로 분석된다. 이것은 상호작용하는 사람들 역시 합리적이고 이 상황에 대한 일반 상식을 공유한다고 가정하면서, 자신의 이익을 추구하는 사람들이 얼마나 합리적으로 행동할지를 예측한다. 행동게임이론은 사람들이 실제로 하는 행동방식을 설명하는 데 관심을 두며, 이것은 때로 분석적인 게임이론의 예측과 차이가 있다.

연구자에 의해 분석된 '게임'의 예로는 최후통첩게임, 죄수의 딜레마게임, 공공재게임이 있다. 후자의 두 게임에서는 개인과 집단의 합리성 간에 갈등이 존재한다. 집단의 이익을 위해서는 어획량이 감소해야 하고 개인의 이익을 위해서는 어획량을 최대화해야 하는 것처럼, 많은 현실 상황이 이 같은 긴장을 포함하고 있다.

사람들이 사회적 딜레마에서 자기 행동의 잠재적 결과까지 항상 완벽하게 생각하는 것은 아니라는 증거가 있다. 그러나 더 많이 생각하도록 유도하는 것(예 : 다른 사람의 전략 대안에 대하여)이 도움이 되는 것 같지 않다. 실제로 한 과제에서는 사람들이 생각을 적게 하였을 때 더 공정하게 행동한다는 것이 발견되었다.

상당수의 연구는 반응에서의 차이가 공포, 탐욕, 사회 가치 지향(친사회성, 개인주의 또는 경쟁심)과 같은 동기 요인과 관련 있음을 보여 준다. 최후통첩게임의 반응에서 가장 큰 차이가 문화들 간에 관찰되었다. 한 문화 내에서의 협력 정도는 경제적 성공과 관련이 있다는 증거가 있다.

신뢰, 관대함, 소통은 실험실 딜레마에서 협력에 영향을 끼치는 주요 요인으로 알려졌다. 특히 이들은 반응이 노이즈에 의해 방해를 받을 때(예 : 행위자가 의도하지 않은 오류 반응) 발생하는 결함을 예방할 수 있다.

다른 상호작용은 사람들 사이의 행동의 조정을 포함한다. '전형적인 위험게임'이 치킨인데, 둘 또는 그 이상의 사람들 간의 교착 상태를 포함한다. 개인은 다른 사람과는 다

른 전략을 따르기를 원한다. 어떤 사람들은 거칠게 행동하기와 같은 여러 신호를 이용하여 다른 사람에게 영향을 끼치려고 시도할 것이다. 역사를 통한 실제 치킨 상황의 재발은 반사회적 성격장애의 진화를 일으켰다고 주장되었다.

치킨은 또한 상호간의 도움 행동을 모형화하는 데 이용될 수 있는데, 하나 또는 그 이상의 단체는 행동이 쉽게 관찰되지 않으면 무임승차하려는 유혹을 받는다. 디스트레스에 있는 사람이 도움을 필요로 하는 상황에서는, 책임 분산 설명이 더 적합한데, 이것은 다른 잠재적 도움자가 존재하고 누구의 책임인지가 애매하면 사람들은 도움 주기를 망설이기 쉽다는 것이다. 사회 심리 연구는 도움 행동의 발생 정도에 영향을 끼치는 다른 여러 요인을 확인하였다.

일반적으로 관례의 존재는 다양한 조정 문제를 해결하는 데 도움이 된다. 이 장에서는 자리 차지하기와 줄서기와 관련된 관례에 대하여 살펴보았고, 이런 관례가 위협을 받게 될 때 사람들이 느끼는 정서의 깊이를 다루었다.

질문

1. 죄수의 딜레마 또는 자원 딜레마로 표상될 수 있는 현실의 상황 — 이 장에서 언급했던 것은 제외하고 — 에 대하여 생각하라. 이것을 다이어그램의 형태로 나타내라.

2. 다른 단체의 관점에서 상황을 보기 위해 노력하고 상상하면, 사람들이 사회적 딜레마에서 더 협력적일 수 있다는 생각에 대하여 논하라.

3. 협력 행동의 유발자로서 TFT의 약점은 무엇이고, 이것을 극복할 수 있는 방법은 무엇인가?

4. 사람들에게 친절한 것이 항상 이득이 될까?

5. 사회적 딜레마와 관련하여 다른 사람들에 대한 우리의 기억이 왜 문제가 되는가? 만일 우리가 사회적 상호작용에 대한 새로운 기억을 생성할 수 없다면 어떻게 될까?

6. 도움 행동에 영향을 끼치는 내집단과 외집단 인식을 연구할 수 있는 실험을 설계하라.

7. 치킨게임이란 무엇인가?

주

1. '최선'은 올바른 단어가 아니지만, 이 개념을 다루는 부분에서 더 상세하게 다룰 것이다.
2. 어떤 연구는 모든 참여자에게 지불하는 반면에, 다른 연구는 둘 또는 그 이상의 무작위로 선발한 제안자와 반응자에게 지불한다.
3. 진화론적 활용에 대해 더 많이 알고 싶으면 Dawkins, 1976(2006), 제12장을 참조하라.
4. 이것은 제15장에서 더 상세히 설명할 것이다.
5. 물론 실생활에서 우리는 결함이 있는 사람과의 접촉을 중단할 것이다.
6. 집단 내와 집단 간 경쟁을 모두 포함하는 공공재게임의 흥미로운 차이에 대해 Goren과 Bornstein(2000)이 보고하였다.
7. 간단하게 설명하기 위해 다수의 사람이 포함된 상황에 대한 게임 표상은 보여 주지 않았지만, 관심이 있는 독자에게 Dixit와 Skeath(2004)의 저서를 추천한다.
8. 매우 긴 줄서기 행동에 대한 흥미로운 연구는 Brady(2002)를 참조하라.

추천도서

Poundstone, W. (1992). *Prisoner's dilemma*. Oxford: Oxford University Press. William Poundstone은 게임이론의 발달, 냉전과 공공 정책에서 게임이론의 활용에 대하여 기술하고 있다.

Ridley, M. (1996). *The origins of virtue*. New York: Viking Press/Penguin Books. Matt Ridley는 우리의 긍정적인 도덕적 본능이 어떻게 진화되었는지를 설명한다.

Surowiecki, J. (2004). *The wisdom of crowds: Why the many are smarter than the few*. London: Little, Brown. 제13장에서 추천했던 이 책은 이 장과도 관련 있다.

15 | 직관, 반성적 사고 그리고 뇌

먼저 다음 질문에 답하라(Frederick, 2005).

1. 야구방망이와 야구공을 합한 가격은 1달러 10센트이다. 방망이 가격은 공보다 1달러 비싸다. 공의 가격은 얼마인가? _____센트

2. 5대의 기계로 5개의 부품을 만드는 데 5분이 걸린다면, 기계 100대가 100개의 부품을 만드는 데 얼마나 걸리겠는가? _____분

3. 수련 잎으로 덮인 호수가 있다. 수련 잎으로 덮인 수면은 매일 2배씩 증가한다. 전체 호수를 덮는 데 48일이 걸린다면, 호수 절반이 수련 잎으로 덮이는 데 얼마나 걸리겠는가? ____일

서론

이 책의 여러 장을 통하여 우리는 판단과 결정에서 사람들이 항상 규범 원리를 따르는 것은 아니라는 증거들을 기술하였다. 이 장은 사람들이 판단에 사용하고 있는 추단이 내성으로는 접근하기 어려운 직관적 과정의 결과라는 생각을 검증하려고 한다. 이를 위해 지능과 문제에 대해 반성하는 경향성에서 개인차를 살펴볼 것이다. 이것은 직관과 반성

이라는 두 종류의 사고체계가 존재한다는 생각을 탐구하게 한다. 사람들에게는 자신의 판단을 합리화하는 성향뿐 아니라, 자신의 인지 과정에 대한 통찰이 결여되어 있음을 보여 주는 증거들에 대해 살펴본다.

마지막 절은 합리성에 대한 신경과학적 관점을 다룬다. 갈등적인 정보 항목을 감시하고 암묵적인 학습에 관여하는 뇌 영역뿐 아니라, 직관 및 반성과 관련된 반구 차이에 대해서도 알아본다. 또한 결정짓기에서 정서의 역할에 대해서도 살펴볼 것이다.

지능과 직관-반성 구분

기본 계산 편향

Stanovich(1999)는 사람들이 문제의 전체 맥락을 자동으로 지각하는 **기본 계산 편향**(fundamental computational bias)을 보인다고 주장한다. 때로 맥락의 세부 사항은 문제에서 가장 유의미한 부분을 과소평가하게 한다. 높은 수준의 지능과 문제를 문맥에서 떼어 놓고 분석하는 능력은 연합되어 있어서, 지능이 높은 사람은 문맥과 내용으로부터 구조적인 형식을 추출함으로써 관련 규칙과 원리를 발견하는 능력이 뛰어나다. 그래서 Stanovich와 West(2000)는 판단과 결정 문제에서 인지 능력의 차이를 밝힌다면, 특정 과제에서 규범적인 것이 무엇인지를 논의하는 데 도움이 될 수 있을 것이라고 주장하였다.

예를 들면, 어떤 학자(예 : Hilton, 1995)는 실험참가자들이 실험자가 의도하지 않은 방식으로 문제를 해석하는 경우가 많다고 주장한다. 실험자료는 **대화의 함축**(conversational implicatures)을 담고 있어서 독자들은 제시된 정보를 넘어 추론을 해야 한다. 따라서 참여자의 반응은 이들의 해석 맥락에서 보면 합리적일 수 있다. 그런데 추론과 결정짓기 과제뿐 아니라 많은 판단 과제에서 지능이 높은 사람은 규범적 규칙에 따라 행동하는 경향이 있고, 이것은 대화적 설명에 의혹을 불러일으킨다(Stanovich & West, 2000). Stanovich와 West는 미국 대학생들의 과제 수행이 SAT 점수[SAT는 일반 지능(g) 측정 점수와 높은 상관관계에 있다.]와 관련 있는지 조사한 일련의 연구를 근거로 이런 결론에 도달하였다.

개인차가 발견된 판단 과제 중 하나가 제3장에서 다루었던 Linda 문제이다. 우리는 'Linda'가 사회 활동에 관심이 많은 사람이라는 기술문을 읽은 사람들이 그녀가 은행원일 가능성보다는 은행원이면서 여성운동가일 가능성을 더 크게 추정하여 확률이론의 결합 규칙을 위반한다는 것을 보았다. Stanovich와 West(1998)는 150명 중에서 결합 규칙을 위반하지 않았던 29명(19%)이 규칙을 위반했던 121명(81%)보다 SAT 점수에서 평균 82점이 더 높다는 것을 발견하였다.

인지적 반성

규범적 결과를 유발하는 반성

지능이 높은 사람들이 반성적인 사고를 더 많이 하지 않으면서 판단 과제에서 수행을 더 잘한다고 주장할 수 있다. 어쩌면 이들은 문제에 대한 초기 표상을 다르게 하거나, 문제가 요구하는 지식이 더 풍부할 수 있다. 우수한 과제 수행이 반성적 사고를 많이 하기 때문인지를 결정하는 한 가지 방법은 정확한 응답자와 부정확한 응답자의 반응 시간을 비교하는 것이다. Linda 문제와 'Bill' 문제(비슷한 결합 과제)에서 De Neys(2006)는 정확 반응은 결합 오류보다 더 긴 반응 시간을 필요로 한다는 것을 발견하였다. 반성의 역할을 연구하는 다른 방법은 사람들의 사고를 억제하는 것이다. De Ney는 추론하는 동안 손가락을 특정 순서대로 두드리거나, 특정 형태의 점들을 기억하는 2차 과제를 수행하도록 요구하면 더 많은 결합 오류가 나타난다는 것을 발견하였다.

다른 연구에서 Selart 등(2006)은 판단 과제에서 규범적 반응을 더 많이 하는 사람들이 다수의 속성을 지닌 선택 과제에서 정보 탐색을 더 많이 하는 경향이 있다는 것을 발견하였다.

또한 자원 분배 과제와 죄수의 딜레마 과제에서 다른 사람의 관점으로 문제를 보도록 하면, 사람들은 게임이론의 예측과 일치하는 행동을 하였지만(Caruso et al., 2006; Epley et al., 2006) — 예를 들면, 개인의 이익 추구 행동 — 사고 용량이 감소되었을 때는 게임이론의 예측과 일치하는 정도가 낮아졌다(Roch et al., 2000, 이 연구에 대한 더 상세한 내용은 제14장 참조). 또 사람들의 사고 용량을 감소시키면 위험 판단에서 정서의 의존성이 높아진다(Finucane et al., 2000).

또 다른 증거가 인지반성검사(cognitive reflection test, CRT)를 개발한 Frederick(2005)에 의해 제안되었다. CRT는 직관적 사고가 아니라, 반성적 사고를 하는 정도에서 개인차를 밝히기 위해 고안되었다. CRT는 이 장의 처음에 기술한 세 가지 문제로 구성되어 있다. 이 문제들은 특정 직관적 오류 반응을 유발하는 경향이 있다(직관적 반응은 10센트, 100분, 24일이다.). 정답은 5센트, 5분, 47일이다. Frederick은 여러 미국 대학교의 학생들, 보스턴에 사는 일반인과 온라인 연구 2개의 응답자들로부터 CRT에 대한 반응을 얻었다. 그는 직관적인 답을 지운 후에 정답을 다시 쓰는 일은 있어도, 그 반대의 경우는 없었다고 지적하면서, 이는 이 과제가 반성적 사고를 측정한다는 관점을 지지하는 증거라고 주장하였다. CRT에서 높은 점수를 기록한 사람은 즉각적인 또는 지연된 보상 사이의 가상적인 선택에서 지연 반응을 선택하는 일이 더 많았고, 이 결과는 지연된 보상이 다음 달 또는 내년인 경우에 가장 강하게 나타났다. 지연된 보상

이 10년일 때 또는 1년 동안 분할로 지급될 때에는 차이가 더 작거나 없었다. CRT 점수와 시간 선호 간의 관계는 남성보다 여성에게서 더 두드러졌다(그림 15.1은 Frederick의 문제 중 하나에서 나온 결과이다.).

반성적 사고를 가장 적게 하는 사람은 자신이 평균보다 더 충동적이라고 믿는 반면에, 반성적 사고를 가장 많이 하는 사람은 자신을 덜 충동적이라고 믿고 있었다. 이와 일치하게, 반성적 사고를 가장 적게 하는 사람(4.54달러)은 반성적인 사고를 가장 많이 하는 사람(2.18달러)보다 구매한 책의 당일 배송을 위해 더 많은 금액을 기꺼이 지불하려고 하였다.

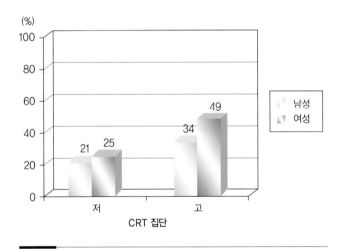

그림 15.1a 인지적 반성과 결정짓기 : 올해 100달러보다 내년의 140달러를 선택한 참여자의 비율

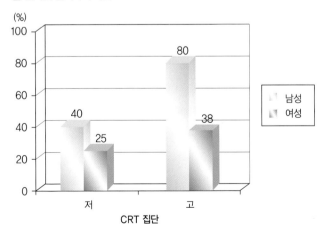

그림 15.1b 인지적 반성과 결정짓기 : 확실한 500달러보다 1,000,000달러를 딸 확률이 15%인 대안을 선택한 참여자의 비율

Frederick은 또한 기대 가치가 낮은 확실한 대안보다 모험 대안을 더 많이 선택하는 것도 높은 CRT 점수와 관련이 있다는 것을 발견하였다. 그러나 다른 결과들은 높은 CRT 점수를 받은 사람들이 선택할 때 기대 가치를 계산하지 않는다는 것을 보여 주었다. 모험 대안의 기대 가치가 더 낮을 때 모든 참여자는 이 대안을 더 적게 선택하였지만, 그럼에도 낮은 CRT 집단에 비해서 높은 CRT 집단은 이 대안을 여전히 더 많이 선택하였다. 손실을 포함한 문제에서, 높은 CRT 응답자들은 낮은 CRT 집단보다 확실한 손실을 선택하는 일이 더 많았다.

시간 선호 문제와 대조적으로, 모험 선택 과제에서 CRT와 반응 유형 사이의 관계는 여성보다 남성에게서 더 강하였다(예 : 그림 15.1b). 즉, 남성은 모험 대안을 선택하는 일이 더 많았고, 높은 CRT 집단에서 특히 더 하였다.

Frederick은 CRT가 여러 다른 동기 및 능력검사와 상관관계에 있다는 것을 발견하였다. 그러나 네 가지 영역(시제 간 선택, 기대 가치가 도박을 지지하는 이득 영역 도박, 기대 가치가 확실한 이득을 지지하는 이득 영역 도박, 기대가치가 확실한 손실을 지지하는 도박)에서의 모든 선택과 상관이 있었던 유일한 검사는 CRT였다. CRT에서 관찰되던 성차는 다른 인지검사들에서도 관찰되었다.

반규범적 결과를 유발하는 반성

우리는 사람들이 반성적 사고를 할 때 규범적 이론과 일치하는 행동을 보인다는 것을 알았다. 그러나 다른 유형의 과제에서도 항상 그런 것은 아니다. 선택에 대한 이유를 적도록 하면 더 나쁜 선택을 한다는 것이 수많은 연구에 의해 보고되었다. 예를 들면, 한 연구는 다섯 종류의 딸기잼의 맛을 평가하라고 사람들에게 요구하였다(Wilson & Schooler, 1991). 평가를 하기 전에 어떤 참여자들에게는 실험자에게 이유를 제출할 필요는 없지만 생각을 정리하는 데 도움이 될 테니 각 잼에 대해 좋아하는 이유 또는 좋아하지 않는 이유를 적도록 요구하였다(따라서 설명에 대한 부담 때문에

효과가 발생했다고 볼 수 없다.).

판단의 이유를 제시한 사람들은 이유를 적을 필요가 없었던 통제집단과 다른 평가를 하였다. 게다가 이유집단의 선호 순위는 소비자 보고서(Consumer Reports)에 발표된 전문가의 책정 순위와 더 큰 차이를 보였다.

다른 연구는 여성 참여자들에게 2개의 예술 포스터와 3개의 코믹 포스터에 대한 선호를 평정할 것을 요구하였고(Wilson et al., 1993), 하나를 선택하여 집으로 가져가게

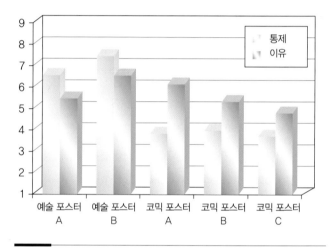

그림 15.2a 사전 선택 선호와 사후 선택 만족감에 끼치는 이유의 효과 : 보고된 사전 선택 포스터 선호
1=매우 좋아하지 않는다, 9=매우 좋아한다
출처 : Wilson 등, 1993

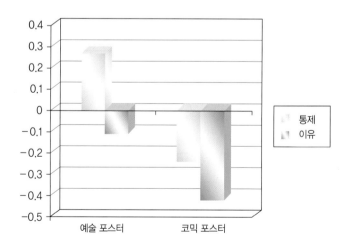

그림 15.2b 사전 선택 선호와 사후 선택 만족감에 끼치는 이유의 효과 : 포스터에 대한 사후 선택 만족도(사전 선택 선호로 조정된) 점수는 5개 측정치의 평균이고 표준화되었다.
출처 : Wilson 등, 1993

하였다. 이유에 대한 분석은 예술 포스터를 덜 선호하고 코믹 포스터를 더 선호하게 하였다(그림 15.2a). 학기 말에 학생들에게 포스터에 대한 전체적인 사후 선택 만족도를 알아보는 일련의 전화 질문을 하였다. 질문은 벽에 포스터를 걸어 두었는지, 여름방학 동안 학교를 떠날 때 포스터를 가지고 갈 계획인지에 대한 것이었다. 연구 초기에 이유를 분석하였던 학생들은 자신이 선택한 현재 포스터에 대한 만족이 덜 하였고, 특히 코믹 포스터를 선택했던 학생들은 더 심하였다. 가장 만족한 학생은 예술 포스터를 선택했던 통제집단 참여자들이었다(그림 15.2b).

다른 연구에서, Wilson 등(1989)은 이유에 대한 분석이 선호에 대한 사람들의 확신을 감소시키지 않는 것을 발견하였고, 따라서 이것은 이들의 결과를 설명할 수 없는 것으로 보인다. 오히려 Wilson과 동료들은 사람들의 선호가 직관적이고 말로 표현하기 어려운 경우가 대부분이라고 가정한다. 이것은 예술 작품과 같은 물건에서는 더욱 그렇다. 왜 코믹 포스터를 좋아하는지를 말하기는 쉽다. 따라서 포스터를 좋아하는 이유를 말하라는 요구를 받으면, 코믹 포스터는 이유를 말하기가 더 쉽고, 이것이 선호 판단에 영향을 끼친다. 그러나 말로 쉽게 표현되었던 코믹 포스터의 특징이 시간이 지난 다음에 그것을 얼마나 좋아할지에는 별 영향을 끼치지 않을 수 있다. 즉, 이유를 생각하는 것이 특정 선택의 기저에 놓인 직관적 과정을 방해할 수 있다.

내성의 방해 효과가 한 예측 과제에서도 관찰되었다. Halberstadt와 Levine(1999)은 자칭 야구전문가라고 말하는 사람들에게 게임의 결과에 대해 예측하도록 요청하였다. 어떤 사람들은 자신의 예측에 대한 이유를 제시하였고, 다른 사람들은 제시하지 않았다. 16개가 넘는 예측에서, 이유를 말한 사람들은 전체 시행의 65%에서 승리 팀을 선택하였고, 이유를 말하지 않은 사람들은 70%의 성공률을 보여서, 작지만 통계적으로 유의미한 차이가 나타났다. 이유 집단의 승리 추정치는 실제 점수 분포 및 라스베이거스 점수 분포와 더 큰 차이를 보였다.

다른 연구는 의식적 사고가 방해를 받으면 선호와 선택 행동이 더 정확해진다는 것을 보여 주었다. Betsch 등(2001, 실험 1)은 참여자들에게 방해자극으로 5개의 주식 정보가 제시되는 동안 컴퓨터 화면에서 광고 장면을 보도록 요구하였다. 참여자들은 이 연구가 방해 과제 속에서 광고를 기억하는 능력에 관한 것이라는 말을 들었고, 따라서 이들은 광고에 집중하였다. 실제로는 주식 정보에 대한 암묵적 정보 처리를 알아보기 위한 것이었다. 방해 정보가 제시되는 과정에서 각 주식에 대한 수익이 15회 보고되었고, 수익의 합계는 각각 300, 400, 500, 600, 700마르크였다.[2]

광고와 주식 정보가 제시된 후, 표면적인 실험 목적에 대한 신뢰를 유지하고, 주식 수익금에 대한 구체적인 기억을 소거하기 위해서, 참여자들에게 광고에 관한 30개의 사지선다형 질문을 제시하였다. 마지막에 참여자들은 주식 수익금의 총합과 평균을 추정하라는 요구를 받았고, −5(매우 나쁜)에서 +5(매우 좋은)의 평가 척도상에서 주식에 대한 태도를 표시하도록 하였다. 주식 수익금의 평균과 총합에 대한 추정치는 실제 값과 관련이 없었다. 그러나 300, 400, 500, 600, 700DM에 대한 평균 태도 점수는 각각 0.05, 0.44, 0.77, 1.25, 2.20로 나타났다. 즉, 암묵적으로 형성된 참여자의 태도는 주식 가치를 정확하게 추적하고 있었지만 명시적으로 주식 가치를 추정하는 이들의 시도는 완전히 부정확하였다.

가치 정보가 의식적 수준에서는 부정확한데 무의식적 수준에서는 어떻게 정확하게 처리될 수 있는 것일까? 이 가능성은 이미 제1장의 결정짓기에서 인간의 한계를 언급한 Herbert Simon의 논문에서 다음과 같이 예견되었었다. "물론 우리는 의식보다 무의식이 더 훌륭한 결정자라는 가능성을 배제할 수 없다(1955, p. 104)." Nørretranders(1998)는 의식적 정보 처리의 용량은 초당 40~60비트이지만 전체 인지 체계의 용량은 약 1,120만 비트에 달한다고 추정한다. 이런 주장에 대해 어느 정도 신중할 필요는 있겠지만, 이것은 무의식이 거대한 정보 처리 용량을 가지고 있음을 의미한다.

의식적 정보 처리 용량이 무의식에 비하여 제한적이라는 점을 바탕으로 Dijksterhuis 등(2006)은 의식적 사고가 단순한 과제에서는 더 우수한 선택을 하게 할 수 있지만, 복잡한 과제에서는 더 열등한 선택을 낳을 것이라고 예측하였다. 연구 결과는 이 예측을 지지하였다. 예를 들면, 연구 1의 참여자들은 가상의 자동차 4대에 대한 정보를 읽었는데, 그중 하나는 긍정적 속성과 부정적 속성이 균형을 이루는 우수한 차였다. 어떤 사람들에게는 각 차에 대해 4개의 속성이 제시되었고(단순 조건), 다른 사람들에게는 12개의 속성이 제시되었다(복잡 조건). 의식적 사고 조건의 참여자들은 선택을 하기 전에 자동차에 대해 4분 동안 생각하라는 요구를 받았다. 무의식적 사고 조건에 있는 참여자들은 방해 과제(철자 바꾸기 과제)를 제시받았다. 예측대로, 우수한 차를 선택하는 일이 의식적 사고 조건의 사람들의 경우에는 단순 조건에서 더 많이 일어난 반면, 무의식적 사고를 한 사람들의 경우에는 복잡한 조건에서 더 많았다.

사고의 이중 체계?

이성적 영혼은 그것이 주재함에 따라, 감각적 영혼에 의해 제공되는 심상과 인상을 마치 거울처럼 주시한다. 그리고 이로부터 추론된 관념과 개념에 따라 이성, 판단, 의지 행위를 수행한다 (Thomas Willis, 17세기 과학자이면서 철학자, Zimmer, 2005에서 인용).

사고 체계 1과 사고 체계 2

많은 심리학자가 직관적 사고와 반성적 사고가 상이한 심리 체계에 의해 수행된다고 주장한다(Stanovich & West, 2000, p. 659에서 다양한 이론목록을 찾아 볼 수 있다.). 이론가들은 이것을 각각 사고 체계 1과 사고 체계 2라고 부른다. 사고 체계 1이 빠르고 노력을 필요로 하지 않으며 주로 병렬적 처리 과정을 포함한다면,[3] 사고 체계 2는 느리고 노력을 요구하며 순차적인 정보 처리 과정과 관련이 있다(표 15.1). Evans(1989; Wason & Evans, 1975)가 제안한 이중처리과정이론에 의하면, 직관체계가 내린 결론을 합리화하는 것이 반성체계이다.[4] 다른 이중처리과정이론(Evans의 후속 이론 포함; Evans, 2006; Evans & Over, 1996)은 직관체계에서 얻어진 결과를 검사하고 기각하는 반성체계의 역할을 강조한다.

우리가 직관이라고 부르는 이런 종류의 사고는 경험에 근거한 것일 수도 있고 유전의 일부일 수도 있다(또는 이 둘의 결합일 수 있다.). 경험이 많은 소방수는 화재가 난 건물 안에서 정확히 무엇이 위험한지 바로 말할 수는 없지만 팀을 대피시켜야 한다는 직관을 발달시킬 수 있다.[5] 이런 종류의 직관은 다른 일상 상황에서 또는 훈련 과정에서 비슷한 사례를 접했던 결과로 발달한다. 그러나 인간과 동물은 다른 직관에 비해 특정 직관을 더 쉽게 습득하도록 진화되었다는 증거도 있다. 예를 들어, 가장 눈에 띄는 공포증은 최초의 인류에게 위험이 되었던 대상들에 대한 공포이다. 우리에서 사육된 원숭이들은 뱀에 대해 공포 반응을 하는 원숭이가 나오는 영화를 보고 난 후에 뱀에 대한 공포를 발달시킨다. 그러나 꽃을 보고 공포 반응을 하는 원숭이를 보고

표 15.1   사고의 이중 처리 과정

직관	반성
처리 과정과 속성	
연합	규칙 기반
전체적, 추단	분석적
자동적	통제적
빠른, 병렬적	느린, 순차적
작은 인지 용량 요구	큰 인지 용량 요구
생명 활동, 노출과 개인 경험에 의한 습득	문화와 정규 교육에 의한 습득
처리 과정의 내용	
감정적	중성적
인과적 성향	통계
구체적, 특수한	추상적
원형	세트(sets)

출처 : Kahneman & Frederick, 2002; Stanovich & West, 2000

난 후에는 꽃에 대해 비슷한 반응을 보이지 않는다(Cook & Mineka, 1990; Meneka & Cook, 1993).

Haidt(예 : 2001)에 따르면, 분석적 사고의 역할은 사후 정당화 정도에 불과하고, 도덕 판단 역시 대부분 직관에 의존하고 있다. 이것은 **도덕적 말 막힘**(moral dumbfounding)을 만들어 낼 수 있는데, 사람들의 이의가 반박되었음에도, 계속하여 도덕적으로 무엇인가 잘못된 것으로 느끼는 것을 말한다. 추론은 개인의 행동 결과와 관련이 적은 비개인적 상황이나 갈등적 직관을 경험할 때 일어날 가능성이 더 크다. 다음과 같은 시나리오를 생각해 보자.

고장난 화물 운반 열차가 이대로 계속 철로 위를 돌진한다면 5명이 죽게 된다. 당신은 철로 위에 있는 다리에서 한 낯선 사람 옆에 서 있다. 5명을 구할 수 있는 유일한 방법은 다리 밑 철로 아래로 그 낯선 사람을 밀어 떨어뜨리는 것이다. 당신은 5명을 구하기 위해 이 낯선 사람을 죽음으로 밀어 떨어뜨리겠는가?

이것은 효용 최대화(죽음으로부터 5명을 구하는 것)와 개인 도덕성(한 사람을 죽이는)이 갈등하는 문제이다. 이와 유사한 개인적(personal) 도덕 딜레마에서, Greene 등(2001)은 사람들이 개인적 도덕성 위반을 적합하다고 판단할 때 반응 시간이 더 길다는 것을 발견하였다.

또 이 연구에서는 행동 방침이 **비개인적**(impersonal)인 딜레마들을 사람들에게 제시하였다. 이 딜레마에는 열차를 다른 철로로 전환하는 스위치를 잡아당겨서 5명의 사람을 구할 수 있는 화물 열차 문제도 포함되어 있었다. 그러나 이 열차도 다른 철로 위를 걷고 있는 누군가를 죽게 한다. 이런 유형의 딜레마에서 사람들은 실용주의적 행동을 취하려는 경향이 더 많았고(열차 문제의 경우 스위치를 잡아당기는 행동), 반응 시간은 수행 행동에 따라 차이가 없었다.

이 연구와 다른 후속 연구(Greene et al., 2004)에서 fMRI 결과는 비개인적 딜레마가 작업 기억을 비롯하여 그 밖의 인지 과정과 관련된 뇌 영역을 주로 활성화시킨다는

것을 보여 주었다. 반대로 개인적 딜레마는 인지 과정과 정서 과정이 모두 관련된 뇌 영역을 활성화시켰다. 특히 개인적 딜레마는 갈등의 감시 및 통제 과정 구성과 관련된 대뇌 전두 피질(anterior cingulate cortex, ACC)을 활성화시켰다(신경과학 조망 참조). 더욱이 개인적 딜레마 중에서도 반응 시간이 더 길었던 어려운 문제에서 ACC 활성화는 더 크게 일어났다. 이런 어려운 문제에서, Greene 등은 추상적 추론, 인지 통제와 관련된 배외측 전전두 피질(dorsolateral prefrontal cortex)에서 더 많은 활동을 관찰할 수 있었다.

Hammond(1996)가 **인지 연속성 이론**(cognitive continuum theory)에서 제안하듯이, 인지 과정은 직관과 반성 사이의 연속선상에 있을 수 있다. 이 이론에서 어떤 인지체계가 작동할지는 현재 수행 중인 과제의 유형에 달렸다. 사람들은 과제를 해결하는 데 직관에 의존하는 것이 무책임하다고 느끼면 분석적인 사고 양식으로 전환한다. 그러나 분석적 사고의 결과가 그들의 직관과 갈등을 일으키면 반대 방향으로 바꾸기도 한다.

직관적 확신이론

Simmons와 Nelson(2006)은 직관이 쉽게 떠오르면 사람들은 매우 확신적이 되고 이것을 붙잡으려 한다고 주장하였다. 이런 이론은 동기 수준도 높고 능력 있는 결정자가 왜 직관에 의존하는지를 설명하는데, 이것은 사회심리학의 이중 처리 과정 모형(추단 체계 모형과 정교화 확률 모형, 제5장 참조)으로는 설명될 수 없다. 직관적 확신 관점을 근거로, Simmons와 Nelson은 일련의 가설을 개발하였다(2006, p. 411).

1. **직관 편향 가설**(intuitive bias hypothesis) : 직관은 종종 강한 확신으로 유지되기 때문에 사람들은 타당도가 동일한 비직관적 대안보다 직관적 대안을 더 자주 선택한다.

2. **제약 강도 가설**(constraint magnitude hypothesis) :

제약 정보가 비직관적 대안을 더 강하게 지지하는 것처럼 보일 때 사람들은 직관적 대안을 더 적게 선택한다.

3. 직관 확신 가설(intuitive confidence hypothesis) : 사람들은 자신의 직관을 더 확신할 때 직관적 대안을 더 자주 선택한다.

4. 직관 배반 가설(intuitive betrayal hypothesis) : 자신의 직관을 배반한 사람은 직관에 따라 선택한 사람보다 자신의 선택에 대한 확신이 약하다.

Simmons와 Nelson은 스프레드 배팅(spread-betting) 시장이 이런 가설을 검증하기에 적합하다는 사실을 발견하고, 다음과 같은 예를 제시하였다. 북아메리카프로미식축구리그에서 연중 우세한 볼티모어 레이븐스가 더 약한 워싱턴 레드스킨스와 경기를 한다고 가정하자. 한 마권업자가 레이븐스에 14점 스프레드를 제시한다. 만일 당신이 레이븐스에 건다면 이 스프레드 이상의 추가 점수에 따라 당신의 보상금은 증가하는데, 즉 레이븐스가 14점 이상으로 이기는 경우에만 당신이 딸 수 있다는 의미이다. 반대로 당신이 레드스킨스에 건다면 레이븐스가 14점보다 더 적은 점수로 이기거나 또는 레드스킨스가 이기는 경우에 당신은 보상금을 받는다. 요점은 마권업자의 스프레드는 배팅에서 두 팀을 동등한 위치에 둔다는 것이다. 레이븐스가 더 뛰어난 팀이라 할지라도, 레드스킨스가 아닌 레이븐스에 배팅한다고 이득은 없는데, 14점 스프레드가 내기를 건 사람에게서 레이븐스의 우세 효과를 제거하기 때문이다.

그러나 진짜 돈으로 하는 실험실 배팅시장뿐 아니라 실제 온라인 배팅시장에 관한 연구에서, Simmons와 Nelson은 사람들이 더 강한 팀에 더 많이 배팅한다는 것을 발견하여 직관 편향 가설이 지지되었다. 두 번째, 제약 강도 가설과 일치하게, 강한 팀에 배팅하는 사람들의 경향성은 스프레드의 크기가 증가하면서 감소하였다. 세 번째, 직관적 확신이 증가하면서 사람들은 강한 팀에 배팅을 하고 더 많은 돈을 거는 일이 증가하였다. 온라인 배팅 연구에서, 직관적 확신은 스프레드를 비교한 배팅이 아닌 단순히 강한 팀에 배팅하는 사람의 비율로 측정되었다. 실험실 배팅 연구에서 참여자는 자신의 예측에 대한 확신을 추정할 것을 요구받았다. 네 번째, 사람들이 약체 팀에 배팅할 때, 더 적은 돈을 배팅하는 경향을 보여서 직관 배반 가설과 일치하였다.

Simmons와 Nelson은 참여자들이 스프레드를 정하도록 한 배팅 연구도 수행하였다. 스스로 스프레드를 설정할 때도 사람들은 여전히 약체 팀보다 강한 팀에 배팅하는 것을 선호하였다. 다시 말해, 강한 팀에 배팅하는 사람의 수는 직관적 확신과 상관관계가 있었다. 그러나 상황에 불확실성이 도입되면, 심지어 관련 없는 불확실성(경기가 언제 시작할지 알지 못하거나 과제 세부 사항을 흐린 글씨체로 제시하는 것과 같은)도 강한 팀에 대한 선호를 감소시켰다. 예를 들면, 참여자가 경기가 언제 시작할지 알 때에 참여자의 78%가 강한 팀이 우승할 것으로 예측하였다면, 경기 시작 시간을 알지 못할 때는 단지 54%의 참여자만이 강한 팀이 우승할 것으로 예측하였다.

판단과 결정짓기에서 자기 통찰

정상인의 이유 작화

Nisbett과 Wilson(1977)은 행동에 대한 사람들의 회고적인 구두 설명은 사실상 사건 후에 만든 자신의 행동에 대한 이론이라고 주장하였다. 이런 이론은 옳을 수도 있지만 때로는 틀리기도 한다.

Nisbett과 Wilson은 참여자들에게 점진적으로 증가하는 일련의 전기충격을 제시하였던 Nisbett과 Schacter(1966)의 초기 연구에 대해 기술하였다. 전기충격을 받기 전에 어떤 참여자들은 위약을 처방받았다. 참여자들은 '이 약이 심장박동, 불규칙한 호흡, 손 떨림, 위장장애를 일으킬 것이라는 말을 들었다. 이것은 실제로 가장 많이 보고되는 전기충격에 수반되는 신체적 증상이었다(Nisbett & Wilson, 1977, p. 237).'

이 연구는 증상의 원인이 전기충격이 아니라 약 때문이라고 믿었던 참여자들이 전기충격을 더 많이 받으려고 할 것으로 기대하였다. 실제로 이들은 약을 처방받지 않았던 사람들보다 전기충격을 더 많이 받겠다고 하였다. 그러나 보고 과정에서, 12명 중 단지 3명만이 자신의 각성 증상을 약에 귀인하고 있다는 사실이 드러났다. 왜 그들이 평균 이상의 전기충격을 받겠다고 하였는지를 질문하였을 때, 참여자들은 다음과 같은 이유를 말하였다. "글쎄요, 나는 정말 모르겠어요. … 내가 13살, 14살 때 라디오 같은 것을 많이 만들어서, 아마도 전기충격에 익숙한 것이 아닐까요(1977, p. 237)."

증상의 귀인에 대한 실험 가설을 말해 주자, 참여자들은 매우 흥미롭다고 말하면서, 아마도 많은 다른 사람은 기술된 과정대로 행동했겠지만 자신들은 그렇게 하지 않았다고 말하였다.

Nisbett과 Wilson은 여러 다른 연구를 비롯하여 이 주제를 연구하기 위해 특별히 설계한 자신들의 실험 — 초기와는 다른 — 에서도 비슷한 통찰 결핍 현상을 발견하였다. 연구자들이 가장 놀랐던 한 연구에서는 참여자들에게 교육 실습과 교육 철학에 대해 인터뷰를 하는 한 교사를 관찰하도록 하였다. 절반의 참여자는 질문에 대하여 즐겁고, 기분 좋게, 열정적인 방식으로 답변하는 교사를 보았다(따뜻한 조건). 다른 절반의 참여자는 학생들에게 권위적이고, 엄격하고, 참을성 없으며, 의심이 많은 교사를 보았다(냉담한 조건)(1977, p. 244).

교사에 대한 호감도를 평가하도록 하였을 때, 참여자들은 냉담한 교사보다 따뜻한 교사가 더 호감이 간다고 평가하였다. 참여자들은 또한 외모, 연설, 버릇 속성에 대한 평가도 요구받았다. 이런 속성들은 조건 간에 실제로 다르지 않았다. 그러나 참여자들은 각 속성을 따뜻한 조건에서는 매력적으로, 냉담한 조건에서는 짜증나는 것으로 평가하였다. 어떤 참여자들은 교사에 대한 자신의 호감 또는 비호감이 교사의 외모, 연설, 버릇에 대한 판단에 영향을 끼쳤는지를 질문받았고, 다른 참여자들은 인과 관계의 방향이 반대인 질문을 받았다. 즉, 이런 속성들이 교사에 대한 호감도 판단에 영향을 끼쳤는지를 물어보았다.

따뜻한 조건과 냉담한 조건의 사람들 모두 교사에 대한 호감과 비호감이 그들의 속성 평가에 영향을 끼쳤다는 것을 부정하였다. 따뜻한 조건의 참여자들은 속성에서 얻은 호감이 전체 호감에 영향을 끼쳤다고 믿지 않았다. 그러나 냉담한 조건의 참여자들은 교사의 외모, 연설, 버릇에 대한 자신들의 비호감이 그 교사를 전체적으로 좋아하지 않게 했다고 주장하였다. 즉, 이 참여자들은 참인 인과 관계를 도치하였다. 교사의 속성에 대한 이들의 평가는 교사에 대한 전체적인 호감에 의해 영향을 받았지만, 이들 자신은 이것이 전체 선호에 영향을 끼쳤던 교사의 속성에 대한 자신들의 평가였다고 주장하였다.

Nisbett과 Wilson은 자신의 행동에 대한 사람들의 언어적 설명이 다음과 같은 경우에 잘못될 가능성이 더 커진다고 주장하였다.

- 언어적 보고와 문제가 되는 사건 사이의 시간 간격이 점점 증가한다(관련 요인이 망각되거나 가용되기 어렵고, 개인은 행동에 대한 그럴듯한 원인을 무심코 만들어 낼 수 있기 때문에).
- 판단이 정박 효과, 순서 효과, 대비 효과, 위치 효과(예를 들어, 한 연구는 쇼핑객들이 진열대의 오른쪽 끝에 있는 물건을 선호하지만 이 사실을 인식하지 못한다는 것을 발견하였다.)와 같은 특정 '기계적' 요인의 영향을 받는다.
- 질문자가 평소에는 고려하지 않았을 맥락 요인에 주의를 기울인다.
- 사건의 발생하지 않음은 중요한 요인이다(왜냐하면 사건의 발생은 기억에 더 잘 남고 더 독특하기 때문이다.).
- 비언어적 행동은 다른 사람에 대한 우리의 판단에 영향을 끼친다(왜냐하면 설명은 언어 행동을 더 강하게 부호화하는 언어 기억에 의존하는 경향이 있기 때문이다.).

● 원인의 크기와 효과의 크기 간에 불일치가 존재한다.

Nisbett과 Wilson은 실제로 사람들이 주의를 기울이는 것은 자신의 사고 과정의 산물이지, 사고 과정 자체는 아니라고 주장하였다.

최근에 Wilson(2002)은 자신의 초기 관점을 수정하였는데, 행동이 의식적 의지에 의해 일어날 때 사람들이 자기 행동의 원인에 대한 통찰을 가질 것이라고 제안하였다. 그러나 Wegner(2002)는 의식적 의지에 대한 우리의 경험은 본래 환상이라고 주장하였다. 우리가 어떤 행동을 수행할 때, 의식적 의지를 통하여 행동이 일어나게 하였다고 생각한다. 그러나 Wegner는 행동과 행동을 일으키려는 의지 경험 모두 무의식적 수준에 독립적 원인이 있다고 주장한다. 의지 경험의 무의식적 원인과 행동의 무의식적 원인 사이에 무의식적 경로가 있을 수 있다. 그러나 우리가 경험하는 것은 경험한 의지와 행동 사이의 **분명한** 인과 경로인데, 이것은 두 무의식적 원인 사이의 어떤 잠재적 경로와 관련이 있을 수도 있고 없을 수도 있다.

Wegner는 모형과 일치하는 흥미로운 연구들과 풍부한 역사적 현상에 대해 개관하였다. 한 연구(Wegner & Wheatley, 1999)에서, 2명의 참여자가 헤드폰을 착용하고 컴퓨터 마우스에 연결된 12cm²의 판에 손가락 끝을 대고 서로 마주 보고 앉았다. 사실 2명 중 1명은 실험동맹자였다. 다른 1명만이 진짜 참여자였다. 약 30초 동안 두 사람은 컴퓨터 마우스를 사용하여, 50개의 작은 물체가 있는 스크린 위의 커서를 움직였다. 30초 동안 커서를 움직인 후에, 진짜 참여자는 10초 동안 제시되는 음악을 듣게 되는데, 이것은 커서 움직임을 잠시 멈추라는 신호였다. 이때 참여자들은 단어 하나를 듣게 된다(예 : 백조). 연습 시행 동안 참여자와 동맹자는 자신이 들었던 단어를 말하라는 요구를 받는데, 이것을 통하여 참여자들은 동맹자가 자신과는 다른 단어를 듣고 있다고 믿게 되었다. 실제로 동맹자는 어떤 단어도 듣지 않거나 특정 물체(예 : 백조)에 커서를 고정시키라는 명시적 지시를 받는다. 후자의 경우에, 참여자는 동맹자가 커서를 그 물체에 멈추기 30초 전, 5초 전, 1초 전에, 또는 동맹자가 멈추고 나서 1초 후에 그 관련 단어를 들었다.

매번 멈춤이 일어나고 난 뒤에, 참여자와 동맹자는 멈추려는 자신의 의도가 어느 정도였는지를 평가하였다. 물론 어떤 시행에서는 참여자들이 멈춤을 전혀 발생시키지 않았다. 그럼에도, 이들은 멈추기 30초 전에 핵심 단어를 들었을 때, 그것을 발생시키기 위한 자신의 의도를 거의 45%까지 추정하였다. 이것은 멈추기 1초 전 또는 5초 전에 단어를 들었을 때 60%까지 증가하였다가, 멈추고 1초 후에 단어를 들었을 때 45% 이상 떨어졌다. Wegner는 사후 인터뷰에서 참여자들이 헤드폰에서 들었던 항목을 찾아 스크린을 탐색하고 있었다고 보고하는 일이 많았다고 말한다. 아마도 이것은 자신들이 멈춤을 발생시키려고 의도했다는 느낌(feeling)이 원인이었을 것이다. 다른 상황에서는 역현상이 일어날 수 있다. 즉, 사람들이 실제로는 자신이 그것을 야기하였지만, 행동의 원인을 다른 사람에게 돌릴 수 있다(Wegner, 2002 참조).

수술 또는 뇌 손상 환자의 이유 작화

정상인의 합리화 과정에 대한 몇 가지 증거를 살펴보기 전에, 먼저 특정 환자에게서의 합리화를 살펴보자. 분할 뇌 환자는 두 반구를 이어주는 신경 다발로 이루어진 뇌량이 절단된 사람이다. 이 수술은 한쪽 반구에서 다른 반구로 퍼지는 발작을 방지하기 위하여 간질을 앓는 사람에게 시행된다. 연구자들은 머리 또는 눈을 움직이지 못할 경우 이 환자들이 시각자극을 어떻게 지각하는지에 특별히 관심을 두었다. 좌측 시야에 제시된 자극은 각 망막의 오른쪽에 상이 맺히고 우반구에서 처리되며, 우측 시야에 제시된 자극은 각 망막의 왼쪽에 상이 맺히고 좌반구에서 처리된다. 두 반구가 서로 소통할 수 없을 때 어떤 일이 발생할까?

실험 연구에서 분할 뇌 환자들은 우반구로만 신호가 전달된 단어들을 따라 말할 수 없다(이런 연구에서 환자는 스크린의 고정점을 주시하고, 단어는 이 고정점의 왼쪽 또는 오른쪽에 제시된다.). 그러나 그 단어가 책상 위에 놓여 있는 물체의 이름이라면, 참여자는 (우뇌에 의해 통제되는) 왼손으로 그 물체를 가리킬 수 있다. 반구 특수화의 정도가 과장되기는 하였지만, 일반적으로 우반구가 시각 정보의 처리에서 더 우수하다면 좌반구는 언어 처리 및 상위 수준의 인지 과정과 관련이 더 깊어 보인다(Corballis, 2003).

우리가 지각하는 세계에 의미를 부여하는 방식과 관련하여, Gazzaniga(2000)는 좌뇌가 '해설자(interpreter)'처럼 행동한다고 주장한다. 다른 연구는 분할 뇌 환자들에게 고정점의 좌우측에 다양한 그림을 제시하였다. 환자 앞에 있는 책상의 왼쪽에 그림이 있고, 환자는 왼쪽 스크린에 제시된 그림과 관계가 있는 그림을 왼손을 사용하여 가리키도록 되어 있었다. 마찬가지로 오른쪽 스크린에 제시된 그림과 관련 있는 그림을 오른쪽 책상 위의 그림 중에서 찾아 지적해야만 했다. 왜 이 두 그림을 선택했는지를 질문하였을 때, 좌반구는 이유를 지어냈다. 예를 들면, P.S라는 환자는 고정점의 왼쪽에 제시된 눈 내리는 장면과 대응되는 것으로 왼쪽 책상에서 삽 그림을 골랐다. 그는 또한 고정점의 오른쪽에 제시된 닭의 발톱에 대응되는 것으로 오른쪽 책상 위에서 닭의 머리 그림을 골랐다. 왜 이 두 그림을 선택했는지를 질문하였을 때, 그는 말하였다. "오, 간단합니다. 닭의 발톱은 닭에 속하고, 닭장을 청소하기 위해서 삽이 필요하지요."

다른 예는 **확률 대응**(probability matching) 현상과 관련 있다. 오랜 시행 동안, 당신은 파란 카드가 나타날지 빨간 카드가 나타날지를 예측하라는 질문을 받는다고 가정하자. 만일 파란 카드가 시행의 70%에서 나타나고 빨간 카드는 30%에서 나타난다면, ― 일단 파란 카드가 훨씬 더 자주 나타나고 있다는 것을 알아차리고 나면 ― 매 시행에서 파란 카드가 나올 것이라고 예측하는 것이 최선이다. 그런데 실제로 사람들은 확률 대응을 한다. 즉, 시행의 70%에서 파란 카드를 예측하고 시행의 30%에서는 빨간 카드를 예측한다. 그러나 분할 뇌 환자의 경우에, 자극이 우반구에 전달되

면, 이 과제의 수행은 최선 수준에 근접하기 시작한다. 반대로 자극이 좌반구에 전달되면 환자들은 확률을 대응시킨다. 후자의 경우, 정상적인 참여자와 마찬가지로, 이들은 과제에 대한 복잡한 가설을 발달시키려고 시도하는 것 같다(Wolford et al., 2000).

유사한 증거가 뇌졸중 환자에게서도 보고되었다. 뇌의 한쪽 반구에 뇌졸중이 발생하면 환자는 반대쪽 신체에서 마비를 경험한다. 그러나 우반구에서 뇌졸중이 발생한 환자는 때로 어떤 문제가 있다는 사실을 부인하거나, 또는 왜 자신이 특정 행동을 수행할 수 없는지에 대한 이유를 만들어 낸다. 예를 들면, Ramachandran은 환자들에게 손뼉 치기 또는 왼손으로 코 만지기 등 특정 행동을 요구하였다. 왜 이런 행동을 하지 않는지 물으면, 환자들은 벌써 행동을 수행했다고 말하거나 다른 과제로 실험자를 이미 충분히 도왔다고 말하거나, 피곤하다고 말하는 것으로 자신이 행동을 수행하지 않는 이유를 만들어 낸다(Ramachandran & Blakeslee, 1998).

합리성에 대한 신경과학적 조망

직관적 판단 대 반성적 판단

수많은 뇌 구조들이 판단, 결정짓기 및 그 밖의 인지 활동과 관련이 있고, 빠르게 발달하고 있는 연구 영역에서 발견된 모든 결과를 다루겠다는 시도는 하지 않겠다.[6] 직관적 사고와 반성적 사고의 구분과 관련된 뇌의 영역에 대해서만 간단하게 논의하고자 한다.

반구 차이

앞에서 우리는 좌반구가 '해설자'의 역할을 한다는 것을 보았다. 실제로 좌반구는 신체상(body image)의 안정적인 표상을 유지하는 역할을 하며, 우반구는 자아상의 변화를 발견하고 적절하게 업데이트하는 역할을 한다(Ramachandran,

1995; Ramachandran & Blakeslee, 1998). 다른 증거는 표상을 만드는 데 있어서 두 반구의 역할이 단순한 자아상의 표상 이상임을 지지한다. 예를 들면, Drake(1991)는 왼쪽 귀에 제시된 논증(따라서 우반구에 유리한)은 참여자가 이 논증에 동의하지 않을 때 더 잘 기억되는 반면에, 오른쪽 귀에 제시된 논증(좌반구에 유리한)은 참여자가 이 논증에 동의할 때 더 잘 기억된다는 것을 발견하였다. 유사하게, Rausch(1977)는 우측 측두엽 절제술 환자가 자신이 참이라고 알고 있는 가설을 반증하는 정보에 저항하면서 계속 부정확한 가설을 믿는다는 것을 발견하였다. 그러나 좌측 측두엽 절제술 환자는 새로운 정보가 제시될 때마다 자신의 가설을 자주 바꾸었는데, 심지어 자신의 처음 가설이 옳을 때조차도 그러했다. 이런 연구들은 우반구가 사건의 갱신과 관련이 있고, 만일 좌반구에 의한 균형이 일어나지 않는다면 사람들이 너무 쉽게 가설을 바꿀 것이라는 생각을 지지한다.

우세 손이 사고의 개인차를 보여 주는 지표일 수 있다는 것을 제안한 Jasper와 Christman(2005)은 정보 처리에서 반구 차이에 대한 다른 증거들을 보고하였다. 특히, 증거들은 반구 간 상호작용 정도가 기능성 비대칭과 관련되었음을 보여 주고 있다. 즉, 뇌량을 통한 의사소통의 감소는 더 강력한 반구 특수화와 연합되어 있다(Aboitiz et al., 2003). 오른손잡이는 오른손잡이가 아닌 사람보다 더 강한 기능적 비대칭을 보이고(예 : Hellige, 1993), 뇌량이 더 작다 (Witelson & Goldsmith, 1991).[7]

우세 손과 반구 간 상호작용의 강도 사이에 관계가 있다는 생각은 양손잡이들이 자신의 신념을 업데이트하고 태도를 바꿀 가능성이 더 클 것이라는 예측을 하게 한다. 초기 증거들은 이런 관점을 지지한다. 예를 들어, 양손잡이들은 생물학 수업을 받은 후에 창조론에서 진화론으로 자신의 신념을 더 쉽게 바꾸었다. 또한 양손잡이는 모순되는 표상을 수용할 준비가 더 잘되어 있는 것처럼 보인다. Niebauer와 Garvey(2004) 는 강력한 오른손잡이에 비해 양손잡이가 Gödel의 불완전

성 정리[8]와 시각적 역설을 담은 Escher의 그림을 더 잘 이해한다는 것을 발견하였다. Jasper와 Christman(2005)은 — 좀 더 약한 — 증거를 발견하였는데, 양손잡이는 강력한 한쪽 손잡이보다 초기 정박으로부터 더 많이 벗어난 조정을 만들어 냈다.

기저핵과 대뇌 전두 피질

Lieberman(2000)은 직관을 암묵적 학습 현상과 관련지었다. 암묵적 학습 연구에서 참여자들은 수많은 시행으로 이루어진 과제를 수행하는데, 시간이 지나면서 수행은 향상되지만 자신들이 학습한 규칙을 말하지 못한다. 명시적 학습과 암묵적 학습에 관여하고 있는 기억체계가 다르다는 분명한 증거가 있다. 진행성 기억상실증(해마의 손상과 관련된)은 새로운 의미 정보를 학습할 수 없지만, 새로운 기능은 학습할 수 있다. 한 전형적인 과제에서 기억상실증 환자들은 거울에 비친 역전된 단어 읽기와 재인에서 향상된 수행을 보였지만, 한 번 보았던 단어를 명시적으로 기억하지는 못하였다(Cohen & Squire, 1980).

암묵적 학습의 한 예로 Lewicki 등(1987)은 참여자에게 스크린의 4분면 중 한 분면에 연속하여 나타나는 목표자극을 관찰하도록 하였다. 참여자들은 어떤 4분면에 목표자극이 나타났는지를 가능한 한 빨리 가리켜야만 했다. 참여자에게는 말해 주지 않았지만 시행들은 7개의 집단으로 나누어져 있었다. 일곱 번째 시행에서 목표자극의 위치는 시행 1, 3, 4, 6의 위치 순서에 의해 결정되었다(하나의 시행으로는 예측되지 않았다.). 과제에 대한 수많은 연습 후에, 참여자들은 다른 시행과 비교하여 일곱 번째 시행에서 더 빠르게 반응하였다. 12시간의 연습 후에 예측 순서와 일곱 번째 시행에서 목표자극 위치 사이의 관계를 변화시켰다. 그러자 이 시행에서 참여자의 반응은 확실히 느려졌다.

의식으로 접근할 수 없는 순차 정보와 확률 관계에 대한 학습은 기저핵이라고 불리는 뇌 구조와 관련이 있는 듯하다. 기저핵은 피질 아래 중심에 있으며 여러 구성 성분(선조

체, 흑질, 담창구)으로 이루어져 있고, 수많은 피질 영역과 변연계로부터 정보를 받는다. Lieberman(2000)은 기저핵이 직관과 암묵적 학습과 밀접한 관련이 있다는 증거를 보고하였다. 대부분의 증거는 기저핵의 손상을 보이는 파킨슨질환(PD)과 헌팅톤질환(HD) 환자들의 과제 수행에서 얻어졌다.

예를 들면, 한 과제에서 환자들은 해당 시행에서 존재하거나 존재하지 않는 4개의 예측 단서를 이용하여 날씨를 예측하는 것을 학습해야만 했다(Knowlton & Squire, 1996; Knowlton et al., 1996). 이 과제는 어떤 신체적 움직임을 요구하지 않았음에도 불구하고, 정상적인 통제집단과 비교하여 PD와 HD 환자들은 손상된 수행을 보여 주었던 반면에, 기억상실증 환자와 전두엽 환자의 수행은 손상되지 않았다.

Lieberman은 비언어적 소통, 직관, 정서 경험, 언어 자동화를 통하여 직관에 대해 연구하였고, 이 모든 것에서 기저핵의 중심 역할을 보고하였다. 예를 들면, 다음과 같다.

- 얼굴 그림을 볼 때 HD 환자들은 6개의 기본 정서 중 5개를 재인하는 데 실패하였다(놀람, 공포, 슬픔, 모욕감, 분노를 재인하지 못하였으나 행복감은 재인하였다.). 환자들은 모욕감을 표현하는 얼굴은 거의 전부 재인하지 못하였다(Sprengelmayer et al., 1996).
- 여러 뇌 영상 연구에서 부정적 자극은 그렇지 않지만, 긍정적 자극은 선조체의 일부인 미상핵을 활성화시킨다는 것이 발견되었다(예 : Canli et al., 1998; Lane, Reiman, Ahern et al., 1997; Lane, Reiman, Bradley et al., 1997; Phillips et al., 1997). 부정적 자극은 다른 뇌 구조인 편도체를 활성화하는 듯하다.
- 기저핵의 손상은 의식적으로 계획하지 않고 일어나는 순차적 언어 행동, 자동화된 말하기 능력을 손상시킬 수 있다. 한 사례 연구는 기저핵에 손상을 입은 후에, 인사하기, 일상적인 대화하기, 노래하기를 더는 못하

게 된 75세 유대인 남성에 대하여 보고하였다. 그는 또한 5세부터 식사 때마다 반복했던 유대인 기도문을 암송하지 못하였다(Speedie et al., 1993).

요약하면, 현재 기저핵이 직관적 사고에서 중심 역할을 하고 있다고 믿을 만한 충분한 이유들이 존재한다. 그러나 사람들은 항상 자신의 직관과 일치하게 행동하지 않는데, 그렇다면 어떤 뇌 영역이 반성적 사고의 발생 여부를 결정하는 데 관여하고 있는 것일까?

앞에서 저자는 Simmons와 Nelson(2006)의 직관적 확신이론에 대해 기술하였다. 이 이론은 직관이 머리에 쉽게 떠오르는 것으로 인해 강력한 확신이 일어나고 그것을 붙잡으려고 하기 때문에 사람들이 잘못된 확신의 인식에 종종 실패한다고 주장한다. 그러나 직관과 대립하는 정보 — 심지어 실제로 관련이 없을 때조차 — 는 확신을 감소시키고 이 직관과 반대로 행동하려는 경향을 증가시킨다. 현재 많은 증거는 대뇌 전두 피질이 대립 정보들을 감시하는 역할을 한다고 보여 준다. Carter 등(1998)은 낱자 A 또는 B가 짧게 나타나고 9.5초 후에 X 또는 Y가 나타나는 일종의 연속수행검사(continuous performance test)를 참여자에게 제시하였다. 참여자는 A 다음에 X가 나타나는 것을 보면 반응하도록 요구받았다. 그러나 이 연구의 어떤 시행들에서는 읽기 어려운 망가진 자극들이 포함되었다. fMRI 주사에 의하면, 사람들이 오류를 범할 때 ACC와 3개의 다른 피질 영역이 활성화되었다. 그렇지만 망가진 자극과 관련하여 유의미한 활성화를 보인 것은 ACC뿐이었다. 게다가 망가진 자극이 오류 반응을 증가시켰음에도, 정확성은 우연 수준 이상으로 우수하였다. 따라서 ACC가 오류 감시 자체에 관여한다기보다, 오류가 일어나기 쉬운 조건을 발견하는 것으로 보인다.

Botvinick 등(2001)은 Stroop 과제와 같은 과제들이 요구하는 갈등 감시에서 ACC의 역할에 대해 개관하였다.[9] 본래 ACC가 특정 과제에 의해 활성화될 때, 이것은 다른 뇌

영역에서 통제 기제들을 작동시킨다. 이런 통제 기제들은 우리가 이 장과 다른 장에서 보았던 것처럼 판단과 결정 과제에서 인지와 정서 과정을 조절할 것이다. 특히 ACC는 다음과 같은 상황에서 활성화되었다.

- 증거자료가 중심 인과성 이론과 불일치하는(예 : 부적합한 이론을 지지하는 강력한 증거자료 또는 적합한 이론을 지지하는 약한 증거자료) 인과성 판단 과제를 수행하는 동안 활성화된다(Fugelsang & Thompson, 2003 참조; 제6장).
- 틀 효과 과제를 수행하면서 자신의 행동 경향과 반대로 행동한 사람에게서 활성화된다. 즉, 이들은 틀 반대 방향으로 행동한다(De Martino et al., 2006; 제7장).
- 경제게임에서 공정하게 행동했던 파트너에게 고통(약한 전기충격)이 주어지는 것을 참여자가 관찰할 때 활성화된다. 남성은 아니지만 여성은 '불공정한' 파트너가 고통을 경험했을 때 ACC 활성화를 보였다(Singer et al., 2006; 제14장). 참여자에게 고통이 주어지는 것을 단순히 보도록 요청하였을 때는, ACC 활성화가 외현 행동이나 판단과 연합되어 있지 않았다. 그러나 우리가 보았듯이 공감이 특정 도움 행동에서는 선도자의 역할을 한다.
- 진실게임 동안 훌륭한 도덕적 특성을 지녔다고 생각하는 사람과 금전을 배분하는 것이 감소할 때, 나쁜 도덕적 특성을 지녔다고 생각하는 사람과 금전을 공유할 때 활성화된다(Delgado et al., 2005; 제14장).
- 개인적 도덕 딜레마를 다룰 때, 딜레마가 어려울수록 활성화는 더 커진다(Greene et al., 2004; 제15장).

정서와 합리성

정서는 우리에게 행동을 준비시킨다. 정서는 행동이 경험되는 맥락을 설명한다. 이것은 세계를 창조하는데, 우리의 뇌가 수용할 수 있는 하나의 잠재적 세계로서, 갈등 욕망,

제약, 희망을 해결해 주는 세계를 창조한다. 기본적으로 정서는 색채와 같다. 정서는 세계를 범주화하고 신경학적 계산을 단순화하는 데 도움이 된다. 물리적 세계의 무한한 복잡성 속에서 정서는 사물을 분류할 수 있게 뇌를 돕는다(Berthoz, 2006, p. 226).

우리는 도덕 딜레마가 정서 처리 및 갈등 감시와 관련된 뇌 영역을 활성화시킨다는 것을 보았다. 이 절에서는 1990년대 중반부터 많은 관심을 받고 있는 정서와 판단 및 결정의 관계에 대하여 자세히 알아보고자 한다. 역사적으로 정서는 합리성을 방해하는 것으로 여겨졌다.

정서에 대한 많은 연구가 전두엽 손상 환자를 다룬다. 이들은 지적 능력, 기억, 언어 사용, 운동 기능에서는 문제가 없는데, 보상과 처벌에 반응하지 않고 당황함이나 슬픔과 같은 정서를 표현하지 못하는 정서적 '무심함(flatness)'을 보인다. 이런 일반적인 정서적 무심함에도, 아주 작은 좌절이나 도발 자극에 의해 갑작스런 분노나 폭력이 나타날 수 있다. 결정연구자에게 가장 흥미로운 사실은 전두엽 손상 환자가 열등한 결정자라는 것이다. 즉, 다른 사람에게는 너무나 분명한 결정에서 이 환자들은 종종 얼버무리고, 일반적으로 자신에게 최선이 되는 대안을 선택할 수 없어 보인다(Damasio, 1994).

정서적 무심함과 열등한 결정은 서로 독립적이지 않아 보인다. 비슷한 2개의 가설이 결정짓기에서 정서의 역할을 설명하기 위해 제안되었다. **정서 느낌 가설**(Loewenstein et al., 2001; 제14장 참조)은 인지와 정서가 서로에게 영향을 끼친다는 양방향 관계를 제안한다. 또한 때로는 인지와 정서가 다른 하나의 개입 없이 행동에 직접적으로 작용할 수도 있다.

신체 표식 가설(somatic marker hypothesis)은 신체 관련 반응(정서)이 결정에 영향을 끼친다고 주장한다(Bechara & Damasio, 2005; Damasio, 1994). 이런 반응은 **신체 상태**(somatic states)라고 불린다. 신체 상태는 '만족 상태 또는 회피 상태를 유발하는 선천적 또는 학습된 자극'인 **1차 유발**

자(primary inducer)에 대한 반응으로 발생하거나(Bechara & Damasio, 2005, p. 340), 1차 유발자에 대한 생각 또는 기억인 2차 유발자(secondary inducer)에 대한 반응으로 발생할 수 있다. 신체 상태는 의식 안팎에서 작동할 수 있지만, 특정 자극에는 주의를 기울이고 다른 자극으로부터 주의를 돌리도록 한다. 이런 방식으로 신체 상태가 영향을 끼치지만, 개인은 작업 기억 내용에 추론 과정을 계속 적용할 것이기 때문에 신체 상태가 결정짓기를 확정하는 것은 아니다.

이 두 이론은 매우 유사하지만 신체 표식 가설이 어쩌면 더 구체적으로 체계화되었다. 한 가지 차이는 신체 표식 가설은 정서가 정상적인 사람의 결정짓기 과정에 항상 관여한다고 주장하는 것이다. 이 주장을 지지하는 증거가 뇌 손상 때문에 정상인과 동일한 방식으로 정서를 처리할 수 없는 사람들에 대한 연구에서 얻어졌다.

전두엽 환자의 결정에 관한 연구들은 Bechara 등(1994)이 최초로 보고하였던 아이오와 도박 과제(Iowa gambling task, IGT)를 사용한다. 이 연구에서 표적 참여자들은 복내측 전전두 피질(ventromedial prefrontal cortex, VMPC)[10]에 손상을 입은 사람들이었고 비정상적인 결정을 하였던 기록이 있었다. 다른 뇌 영역 손상 환자뿐 아니라 정상인도 연구에 참여하였다. 과제는 게임을 위해 2,000달러가 주어지는 것으로 시작하여, 4개의 카드더미에서 한 번에 하나씩 카드를 뽑게 되어 있다. 카드더미 A와 B의 각 카드는 100불의 보상 가치가 있다면, C와 D의 각 카드는 50달러의 가치가 있다. 그러나 각 카드더미는 처벌 카드도 포함하고 있다. 카드더미 A와 B에 있는 처벌은 C와 D에 있는 것보다 더 강해서, A와 B의 처음 10개의 카드는 250달러의 순손실을 가져오는 반면, C와 D의 처음 10개의 카드는 250달러의 순이득을 가져다준다. 다시 말하면, 참여자들은 개인적인 보상은 더 작지만 전체 이득이 더 큰 카드더미 C와 D에서 카드를 뽑는 것을 학습해야 한다.

Bechara 등(1994)의 연구에서 모든 참여자가 처음에는 모든 카드더미 카드를 뽑기 시작하지만, 전두엽 손상 환자들은 큰 카드더미 C와 D에서 카드를 뽑는 학습에 실패하였다. 요약하면 다른 참여자들은 대부분 큰 카드더미 C와 D에서 카드를 뽑는 반면, 이 환자들은 주로 카드더미 A와 B에서 뽑았다. 또한 참여자에게 즉각적인 처벌이 주어지거나 보상이 지연되는 과제도 제시하였다.[11] 이 결과는 환자들이 처벌에 둔감하거나 보상에 매우 민감할 것이라는 가능성을 잠재웠고, 대신에 이들이 미래에 발생할 일의 결과에 둔감하다는 것을 보여 준다.

후속 연구(Bechara et al., 1997)는 과제를 수행하는 동안 참여자의 피부 전도 반응(SCR)을 측정하였고, 매 10개의 카드를 뽑은 후에 과제의 진행 과정에 대해 알고 있는지, 과제에 대하여 무엇을 느꼈는지를 질문하였다. 모든 정상인은 과제에 대한 직감을 발달시켰고, 75%의 사람들이 과제를 정확하게 이해하였다. 직감이 일어나면서 이 참여자들은 나쁜 카드더미보다는 좋은 카드더미를 더 자주 선택하기 시작하였다. 그러나 먼저 SCR이 증가하고 난 후에 사람들은 직감에 도달할 수 있었다. 직감을 보고하고 완전한 이해가 일어난 동안, 좋은 카드더미에 대한 반응에서 SCR은 감소하기 시작했지만 나쁜 카드더미에 대한 반응에서 SCR은 증가하는 채로 남아 있었다.

반대로 전전두엽 환자의 50%가 과제에 대한 정확한 이해를 보고하였지만, 한 명도 어느 시점에서 직감을 발달시키지 못하였다. 더욱이, 마지막으로 과제를 완벽히 이해한 환자들은 과제의 마지막 단계에서 나쁜 카드더미를 더 많이 선택하는 일이 매우 감소하기는 하였지만, 환자들은 SCR의 증가를 보여 주지 않았고 모든 연구 단계에서 나쁜 카드더미가 더 자주 선택되었다.

IGT 결과의 해석과 관련하여 많은 논란이 일어났다(비평에 대한 개관은 Dunn et al., 2006; Krawczyk, 2002 참조). 한 가지 비판은 VMPC 환자들이 전환 학습(reversal learning)을 할 수 없기 때문에 IGT 수행에서 손상을 보인다는 것이다. 즉, 이들은 특정 수반성을 학습하고 나면, 상황이 변하였을 때 자신의 초기 반응을 억압할 수 없다(Maia &

McClelland, 2004). 따라서 VMPC 환자들은 보상이 가장 큰 카드를 선택하는 것을 학습한 IGT에서, 처벌을 받아도 이것에 대한 자신의 반응을 억압할 수 없다는 것이다. Bechara 등(2005)은 어떤 VMPC 환자들이 전환 학습에 문제가 있기는 하지만 이것이 신체 표식 가설과 양립할 수 없는 것은 아니라고 지적하였다. 전환이 일어나기 위해서는 정서적 신호가 필요하고, 이것이 일어날 때 전환 학습과 관련된 뇌 영역은 정서 처리와 관련된 뇌 영역과 동일하다(Rolls, 1999).

그러나 환자들이 큰 손실을 경험한 후에는 카드더미를 실제로 종종 바꾼다는 사실을 고려할 때, 전환 학습의 실패로 모든 IGT 결과를 설명할 수 있을지는 분명하지 않다. 차이는 이들이 곧 나쁜 카드더미로 다시 바꾼다는 것이다(예 : Busemeyer & Stout, 2002). 이 이론은 또한 과제에 대해 정확히 이해한 환자가 왜 이득을 얻는 게임을 하는 데 실패하는지 설명하지 못한다.

다른 증거 역시 정서가 결정짓기에서 중요하다는 것을 보여 준다. 제7장에서 우리는 정서 처리와 관련된 여러 뇌 영역에 손상을 입은 환자들이 실제로 일련의 50/50 도박에서 더 합리적인 결정을 내린다는 것을 보았다. 이 도박의 결과는 2.50달러의 이득이거나 또는 도박에 참여하는 데 드는 비용인 1달러의 손실이었다. 이런 환자들은 다른 뇌 영역이 손상된 환자나 정상인보다 더 자주 투자하였다. 반대로 정상인과 다른 뇌 손상 환자들은 근시안적인 손실 혐오를 보였다. 유사하게, VMPC 환자들이 비개인적 도덕 딜레마에서 평범한 환자들처럼 행동하고 개인적 도덕 딜레마에서는 실용주의적 방식으로 행동한다는 것이 발견되었다(Koenigs et al., 2007). 예를 들면, VMPC 환자들은 5명의 생명을 구하기 위해 다리 위에 있는 1명을 밀어서 죽게 한다는 것을 대다수 사람보다 더 많이 지지하였다.

또한 전두엽 환자의 대다수는 정서적으로 무심하지만 비교적 작은 도발자극에도 갑작스런 분노 폭발을 보일 수 있다. 이 관찰과 일치하게 VMPC 환자들은 최후통첩게임에서 열등한 제안자를 거부하는 일이 더 많았다(Koenigs &

Tranel, 2007).

요약하면, 정서가 결정짓기에서 중요하다는 것은 이제 분명하다. 이 절은 정서 처리에 손상을 입은 사람의 결정짓기에서 우리가 무엇을 학습할 수 있을 것인지에 초점을 맞추었다. 물론 결정짓기의 정서 과정, 인지 과정과 관련된 그밖의 뇌 영역(그리고 이 둘 사이의 연결)에 대해 말할 수 있는 내용이 많다. 여기서는 지면 부족으로 생략하였지만, 더 상세한 내용은 Frank와 Claus(2006), Berthoz(2006)에서 찾아볼 수 있다.

요약

Stanovich(1999)는 사람들이 전체 맥락 속에서 문제를 지각하는 기본 계산 편향을 보인다고 주장하였다. 이것은 사람들로 하여금 규범적인 해결과 관련 없는 세부 사항에 초점을 맞추도록 한다. 높은 인지 능력을 지닌 사람은 판단 과제 문제에 규범적인 절차를 적용하기 위해 가장 적합한 속성을 추출하는 능력이 더 뛰어나다.

자원 배분과 죄수의 딜레마와 같은 과제에서, 더 강한 반성적 사고는 더 많은 규범적 반응과 연합되어 있다. 개인차 측정검사인 인지반성검사(CRT)는 모험 선택과 시간 선호 문제에서 개인차를 보여 준다. 그러나 CRT 점수와 결정짓기 수행 간의 관계는 성차에 의해 중재된다. 더욱이 CRT 점수가 높은 사람은 결정 과제에서 모험 대안을 선택하는 일이 더 많았지만, 이들이 기대 가치를 계산하는 것 같지는 않아서, 반성이 항상 더 많은 규범적 행동을 일으키는지는 분명하지 않다.

반성적 사고가 어떤 과제에서는 더 적은 규범적 반응을 낳을 수도 있다. 자신의 선호에 대한 이유를 말하라고 사람들에게 요구하면 더 열등한 선택이 일어나기도 한다. 이런 상황에서 사람들은 말로 표현하기 쉬운 속성에 초점을 맞추는 경향이 있는데, 이 속성이 결정의 질이나 장기적인 만족도를 결정하는 주요 요소가 아닐 수 있다. 또 다른 증거에 의하면 사람들에게 의식적 사고를 하지 못하게 막는 것이 더 우수한 판단과 선택을 일으킬 수 있고, 특히 대안이 복잡할 때 그렇다.

직관적 사고와 반성적 사고를 설명하기 위해 상호작용하는 두 사고체계가 제안되었다. 직관확신이론은 직관이 쉽게 머리에 떠오르기 때문에 자신의 직관에 대해 사람들이 확신적이라고 말한다. 그러나 이런 확신은 반규범적 대안을 지지하는 것처럼 보이는 정보가 존재하면 감소할 수 있다. 도덕 판단 역시 이중체계이론에서 해석될 수 있다. 실제로 사회직관이론은 도덕 판단이 우리의 직관에 의해 일어나지만, 사후 합리화를 통하여 설명되고 정당화된다고 주장한다.

상당히 많은 연구 증거가 사람들은 자신의 판단과 결정에 놓인 정보 처리 과정에 대해 아는 것이 거의 없다고 말한다. Nisbett과 Wilson(1977)의 고전 논문은 자기 자신의 행동에 대한 사람들의 보고는 본질적으로 합리화 과정이라는 것을 보여 주었다. 분할 뇌 환자에 대한 연구는 좌반구가 '해설자'의 역할을 한다는 것을 보여 준다. 반대로 우반구는 이례적인 것을 발견하고 이것을 근거로 새로운 정신적 표상을 생성하는 데 특수화되었다. 양손잡이는 뇌의 두 반구가 서로 의사소통하는 정도를 보여 주는 지표인 것 같다. 양손잡이는 2개의 모순되는 표상을 더 잘 수용하고 시각적 역설을 더 잘 이해한다.

(적어도) 두 뇌 영역이 직관과 반성을 이해하는 데 중요하다. 첫째, 기저핵은 순서 정보와 확률 관계의 학습과 연합되어 있다. 그러나 사람들은 이런 관계에 대한 명시적 지식을 보고할 수 없는 경우가 많다. 둘째, 대뇌 전두 피질은 대립적인 정보 항목들을 감시하고 통제 기제를 구성하는 일을 담당한다.

위험 느낌 가설과 신체 표식 가설이 제안하는 것처럼, 결정짓기에서 정서가 중심 역할을 수행한다는 가설들이 광범위하게 인정받고 있다. 두 가설은 인지와 정서가 행동에 작용할 뿐 아니라 서로에게 영향을 끼친다고 주장한다. 결정짓기에서 정서의 중심 역할을 지지하는 많은 증거가 복내측 전전두 피질 손상 환자에게서 발견되었다. 아이오와 도박 과제에서 환자들은 보상과 처벌에 대한 학습을 하지 못하고, 따라서 불리한 선택을 한다. 그러나 개인적 도덕 딜레마에서 이들은 정상인과 다르게 실용주의적 선택을 하고 긍정적 기대 가치가 있는 반복적인 도박에서 근시안적 손실 혐오에 덜 민감하다.

질문

1. 인지적 반성의 손실과 이득은 무엇인가?

2. 전환 학습은 무엇인가?

3. 의식적인 의지가 환상임이 사실이라면, 사람들은 자신의 행동에 대하여 법률적인 책임을 져야만 하는 것일까?

4. 잡지에 영화 논평을 기고하라는 제의를 받았다고 가정하자. 논평을 쓰는 행위는 영화에 대한 당신의 즐거움에 어떤 영향을 끼칠 것 같은가?

5. 판단과 결정짓기에서 대뇌 전두 피질과 기저핵의 역할에 대하여 논하라.

6. 아이오와 도박 과제를 사용하는 연구로부터 우리는 결정짓기에 대해 무엇을 배웠는가?

주

1. Frederick은 이 3개의 질문이 여러 다른 질문에 내포되어 있다고 말한다.

2. 이 연구는 독일에 있는 하이델베르크대학교에서 수행되었다.

3. Wilson(2002)이 지적하였듯이, 사고 체계 1은 실제로 여러 모듈의 집합체이다.

4. Evans가 실제로 사용한 용어는 추단 분석 구분이었다.

5. 제13장의 재인 점화 결정짓기에 대한 논의를 참조하라.

6. 상세한 개관은 Berthoz(2006), Krawczyk(2002), Lieberman(2000), Frank와 Claus(2006), Bechara와 Damasio(2005), Dunn 등(2006)을 참조하라.

7. Jasper와 Christman(2005)은 중요한 차이가 오른손잡이와 나머지 사이에 있는 것이 아니라 강력한 한손잡이(오른손잡이 또는 왼손잡이)와 양손잡이 사이에 있다고 지적한다. 그렇지만 실제로 아주 소수의 강력한 왼손잡이(전체 인구의 2%)만이 존재하고 이들이 연구에 참여하는 일은 드물다.

8. Gödel의 불완전성 정리는 기본 수학적인 참을 증명하는 계산 가능한 가산이론으로, 참이지만 이 이론 안에서 증명할 수 없는 수학적 진술문을 형성하는 것이 항상 가능할 수 있다는 것을 보여 준다.

9. 고전적인 Stroop 과제는 색깔 명명 갈등을 포함한다. 빨강과 같은 단어가 단어 자체의 의미와는 다른 색깔로 쓰여 있다. 참여자는 단어를 읽는 대신에 글씨의 색을 말해야 한다. 사람들이 범하는 오류는 적지만, 단어를 말하려는 원래의 경향을 극복하려는 시도 때문에 반응 시간은 길어진다.

10. 복외측 전전두 피질 손상 환자들도 IGT 수행에서 손상을 보인다. 그러나 이 환자들에게는 IGT의 문제를 설명할 수 있는 작업 기억과 다른 인지 과정에서의 손상도 존재한다(Bechara et al., 1998; Manes et al., 2002).

11. Bechara 등(1994)은 이 결과를 상세하게 보고하지 않았다. 이 논문의 13~14쪽을 참조하라.

추천도서

Berthoz, A. (2006). *Emotion and Reason: The cognitive neuroscience of decision making*. Oxford: Oxford University Press. 이 책은 신체 움직임에서부터 보상과 처벌에 대한 정보 처리 과정에 이르기까지, 결정짓기의 다양한 측면에 대한 신경과학적 설명을 제공한다.

Damasio, A. R. (1994). Descartes' error: *Emotion, reason and the human brain*. New York: Grosset/Putnam. Damasio는 신체 표식 가설을 정립하고 전두엽 손상이 결정을 내리는 능력을 손상시키는 방식에 대해 기술한다.

Gladwell, M. (2005). *Blink: The power of thinking without thinking*. London: Allen Lane. Malcolm Gladwell이 직관적 사고에 대하여 기술한 또 하나의 베스트셀러 과학 저서이다.

Stanovich, K. E. (1999). *Who is rational? Studies of individual differences in reasoning*. Mahwah, NJ: Erlbaum. 이 책은 추론 과제의 수행과 관련된 인지 능력 차이에 대한 주요 연구를 개관한다.

Wegner, D. M. (2002). *The illusion of conscious will*. Cambridge, MA: Bradford Books, MIT Press. 제목이 모든 것을 말해 주는 책으로, Daniel Wegner는 흥미로운 증거들을 제시한다.

Wilson, T. D. (2002). *Strangers to ourselves: Discovering the adaptive unconscious*. Cambridge, MA: Belknap, Havard University Press. 자기 통찰 부족에 대한 증거가 제시된 또 하나의 훌륭한 책이다.

Zeki, S. & Goodenough, O. (Eds.) (2004). *Law and the brain*. Oxford: Oxford University Press. 신경과학 연구의 법적 활용에 대한 논의들을 편집한 책이다.

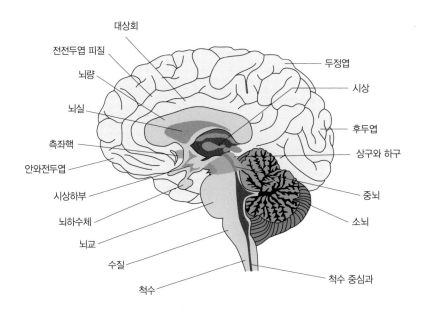

인간 뇌의 시상 절단면

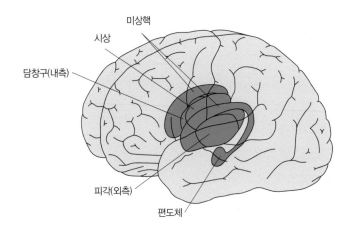

기저핵

제1장

서론 : 판단, 결정 그리고 합리성

Ayton, P. (2000). Do the birds and bees need cognitive reform? *Behavioral and Brain Sciences, 23*(5), 666–667.

De La Rochefoucauld, F. (1678/2007). *Collected maxims and other reflections.* Oxford: Oxford University Press.

Dijksterhuis, A. (2004). Think different: The merits of unconscious thought in preference development and decision making. *Journal of Personality and Social Psychology, 87*(5), 586–598.

Dijksterhuis, A. & Nordgren, L.F. (2006). A theory of unconscious thought. *Perspectives on Psychological Science, 1*(2), 95–109.

Freud, D. (2006). *Freud in the city.* UK: Bene Factum.

Gigerenzer, G., Todd, P.M. & the ABC Group (1999). *Simple heuristics that make us smart.* Cambridge: Cambridge University Press.

Gintis, H. (2006). The foundations of behaviour: The beliefs, preferences, and constraints model. *Biological Theory, 1*(2), 123–127.

Haigh, M.S. & List, J.A. (2005). Do professional traders exhibit myopic loss aversion? An experimental analysis. *The Journal of Finance, 40*(1), 523–534.

Jensen, A.R. (1998). *The g factor: The science of mental ability.* Westport, CT: Praeger.

Kahneman, D., Slovic, P. & Tversky, A. (1982). *Judgment under uncertainty: Heuristics and biases.* Cambridge: Cambridge University Press.

Laming, D. (2004). *Human judgment: The eye of the beholder.* London: Thomson.

Payne, J.W., Bettman, J.R. & Johnson, E.J. (1993). *The adaptive decision maker.* Cambridge, England: Cambridge University Press.

Shafir, S. (1994). Intransitivity of preferences in honey bees: support for 'comparative' evaluation of foraging options. *Animal Behaviour, 48*, 55–67.

Simon, H. (1955). A behavioral model of rational choice. *The Quarterly Journal of Economics, LXIX*, 99–118.

Simon, H. (1956). Rational choice and the structure of environments. *Psychological Review, 63*, 129–138.

Stanovich, K.E. & West, R.F. (2000). Individual differences in reasoning: Implications for the rationality debate? *Behavioral and Brain Sciences, 23*, 645–726.

제2장

판단의 특성과 분석

Blattberg, R.C. & Hoch, S.J. (1990). Database models and managerial intuition: 50% model + 50% manager. *Management Science, 36*, 887–899.

Bröder, A. (2000). Assessing the empirical validity of the 'take-the-best' heuristic as a model of human probabilistic inference. *Journal of Experimental Psychology: Learning, Memory, and Cognition, 26*, 1332–1346.

Bröder, A. (2003). Decision making with the 'adaptive toolbox': Influence of environmental structure, intelligence, and working memory load. *Journal of Experimental Psychology: Learning, Memory, and Cognition, 29*(4), 611–625.

Bröder, A. & Eichler, A. (2006). The use of recognition information and additional cues in inferences from memory. *Acta Psychologica, 121*, 275–284.

Brunswik, E. (1955). Representative design and probabilistic theory in a functional psychology. *Psychological Review, 62*, 193–217.

Dawes, R.M. (1979). The robust beauty of improper linear models in decision making. *American Psychologist, 34*, 571–582.

Dawes, R.M. & Corrigan, B. (1974). Linear models in decision making. *Psychological Bulletin, 81*, 95–106.

Dawes, R.M., Faust, D. & Meehl, P.E. (1989). Clinical versus actuarial judgment. *Science, 243*, 1668–1673.

De Vaul, R.A., Jervey, F., Chappell, J.A., Caver, P., Short, B. & O'Keefe, S. (1987). Medical school performance of initially rejected students. *Journal of the American Medical Association, 257*(1), 47–51.

Dhami, M.K., Hertwig, R. & Hoffrage, U. (2004). The role of representative design in an ecological approach to cognition. *Psychological Bulletin, 130*(6), 959–988.

Einhorn, H.J. (1972). Expert measurement and mechanical combination. *Organizational Behavior and Human Performance, 7*, 86–106.

Gigerenzer, G. & Goldstein, D.G. (1996). Reasoning the fast and frugal way: Models of bounded rationality. *Psychological Review, 103*, 592–596.

Gigerenzer, G., Hoffrage, U. & Kleinbolting, H. (1991). Probabilistic mental models: A Brunswikian theory of confidence. *Psychological Review, 98*, 506–528.

Gigerenzer, G., Czerlinski, J. & Martignon, L. (2002). How good are fast and frugal heuristics? In T. Gilovich, D. Griffin, D. Kahneman (Eds.), *Heuristics and biases: The psychology of intuitive judgment.* Cambridge: Cambridge University Press.

Goldberg, L.R. (1965). Diagnosticians vs. diagnostic signs: The diagnosis of psychosis vs. neurosis from the MMPI. *Psychological Monographs, 79*(9) (whole no. 602).

Goldberg, L.R. (1968). Simple models or simple processes? Some research on clinical judgments. *American Psychologist, 23*, 483–496.

Goldberg, L.R. (1970). Man versus model of man: a rationale, plus some evidence, for a method of improving on clinical inferences. *Psychological Bulletin, 73*, 422–432.

Goldberg, L.R. (1976). Man vs. model of man: Just how conflicting is that evidence? *Organizational Behavior and Human Performance, 16*, 13–22.

Goldstein, D. & Gigerenzer, G. (2002). Models of ecological rationality: The recognition heuristic. *Psychological Review, 109*(1), 75–90.

Grove, W.M., Zald, D.H., Lebow, B.S., Snitz, B.E. & Nelson, C. (2000). Clinical vs. mechanical prediction: A meta-analysis. *Psychological Assessment, 12*, 19–30.

Guilmette, T.J., Faust, D., Hart, K. & Arkes, H.R. (1990). A national survey of psychologists who offer neuropsychological services. *Archives of Clinical Neuropsychology, 5*, 373–392.

Hammond, K.R. (1955). Probabilistic functioning and the clinical method. *Psychological Review, 62*, 255–262.

Libby, R. (1976). Man versus model of man: Some conflicting evidence. *Organizational Behavior and Human Performance, 16*, 1–12.

Meehl, P. (1954). *Clinical versus statistical prediction.* Minneapolis: University of Minnesota Press.

Meehl, P. (1957). When shall we use our heads instead of the formula? *Journal of Counseling Psychology, 4*, 268–273.

Meehl, P. (1965). Seer over sign: The first good example. *Journal of Experimental Research in Personality, 1*, 27–32.

Meehl, P. (1986). Causes and effects of my disturbing little book. *Journal of Personality Assessment, 50*(3), 370–375.

Newell, B.R. & Fernandez, D.R. (2006). On the binary quality of recognition and the inconsequentiality of further knowledge: Two critical tests of the recognition heuristic. *Journal of Behavioral Decision Making, 19*, 333–346.

Newell, B.R. & Shanks, D.R. (2003). Take the best or look at the rest? Factors influencing 'one-reason' decision making. *Journal of Experimental Psychology: Learning, Memory, and Cognition, 29*(1), 53–65.

Newell, B.R., Rakow, T., Weston, N.J. & Shanks, D.R. (2004). Search strategies in decision making: The success of 'success'. *Journal of Behavioral Decision Making, 17*, 117–137.

Oppenheimer, D.M. (2003). Not so fast! (and not so frugal): Rethinking the recognition heuristic. *Cognition, 90*, B1–B9.

Oskamp, S. (1965). Overconfidence in case-study judgments. *The Journal of Consulting Psychology, 29*, 261–265.

Richter, T. & Späth, P. (2006). Recognition is used as one cue among others in judgment and decision making. *Journal of Experimental Psychology: Learning, Memory, and Cognition, 31*(1), 150–162.

Rieskamp, J. & Otto, P.E. (2006). SSL: A theory of how people learn to select strategies. *Journal of Experimental Psychology: General, 135*(2), 207–236.

Sawyer, J. (1966). Measurement and prediction, clinical and statistical. *Psychological Bulletin, 66*, 178–200.

Wiggins, J.S. (1981). Clinical and statistical prediction: Where are we and where do we go from here? *Clinical Psychology Review, 1*, 3–18.

제3장
확률과 빈도 판단

Ayton, P. & Wright, G. (1994). Subjective probability: What should we believe? In G. Wright & P. Ayton (Eds.), *Subjective probability*. Chichester: Wiley.

Betsch, T. & Pohl, D. (2002). Tversky and Kahneman's availability approach to frequency judgment: A critical analysis. In P. Sedlmeier & T. Betsch (Eds.), *Etc.: Frequency processing and cognition*. Oxford: Oxford University Press.

Biller, B., Bless, H. & Schwarz, N. (1992, April). *Die Leichtigkeit der Erinnerung als Information in der Urteilsbildung: der Einflunmβder Fragenreihenfolge* [Ease of recall as information: The impact of question order]. Tagung experimentell arbeitender Psychologen, Osnabrück, FRG.

Brase, G.L., Fiddick, G.L. & Harries, C. (2006). Participant recruitment methods and statistical reasoning performance. *The Quarterly Journal of Experimental Psychology, 59*(5), 965–976.

Brown, N.R. (2002). Encoding, representing, and estimating event frequencies: a multiple strategy perspective. In P. Sedlmeier & T. Betsch (Eds.), *Etc.: Frequency processing and cognition*. Oxford: Oxford University Press.

Clotfelter, C.T. & Cook, P.J. (1993). The gambler's fallacy in lottery play. *Management Science, 39*(12), 1521–1525.

Cosmides, L. & Tooby, J. (1996). Are humans good intuitive statisticians after all? Rethinking some conclusions from the literature on judgment under uncertainty. *Cognition, 58*, 1–73.

Desvouges, W.H., Johnson, F., Dunford, R., Hudson, S., Wilson, K. & Boyle, K. (1993). Measuring resource damages with contingent valuation: Tests of validity and reliability. In J.A. Hausman (Ed.), *Contingent valuation: A critical assessment*. Amsterdam.

Dougherty, M.R.P., Gettys, C.F. & Ogden, E. (1999). Minerva DM: A memory process model for judgements of likelihood. *Psychological Review, 106*, 180–209.

Dougherty, M.R.P. & Franco-Watkins, A.M. (2002). A memory models approach to frequency and probability judgment: applications of Minerva 2 and Minerva DM. In P. Sedlmeier & T. Betsch (Eds.), *Etc.: Frequency processing and cognition*. Oxford: Oxford University Press.

DuCharme, W.M. & Peterson, C.R. (1968). Intuitive inference about normally distributed populations. *Journal of Experimental Psychology, 78*, 269–275.

Eddy, D.M. (1982). Probabilistic reasoning in clinical medicine: Problems and opportunities. In D. Kahneman, P. Slovic & A. Tversky (Eds.), *Judgment under uncertainty: Heuristics and biases*. Cambridge: Cambridge University Press.

Edwards, W. (1968). Conservatism in human information processing. In B. Kleinmuntz (Ed.), *Formal representation of human judgment*. New York: Wiley.

Feller, W. (1950). *An introduction to probability theory and its applications: Vol. 1*. Wiley.

Frederickson, B.L. & Kahneman, D. (1993). Duration neglect in retrospective evaluations of affective episodes. *Journal of Personality and Social Psychology, 65*, 45–55.

Gigerenzer, G. (2003). *Reckoning with risk: Learning to live with uncertainty*. London: Penguin.

Gigerenzer, G. & Hoffrage, U. (1995). How to improve Bayesian reasoning without instruction: Frequency formats. *Psychological Review, 102*(4), 684–704.

Gigerenzer, G., Hoffrage, U. & Ebert, A. (1998). AIDS counseling for low-risk clients. *AIDS Care, 10*, 197–211.

Gilovich, T., Vallone, R. & Tversky, A. (1985). The hot hand in basketball: On the misperception of random sequences. *Cognitive Psychology, 17*, 295–314.

Haigh, J. (2003). *Taking chances: Winning with probability* (2nd edn). Oxford: Oxford University Press.

Hoffrage, U., Lindsey, S., Hertwig, R. & Gigerenzer, G. (2000). Communicating statistical information. *Science, 290*, 2261–2262.

Johnson-Laird, P.N., Legrenzi, P., Girotto, V., Legrenzi, M.S. & Caverni, J.P. (1999). Naive probability: A mental model theory of extensional reasoning. *Psychological Review, 106*(1), 62–88.

Kahneman, D. & Frederick, S. (2002). Representativeness revisited: Attribute substitution in intuitive judgment. In T. Gilovich, D. Griffin & D. Kahneman (Eds.), *Heuristics and biases: The psychology of intuitive judgment*. Cambridge: Cambridge University Press.

Kahneman, D. & Tversky, A. (1972). Subjective probability: A judgment of representativeness. *Cognitive Psychology, 3*, 430–454.

Kahneman, D. & Tversky, A. (1973). On the psychology of prediction. *Psychological Review, 80*, 237–251.

Kahneman, D., Slovic, P. & Tversky, A. (1982). *Judgment under uncertainty: Heuristics and biases*. Cambridge: Cambridge University Press.

Koehler, J.J. (1996). The base rate fallacy reconsidered: Descriptive, normative and methodological challenges. *Behavioral and Brain Sciences, 19*(1), 1–53.

Levy, S. (2006a). *The perfect thing: How the iPod shuffles commerce, culture, and coolness*. New York: Simon & Schuster.

Levy, S. (2006b; 31 January). Does your iPod play favorites? *Newsweek online*. Downloaded on 2 August 2007, from http://www.msnbc.msn.com/id/6854309/site/newsweek/.

Macchi, L. (1995). Pragmatic aspects of the base rate fallacy. *Quarterly Journal of Experimental Psychology, 48A*, 188–207.

Macchi, L. (2003). The partitive conditional probability. In D. Hardman & L. Macchi (Eds.), *Thinking: Psychological perspectives on reasoning, judgment, and decision making*. Chichester: Wiley.

Malkiel, B.G. (2003[1973]) *A random walk down Wall Street: The time-tested strategy for successful investing* (revised edn). New York: Norton. Burton Malkiel explains how an understanding of randomness can help you negotiate the stock market.

Nisbett, R.E., Krantz, D.H., Jepson, C. & Kunda, Z. (1983). The use of statistical heuristics in everyday inductive reasoning. *Psychological Review, 90*, 339–363.

Paulos, J.A. (2003). *A mathematician plays the market*. London: Allen Lane. Another book about randomness and the stock market, by one of its victims.

Pinker, S. (1998). *How the mind works*. London: Penguin.

Redelmeier, D. & Kahneman, D. (1996). Patients' memories of painful medical treatments: Real-time and retrospective evaluations of two minimally invasive procedures. *Pain, 66*, 3–8.

Ross, M. & Sicoly, F. (1979). Egocentric biases in availability and attribution. *Journal of Personality and Social Psychology, 37*, 322–336.

Schwarz, N. & Vaughn, L.A. (2002). The availability heuristic revisited: Ease of recall and content of recall as distinct sources of information. In T. Gilovich, D. Griffin & D. Kahneman (Eds.), *Heuristics and biases: The psychology of intuitive judgment.* Cambridge: Cambridge University Press.

Schwarz, N., Bless, H., Strack, F., Klumpp, G., Rittenauer-Schatka, H. & Simons, A. (1991). Ease of retrieval as information: Another look at the availability heuristic. *Journal of Personality and Social Psychology, 45*, 513–23.

Sloman, S.A., Over, D., Slovak, L. & Stibel, J.M. (2003). Frequency illusions and other fallacies. *Organizational Behavior and Human Decision Processes, 92*, 296–309.

Terrell, D. (1994). A test of the gambler's fallacy: Evidence from para-mutuel games. *Journal of Risk and Uncertainty, 8*(3), 309–317.

Tversky, A. & Kahneman, D. (1973). Availability: A heuristic for judging frequency and probability. *Cognitive Psychology, 5*, 207–232.

Tversky, A. & Kahneman, D. (1983). Extensional versus intuitive reasoning: The conjunction fallacy in probability judgment. *Psychological Review, 90*, 293–315.

Tversky, A. & Koehler, D.J. (1994). Support theory: A nonextensional representation of subjective probability. *Psychological Review, 101*, 547–67.

Winkler, R.L. & Murphy, A.H. (1973). Experiments in the laboratory and the real world. *Organizational Behavior and Human Performance, 20*, 252–270.

Yates, J.F. & Carlson, B.W. (1986). Conjunction errors: Evidence for multiple judgment procedures, including 'signed summation'. *Organizational Behavior and Human Decision Processes, 37*, 230–253.

제4장
판단 왜곡 : 기점화와 조정 추단 그리고 후견지명 편향

Arkes, H.R., Faust, D., Guilmette, T.J. & Hart, K. (1988). Eliminating the hindsight bias. *Journal of Applied Psychology, 73*(2), 305–307.

Campbell, J.D. & Tesser, A. (1983). Motivational interpretations of hindsight bias: An individual difference analysis. *Journal of Personality, 51*, 605–620.

Carli, L.L. (1999). Cognitive reconstruction, hindsight, and reactions to victims and perpetrators. *Personality and Social Psychology Bulletin, 25*(8), 966–979.

Chapman, G.B. & Bornstein, B.H. (1996). The more you ask for, the more you get: Anchoring in personal injury verdicts. *Applied Cognitive Psychology, 10*, 519–540.

Chapman, G.B. & Johnson, E.J. (1994). The limits of anchoring. *Journal of Behavioral Decision Making, 7*, 223–242.

Chapman, G.B. & Johnson, E.J. (1999). Anchoring, activation, and the construction of value. *Organizational Behavior and Human Decision Processes, 79*, 115–153.

Chapman, G.B. & Johnson, E.J. (2002). Incorporating the irrelevant: Anchors in judgments of belief and value. In T. Gilovich, D. Griffin & D. Kahneman (Eds.), *Heuristics and biases: The psychology of intuitive judgment.* Cambridge: Cambridge University Press.

Choi, I. & Nisbett, R.E. (2000). The cultural psychology of surprise: Holistic theories and recognition of contradiction. *Journal of Personality and Social Psychology, 79*, 890–905.

Davies, M.F. (1987). Reduction of hindsight bias by restoration of foresight perspective: Effectiveness of foresight-encoding and hindsight-retrieval strategies. *Organizational Behavior and Human Decision Processes, 40*, 50–68.

Davies, M.F. (1992). Field-dependence and hindsight bias: Cognitive restructuring and the generation of reasons. *Journal of Research in Personality, 26*, 58–74.

Englich, B. & Mussweiler, T. (2001). Sentencing under uncertainty: Anchoring effects in the courtroom. *Journal of Applied Social Psychology, 31*, 1535–1551.

Epley, N. (2004). A tale of tuned decks? Anchoring as accessibility and anchoring as adjustment. In D.J. Koehler and N. Harvey (Eds.), *Blackwell handbook of judgment and decision making* (pp.240–257). Oxford: Blackwell.

Epley, N. & Gilovich, T. (2001). Putting adjustment back in the anchoring and adjustment heuristic: Differential processing of self-generated and experimenter-provided anchors. *Psychological Science, 12*(5), 391–396.

Epley, N. & Gilovich, T. (2004). Are adjustments insufficient? *Personality and Social Psychology Bulletin, 30*, 447–460.

Epley, N. & Gilovich, T. (2006). The anchoring and adjustment heuristic: Why the adjustments are insufficient. *Psychological Science, 17*, 311–318.

Fischhoff, B. (1975). Hindsight ≠ foresight: The effect of outcome knowledge on judgment under uncertainty. *Journal of Experimental Psychology: Human Perception and Performance, 1*, 288–299.

Fischhoff, B. (1977). Perceived informativeness of facts. *Journal of Experimental Psychology: Human Perception and Performance, 3*, 349–358.

Fischhoff, B. & Beyth, R. (1975). 'I knew it would happen'. Remembered probabilities of once-future things. *Organizational Behavior and Human Performance, 13*, 1–16.

Galinsky, A.D. & Mussweiler, T. (2001). First offers as anchors: The role of perspective-taking and negotiator focus. *Journal of Personality and Social Psychology, 81*, 657–669.

Hastie, R. (1984). Causes and effects of causal attribution. *Journal of Personality and Social Psychology, 46*, 44–56.

Hawkins, S.A. & Hastie, R. (1990). Hindsight: Biased judgments of past events after the outcomes are known. *Psychological Bulletin, 107*, 311–327.

Hertwig, R., Gigerenzer, G. & Hoffrage, U. (1997). The reiteration effect in hindsight bias. *Psychological Review, 104*(1), 194–202.

Jacowitz, K.E. & Kahneman, D. (1995). Measures of anchoring in estimation tasks. *Personality and Social Psychology Bulletin, 21*, 1161–1166.

Ji, L.-J., Peng, K., & Nisbett, R.E. (2000). Culture, control, and perception of relationships in the environment. *Journal of Personality and Social Psychology, 78*(5), 943–955.

Kahneman, D. & Frederick, S. (2002). Representativeness revisited: Attribute substitution in intuitive judgment. In T. Gilovich, D. Griffin & D. Kahneman (Eds.), *Heuristics and biases: The psychology of intuitive judgment.* Cambridge: Cambridge University Press.

Keren, G. & Teigen, K.H. (2004). Yet another look at the heuristics and biases approach. In D.J. Koehler and N. Harvey (Eds.), *Blackwell handbook of judgment and decision making* (pp.89–109). Oxford: Blackwell.

Musch, J. (2003). Personality differences in hindsight bias. *Memory, 11*(4/5), 473–489.

Mussweiler, T. & Strack, F. (1999). Hypothesis-consistent testing and semantic priming in the anchoring paradigm: A selective accessibility model. *Journal of Experimental Social Psychology, 35*, 136–164.

Mussweiler, T. & Strack, F. (2000). The use of category and exemplar knowledge in the solution of anchoring tasks. *Journal of Personality and Social Psychology, 78*, 1038–1052.

Mussweiler, T., Strack, F. & Pfeiffer, T. (2000). Overcoming the inevitable anchoring effect: Considering the opposite compensates for selective accessibility. *Personality and Social Psychology Bulletin, 26*, 1142–1150.

Nelson, T.O. & Narens, L. (1990). Metamemory: A theoretical framework and some new findings. In G.H. Bower (Ed.), *The psychology of learning and motivation: Vol. 26* (pp.125–173). San Diego, CA: Academic Press.

Nisbett, R.E. (2003). The geography of thought: How Asians and Westerners think differently . . . and why. New York: Free Press.

Northcraft, G.B. & Neale, M.A. (1987). Experts, amateurs, and real estate: An anchoring-and-adjustment perspective on property pricing decisions. *Organizational Behavior and Organizational Decision Processes, 39*, 84–97.

Ofir, C. & Mazursky, D. (1997). Does a surprising outcome reinforce or reverse the hindsight bias? *Organizational Behavior and Organizational Decision Processes, 69*, 51–57.

Pezzo, M.V. (2003). Surprise, defence, or making sense: What removes hindsight bias? *Memory, 11*(4/5), 421–441.

Sanna, L.J. & Turley, K.J. (1996). Antecedents to spontaneous counterfactual thinking: Effects of expectancy violation and outcome valence. *Journal of Personality and Social Psychology, 22*, 906–919.

Sanna, L.J., Schwarz, N. & Stocker, S.L. (2002). When debiasing backfires: Accessible content and accessibility experiences in debiasing hindsight. *Journal of Experimental Psychology, 28*(3), 497–502.

Schwarz, N., Bless, H., Strack, F., Klump, G., Rittenauer-Schatka, H. & Simons, A. (1991). Ease of retrieval as information: Another look at the availability heuristic. *Journal of Personality and Social Psychology, 61*, 195–202.

Schwarz, S. & Stahlberg, D. (2003). Strength of hindsight bias as a consequence of metacognitions. *Memory, 11*(4/5), 395–410.

Slovic, P. & Fischhoff, B. (1977). On the psychology of experimental surprises. *Journal of Experimental Psychology: Human Perception and Performance, 3*, 544–551.

Strack, F. & Mussweiler, T. (1997). Explaining the enigmatic anchoring effect: Mechanisms of selective accessibility. *Journal of Personality and Social Psychology, 73*, 437–446.

Tversky, A. & Kahneman, D. (1974). Judgment under uncertainty: Heuristics and biases. *Science, 185*, 1124–1131.

Weiner, B. (1985). 'Spontaneous' causal thinking. *Psychological Bulletin, 97*, 74–84.

Wells, G.L. & Petty, R.E. (1980). The effects of overt head movements on persuasion: compatibility and incompatibility of responses. *Basic and Applied Social Psychology, 1*, 219–230.

Werth, L. & Strack, F. (2003). An inferential approach to the knew-it-all-along phenomenon. *Memory, 11*(4/5), 411–419.

Wilson, T.D., Houston, C., Etling, K.M. & Brekke, N. (1996). A new look at anchoring effects: Basic anchoring and its antecedents. *Journal of Experimental Psychology: General, 4*, 387–402.

Wood, G. (1978). The knew-it-all-along effect. *Journal of Experimental Psychology: Human Perception and Performance, 4*, 345–353.

제5장
증거 심사와 논증 평가

Baron, J. (1991). Beliefs about thinking. In J.F. Voss, D.N. Perkins & J.W. Segal (Eds.), *Developmental perspectives on teaching and learning thinking skills* (pp.169–186). Basel: Karger.

Baron, J. (1995). Myside bias in thinking about abortion. *Thinking and Reasoning, 1*(3), 201–288.

Beckman, L. (1973). Teachers' and observers' perceptions of causality for a child's performance. *Journal of Educational Psychology, 65*, 198–204.

Bless, H., Mackie, D.M. & Schwarz, N. (1992). Mood effects on attitude judgments: Independent effects of mood before and after message elaboration. *Journal of Personality and Social Psychology, 63*(4), 585–595.

Brem, S.K. & Rips, L.J. (2000). Explanation and evidence in informal argument. *Cognitive Science, 24*(4), 573–604.

Chaiken, S., Lieberman, A. & Eagly, A.H. (1989). Heuristic and systematic processing within and beyond persuasion context. In J.S. Uleman & J.A. Bargh (Eds.), *Unintended thought*. New York: Guilford.

Curley, S.P. & Benson, P.G. (1994). Applying a cognitive perspective to probability construction. In G. Wright and P. Ayton (Eds.), *Subjective probability* (pp.105–209). Chichester: Wiley.

Ditto, P.H. & Lopez, D.F. (1992). Motivated scepticism: Use of differential decision criteria for preferred and nonpreferred conclusions. *Journal of Personality and Social Psychology, 63*(4), 568–584.

Ditto, P.H., Jemmot III, J.B. & Darley, J.M. (1988). Appraising the threat of illness: A mental representation approach. *Health Psychology, 7*, 183–200.

Edwards, K. and Smith, E.E. (1996). A disconfirmation bias in the evaluation of arguments. *Journal of Personality and Social Psychology, 71*(1), 5–24.

Evans, J. St B.T., Newstead, S.E. & Byrne, R.M.J. (1993). *Human reasoning: The psychology of deduction*. Hove: Erlbaum.

George, C. (1995). The endorsement of the premises: Assumption-based or belief-based reasoning. *British Journal of Psychology, 86*, 93–111.

Glassner, A., Weinstock, M. & Neuman, Y. (2005). Pupils' evaluation and generation of evidence and explanation in argument. *British Journal of Educational Psychology, 75*, 105–118.

Handley, S.J., Capon, A., Beveridge, M., Dennis, I. & Evans, J. St B.T. (2004). Working memory, inhibitory control and the development of children's reasoning. *Thinking and Reasoning, 10*, 175–195.

Hastie, R. & Pennington, N. (2000). Explanation-based decision making. In T. Connolly, H.R. Arkes & K.R. Hammond (Eds.), *Judgment and decision making: An interdisciplinary reader* (2nd edn, pp.212–228). Cambridge: Cambridge University Press.

Hastorf, A.H. & Cantril, H. (1954). They saw a game: A case study. *Journal of Abnormal and Social Psychology, 49*, 129–134.

Hovland, C.I., Lumsdaine, A.A. & Sheffield, F.D. (1949). *Experiments on mass communication. Studies in social psychology in World War II: Vol. 3.* Princeton, NJ: Princeton University Press.

Klaczynski, P.A. (1997). Bias in adolescents' everyday reasoning and its relationship with intellectual ability, personal theories, and self-serving motivation. *Developmental Psychology, 33*, 273–283.

Klaczynski, P.A. & Robinson, B. (2000). Personal theories, intellectual ability, and epistemological beliefs: Adult age differences in everyday reasoning tasks. *Psychology and Aging, 15*, 400–416.

Kleindorfer, P.R., Kunreuther, H.C. & Schoemaker, P.J.H. (1993). *Decision sciences: An integrative perspective*. Cambridge: Cambridge University Press.

Koehler, J.J. (1993). The influence of prior beliefs on scientific judgments of evidence quality. *Organizational Behavior and Human Decision Processes, 56*, 28–55.

Kuhn, D. (1991). *The skills of argument*. Cambridge: Cambridge University Press.

Kuhn, D. (2004). Developing reason. *Thinking and Reasoning, 10*(2), 197–219.

Lord, C.G., Ross, L. & Lepper, M.R. (1979). Biased assimilation and attitude polarization: The effects of prior theories on subsequently considered evidence. *Journal of Personality and Social Psychology, 37*, 2098–2109.

MacCoun, R.J. (1998). Biases in the interpretation and use of research results. *Annual Review of Psychology, 49*, 259–287.

Mackie, D.M. & Worth, L.T. (1989). Cognitive deficits and the mediation of positive affect in persuasion. *Journal of Personality and Social Psychology, 57*, 27–40.

Manktelow, K.I. (1999). *Reasoning and Thinking*. Hove: Psychology Press.

McHoskey, J.W. (1995). Case closed? On the John F. Kennedy assassination: Biased assimilation of evidence and attitude polarization. *Basic Applied Social Psychology, 17*, 395–409.

Mulligan, E.J. & Hastie, R. (2005). Explanations determine the impact of information on financial investment judgments. *Journal of Behavioral Decision Making, 18*, 145–156.

Myers, D.G. (2005). *Social psychology* (8th edn). New York: McGraw-Hill.

Neuman, Y. (2003). Go ahead, prove that God does not exist! On high school students' ability to deal with fallacious arguments. *Learning and Instruction, 13*, 367–380.

Neuman, Y. & Weizman, E. (2003). The role of text representation in students' ability to identify fallacious arguments. *The Quarterly Journal of Experimental Psychology, 56A*(5), 849–864.

Pennington, N. & Hastie, R. (1986). Evidence evaluation in complex decision making. *Journal of Personality and Social Psychology, 51*, 242–258.

Pennington, N. & Hastie, R. (1988). Explanation-based decision making: The effects on memory structure on judgment. *Journal of Experimental Psychology: Learning, Memory, and Cognition, 14*, 521–533.

Pennington, N. & Hastie, R. (1992). Explaining the evidence: Tests of the story model for juror decision making. *Journal of Personality and Social Psychology, 62*(2), 189–206.

Pennington, N. & Hastie, R. (1993). Reasoning in explanation-based decision making. *Cognition, 49,* 123–163.

Perkins, D.N. (1985). Postprimary education has little impact on informal reasoning. *Journal of Educational Psychology, 77,* 562–571.

Petty, R.E. & Cacioppo, J.T. (1986). The elaboration likelihood model of persuasion. In L. Berkowitz (Ed.), *Advances in experimental social psychology: Vol. 19.* New York: Academic Press.

Petty, R.E., Schumann, D.W., Richman, S.A. & Strathman, A.J. (1993). Positive mood and persuasion: Different roles for affect under high and low elaboration conditions. *Journal of Personality and Social Psychology, 64,* 5–20.

Pyszczynski, T., Greenberg, J. & Holt, K. (1985). Maintaining consistency between self-serving beliefs and available data: A bias in information evaluation following success and failure. *Personality and Social Psychology Bulletin, 21,* 195–211.

Sá, W.C., Kelley, C.N., Ho, C. & Stanovich, K.E. (2005). Thinking about personal theories: individual differences in the coordination of theory and evidence. *Personality and Individual Differences, 38,* 1149–1161.

Sá, W.C., West, R.F. & Stanovich, K.E. (1999). The domain specificity and generality of belief bias: searching for a generalizable critical thinking skill. *Journal of Educational Psychology, 91*(3), 497–510.

Shaw, V.F. (1996). The cognitive processes in informal reasoning. *Thinking and Reasoning, 2*(1), 51–80.

Stanovich, K.E. & West, R.F. (1997). Reasoning independently of prior belief and individual differences in actively open-minded thinking. *Journal of Educational Psychology, 89,* 342–357.

Stanovich, K.E. & West, R.F. (1998). Individual differences in rational thought. *Journal of Experimental Psychology: General, 127,* 161–188.

Stanovich, K.E. & West, R.F. (2007). Natural myside bias is independent of cognitive ability. *Thinking and Reasoning, 13*(3), 225–247.

Toulmin, S. (1958). *The uses of argument.* Cambridge: Cambridge University Press.

Vallone, R.P., Ross, L. & Lepper, M.R. (1985). The hostile media phenomenon: Biased perception and perceptions of media bias in coverage of the Beirut massacre. *Journal of Personality and Social Psychology, 49,* 577–585.

Walton, D.N. (1989). *Informal logic: A handbook for critical argumentation.* Cambridge: Cambridge University Press.

Walton, D.N. (1996). *Argumentation schemes for presumptive reasoning.* Mahwah, NJ: Erlbaum.

Williams, D.K., Bourgeois, M.J. & Croyle, R.T. (1993). The effects of stealing thunder in criminal and civil trials. *Law and Human Behavior, 17,* 597–609.

Wyer, R.S. & Frey, D. (1983). The effects of feedback about self and others on the recall and judgments of feedback-relevant information. *Journal of Experimental Social Psychology, 19,* 540–559.

제6장

공변, 인과 관계 그리고 반사실적 사고

Ahn, W., Kalish, C.W., Medin, D.L. & Gelman, S.A. (1995). The role of covariation versus mechanism information in causal attribution. *Cognition, 54,* 299–352.

Anderson, J.R. (1990). *The adaptive character of thought.* Hillsdale, NJ: Erlbaum.

Anderson, J.R. (2000). *Learning and memory: An integrated approach* (2nd edn). New Jersey: Wiley.

Anderson, J.R. & Sheu, C.-F. (1995). Causal inferences as perceptual judgments. *Memory and Cognition, 23*(4), 510–524.

Carroll, J.S. (1978). The effect of imagining an event on expectations for the event: An interpretation in terms of the availability heuristic. *Journal of Experimental Social Psychology, 14*(1), 88–96.

Chapman, L.J. (1967). Illusory correlation in observational report. *Journal of Verbal Learning and Behavior, 6,* 151–155.

Chapman, L.J. & Chapman, J.P. (1967). Genesis of popular but erroneous psychodiagnostic observations. *Journal of Abnormal Psychology, 72,* 193–204.

Chapman, L.J. & Chapman, J.P. (1969). Illusory correlation as an obstacle to the use of valid psychodiagnostic signs. *Journal of Abnormal Psychology, 74,* 271–280.

Chapman, L.J. & Chapman, J.P. (1971). Test results are what you think they are. *Psychology Today, November,* 18–22, 106–110.

Cheng, P.W. (1997). From covariation to causation: A causal power theory. *Psychological Review, 104*(2), 367–405.

Craik, K.J.W. (1943). *The nature of explanation.* Cambridge: Cambridge University Press.

Davis, C.G., Lehman, D.R., Wortman, C.B., Silver, R.C. & Thompson, S.C. (1995). The undoing of traumatic life events. *Personality and Social Psychology Bulletin, 21,* 109–124.

Dougherty, M.R.P., Gettys, C.F. & Thomas, R.P. (1997). The role of mental simulation in judgments of likelihood. *Organizational Behavior and Human Decision Processes, 70*(2), 135–148.

Feynman, R.P. (1986). *Surely you're joking Mr. Feynman.* London: Unwin.

Fugelsang, J.A. & Dunbar, K.N. (2005). Brain-based mechanisms underlying complex causal thinking. *Neuropsychologia, 43,* 1204–1213.

Fugelsang, J.A. & Thompson, V.A. (2003). A dual-process model of belief and evidence interactions in causal reasoning. *Memory and Cognition, 31*(5), 800–815.

Glines, C.V. (1991, January). The cargo cults. *Air Force Magazine Online, 74*(1). Retrieved 12 February 2007 from http://www.afa.org/magazine/1991/0191cargo.asp.

Gregory, W.L., Cialidini, R.B. & Carpenter, K.M. (1982). Self-relevant scenarios as mediators of likelihood estimates and compliance: Does imagining make it so? *Journal of Personality and Social Psychology, 43,* 89–99.

Kahneman, D. & Miller, D.T. (1986). Norm theory: Comparing reality to its alternatives. *Psychological Review, 93*(2), 136–153.

Kahneman, A. & Tversky, A. (1982). The simulation heuristic. In D. Kahneman, P. Slovic & A. Tversky (Eds.), *Judgment under uncertainty: Heuristics and biases* (pp.201–208). Cambridge: Cambridge University Press.

Kao, S.-F. & Wasserman, E.A. (1993). Assessment of an information integration account of contingency judgment with examination of subjective cell importance and method of information presentation. *Journal of Experimental Psychology: Learning, Memory, and Cognition, 19*(6), 1363–1386.

Kempton, W. (1986). Two theories of home heat control. *Cognitive Science, 10*(1), 75–90.

Koehler, D.J. (1991). Explanation, imagination, and confidence in judgment. *Psychological Bulletin, 110*(3), 499–519.

Levin, I.P., Wasserman, E.A. & Kao, S-F. (1993). Multiple methods for examining biased information use in contingency judgments. *Organizational Behavior and Human Decision Processes, 55,* 228–250.

Lipe, M.G. (1990). A lens-model analysis of covariation research. *Journal of Behavioral Decision Making, 3,* 47–59.

Lober, K. & Shanks, D.R. (2000). Is causal induction based on causal power? Critique of Cheng (1997). *Psychological Review, 10*(1), 195–212.

Mackie, J.L. (1974). *The cement of the universe: A study of causation.* Oxford: Oxford University Press.

McKenzie, C.R.M. & Mikkelson, L.A. (2007). A Bayesian view of covariation assessment. *Cognitive Psychology, 54*(1), 33–61.

McKenzie, C.R.M., Ferreira, V.S., Mikkelsen, L.A., McDermott, K.J. & Skrable, R.P. (2001). Do conditional hypotheses target rare events? *Organizational Behavior and Human Decision Processes, 85,* 291–309.

Miller, D.T., Turnbull, W. & McFarland, C. (1990). Counterfactual thinking and social perception: Thinking about what might have been. In M.P. Zanna (Ed.), *Advances in Experimental Social Psychology, Vol. 23* (pp.305–331). New York: Academic Press.

N'gbala, A. & Branscombe, N.R. (1995). Mental simulation and causal attribution: When simulating an event does not affect fault assignment. *Journal of Experimental Social Psychology, 31,* 139–162.

Norman, D.A. (2002). *The design of everyday things*. (Originally published in 1988 as *The psychology of everyday things*.) New York: Basic Books.

Perales, J.C. & Shanks, D.R. (2003). Normative and descriptive accounts of the influence of power and contingency on causal judgment. *Quarterly Journal of Experimental Psychology, 56*(6), 977–1007

Rescorla, R.A. & Wagner, A.R. (1972). A theory of Pavlovian conditioning: Variations on the effectiveness of reinforcement and nonreinforcement. In A.H. Black & W.F. Prokasy (Eds.), *Classical conditioning II: Current research and theory* (pp.64–99). New York: Appleton-Century-Crofts.

Roese, N.J. (1994). The functional basis of counterfactual thinking. *Journal of Personality and Social Psychology, 66*(5), 805–818.

Roese, N.J. (1997). Counterfactual thinking. *Psychological Bulletin, 121*(1), 133–148.

Schustack, M.W. & Sternberg, R.J. (1981). Evaluation of evidence in causal inference. *Journal of Experimental Psychology: General, 110*, 101–120.

Shanks, D.R. (2004). Judging covariation and causation. In D.J. Koehler and N. Harvey (Eds.), *Blackwell handbook of judgment and decision making*. Oxford: Blackwell.

Smedslund, J. (1963). The concept of correlation in adults. *Scandinavian Journal of Psychology, 4*, 165–173.

Vallée-Tourangeau, F., Hollingsworth, L. & Murphy, R.A. (1998). 'Attentional bias' in correlation judgments? Smedslund (1963) revisited. *Scandinavian Journal of Psychology, 39*, 221–233.

Ward, W.C. & Jenkins, H.M. (1965). The display of information and the judgment of contingency. *Canadian Journal of Psychology, 19*, 231–241.

Wasserman, E.A., Dorner, W.W. & Kao, S.-F. (1990). Contributions of specific cell information to judgments of interevent contingency. *Journal of Experimental Psychology: Learning, Memory, and Cognition, 16*, 509–521.

Wasserman, E.A., Elek, S.M., Chatlosh, D.L. & Baker, A.G. (1993). Rating causal relations: The role of probability in judgments of response-outcome contingency. *Journal of Experimental Psychology: Learning, Memory, and Cognition, 19*, 174–188.

White, P. A. (1989). A theory of causal processing. *British Journal of Psychology, 80*, 431–454.

제7장
위험 및 불확실한 상황에서 결정하기

Ali, M. (1977). Probability and utility estimates for racetrack bettors. *Journal of Political Economy, 85*, 803–815.

Allais, M. (1953). Le comportement de l'homme rationnel devant le risqué, critique des posulats et axioms de l'École Americaine. *Econometrica, 21*, 503–46.

Allais, M. (1990). Criticism of the postulates and axioms of the American School. In P.K. Moser (Ed.), *Rationality in action: Contemporary approaches*. Cambridge: Cambridge University Press. Reprinted from M. Allais and O. Hagen (Eds.), *Expected utility hypotheses and the Allais paradox* (pp.67–95). Dordrecht: D. Reidel.

Battalio, R.C., Kagel, J.H. & MacDonald, D.N. (1985). Animals' choices over uncertain outcomes: Some initial experimental results. *American Economic Review, 75*, 597–613.

Bernoulli, D. (1954[1738]). *Specimen theoriae novae de mensura sortis* [Exposition of a new theory on the measurement of risk]. Translation from Latin printed in *Econometrica, 22*, 23–36.

Birnbaum, M.H. (1997). Violations of monotonicity in judgment and decision making. In A.A.J. Marley (Ed.), *Choice, decision, and measurement: Essays in honor of R. Duncan Luce* (pp.73–100). Mahwah, NJ: Erlbaum.

Birnbaum, M.H. (2006). Evidence against prospect theories in gambles with positive, negative, and mixed consequences. *Journal of Economic Psychology, 27*, 737–761.

Brandstätter, E., Gigerenzer, G. & Hertwig, R. (2006). The priority heuristic: Making choices without trade-offs. *Psychological Review, 113*(2), 409–432.

Breiter, H.C., Ahron, I., Kahneman, D., Dale, A. & Shizgal, P. (2001). Functional imaging of neural responses to expectancy and experience of monetary gains and losses. *Neuron, 30*, 619–39.

Busemeyer, J.R. & Johnson, J.G. (2004). Computational models of decision making. In D.J. Koehler & N. Harvey (Eds.), *Blackwell handbook of judgment and decision making* (pp.133–154). Oxford: Blackwell.

Camerer, C.F. (2000). Prospect theory in the wild: Evidence from the field. In D. Kahneman & A. Tversky (Eds.), *Choices, values, and frames*. Cambridge: Cambridge University Press.

Camerer, C.F., Babcock, L., Loewenstein, G. & Thaler, R.H. (2000). Labor supply of New York City cab drivers: One day at a time. In D. Kahneman & A. Tversky (Eds.), *Choices, values, and frames*. Cambridge: Cambridge University Press.

Caraco, T. (1980). On foraging time allocation in a stochastic environment. *Ecology, 61*, 119–128.

Caraco, T. (1981). Energy budgets, risk and foraging preferences in dark-eyed juncos (*Junco hyemalis*). *Behavioral Ecology and Sociobiology, 8*, 213–217.

Caraco, T. (1983). White-crowned sparrows (*Zonotrichia leucophrys*): Foraging preferences in a risky environment. *Behavioral Ecology and Sociobiology, 12*, 63–69.

Caraco, T., Martindale, S. & Whittam, T.S. (1980). An empirical demonstration of risk-sensitive foraging preferences. *Animal Behavior, 28*, 820–831.

Christensen, C., Heckerling, P., Mackesy-Amiti, M.E., Bernstein L.M. & Elstein, A.S. (1995). Pervasiveness of framing effects among physicians and medical students. *Journal of Behavioral Decision Making, 8*, 169–180.

De Martino, B., Kumaran, D., Seymour, B. & Dolan, R.J. (2006, 4 August). Frames, biases, and rational decision-making in the human brain. *Science, 313*, 684–687.

Dougherty, M.R.P. & Hunter, J.E. (2003a). Probability judgment and subadditivity: The role of working memory capacity and constraining retrieval. *Memory and Cognition, 31*(6), 968–982.

Dougherty, M.R.P. & Hunter, J.E. (2003b). Hypothesis generation, probability judgment, and individual differences in working memory capacity. *Acta Psychologica, 113*, 263–282.

Dunegan, K.J. (1993). Framing, cognitive modes, and Image Theory: Toward an understanding of a glass half full. *Journal of Applied Psychology, 78*(3), 491–503.

Ellsberg, D. (1961). Risk, ambiguity, and the Savage axioms. *Quarterly Journal of Economics, 75*, 643–669.

Erk, S., Spitzer, M., Wunderlich, A.P., Galley, L. & Walter, H. (2002). Cultural objects modulate reward circuitry. *Neuroreport, 13*, 2499–2503.

Fox, C.R. & See, K.E. (2003). Belief and preference in decision under uncertainty. In D. Hardman & L. Macchi (Eds.), *Thinking: Psychological perspectives on reasoning, judgment, and decision making* (pp.273–314). Chichester: Wiley.

Fox, C.R. & Tversky, A. (1998). A belief-based account of decision under uncertainty. *Management Science, 44*(7), 879–895.

Goldstein, E.B. (2007). *Sensation and perception* (7th edn). Belmont, CA: Thomson-Wadsworth.

Gonzalez, R. & Wu, G. (1999). On the shape of the probability weighting function. *Cognitive Psychology, 38*(1), 129–166.

Gonzalez, C., Dana, J., Koshino, H. & Just, M. (2005). The framing effect and risky decisions: Examining cognitive functions with fMRI. *Journal of Economic Psychology, 26*, 1–20.

Goodwin, P. & Wright, G. (2004). *Decision analysis for management judgment* (3rd edn.). Chichester: Wiley.

Hamm, R.M. (2003). Medical decision scripts: Combining cognitive scripts and judgment strategies to account fully for medical decision making. In D. Hardman & L. Macchi (Eds.), *Thinking: Psychological perspectives on reasoning, judgment, and decision making* (pp.315–345). Chichester: Wiley.

Harder, L. & Real, L.A. (1987). Why are bumble bees risk-averse? *Ecology, 68*, 1104–1108.

Heath, C. & Tversky, A. (1991). Preference and belief: Ambiguity and competence in choice under uncertainty. *Journal of Risk and Uncertainty, 4,* 5–28.

Kacelnik, A. & Bateson, M. (1996). Risky theories – the effects of variance on foraging decisions. *American Zoologist, 36,* 402–434.

Kagel, J.H., MacDonald, D.N. & Battalio, R.C. (1990). Test of 'fanning out' of indifference curves from animal and human experiments. *American Economic Review, 80,* 912–921.

Kahneman, D. & Tversky, A. (1979). Prospect theory: An analysis of decision making under risk. *Econometrica, 47,* 263–91.

Kahneman, D. & Tversky, A. (1984). Choices, values, and frames. *American Psychologist, 39*(4), 341–350.

Kahneman, D. & Tversky, A. (1992). Advances in prospect theory: Cumulative representation of uncertainty. *Journal of Risk and Uncertainty, 5,* 297–324.

McClure, S.M., Tomlin, J.L.D., Cypert, K.S., Montague, L.M. & Montague, P.R. (2004). Neural correlates of behavioural preference for culturally familiar drinks. *Neuron, 44,* 379–387.

McGlothlin, W.H. (1956). Stability of choices among uncertain alternatives. *American Journal of Psychology, 69,* 604–615.

McNeil, B.J., Pauker, S.G., Sox, H.C. Jr. & Tversky, A. (1982). On the elicitation of preferences for alternative therapies. *New England Journal of Medicine, 306*(21), 1259–1262.

Montague, R. (2006). *Why choose this book? How we make decisions.* London: Dutton.

Montague, P.R. & Berns, G.S. (2002). Neural economics and the biological substrates of valuation. *Neuron, 36,* 265–284.

Odean, T. (2000). Are investors reluctant to realize their losses? *Journal of Finance, 53*(5), 1775–1798.

Payne, J.W., Bettman, J.R. & Johnson, E.J. (1993). *The adaptive decision maker.* Cambridge: Cambridge University Press.

Pietras, C.J. & Hackenberg, T.D. (2001). Risk-sensitive choice in humans as a function of an earnings budget. *Journal of the Experimental Analysis of Behavior, 76,* 1–19.

Pietras, C.J., Locey, M.L. & Hackenberg, T.D. (2003). Human risky choice under temporal constraints: Tests of an energy-budget model. *Journal of the Experimental Analysis of Behavior, 80,* 59–75.

Real, L.A. (1996). Paradox, performance, and the architecture of decision-making in animals. *American Zoologist, 36,* 518–529.

Rode, C., Cosmides, L., Hell, W. & Tooby, J. (1999). When and why do people avoid unknown probabilities in decisions under uncertainty? Testing some predictions from optimal foraging theory. *Cognition, 72,* 269–304.

Romo, R. & Schultz, W. (1990). Dopamine neurons of the monkey midbrain: contingencies of responses to active touch during self-initiated arm movements. *Journal of Neurophysiology, 63*(3), 592–606.

Rottenstreich, Y. & Hsee, C.K. (2001). Money, kisses, and electric shocks: On the affective psychology of risk. *Psychological Science, 12,* 185–190.

Savage, L.J. (1954). *The foundation of statistics.* New York: Wiley.

Shafir, S. (2000). Risk-sensitive foraging: The effect of relative variability. *Oikos, 89,* 1–7.

Shafir, S., Wiegmann, D., Smith, B.H. & Real, L.A. (1999). Risk-sensitive foraging: Choice behaviour of honey bees in response to variability in volume of reward. *Animal Behavior, 57,* 1055–1061.

Shiv, B., Loewenstein, G., Bechara, A., Damasio, H. & Damasio, A.R. (2005). Investment behaviour and the negative side of emotion. *Psychological Science, 16*(6), 435–439.

Siminoff, L.A. & Fetting, J.H. (1989). Effects of outcome framing on treatment decisions in the real world: Impact of framing on adjuvant breast cancer decisions. *Medical Decision Making, 9,* 262–271.

Slovic, P. & Tversky, A. (1974). Who accepts Savage's axiom? *Behavioral Science, 19,* 368–73.

Soto, R.E., Castilla, J.C. & Bozinovic, F. (2005). The impact of physiological demands on foraging decisions under predation risk: A test with the whelk *Acanthia monodon. Ethology, 111,* 1044–1049.

Stanovich, K.E. & West, R.F. (1998). Individual differences in framing and conjunction effects. *Thinking and Reasoning, 4*(4), 289–317.

Stephens, D.W. (1981). The logic of risk-sensitive foraging preferences. *Animal Behavior, 29,* 626–629.

Steward, W.T., Schneider, T.R., Pizarro, J. & Salovey, P. (2003). Need for cognition moderates responses to framed smoking-cessation messages. *Journal of Applied Social Psychology, 33*(12), 2439–2464.

Stewart, N., Chater, N. & Brown, G.D.A. (2006). Decision by sampling. *Cognitive Psychology, 53,* 1–26.

Thaler, R.H. (1980). Toward a positive theory of consumer choice. *Journal of Economic Behavior and Organization, 1,* 39–60.

Tom, S.B., Fox, C.R., Trepel, C., Poldrack, R.A. (2007). The neural basis of loss aversion in decision-making under risk. *Science, 315,* 515–518.

Tversky, A. & Koehler, D. (1994). Support theory: A nonextensional representation of subjective probability. *Psychological Review, 101,* 547–567.

Weber, E.U., Shafir, S. & Blais, A.-R. (2004). Predicting risk sensitivity in humans and lower animals: Risk as variance or coefficient of variation. *Psychological Review, 111*(2), 430–445.

제8장

선호와 선택

Arkes, H.R. (1996). The psychology of waste. *Journal of Behavioral Decision Making, 9,* 213–224.

Arkes, H.R. & Ayton, P. (1999). The sunk cost and Concorde effects: Are humans less rational than lower animals? *Psychological Bulletin, 125*(5), 591–600.

Arkes, H.R. & Blumer, C. (1985). The psychology of sunk cost. *Organizational Behavior and Human Decision Processes, 35,* 124–140.

Baron, J. (1997). Biases in the quantitative measurement of values for public decisions. *Psychological Bulletin, 122*(1), 72–88.

Bernard, J. & Giurfa, M. (2004). A test of transitive inferences in free-flying honeybees: Unsuccessful performance due to memory constraints. *Learning and Memory, 11,* 328–336.

Black, J.S., Stern, P.C. & Elworth, J.T. (1985). Personal and contextual influences on household energy adaptations. *Journal of Applied Psychology, 70,* 3–21.

Bown, N.J., Read, D. & Summers, B. (2003). The lure of choice. *Journal of Behavioral Decision Making, 16,* 297–308.

Cialdini, R.B., Reno, R.R. & Kallgren, C.A. (1990). A focus theory of normative conduct. Recycling the concept of norms to reduce littering in public places. *Journal of Personality and Social Psychology, 58,* 1015–1026.

Coursey, D.L., Hovis, J.L. & Schulze, W.D. (1987). The disparity between willingness to accept and willingness to pay measures of value. *The Quarterly Journal of Economics, 102,* 679–690.

Fetherstonhaugh, D., Slovic, P., Johnson, S.M. & Friedrich, J. (1997). Insensitivity to the value of human life: A study of psychophysical numbing. *Journal of Risk and Uncertainty, 14*(3), 282–300.

Fiske, A.P. & Tetlock, P.E. (1997). Taboo trade-offs: Reactions to transactions that transgress spheres of justice. *Political Psychology, 18,* 255–297.

Gilbert, D.T. & Ebert, J.E.J. (2002). Decisions and revisions: The affective forecasting of changeable options. *Journal of Personality and Social Psychology, 82*(4), 503–514.

Gourville, J.T. & Soman, D. (1998). Payment depreciation: The effects of temporally separating payments from consumption. *Journal of Consumer Research, 25*(2), 160–174.

Heath, C. & Soll, J.B. (1996). Mental budgeting and consumer decisions. *The Journal of Consumer Research, 23*(1), 40–52.

Hopper, J.R. & Nielsen, J.M. (1991). Recycling as altruistic behaviour: Normative and behavioural strategies to expand participation in a community recycling program. *Environment and Behavior, 23,* 195–220.

Hsee, C.K. (1996). The evaluability hypothesis: An explanation for preference reversals between joint and separate evaluations of alternatives. *Organizational Behavior and Human Decision Processes, 67*(3), 247–257.

Hsee, C.K. (1998). Less is better: When low-value options are valued more highly than high-value options. *Journal of Behavioral Decision Making, 11,* 107–121.

Huber, J., Payne, J.W. & Pluto, C. (1982). Adding asymmetrically dominated alternatives: Violations of regularity and the similarity hypothesis. *Journal of Consumer Research, 9,* 90–98.

Iyengar, S.S. & Lepper, M.R. (2000). When choice is demotivating: Can one desire too much of a good thing? *Journal of Personality and Social Psychology, 79*(6), 995–1006.

Jenni, K.E. & Loewenstein, G. (1997). Explaining the 'identifiable victim effect'. *Journal of Risk and Uncertainty, 14,* 235–257.

Johnson, E.J., Hershey, J., Meszaros, J. & Kunreuther, H. (1993). Framing, probability distortions, and insurance decisions. *Journal of Risk and Uncertainty, 7,* 35–51.

Kahneman, D. & Miller, D.T. (1986). Norm theory: Comparing reality to its alternatives. *Psychological Review, 93*(2), 136–153.

Kahneman, D. & Tversky, A. (1979). Prospect theory: An analysis of decision making under risk. *Econometrica, 47,* 263–291.

Kahneman, D. & Tversky, A. (1984). Choices, values, and frames. *American Psychologist, 39*(4), 341–350.

Kahneman, D. & Tversky, A. (1992). Advances in prospect theory: Cumulative representation of uncertainty. *Journal of Risk and Uncertainty, 5,* 297–324.

Kahneman, D., Knetsch, J.L. & Thaler, R. (1990). Experimental tests of the endowment effect and the Coase theorem. *Journal of Political Economy, 98,* 1325–1348.

Kivetz, R. & Simonson, I. (2002). Self control for the righteous: Toward a theory of precommitment to indulgence. *Journal of Consumer Research, 29*(2), 199–217.

Kogut, T. & Ritov, I. (2005a). The 'identified victim' effect: An identified group or just a single individual? *Journal of Behavioral Decision Making, 18,* 157–167.

Kogut, T. & Ritov, I. (2005b). The singularity effect of identified victims in separate and joint evaluation. *Organizational Behavior and Human Decision Processes, 97,* 106–116.

Larrick, R.P., Morgan, J.N. & Nisbett, R.E. (1990). Teaching the use of cost-benefit reasoning in everyday life. *Psychological Science, 1,* 362–370.

Lichtenstein, S. & Slovic, P. (1971). Reversals of preference between bids and choices in gambling decisions. *Journal of Experimental Psychology, 89*(1), 46–55.

Lichtenstein, S. & Slovic, P. (1973) Response-induced reversals of preference in gambling: An extended replication in Las Vegas. *Journal of Experimental Psychology, 101*(1), 16–20.

Lichtenstein, S. & Slovic, P (Eds.) (2006). *The construction of preference.* Cambridge: Cambridge University Press.

List, J.A. (2004). Neoclassical theory versus prospect theory: Evidence from the marketplace. *Econometrica, 72*(2), 615–625.

Payne, J.W., Bettman, J.R. & Johnson, E.J. (1988). Adaptive strategy selection in decision making. *Journal of Experimental Psychology: Learning, Memory, and Cognition, 14,* 534–552.

Payne, J.W., Bettman, J.R. & Johnson, E.J. (1993). *The adaptive decision maker.* Cambridge: Cambridge University Press.

Peters, E. & Slovic, P. (1996). The role of affect and worldviews as orienting dispositions in the perception and acceptance of nuclear power. *Journal of Applied Social Psychology, 26*(16), 1427–1453.

Peters, E., Slovic, P. & Gregory, R. (2003). The role of affect in the WTA/WTP disparity. *Journal of Behavioral Decision Making, 16,* 309–330.

Ritov, I. & Baron, J. (1990). Reluctance to vaccinate: Omission bias and ambiguity. *Journal of Behavioral Decision Making, 3,* 263–277.

Ritov, I. & Baron, J. (1992). Status quo and omission biases. *Journal of Risk and Uncertainty, 5,* 49–61.

Schkade, D.A. & Johnson, E.J. (1989). Cognitive processes in preference reversals. *Organizational Behavior and Human Decision Processes, 44,* 203–231.

Schwartz, B., Ward, A., Monterosso, J., Lyubomirsky, S., White, K. & Lehman, D.R. (2002). Maximizing versus satisficing: Happiness is a matter of choice. *Journal of Personality and Social Psychology, 83*(5), 1178–1197.

Shafir, E. (Ed.) (2004). *Preference, Belief, and Similarity: The Selected Writings of Amos Tversky.* Cambridge, MA.: MIT Press.

Shafir, S. (1994). Intransitivity of preferences in honey bees: support for 'comparative' evaluation of foraging options. *Animal Behaviour, 48,* 55–67.

Simonson, I. & Tversky, A. (1992). Choice in context: Tradeoff contrast and extremeness aversion. *Journal of Marketing Research, 14,* 281–295.

Slovic, P. & Lichtenstein, S. (1968). Relative importance of probabilities and payoffs in risk taking. *Journal of Experimental Psychology, 78*(3/2).

Slovic, P., Griffin, D. & Tversky, A. (1990). Compatability effects in judgment and choice. In R. Hogarth (Ed.), *Insights in decision making: A tribute to Hillel J. Einhorn* (pp.5–27). Chicago: Chicago University Press.

Slovic, P., Layman, M., Kraus, N., Flynn, J., Chalmers, J. & Gesell, G. (1991). Perceived risk, stigma, and potential economic impacts of a high-level nuclear waste repository in Nevada. *Risk Analysis, 11,* 683–696.

Slovic, P., Finucane, M., Peters, E. & MacGregor, D.G. (2002). The affect heuristic. In T. Gilovich, D. Griffin & D. Kahneman (Eds.), *Heuristics and biases: The psychology of intuitive judgment.* Cambridge: Cambridge University Press.

Small, D.A. & Loewenstein, G. (2003). Helping *the* victim or helping *a* victim: Altruism and identifiability. *Journal of Risk and Uncertainty, 26*(1), 5–16.

Small, D.A. & Loewenstein, G. (2005). The devil you know: The effects of identifiability on punishment. *Journal of Behavioral Decision Making, 18,* 311–318.

Soman, D. (2001). The mental accounting of sunk time costs: Why time is not like money. *Journal of Behavioral Decision Making, 14*(3), 169–185.

Staw, B.M. (1976). Knee-deep in the big muddy: A study of escalating commitment to a chosen course of action. *Organizational Behavior and Human Performance, 16,* 27–44.

Stern, P.C., Dietz, T. & Kalof, L. (1993). Value orientations, gender, and environmental concern. *Environment and Behavior, 25,* 322–348.

Sunstein, C.R. (2005). Moral heuristics. *Behavioral and Brain Sciences, 28,* 531–573.

Tanner, C. & Medin, D.L. (2004). Protected values: no omission bias and no framing effects. *Psychonomic Bulletin and Review, 11*(1), 185–191.

Thaler, R. (1980). Toward a positive theory of consumer choice. *Journal of Economic Behavior and Organization, 1,* 39–60.

Thaler, R. (1985). Mental accounting and consumer choice. *Marketing Science, 4,* 199–214.

Thaler, R. (1999). Mental accounting matters. *Journal of Behavioral Decision Making, 12,* 183–206.

Thaler, R.H. & Johnson, E.J. (1990). Gambling with the house money and trying to break even: The effects of prior outcomes on risky choice. *Management Science, 36*(6), 643–660.

Toffler, A. (1970). *Future Shock.* London: Bodley Head.

Tversky, A. (1969). The intransitivity of preferences. *Psychological Review, 76,* 31–48.

Tversky, A. & Shafir, E. (1992). Choice under conflict: The dynamics of deferred decision. *Psychological Science, 3*(6), 358–361.

Tversky, A., Sattath, S. & Slovic, P. (1988). Contingent weighting in judgment and choice. *Psychological Review, 95,* 371–384.

Tversky, A., Slovic, P. & Kahneman, D. (1990). The causes of preference reversal. *American Economic Review, 80,* 204–217.

Tykocinski, O.E. & Pittman, T.S. (1998). The consequences of doing nothing: Inaction inertia as avoidance of anticipated regret. *Journal of Personality and Social Psychology, 75,* 607–616.

Wilson, T.D. & Schooler, J.W. (1991). Thinking too much: Introspection can reduce the quality of preferences and decisions. *Journal of Personality and Social Psychology, 60,* 181–192.

Wilson, T.D., Lisle, D.J., Schooler, J.W., Hodges, S.D., Klaaren, K.J. & LaFleur, S.J. (1993). Introspecting about reasons can reduce post-choice satisfaction. *Personality and Social Psychology Bulletin, 19*, 331–339.

제9장
확신과 낙관주의

Allwood, C.M. & Granhag, P.A. (1996). The effects of arguments on realism in confidence judgments. *Acta Psychologica, 91*, 99–119.

Aucote, H.M. & Gold, R.S. (2005). Non-equivalence of direct and indirect measures of unrealistic optimism. *Psychology, Health and Medicine, 10*(4), 376–383.

Barber, B.M. & Odean, T. (2001). Boys will be boys: Gender, overconfidence, and common stock investment. *The Quarterly Journal of Economics, 116*, 261–292.

Baumeister, R.F. (1989). The optimal margin of illusion. *Journal of Social and Clinical Psychology, 8*, 176–189.

Bazerman, M.H. (2001). The study of 'real' decision making. *Journal of Behavioral Decision Making, 14*, 353–384.

Beyer, S. (1990). Gender differences in the accuracy of self-evaluations of performance. *Journal of Personality and Social Psychology, 59*, 960–970.

Beyer, S. & Bowden, E.M. (1997). Gender differences in self-perceptions: Convergent evidence from three measures of accuracy and bias. *Personality and Social Psychology Bulletin, 23*, 157–172.

Bobbio, M., Detrano, R., Shandling, A.H., Ellestad, M.H., Clark, J., Brezden, O., Abecia, A. & Martinezcaro, D. (1992). Clinical assessment of the probability of coronary-artery disease – judgmental bias from personal knowledge. *Medical Decision Making, 12*, 197–203.

Burson, K.A., Larrick, R.P. & Klayman, J. (2006). Skilled or unskilled, but still unaware of it: How perceptions of difficulty drive miscalibration in relative comparisons. *Journal of Personality and Social Psychology, 90*(1), 60–77.

Camerer, C.F. & Lovallo, D. (2000). Overconfidence and excess entry: An experimental approach. In D. Kahneman & A. Tversky (Eds.), *Choices, values, and frames*. Cambridge: Cambridge University Press.

Cooper, A., Woo, C. & Dunkelberg, W. (1988). Entrepreneurs' perceived chances for success. *Journal of Business Venturing, 3*, 97–108.

Covey, J.A. & Davies, A.D.M. (2004). Are people unrealistically optimistic? It depends how you ask them. *British Journal of Health Psychology, 9*(1), 39–49.

Deaux, K. & Emswiller, T. (1974). Explanations of successful performance on sex-linked tasks: What is skill for the male is luck for the female. *Journal of Personality and Social Psychology, 29*, 80–85.

Deaux, K. & Farris, E. (1977). Attributing causes for one's own performance: the effects of sex, norms, and outcome. *Journal of Research in Personality, 11*, 59–72.

Drake, R.A. (1984). Lateral asymmetry of personal optimism. *Journal of Research in Personality, 18*, 497–507.

Dun & Bradstreet (1967). *Patterns of success in managing a business*. New York: Dun & Bradstreet.

Dunne, T., Roberts, M.J. & Samuelson, L. (1988). Patterns of firm entry and exit in US manufacturing industries. *RAND Journal of Economics, 19*, 495–515.

Dunning, D. (2005). *Self-insight: Roadblocks and detours on the path to knowing thyself*. New York and Hove: Psychology Press.

Eiser, J.R., Pahl, S. & Prins, Y.R.A. (2006). Optimism, pessimism, and the direction of self-other comparisons. *Journal of Experimental Social Psychology, 37*, 77–84.

Fenton-O'Creevy, M., Nicholson, N., Soane, E. & Willman, P. (2003) Trading on illusions: Unrealistic perceptions of control and trading performance. *Journal of Occupational and Organizational Psychology, 76*, 53–68.

Fischhoff, B. & McGregor, D. (1982). Subjective confidence in forecasts. *Journal of Forecasting, 1*, 155–172.

Fischhoff, B., Slovic, P. & Lichtenstein, S. (1977). Knowing with certainty: The appropriateness of extreme confidence. *Journal of Experimental Psychology: Human Perception and Performance, 3*, 552–564.

Gigerenzer, G., Hoffrage, U. & Kleinbolting, H. (1991). Probabilistic mental models: A Brunswikian theory of confidence. *Psychological Review, 98*, 506–528.

Griffin, D.W. & Tversky, A. (1992). The weighing of evidence and the determinants of confidence. *Cognitive Psychology, 24*, 411–435.

Harvey, N. (1994). Relations between confidence and skilled performance. In G. Wright and P. Ayton (Eds.), *Subjective probability* (pp.321–352). Chichester: Wiley.

Juslin, P. (1993). An explanation of the hard-easy effect in studies of realism of confidence in one's general knowledge. *European Journal of Cognitive Psychology, 5*, 55–71.

Juslin, P. (1994). The overconfidence phenomenon as a consequence of informal experimenter-guided selection of almanac items. *Organizational Behavior and Human Decision Processes, 57*, 226–246.

Juslin, P., Olsson, H. & Björkman, M. (1997). Brunswikian and Thurstonian origins of bias in probability assessment: On the interpretation of stochastic components of judgment. *Journal of Behavioral Decision Making, 10*, 189–209.

Juslin, P., Wennerholm, P. & Olsson, H. (1999). Format dependence in subjective probability calibration. *Journal of Experimental Psychology: Learning, Memory, and Cognition, 28*, 1038–1052.

Juslin, P., Winman, A. & Olsson, H. (2000). Naive empiricism and dogmatism in confidence research: A critical examination of the hard-easy effect. *Psychological Review, 107*(2), 384–396.

Keren, G. (1987). Facing uncertainty in the game of bridge: A calibration study. *Organizational Behavior and Human Decision Processes, 39*, 98–114.

Klayman, J., Soll, J.B., González-Vallejo, C. & Barlas, S. (1999). Overconfidence: It depends on how, what, and whom you ask. *Organizational Behavior and Human Decision Processes, 79*, 216–247.

Klein, C.T.F. & Helweg-Larsen, M. (2002). Perceived control and the optimistic bias: A meta-analytic review. *Psychology and Health, 17*, 437–446.

Koehler, D.J., Brenner, L. & Griffin, D. (2002). The calibration of expert judgment: Heuristics and biases beyond the laboratory. In T. Gilovich, D. Griffin & D. Kahneman (2002), *Heuristics and biases: The psychology of intuitive judgment*. Cambridge: Cambridge University Press.

Koriat, A., Lichtenstein, S. & Fischhoff, B. (1980). Reasons for confidence. *Journal of Experimental Psychology: Human Learning and Memory, 6*, 107–118.

Krueger, J. & Mueller, R.A. (2002). Unskilled, unaware, or both? The better-than-average heuristic and statistical regression predict errors in estimates of own performance. *Journal of Personality and Social Psychology, 82*, 180–188.

Kruger, J. & Dunning, D. (1999). Unskilled and unaware of it: How difficulties in recognizing one's own incompetence lead to inflated self-assessments. *Journal of Personality and Social Psychology, 77*, 1121–1134.

Langer, E. (1975). The illusion of control. *Journal of Personality and Social Psychology, 32*, 311–328.

Lee, J.W., Yates, J.F., Shinotsuka, H., Singh, R., Onglatco, M.L.U., Yen, N.S., Gupta, M. & Bhatnagar, D. (1995). Cross-national differences in overconfidence. *Asian Journal of Psychology, 1*, 63–69.

Lenney, E. (1977). Women's self-confidence in achievement settings. *Psychological Bulletin, 84*, 1–13.

Lerner, J.S. & Keltner, D. (2001). Fear, anger, and risk. *Journal of Personality and Social Psychology, 81*, 146–159.

Lichtenstein, S., Fischhoff, B., and Phillips, L.D. (1982). Calibration of probabilities: The state of the art to 1980. In D. Kahneman, P. Slovic & A. Tversky (Eds.), *Judgment under uncertainty: Heuristics and biases*. Cambridge: Cambridge University Press.

Lundeberg, M.A., Fox, P.W. & Punæochaà, J. (1994). Highly confident but wrong: Gender differences and similarities in confidence judgments. *Journal of Educational Psychology, 86*(1), 114–121.

McClelland, A.G.R. & Bolger, F. (1994). The calibration of subjective probabilities: Theories and models 1980–1994. In G. Wright and P. Ayton (Eds.), *Subjective probability* (pp.453–482). Chichester: Wiley.

McKenna, F.P. (1993). It won't happen to me: Unrealistic optimism or illusion of control? *British Journal of Psychology, 84,* 39–50.

Murphy, A.H. & Winkler, R.L. (1977). Can weather forecasters formulate reliable probability forecasts of precipitation and temperature? *National Weather Digest, 2,* 2–9.

Myers, D. (2002). *Intuition: Its powers and perils.* New Haven: Yale University Press.

Odean, T. (1999). Do investors trade too much? *The American Economic Review, 89*(5), 1279–1298.

Perloff, L.S. (1987). Social comparison and illusions of invulnerability to negative life events. In C.R. Snyder & C. Ford (Eds.), *Coping with negative life events: Clinical and social psychological perspectives on negative life events* (pp.217–242). New York: Plenum Press.

Perloff, L.S. & Fetzer, B.K. (1986). Self-other judgments and perceived vulnerability to victimization. *Journal of Personality and Social Psychology, 50,* 502–511.

Poses, R.M. & Anthony, M. (1991). Availability, wishful thinking, and physicians' diagnostic judgments for patients with suspected bacteremia. *Medical Decision Making, 11,* 159–168.

Rosenthal, R. & Jacobsen, L. (1968). *Pygmalion in the classroom: Teacher expectation and pupil's intellectual development.* New York: Holt, Rinehart & Winston.

Russo, J.E. & Schoemaker, P.J.H. (1989). *Decision traps: Ten barriers to brilliant decision making and how to overcome them.* New York: Simon & Schuster.

Russo, J.E. & Schoemaker, P.J.H. (1992). Managing overconfidence. *Sloan Management Review, 33,* 7–17.

Sieber, J.E. (1974). Effects of decision importance on ability to generate warranted subjective uncertainty. *Journal of Personality and Social Psychology, 30,* 688–694.

Soll, J.B. & Klayman, J. (2004). Overconfidence in interval estimates. *Journal of Experimental Psychology: Learning, Memory, and Cognition, 30,* 299–314.

Taylor, S.E. & Brown, J.D. (1988). Illusion and well-being: A social psychological perspective on mental health. *Psychological Bulletin, 103*(2), 193–210.

Teigen, K.H. & Jørgensen, M. (2005). When 90% confidence intervals are 50% certain: On the credibility of credible intervals. *Applied Cognitive Psychology, 19,* 455–475.

Tetlock, P.E. (2005). *Expert political judgment: How good is it? How can we know?* Princeton, NJ: Princeton University Press.

Tversky, A. & Koehler, D.J. (1994). Support theory: A nonextensional representation of subjective probability. *Psychological Review, 101,* 547–567.

Wason, P.C. (1966). Reasoning. In B.M. Foss (Ed.), *New horizons in psychology* (pp.135–151). Harmondsworth: Penguin.

Weinstein, N. (1980). Unrealistic optimism about future life events. *Journal of Personality and Social Psychology, 39,* 806–820.

Weinstein, N. & Klein, W.M. (1995). Resistance of personal risk perceptions to debiasing interventions. *Health Psychology, 14,* 132–140.

Windschitl, P.D., Kruger, J. & Simms, E.N. (2003). The influence of egocentrism and focalism on people's optimism in competitions: When what affects us equally affects me more. *Journal of Personality and Social Psychology, 85*(3), 389–408.

Winkler, R.L. & Poses, R.M. (1993). Evaluating and combining physicians' probabilities of survival in an intensive care unit. *Management Science, 39,* 1526–1543.

Wright, G.N. & Phillips, L.D. (1980). Cultural variation in probabilistic thinking: Alternative ways of dealing with uncertainty. *International Journal of Psychology, 15,* 239–257.

Wright, G.N., Phillips, L.D., Whalley, P.C., Choo, G.T., Ng, K.O., Tan, I. & Wisudha, A. (1978). Cultural differences in probabilistic thinking. *Journal of Cross-Cultural Psychology, 9,* 285–299.

Yates, J.F., Zhu, Y., Ronis, D.L., Wang, D.-F., Shinotsuka, H. & Toda, M. (1989). Probability judgment accuracy: China, Japan, and the United States. *Organizational Behavior and Human Decision Processes, 43,* 145–171.

Yates, J.F., Lee, J.-W., Levi, K.R. & Curley, S.P. (1990). Measuring and analyzing probability judgment accuracy in medicine. *Philippine Journal of Internal Medicine, 28*(suppl. 1), 21–32.

Yates, J.F., Lee, J.-W., & Shinotsuka, H. (1996). Beliefs about overconfidence, including its cross-national variation. *Organizational Behavior and Human Decision Processes, 65,* 138–147.

Yates, J.F., Lee, J.-W., Shinotsuka, H. & Sieck, W.R. (2000). *The argument recruitment model: Explaining general knowledge overconfidence and its cross-cultural variations.* Working paper, Department of Psychology, University of Michigan, Ann Arbor.

Yates, J.F., Lee, J.-W., Sieck, W.R., Choi, I. & Price, P.C. (2002). Probability judgment across cultures. In T. Gilovich, D. Griffin & D. Kahneman (Eds.), *Heuristics and biases: The psychology of intuitive judgment.* Cambridge: Cambridge University Press.

제10장
시간 경과에 따른 판단과 선택

Ainslie, G. & Herrnstein, R.J. (1981). Preference reversal and delayed reinforcement. *Animal Learning and Behavior, 9*(4), 476–482.

Ajzen, I. (1985). From intentions to action: A theory of planned behaviour. In J. Kuhl & J. Beckman (Eds.), *Action control: From cognitions to behaviours.* New York: Springer.

Ajzen, I. (1988). *Attitudes, personality, and behaviour.* Milton Keynes: Open University Press.

Ariely, D. & Wertenbroch, K. (2002). Procrastination, deadlines, and performance: Self-control by precommitment. *Psychological Science, 13*(3), 219–224.

Baron, J. (2000). *Thinking and deciding* (3rd edn). Cambridge: Cambridge University Press.

Baumeister, R.F. & Vohs, K.D. (2003). Willpower, choice, and self-control. In G.F. Loewenstein, D. Read & R.F. Baumeister (Eds.), *Time and decision: Economic and psychological perspectives on intertemporal choice* (pp.201–216). New York: Russell Sage.

Böhm-Bawerk, E. von (1970[1889]). *Capital and interest.* South Holland: Libertarian Press.

Boltz, M.G., Kupperman, C. & Dunne, J. (1998). The role of learning in remembered duration. *Memory and Cognition, 26,* 903–921.

Brickman, P. & Campbell, D.T. (1971). Hedonic relativism and planning the good society. In M.H. Apley (Ed.), *Adaptation-level theory: A symposium* (pp.287–302). New York: Academic Press.

Brickman, P., Coates, D. & Janoff-Bulman, R.J. (1978). Lottery winners and accident victims: Is happiness relative? *Journal of Personality and Social Psychology, 36,* 917–927.

Buehler, R., Griffin, D. & Ross, M. (1994). Exploring the 'planning fallacy': Why people underestimate their task completion times. *Journal of Personality and Social Psychology, 67,* 366–381.

Buehler, R., Griffin, D. & MacDonald, H. (1997). The role of motivated reasoning in optimistic time predictions. *Personality and Social Psychology Bulletin, 23,* 238–247.

Buehler, R., Griffin, D. & Ross, M. (2002). Inside the planning fallacy: The causes and consequences of optimistic time predictions. In T. Gilovich, D. Griffin & D. Kahneman (Eds.), *Heuristics and biases: The psychology of intuitive judgment* (pp.250–270). Cambridge: Cambridge University Press.

Chapman, G.B. (1996). Temporal discounting and utility for health and money. *Journal of Experimental Psychology: Learning, Memory, and Cognition, 22*(3), 771–791.

Cohn, B. (1999). *The lay theory of happiness.* Unpublished undergraduate dissertation, Princeton University.

Duckworth, A.L. & Seligman, M.E.P. (2005). Self-discipline outdoes IQ in predicting academic performance of adolescents. *Psychological Science*, 16(12), 939–944.

Frederick, S. (2005). Cognitive reflection and decision making. *Journal of Economic Perspectives*, 19(4), 25–42.

Frederick, S., Loewenstein, G. & O'Donoghue, T. (2002). Time discounting and time preference: A critical review. *Journal of Economic Literature, XL*, 351–401.

Geronimus, A.T. (1992). The weathering hypothesis and the health of African-American women and infants: Evidence and speculations. *Ethnicity and Disease*, 2(3), 207–221.

Geronimus, A.T. (1996). What teen mothers know. *Human Nature*, 7(4), 323–352.

Gilbert, D.T., Morewedge, C.K., Risen, J.L. & Wilson, T.D. (2004). Looking forward to looking backward: The misprediction of regret. *Psychological Science*, 15(5), 346–350.

Green, D., Fischer, E.B. Jr., Perlow, S. & Sherman, L. (1981). Preference reversal and self-control: Choice as a function of reward amount and delay. *Behavior Analysis Letters*, 1(1), 43–51.

Griffin, D. & Buehler, R. (2005). Biases and fallacies, memories and predictions: Comment on Roy, Christenfeld & McKenzie (2005). *Psychological Bulletin*, 131, 757–760.

Griffin, D.W. & Tversky, A. (1992). The weighing of evidence and the determinants of confidence. *Cognitive Psychology*, 24, 411–435.

Hinds, P.J. (1999). The curse of expertise: The effects of expertise and debiasing methods on prediction of novice performance. *Journal of Experimental Psychology: Applied*, 5, 205–221.

Hofstadter, D.R. (1980). *Gödel, Escher, Bach: An eternal golden braid*. London: Penguin.

Hogan, R. & Weiss, D.S. (1974). Personality correlates of superior academic achievement. *Journal of Counseling Psychology*, 21, 144–149.

Hsee, C.K. & Hastie, R. (2006). Decision and experience: Why don't we choose what makes us happy? *Trends in Cognitive Sciences*, 10(1), 31–37.

Hsee, C.K., Abelson, R.P. & Salovey, P. (1991). The relative weighting of position and velocity in satisfaction. *Psychological Science*, 2(4), 263–266.

Jones, E.E. & Nisbett, R.E. (1972). The actor and the observer: Divergent perceptions of the causes of behaviour. In E.E. Jones, D.E. Kanouse, H.H. Kelley, R.E. Nisbett, S. Valins & B. Weiner (Eds.), *Attribution: Perceiving the causes of behaviour* (pp.79–94). Morristown, NJ: General Learning Press.

Kahneman, D. (1994). New challenges to the rationality assumption. *Journal of Institutional and Theoretical Economics*, 150(1), 18–36.

Kahneman, D. (2000). Evaluation by moments: Past and future. In D. Kahneman & A. Tversky (Eds.), *Choices, values, and frames* (pp.693–708). Cambridge: Cambridge University Press.

Kahneman, D. & Lovallo, D. (1993). Timid choices and bold forecasts: A cognitive perspective on risk taking. *Management Science*, 39, 17–31.

Kahneman, D. & Miller, D.T. (1986). Norm theory: Comparing reality to its alternatives. *Psychological Review*, 93(2), 136–153.

Kahneman, D. & Snell, J. (1992). Predicting a changing taste: Do people know what they will like? *Journal of Behavioral Decision Making*, 5, 187–200.

Kahneman, D. & Tversky, A. (1979). Intuitive prediction: Biases and corrective procedures. *TIMS Studies in Management Science*, 12, 313–327.

Kirby, K.N. & Herrnstein, R.J. (1995). Preference reversals due to myopic discounting of delayed reward. *Psychological Science*, 6(2), 83–89.

Kirby, K.N., Winston, G. & Santiesteban, M. (2005). Impatience and grades: Delay-discount rates correlate negatively with college GPA. *Learning and Individual Differences*, 15(3), 213–222.

Kivetz, R. & Simonson, I. (2002). Self-control for the righteous: Toward a theory of precommitment to indulgence. *Journal of Consumer Research*, 29, 199–217.

Koehler, D.J. (1991). Explanation, imagination, and confidence in judgment. *Psychological Bulletin*, 110, 499–519.

Koehler, D.J. & Poon, C.S.K. (2006). Self-predictions overweight strength of current intentions. *Journal of Experimental Social Psychology*, 42(4), 517–524.

Laibson, D. (2001). A cue-theory of consumption. *Quarterly Journal of Economics*, 116, 81–119.

Lay, C.H. (1986). At last, my research article on procrastination. *Journal of Research in Personality*, 20, 474–495.

Lee, E., Clements, S., Ingham, R. & Stone, N. (2004). *A matter of choice? Explaining national variation in teenage abortion and motherhood*. York: Joseph Rowntree Foundation.

Leventhal, H., Singer, R.P. & Jones, S.H. (1965). The effects of fear and specificity of recommendation. *Journal of Personality and Social Psychology*, 2, 20–29.

Lewin, K. (1951). *Field theory in social science*. New York: Harper & Row.

Liberman, N. & Trope, Y. (1998). The role of feasibility and desirability considerations in near and distant future decisions: A test of temporal construal theory. *Journal of Personality and Social Psychology*, 75, 5–18.

Loewenstein, G. (1987). Anticipation and the valuation of delayed consumption. *The Economic Journal*, 97(387), 666–668.

Loewenstein, G. (1988). Frames of mind in intertemporal choice. *Management Science*, 34, 200–214.

Loewenstein, G. (1996). Out of control: Visceral influences on behavior. *Organizational Behavior and Human Decision Processes*, 65, 272–292.

Loewenstein, G. & Prelec, D. (1993). Preferences for sequences of outcomes. *Psychological Review*, 100(1), 91–108.

Mischel, W., Shoda, Y. & Rodriguez, M.I. (1989). Delay of gratification in children. *Science*, 244(4907), 933–938

Mitchell, T.R., Thompson, L., Peterson, E. & Cronk, R. (1997). Temporal adjustments in the evaluation of events: The 'rosy view'. *Journal of Experimental Social Psychology*, 33, 421–448.

Prelec, D. & Loewenstein, G. (1998). The red and the black: Mental accounting of savings and debt. *Marketing Science*, 17(1), 4–28.

Rae, J. (1834). *The sociological theory of capital* (reprint of original 1834 edn). London: Macmillan.

Read, D. (2004). Intertemporal choice. In D.J. Koehler & N. Harvey (Eds.), *Blackwell handbook of judgment and decision making* (pp.424–443). Oxford: Blackwell.

Read, D. & Loewenstein, G. (1995). Diversification bias: Explaining the discrepancy in variety seeking between combined and separated choices. *Journal of Experimental Psychology: Applied*, 1, 34–49.

Redelmeier, D.A. & Heller, D.N. (1993). Time preference in medical decision making and cost-effectiveness analysis. *Medical Decision Making*, 13(3), 212–217.

Robson, A.J. (2002). Evolution and human nature. *Journal of Economic Perspectives*, 16(2), 89–106.

Rogers, A.R. (1994). Evolution of time preference by natural selection. *The American Economic Review*, 84(3), 460–481.

Roy, M.M., Christenfeld, N.J.S. & McKenzie, C.R.M. (2005a). Underestimating the duration of future events: Memory incorrectly used or memory bias? *Psychological Bulletin*, 131(5), 738–756.

Roy, M.M., Christenfeld, N.J.S. & McKenzie, C.R.M. (2005b). The broad applicability of memory bias and its coexistence with the planning fallacy: Reply to Griffin and Buehler (2005). *Psychological Bulletin*, 131(5), 761–762.

Samuelson, P. (1937). A note on measurement of utility. *Review of Economic Studies*, 4, 155–161.

Schelling, T.C. (2006). *Strategies of commitment and other essays*. Cambridge, MA: Harvard University Press.

Schkade, D. & Kahneman, D. (1998). Does living in California make people happy? A focusing illusion in judgments of life satisfaction. *Psychological Science*, 9, 340–346.

Sheeran, P. (2002). Intention-behavior relations: A conceptual and empirical review. In W. Stroebe & M. Hewstone (Eds.), *European Review of Social Psychology* (pp.1–36). Chichester: Wiley.

Shoda, Y., Mischel, W. & Peake, P.K. (1990). Predicting adolescent cognitive and social competence from preschool delay of gratification: Identifying diagnostic conditions. *Developmental Psychology*, 26, 978–986.

Simonson, I. (1990). The effect of purchase quantity and timing on variety-seeking behaviour. *Journal of Marketing Research*, 27(2), 150–162.

Solnick, J., Kannenberg, C., Eckerman, D. & Waller, M. (1980). An experimental analysis of impulsivity and impulse control in humans. *Learning and Motivation*, 11, 61–77.

Sozou, P.D. & Seymour, R.M. (2003). Augmented discounting: Interaction between ageing and time-preference behaviour. *Proceedings of the Royal Society of London B*, 270(1519), 1047–1053

Thaler, R. (1981). Some empirical evidence on dynamic inconsistency. *Economic Letters*, 8, 201–7.

Thaler, R. & Shefrin, H.M. (1981). An economic theory of self-control. *Journal of Political Economy*, 89(2), 392–410.

Trope, Y. & Liberman, N. (2003). Temporal construal. *Psychological Review*, 110(3), 403–421.

Trostel, P.A. & Taylor, G.A. (2001). A theory of time preference. *Economic Inquiry*, 39(3), 379–395.

Tykocinski, O.E. & Pittman, T.S. (1998). The consequences of doing nothing: Inaction inertia as avoidance of anticipated counterfactual regret. *Journal of Personality and Social Psychology*, 75, 607–616.

Van Boven, L. & Loewenstein, G. (2003). Social projection of transient drive states. *Personality and Social Psychology Bulletin*, 29, 1159–1168.

Wilson, M. & Daly, M. (1997). Life expectancy, economic inequality, homicide, and reproductive timing in Chicago neighbourhoods. *British Medical Journal*, 314, 1271–1274.

Wilson, T.D., Meyers, J. & Gilbert, D.T. (2001). Lessons from the past: Do people learn from experience that emotional reactions are short-lived? *Personality and Social Psychology Bulletin*, 27(12), 1648–1661.

Wolfe, R.N. & Johnson, S.D. (1995). Personality as a predictor of college performance. *Educational and Psychological Measurement*, 55, 177–185.

제11장
역동적 결정과 고위험 부담 : 실생활과 실험실의 만남

Anzai, Y. (1984). Cognitive control of real-time event driven systems. *Cognitive Science*, 8, 221–254.

Bandaret, L.E., Stokes, J.W., Francesconi, R., Kowal, D.M. & Naitoh, P. (1981). Artillery teams in simulated sustained combat: Performance and other measures. In L.C. Johnson, D.I. Tepas, W.F. Colquhoun & M.J. Colligan (Eds.), *Biological rhythms, sleep and shiftwork* (pp.459–477). New York: Spectrum.

Beach, L.R. (1990). *Image theory: Decision making in personalized and organizational contexts*. New York: Wiley.

Beach, L.R. & Connolly, T. (2005). *The psychology of decision making: People in organizations* (2nd edn). London: Sage.

Beach, L.R. & Strom, E. (1989). A toadstool among the mushrooms: Screening decisions and image theory's compatibility test. *Acta Psychologica*, 1–12.

Belenky, G., Penetar, D.M., Thorne, D.R., Popp, K., Leu, J., Thomas, M., Sing, H., Balkin, T.J., Wesensten, N.J. & Redmond, D.P. (1994). The effects of sleep deprivation on performance during continuous combat operations. In B.M. Marriott (Ed.), *Food components to enhance performance* (pp.127–135). Washington, DC: National Academy Press.

Berry, D.C. & Broadbent, D.E. (1984). On the relationship between task performance and associated verbalizable knowledge. *Quarterly Journal of Experimental Psychology*, 36A, 209–231.

Besnard, D., Greathead, D. & Baxter, G. (2004). When mental models go wrong: Co-occurrences in dynamic, critical systems. *International Journal of Human-Computer Studies*, 60, 117–128.

Brehmer, B. (1992). Dynamic decision making: Human control of complex systems. *Acta Psychologica*, 81(3), 211–241.

Brehmer, B. & Allard, R. (1991). Real-time dynamic decision making: Effects of task complexity and feedback delays. In J. Rasmussen, B. Brehmer & J. Leplat (Eds.), *Distributed decision making: Cognitive models for cooperative work*. Chichester: Wiley.

Burns, K. (2005). Mental models and normal errors. In B. Brehmer, R. Lipshitz & H. Montgomery (Eds.), *How do professionals make decisions?* Mahwah, NJ: Lawrence Erlbaum.

Busemeyer, J.R. (2002). Dynamic decision making. In N.J. Smelser & P.B. Baltes (Eds.), *International Encyclopedia of the Social and Behavioral Sciences: Vol. 6* (pp.3903–3908). Oxford: Elsevier Press.

Calderwood, R., Klein, G.A. & Crandall, B.W. (1988). Time pressure, skill, and move quality in chess. *American Journal of Psychology*, 101, 481–493.

Corcoran, D.W.J. (1963). Doubling the rate of signal presentation in a vigilance task during sleep deprivation. *Journal of Applied Psychology*, 47, 412–415.

Coscarelli, W.C. (1983a). *The Decision Making Inventory technical manual*. Columbus, OH: Marathon Consulting Press.

Coscarelli, W.C. (1983b). Development of a decisionmaking inventory to assess Johnson's decision-making styles. *Measurement and Evaluation in Guidance*, 16, 149–160.

Diehl, E. & Sterman, J.D. (1995). Effects of feedback complexity on dynamic decision making. *Organizational Behavior and Human Decision Processes*, 62(2), 198–215.

Dienes, Z. & Fahey, R. (1995). Role of specific instances in controlling a dynamic system. *Journal of Experimental Psychology: Learning, Memory and Cognition*, 21, 848–862.

Duckworth, A.L. & Seligman, M.E.P. (2005). Self-discipline outdoes IQ in predicting academic performance of adolescents. *Psychological Science*, 16 (12), 939–944.

Edwards, W. (1962). Dynamic decision theory and probabilistic information processing. *Human Factors*, 4, 59–73.

Endsley, M.R. (1988). Design and evaluation for situation awareness enhancement. In *Proceedings of the Human Factors Society 32nd Annual Meeting, Human Factors Society* (pp.97–101). Santa Monica, CA: Human Factors and Ergonomics Society.

Endsley, M.R. (2006). Expertise and situation awareness. In K.A. Ericsson, N. Charness, P.J. Feltovich & R.R. Hoffman (Eds.), *The Cambridge Handbook of Expertise and Expert Performance* (pp.633–651). Cambridge: Cambridge University Press.

Flin, R., Salas, E., Strub, M. & Martin, L. (Eds.) (1997). *Decision making under stress: Emerging themes and applications*. Aldershot: Ashgate.

Friedrich, J.R. (1987). Perceived control and decision making in a job hunting context. *Basic and Applied Social Psychology*, 8(1 and 2), 163–176.

Furnham, A. (2005). *The psychology of behaviour at work: The individual in the organization*. Hove: Psychology Press.

Gibson, F.P., Fichman, M. & Plaut, D.C. (1997). Learning in dynamic decision tasks: Computational model and empirical evidence. *Organizational Behavior and Human Decision Processes*, 71(1), 1–35.

Gonzalez, C. (2004). Learning to make decisions in dynamic environments: Effects of time constraints and cognitive abilities. *Human Factors*, 46(3), 449–460.

Gonzalez, C. (2005a). Decision support for real-time, dynamic decision-making tasks. *Organizational Behavior and Human Decision Processes*, 96, 142–154.

Gonzalez, C. (2005b). Task workload and cognitive abilities in dynamic decision making. *Human Factors*, 47(1), 92–101.

Gonzalez, C. & Quesada, J. (2003). Learning in dynamic decision making: The recognition process. *Computational and Mathematical Organization Theory*, 9, 287–304.

Gonzalez, C., Lerch, J.F. & Lebiere, C. (2005). Instance-based learning in dynamic decision making. *Cognitive Science*, 27, 591–635.

Gonzalez, C., Thomas, R.P. & Vanyukov, P. (2005). Impact of individual differences and cognitive abilities on dynamic decision making. *Intelligence*, 33(2), 169–186.

Gonzalez, C., Vanyukov, P. & Martin, M.K. (2005). The use of microworlds to study dynamic decision making. *Computers in Human Behavior*, 21, 273–286.

Hammond, K.R. (2000). *Judgments under stress*. Oxford: Oxford University Press.

Harrison, Y. & Horne, J.A. (1999). One night of sleep loss impairs innovative thinking and flexible decision making. *Organizational Behavior and Human Decision Processes*, 78, 128–145.

Harrison, Y. & Horne, J.A. (2000). The impact of sleep deprivation on decision making: A review. *Journal of Experimental Psychology (Applied)*, 6(3), 236–249.

Harvey, N. & Bolger, F. (2001). Collecting information: Optimizing outcomes, screening options, or facilitating discrimination? *The Quarterly Journal of Experimental Psychology*, 54A(1), 269–301.

Hedlund, J., Wilt, J.M., Nebel, K.R., Ashford, S.J., Sternberg, R.J. (2006). Assessing practical intelligence in business school admissions: A supplement to the graduate management admissions test. *Learning and Individual Differences*, 16(2), 101–127.

Horne, J.A. & Pettitt, A.N. (1985). High incentive effects on vigilance performance during 72 hours of total SD. *Acta Psychologica*, 58, 123–139.

Horswill, M.S. & McKenna, F.P. (2004). Drivers hazard perception ability: Situation awareness on the road. In S. Banbury & S. Tremblay (Eds.), *A cognitive approach to situation awareness: Theory, measurement and application*. Aldershot: Ashgate.

Hunter, J. & Hunter, R. (1984). Validity and utility of alternate predictors of job performance. *Psychological Bulletin*, 96(1), 72–98.

Jensen, R.S., Guilke, J. & Tigner, R. (1997). Understanding expert aviator judgment. In R. Flin, E. Salas, M. Strub & L. Martin (Eds.), *Decision making under stress: Emerging themes and applications* (pp.233–242). Aldershot: Ashgate.

Johnson, R.H. (1978). Individual styles of decision making: A theoretical model for counseling. *Personnel and Guidance Journal*, 56, 530–536.

Kahneman, D. & Tversky, A. (1982). The simulation heuristic. In D. Kahneman, P. Slovic & A. Tversky (Eds.), *Judgment under uncertainty: Heuristics and biases* (pp.201–208). Cambridge: Cambridge University Press.

Kerstholt, J.H. (1994). The effect of time pressure on decision making behaviour in a dynamic task environment. *Acta Psychologica*, 86, 89–104.

Kerstholt, J.H. (1996). The effects of information costs on strategy selection in dynamic tasks. *Acta Psychologica*, 94, 273–290.

Kjellberg, A. (1975). Effects of sleep deprivation on performance of a problem-solving task. *Psychological Reports*, 37, 479–485.

Kjellberg, A. (1977). Sleep deprivation and some aspects of performance. *Waking and Sleeping*, 1, 139–143.

Klein, G. (1998). *Sources of power: How people make decisions*. Cambridge, MA: MIT Press.

Klein, G. (2001). The fiction of optimization. In G. Gigerenzer & R. Selten (Eds.), *Bounded rationality: The adaptive toolbox* (pp.103–121). Cambridge, MA: MIT Press.

Klein, G.A., Wolf, S., Militello, L. & Zsambok, C. (1995). Characteristics of skilled option generation in chess. *Organizational Behavior and Human Decision Processes*, 62, 63–69.

Kleinmuntz, D. (1985). Cognitive heuristics and feedback in a dynamic decision environment. *Management Science*, 31, 680–702.

Kleinmuntz, D. & Thomas, J. (1987). The value of action and inference in dynamic decision making. *Organizational Behavior and Human Decision Processes*, 39, 341–364.

Kluger, A.N. & DeNisi, A. (1996). Effects of feedback intervention on performance: A historical review, a meta-analysis, and a preliminary feedback intervention theory. *Psychological Bulletin*, 119(2), 254–284.

Lipshitz, R., Klein, G., Orasanu, J. & Salas, E. (2001). Taking stock of naturalistic decision making. *Journal of Behavioral Decision Making*, 14, 331–352.

McCammon, I. (2001). Decision making for wilderness leaders: Strategies, traps and teaching methods. *Proceedings of Wilderness Risk Manager's Conference*. 26–28 Oct., Lake Geneva, WI, pp.16–29.

McCammon, I. (2002). Evidence of heuristic traps in recreational avalanche accidents. Presentation to the International Snow Science Workshop, Penticton, British Columbia, 30 Sept.–4 Oct. Downloaded 6 Nov. 2002 from http://www.avalanche.org/~issw2004/issw_previous/2002/flashsite/Education/mccammon per cent20oral.html.

McCammon, I. (2004). Sex, drugs and the white death: Lessons for avalanche educators from health and safety campaigns. Presentation to the International Snow Science Workshop, 19–24 Sept., Jackson, WY. Downloaded 6 Nov. 2002 from http://www.avalanche.org/~issw2004/issw_previous/2004/proceedings/pdffiles/toc.pdf.

McCammon, I. & Hägeli, P. (2004). Comparing avalanche decision frameworks using accident data from the United States. Presentation to the International Snow Science Workshop, 19–24 Sept., Jackson, WY. Downloaded 6 Nov. 2002 from http://www.avalanche.org/~issw2004/issw_previous/2004/proceedings/pdffiles/toc.pdf.

McKenna, F. & Crick, J.L. (1991). *Hazard perception in drivers: A methodology for testing and training*. Transport Research Laboratory Report No. 313. Crowthorne, UK.

Menkes, J. (2005). *Executive intelligence: What all great leaders have*. NY: Collins.

Niles, S.G., Erford, B., Hunt, B. & Watts, R. (1997). Decision-making styles and career development in college students. *Journal of College Student Development*, 38, 479–488.

Omodei, M., Wearing, A. & McLennan, J. (1997). Head-mounted video recording: A methodology for studying naturalistic decision making. In R. Flin, E. Salas, M. Strub & L. Martin (Eds.), *Decision making under stress: Emerging themes and applications* (pp.137–146). Aldershot: Ashgate.

Orasanu, J. & Fischer, U. (1997). Finding decisions in natural environments. In C.E. Zsambok & G.A. Klein (Eds.), *Naturalistic decision making* (pp.434–458). Hillsdale, NJ: Erlbaum.

Payne, J.W., Bettman, J.R. & Johnson, E.J. (1993). *The adaptive decision maker*. Cambridge: Cambridge University Press.

Prince, C. & Salas, E. (1998). Situation assessment for routine flight and decision making. *International Journal of Cognitive Ergonomics*, 1(4), 315–324.

Raven, J.C. (1976). Advanced progressive matrices, Sets I and II. Oxford: Oxford Psychologists Press.

Rigas, G. & Brehmer, B (1999). Mental processes in intelligence tests and dynamic decision making tasks. In P. Juslin & H. Montgomery (Eds.), *Judgement and decision making: Neo-Brunswikean and process-tracing approaches*. Hillsdale, NJ: Lawrence Erlbaum.

Rigas, G., Carling, E. & Brehmer, B. (2002). Reliability and validity of performance measures in microworlds. *Intelligence*, 30, 463–480.

Ross, K.G., Shafer, J.L. & Klein, G. (2006). Professional judgments and 'naturalistic decision making'. In K.A. Ericsson, N. Charness, P.J. Feltovich & R.R. Hoffman (Eds.), *The Cambridge handbook of expertise and expert performance*. Cambridge: Cambridge University Press.

Salgado, J., Anderson, N., Moscoso, S., Bertua, C., de Fruyt, F. & Rolland, J.P. (2003). A meta-analytic study of general mental ability validity for different occupations in the European Community. *Journal of Applied Psychology*, 88, 1068–1081.

Schraagen, J.M. (2006). Task analysis. In K.A. Ericsson, N. Charness, P.J. Feltovich & R.R. Hoffman (Eds.), *The Cambridge handbook of expertise and expert performance*. Cambridge: Cambridge University Press.

Scott, S.G. & Bruce, R.A. (1995). Decision-making style: The development and assessment of a new measure. *Educational and Psychological Measurement*, 55(5), 818–831.

Sterman, J.D. (1989a). Modeling managerial behaviour: Misperceptions of feedback in a dynamic decision making experiment. *Management Science*, 35(3), 321–339.

Sterman, J.D. (1989b). Misperceptions of feedback in dynamic decision making. *Organizational Behavior and Human Decision Processes*, 43(3), 301–335.

Sternberg, R.J. (1997). *Successful intelligence*. New York: Plume Books.

Stokes, A.F. & Kite, K. (1994). *Flight stress: Stress, fatigue, and performance in aviation*. Brookfield, VT: Ashgate.

Strater, L.D., Endsley, M.R., Pleban, R.J. & Matthews, M.D. (2001). *Measures of platoon leader situation awareness in virtual decision making exercises* (Research Report 1770). Alexandria, VA: Army Research Institute.

Strater, L.D., Jones, D.G. & Endsley, M.R. (2001). *Analysis of infantry situation awareness training requirements*. (SATech 01–15). Marietta, GA: SA Technologies.

Strayer, D.L. & Johnston, W.A. (2001). Driven to distraction: Dual-task studies of simulated driving and conversing on a cellular telephone. *Psychological Science, 12,* 462–466.

Wilkinson, R.T. (1965). Sleep deprivation. In O.G. Edholm & A.L. Bacharach (Eds.), *Physiology of human survival* (pp.399–430). London: Academic Press.

Van Zee, E.H., Paluchowski, T.F. & Beach, L.R. (1992). The effects of screening and task partitioning upon evaluation of decision options. *Journal of Behavioral Decision Making, 5,* 1–23.

Zsambok, C.E. & Klein, G. (Eds.) (1997). *Naturalistic decision making.* Mahwah, NJ: Lawrence Erlbaum.

제12장
위험

Adams, J. (1995). *Risk.* London: UCL Press.

Albury, D. & Schwarz, J. (1982). *Partial progress.* London: Pluto Press.

Alhakami, A.S. & Slovic, P. (1994). A psychological study of the inverse relationship between perceived risk and perceived benefit. *Risk Analysis, 14*(6), 1085–1096.

Ames, B.N. & Gold, L.S. (1990). Too many rodent carcinogens: Mitogenesis increases mutagenesis. *Science, 249,* 970–971.

Anderson, C. & Galinsky, A.D. (2006). Power, optimism, and risk-taking. *European Journal of Social Psychology, 36,* 511–536.

Balcombe, J. (2006). *Pleasurable kingdom: Animals and the nature of feeling good.* London: Macmillan.

Barke, R., Jenkins-Smith, H. & Slovic, P. (1997). Risk perception of men and women scientists. *Social Science Quarterly, 78*(1), 167–176.

Baron, J. (1998). *Judgment misguided: Intuition and error in public decision making.* Oxford: Oxford University Press.

Baron, J. (2000). *Thinking and Deciding* (3rd edn). Cambridge: Cambridge University Press.

Barrett, L., Dunbar, R. & Lycett, J. (2002). *Human evolutionary psychology.* Basingstoke: Palgrave.

Bassett, J.F. & Moss, B. (2004). Men and women prefer risk takers as romantic and non-romantic partners. *Current Research in Social Psychology, 9,* 133–144.

Bernhardt, P.C., Dabbs, J.M., Fielden, J.A. & Lutter, C.D. (1998). Testosterone changes during vicarious experiences of winning and losing among fans at sporting events. *Physiology and Behavior, 65*(1), 59–62.

Bostrom, A., Morgan, M.G. & Fischhoff, B. (1992). Characterizing mental models of hazardous processes: A methodology and an application to Radon. *Journal of Social Issues, 45,* 85–100.

Brun, W. (1992). Cognitive components in risk perception: Natural versus manmade risks. *Journal of Behavioral Decision Making, 5,* 117–132.

Burns, P.C. & Wilde, G.J.S. (1995). Risk taking in male taxi drivers: relationships among personality, observational data and driver records. *Personality and Individual Differences, 18*(2), 267–278.

Burnstein, E., Crandall, C. & Kitayama, S. (1994). Some neo-Darwinian decision rules for altruism: Weighing cues for inclusive fitness as a function of the biological importance of the decision. *Journal of Personality and Social Psychology, 67,* 773–789.

Buss, D.M. (1999). *Evolutionary psychology: The new science of the mind.* London: Allyn & Bacon.

Byrnes, J.P., Miller, D.C. & Schafer, W.D. (1999). Gender differences in risk taking: A meta-analysis. *Psychological Bulletin, 125*(3), 367–383.

Campbell, A. (1999). Staying alive: Evolution, culture and women's intra-sexual aggression. *Behavioral and Brain Sciences, 22,* 203–252.

Carlo, G.L., Lee, N., Sund, K.G. & Pettygrove, S.D. (1992). The interplay of science, values, and experiences among scientists asked to evaluate the hazards of dioxin, radon, and environmental tobacco smoke. *Risk Analysis, 12,* 37–43.

Costa, P.T. & McCrae, R. (1985). *Manual of the NEO-PI.* Odessa, FL: Psychological Assessment Resources.

Costa, P.T. & McCrae, R. (1992). Four ways five factors are basic. *Personality and Individual Differences, 13,* 653–665.

Cronin, C. (1991). Sensation seeking among mountain climbers. *Personality and Individual Differences, 12,* 653–654.

Daly, M. & Wilson, M. (1990). *Homicide.* Hawthorne, NY: Aldine.

Dawkins, R. (1976). *The selfish gene.* Oxford: Oxford University Press.

DeBruine, L.M. (2004). Resemblance to self increases the appeal of child faces to both men and women. *Evolution and Human Behavior, 25,* 142–154.

de Waal, F. (2005). *Our inner ape: The best and worst of human nature.* London: Granta.

Diamond, J. (1998). *Guns, germs and steel: A short history of everybody for the last 13,000 years.* London: Chatto & Windus.

Dingemanse, N.J., Both, C., Drent, P.J. & Tinbergen, J.M. (2004). Fitness consequences of avian personalities in a fluctuating environment. *Proceedings of the Royal Society of London, Series B: Biological Sciences, 271,* 847–852.

Egan, S. & Stelmack, R.M. (2003). A personality profile of Mount Everest climbers. *Personality and Individual Differences, 34,* 1491–1494.

Evans, A.H., Lawrence, A.D., Potts, J., MacGregor, L., Katzenschlager, R., Shaw, K., Ziljmans, J. & Lees, A.J. (2006). Relationship between impulsive sensation seeking traits, smoking, alcohol and caffeine intake, and Parkinson's disease. *Journal of Neurology, Neurosurgery, and Psychiatry, 77,* 317–321.

Farthing, G.W. (2005). Attitudes toward heroic and nonheroic physical risk takers as mates and friends. *Evolution and Human Behavior, 26,* 171–185.

Field, C.A. & O'Keefe, G. (2004). Behavioral and psychological risk factors for traumatic injury. *Journal of Emergency Medicine, 26,* 27–35.

Finucane, M.S., Alhakami, A., Slovic, P. & Johnson, S.M. (2000). The affect heuristic in judgments of risks and benefits. *Journal of Behavioral Decision Making, 13,* 1–17.

Fischhoff, B., Slovic, P., Lichtenstein, S., Read, S. & Combs, B. (1978). How safe is safe enough? A psychometric study of attitudes towards technological risks and benefits. *Policy Sciences, 9,* 127–52.

Flynn, J., Slovic, P. & Mertz, C.K. (1994). Gender, race, and perception of environmental health risks. *Risk Analysis, 14*(6), 1101–1108.

Franques, P., Auriacombe, M., Piquemal, E., Verger, M., Brisseau-Gimenez, S., Grabot, D. & Tiqnol, J. (2003). Sensation seeking as a common factor in opioid dependent subjects and high risk sport practicing subjects. A cross sectional study. *Drug and Alcohol Dependence, 69*(2), 121–126.

Goma-i-Freixanet, M. (1991). Personality profile of subjects engaged in high physical risk sports. *Personality and Individual Differences, 12,* 1087–1093.

Hamilton, W.D. (1964). The genetical evolution of social behaviour, I, II. *Journal of Theoretical Biology, 7,* 1–52.

Hertwig, R., Pachur, T. & Kurzenhäuser, S. (2005). Judgments of risk frequencies: Tests of possible mechanisms. *Journal of Experimental Psychology: Learning, Memory, and Cognition, 31*(4), 621–642.

Johnson, R.C. (1996). Attributes of Carnegie medalists performing acts of heroism and of the recipients of these acts. *Ethology and Sociobiology, 17*(5), 355–362.

Kahneman, D. & Ritov, I. (1994). Determinants of stated willingness to pay for public goods: A study of the headline method. *Journal of Risk and Uncertainty, 9,* 5–38.

Kahneman, D., Ritov, I., Jacowitz, K.E. & Grant, P. (1993). Stated willingness to pay for public goods: A psychological perspective. *Psychological Science, 4*(5), 310–315.

Kalichman, S.C., Cain, D., Zweben, A. & Swain, G. (2003). Sensation seeking, alcohol use and sexual risk behaviors among men receiving services at a clinic for sexually transmitted infections. *Journal of Studies on Alcohol, 64*(4), 564–569.

Kasperson, R.E., Renn, O., Slovic, P., Brown, H.S., Emel, J., Goble, R., Kasperson, J.X., & Ratick, S. (1988). The social amplification of risk: A conceptual framework. In P. Slovic (Ed.), *The perception of risk.* London: Earthscan. (First published in *Risk Analysis, 8*(2), 177–187.)

Kasperson, J.X., Kasperson, R.E., Pidgeon, N. & Slovic, P. (2003). The social amplification of risk: Assessing fifteen years of research and theory. In

N. Pidgeon, R.E. Kasperson & P. Slovic (Eds.), *The social amplification of risk* (pp.13–46). Cambridge: Cambridge University Press.

Kerr, J.H. (1997). *Motivation and emotion in sport: Reversal theory.* Hove: Psychology Press.

Koehler, J.J. & Gershoff, A.D. (2003). Betrayal aversion: When agents of protection become agents of harm. *Organizational Behavior and Human Decision Processes, 90*(2), 244–261.

Koehler, J.J. & Gershoff, A.D. (2005). Betrayal aversion is reasonable. *Behavioral and Brain Sciences, 28,* 556–557.

Kraus, N., Malmfors, T. & Slovic, P. (1992). Intuitive toxicology: Expert and lay judgments of chemical risk. *Risk Analysis, 12,* 215–232.

Lerner, J.S. & Keltner, D. (2001). Fear, anger, and risk. *Journal of Personality and Social Psychology, 81,* 146–159.

Lerner, J.S., Gonzalez, R.M., Small, D.A. & Fischhoff, B. (2003). Effects of fear and anger on perceived risks of terrorism: A national field experiment. *Psychological Science, 14*(2), 144–150.

Lichtenstein, S., Slovic, P., Fischhoff, B., Layman, M. & Combs, B. (1978). Judged frequency of lethal events. *Journal of Experimental Psychology: Human Learning and Memory, 4,* 551–578.

Loewenstein, G.F., Weber, E.U., I Isee, C.K. & Welch, N. (2001). Risk as feelings. *Psychological Bulletin, 127*(2), 267–286.

MacDonald, K. (1995). Evolution, the 5-factor model, and levels of personality. *Journal of Personality, 63,* 525–567.

Maule, A.J. & Svenson, O. (1993). Concluding remarks. In O. Svenson & A.J. Maule (Eds.), *Time pressure and stress in human decision making* (pp.323–329). New York: Plenum.

Mazur, A. & Booth, A. (1998). Testosterone and dominance in men. *Behavioral and Brain Sciences, 21,* 353–363.

Morgan, M.G. (1993). Risk analysis and management. *Scientific American* (July), 32–41.

Nettle, D. (2005). An evolutionary approach to the extraversion continuum. *Evolution and Human Behavior, 26,* 363–373.

Nettle, D. (2006). The evolution of personality variation in humans and other animals. *American Psychologist, 61*(6), 622–631.

Neyer, F.J. & Lang, F.R. (2003). Blood is thicker than water: Kinship orientation across adulthood. *Journal of Personality and Social Psychology, 84,* 310–321.

Nicholson, N., Soane, E., Fenton-O'Creevy, M. & Willman, P. (2005). Personality and domain-specific risk taking. *Journal of Risk Research, 8*(2), 157–176.

Park, J.H. & Schaller, M. (2005). Does attitude similarity serve as a heuristic cue for kinship? Evidence of an implicit cognitive association. *Evolution and Human Behavior, 26,* 158–170.

Pedersen, W. (1991). Mental health, sensation seeking and drug use patterns: a longitudinal study. *British Journal of Addiction, 86*(2), 195–204 [see also the erratum in 86(8), 1037].

Pidgeon, N., Hood, C., Jones, D. & Turner, B. (1992). Risk perception. In *Risk Assessment.* London: The Royal Society.

Ritov, I. & Baron, J. (1992). Status quo and omission biases. *Journal of Risk and Uncertainty, 5,* 49–61.

Salminen, S. & Heisekanen, M. (1997). Correlations between traffic, occupational, sports, and home accidents. *Accident Analysis and Prevention, 29*(1), 33–36.

Samuelson, W. & Zeckhauser, R. (1988). Status-quo bias in decision making. *Journal of Risk and Uncertainty, 1,* 7–59.

Slovic, P. (2000). Trust, emotion, sex, politics and science: Surveying the risk-assessment battlefield. In P. Slovic (Ed.), *The perception of risk.* London and Sterling, VA: Earthscan.

Slovic, P. Fischhoff, B. & Lichtenstein, S. (1979). Rating the risks. *Environment, 21*(3), 14–20, 36–39.

Slovic, P. Fischhoff, B. & Lichtenstein, S. (1980). Facts and fears: Understanding perceived risk. In R.C. Schwing & W.A. Albers, Jr. (Eds.), *Societal risk assessment: How safe is safe enough?* New York: Plenum.

Slovic, P., Fischhoff, B. & Lichtenstein, S. (1982). Facts versus fears: Understanding perceived risk. In D. Kahneman, P. Slovic & A. Tversky (Eds.), *Judgment under uncertainty: Heuristics and biases.* Cambridge: Cambridge University Press.

Slovic, P., Malmfors, T., Mertz, C.K., Neil, N. & Purchase, I.F.H. (1997). Evaluating chemical risks: Results of a survey of the British Toxicological Society. *Human and Experimental Toxicology, 16,* 289–304.

Soranzo, N., Bufe, B., Sabeti, P.C., Wilson, J.F., Weale, M.E., Marguerie, R., Meyerhof, W. & Goldstein, D.B. (2005). Positive selection on a high-sensitivity allele of the human bitter-taste receptor TAS2R16. *Current Biology, 15,* 1257–1265.

Starr, C. (1969). Social benefit versus technological risk. *Science, 165,* 1232–1238.

Sterman, J.D. & Sweeney, L.B. (2000). Cloudy skies: Assessing public understanding of global warming. *System Dynamics Review, 18*(2), 207–240.

Sunstein, C.R. (2005). Moral heuristics. *Behavioral and Brain Sciences, 28,* 531–573.

Teigen, K.H., Brun, W. & Slovic, P. (1988). Societal risk as seen by a Norwegian public. *Journal of Behavioral Decision Making, 1,* 111–130.

Van Vugt, M. & Van Lange, P.A.M. (2006). The altruism puzzle: Psychological adaptations for prosocial behaviour. In M. Schaller, J.A. Simpson & D.T. Kenrick (Eds.), *Evolution and social psychology.* Hove: Psychology Press.

Viscusi, W.K. (2000). Corporate risk analysis. A reckless act? *Stanford Law Review, 52,* 547–597.

Vlek, C.J.H. & Stallen, P.J. (1981). Judging risk and benefit in the small and in the large. *Organizational Behavior and Human Performance, 28,* 235–271.

Walker, I. (2007). Drivers overtaking bicyclists: Objective data on the effects of riding position, helmet use, vehicle type and apparent gender. *Accident Analysis and Prevention, 39,* 417–425.

Weber, E.U. & Millman, R.A. (1997). Perceived risk attitudes: Relating risk perception to risky choice. *Management Science, 43*(2), 123–144.

Weinstein, E. & Martin, J. (1969). Generality of willingness to take risks. *Psychological Reports, 24,* 499–501.

White, R.E., Thornhill, S. & Hampson, E. (2006). Entrepreneurs and evolutionary biology: The relationship between testosterone and new venture creation. *Organizational Behavior and Human Decision Processes, 100,* 21–34.

Wilke, A., Hutchinson, J.M.C., Todd, P.M. & Kruger, D.J. (2006). Is risk taking used as a cue in mate choice? *Evolutionary Psychology, 4,* 367–393.

Wilson, E.O. (1975). *Sociobiology: The new synthesis.* Cambridge, MA: Belknap/Harvard.

Zeckhauser, R.J. & Viscusi, W.K. (1990). Risk within reason. *Science, 248,* 559–564.

Zuckerman, M. (1979). *Sensation seeking: Beyond the optimal level of arousal.* Hillsdale, NJ: Erlbaum.

Zuckerman, M. (1983). Sensation seeking and sports. *Journal of Personality and Individual Differences, 4,* 285–293

Zuckerman, M. (1994). *Behavioral expressions and biosocial bases of sensation seeking.* Cambridge: Cambridge University Press.

Zuckerman, M. (2005). *Psychobiology of personality* (2nd edn). Cambridge: Cambridge University Press.

Zuckerman, M., Kolin, E.A., Price, L. & Zoob, I. (1964). Development of a sensation seeking scale. *Journal of Consulting and Clinical Psychology, 28,* 477–482.

Zuckerman, M., Eysenck, S. & Eysenck, H.J. (1978). Sensation seeking in England and America: Cross-cultural, age and sex comparisons. *Journal of Consulting and Clinical Psychology, 46*(1), 139–149.

제13장

집단과 팀의 결정짓기

Armstrong, J.S. (2001). Combining forecasts. In J.S. Armstrong (Ed.), *Principles of forecasting: A handbook for researchers and practitioners.* Kluwer: New York.

Armstrong, J.S. (2006). How to make better forecasts and decisions: Avoid face-to-face meetings. *Foresight, 5*, 3–15 (including commentaries and reply).

Asch, S. (1956). Studies of independence and conformity: A minority of one against a unanimous majority. *Psychological Monograph, 70*(9); whole of issue 416.

Ashton, A.H. & Ashton, R.H. (1985). Aggregating subjective forecasts: Some empirical results. *Management Science, 31*(12), 1499–1508.

Bardecki, M.J. (1984). Participants' response to the Delphi method: An attitudinal perspective. *Technological Forecasting and Social Change, 25*, 281–292.

Bass, B.M. (1985). *Leadership and performance beyond expectations.* New York: Free Press.

Bonaccio, S. & Dalal, R.S. (2006). Advice taking and decision-making: An integrative literature review, and implications for the organizational sciences. *Organizational Behavior and Human Decision Processes, 101*, 127–151.

Boukreev, A. & DeWalt, G.W. (2001). *The climb: Tragic ambitions on Everest.* London: MacMillan.

Bruce, R.S. (1935). Group judgments in the field of lifted weights and visual discrimination. *Journal of Psychology, 1*, 117–121.

Budescu, D.V. & Rantilla, A.K. (2000). Confidence in aggregation of expert opinions. *Acta Psychologica, 104*, 371–398.

Burns, J.M. (1978). *Leadership.* New York: Harper & Row.

Camacho, L.M. & Paulus, P.B. (1995). The role of social anxiousness in group brainstorming. *Journal of Personality and Social Psychology, 68*, 1071–1080.

Conradt, L. & Roper, T.J. (2005). Consensus decision making in animals. *Trends in Ecology and Evolution, 20*(8), 449–456.

Coultas, J.C. (2004). When in Rome . . . An evolutionary perspective on conformity. *Group Processes & Intergroup Relations, 70*(4), 317–331.

Crutchfield, R. (1955). Conformity and character. *American Psychologist, 10*, 191–198.

Dennis, A.R. & Valacich, J.S. (1993). Computer brainstorms: More heads are better than one. *Journal of Applied Psychology, 78*, 531–537.

Diehl, M. & Stroebe, W. (1987). Productivity loss in brainstorming groups: Toward the solution of a riddle. *Journal of Personality and Social Psychology, 53*, 497–509.

Downey, H.K., Chacko, T. & McElroy, J.C. (1975). Attributions of the 'causes' of performance: A constructive, quasi-longitudinal replication of the Staw (1975) study. *Organizational Behavior and Human Performance, 24*, 287–299.

Erffmeyer, R.C. & Lane, I.M. (1984). Quality and acceptance of an evaluative task: the effects of four group decision-making formats. *Group and Organization Studies, 9*(4), 509–529.

Esser, J.K. (1998). Alive and well after 25 years: A review of groupthink research. *Organizational Behavior and Human Decision Processes, 73*(2/3), 116–141.

Fiedler, F.E. (1965). A contingency model of leadership effectiveness. In L. Berkowitz (Ed.), *Advances in experimental social psychology: Vol. 1* (pp.149–190). New York: Academic Press.

Flowers, M.L. (1977). A laboratory test of some implications of Janis's groupthink hypothesis. *Journal of Personality and Social Psychology, 35*, 888–896.

Fodor, E.M. & Smith, T. (1982). The power motive as an influence on group decision making. *Journal of Personality and Social Psychology, 42*, 178–185.

Frederickson, J.W., & Iaquinto, A.L. (1989). Inertia and creeping rationality in strategic decision processes. *Academy of Management Journal, 32*, 516–542.

Furnham, A. (2005). *The psychology of behaviour at work: The individual in the organization.* Hove: Psychology Press.

Gallupe, R.B., Cooper, W.H., Grise, M.-L. & Bastianutti, L.M. (1994). Blocking electronic brainstorms. *Journal of Applied Psychology, 79*, 77–86.

Galton, F. (1907). Vox populi. *Nature, 75*, 450–451.

Gino, F. (2005). Do we listen to advice just because we paid for it? The impact of cost of advice on its use. Harvard Business School Working Paper Series, No. 05–017.

Goodwin P. and Wright, G. (2004). *Decision Analysis for Management Judgment* (3rd edn). Chichester: Wiley.

Gruenfeld, D.H., Mannix, E.A., Williams, K.Y. & Neale, M.A. (1996). Group composition and decision making: How member familiarity and information distribution affect process and performance. *Organizational Behavior and Human Decision Processes, 67*, 1–15.

Hastie, R. & Kameda, T. (2005). The robust beauty of majority rules in group decisions. *Psychological Review, 112*(2), 494–508.

Hochbaum, G.M. (1954). The relation between group members' self-confidence and their reactions to group pressures to uniformity. *American Sociological Review, 19*, 678–688.

Hogg, M.A. & Vaughan, G.M. (2005). *Social psychology* (4th edn). London: Pearson-Prentice Hall.

Isenberg, D.J. (1986). Group polarization: A critical review. *Journal of Personality and Social Psychology, 50*, 1141–1151.

Janis, I.L. (1982[1972]). *Groupthink: Psychological studies of policy decisions and fiascos* (2nd edn). Boston: Houghton Mifflin.

Janis, I.L. & Mann, L. (1977). *Decision making: A psychological analysis of conflict, choice, and commitment.* New York: The Free Press.

Jolson, M.A. & Rossow, G. (1971). The Delphi process in marketing decision making. *Journal of Marketing Research, 8*, 443–448.

Judge, T.A. & Piccolo, R.F. (2004). Transformational and transactional leadership: A meta-analytic test of their relative validity. *Journal of Applied Psychology, 89*(5), 755–768.

Kameda, T. & Tindale, R.S. (2006). Groups as adaptive devices: Human docility and group aggregation mechanisms in evolutionary context. In M. Schaller, J.A. Simpson & D.T. Kenrick (Eds.), *Evolution and social psychology.* Hove: Psychology Press.

Kerr, N.L. & Tindale, R.S. (2004). Group performance and decision making. *Annual Review of Psychology, 55*, 623–655.

Kozlowski, S.W.J. & Ilgen, D.R. (2006). Enhancing the effectiveness of work groups and teams. *Psychological Science in the Public Interest, 7*(3), 77–124.

Krakauer, J. (1998). *Into thin air: A personal account of the Everest disaster.* London: Pan.

Krueger, J.L. (2003). Return of the ego – self-referent information as a filter for social prediction: Comment on Karniol (2003). *Psychological Review, 110*, 585–590.

Larrick, R.P. & Soll, J.B. (2006). Intuitions about combining options: Misappreciation of the averaging principle. *Management Science, 52*(1), 111–127 [see also the erratum in *52*(2), 309–310].

Latané, B., Williams, K. & Harkins, S. (1979). Many hands make light work: The causes and consequences of social loafing. *Journal of Personality and Social Psychology, 37*, 822–832.

Leana, C.R. (1985). A partial test of Janis' groupthink model: Effects of group cohesiveness and leader behaviour on defective decision making. *Journal of Management, 11*, 5–17.

Lippitt, R. & White, R. (1943). The 'social climate' of children's groups. In R.G. Barker, J. Kounin & H. Wright (Eds.), *Child behaviour and development* (pp.485–508). New York: McGraw-Hill.

Mannix, E., & Neale, M.A. (2005). What differences make a difference? The promise and reality of diverse teams in organizations. *Psychological Science in the Public Interest, 6*(2), 31–55.

McCartt, A. & Rohrbough, J. (1989). Evaluating group decision support system effectiveness: A performance study of decision conferencing. *Decision Support Systems, 5*, 243–253.

McCauley, C. (1989). The nature of social influence in groupthink: Compliance and internalization. *Journal of Personality and Social Psychology, 57*, 250–260.

Milgram, S. (1963). Behavioral study of obedience. *Journal of Abnormal and Social Psychology, 67*, 371–378.

Milgram, S. (1974). *Obedience to authority.* London: Tavistock.

Moorhead, G. & Montanari, J.R. (1986). An empirical investigation of the groupthink phenomenon. *Human Relations, 39*, 399–410.

Moscovici, S. & Zavalloni, M. (1969). The group as a polarizer of attitudes. *Journal of Personality and Social Psychology, 12*, 125–135.

Mugny, G. & Papastamou, S. (1980). Minority influence and psycho-social identity. *European Journal of Social Psychology, 12,* 379–394.

Mullen, B., Johnson, C. & Salas, E. (1991). Productivity loss in brainstorming groups: A meta-analytic integration. *Basic and Applied Social Psychology, 12,* 3–23.

Nijstad, B.A. (2000). *How the group affects the mind: Effects of communication in idea generating groups.* Unpublished doctoral dissertation: Utrecht University.

Osborn, A.F. (1957). *Applied imagination* (1st edn). New York: Scribner.

Osborn, A.F. (1963). *Applied imagination* (2nd edn). New York: Scribner.

Parenté, F.J., Anderson, J.K., Myers, P. & O'Brien, T. (1984). An examination of factors contributing to Delphi accuracy. *Journal of Forecasting, 3*(2), 173–182.

Park, W. (1990). A review of research on groupthink. *Journal of Behavioral Decision Making, 3,* 229–245.

Paulus, P.B. (1998). Developing consensus about groupthink after all these years. *Organizational Behavior and Human Decision Processes, 73*(2/3), 362–374.

Paulus, P.B., Dzindolet, M.T., Poletes, G. & Camacho, L.M. (1993). Perception of performance in group brainstorming: The illusion of group productivity. *Personality and Social Psychology, 19,* 78–89.

Paulus, P.B., Larey, T.S. & Ortega, A.H. (1995). Performance and perceptions of brainstormers in an organizational setting. *Basic and Applied Social Psychology, 17,* 249–265.

Peterson, R.S. & Behfar, K.J. (2003). The dynamic relationship between performance feedback, trust, and conflict in groups: A longitudinal study. *Organizational Behavior and Human Decision Processes, 92,* 102–112.

Peterson, R.S., Owens, P.D., Tetlock, P.E., Fan, E.T. & Martorana, P. (1998). Group dynamics in top management teams: Groupthink, vigilance, and alternative models of organizational failure and success. *Organizational Behavior and Human Decision Processes, 73*(2/3), 272–305.

Phillips, L.D. (1984). A theory of requisite decision models. *Acta Psychologica, 56,* 29–48.

Phillips, L.D. (2007). Decision conferencing. In W. Edwards, R.F. Miles Jr., D. von Winterfeldt (Eds.), *Advances in decision analysis: From foundations to applications* (pp.375–399). Cambridge: Cambridge University Press.

Price, P.C. & Stone, E.R. (2004). Intuitive evaluation of likelihood judgment producers: Evidence for a confidence heuristic. *Journal of Behavioral Decision Making, 17,* 39–57.

Regan-Cirincione, P. (1994). Improving the accuracy of group judgment: A process intervention combining group facilitation, social judgment analysis, and information technology. *Organizational Behavior and Human Decision Processes, 58,* 246–270.

Roberto, M.A. (2005). *Why great leaders don't take yes for an answer: Managing for conflict and consensus.* New Jersey: Wharton.

Rohrbaugh, J. (1979). Improving the quality of group judgment: social judgment analysis and the Delphi technique. *Organizational Behavior and Human Performance, 24,* 73–92.

Rosenzweig, P. (2007). *The halo effect . . . and the eight other business delusions that deceive managers.* New York: Free Press.

Rowe, G. & Wright, G. (1999). The Delphi technique as a forecasting tool: Issues and analysis. *International Journal of Forecasting, 15,* 353–375.

Schulz-Hardt, S., Frey, D., Lüthgens, C. & Moscovici, S. (2000). Biased information search in group decision making. *Journal of Personality and Social Psychology, 78,* 655–669.

Schulz-Hardt, S., Jochims, M. & Frey, D. (2002). Productive conflict in group decision making: Genuine and contrived dissent as strategies to counteract biased information seeking. *Organizational Behavior and Human Decision Processes, 88,* 563–586.

Schweiger, D.M., Sandberg, W.R. & Ragan, J.W. (1986). Group approaches for improving strategic decision making. *Academy of Management Journal, 29,* 51–71.

Schweiger, D.M., Sandberg, W.R. & Rechner, P.L. (1989). Experiential effects of dialectical inquiry, devil's advocacy, and consensus approaches to strategic decision making. *Academy of Management Journal, 32,* 745–772.

Schwenk, C.R. & Cosier, R.A. (1993). The effects of consensus and devil's advocacy on strategic decision-making. *Journal of Applied Social Psychology, 23,* 126–139.

Smith, M. (1931). Group judgments in the field of personality traits. *Journal of Experimental Psychology, 14,* 562–565.

Stasser, G. & Stewart, D.D. (1992). Discovery of hidden profiles by decision-making groups: Solving a problem vs. making a judgment. *Journal of Personality and Social Psychology, 63,* 426–434.

Stasser, G., Taylor, L.A. & Hanna, C. (1989). Information sampling in structured and unstructured discussions of three- and six-person groups. *Journal of Personality and Social Psychology, 57,* 67–68.

Staw, B.M. (1975). Attribution of 'causes' of performance: A general alternative interpretation of cross-sectional research on organizations. *Organizational Behavior and Human Performance, 13,* 414–432.

Stewart, G.L. (2006). A meta-analytic review of relationships between team design features and team performance. *Journal of Management, 32*(1), 29–54.

Stoner, J.A.F. (1961). *A comparison of individual and group decisions including risk.* Unpublished master's thesis, Massachusetts Institute of Technology, Boston.

Stroebe, W. & Diehl, M. (1994). Why groups are less effective than their members: On productivity losses in idea-generating groups. *European Review of Social Psychology, 5,* 271–303.

Stroebe, W., Diehl, M. & Abakoumkin, G. (1992). The illusion of group effectivity. *Personality and Social Psychology Bulletin, 18,* 643–650.

Surowiecki, J. (2004). *The wisdom of crowds: Why the many are smarter than the few.* London: Little, Brown.

Tetlock, P.E., Peterson, R.S., McGuire, C., Chang, S. & Field, P. (1992). Assessing political group dynamics: A test of the groupthink model. *Journal of Personality and Social Psychology, 63,* 403–425.

Thomas-Hunt, M., Ogden, T. & Neale, M. (2003). Who's really sharing: Effects of social and expert status on knowledge exchange within groups. *Management Science, 49,* 464–477.

Turner, J.C., Wetherell, M.S. & Hogg, M.A. (1989). Referent informational influence and group polarization. *British Journal of Social Psychology, 28,* 135–147.

Valacich, J.S. & Schwenk, C.R. (1995). Devil's advocacy and dialectical inquiry effects on face-to-face and computer-mediated group decision making. *Organizational Behavior and Human Decision Processes, 63,* 158–173.

Wallach, M.A., Kogan, N. & Bem, D.J. (1962). Group influence on individual risk taking. *Journal of Abnormal and Social Psychology, 65,* 75–86.

Whiten, A., Horner, V. & de Waal, F.B.M. (2005). Conformity to cultural norms of tool use in chimpanzees. *Nature, 437*(September), 737–740.

Wood, W., Lundgren, S., Oullette, J.A., Busceme, S. & Blackstone, T. (1994). Minority influence: A meta-analytic review of social influence processes. *Psychological Bulletin, 115,* 323–345.

제14장

협력과 조정

Ahn, T.K., Ostrom, E., Schmidt, D., Shupp, R. & Walker, J. (2001). Cooperation in PD games: Fear, greed, and history of play. *Public Choice, 106,* 137–155.

Axelrod, R. (1984). *The evolution of cooperation.* New York: Basic Books.

Bateson, M., Nettle, D. & Roberts, G. (2006). Cues of being watched enhance cooperation in a real-world setting. *Biology Letters, 2,* 412–414.

Batson, C.D. (1998). Altruism and prosocial behavior. In D.T. Gilbert, S.T. Fiske & G. Lindzey (Eds.), *Handbook of social psychology: Vol. 2* (4th edn) (pp.282–315). New York: McGraw-Hill.

Bendor, J., Kramer, R.M. & Stout, S. (1991). When in doubt: Cooperation in a noisy prisoner's dilemma. *Journal of Conflict Resolution, 35,* 691–719.

Berg, J.E., Dickhaut, J. & McCabe, K. (1995). Trust, reciprocity, and social history. *Games and Economic Behavior, 10,* 122–142.

Brady, F.N. (2002). Lining up for Star-Wars tickets: Some ruminations on ethics and economics based on an internet study of behaviour in queues. *Journal of Business Ethics, 38*, 157–165.

Camerer, C.F. (2003). *Behavioral game theory: Experiments in strategic interaction.* Princeton, NJ: Princeton University Press.

Carter, J. & Irons, M. (1991). Are economists different, and if so, why? *Journal of Economic Perspectives, 5*(2), 171–177.

Caruso, E.M., Epley, N. & Bazerman, M.H. (2006). *The trouble with thinking about the thoughts of others: Cognitive versus empathic perspective taking in strategic interaction.* Paper presented at the Society for Judgment and Decision Making 27th Annual Conference, Houston, Texas. 17–20 November.

Cialdini, R.B., Brown, S.L., Lewis, B.P., Luce, C. & Neuberg, S.L. (1997). When one into one equals oneness. *Journal of Personality and Social Psychology, 73*, 481–494.

Colman, A.M. & Wilson, J.C. (1997). Antisocial personality disorder: An evolutionary game theory analysis. *Legal and Criminological Psychology, 2*, 23–34.

Darley, J.M. & Batson, C.D. (1973). 'From Jerusalem to Jericho': A study of situational and dispositional variables in helping behavior. *Journal of Personality and Social Psychology, 27*(1), 100–108.

Darley, J.M. & Latané, B. (1968). Bystander intervention in emergencies: Diffusion of responsibility. *Journal of Personality and Social Psychology, 8*, 377–383.

Dawes, R.M., Orbell, J.M., Simmons, R.T. & van de Kragt, A.J.C. (1986). Organizing groups for collective action. *American Political Science Review, 80*, 1171–1185.

Dawkins, R. (1976[2006]). *The selfish gene (thirtieth anniversary edn).* Oxford: Oxford University Press.

Delgado, M.R., Frank, R.H. & Phelps, E.A. (2005). Perceptions of moral character modulate the neural systems of reward during the trust game. *Nature Neuroscience, 8*(11), 1611–1618.

Dixit, A. & Skeath, S. (2004). *Games of strategy (2nd edn).* New York: Norton.

Dovidio, J.F., Allen, J.L. & Schroeder, D.A. (1990). Specificity of empathy-induced helping: Evidence for altruistic motivation. *Journal of Personality and Social Psychology, 59*, 249–260.

Dunn, J.R. & Schweitzer, M.E. (2005). Feeling and believing: The influence of emotion on trust. *Journal of Personality and Social Psychology, 88*(5), 736–748.

Epley, N., Caruso, E.M. & Bazerman, M.H. (2006). When perspective taking increases taking: Reactive egoism in social interaction. *Journal of Personality and Social Psychology, 91*(5), 872–889.

Fehr, E. & Gächter, S. (2002). Altruistic punishment in humans. *Nature, 415*, 137–140.

Forsythe, R., Horowitz, J.L., Savin, N.E. & Sefton, M. (1994). Fairness in simple bargaining experiments. *Games and Economic Behavior, 6*, 347–369.

Frank, R.H., Gilovich, T. & Regan, D. (1993). Does studying economics inhibit cooperation? *Journal of Economic Perspectives, 7*(2), 159–171.

Goren, H. & Bornstein, G. (2000). The effects of intragroup communication on intergroup cooperation in the repeated intergroup prisoner's dilemma (IPD) game. *Journal of Conflict Resolution, 44*(5), 700–719.

Hardin, G. (1968). The tragedy of the commons. *Science, 162*, 1243–1248.

Henrich, J., Boyd, R., Bowles, S., Camerer, C., Fehr, E., Gintis, H., McElreath, R., Alvard, M., Barr, A., Ensminger, J., Henrich, N.S., Hill, K., Gil-White, F., Gurven, M., Marlowe, F.W., Patton, J.Q. & Tracer, D. (2005). 'Economic man' in cross-cultural perspective: Behavioral experiments in 15 small-scale societies. *Behavioral and Brain Sciences, 28*, 795–855.

Hoffman, E., McCabe, K., Shachat, K. & Smith, V.L. (1994). Preferences, property rights and anonymity in bargaining games. *Games and Economic Behaviour, 7*, 346–380.

Joireman, J.A., Van Lange, P.A.M. & Van Vugt, M. (2004). Who cares about the environmental impact of cars? *Environment and Behavior, 36*(2), 187–206.

Kahn, H. (1965). *On escalation: Metaphors and scenarios.* New York: Praeger.

Kerr, N.L. & Kaufman-Gilliland, C.M. (1994). Communication, commitment and cooperation in social dilemmas. *Journal of Personality and Social Psychology, 66*, 513–529.

Kollock, P. (1993). 'An eye for an eye leaves everyone blind': Cooperation and accounting systems. *American Sociological Review, 58*, 768–786.

Krebs, D. (1975). Empathy and altruism. *Journal of Personality and Social Psychology, 32*(6), 1134–1146.

Kurzban, R. (2001). The social psychophysics of cooperation: Nonverbal communication in a public goods game. *Journal of Nonverbal Behavior, 25*(4), 241–259.

Mann, L. (1969). Queue culture: The waiting line as a social system. *American Journal of Sociology, 75*, 340–354.

Marwell, G. & Ames, R. (1981). Economists free ride, does anyone else? *Journal of Public Economics, 15*, 295–310.

Milgram, S. (1977). *The individual in a social world: Essays and experiments.* Reading, MA: Addison-Wesley.

Milgram, S., Liberty, H.J., Toledo, R. & Wackenhut, J. (1986). Response to intrusion into waiting lines. *Journal of Personality and Social Psychology, 51*(4), 683–689.

Paciotti, B., Hadley, C., Holmes, C. & Mulder, M.B. (2005). Grass-roots justice in Tanzania. *American Scientist, 93*, 58–65.

Parks, C.D., Sanna, L.J. & Posey, D.C. (2003). Retrospection in social dilemmas: How thinking about the past affects future cooperation. *Journal of Personality and Social Psychology, 84*(5), 988–996.

Poundstone, W. (1992). *Prisoner's dilemma.* Oxford: Oxford University Press.

Roch, S.G., Lane, J.A.S., Samuelson, C.D. & Allison, S.T. (2000). Cognitive load and the equality heuristic: A two-stage model of resource overconsumption in small groups. *Organizational Behavior and Human Decision Processes, 83*(2), 185–212.

Roth, A. (1995). Bargaining experiments. In J.H. Kagel & A.E. Roth (Eds.), *The handbook of experimental economics.* Princeton, NJ: Princeton University Press.

Sally, D. (1995). Conversation and cooperation in social dilemmas: A meta-analysis of experiments from 1958 to 1992. *Rationality and Society, 7*, 58–92.

Scharlemann, J.P.W., Eckel, C.C., Kacelnik, A. & Wilson, R.K. (2001). The value of a smile: Game theory with a human face. *Journal of Economic Psychology, 22*, 617–640.

Schmitt, B.H., Dubé, L. & Leclerc, F. (1992). Intrusions into waiting lines: Does the queue constitute a social system? *Journal of Personality and Social Psychology, 63*(5), 806–815.

Schroeder, D.A., Penner, L.A., Dovidio, J.F. & Piliavin, J.A. (1995). *The psychology of helping and altruism: Problems and puzzles.* New York: McGraw-Hill.

Shafir, E. & Tversky, A. (1992). Thinking through uncertainty: Nonconsequential reasoning and choice. *Cognitive Psychology, 24*(4), 449–474.

Singer, T., Seymour, B., O'Doherty, J.P., Stephan, K.E., Dolan, R.J. & Frith, C.D. (2006). Empathic neural responses are modulated by the perceived fairness of others. *Nature, 439*(7075), 466–469.

Stürmer, S., Snyder, M. & Omoto, A.M. (2005). Prosocial emotions and helping: the moderating role of group membership. *Journal of Personality and Social Psychology, 88*(3), 532–546.

Surowiecki, J. (2004). *The wisdom of crowds: Why the many are smarter than the few.* London: Little, Brown.

Tazelaar, M.J.A., Van Lange, P.A.M. & Ouwerkerk, J.W. (2004). How to cope with 'noise' in social dilemmas: The benefits of communication. *Journal of Personality and Social Psychology, 87*(6), 845–859.

Van Lange, P.A.M. (1999). The pursuit of joint outcomes and equality in outcomes: An integrative model of social value orientation. *Journal of Personality and Social Psychology, 77*, 337–349.

Van Lange, P.A.M., Otten, W., De Bruin, E.M.N. & Joireman, J.A. (1997). Development of prosocial, individualistic, and competitive orientations:

Theory and preliminary evidence. *Journal of Personality and Social Psychology, 73*(4), 733–746.

Van Lange, P.A.M., Ouwerkerk, J.W. & Tazelaar, M.J.A. (2002). How to overcome the detrimental effects of noise in social interaction: The benefits of generosity. *Journal of Personality and Social Psychology, 82*, 768–780.

Wilson, R.K. & Sell, J. (1997). 'Liar, liar . . .': Cheap talk and reputation in repeated public goods settings. *Journal of Conflict Resolution, 41*(5), 695–717.

Yamagishi, T. & Sato, K. (1986). Motivational bases of the public goods problem. *Journal of Personality and Social Psychology, 50*(1), 67–73.

제15장
직관, 반성적 사고 그리고 뇌

Aboitiz, F., Ide, A. & Olivares, R. (2003). Corpus callosum morphology in relation to cerebral asymmetries in the post-mortem human. In E. Zaidel & M. Iacoboni (Eds.), *The parallel brain: The cognitive neuroscience of the corpus callosum* (pp.34–46). Cambridge, MA: MIT Press.

Bechara, A. & Damasio, A.R. (2005). The somatic marker hypothesis: A neural theory of economic decision, *Games and Economic Behavior, 52*, 336–372.

Bechara, A., Damasio, A.R., Damasio, H. & Anderson, S.W. (1994). Insensitivity to future consequences following damage to human prefrontal cortex. *Cognition, 50*, 7–15.

Bechara, A., Damasio, H., Tranel, D. & Damasio, A.R. (1997). Deciding advantageously before knowing the advantageous strategy. *Science, 275*, 1293–1295.

Bechara, A., Damasio, H., Tranel, D. & Anderson, S.W. (1998). Dissociation of working memory from decision making within the human prefrontal cortex. *Journal of Neuroscience, 18*, 428–437.

Bechara, A., Damasio, H., Tranel, D. & Damasio, A.R. (2005). The Iowa Gambling Task and the somatic marker hypothesis: some questions and answers. *Trends in Cognitive Sciences, 9*(4), 159–162.

Berthoz, A. (2006). *Emotion and reason: The cognitive neuroscience of decision making.* Oxford: Oxford University Press.

Betsch, T., Plessner, H., Schwieren, C. & Gütig, R. (2001). I like it but I don't know why: A value-account approach to implicit attitude formation. *Personality and Social Psychology Bulletin, 27*(2), 242–253.

Botvinick, M.M., Braver, T.S., Barch, D.M., Carter, C.S. & Cohen, J.D. (2001). Conflict monitoring and cognitive control. *Psychological Review, 108*(3), 624–652.

Busemeyer, J.R. & Stout, J.C. (2002). A contribution of cognitive decision models to clinical assessment: Decomposing performance on the Bechara gambling task. *Psychological Assessment, 14*, 253–262.

Canli, T., Desmond, J.E., Zhao, Z., Glover, G. & Gabrieli, J.D.E. (1998). Hemispheric asymmetry for emotional stimuli detected with fMRI. *NeuroReport, 9*, 3233–3239.

Carter, C.S., Braver, T.S., Barch, D.M., Botvinick, M.M., Noll, D. & Cohen, J.D. (1998). Anterior cingulated cortex, error detection, and the online monitoring of performance. *Science, 280*, 747–749.

Caruso, E.M., Epley, N. & Bazerman, M.H. (2006). *The trouble with thinking about the thoughts of others: Cognitive versus empathic perspective taking in strategic interaction.* Paper presented at the Society for Judgment and Decision Making 27th Annual Conference, 17–20 November, Houston, Texas.

Cohen, N. & Squire, L.R. (1980). Preserved learning and retention of pattern analyzing skills in amnesia: Dissociation of know how and know that. *Science, 210*, 207–210.

Cook, M. & Mineka, S. (1990). Selective associations in the observational conditioning of fear in Rhesus monkeys. *Journal of Experimental Psychology: Animal Behavior Processes, 16*, 372–389.

Corballis, P.M. (2003). Visuospatial processing and the right-hemisphere interpreter. *Brain and Cognition, 53*, 171–176.

Damasio, A.R. (1994). *Descartes' error: Emotion, reason, and the human brain.* New York: Grosset/Putnam.

Delgado, M.R., Frank, R.H. & Phelps, E.A. (2005). Perceptions of moral character modulate the neural systems of reward during the trust game. *Nature Neuroscience, 8*(11), 1611–1618.

De Martino, B., Kumaran, D., Seymour, B. & Dolan, R.J. (2006). Frames, biases, and rational decision-making in the human brain. *Science, 313*, 684–687.

De Neys, W. (2006). Automatic-heuristic and executive-analytic processing during reasoning: Chronometric and dual-task considerations. *The Quarterly Journal of Experimental Psychology, 59*(6), 1070–1100.

Dijksterhuis, A., Bos, M.W., Nordgren, L.F. & van Baaren, R.B. (2006). On making the right choice: The deliberation-without-attention effect. *Science, 311*(17 Feb.), 1005–1007.

Drake, R.A. (1991). Processing persuasive arguments: Recall and recognition as a function of agreement and manipulated activation asymmetry. *Brain and Cognition, 15*, 83–94.

Dunn, B.D., Dalgleish, T. & Lawrence, A.D. (2006). The somatic marker hypothesis: A critical evaluation. *Neuroscience and Biobehavioral Reviews, 30*, 239–271.

Epley, N., Caruso, E.M. & Bazerman, M.H. (2006). When perspective taking increases taking: Reactive egoism in social interaction. *Journal of Personality and Social Psychology, 91*(5), 872–889.

Evans, J. St B.T. (1989). *Bias in human reasoning: Causes and consequences.* Hove: Erlbaum.

Evans, J. St B.T. (2006). The heuristic-analytic theory of reasoning: Extension and evaluation. *Psychonomic Bulletin and Review, 13*(3), 378–395.

Evans, J. St B.T. & Over, D. (1996). *Rationality and reasoning.* Hove: Psychology Press.

Finucane, M.S., Alhakami, A., Slovic, P. & Johnson, S.M. (2000). The affect heuristic in judgments of risks and benefits. *Journal of Behavioral Decision Making, 13*, 1–17.

Frank, M.J. & Claus, E.D. (2006). Anatomy of a decision: Striato-orbitofrontal interactions in reinforcement learning, decision making, and reversal. *Psychological Review, 113*(2), 300–326.

Frederick, S. (2005). Cognitive reflection and decision making. *Journal of Economic Perspectives, 19*(4), 25–42.

Fugelsang, J.A. & Thompson, V.A. (2003). A dual-process model of belief and evidence interactions in causal reasoning. *Memory and Cognition, 31*(5), 800–815.

Gazzaniga, M. (2000). Cerebral specialization and interhemispheric communication: Does the corpus callosum enable the human condition? *Brain, 123*, 1293–1326.

Greene, J.D., Sommerville, R.B., Nystrom, L.E., Darley, J.M. & Cohen, J.D. (2001). An fMRI investigation of emotional engagement in moral judgment. *Science, 293*, 2105–2108.

Greene, J.D., Nystrom, L.E., Engell, A.D., Darley, J.M. & Cohen, J.D. (2004). The neural bases of cognitive conflict and control in moral judgment. *Neuron, 44*, 389–400.

Haidt, J. (2001). The emotional dog and its rational tail: A social intuitionist approach to moral judgment. *Psychological Review, 108*(4), 814–834.

Halberstadt, J.M. & Levine, G.M. (1999). Effects of reasons analysis on the accuracy of predicting basketball games. *Journal of Applied Social Psychology, 29*(3), 517–530.

Hammond, K.R. (1996). *Human judgment and social policy: Irreducible uncertainty, inevitable error, unavoidable injustice.* New York: Oxford University Press.

Hellige, J.B. (1993). *Hemispheric asymmetry: What's right and what's left.* Cambridge, MA: Harvard University Press.

Hilton, D.J. (1995). The social context of reasoning: Conversational inference and rational judgment. *Psychological Bulletin, 118*, 248–271.

Jasper, J.D. & Christman, S.D. (2005). A neuropsychological dimension for anchoring effects. *Journal of Behavioral Decision Making, 18*, 343–369.

Kahneman, D. & Frederick, S. (2002). Representativeness revisited: Attribute substitution in intuitive judgment. In T. Gilovich, D. Griffin & D. Kahneman (Eds.), *Heuristics and biases: The psychology of intuitive judgment* (pp.49–81). Cambridge: Cambridge University Press.

Knowlton, B.J. & Squire, L.R. (1996). Artificial grammar depends on implicit acquisition of both abstract and exemplar-specific information. *Journal of Experimental Psychology: Learning, Memory, and Cognition, 22*, 169–181.

Knowlton, B.J., Squire, L.R., Paulsen, J.S., Swerdlow, N.R., Swenson, M. & Butters, N. (1996). Dissociations within nondeclarative memory in HD. *Neuropsychology, 10*, 538–548.

Koenigs, M. & Tranel, D. (2007). Irrational economic decision-making after ventromedial prefrontal damage: Evidence from the ultimatum game. *Journal of Neuroscience, 27*(4), 951–956.

Koenigs, M., Young, L., Adolphs, R., Tranel, D., Cushman, F., Hauser, M. & Damasio, A. (2007). Damage to the prefrontal cortex increases utilitarian moral judgements. *Nature, 446*(7138), 865–866.

Krawczyk, D.C. (2002). Contributions of the prefrontal cortex to the neural basis of human decision making. *Neuroscience and Biobehavioral Reviews, 26*, 631–664.

Lane, R.D., Reiman, E.M., Ahern, G.L., Schwartz, G.E. & Davidson, R.J. (1997). Neuroanatomical correlates of happiness, sadness, and disgust. *American Journal of Psychiatry, 154*, 926–933.

Lane, R.D., Reiman, E.M., Bradley, M.M., Lang, P.J., Ahern, G.L., Davidson, R.J. & Schwartz, G.E. (1997). Neuroanatomical correlates of pleasant and unpleasant emotion. *Neuropsychologia, 35*, 1437–1444.

Lewicki, P., Czyzewska, M. & Hoffman, H. (1987). Unconscious acquisition of complex procedural knowledge. *Journal of Experimental Psychology: Learning, Memory, and Cognition, 13*, 523–530.

Lieberman, M.D. (2000). Intuition: A social cognitive neuroscience approach. *Psychological Bulletin, 126*(1), 109–137.

Loewenstein, G.F., Weber, E.U., Hsee, C.K. & Welch, N. (2001). Risk as feelings. *Psychological Bulletin, 127*(2), 267–286.

Maia, T.V. & McClelland, J.L. (2004). A re-examination of the evidence for the somatic marker hypothesis: What participants really know in the Iowa gambling task. *Proceedings of the National Academy of Sciences of the USA, 101*(45), 16075–16080.

Manes, F., Sahakian, B., Clark, L., Rogers, R., Antoun, N., Aitken, M. & Robbins, T. (2002). Decision-making processes following damage to the prefrontal cortex. *Brain, 125*, 624–639.

Mineka, S. & Cook, M. (1993). Mechanisms involved in the observational conditioning of fear. *Journal of Experimental Psychology: General, 122*, 23–38.

Niebauer, C.L. & Garvey, K. (2004). Gödel, Escher, and degree of handedness: Differences in interhemispheric interaction predict differences in understanding self-reference. *Laterality, 9*, 19–34.

Nisbett, R.E. & Schacter, S. (1966). Cognitive manipulation of pain. *Journal of Experimental Social Psychology, 2*, 227–236.

Nisbett, R.E. & Wilson, T.D. (1977). Telling more than we can know: Verbal reports on mental processes. *Psychological Review, 84*(3), 231–259.

Nørretranders, T. (1998). *The user illusion: Cutting consciousness down to size.* New York: Viking.

Phillips, M.L., Young, A.W., Senior, C., Brammer, M., Andrews, C., Calder, A.J., Bullmore, E.T., Perrett, D.I., Rowland, D., Williams, S.C., Gray, J.A. & David, A.S. (1997). A specific neural substrate for perceiving facial expressions of disgust. *Nature, 389*, 495–498.

Ramachandran, V.S. (1995). Anosognosia in parietal lobe syndrome. *Consciousness and Cognition, 4*, 22–51.

Ramachandran, V.S. & Blakeslee, S. (1998). *Phantoms in the brain.* New York: William Morrow.

Rausch, R. (1977). Cognitive strategies in patients with unilateral temporal lobe excisions. *Neuropsychologia, 15*, 385–395.

Roch, S.G., Lane, J.A.S., Samuelson, C.D. & Allison, S.T. (2000). Cognitive load and the equality heuristic: A two-stage model of resource overconsumption in small groups. *Organizational Behavior and Human Decision Processes, 83*(2), 185–212.

Rolls, E.T. (1999). *The brain and emotion.* Oxford: Oxford University Press.

Selart, M., Kuvaas, B., Boe, O. & Takemura, K. (2006). The influence of decision heuristics and overconfidence on multiattribute choice: A process-tracing study. *European Journal of Cognitive Psychology, 18*(3), 437–453.

Simmons, J.P. & Nelson, L.D. (2006). Intuitive confidence: Choosing between intuitive and nonintuitive alternatives. *Journal of Experimental Psychology: General, 135*(3), 409–428.

Simon, H. (1955). A behavioural model of rational choice. *The Quarterly Journal of Economics, 69*, 99–118.

Singer, T., Seymour, B., O'Doherty, J.P., Stephan, K.E., Dolan, R.J. & Frith, C.D. (2006). Empathic neural responses are modulated by the perceived fairness of others. *Nature, 439*(7075), 466–9.

Speedie, L.J., Wertman, E., Ta'ir, J., & Heilman, K.M. (1993). Disruption of automatic speech following a right basal ganglia lesion. *Neurology, 43*, 1768–1774.

Sprengelmayer, R., Young, A.W., Calder, A.J., Karnat, A., Lange, H., Hornberg, V., Perrett, D.I. & Rowland, D. (1996). Loss of disgust: Perception of faces and emotions in Huntingdon's disease. *Brain, 119*, 1647–1665.

Stanovich, K.E. (1999). *Who is rational? Studies of individual differences in reasoning.* Mahwah, NJ: Erlbaum.

Stanovich, K.E. & West, R.F. (2000). Individual differences in reasoning: Implications for the rationality debate? *Behavioral and Brain Sciences, 23*, 645–726.

Stanovich, K.E. & West, R.F. (1998). Individual differences in framing and conjunction effects. *Thinking and Reasoning, 4*, 289–317.

Wason, P. & Evans, J. St B.T. (1975). Dual processes in reasoning? *Cognition, 3*, 141–154.

Wegner, D.M. (2002). *The illusion of conscious will.* Cambridge, MA: Bradford Books, MIT Press.

Wegner, D.M. & Wheatley, T. (1999). Apparent mental causation: Sources of the experience of will. *American Psychologist, 54*, 480–491.

Wilson, T.D. (2002). *Strangers to ourselves: Discovering the adaptive unconscious.* Cambridge, MA: Belknap, Harvard University Press.

Wilson, T.D. & Schooler, J.W. (1991). Thinking too much: Introspection can reduce the quality of preferences and decisions. *Journal of Personality and Social Psychology, 60*, 181–192.

Wilson, T.D., Dunn, D.S., Kraft, D. & Lisle, D.J. (1989). Introspection, attitude change, and attitude-behavior consistency: The disruptive effects of explaining why we feel the way we do. *Advances in Experimental Social Psychology, 22*, 287–343.

Wilson, T.D., Lisle, D.J., Schooler, J.W., Hodges, S.D., Klaaren, K.J. & LaFleur, S.J. (1993). Introspecting about reasons can reduce post-choice satisfaction. *Journal of Personality and Social Psychology, 19*, 331–339.

Witelson, S.F. & Goldsmith, C.H. (1991). The relationship of hand preference to anatomy of the corpus callosum in men. *Brain Research, 545*, 175–182.

Wolford, G., Miller, M.B. & Gazzaniga, M.S. (2000). The left hemisphere's role in hypothesis formation. *Journal of Neuroscience, 20*, RC64.

Zimmer, C. (2005). *Soul made flesh.* London: Arrow Books.

연구자